광진교 일대 항공사진(1954)
임인식

2022
서울생활문화
자료조사

서울 동남부
교통의 관문

천호동

총괄
김용석(서울역사박물관장)

기획
박현욱(학예연구부장)
최형수(조사연구과장)
최보영(학예연구사)

현장조사 및 원고작성
김경민 · 서경택 · 유슬기(서울대학교 환경대학원)
염복규 · 김태윤(서울시립대학교)
이지은 · 윤서원 · 김혜인 · 유화연(헤리티지프로젝트)
남수창 · 김유상(위러브더시티)
최보영 · 이결 · 이나현(서울역사박물관)

발간지원
박좌진 · 이나현(연구원)

교정
내일날씨

사진
정영주 · 최인호

행정지원
최경아 · 백운태

조사자문
김기호 · 서우석 · 신지혜 · 옥한석 · 오제연

자료제공
서울대학교 규장각한국학연구원
서울역사편찬원
서울기록원
국가기록원
강동구청
국토지리정보원
서울특별시 에스맵
국립중앙박물관
한국학중앙연구원
국사편찬위원회
한국사데이터베이스
서울시 한강사업본부
서울 열린데이터 광장
한국도로공사
서울둘레길
서울연구원
국토교통부
우리마을가게 상권분석서비스
서울영상위원회
공공데이터포털
건축물생애이력관리시스템
로컬데이터
통계청
동아일보
매일경제신문
경향신문
조선일보
한겨레
강동문화원
강동농협
주몽재단

조사협조
강동구청
고분다리시장상인회
천호 문구·완구 거리협회
천호동성당
북카페 다독다독 고분다리시장점
천호 로데오거리상인회
씨앰더블유학원
모세정형외과
북카페 다독다독 구천면로점
여성인권상담소 소냐의집
강동구 마을공동체지원센터
강동 어린이식당
천호3동 자율방범대
피카소모임
십자성마을
천호3구역 재건축조합
천호 자전거거리상인회
동신중학교

일러두기
- 이 보고서는 2022년 서울생활문화자료조사 천호동 지역 조사의 일환으로 제작되었다.
- 보고서에 인용한 단행본, 신문자료, 논문 등의 내용은 최대한 원문을 표기하였다.
- 개인정보 보호를 위해 일부 제보자의 성명을 가명 또는 익명으로 처리하였다.
- 보고서에 실린 외부 자료의 저작권은 해당 소유자에게 있다.
- 보고서에 실린 시각 자료는 서울역사아카이브(https://museum.seoul.go.kr/archive)에서 확인 및 다운로드 할 수 있다.
- 서울역사박물관 소장 자료는 출처를 표기하지 않는 것을 원칙으로 하였다.

2022 서울생활문화자료조사

서울 동남부 교통의 관문

천호동

서울역사박물관

천호동(1968)
홍순태

발간사

서울생활문화자료조사 사업은 우리 박물관의 대표 조사 연구 사업입니다. 2007년 당시 뉴타운 사업 대상지였던 〈보광동〉을 시작으로 이번 〈천호동〉까지 총 39개 지역 조사를 완료하였습니다. 조사 초기에는 종로, 중구 등 역사적 층위가 두터운 서울 도심을 위주로 조사를 진행하였습니다. 박물관은 이제 서울의 25개 자치구 그 어느 지역도 놓치지 않기 위하여 조사지역을 확장하여 살펴보고 있습니다. 2022년 서울생활문화자료조사로 실시한 강동구 천호동 조사는 이러한 노력 가운데 하나입니다.

천호동은 조선시대에 경기도 광주목(廣州牧)에 속하였고, 일제강점기에는 경기도 광주군 구천면(九川面) 곡교리(曲橋里)라 불렸습니다. 광복 후 서울시 경계를 확장하면서 1963년에 서울특별시에 편입되었고, 동명을 천호동이라 하여 오늘에 이르고 있습니다.

한강과 함께하는 천호동은 조선시대부터 광나루(광진)가 있어 물산이 모이는 번화한 곳이었습니다. 거기에 더해 1936년에 광진교가 준공되어 한강을 연결하는 두 번째 다리가 이곳에 놓였습니다. 1976년에 천호대교가 준공되기 전까지 광진교는 서울의 도심과 강동 지역을 연결하는 주요 관문이었습니다. 천호대교와 이어진 천호대로는 동부간선도로와 교차하고, 상일 나들목에서 중부고속도로로 연결되어 지금도 천호동이 서울 동남부 교통의 중심지로서 기능하는 데 큰 역할을 하고 있습니다.

서울시 일원이 될 당시만 하더라도 근교 농촌 지역이었던 천호동은 교통이 발달하며 서울에서 손꼽히는 지역 상업중심지가 되었습니다. 경기도 하남시에서 서울로 들어오는 오랜 길목이던 구천면로의 교차점에는 천호 사거리(현 구사거리)가 형성되었습니다. 사거리를 중심으로 천호·동서울·천호신·암사 등 재래시장이 여러 개 개설되고, 시외버스터미널과 집창촌 등 다양한 상업공간이 조성되었습니다. 그러나 현재는 천호대교 남단으로 지역 중심이 옮겨지면서 천호역 인근이 천호 사거리가 되고, 구천면로 교차로는 천호 구(舊)사거리로 불리게 되었습니다.

이번 조사에서는 조선시대부터 현재에 이르기까지 천호동을 시간의 흐름에 따라 살펴보며 공간과 지역의 위상 변화를 규명하는 데 초점을 두었습니다. 서울 동남부 교통의 관문으로서 천호동이 지닌 정체성을 바탕으로 상업공간과 주거공간을 구분해 지역의 발전과 변화를 면밀하게 정리하였습니다. 특히 천호동의 독특한 공동체인 십자성마을과 천호동 텍사스 등을 구성원의 인터뷰와 실측 조사를 병행해 생생한 기록을 담고자 하였습니다.

선행 연구가 부족한 가운데에서도 충실한 조사를 해주신 서울대학교 김경민 교수님과 헤리티지프로젝트 이지은 대표님 외 여러 연구진 여러분께 진심으로 감사드립니다. 원활한 조사가 진행될 수 있도록 협조해 주신 천호동 주민들을 비롯해 강동구청, 천호동 상점가, 특화거리 관계자 등 모든 분께 진심으로 감사를 표합니다.

2023년 5월
서울역사박물관장

김 용 석

목차

3

강동의 중심지 천호동

4

주거지로서의 천호동과 사회적 관계

천호동 장에 가는 여인(1968)
홍순태

천호동 버스 기다리는 촌로(1971)
홍순태

PART

1

1. 조사 배경
2. 조사 범위와 방법
3. 조사 내용

조사 개요

1. 조사 배경

이 책은 2022년 천호동을 대상으로 한 서울생활문화자료조사의 결과물이다. 2007년부터 시작된 서울생활문화자료조사 사업은 대부분 서울 사대문 안과 성저십리 등 한강 이북 지역을 대상으로 하였다. 지금까지 이 사업으로 조사한 한강 이남 지역은 가리봉동(2013) 신림동(2014) 대치동(2017) 반포본동(2018) 노량진(2021) 등이 있다, 이번에 천호동을 추가하여 조사 대상지의 다양성을 넓히게 되었다. 한강 이남의 강동 지역에서는 처음으로 생활문화조사를 하게 된 셈이다.

천호동은 동쪽으로 길동, 남쪽으로 성내동, 북쪽으로 암사동과 인접하고 있다. 서쪽으로는 한강이 흐른다. 광나루 북단의 주거지에서 신석기 인류가 확인되었고, 삼국시대에 한성 백제의 수도였다. 한양이 조선의 수도가 된 이후 광진 지역은 한강을 왕래하려는 사람들로 항상 붐비는 지역이었다.

천호동 일대는 1895년 칙령 제98호에 의하여 한성부 관하 광주군에 속하였고, 다음 해 광주부로 명칭이 변경되었다. 현재의 천호동 지역은 일제강점기에는 구천면 곡교리라고 불렸다. 곡교리는 마을 앞에 굽은 다리가 있다고 하여 붙여진 명칭으로, 당시 곡교리는 구천면의 면 소재지였다. 곡교리에는 가운뎃말, 당말, 벽동말 등 여러 마을이 있었다.

전형적인 농촌이었던 천호동은 1936년 광진교가 건립되면서 새로운 모습을 띠게 되었다. 1930년에 지역의 유지들이 다리를 건설해 줄 것을 조선총독부에 요청하였고, 조선총독부의 보조와 지방민의 기부를 받아 광진교가 건설되었다. 강변에 조성된 나루터 촌락이 사람들이 모이는 도시로 변화하기 시작한 것이다. 천호동이라는 명칭은 이때 나왔다. 광진교 준공식 때 최씨로 알려진 한 노인이 "이곳에 집이 1,000호가 들어설 것이다"라고 말한 데서 비롯되었다.

광복 이후 천호동은 중소 제조업이 중심인 서울의 외곽 공간이었는데, 당시 이 지역의 흙을 재료로 한 연와(벽돌) 공장이 주를 이루었다. 1963년 서울시로 편입된 이후 천호동에서는 본격적인 도시화가 진행되었다. 처음에는 서울시 성동구로 편입되었고, 1975년 성동구의 강남 지역이 강남구로 분구되어 강남구에 속하게 되었다. 이후 1979년 지금의 강동구에 속하게 되었다.

천호동은 1970년대 천호 토지구획정리사업과 암사 토지구획정리사업을 통하여 다수의 주택지가 조성되었고, 한강 이남 강동 지역의 대표적 주거지로서 자리하게 되었다. 1976년에는 천호대교가 건설되었다. 더불어 천호대로가 개통되면서 천호동은 한강 이북과 경기 동남부를 잇는 서울의 관문 역할을 하게 되었다.

천호동의 주요한 공간적 특징은 교통의 중심지라는 점이다. 이는 조선시대 광진에서부터 비롯되었다. 당시 경기도 광주 지역과 한양을 연결하는 가장 효율적인 동선이 천호동 지역을 지나갔기 때문이다. 교통이 발달하는 곳에는 사람이 모이고, 이를 기반으로 상업활동이 활발해지기 마련이다. 이러한 까닭으로 1980년대 이후 천호동에는 다양한 상업 공간이 조성되었다.

1980년대 이후 천호동에는 시장, 상가, 백화점 등이 조성되었다. 당시 구천면로를 중심으로 한 구사거리에는 천호시장, 천호신시장, 동서울시장 등과 함께 '천호동 텍사스'라고 불리는 집창촌이 있었다. 하지만 전통시장 중심의 구사거리 지역은 지하철 개통과 함께 시작된 재개발 때문에 많은 변화를 겪었다. 상업의 중심지는 곧 구사거리에서 백화점과 대형할인점이 있는 신사거리로 옮겨졌다.

천호동은 1963년 서울 편입 후 강남, 영등포와 함께 한강 이남 지역의 부도심으로 계획되었다. 여러 계획이 세워졌으나 1974년 도심, 영동, 영등포인 3핵 도시구상 이후 부도심으로서의 계획은 사라지고 강동구 중심지로서의 역할만을 수행하게 되었다.

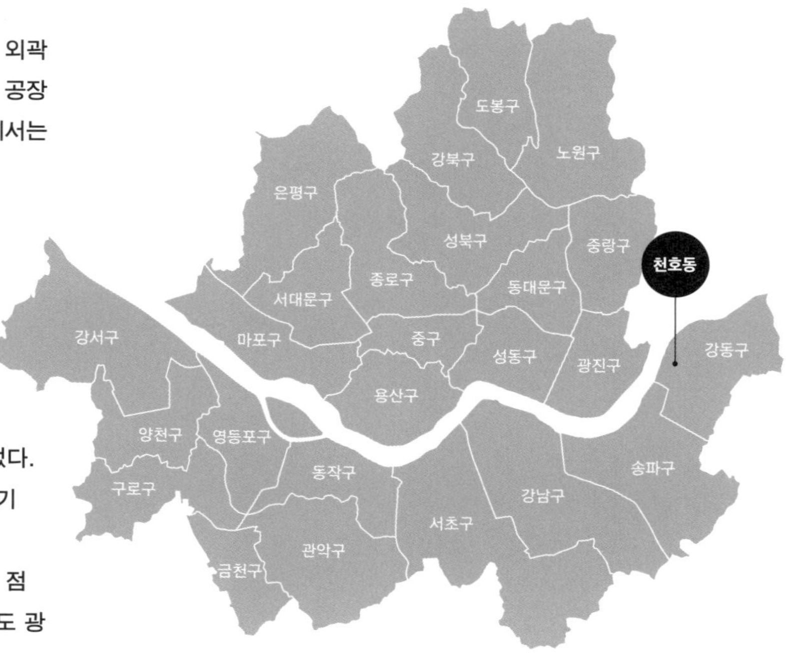

천호동 텍사스 실측조사

2. 조사 범위와 방법

2022년 3월부터 12월까지 약 9개월에 걸쳐 천호동의 역사, 공간의 변화, 지역 주민의 이야기 등을 다양한 관점에서 조사하였다. 조사는 크게 문헌 조사, 실측 조사, 심층 인터뷰, 통계 지리 조사로 구성된다. 생활문화 조사이기 때문에 문헌 조사뿐 아니라 지역주민과 상인을 대상으로 심층 인터뷰와 같은 대면조사도 깊이 있게 다루었다.

문헌 조사

행정문서·신문·지도자료 등과 같은 1차 자료를 기반으로 역사적 사실을 추출하였다. 이를 바탕으로 다양한 관점을 확보하고 서로 다른 정보를 연결하기 위하여 2차 자료를 작성하였다. 천호동이 관보와 같은 공공문서에 자주 등장하지 않은 관계로 행정문서보다는 신문 기사와 기관에서 발행한 도시계획 보고서를 대상으로 한 문헌 조사가 주로 진행되었다. 공간의 변화를 추적하기 위하여 다양한 지도자료를 참고하였고, 일제강점기 천호동의 모습을 확인하기 위하여 1911년에 측량된 지적원도와 1926년 지형도를 활용하였다. 광복 이후의 경우는 항공사진, 수치지형도, 지적도 파일 등을 참고하였다.

실측 조사

천호동 텍사스를 실측 조사하였는데, 조사 초기 마지막 남은 텍사스가 곧 철거될 예정이었기 때문에 다른 조사에 앞서 가장 먼저 진행하였다. 천호동 텍사스 내 세 곳의 건축물을 실측 대상으로 선정하여 내부 공간과 연결 공간을 실측하고 3D 그래픽으로 구현하였다. 실제로 존재하는 공간에 대한 실측 조사뿐 아니라 인터뷰 내용을 바탕으로 한 공간도 구현하였다. 십자성마을의 경우 초기 주택에 대한 구두 설명과 외부 사진 자료를 바탕으로 유추하여 내·외부의 공간을 3D 그래픽으로 구현하였다.

심층 인터뷰

현재 천호동에 대한 조사를 하기 위해서는 지역에 거주하거나 활동하는 사람들에 대한 조사가 필수적이었다. 심층 인터뷰는 크게 천호동 지역의 주민, 상인, 젊은 세대를 대상으로 진행하였다. 지역주민의 경우 천호동의 역사에 대한 단행본을 냈거나 관련 방송에 출연했던 주민을 먼저 섭외하였고, 이들이 추천하는 다른 지역주민을 대상으로 확대하여 진행하였다. 공간에 대한 정확한 상호 이해를 위하여 인터뷰 시 A0 크기의 천호동 지도를 준비하였다. 지역 상인의 경우에는 특화거리(문구·완구 거리, 먹자골목, 로데오거리, 자전거거리, 공구거리)의 상인회 대표나 상인을 대상으로 인터뷰를 진행하였다. 천호동은 프랜차이즈 보다는 소규모 개인 상점이 많고, 점포당 영업 기간이 비교적 길다는 특징이 있다. 천호동의 젊은 세대는 천호동의 상업 거리를 자주 찾는 20대뿐 아니라 천호동에 소재한 중학교 학생을 포함하였다. 지금까지의 조사가 과거를 기억하는 기성세대의 인터뷰를 주로 담았다면, 이번 조사에서는 천호동의 다음 세대 목소리를 담아내 차별화하였다.

연구진 회의

통계 지리 조사

천호동의 현재를 공간과 연결하기 위하여 통계 지리 분석 방식을 적용하였다. GIS 프로그램을 활용하여 인구변화, 건축물 현황, 산업 현황 등을 조사하였다. 공간과 통계가 연계된 조사 방식을 적용하여 천호1·2·3동의 차이와 변화를 볼 수 있었다. 생활인구 조사나 따릉이 이용 경향 조사는 실제 사람들의 움직임을 추적하여 천호동 공간을 어떻게 활용하고 있는지를 알 수 있는 방식으로 진행하였다. 또 통계 지리 조사 결과를 지도상에 표시하여 각 공간의 특성을 한눈에 확인할 수 있도록 시각화하였다. 결과적으로 이러한 조사 방식은 천호동의 생활문화를 더욱 다양하게 볼 수 있는 새로운 조사 방식이 되었다.

3. 조사 내용

천호동은 한 번쯤 들어봤을 법한 지역이지만, 정체성과 특징을 한마디로 표현하기에는 애매한 공간이다. 그런 점에서 처음에 연구의 방향성을 잡는 데 어려움이 있었다. 시간의 흐름에 따라 천호동의 변화를 추적함으로써 천호동이 가지고 있는 여러 모습을 담아내고자 하였다. 이로써 천호동의 모습이 하나의 이미지나 단어로 표현되기보다는 다양하게 인식되기를 바라는 마음에 크게 세 가지 부분으로 나누어서 정리하였다.

2장에서는 천호동의 과거를 시간의 흐름에 따른 공간 변화를 통해 살펴보았다. 천호동의 공간 변화는 크게 세 단계의 흐름에 따라 나누었다. 첫 번째는 서울 외곽도시로서의 단계로, 일제강점기에서 1963년 서울시 편입 이전까지의 시기이다. 이 시기에는 도진촌락(渡津村落)의 모습에서 광진교가 건설된 후 조금씩 인구가 유입되는 모습을 확인할 수 있다. 두 번째는 도심 인프라의 구축 단계로, 서울시 편입 이후부터 1990년대까지의 시기이다. 천호·암사 토지구획정리사업을 통하여 주택지가 마련되면서 천호동에 인구가 폭발적으로 유입되었고, 천호대교와 천호대로가 개통되면서 상업 공간으로의 발달이 두드러졌다. 세 번째는 강동구 중심 도심지 단계로, 2000년대 이후의 시기이다. 이때 뉴타운 지구가 지정되면서 지금까지의 도심 인프라가 다시 한번 변화하는 계기를 맞게 되었다.

중간보고
심층 인터뷰

천호동 전경
서울특별시 에스맵

서울시의 도시계획 정책을 통하여 천호동에 대한 공공의 계획을 조사하였다. 초기 부도심으로서의 계획과 기대가 시간이 흐름에 따라 변화되면서 천호동의 위상 변화를 확인할 수 있었다.

3장에서는 천호동의 상업 공간을 주로 살펴보았다. 조선시대 왕의 행차로로 사용되면서부터 경기 동남부 지역과 서울을 연결하는 천호동의 역할은 이후 천호동의 다양한 상업 공간을 형성하는 데 지대한 영향을 주었을 것으로 판단된다. 한편 당시 천호동과 같은 강남구였던 영동 지역의 변화 과정을 비교해 천호동의 도시화가 상대적으로 늦어진 원인을 분석해 보았다.

천호동의 상업 공간은 다양한 시장·상가·백화점이 진출한 곳이라는 점에서 정체성을 지닌다. 천호시장, 천호신시장, 동서울시장 등 천호 구사거리를 중심으로 다양한 상업 공간이 조성되어 강동구의 상업중심지가 되었다. 이후 신세계백화점과 현대백화점 등이 진출한 신사거리로 상업의 중심이 옮겨지면서 천호동의 상업 공간은 확장되었다. 또한 천호동 내 특화거리(문구·완구 거리, 로데오거리, 먹자골목, 자전거거리, 공구거리)를 대상으로 공간의 형성, 발전, 미래에 대한 조사를 진행하였다. 특화거리의 경우 현재성이 중요하여 2022년 기준 실제 상업활동을 하는 상점을 대상으로 전수조사를 실시하였다.

4장에서는 천호동의 주거 공간과 천호동 사람들의 삶을 살펴보았다. 여기에서는 학교, 학원, 병원, 커뮤니티 센터 등 천호동 지역주민의 삶과 밀접한 관계가 있는 공간을 중심으로 조사를 진행하였다. 이와 함께 천호동 내의 인구변화를 살펴보면서 천호동의 발전과 변화 과정을 정리하였다.

천호동 내 독특한 공동체인 장미 골목, 십자성마을, 텍사스, 에덴모자원 등을 구성원의 인터뷰를 통하여 숨겨진 이야기까지 포함하였다. 특히 텍사스의 경우 공간의 내·외부 실측 조사를 진행하여 기록하였다.

PART

2

천호동의 역사적 형성과 변화

① 도진 촌락에서 도심지로

1.1. 조선시대~일제강점기 광나루 일대의 변화

현재 천호동의 위치를 보면 광진구와 강동구를 연결하는 주요 교량인 천호대교와 광진교를 포함하여 동쪽으로는 명일동과 길동, 서쪽으로는 한강 너머 광진구 광장동, 남쪽으로는 성내동, 북쪽으로는 암사동과 맞닿아 있다. 조선시대에는 경기도 광주목(廣州牧)에 속하였다.[1]

1 서울특별시사편찬위원회, 「천호동」, 『서울지명사전』, 서울특별시, 2009.

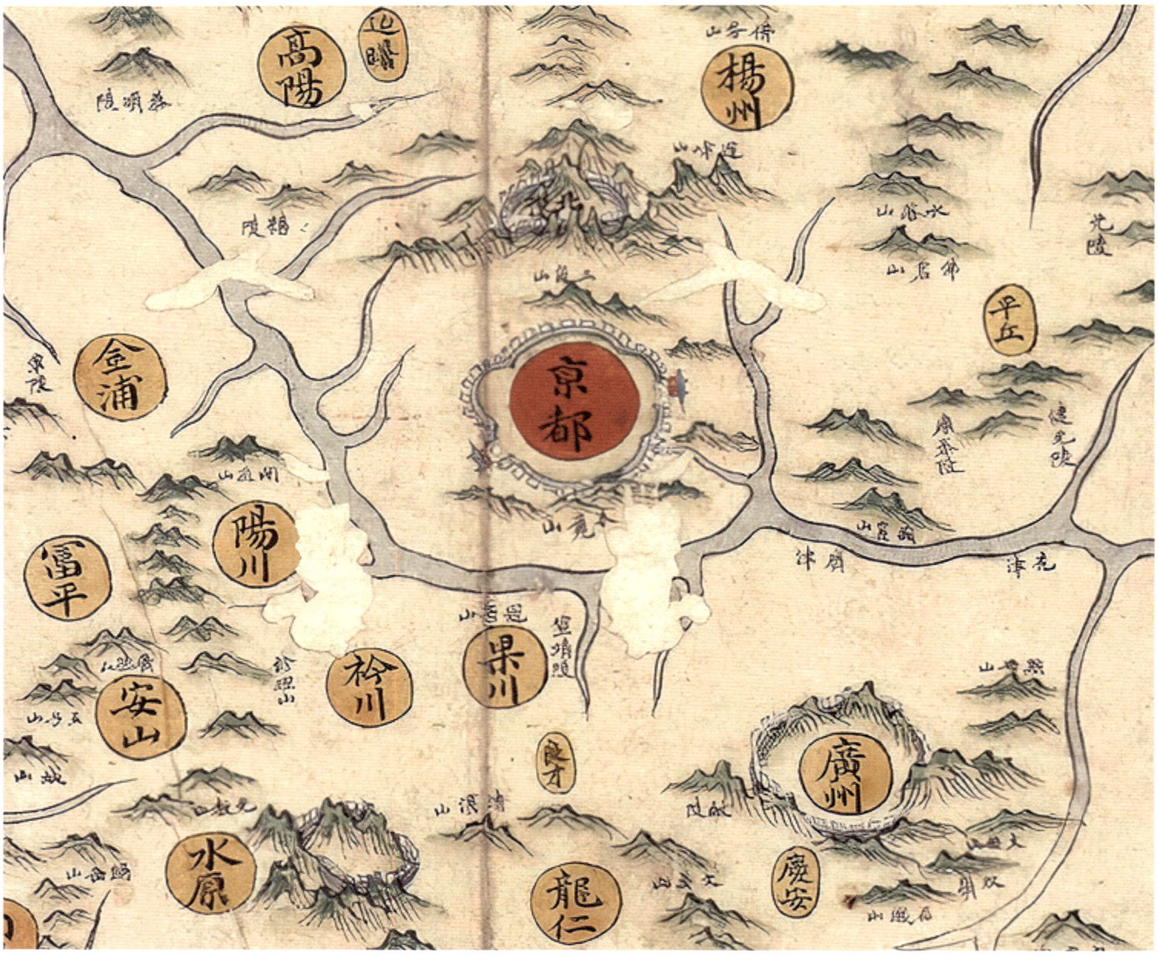

『海東地圖』에 나타난 조선시대(18세기)의 광진과 천호동 일대
서울대학교 규장각한국학연구원

천호동 일대에는 선사시대부터 광나루(광진; 廣津) 북단 한강 상류 지역에 주거지를 구축한 신석기 인류가 활동하였다. 또 삼국시대에는 한성 백제의 수도(풍납토성)가 자리 잡아 북방과 대치하며 선진 문화 수용의 무대가 되기도 하였고, 고구려의 침공을 받아 삼국 간 격전장이 되기도 하였다. 신라가 한강 유역을 차지한 이후에는 신라의 북방 진출의 교두보가 되었다. 고구려가 아차산성(阿且山城, 광진구 광장동 아차산)을 축조하고 신라와 대치할 때 신라군이 이곳에서 강을 건너기도 하였다. 반대로 고려 태조 왕건이 후백제를 공격하기 위하여 안동 지방으로 출정할 때도 이곳을 건너 남하하였다. 조선이 건국된 이후에는 고려의 많은 유신이 광진을 건너 광주군 일대로 은거해 왔다고 한다.

광진은 조선시대 한양이 수도가 되면서 크게 붐비기 시작하였다. 광주(廣州)를 비롯하여 여주와 충주 등지의 백성이 도성을 출입하기 위해서는 이 나루터를 건너야 하였기 때문이다. 조선시대 한강에는 일찍부터 나루터가 여럿 개척되었다. 그중 광진은 삼전도(三田渡), 서빙고진(西氷庫津), 동작진(銅雀津), 노량진(露梁津) 등과 더불어 주요 교통로로 기능하였다.[2] 조선왕조실록에서 '광진'이 등장하는 첫 번째 기록은 아래와 같다.

2 서울특별시사편찬위원회, 『동명연혁고(XI)』, 서울특별시, 1986, 155~156쪽.

> 상왕(정종)이 친히 건원릉에 제사하고 풍양들에 머물렀다. 이튿날 임금이 광나루에 나가 영접하여 잔치를 베풀고 밤에 돌아왔다.
>
> **『태종실록』 권20, 태종 10년(1410) 9월 2일.**

태종대 상왕 정종이 아버지 태조의 능을 참배하고 돌아오는 길에 태종이 광진에 나아가 맞이하는 모습이다. 이곳이 한양으로 들어오는 '길목'으로 위상을 가졌음을 보여주는 풍경이라고 할 수 있다.

이런 위상을 가졌기 때문에 광진은 조세로 징수한 미곡(米穀)이나 포목 등을 지방에서 한양으로 배를 이용해 운반하는 조운(漕運)에서 중요한 역할을 하였다. 지방 군현에서 조세로 징수한 미곡은 보통 인근의 강변 혹은 해안의 창고에 집적하였다가 정해진 기일에 한양으로 수송하였다. 1414년(태종 14)에는 수로의 안전 관리와 조운(漕運) 업무를 담당하기 위하여 충주에서 용산까지 수참(水站) 7개가 설치되었다. 광진에도 수참이 설치되어 별감(別監)을 상주시켰다. 광진의 별감은 강원도, 경기도 동남부, 충청도 북부 등지에서 운송하는 세곡을 관리·감독하는 임무를 맡았다. 광진 등에 별감을 설치한 일을 조선왕조실록은 아래와 같이 기록하였다.

> 처음으로 광진 노도 별감(廣津露渡別監)을 두었다. 경기도 관찰사가 아뢰었다.
> "도내의 임진(臨陣), 낙하(洛下), 한강에는 별감을 두고 인물의 출입을 점고하지만
> 금천(衿川), 노도, 광주 광나루, 용진(龍津)에는 관방하는 바가 없으므로 범죄하고
> 망명하는 사람들이 출입하기를 태연자약하게 하니 심히 미편(未便)합니다. 청컨대 좌도
> 수참 별감(左道水站別監)으로 하여금 광나루, 용진을 겸하게 하고 조강 별감(阻江別監)을
> 옮겨 노도를 관할하여 그 출입을 살피게 하소서."
> 임금이 그대로 따랐다.
>
> **『태종실록』 권28, 태종 14년(1414) 9월 2일.**

위의 기록에서 알 수 있듯이 광진에 별감을 둔 것은 단지 세곡의 운송과 관리만을 위한 것이 아니었다. 태종은 경기도 관찰사의 건의에 따라 종래 민간에서 임의로 통행하던 한강 일대 광진과 노량진 등의 나루를 국가에서 관리하기 시작하였다. 그리하여 광진의 별감에게는 나루의 관리와 더불어 범죄를 저지르고 도피하는 자, 변란을 도모하는 자 등을 감시할 임무가 주어졌다.

태종 14년에 실시된 일련의 나루 관리 정책은 이 시기 추진되던 조운 정책과 관련이 있다. 태종 3년과 14년에 경상도와 전라도의 세곡선 34척과 66척이 침몰하는 대형 사고가 있었다. 이 사고로 경상도에서는 1,000여 명, 전라도에서는 200명의 조군(漕軍)이 사망하였다. 이로 인해 경상도와 전라도의 세곡을 바다로 수송하는 조운 정책이 차질을 빚자 태종의 측근 하륜(河崙)의 주장에 따라 경상도의 세곡을 육로로 수송하여 충주에서 수납한 후 남한강 수운을 이용하여 한양으로 운반하도록 하였다. 이에 따라 남한강을 경유하는 충청도와 경상도의 세곡량이 크게 증가하였다.

이듬해(1415년)에는 진도 별감의 직제를 도승(渡丞)으로 바꾸었다. 이는 인사체계의 정비와 관계가 있다. 별감은 국왕의 구전(口傳), 즉 이조나 병조의 인사체계를 거치지 않고 국왕이 임명하였다. 이를 혁파하고 역승(驛丞)의 예에 따라 새롭게 도승을 임명한 것이다. 역승은 고려 말기 역 관리의 개혁책으로 정립한 관직으로서 종래의 관역사(館驛使) 대신 역마다 전담 관리자를 두고자 한 조치이다. 이는 조선시대에도 이어졌는데, 이를 본떠 진도(津渡)에도 공식적인 인사체계에 포함되는 도승을 임명하고자 하였다. 도승 중심의 진도제는 18세기 초 수도방어체계 강화의 하나로 각 진도에 별장(別將)을 파견하는 것으로 다시 개편되었다.[3]

3 문광균, 「조선전기 한강 진도제의 성립과 변화」, 『한국사학보』 76, 2019, 151~154쪽.

태종과 세종대를 거치며 이 일대가 국왕 행차의 핵심 경로가 되면서 광주의 마전포(麻田浦)가 새로운 진도로 부상하였다. 일찍부터 포구가 형성된 마전포를 경유하여 태종과 세종이 광주로 자주 행차하였기 때문이다. 이는 국왕이 교외로 나가 사냥하는 강무(講武)와 능행 때문

정선, 「광진」(1741)
간송미술관

이었다. 태종과 세종대에는 광주에서 강무가 40여 회나 실시되었다.[4] 또 광주는 세종대 이래 국왕의 주요 능행지였다. 1420년(세종 2) 원경왕후가 사망하자 광주 대모산에 헌릉이 조성되었다. 2년 후 태종이 사망하자 원경왕후 무덤 옆에 장사지냈다. 이어서 세종과 세종비 소헌왕후의 능도 헌릉의 서쪽 언덕에 조성되었다. 세종의 영릉은 이후 여주로 옮겨졌으나, 이후에도 성종·중종과 그 왕후의 능이 모두 광주에 조성되면서 역대 국왕의 광주 능행이 잦을 수밖에 없었다.[5]

그리하여 국왕의 광주 행차를 위하여 1420년 중랑천에는 살곶이다리(전관교; 箭串橋)라는 돌다리가 부설되었다. 이 다리를 건너면 나오는 곳이 바로 광진이다. 광진에서 한강을 건너 마진포에 닿아야 강무나 능행을 할 수 있었다. 광진과 마진포 사이에는 배다리(부교; 浮橋)가 가설되었다. 그러나 물살이 빨라 부교 설치가 어려울 때에는 배를 이용해 강을 건너기도 하였다. 이런 과정에서 마진포가 수로 교통의 요처로 부상하면서 1439년(세종 21) 이곳에 삼전도(三田渡)가 설치되었다.[6] 이렇게 삼전도의 위상이 높아지면서 상대적으로 광진의 위상은 낮아졌다. 1458년(세조 4)에는 공조의 건의로 삼전도승이 광진도승을 겸하게 하는 조치가 취해졌다.

> 공조에서 경기 관찰사의 계본에 의거하여 아뢰기를, "좌도의 수참판관은 직책이 조운을 맡았는데, 겸하여 정역(程驛)을 다스리므로 사무가 지극히 번극한데, 다시 광진도승을 겸함은 불가합니다. 청컨대 삼전도승으로 하여금 광진을 겸하여 다스리게 하소서" 하니, 그대로 따랐다.
>
> **『세조실록』 권12, 세조 4년(1458) 3월 24일.**

도승이 파견된 진도는 국가가 공식적으로 관리하는 영역이었으므로 조정에서는 이곳에 진선(津船)을 배치하였다. 각 진도에 몇 척의 진선이 배치되었는지 정확하게는 알 수 없지만, 삼전도에 3척의 진선이 배치된 것으로 보아 광진에도 2, 3척의 진선이 배치되었을 것으로 추정된다. 이 같은 관선(官船) 외에 사선(私船)도 운항하였다. 성종 5년(1474)부터는 사선의 운항이 공식적으로 가능하여 행객들에게 뱃삯을 받기도 하였다. 진선을 운항할 진부(津夫)도 배치되었다. 진도의 규모에 따라 진부가 차등 배치되었는데, 광진은 '중도(中渡)'로 분류되어 6명이 배치되었다. 한편 조정은 진도의 운영, 도승, 진부의 급료 충당을 위하여 늠전과 진부전을 분급하였다. 기록이 남아 있는 시기부터는 광진도승은 삼전도승이 겸하였으므로 광진에는 늠전이 별도로 분급되지 않았고, 진부전 3결(1485년 이후에는 7결)만 분급되었다.[7]

조선 후기에도 광진은 국왕이 능행을 할 때 건너는 지점으로서 큰 존재감이 있었다. 그리하여 영조와 정조대에는 국왕이 능행을 하며 광진을 건너는 대목이 자주 보인다.

> 임금이 헌릉에 나아가는데, 왕세손이 수행하였다. 먼저 창덕궁에 나아가 진전(眞殿)에 예를 거행하고 용주(龍舟)를 타고 광진을 건넜다. 그런데 닻을 제때에 내리지 못하고 먼저 내려 버렸으므로 군기시 관원을 거제부(巨濟府)에 충군하라고 명하고, 대신이 법을 적용하자고 청하지 않았다는 이유로 모두 중하게 추고하라고 명하였다.
>
> **『영조실록』 권110, 영조 44년(1768) 3월 21일.**

4 심승구, 「조선시대 사냥의 추이와 특성」, 『역사민속학』 24, 2007, 173쪽.

5 최완기, 「조선초기 한강 진도제의 정비와 운영」, 『사학연구』 71, 2003, 123쪽.

6 『세종실록』 권86, 세종 21년(1439) 7월 7일.

7 문광균, 「조선 전기 한강 진도제의 성립과 변화」, 『한국사학보』 76, 2019, 159~160쪽.

위의 기록에서 영조가 1768년 일흔을 넘긴 나이에 왕세손(정조)을 대동하고 헌릉에 참배하였음을 알 수 있다. 정조대에는 아버지 사도세자의 능을 수원 화성으로 옮김에 따라 한강을 건너는 능행이 더욱 잦아졌으므로 임금이 행차할 때 배다리를 가설하는 방안을 정리한 『주교지남(舟橋指南)』을 편찬하였는데, 그 가운데 광진 부분은 다음과 같다.

> 배다리의 제도를 정하였다. 현륭원(顯隆園: 사도세자의 능)을 수원에 봉안하고 1년에 한 번씩 참배할 채비를 하였는데, 한강을 건너는 데 있어 옛 규례에는 용주(龍舟)를 사용하였으나 그 방법이 불편한 점이 많다 하여 배다리의 제도로 개정하고 묘당으로 하여금 그 세목을 만들어 올리게 하였다. 그러나 상의 뜻에 맞지 않았다. 이에 상이 직접 생각해 내어 주교지남을 만들었는데, 그 책의 내용은 이러하다. (중략) 주교절목에 '배다리를 설치할 때는 나룻길을 먼저 보아야 하는데, 노량진 건널목은 양쪽의 언덕이 마주 대하여 높고 강복판의 흐름은 평온하면서도 깊다. 그리고 그 길이와 넓이도 뚝섬이나 서빙고에 비하여 3분의 1은 적어 지형의 편리함과 공역의 절감이 오강의 나룻길 중에 가장 으뜸이다. 이에 노량진 길을 온천에 행차할 때와 선릉(宣陵)·정릉(靖陵)·장릉(章陵)에 행차할 때 모두 이 길을 이용할 것을 영구히 결정하고, 헌릉(獻陵)·영릉(英陵)·영릉(寧陵)에 행차할 때는 광진으로 옮겨 설치한다'고 하였다.
>
> **『정조실록』 권30, 정조 14년(1790) 7월 1일.**

광진은 강폭이 넓고 주변 경치가 수려하려 탐승객(探勝客)이 즐겨 찾는 나루이자 정계에서 물러난 사람들이 한적하게 여생을 보내는 은거지로 인기가 있었다. 조선 후기의 화가 겸재(謙齋) 정선(鄭敾, 1676~1759)은 광진과 나루 뒤편 아차산이 어우러지는 풍경을 「광진」이라는 그림으로 남겼고, 당대 문명을 떨친 선비들은 광진 나들이의 감상을 시로 노래하기도 하였다.

경기도 관찰사와 대사간 등을 역임한 문신 유철(俞㯙, 1606~1671)은 유배지에서 돌아와 광진에 집을 짓고 살면서 과객들과 시모임을 갖는 것을 낙으로 삼았다고 하며, 이조참의·이조참판·한성부좌윤 등을 역임한 문신 이정기(李廷夔, 1612~1671)는 정치적인 사건으로 인하여 탄핵당하자 관직을 단념하고 광진에서 만년을 보냈다고 한다.[8]

천호동 일대는 1895년 칙령 제98호로 전국 행정구획을 23부 337군으로 개편할 때 한성부 관하 11개 군 중 광주군에 속하였다. 1896년 칙령 제36호로 전국을 13도 제도로 개편하면서 경기도 광주부에 속하였다. 1906년에는 칙령 제48호로 광주부를 광주군으로 개편하였다. 천호동 일대는 광주군 구천면(龜川面)에 속하였다.

일제강점기 이후 전국 행정구획을 다시 정비해 1914년 3월 1일 조선총독부령 제111호로 현재 천호동 일대의 당말과 벽동말 등을 병합하여 마을 앞에 놓인 굽은 다리(曲橋)의 명칭을 따서 곡교리라고 명명하였다. 이때부터 현재 천호동 일대는 대체로 경기도 광주군 구천면 곡교리를 중심으로 한 일대에 해당한다. 이때 조선총독부는 구천면(龜川面)의 한자가 복잡하다면서 구천면(九川面)으로 개정하였다.[9]

일제강점기 천호동 일대에는 곡교리 혹은 가운뎃말, 당말 혹은 당촌(堂村), 벽동말 혹은 벽동촌(碧桐村) 등의 마을이 있었다. 곡교리는 마을 앞에 굽은 다리가 있다고 해 붙은 명칭이며,

8 고동환 외, 『경강 광나루에서 양화진까지』, 서울역사박물관, 2017, 239쪽.

9 서울특별시사편찬위원회, 「천호동」, 『서울지명사전』, 서울특별시, 2009.

『春川』(1918)에 나타난 경기도 광주군 구천면 곡교리
국립중앙박물관

또 여러 마을 중 가운데에 있어서 가운뎃말이라고도 하였다. 당말은 마을 뒤에 신당이 있어서 비롯된 명칭이고, 벽동말은 마을 앞에 벽오동나무가 있어서 비롯된 명칭이다. 곡교리는 구천면의 중심으로서 면사무소 소재지기도 하였다.[10] 현재 강동구 천호동과 명일동의 경계를 지나는 지하철 5호선 굽은다리역으로 그 명칭의 흔적이 남아 있다.

일제강점기 초기 구천면은 전형적인 농촌의 풍광을 보인다. 이 점은 3·1운동 때 찾아볼 수 있다. 3·1운동 시기 구천면에서는 두 차례 만세 시위가 있었다. 1919년 구천면 상일리에서 약 50명의 주민이 참여한 시위가 벌어졌다.[11] 이튿날에는 농민 구회서가 주민 약 40명을 이끌고 광주군 서부면사무소(현재 경기도 하남시 초이동 행정복지센터 부근)와 구천면 헌병 주재소(현재 강동구 상일동) 앞으로 몰려가 '조선 독립 만세'를 외쳤다. 시위 과정에서 광주군 구천면과 서부면 주민이 모여들어 군중은 거의 1,000명 규모로 늘어났다. 시위대는 면사무소에 돌을 던지고 주재소를 습격하였다. 헌병이 한 발표에 따르면 사망자 2명과 부상자 10여 명이 발생하였으며, 8명이 검거되었다.[12] 이상 두 차례 구천면 만세 시위는 모두 야간에 발생하였으며, 산에 올라가 횃불을 들고 만세를 외쳤다는 공통점이 있다. 이 같은 '산상 횃불 시위'는 전형적인 농촌 지역의 시위 형태로서 당시 구천면의 지역적 특징이 어땠는지를 간접적으로 보여준다.

10 서울특별시사편찬위원회, 『동명연혁고(XI)』, 서울특별시, 1986, 158쪽.

11 「朝鮮總督府 內秘補 299號, 松永武吉(경기도장관), 1919.3.27.」, 『大正八年 騷擾事件ニ關スル道長 官報告綴 七冊ノ內二』, 국사편찬위원회 삼일운동데이터베이스.

12 「朝鮮總督府 內秘補 445號, 松永武吉(경기도장관), 1919.3.28.」, 『大正八年 騷擾事件ニ關スル道長 官報告綴 七冊ノ內四』, 국사편찬위원회 삼일운동데이터베이스; 「大正8年 刑第1202號, 具羲書판결문, 1919.5.6.」, 국가보훈처 공훈전자시스템.

을축년 대홍수가 지나간 강동지역(1925)
서울특별시 강동구, 『사진으로 보는 강동사』, 2004, 198쪽.

1920년대까지 구천면 곡교리는 전형적인 '시골 마을'의 풍광을 보이면서도 조선시대부터 형성된 서울로 들어가는 길목의 나루터라는 정체성이 있었다. 때문에 늘 강을 건너는 교통량이 많았다. 그런데 배로 강을 건너는 것은 한계가 있었다. 또 자연재해에도 취약하여 1925년 을축대홍수(乙丑大洪水) 때에는 상당한 기간 교통이 두절되었다.

> 광주군 구천면 풍납리는 호수가 백여 호이오, 인구가 사백여 명이 거주하던바 불의의 홍수로 가옥은 전부 류실하고 삼십이 인의 사망자를 내이였는데 리재민 사백 명은 목하군 당국에서 구호중이더라.
>
> 「廣州郡九川面에 三十二人死亡」, 『조선일보』, 1925년 7월 25일.

이런 가운데 광진을 건너다니는 교통량이 날로 증가하면서 1930년대 초 지역 유지들은 광진교를 가설해 달라는 청원을 조선총독부에 제출하였다. 청원의 대표자가 '박기환(朴箕煥), 영목양평(鈴木良平) 양 씨'인 것은 다리 가설 문제가 조선인과 일본인을 막론한 지역의 여론이었음을 잘 보여준다.[13] 나아가 이 문제는 단지 구천면 혹은 광주군만의 문제가 아니었다. 광진교 가설에 대해서는 "경릉가도(京陵街道)를 중심으로 강·충·경 등 삼도에 연락된 연쇄적 관계를 맺은 강원·충청·경상도의 각군 유지들은 광진교 가설 문제가 삼도 각군 교통 및 산업 발전에 있어서 지대한 영향이 있음을 통감하고 십여 군 관계자가 일대 연합 진정을 제출하게 되었다"는, 즉 이른바 '중선각지연합진정(中鮮各地聯合陳情)' 운동이 일어난 것이다.[14]

이 같은 진정을 기반으로 1년여가 지난 1934년 9월 경기도는 조선총독부의 보조금과 지방민의 기부금을 받아 86만 원의 예산으로 광진교 공사를 시작하였다.[15] 광진교는 2년여

13 「京, 廣要路의 廣津橋架設」, 『동아일보』, 1933년 7월 20일, 3면.

14 「關係十餘郡聯絡架橋實現猛運動」, 『조선일보』, 1933년 8월 3일, 4면.

15 「廣津橋架橋에 巨金을 寄附」, 『조선일보』, 1934년 3월 3일, 3면 ; 「廣津橋 架橋工事着手」, 『동아일보』, 1934년 9월 12일, 2면 ; 「京城東部偉觀廣津橋의 起工式」, 『조선일보』, 1934년 9월 21일, 2면.

만인 1936년 10월 준공되었다. 광진교는 전체 길이 1,037.6*m*, 폭 9.4*m*의 2차선 '콘크리트' 다리로서 '경남 구포의 낙동교 다음 되는, 두 번째로 긴 다리'였다.[16] 광진교의 가설로 서울에서 강원도와 충청도 방면으로의 교통은 획기적으로 개선되었다. 그러나 광진에 다리가 놓임으로써 오랜 세월 이어졌던 광진의 '나루'로서 갖는 정체성은 급속하게 축소되기 시작하였다.

16 「광나루橋落成式 十三日 橋上에서 擧行」, 『조선일보』, 1936년 10월 6일, 3면.

광진 일대는 전통적으로 강변에 조성된 '나루터 촌락'이었다. 그러나 1936년 광진교 가설은 마을의 성격을 크게 바꾸어 놓았다. 서울로 가는 교통로가 육로로 연결됨에 따라 교통 연결은 획기적으로 개선되었으며, 이에 따라 주변 지역의 도시화에 쉽게 영향을 미치기 시작하였다. 이런 영향으로 일대에 한강의 범람으로 형성된 질 좋은 진흙으로 벽돌과 옹기 등을 생산하는 공업이 발달하였다. 또 서울로 들어가는 여러 지역의 생산물이 모여들어 상업적 면모도 잘 갖추었다. 아래의 사고 기사는 1930년대 후반 구천면 곡교리에 어떤 공장이 생겼는지 잘 보여준다.

> 경기 광주 구천면 곡교리 백년연와공장의 인부들은 요사이 날이 더운 때문에 서늘한 곳을 차저가 자노라고 21명이 그곳 벽돌 굽든 가마 속에 들어가 자고 있든 중 21일 새벽 1시 반경에 돌연 가마가 우와 옆으로 무너져 잠이 깊이 들었던 사람들은 미처 피할 길을 못 찾고 무너지는 벽돌담에 묻히어 한 명은 즉사하고 두 명은 중상, 그 외 열여덟 명은 경상을 당하여 대소동을 일으켰다.
>
> **「觸處의 納凉慘劇, 廣州 百年煉瓦工場의 人夫 二十一名 死傷」, 『조선일보』, 1937년 6월 22일.**

이런 과정을 거쳐 광진 일대는 나루터 촌락에서 한강변의 교통과 상공업의 요지로 변모해 갔다. 아래 사고 기사는 이 무렵 자동차 통과 지점이 된 구천면 곡교리의 모습을 잘 보여준다.

> 시내京忠자동차부 4502호 버스를 운전수 강건희(28)가 운전하여 23일 오전 8시20분 경성을 떠나 장호원으로 향하던 도중 동 9시경 광주군 구천면 곡교리 이관동의 집 앞길에서 그 동리 김택모의 둘째 딸 금년 여섯 먹은 '간난이'가 동무 두 아이와 길가에서 놀다가 자동차 소리에 놀라 피하노라고 달아나다가 전기 간난이만이 그만 자동차에 치어 즉사하였다. 광주경찰서에서 곧 현장검시를 하는 동시에 운전수를 취조 중이다.
>
> **「뻐스에 轢死」, 『조선일보』, 1939년 4월 27일.**

한강변의 나룻배(1910년대)
서울특별시 강동구, 『사진으로 보는 강동사』, 2004, 25쪽.

광나루를 지나는 뗏목과 돛단배(1961)
서울특별시 강동구, 『사진으로 보는 강동사』, 2004, 25쪽.

1.2. 광복 후~1960년대 천호동 지역의 변화와 서울시 편입

광진 일대는 광복 후에도 중소 공업이 어느 정도 자리 잡은 지역으로서 '서울 부근의' 혹은 '서울로 진입하기 힘든' 서민의 주거지로 기능하였다. 이런 특징 때문에 6·25전쟁 때는 피란민의 정착지로 기능하기도 하였다. 전란 중에 피란민에게 배급되는 구호미를 둘러싼 분란이 일어난 것도 이런 점을 보여주며,[17] 아래 기사에서 전쟁이 끝나고 수년이 지난 후에도 이 마을에 정착한 피란민이 있었음을 알 수 있다.

17 「救護에 또 黑幕?」, 『조선일보』, 1952년 3월 26일, 2면.

> 광주군 구천면에는 35세대(130명)의 피란민이 정착 거주하고 있는데 생활이 극히 궁색하여 결식 상태에 있음을 안 구천면장 이현섭 씨와 곡교리 지서주임 한장빈 씨는 지방유지와 합심하여 곡교리 시장 상인으로부터 1만 4천 환을 모았는데 지난 18일 당지 출신 외자청장 최인규 씨가 이 사실을 알고 2만 환을 희사하여 합계 3만 4천 환으로 양곡을 구입하여 재급하고 있는바 피란민들은 감격케 하고 있다.
>
> **「定着難民들에 溫情」, 『조선일보』, 1957년 2월 23일.**

1950년대 강동구의 회사 현황

회사명	업종	사장	종업원수	주소
광성요업사(합자)	요업	박수길	77	구천면 성내리 63
제일연와(합자)	요업	정리선	95	구천면 곡교리 276
신영제와공장	요업	심종상	14	구천면 곡교리
영동개와공장	요업	최영원	14	구천면 암사리
금강요업사	요업	김연옥	25	구천면 전교리
삼화제와공장	요업	김연옥	20	구천면 전교리
삼우제와공장	요업	임문환	17	구천면 성내리
광성개와공장	요업	이경현	-	구천면 곡교리 403
금강토기공업사	요업	원순성	-	구천면 암사리 485
구천세멘트공업사	요업	이도련	-	구천면 곡교리 60
구천정미소	식료품 제조업	김해진	-	구천면 곡교리
구천산업사	식료품 제조업	김해진	16	구천면 곡교리 산3
구천양조장	식료품 제조업	심천식	-	구천면 곡교리 412
구천제사공업(주)	섬유공업	이용기	-	구천면 성내리 산18
약산직물공업	섬유공업	이창해	-	구천면 성내리 168
덕풍제재소	목재업	이준구	-	구천면 곡교리 402
신생화학공업사	화학공업	이창국	-	구천면 곡교리 254

강동구지 편찬위원회, 『강동구지』, 2002, 364쪽.

또한 구천면 곡교리는 1930년대 광진교가 부설된 이후 변화의 연장선에서 1950년대에도 벽돌 제조업 등을 중심으로 중소 공업이 발흥한 지역이었던 것으로 보인다. 실태를 구체적으로 알기는 어려우나 아래의 기사는 이 지역 공업의 편린(片鱗)을 보여준다.

> 폭풍으로 인하여 끊어진 고압선 전선을 답사하던 군인이 전류에 감전되어 변사한 불상사가 발생하자 경찰은 전기회사 측의 과실 유무를 조사하고 있어 주목을 끌고 있다. 경기도 광주군 구천면 곡교리 270번지에 있는 제일연와공장 구내에 가설된 남선전기회사 관리 서울~광주 간 300볼트 고압선 전주가 돌연 심한 폭풍으로 쓰러져
>
> **「끊어진 高壓線 踏査하다 絶命」, 『조선일보』, 1957년 11월 1일.**

제일연와(1959)
서울특별시 강동구, 『사진으로 보는 강동사』, 2004, 68쪽.

연와공장은 일제강점기 이래 이 일대에 설립된 대표적인 공장이다. 또 기사에서 볼 수 있듯이 구천면 곡교리에 자동차 수리 공장이 있었던 것은 일대가 교통의 요지인 점과 관련이 있다고 여겨진다.

> 6일 밤 10시 광주군 구천면 곡교리 ○○자동차수리공장 내에서 카바이트가 폭발이 되어 동리 강춘남(17), 조승천(16) 군 등 2명이 중경상을 입었다. 조사에 의하면 이들은 자동차수리공장 내에 있던 카바이트에서 가스가 나므로 이에 접근하여 성냥불을 켜자 폭발이 된 것이라 한다.
>
> 「두名이 重輕傷, 카바이트 爆發로」, 『조선일보』, 1959년 9월 6일.

실제로 1950년대 구천면 곡교리에는 서울로 출퇴근하는 인구가 많았으며, 서울의 '시내버스'가 운행하고 있었다. 구천면 곡교리에서 서울까지 버스 노선은 '적자는 안 나는 선'이라고 기사에서 언급될 정도로 많은 사람이 필연적으로 이용할 수밖에 없었고,[18] 구천면 곡교리와 서울은 긴밀하게 연결된 생활권이었다. 서울과 긴밀하게 연결된 생활권임에도 불구하고 이 일대는 공식적으로 서울 행정구역 밖이었기 때문에 여러 가지 문제가 있었다. 아래 기사에서 볼 수 있는 버스 차고지 분쟁 같은 것도 그런 사례이다.

18 「市營"뻐스" 運營에 提言함」, 『동아일보』, 1956년 10월 19일, 2면.

> 천호동은 광나루를 건너 경기도 광주군 구천면 곡교리. 옛말에 이곳은 천호의 집이 들어앉을 자리라서 붙은 이름인데 지금은 일천 호가 넘는 큰 동리가 되었고 주민들도 경기도민이라고는 하지만 서울과는 뗄 수 없는 주택지이며 남쪽 한수 이남의 농산물 집산시장이다. 이 때문에 행정지역상으로는 시외버스가 다녀야 할 처지이지만 서울역에서 17킬로나 떨어진 가장 먼 거리의 시내버스 노선이 이곳까지 뻗치게 된 것이다. (중략) 아침저녁으로 통학하는 월급쟁이와 학생들도 고생이지만 보따리 장사꾼이 더 큰 골탕이다. 채소며 과일 등을 보따리나 광주리에 이고 서울시내 장으로 팔러 가는 행상인들은 긴 다리를 건너는 것이 정말 고역이라는 것이다.
>
> 「발 잃은 千戶洞 住民들 서울 땅에 臨時 뻐스點」, 『조선일보』, 1961년 10월 29일.

위 기사에 따르면 1960년대 초 구천면 곡교리, 곧 천호동은 이미 '일천 호가 넘는 큰 동리'로서 '주민들도 경기도민이라고는 하지만 서울과는 뗄 수 없는 주택지'였다. 매일같이 광진교를 건너야 하는 서울로 출근하는 '월급쟁이, 학생, 보따리 장사꾼'이 존재한 것이다. 이런 점은 1960년 실시한 인구 총조사의 직업 구성에서도 잘 드러난다.

1960년 경기도 광주군 구천면의 직업별 인구 비율

산업별 분류	전국	경기도	광주군	구천면
총인구	24,989,241	2,748,765	139,865	20,624
산업별 취업자	7,036,359	728,400	36,304	5,186
농업, 임업, 수렵업 및 어업	4,620,197 (65.7%)	452,358 (62.1%)	28,103 (77.4%)	2,196 (42.3%)
광업 및 채석업	48,538 (0.7%)	2,077 (0.3%)	124 (0.3%)	113 (2.2%)
제조업	482,200 (6.9%)	50,946 (7.0%)	2,422 (6.7%)	1,150 (22.2%)
건설업	122,417 (1.7%)	12,922 (1.8%)	451 (1.2%)	241 (4.6%)
전기, 가스, 수도 및 위생서비스업	15,068 (0.2%)	1,787 (0.2%)	24 (0.1%)	13 (0.3%)
상업	589,912 (8.4%)	61,779 (8.5%)	1,878 (5.2%)	607 (11.7%)
운수업, 보관업 및 통신업	148,757 (2.1%)	20,825 (2.9%)	380 (1.0%)	189 (3.6%)
서비스업	947,802 (13.5%)	119,970 (16.9%)	2,759 (7.6%)	649 (12.5%)
분류 불능 외 산업	1,338 (0.0%)	197 (0.0%)	5 (0.0%)	0 (0.0%)
산업 미상	60,130 (0.9%)	5,539 (0.8%)	158 (0.4%)	28 (0.5%)

국가통계포털, 1960년 총조사 인구

1963년 서울시로 편입되기 전 마지막 인구 총조사에서 광주군 구천면 취업인구의 직업 구성을 전국, 경기도, 광주군 등의 단위와 비교해 보면 이 지역의 몇 가지 특징을 읽을 수 있다. 첫째, 농업, 임업, 수렵업 및 어업 인구 비율이 확연하게 낮다. 전국과 경기도는 60% 이상, 광주군은 77% 정도인데 구천면은 40%를 조금 넘는 수준이다. 그에 반해 제조업 인구 비율은 확연하게 높다. 전국, 경기도, 광주군 모두 6~7% 정도인데 구천면은 무려 22%를 넘는 수준이다. 그 밖에 전반적으로 비중은 작지만 높은 비율을 보이는 것은 광업 및 채석업, 건설업, 상업 등이다.

이상에서 구천면은 광주군에서도 도시화의 정도가 높은 지역이었음을 분명하게 알 수 있다. 이런 천호동의 지역적 특징은 가까이는 1930년대 광진교 가설에서 결정적으로 비롯되었다고 할 수 있다. '먼 기원'을 따진다면 그것은 조선시대 이래 한양으로 향하는 길목으로서 광나루의 번성에서 비롯되었다고 할 수 있다. 1963년 이 지역이 서울로 편입된 이후 1970년대부터 서울 동남부의 새로운 주거지로 주목받게 된 연원도 여기에 있다고 할 수 있다.

1970년대 천호동이 속한 강남 일대는 도시계획이 진행됨에 따라 인구가 증가하였다. 1975년 성동구의 인구가 100만 명을 돌파하게 되자 분구가 불가피한 상황이 되었다. 이 때문에 1975년 10월 1일을 기하여 대통령령 제7816호(1975.9.23. 공포)에 의해 성동구로부터 강남구가 분리·신설되었고, 천호동은 신설된 강남구로 이관되었다.[19]

이와 동시에 천호동은 당시 인구가 3만 9,377명으로 '인구 3만 이상의 동은 분동한다'라는 시의 원칙에 따라 분동 대상이 되었다. 천호동출장소 2개를 하나로 합쳐 하나의 구(區)로 만들겠다는 의견도 제시되었는데, 결과적으로는 1975년 10월 1일 서울특별시 조례 제981호에 의하여 천호동을 천호1동과 천호2동으로 분동하는 것으로 결정되었다. 이때의 관할구역을 보면 천호1동은 천호동 412번지를 기점으로 동 407번지를 거쳐 동 315번지에 이르는 천호로(지금의 구천면 길) 동남 측 지역이었으며, 천호2동은 천호1동장 관할구역을 제외한 지역을 포괄하였다.

천호1동의 규모를 보면 1㎢에 인구 2만 8,084명(남 1만 3,846, 여 1만 4,238) 5,841가구였고, 천호2동은 면적 1.1㎢에 인구 1만 2,589명(남 3,560, 여 9,029) 3,764가구였다. 한편 강남지역의 도시개발과 서울시의 강남 북부 인구 분할 시책에 따라 강남구의 인구 증가는 계속되었다. 인구가 60만이 넘어가자 강남구 신설 만 4년 만인 1979년 10월 1일 강남구는 또다시 분구를 결정하여 강남구와 강동구로 나뉘었다.[20] 천호출장소 또한 1979년 9월 26일 자로 공포된 대통령령 제9630호에 의하여 구로 승격되어(1979년 9월 23일에 공포된 서울특별시 조례 제1350호로 천호출장소 폐지) 천호동은 신설된 강동구로 이관되었다.[21]

그 뒤 천호동은 계속되는 인구 증가로 1980년 7월 1일 서울특별시 조례 제1413호(1980.3.31. 공포)에 의하여 천호1동에서 천호3동을 분동해 신설하였다. 분동 이후 천호1·2·3동의 규모를 보면 천호1동은 면적 0.52㎢당 인구 2만 3,754명(남 1만 2,015, 여 1만 1,739) 5,088가구, 천호2동은 면적 1.1㎢당 인구 3만 36명(남 1만 4,859, 여 1만 5,177) 6,696가구, 천호3동은 면적 0.59㎢당 인구 2만 2,417명(남 1만 1,014, 여 1만 1,403) 5,260가구였다.[22]

이러한 인구 증가는 천호동의 지역적 성격의 변화와도 연관되어 있다. 천호동은 1963년 서울시에 편입될 당시에도 경제활동 인구 2,206명 중 제조업, 상업, 서비스업에 종사하는 인구가 약 65%에 달하였다. 이는 함께 편입된 명일동, 길동, 둔촌동 등 인근 지역의 인구 대부분이 농업인구인 점과는 차이를 보이는 것이었다. 천호동의 중심부에는 이미 천호 구시장과 신시장, 동부종합시장과 천호동의 명동 격인 구사거리 상가가 상업의 중심가를 이루고 있었다. 이러한 시장은 천호동 주민을 위한 시장이라기보다는 경기도의 광주, 이천, 장호원 등지에 납품하기 위하여 조성된 시장이었기 때문에 상권은 이미 확장된 상태였다고 할 수 있다. 또한 시장 주변부에 새롭게 문을 여는 상가와 상점 등이 늘어나면서 새로운 상업인구 또한 꾸준히 유입되었다.[23]

19 「一市行政區域改編의 意義 '區勢'의 平準化」, 『동아일보』, 1975년 9월 13일, 6면.

20 「市방침 성동區 年內分區」, 『동아일보』, 1975년 3월 4일, 6면.

21 서울특별시사편찬위원회, 『동명연혁고(XI)』, 서울특별시, 1986, 153쪽.

22 서울특별시사편찬위원회, 『동명연혁고 (XI)』, 서울특별시, 1986, 154쪽.

23 「市場 어제 오늘(14) 千戶시장」, 『경향신문』, 1971년 12월 18일, 6면.

> 천호동 네거리 천호동의 명동에 자리 잡은 구시장은 20년 전통의 토박이 시장, 천호동 네거리를 중심으로 길가에 늘어선 5백여 점포가 상가를 이루고 있다. 이곳에서 10여 년간 잡화상을 해 오고 있는 강덕영 씨는 손님들 대부분이 오랜 고객이어서 값을 조금만 비싸게 부르든지 나쁜 상품을 팔면 그다음부터 찾아오지 않는다고. 이 때문에 대부분의 가게들이 규모의 크고 작은 것과 관계없이 대도매상이나 생산자와 직접 연결되어 있어 중간 이익을 없애야만 장사를 할 수 있는 특수지역이라고 밝혔다.
>
> 「市場 어제 오늘(14) 千戶시장」, 『경향신문』, 1971년 12월 18일.

천호동은 현재 '천호 구사거리'라고 부르는 지역을 중심으로 강동구의 교통과 상업의 요충지로 1970년대 초까지 성장하였다. 1970년대에 들어와서 강남·강동지역의 개발 효과로 발전하기 시작하였고, 도시경관 또한 변모하였다. 일찍 개발된 천호동의 중심지는 도시계획에 의한 개발이 아니었으므로 가로망이 무질서하고 불규칙적이었으며 주택지구가 낮은 지대에 발달하여 새로운 도시계획에 의한 개발이 필요한 상황이었다. 여기에 1960~1970년대를 거치면서 서울이 발전하고 그에 따라 인구가 급격하게 증가하면서 인구 분산의 필요성이 절실해졌으며 주택 부족이라는 문제를 해결해야만 하였다. 주택 부족 문제는 주택지 개발이 선결되어야 하는 문제였다. 도시개발이 늦어졌던 강동지역을 중심으로 주택지 개발 사업이 시작되었다.[24] 이때 천호동 지구 개발로 계획된 것이 천호 토지구획정리사업과 암사 토지구획정리사업이었다.

앞서 언급한 바와 같이 강동구 일대의 도시계획은 1970년대 이전까지 뚜렷하게 진행된 사업이 없었다. 1970년에도 천호동 지역주민들은 도시계획이 확정되지 않아 생기는 애로사항을 양택식 시장에게 호소하였고, 양 시장은 광주 대단지 개발이 끝난 후 1970년 말까지는 도시계획을 확정하겠다고 공약하기도 하였다.[25] 천호동은 당시 강동구 일대에서 시내로 가려면 광진교를 거치는 방법밖에 없었기 때문에 천호동에 대한 도시개발계획의 기대감은 다른 지역보다 상대적으로 높았다.[26]

1970년대 시행된 두 차례의 토지구획정리를 통한 주택지구 건설과 더불어 천호·암사 지역 주민들의 교통 불편 해소를 위하여 서울시는 버스 종점이었던 천호동 지역의 지역적 특징을 이용하여 암사지구의 571번 버스(암사 시영아파트~을지로6가) 10대와 568번 버스(명일동~청량리) 20대를 추가로 운행하도록 지시하였다.[27] 또한 당시 새로 개발되는 지역의 단지 아파트 입주민들이 겪고 있었던 인프라 부족 문제를 해결하기 위하여 5억 9,680만 원을 추가로 투입하여 어린이 놀이터, 시장, 생필품 센터, 초등학교, 공중전화 부스 등을 추가로 설치하였다.[28] 상권이 중심이었던 천호지구와는 다르게 암사지구는 주거지역으로 계획되었다. 이후 1980년대 천호동과 면해 있는 암사동·명일동·둔촌동·길동 지역에 대규모 민간 아파트가 건립되면서 천호동은 상업지구와 주거지구의 성격을 동시에 지니는 강동구 중심도시로 성장하게 되었다.

천호동 일대는 강북 및 시내로 진입하려면 광진교를 넘어갈 수밖에 없었다. 이 길은 과거부터 지금까지 '구천면로[29]'라고 불리는 길인데, 앞서 언급한 것처럼 강동구 일대에 인구가 증가하고 천호·암사 토지구획정리사업이 진행되면서 광진교가 더 이상 늘어나는 교통량을 감당할 수 없게 되어 대책이 필요한 상황이었다. 이에 서울시는 천호동에 천호대로를 만들고 광진교의 교통량을 분산할 수 있는 천호대교의 건설에 착수하였다.

24 서울특별시사편찬위원회, 『동명연혁고(XI)』, 서울특별시, 1986, 161쪽.

25 「千戶洞지역 都市계획 이달 末까지 확정」, 『경향신문』, 1970년 11월 13일, 8면.

26 「기지개 하는 首都圈에 不動産 바람(下) 편입豫定地」, 『경향신문』, 1970년 1월 28일, 8면.

27 「鷺室·岩寺地域 버스路線 일부 調整」, 『동아일보』, 1976년 9월 11일, 6면.

28 「鷺室·岩寺·月溪아파트 團地 13억원 投入 생활여건 造成 10월까지 완성」, 『경향신문』, 1976년 6월 1일, 8면.

29 현재 서울특별시 강동구 상일동에서 시작하여 강동구 중심을 통과하여 광진교를 넘어 광진구 광장동 광진청소년수련관 앞까지 이어지는 도로이다.

천호대교는 남쪽으로는 천호 토지구획정리사업지구를 지나고 북쪽으로는 워커힐을 지나 중화동, 천호대로와 연결되는 서울 동북부에서 매우 중요한 역할을 할 것으로 기대하며 설계된 교량이었다.[30] 1969년도부터 제7한강교로 광진교 하류 300m에 지어질 것으로 계획된[31] 천호대교는 실제로 1973년에 준공된 영동대교 이후 1974년 본격적으로 착공되었다.

사실상 천호동 일대는 토지구획정리가 이루어지는 가운데서도 투기 열풍이나 지가가 크게 오르는 등의 이슈가 없었는데, 그것은 시내로의 교통이 매우 불편하였기 때문이다. 광진교는 교통량을 감당하기 어려웠으며 그마저도 노후화되어 위험한 상황이었다. 또한 시내까지 가는 대안이 없던 상황에서 천호대교의 착공 소식은 천호동 일대의 지가 상승의 원동력이 되었으며 지역주민들에게도 희소식이었다.[32]

천호대교는 너비 25.6m, 길이 1.15km 총공사비 38억을 투자하여 1976년 한강의 8번째 다리로 완공되었다. 천호대교의 공사로 인해 당시 광진교는 일시적으로 소형차와 자전거만이 통행할 수 있도록 하였다. 천호대교의 개통으로 인하여 천호대로도 완공되었다. 이때 박정희 대통령은 천호대교와 천호대로의 준공식에 참석하고 자동차로 남부순환도로를 시찰하면서 "천호대교의 준공으로 인하여 부도심-도심, 도심-외곽으로 이어지는 일이 편리하게 되었다"라고 하면서 강남지역의 도시개발을 종합적으로 계획하도록 지시하기도 하였다.[33]

천호대로는 서울의 외곽을 둘러싸는 3개의 순환선과 개발지역의 간선도로인 14개 방사선을 건설하는 과정에서 방사 4호선이라는 이름으로 착공되었다가 준공 당시 천호대로로 명명해 개통되었다. 천호대로는 엄밀하게 말하면 단일도로는 아니고 3개소의 교량과 1개소의 고가도로가 주도로로 이어지는 복합도로이다. 때문에 구간마다 일제히 착공을 시작하였다.

천호대로의 건설은 서울시 건설 행정사에서 중요한 의미가 있다. 지금까지 서울시의 건설행정은 계획선만 그어놓고 공사는 부분적으로 시행하는 것이 관례였다. 계획은 되었으나 공사가 이루어지지 않는 동안 지역의 지가가 올랐기 때문에 막상 공사가 시작되면 시에서 막대한 보상비를 지불하는 것이 큰 문제였다. 반면, 천호대로는 구간별로 일제히 공사를 진행하여 전 구간을 한꺼번에 개통하였기 때문에 비용을 낭비하지 않았고, 서울시 도로 중 역대 최대 규모

30 「개발지역 總点檢(6) 千戶地區」, 『동아일보』, 1975년 9월 23일, 6면.

31 「연내 6.7 漢江橋 착공」, 『조선일보』, 1969년 11월 12일, 4면.

32 「천호지역 땅값 강세 대교건설에 영향」, 『매일경제』, 1974년 7월 17일, 6면.

33 「朴大統領, 서울外廓開発시찰서 지시 "江南地域개발 綜合的인검토 環境整理 철저히"」, 『매일경제』, 1974년 7월 6일, 1면.

구자춘 전 서울시장 천호대교 공사 현장 시찰(1975)
서울기록원

천호대교 가설공사 조감도(1974)

완공된 천호대교 전경(1976)
서울기록원

천호대교 교각 기초(1975)

의 건설사업을 성공적으로 마무리하였다는 점에서도 의미가 있었다.[34]

천호동에서 천호대교를 넘어 군자~전농동~답십리~신설동으로 이어지는 천호대로는 위와 같은 의미가 있는 사업이었으므로 여러 신문에서 단독기사로 다루었다. 대부분의 기사는 '이전에는 도심에서 천호동까지 1시간이 훨씬 넘게 걸리던 것이 천호대로 개통 이후에는 20분 만에 갈 수 있다'라는 점과 '군자교를 넘어 동부간선도로, 남으로는 경부고속도로와 이어지고, 북으로는 의정부와 춘천 방면으로 사통팔달한 도로'라는 점을 크게 강조하였다.[35]

천호대교와 천호대로의 개통은 강동지역이 새로운 부도심으로 자리 잡는 초석이 되었다. 당시 천호동의 유일한 대중교통이었던 버스의 경우 천호동에서 잠실교로 돌아나가던 5개의 버스 노선 171대의 버스가 천호대로로 직접 운행하게 되었다. 또, 군자교 인근까지 6개 노선 126대의 버스가 천호대로로 연장 운행하게 하였다.[36] 이는 교통량의 분산을 보여주는 것이었고, 천호동 주민들의 도시 인프라 또한 점차 갖춰 간다는 것을 의미하였다. 이러한 인프라의 증가는 강동구의 인구 증가로 이어졌으며 결론적으로 1980년대에는 천호대교와 천호대로가 서울 동북부의 교통량을 감당하기 어려워 추가로 한강 교량과 도로를 건설해야 한다는 논의에까지 이르게 되었다.

34 「달라지는 서울 새모습 千戶大路」, 『경향신문』, 1976년 7월 2일, 6면.

35 「새서울 (1)」, 『동아일보』, 1976년 7월 3일, 6면.

36 「千戶大路 開通따라 버스路線 대폭調整」, 『경향신문』, 1976년 7월 5일, 6면.

천호대교 상판 공사(1975)

② 천호동 공간의 특성 및 변화

시기별 천호동의 공간 특성은 크게 세 단계로 구분된다. 첫 번째는 1963년 서울시 편입까지로, '서울의 외곽도시' 단계이다. 두 번째는 '도심 인프라의 구축' 단계로, 1966년 서울 도시기본계획 수립에서부터 1995년 파이롯트 공장 이전에 따른 천호공원 조성 시기이다. 마지막은 '강동의 중심 도심지로서의 정체성' 단계로, 2003년 뉴타운 지구 지정에서부터 현재까지이다.

시기별 천호동 공간 특성

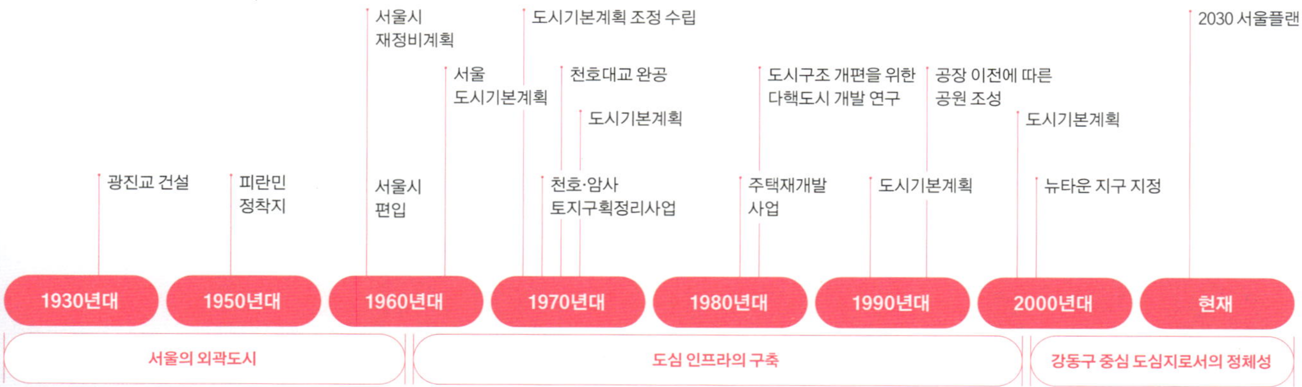

광나루한강공원과 천호동의 모습

천호동은 조선시대 경기 광주목에 속했다가 1895년 윤 5월 1일 칙령 제98호에 의하여 태종대에 제정되었던 8도제가 폐지되고 전국이 23부 337군으로 개편될 때 한성부 11군 중 광주군에 속하였다. 그 뒤 1년 3개월 만인 1896년 8월 4일 칙령 제36호로 전국을 다시 13도 339군으로 개정하고 5등으로 구분하였는데, 천호동은 경기도 38군 중 1등에 해당하는 광주부에 소속되었다. 이어 1906년 10월 1일 칙령 제48호(1906.9.24. 반포)에 의해 광주부는 광주군으로 개칭되었는데, 이때 천호동은 광주군 구천면에 속하였다. 1914년 3월 1일에는 조선총독부령 제111호(1913. 12.29. 공포)에 의한 경기도 구역 확정이 있었는데, 이때 일대 당말·벽동말을 병합하여 마을 앞에 놓여 있던 굽은 다리(曲橋)의 이름을 따서 곡교리라고 하였다.[37]

1911년 측량된 지적원도와 1926년의 지형도를 통하여 곡교리를 살펴보면, 지도의 동쪽에 경계로 자리하는 물길이 보인다. 아울러 언덕으로 인하여 강바람으로부터 보호할 수 있는 아래쪽 기슭으로 민가가 모여 있다. 이곳을 당말[38]이라고 불렀다. 두 언덕 사이로 뻗어 나온 길이 곡교리의 동서를 두 갈래로 가로지르고 있는데, 이는 현재 천호공원의 위아래로 난 올림픽로와 천중로인 것으로 보인다. 작은 소로는 지도의 동쪽에 민가를 중심으로 형성되어 있다. 답(畓)은 민가와 동쪽 끝 물길의 사이에 주로 분포해 있으며, 지도의 서쪽인 현재의 천호2동에 해당하는 한강 쪽으로는 전(田)이 분포하고 있다. 과수원은 민가 근처 언덕에 분포하고 있다. 곡교리는 지목의 성격별

37 서울특별시사편찬위원회, 『동명연혁고(XI)』, 1986, 152쪽.

38 당말은 당촌(堂村)이라고도 불리었는데, 신당이 있던 것에서 마을의 이름이 유래하였다.

시대별 동명 변천

조선시대	京畿 廣州牧 龜川面 曲橋里
1895	漢城府 廣州牧 龜川面 曲橋里
1896	京畿道 廣州府 龜川面 曲橋里
1906	京畿道 廣州郡 龜川面 曲橋里
1914	京畿道 廣州郡 九川面 曲橋里

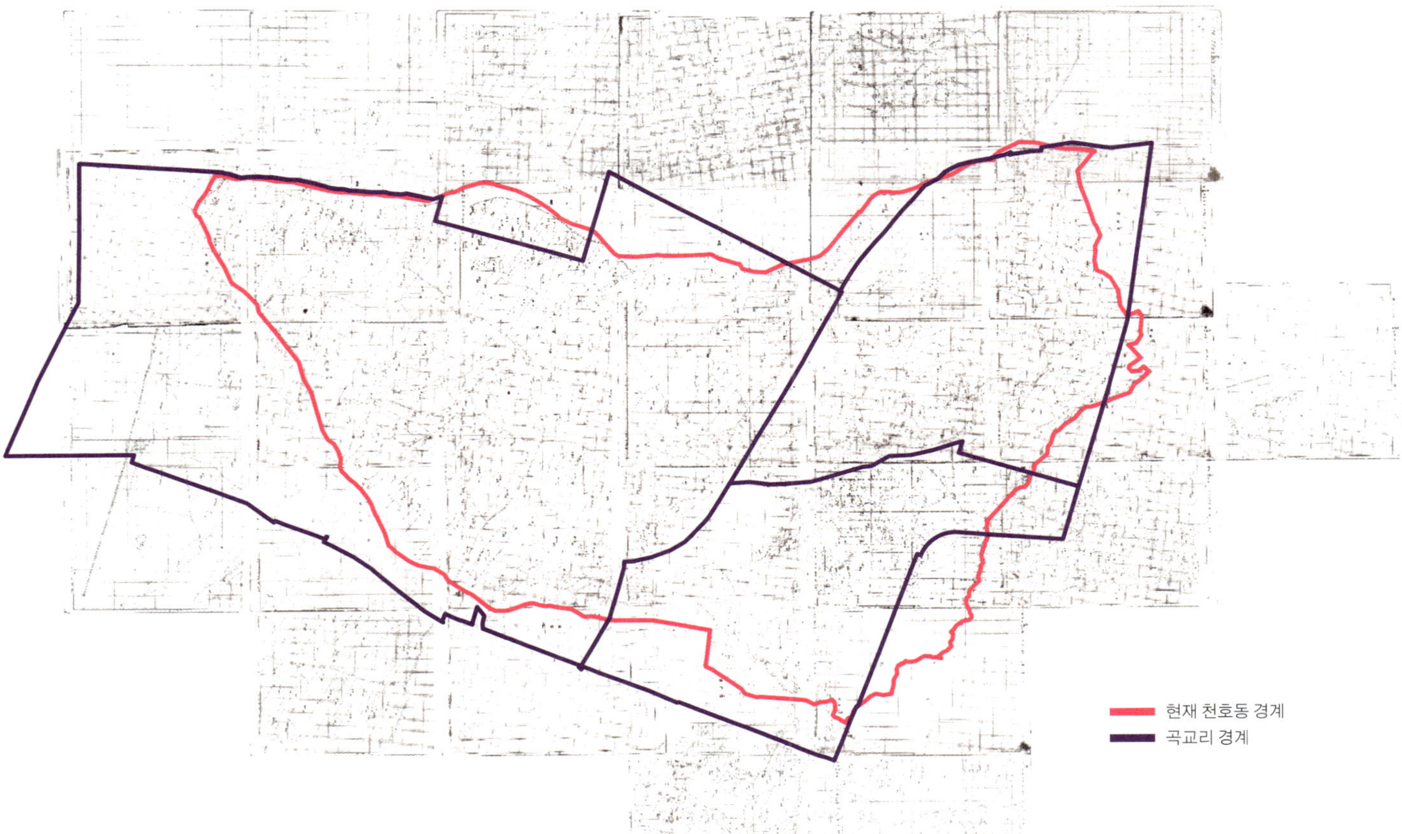

곡교리 일대 지적원도
국가기록원(지적아카이브)의 곡교리 지적원도를 바탕으로 제작하였다.

로 묘지 2, 집 27, 임야 37, 답 106, 과수원 6, 전 345로 형성되어 있다.

국가기록원의 1912년 경기도 광주군 구천면 토지조사부 데이터를 분석한 결과 곡교리에는 총 41개의 성씨가 있었던 것으로 나타났다. 지목별 분포와 곡교리 성씨별 분포를 비교해 보면, 지도의 동쪽에 민가가 모여 있던 곳의 토지 소유주는 주로 심(沈) 씨와 이(李) 씨였음을 알 수 있고, 전답의 소유주는 이(李) 씨와 김(金) 씨가 많았던 것으로 보인다.

곡교리의 5대 성씨는 이(李)·김(金)·심(沈)·국(國)·구(具) 씨 순으로 각각 35%, 15%, 14%, 4%, 3.8%를 차지하며 이는 전체 성씨 수의 약 71%에 달한다. 이 중 눈길을 끄는 것은 14%의 비중을 차지한 심(沈) 씨로, 대한민국의 4대 성씨가 김(金)·이(李)·박(朴)·최(崔) 씨인 것을 고려하였을 때 그 수치는 상당하다고 볼 수 있다.

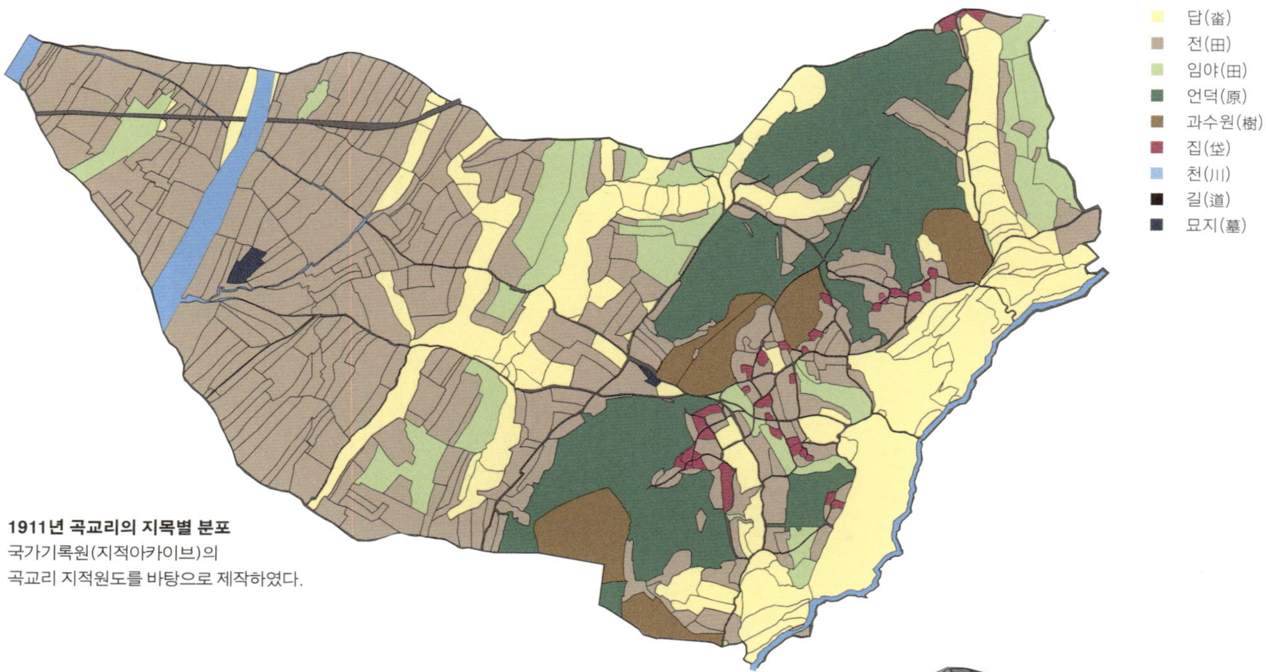

1911년 곡교리의 지목별 분포
국가기록원(지적아카이브)의
곡교리 지적원도를 바탕으로 제작하였다.

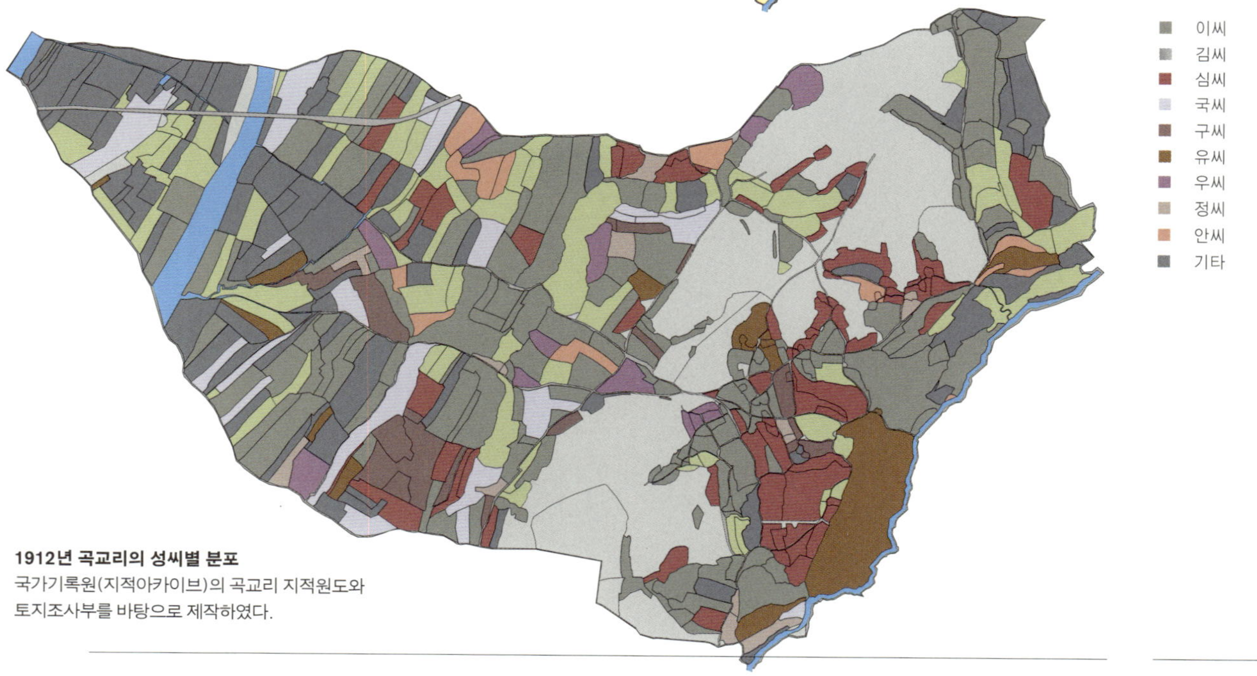

1912년 곡교리의 성씨별 분포
국가기록원(지적아카이브)의 곡교리 지적원도와
토지조사부를 바탕으로 제작하였다.

천호동 토박이 인터뷰에 따르면 천호동과 인접한 강동구 하일동에 청송 심씨 가문이 450년째 집성촌을 이루고 있어 천호동까지 영향을 미친 것으로 보인다.

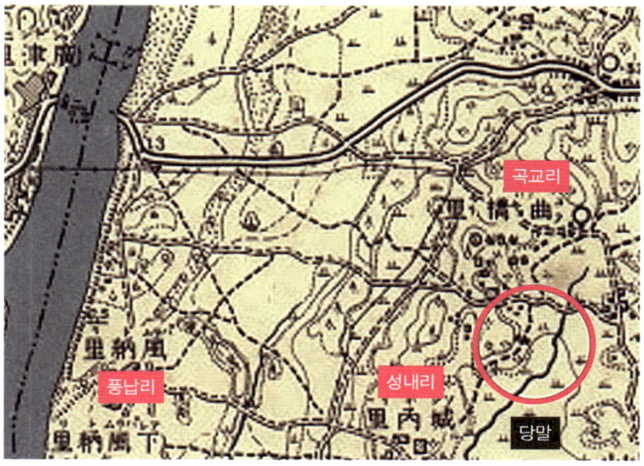

1926년 곡교리 지형도
국토지리정보원

심우민(남), 63세, 천호동 거주

> 청송 심씨는 여기서 이제 대대로 살았거든요. 한 300~400년, 정확한 기록은 없어요. 기록은 없는데 산소나 이런 걸로 봐서는 300~400년 정도 산 것으로 추정이 되고요.

1936년의 광진교 건설은 경강의 주요 나루터였던 광나루의 모습을 변화시켰다. 광나루는 서울에서 충주를 거쳐 동래로, 원주를 거쳐 동해안으로 가는 주요 길목에 위치한 도선장으로 1920년대에는 발동기선으로 나룻배를 끌어 화물차나 버스도 건널 수 있었다. 이후 교통량이 격증하자 경기도에서 이 지점에 다리를 놓을 계획을 세웠다. 이후 광진교는 경기도가 총독부의 보조금과 지방 관민의 기부금을 받아 84만 3,000원의 공사비로 교량 공사를 1934년 8월에 착수하여 1936년 10월에 준공하였다.[39] 한강의 북쪽과 남쪽을 잇는 광진교 건설을 통하여 강동구는 동남권 도로망의 중심지로 자리 잡았다.

1950년대 전란 후 천호동은 피란민 정착지로 자리매김하였다. 피란민들이 어느 지방에서 왔느냐에 대한 의견은 분분하나 황해도 연백·연천 혹은 강원도 철원에서 넘어온 이들로 구성된 피란민촌이 있었던 것은 사실로 보인다.

김종수(남), 80세, 천호2동 거주

> 여기에 6·25 때 황해도 연백, 연천 이런 데서 피란민들이 한강 다리를 건너서 천호동에 정착했어요. 그래서 황해도 연백 사람들이 천호동에 굉장히 많이 살고 지금도 많이 살아요.

피란민들은 구사거리 일대에서 추위를 피하려고 움막을 짓고 생활을 이어 나갔다.[40] 당시 곡교리(천호동) 원주민들은 농업을 주 생업으로 삼았으나 경작지를 가지지 못한 피란민들은 일할 곳이 필요하였다. 때를 맞춰 새롭게 모여든 노동력으로 공장들이 들어섰고, 피란민들은 공장에서 일하거나 장사를 시작하였다. 몇몇 피란민들은 술집을 차리기도 했는데, 고향의 이름을 상호에 밝혔다.

피란민에 의해 형성된 구사거리 주변은 인구 증가에 따라 점차 발달해 갔다. 구천면사무소와 구천지서 등의 관공서를 시작으로 이발관, 주유소, 약국 등의 편의시설이 들어서게 되었다.[41] 구사거리 일대에 난전이 펼쳐져 장사진을 이루던 곳에는 천막이 들어섰는데, 이는 천호동 시장의 모태가 되었다. 이로써 시장, 관공서, 편의시설이 모여든 구사거리는 천호동의 중심지로 거듭나게 되었다.

39 서울특별시사편찬위원회, 『한강의 어제와 오늘』, 2001, 330~331쪽.

40 심우민(남, 63세, 천호동 거주) 구술

41 서울특별시 강동구, 『사진으로 보는 강동사』, 2004, 64쪽.

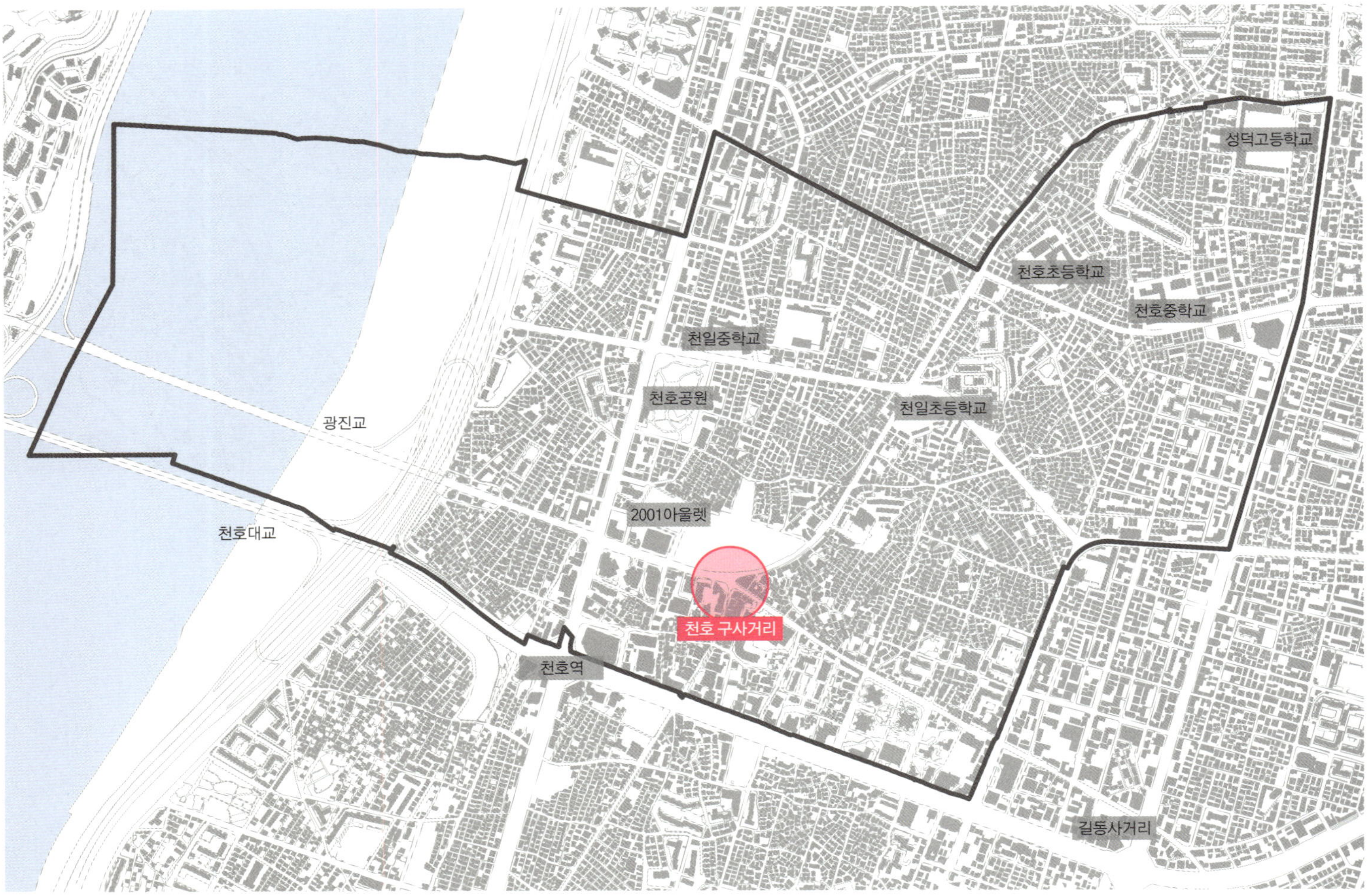

피란민들이 모여 살았던 구사거리 일대

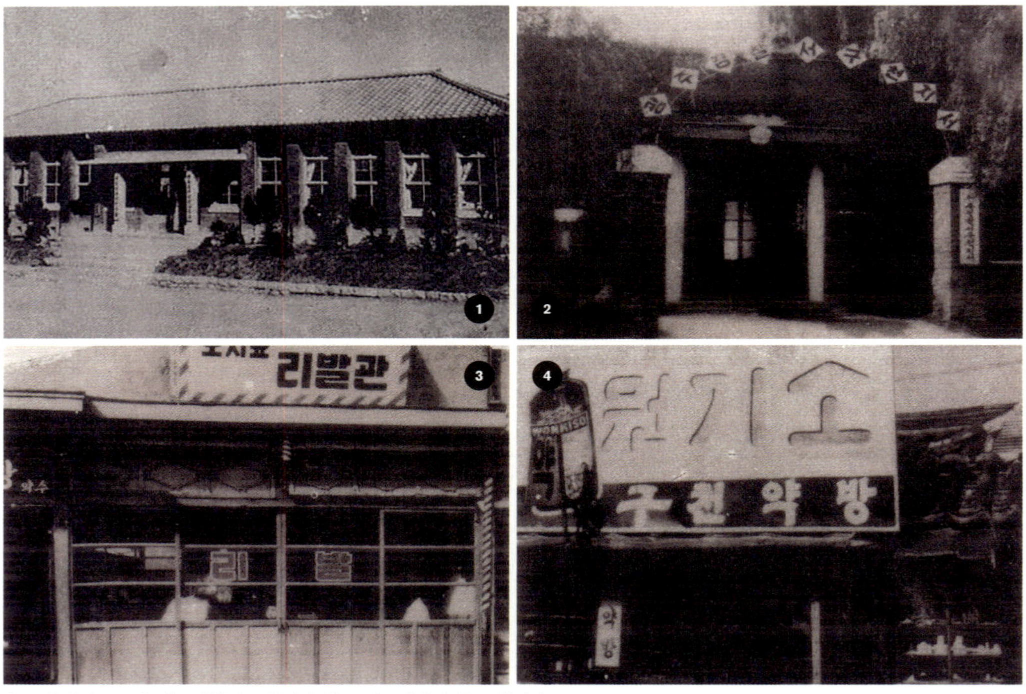

① 구천면사무소 ② 광주경찰서 구천지서 ③ 오시요이발관 ④ 구천약방
서울특별시 강동구, 『사진으로 보는 강동사』, 2004, 64~65쪽.

본래 천호동의 지명은 구천면 곡교리로, 서울시가 아닌 경기도 광주군에 속하였다. 구천이라는 지명은 조선 전기 이조판서였던 어효첨(魚孝瞻, 1405~1475)의 호인 구천(龜川)에서 따온 것으로 함종 어씨 집성촌이 있는 고덕동 일대를 구천면이라 칭하였다. 구천면 곡교리에서 천호동이라는 지명을 가지게 된 것은 서울시 편입 이후이다. 천호라는 지명에 대한 유래는 여러 설이 있는데, 그중 하나는 일제강점기 광진교의 준공식 때 곡교리에 살던 최 씨 노인이 뒷산 북망지(北望地)에 올라 "이곳에 집이 천호(千戶)는 들어설 것이다"라고 한 이야기에서 비롯되었다는 것[42]이고, 또 다른 하나는 오래된 마을이 많았던 동네로 불리게 되면서 1,000개의 문짝집이라는 뜻의 천호(千戶)라 불리었다[43]는 것이다.

42 전하억, 『6,000년 역사 강동구 이야기』, 서울강동농업협동조합, 2019, 48쪽.

43 강동문화원, 『강동6천년 文化로 흐르다』, 2020, 95쪽.

44 「서울특별시·도·군·구의 관할구역 변경에 관한 법률」, 법률 제1172호, 1962년 11월 21일.

45 「서울특별시 은평구 등 7개 구 설치 및 구 관할구역 조정에 관한 규정」, 대통령령 제9630호, 1979년 9월 26일.

박성직(남), 71세, 서울강동농협 조합장

> 천호동의 유래는 1936년 광진교 오픈 행사를 했을 때 천호동에 지역 유지로 계셨던 최 씨 어른이라고 계셨는데, 그 어른이 천호동의 가장 높은 곳 지금 천호동성당이 제일 높은 지역이에요. 거기서 내려다보니까 그 당시에는 널따란 들판이었겠죠. 그래서 '여기는 천호 정도는 사람이 들어와 살겠다'라고 말하면서 천호동이란 명칭이 생겼어요.

면사무소 간판을 떼고 성동구에 속한 천호출장소(1963)

서울시 강동구 천호동이 된 것은 1960년대의 일이다. 경제개발 5개년계획을 통한 급격한 산업화는 서울의 인구를 증폭시켰다. 인구의 증가 속도는 대단하였는데 국가통계포털에 따르면 1960년 서울특별시의 총인구는 244만 5,402명이었으나 1966년에는 379만 3,280명으로 6년 만에 약 130만 명이 증가하였다. 이에 따라 1963년 서울시는 인근의 경기도 양주군·광주군·김포군·부천군·시흥군의 일부 혹은 전부를 편입하였고, 이 과정에서 경기도 광주군 구천면 곡교리는 서울시 성동구로 편입되었다.[44] 이후 서울특별시 조례에 따라 성동구 천호출장소가 1963년 1월 1일 천호동에 설치되었다. 1975년 성동구의 강남 지역이 강남구로 분구되며 강남구 천호출장소로 전환되었다. 1979년 10월 1일에는 대통령령 제9630호[45]에 따라 천호출장소 관할 지역이 강동구로 승격되어 천호동은 마침내 강동구에 속하게 되었다.

2.2. 도심 인프라의 구축

11개 부도심	
공업적 부도심	영등포
경공업 중심	성수동
상업적 부도심	길음동
농공업적 부도심	망우
농상업적 부도심	응암동, 말죽거리
위락적 부도심	천호동
커뮤니티 센터	구로동, 불광동, 수색역, 수유동

서울특별시, 『서울 도시계획의 변천 2001 연혁집』, 2001, 80쪽.

1962년 「도시계획법」이 법률 제983호로 제정 및 공포되었다. 이는 도시의 건전한 발전을 도모하고, 공공의 안녕질서와 공공복리 증진에 기여[46]하여 국민 전반의 삶의 질을 향상하기 위함이 목적이었다. 이때의 「도시계획법」 제정으로 인하여 서울은 현대적 의미에서의 도시계획을 수립하기 위한 기반을 마련하였고, 1963년 서울시 재정비계획을 수립하였다.

1963년의 서울시 재정비계획은 도심의 기능을 4개 지구로 분산시켜 단핵도시에서 발생하는 폐해를 최소화하고자 하였으며, 구도심권 외에도 확대된 지역을 포함하는 광역도시계획을 마련하였다. 토지이용계획은 영국의 대런던계획(Greater London)과 일본의 수도권 정비 구상을 참고로 중심업무지구(CBD), 교외 지역, 녹지 지역, 주변 지역으로 하는 4개 환상지대를 기본으로 하였다. 용도지역은 1952년의 서울시 도시재건계획의 용도지역계획과 유사하지만 1949년에 편입된 뚝도(뚝섬)·은평·구로 등 3개 지구를 추가하였다.[47] 부도심은 기능별로 11개 지역을 지정하였는데, 천호동은 위락적 기능을 수행하는 부도심으로 설정하였다.

이에 더 나아가 1966년의 도시기본계획은 인구 500만이 거주하는 도시를 건설한다는 목표에 따라 도시의 현대화를 꾀하는 한편, 효율적인 공간구상을 위하여 도시 공간구조 계획을 수립하였다. 1966년의 도시기본계획은 최초로 시민에게 공개된 계획으로, 서울을 우리나라의 정치·경제·문화의 중심 도시이자 현대적인 도시로 건설하는 것을 목표로 하였다. 이 계획은 1985년을 목표연도로 설정하였다. 공간구조는 기존 도심을 중심으로 하고, 천호동을 비롯한 5개 지역[영등포, 남서울(강남), 창동, 용산, 은평]을 부도심으로 설정하였다. 주택지는 도심과 부도심 주변에 고층화를 유도하였으며, 도심을 중심으로 부도심과 연결되는 방사 형태의 집중형 가로망 체계를 구상하였다.[48]

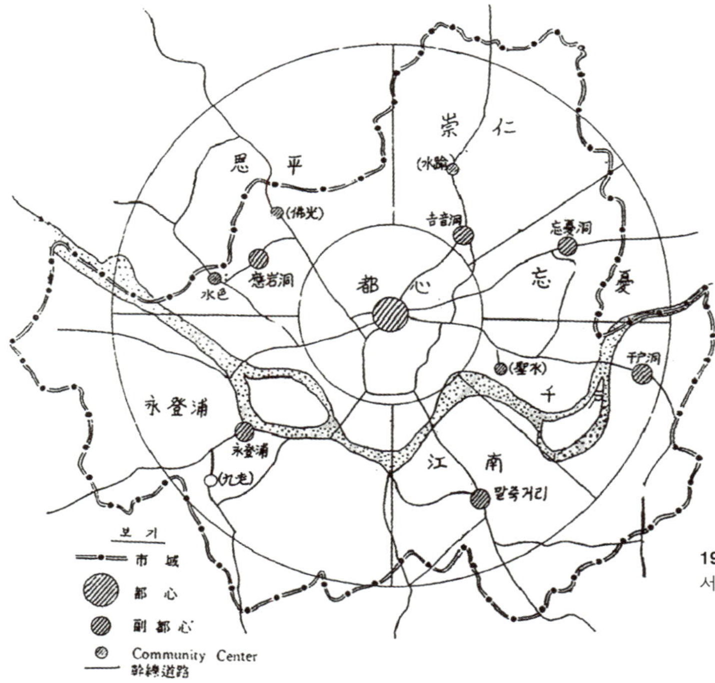

1963년 서울시 재정비계획 부도심 세력권
서울특별시, 『도시계획연혁집』, 2001, 78쪽.

46 국가법령정보센터(http://law.go.kr), 2022년 8월 30일 검색

47 서울특별시, 『서울 도시계획의 변천 2001 연혁집』, 2001.

48 서울연구원, 『도시의 계획 및 관리제도』, 2015.

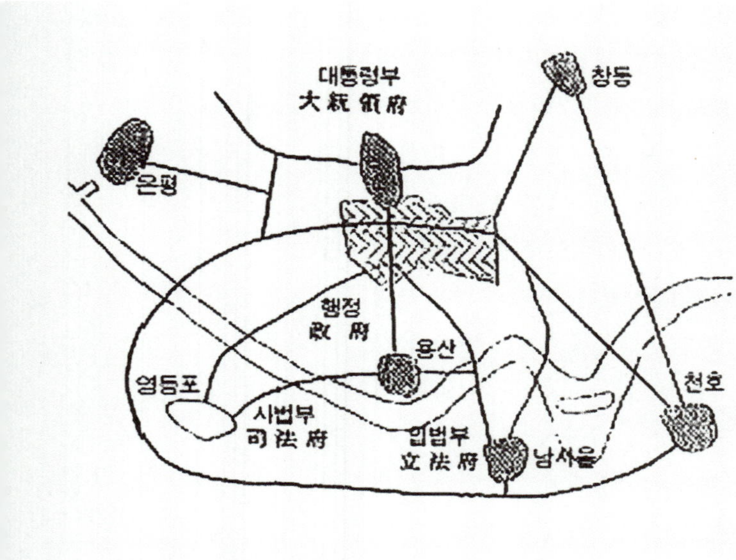

1966년 서울 도시기본계획 중심지 및 기능 배치 계획
서울특별시, 『서울도시기본계획』, 1966, 59쪽.

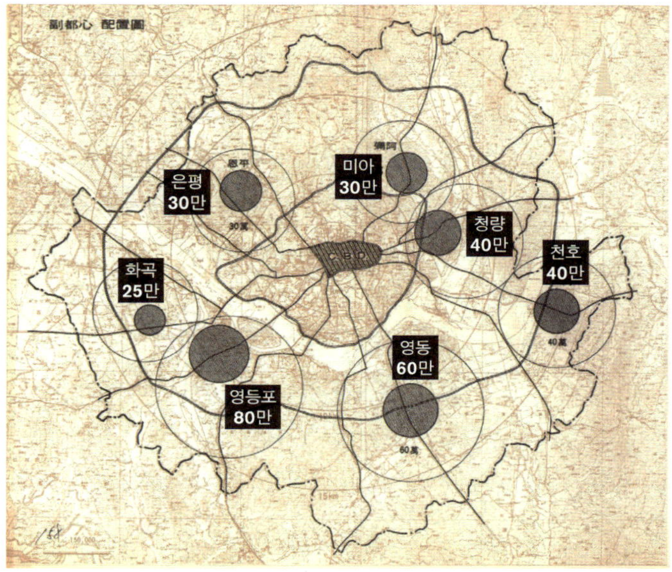

1970 도시 기본계획 조정 부도심 배치도
서울특별시, 『서울 도시 기본계획조정수립』, 1970, 158쪽.

본 계획에서는 향후 인구 증가에 대비한 주택·교통·정비 문제를 다루고 있으며, 사대문 안에 집중되어 있던 기능을 분산하도록 하였다. 청와대를 중심으로 입법부와 사법부 청사가 삼각형 모양으로 입지하고 서로 고속도로로 연결되도록 하였다. 행정부는 용산과 삼각지 일대를, 입법부 청사는 잠실지구 남서울을, 사법부는 영등포 지역을 후보지로 하였다. 1963년에 이어 또다시 부도심으로 지정된 천호동에는 종합경기장 건립과 서울 도심부를 잇는 철도[49] 부설 계획이 세워졌다.

1966년의 도시기본계획을 바탕으로 한 1970년의 도시기본계획 조정은 기본적인 도심 공간체계는 이전과 동일하게 진행하였으나, 5개 부도심에서 7개 부도심으로 부도심의 수를 조정하였다. 이에 해당하는 7개의 부도심은 미아·청량리·영동·영등포·화곡·은평·천호이다. 천호는 상업 기능과 주거 기능을 담당하는 부도심으로 계획하였으며, 계획인구는 40만으로 설정하였다. 이때 계획인구의 대상지인 천호지구는 천호동 외에도 성내동·암사동·구천동(현재의 명일동)·서부면 일대를 포함하였다. 또한 도시계획 기본 가로망 계획안을 통해 외곽지를 개발함으로써 도심으로 기능이 집중되는 것을 해결하고자 하였다. 외곽을 따라 부도심을 조성하고 강남을 개발한 것도 이러한 연유[50]에서였다.

1970년대 천호동은 서울 도시계획에 있어 꽤 중요한 위치를 차지하고 있었다. 천호동은 인구 40만이 거주하는 부도심으로 설정되었을 뿐 아니라 주요한 교통의 요지로 인식되었다. 일례로 1971년의 광역 수도권 계획에서는 청계천과 천호동을 잇는 방사 4호선과 천호동과 강남 부도심을 잇는 순환 4호선이 계획되는 등 서울 도심과 부도심을 잇는 주요 교통로로 인식되었다. 같은 해 지하철 3호선의 노선도를 확정할 때 갈현동~독립문~중앙청~안국동~을지로2가~퇴계로~천호동을 잇는 노선이 고려[51]되기도 하였다.

1972년에 수립된 시정종합계획에서도 천호동은 부도심 대상지구로서 설정되었다. 계획인구는 40만으로 1970년의 계획과 같았고, 상업·오락 중심의 주거지역으로 계획하였다.

49 「대서울의 기틀 마련」, 『경향신문』, 1966년 8월 12일, 3면.

50 「서울시 도시계획 기본 가로망 계획 마련」, 『동아일보』, 1970년 8월 28일, 8면.

51 「교통전쟁, 제1부 지하철이 뚫린다, 실현까지의 진통」, 『조선일보』, 1971년 1월 15일, 7면.

토지이용의 기본구상에서 설정한 부도심 지구는 인구 300만 명을 수용토록 하고, 토지구획정리사업을 시행하고자 하였다. 이로써 천호동은 토지구획정리사업 대상지에 속하게 되었다.

1970년대 천호동 공간에 큰 변화를 가져온 두 차례의 토지구획정리사업의 시행 시기는 제3차 경제개발 5개년계획[52]과 궤를 같이한다. 서울의 인구는 1960년대 실시한 1차와 2차 경제개발 5개년계획의 결과로 이미 폭발적으로 증가하고 있었다. 그러나 1970년대에도 인구는 지속해서 증가하는 추세였다. 국가통계포털에 따르면 1970년 서울의 인구는 543만 3,198명으로, 이는 1960년의 244만 5,402명에서 2배 이상 증가한 것이었다. 따라서 기존 도심지에 몰려드는 인구를 분산할 방안이 절실하였고, 택지개발을 통한 주택공급은 필수적인 과제였다.

특히 천호동은 현재 천호 구사거리라 부르는 지역을 중심으로 강동구의 교통·상업의 요충지로 1970년대 초까지 성장하였다. 1970년대 천호동은 강남·강동지역의 개발로 더욱 발전하고, 또 다른 모습으로 변모하였다. 일찍이 개발된 천호동의 중심지는 도시계획에 의한 개발이 아니었으므로 가로망이 무질서하고 불규칙적이었다. 또 주택지가 낮은 지대에 있어 새로운 도시계획에 의한 개발이 요구되었다. 이에 천호동 지역주민들은 도시계획이 확정되지 않아 생기는 애로사항을 양택식 시장에게 호소하였고, 양 시장은 광주 대단지 개발이 끝나는 1970년 말까지는 도시계획을 확정하겠다고 공약하기도 하였다.[53] 특히 당시에는 천호동에서 시내로 나가는 방법이 광진교를 거치는 방법뿐이었기 때문에 천호동에 대한 도시개발계획 기대감은 다른 지역보다 상대적으로 높았다. 이러한 상황에서 천호동 개발로 계획된 것이 두 차례의 토지구획정리사업이었다.

52 제3차 경제개발 5개년계획은 지역개발의 균형과 자립적 경제구조 달성을 목표로 하는 계획이었다.

53 「천호동 지역 도시계획 이달 말까지 확정」, 『경향신문』, 1970년 11월 13일, 8면.

1970년 도시기본계획 조정 부도심계획

	지리 조건	산업 조건	인구 조건	교통 조건
천호지구 (천호동)	서북: 한강 접경 북: 응봉(鷹峯) 동: 시경계 구릉 남: 탄천(炭川)	지역주민을 위한 상업 기능	(40만) 천호동(千戶洞) 성내동(城內洞) 암사동(岩寺洞) 구천동(龜川洞) 서부면 일대(西部面一帶)	제3순환선 서울~광주방사선
영동지구 (역삼동)	북: 한강 서남: 우면산(牛眠山) 관악산(冠岳山) 남: 구룡산(九竜山) 동남: 대모산(大母山) 동: 탄천(炭川)	관리 및 상업 기능	(60만) 신사동(新沙洞) 역삼동(驛三東) 청담동(淸潭洞) 대치동(大峙洞) 도곡동(道谷洞) 잠실동(蚕室洞) 남서울 일대(南서울一帶)	경부고속도로 제3순환선 서울~수원방사선 서울~광주방사선
영등포지구 (영등포동)	북: 한강 서남: 안양천(安養川) 동남: 관악산록(冠岳山麓)	관리 및 상업 기능	(80만) 영등포동(永登浦洞) 당산동(堂山洞) 양평동(楊平洞) 신길동(新吉洞) 대림동(大林洞) 도림동(道林洞) 대방동(大方洞) 구로동(九老洞) 오류동(梧柳洞) 시흥군일대(始興郡一帶)	제3순환선 경인철도 경부 및 호남철도 경인 및 경수방사선 서울~김포방사선

서울특별시, 『서울 도시기본계획 조정수립』, 1970, 160쪽.

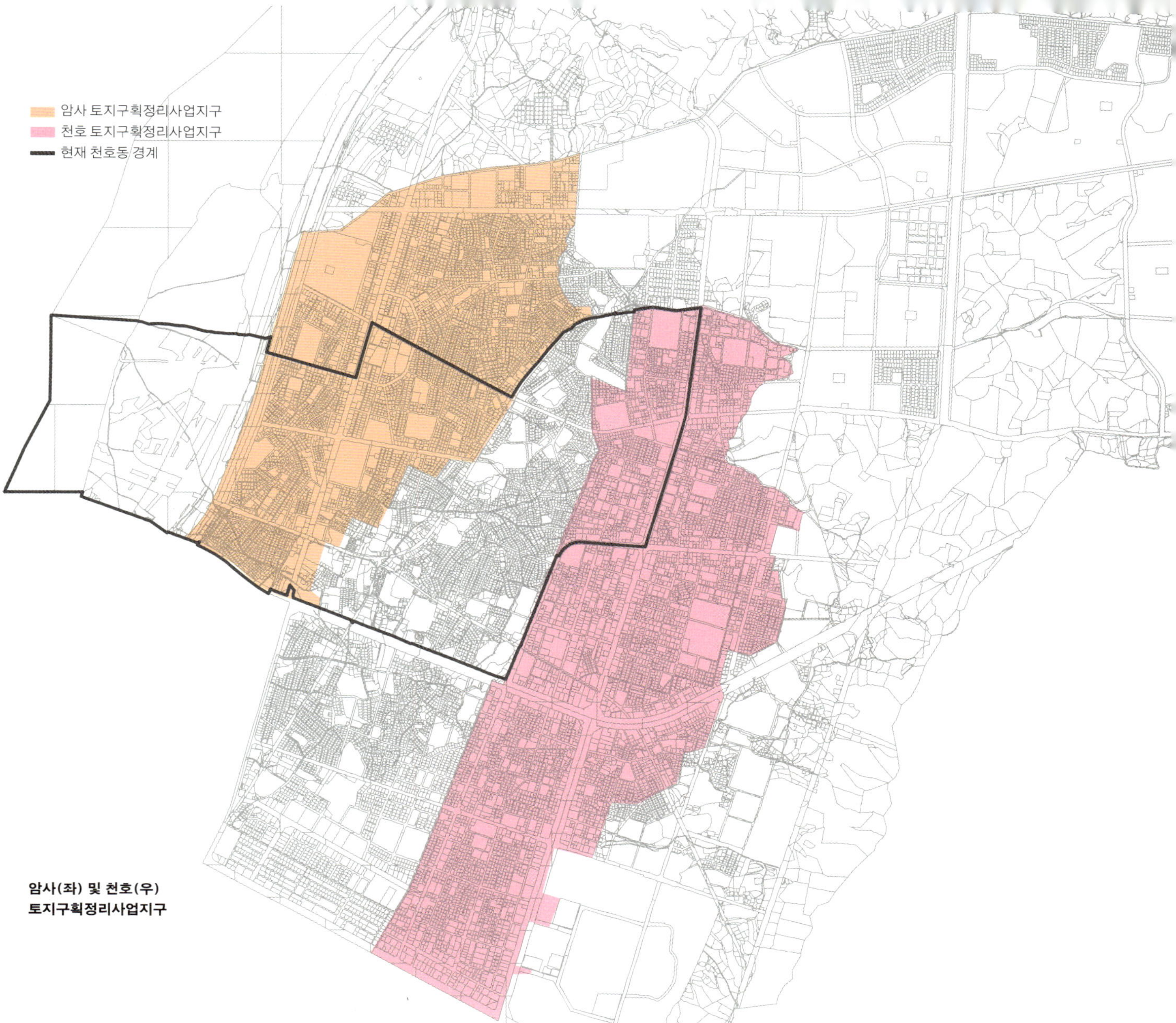

암사(좌) 및 천호(우)
토지구획정리사업지구

토지구획정리사업은 일단의 시가지 조성사업이다. 1962년 도시계획법에 이어 1966년 제정된 토지구획정리사업법에서는 '대지로서의 효용 증진과 공공시설의 정비를 위하여 일정 구역 내에서 같은 법의 규정에 따라 실시하는 토지의 교환·분합, 기타의 구획 변경, 지목 또는 형질의 변경이나 공공시설의 설치·변경에 관한 사업'이라 설명하고 있다. 이때의 공공시설은 '도로·공원·광장·하천, 초등학교 및 중·고등학교 교육에 필요한 학교 교지, 기타 공공의 용에 공하는 시설'을 가리킨다. 서울시는 본 사업을 '정비되지 아니한 시가지의 일정 구역 안에서 모든 토지 소유자로부터 각 토지의 면적이나 위치 등에 상응하는 일정률의 토지를 무상으로 받아 이 재원으로 도로나 공원 등의 공공시설을 소요 위치에 적정 규모로 정비함과 아울러 잔여의 모든 토지(택지)를 공공시설 정비에 맞추어서 그 구획·형질 등의 변경을 함으로써 토지의 이용 가치를 종래보다도 더 높이는[54]' 시가지 조성사업이라 설명하고 있다.

택지개발을 통한 주택지 조성과 신시가지 개발이라는 골자 아래 시행된 1960년대 초반 제1차 경제개발 5개년계획 기간의 토지구획정리사업지구는 수유, 불광, 뚝도(뚝섬), 면목, 성

54 서울특별시, 『서울 토지구획정리 백서 上』, 2017, 5쪽.

산이 해당하였다. 1960년대 후반 제2차 경제개발 5개년계획 기간의 사업지구는 연희, 창동, 역촌, 화양, 망우, 경인, 김포, 신림, 도봉, 시흥, 영동1·2로 등이 해당하여 제1·2차 경제개발 5개년계획 기간 중 총 17개 지구에서 토지구획정리사업이 실시되었다. 뒤이어 제3차 경제개발 5개년계획 기간에는 천호지구를 포함한 총 8개 지구[55]에서 토지구획정리사업이 시행되었다. 토지구획정리사업은 강북에서 먼저 시행된 후 강남으로 확대되었다. 당시 언론에서는 강남권에서 진행된 토지구획정리사업은 서울 확장의 기반을 마련하는 것이 하나의 목적이었다고 이야기하였다.

55 천호, 잠실, 신림1추가, 영동1추가, 영동2추가, 화양추가, 암사, 장안평

56 「구획정리 강북에서 강남집중으로」, 『경향신문』, 1970년 2월 4일, 8면.

서울시는 서울의 확장과 강북으로 편중되어 개발된 도시구조를 시정하기 위하여 강북을 중심으로 전개되던 토지구획정리사업을 1970년대에 들어 강남권역으로 확대하였다. 강북권역에서 진행되던 토지구획정리는 산을 깎아 평지를 만드는 개발 방식[56]이었으나 강남권의 토지구획사업은 제반 시설의 정비를 통하여 주택지를 조성함으로써 강북의 인구를 강남으로 분산하는 것이 목적이었다.

천호동에서 시행된 1972년 천호 토지구획정리사업과 1976년의 암사 토지구획정리사업 역시 택지개발을 목적으로 하였다. 서울시는 이를 통하여 천호지구를 성남·여주·이천 등지로 이어지는 남부 서울의 부도심으로 조성하고자 하였다. 토지구획정리사업 이전 농경지였던 천호동 지역을 주거지역으로 변환하려고 한 것이다.

서울시에서 발간한 토지구획정리백서에 적힌 천호지구와 암사지구의 구획정리 배경에 대한 공통적인 내용은 다음과 같다.

> "배수시설이 불비하여 홍수 시에는 일부 지역이 침수가 유발되는 지역이다. 일부 지역에 산재해 있는 촌락은 토착민이 농경작을 하고 있으나 일부에는 미개발 상태에서 새로이 구성된 집단 주거지가 형성되었으므로 도로 및 하수 위생처리가 시급한 지역이다. 그러므로 본 지역에 연한 제방 시설을 하여 완벽한 홍수 대책과 지구 내 하수처리로 환경을 개선하여 효과적인 부도심을 구획정리 방법으로 개발 형성코자 하는 지역이다."
>
> **서울특별시, 『서울 토지구획정리 백서 上』, 2017, 758·922쪽.**

당시의 상황은 1975년 6월 30일 자로 확인된 암사 토지구획정리사업 진정서에서도 엿볼 수 있다.

> "서울특별시장님께. 이번에 시청에서 계획하여 놓으신 암사 구획정리에 제가 살고 있는 동네 한복판으로 도로를 계획해 놓으셨기에 이곳 주민들의 사정을 청취해 보시고 가능한 한 재심사를 하셔서 계획을 조정하여 주셨으면 합니다. 물론 미래의 균형 잡힌 서울을 만드시려는 시장님의 노고에 감사드립니다. 또한 대를 위하여선 소가 희생되어야 한다는 것도 저희는 알고 있습니다… (중략) … 이곳 주민들 대부분이 살림이 넉넉하지 못한 가구들로서 남의 집 셋방살이를 고생 끝에 갓 면한 사람들로서 내 집을 마련하였다는 기쁨에 4년 전 엄청난 홍수로 지붕까지 침수당했으면서도 또

지금도 비만 오면 배수가 잘 안되고 원래가 낮은 지대이기에 온통 길이 물바다를 이루지만 그런 것은 감수하면서 이곳에 잘 살아왔습니다…(후략)."

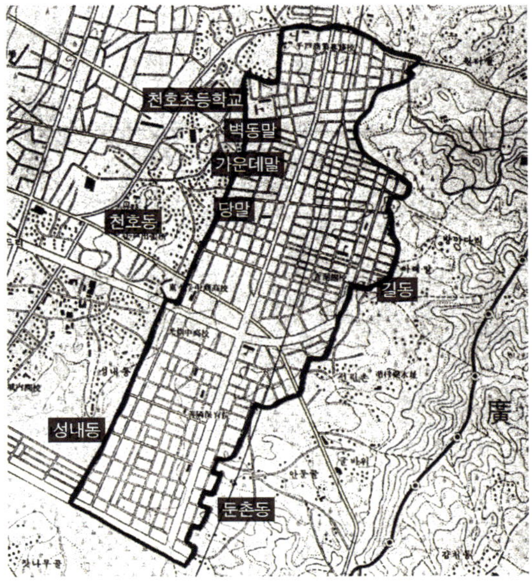

천호 토지구획정리사업지구
서울특별시, 『서울 토지구획정리연혁지』, 1984, 600쪽.

천호동 일대에 배수시설이 갖춰져 있지 않아 주민들이 큰 불편을 겪어 온 것으로 보인다. 비가 오면 물바다를 이루었던 천호동의 상황은 주민 인터뷰를 통해서도 확인할 수 있다.

김수천(남), 77세, 장미 골목 자치회 회장

내가 1965년도에 여기 처음 들어왔을 때는 여기가 '장화 없이는 못 사는 동네다' 그랬어요. 왜 그러냐 하면 이 근처는 전부 벽돌공장이었어요, 여기가 황토 흙이어서 벽돌을 찍느라고 웅덩이도 많고, 진흙이다 보니 비가 한 번 오면 물이 빠지질 않았죠. 그래서 '마누라 없이는 살아도 장화 없이는 못 사는 동네다' 그런 우스갯소리가 있었어요.

두 차례의 토지구획정리사업 중 먼저 시행된 천호 토지구획정리사업지구의 시행 기간은 1972년 11월 6일부터 1980년 12월 9일까지이며 총시행 면적은 262만 1,577m^2이다. 천호동·길동·성내동·둔촌동·명일동 일부를 포함하였다.

1969년 11월에 지역 지정 및 인가신청 요청이 있었다. 1971년 서울특별시 공고 제26호에 따라 인가신청 기간이 지정되었고, 1972년 11월에 건설부공고 제82호로 사업시행 인가가 났다. 인가신청 기간 지정 요청서에서는 사업 시행의 이유로 '천호지구는 기존 주택지를 연하여 점차로 주택 건립이 급진적인 경향을 나타내므로 이 지역의 사업 시행이 불가피하다'라고 하였다.

1971년 3월 5일 자 천호 토지구획정리사업 시행명령 요청에 첨부된 당초 사업계획서상의 사업 목적은 국도 59호(서울~충주선) 노선 주변 개발 및 남부 서울의 부도심 조성을 목표로 한다는 것이었다. 시행 면적은 559만 3,413.6m^2이며 총공사비는 30억 원으로 책정되었다. 정리 후 면적은 택지가 412만 8,944.2m^2로 총면적의 73.8%에 달하였다. 그다음이 도로(122만 9,757.6m^2), 학교(4만 4,628.3m^2), 시장(2만 2,148.9m^2), 공원(5만 6,198.6m^2), 수로 기지(11만 1,736m^2) 순이었다. 택지에 책정된 면적의 비율에서 주택지 조성을 통하여 주거지역으로 변환하고자 하는 의지가 엿보인다.

1975년부터 천호지구의 상하수도 정비 및 도로 개수사업, 구획정리사업의 결과가 가시적으로 드러나기 시작하였다. 특히 시내 및 시외로 나가는 도로 상황이 좋지 못하였던 천호지구의 경우 한강을 넘어갈 수 있는 천호대교의 준공이 1976년으로 예정되었다. 또 명일동에서 둔촌동에 이르는 폭 25m에 연장 4km의 도로가 새롭게 만들어져 잠실과 연결되었다. 하지만 천호동을 제외하면 강동구 일대는 1970년대까지 부도심의 기능보다는 농촌 지역의 기능을 담당하였다. 암사·명일 지역의 특수산업으로 콩과 해바라기 농사를 꼽고 있는 신문 기사를 통해서도 강동구 일대의 도시경관이 크게 변하지 않았음을 알 수 있다.[57]

57 「개발지역 總点檢 (6) 千戶地區」, 『동아일보』, 1975년 9월 23일, 6면.

천호지구의 개발은 본래 1975년 말 완료 예정을 목표로 진행하였으나, 예상과 달리 더디게 진행되었다. 중간에 사업이 반려되고 환지 문제와 체비지 매각 등의 처분 문제가 쉽게 해결되지 않았던[58] 탓이다. 1975년 말께에 공사가 60% 정도 진척되었는데, 체비지 매각과 사업 면적 측정에 있어 서울시의 계획이 치밀하지 못하여 사업의 완성도가 떨어진 것이라는 질타도 있었다. 이후 1976년, 1977년, 1979년 세 차례의 기간 연기 끝에 1980년 12월 환지 확정 처분이 났다.

천호 토지구획정리사업 정리 전후 평당 지가

정리 전	3,000~4,000원
정리 후	1만~2만 원

국가기록원

천호 토지구획정리사업의 결과로 천호동 지역은 충분한 택지를 확보할 수 있었다. 서울시 공고 제264호 천호지구 토지구획정리사업 시행공고에 따르면 정리 후 택지 면적이 485만 4,437.5㎡에 이른다. 다만 도심지에 몰린 상업 및 업무 기능을 확보하지 않아 여전히 도심지로 몰리는 인구를 분산시키지 못하였다. 넓은 주택지만 조성하여 부동산 투기만 일으키는 무계획적인 강남개발[59]이라는 언론의 보도에서 짐작할 수 있듯이 인구 40만을 수용하는 주거 용지로서의 계획 실현에만 초점을 맞췄다.

58 「區劃整理9곳 計劃 변경」, 『동아일보』, 1977년 12월 24일, 6면.

59 「서울 交通非常(7) 人口集中의 요인」, 『동아일보』, 1979년 2월 17일, 6면.

60 「토지구획정리사업법」을 의미한다.

61 건설부공고 제38호.

천호 토지구획정리사업 정리 후 지목별 면적 집계표

[단위: ㎡]

정리 후 면적			
일반지	용도	지목	면적
	택지	대	4,854,437.5
	도로	도	1,402,136.2
	학교	대	98,016.5
	시장	대	33,057.8
	공원	공	66,115.7
법[60] 53조 해당지	도로		219,586.1
합계			6,673,349.8

서울특별시, 『서울 토지구획정리백서』, 2017, 770쪽.

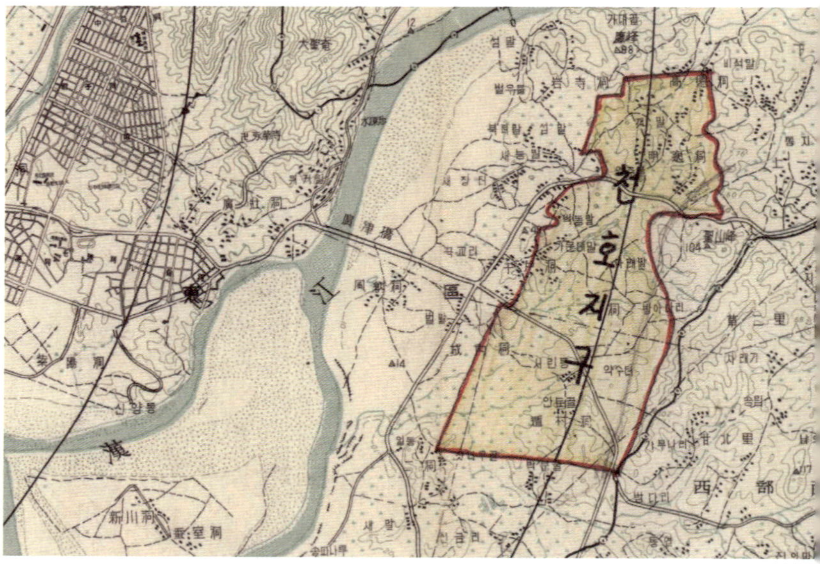

천호 토지구획정리사업지구 위치도(1971)
서울기록원(관리번호 IT62081)
이미 택지가 조성된 군자동, 화양동 일대 모습과는 다른 천호동 모습을 볼 수 있다.

뒤이어 1976년에 시행된 암사 토지구획정리사업은 천호지구에서 정비된 지역의 북쪽을 연이어 개발한 사업으로 지금의 암사동과 천호2동 일대가 해당한다. 시행 기간은 1976년 4월 22일부터 1980년 12월 19일까지로, 천호 토지구획정리와 비슷한 시기에 사업이 완공되었다. 1975년 1월에 지구 지정 요청 및 결정이 있었으며 1976년 4월에 사업시행 인가[61]가 났다. 1979년 12월에 한 차례의 기간 연기 후 1980년 12월에 공사가 완료되었다. 천호 토지구획정리사업과 마찬가지로 부족한 주택지를 확보하여 도심지 인구를 분산하는 것이 주요 목적이었다. 1975년의 서울특별시 암사지구 토지구획정리 실시계획 인가신청(안)에서 밝히는 본 사업의 목적은 다음과 같다.

"이 지구를 개발하여 과밀된 서울시 도심 인구를 한수 이남으로 분산 수용할 수 있으며 공공시설을 완비하여 도시의 근대화, 특히 환경위생을 고려하고 도시미관의 증진으로 수도 서울 외곽 지역의 면모를 갖추어 줌으로써 동부지역의 관문이 될 뿐 아니라 외국인 관광지역인 워커힐에서 가시권 내에 있는 유일한 이남의 부도심을 형성하고 강변1로의 연결 및 기설 가로계획과의 연결계통으로 시민복지 향상에 기여할 수 있도록 다음과 같은 시설을 정비하고자 한다."

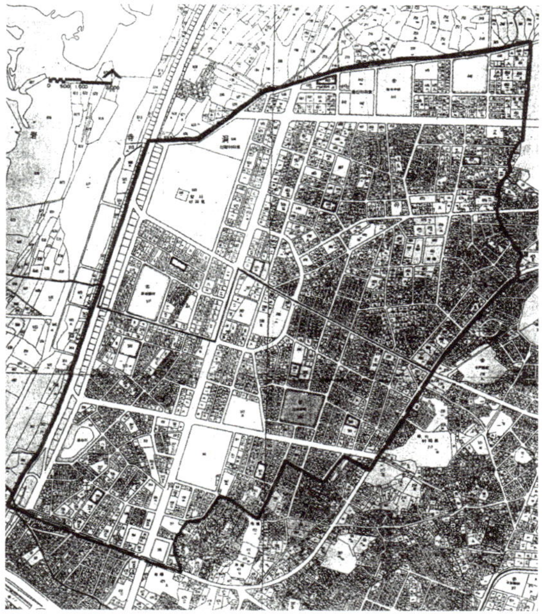

암사 토지구획정리사업지구
서울특별시, 『서울 토지구획정리 연혁지』, 1984, 711쪽.

암사 토지구획정리사업은 총면적 169만 7,094㎡에서 택지 124만 3,530㎡를 확보한 서울의 마지막 대규모 택지조성사업이었다. 1975년 4월 19일 자 암사 토지구획정리사업 시행명령 요청에 첨부된 암사지구 사업계획서상의 사업비는 34억, 시행 면적은 169만㎡이다. 사업 후 발전 추세에서 각 소요 면적을 자세하게 밝히고 있는데, 총면적 51만 평(169만㎡)에서 일반택지 32만 5,200평과 아파트 3만 6,000평 등 모두 36만 1,200평(119만 4,049.59㎡)을 주택지로 책정하였다. 주택공급을 통한 부도심 조성에 적극적이었던 당시 상황을 짐작할 수 있는 대목이다. 천호 토지구획정리사업과의 차이점은 집단 아파트 부지를 확보하기 위하여 애썼다는 점인데, 서민 주택 공급을 위한 방안으로 아파트를 선택한 것으로 보인다. 그 결과 암사 시영아파트[62] 등 대단위 아파트 단지가 들어서게 되었다.

천호 토지구획정리사업의 또 다른 사안은 제방 축조로, 교통 완화와 침수 피해 대비라는 두 마리 토끼를 동시에 잡을 효과적인 방안이었다. 인구 과밀화 방지를 위한 택지조성만큼이나 주요한 사안으로, 실시계획인가신청서(안)에서 밝히고 있는 사업 목적 제1절이 제방 축조에 관한 내용[63]이다. 해당 제방인 강남1로(혹은 풍납제)는 잠실대교에서 광진교까지의 강변도로를 이르는 것으로, 1971년 4월에 건설부 고시 제198호로 시설 결정된 후 1979년 12월에 건설부 고시 제463호로 계획인가가 났다. 사업은 1979년 10월 26일에 착수하였고, 1980년 12월 16일에 준공하였다. 본 개발을 통하여 강변로의 교통이 원활해지고 한강변 정비와 일대 개발이 촉진되었다.

부도심 개발을 위한 천호동 일대 두 차례의 토지구획정리사업 결과로 배수 및 하수 처리 시설이 완비되고 불량 시가지가 정비되었다. 이로써 '마누라 없이는 살아도 장화 없이는 못 사는 동네[64]'였던 천호동 지역은 천호(千戶)가 살만한 주거지로 거듭나게 된다.

62 1976년 암사 구획정리지구 내 43개 동 2,260가구의 아파트를 건설하였다.

63 도시계획 간선도로 및 강남1로(제방) 축조와 지구 내 가로 축조 기타 공공용지 설정을 말한다.

64 김수천(장미 골목 자치회 회장) 인터뷰 참고

다만 한강변에 위치한 무허가주택들의 처리가 쉽게 이루어지지 않았으며 서울시가 토지구획정리사업을 진행한 근본적인 이유인 인구의 분산도 뜻대로 이루어지지 않았다. 때문에 천호·암사를 비롯한 1970년대의 토지구획정리사업은 1980년대 인구 이주를 위한 준비단계였다고 평가할 수 있다. 이후 1977년 구자춘 시장이 강북지역 중·고교의 강남 이전과 시영 및 민영아파트 공급, 미개발지에 대한 과감한 주택단지 조성 등을 계획하고 이를 1980년대에 수행하면서 강남 일대와 인접한 현재의 송파·강동지역으로 인구가 분산되어 점차 부도심의 역할을 수행해 나갈 수 있었다.[65]

암사 토지구획정리사업 정리 후 지목별 면적 집계표

[단위: m^2]

일반지	정리 후 면적 용도	면적	비고
	대	836,396.6	
	학교	63,219.2	
	아파트	85,512.1	
	시장	6,611.6	
	체비지	275,510.7	
	소계	1,267,250.2	
법 52조 해당지			
법 53조 해당지	강변 녹지	44,538.8	
	도로	358,291.9	
	공원	16,528.9	
	유수지	10,512.4	
	소계	429,872.1	
합계		1,697,094.2	

서울특별시, 『서울 토지구획정리백서』, 2017, 934쪽.

1972년, 1974년, 1980년의 항공사진을 비교해 보면 1970년대 이후 천호동의 도로가 정비되고 택지가 개발되는 과정을 한눈에 확인할 수 있다. 1972년까지는 구사거리를 중심으로 건물이 들어서 있으나, 1974년을 거쳐 1980년으로 오면서 천호동 일대에 전체적으로 건축물이 촘촘하게 들어서게 되었다.

1960년대 이후 급격한 도시화에 따른 서울의 인구 유입은 불량주택지와 무허가 정착지를 탄생시키는 결과를 낳았다. 이는 서울시가 불량주택과 공동시설을 정비하는 것을 목적으로 하는 사업인 주택재개발 정책을 마련하는 계기가 되었다. 주택재개발사업은 시대적 상황에 따라 여러 차례 변화의 과정을 겪었는데, 최초의 방식은 자력 재개발 방식이었다. 이 방식은 관이 도로 등의 공공시설을 설치하고, 주민이 스스로 건설하거나 개량하는 것으로서 민·관이 합동해 재개발하는 것이었다. 자력 재개발 방식의 재개발사업 이후 차관 재개발과 위탁 재개발 방식을 거쳐 1983년에 합동 재개발 방식이 도입되었다.

1980년대 초반 주택재개발사업은 침체되었다. 서울시는 새로운 주택재개발 방식인 합동 재개발 방식을 1982년에 도입하였다. 이후 최저 수준인 316가구가 건설되었다. 합동 재개발 방식은 토지를 제공하는 주민과 사업비 일체를 부담하는 건설업체가 합동으로 재개발한다는 데서 붙여진 용어이다. 이는 주민과 건설업체가 합동으로 재정자립을 도모하는 것이다. 주민은 재개발사업의 비용을 부담할 필요가 없고, 건설업체는 사업 수익성이 확보되는 것을 의미한다. 거주민을 수용하는 주택 이외에 매각할 수 있는 주택을 추가로 건설하는 방안이기 때문에 필연적으로 높은 밀도의 개발을 요구하는 방식이다.[66] 이러한 합동 재개발 방식이 등장했던 시기는 86 아시안게임과 88 서울올림픽 개최라는 국가적 행사에 대비하고 있던 때로, 시가지 환경정비를 위한 불량주택 재개발이 시급한 때였다. 당시 기사[67]에서는 서울시에서 이를 행정의 우선 과제로 판단하고 있다고 설명한다. 잠실 인근에 위치한 천호1구역은 입주 후 모범적인 지역[68]으로 평가받기도 하였다.

65 「具滋春 市長에게 그 設計를 듣는다 올해는 이렇게—서울의 都市整備」, 『매일경제』, 1977년 1월 7일, 6면.

66 서울특별시, 『도시계획 연혁집』, 2001, 1158쪽.

67 「재개발아파트 稅金등 혜택. 不良주택 合同재개발 어떻게 되나」, 『경향신문』, 1984년 1월 31일, 6면.

68 「우리동네 새모습〈11〉 江東區 일대」, 『매일경제』, 1986년 6월 27일, 10면.

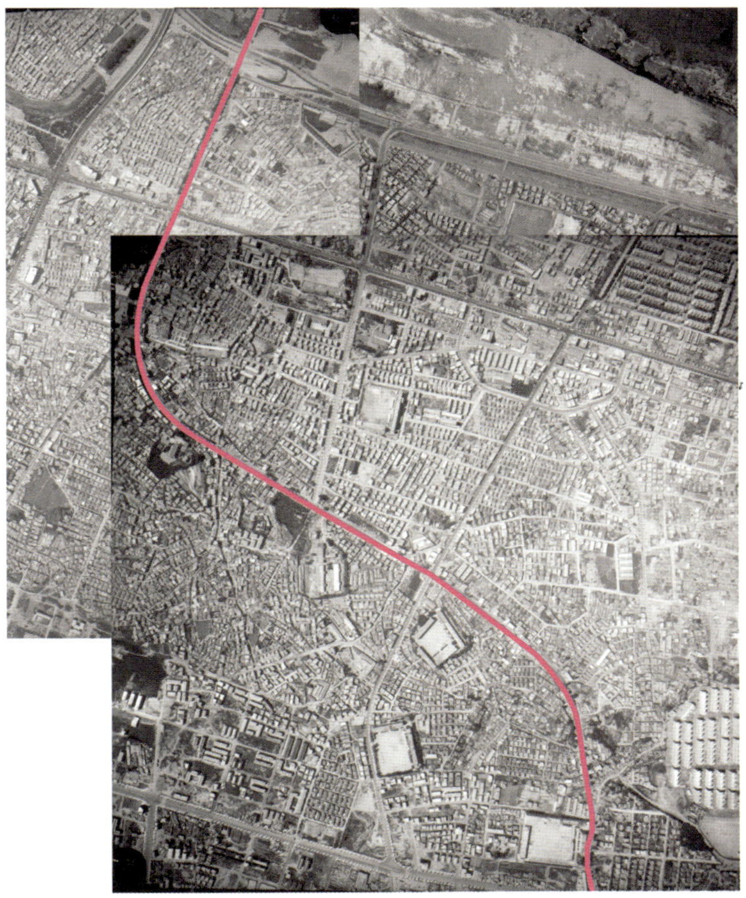

↑1972년 ↗1974년 ↘1980년 천호동 일대 항공사진
국토지리정보원

구천면로

합동 재개발 방식이 적용된 천호동 아파트

구역명	위치	면적(m^2)	구역 지정	준공	건립 가구수
천호1	천호동 산6-1	32,670	1981년 2월 20일	1985년 5월 14일	479
천호2	천호동 410-90	8,851	1984년 11월 17일	1988년 11월 21일	198
천호3	천호동 410-190	7,347	1985년 5월 18일	1990년 6월 20일	112
천호4	천호동 153	17,388	1987년 7월 10일	1997년 5월 26일	643
천호5	천호동 425	6,877	1987년 11월 26일	1997년 12월 31일	191
천호6	천호동 451	19,295	1992년 11월 26일	1999년 11월 20일	649

서울시 구역별 추진 현황 자료 재구성

천호1구역은 구로지구에 이어 두 번째로 합동 재개발 방식이 적용되었으나 준공은 가장 빨랐다. 1983년 9월 26일 조합 설립인가를 받아 1985년 5월 14일 준공하였다. 118채의 불량건물을 철거하고 10~13층의 아파트 6개 동에 479가구를 새로 준공하였는데, 이 중 377가구는 조합원에게 분양하고 나머지는 인근 지역 철거민에게 특별분양하였다. 천호2구역과 3구역의 경우 구사거리의 시장 인근에 있다는 특성으로 상가 아파트로 재개발되었다. 이러한 합동 재개발 방식으로 우성·코오롱·현대프라자·삼성·동아코아·태영 등 아파트가 천호동에 들어서게 되었다.

1981년 「도시계획법」 개정으로 도시기본계획이 법제화된 이후 첫 번째로 수립된 1984년 도시기본계획[69]에서는 계획인구를 1,000만 명으로 설정하였다. 또한 도시 공간구조는 주핵과 부핵으로 이루어진 도심·부심과 지구 중심으로 개편한 1주핵·3부핵·13부심·50지구 중심으로 설정하였다. 그중 천호동은 부심 대상지로서 배후인구 50만~100만의 생활편익 집중지로 선정되었다.

69 도시구조 개편을 위한 다핵도시 개발연구다. 공청회가 지연되어 법정화되지는 못하였다.

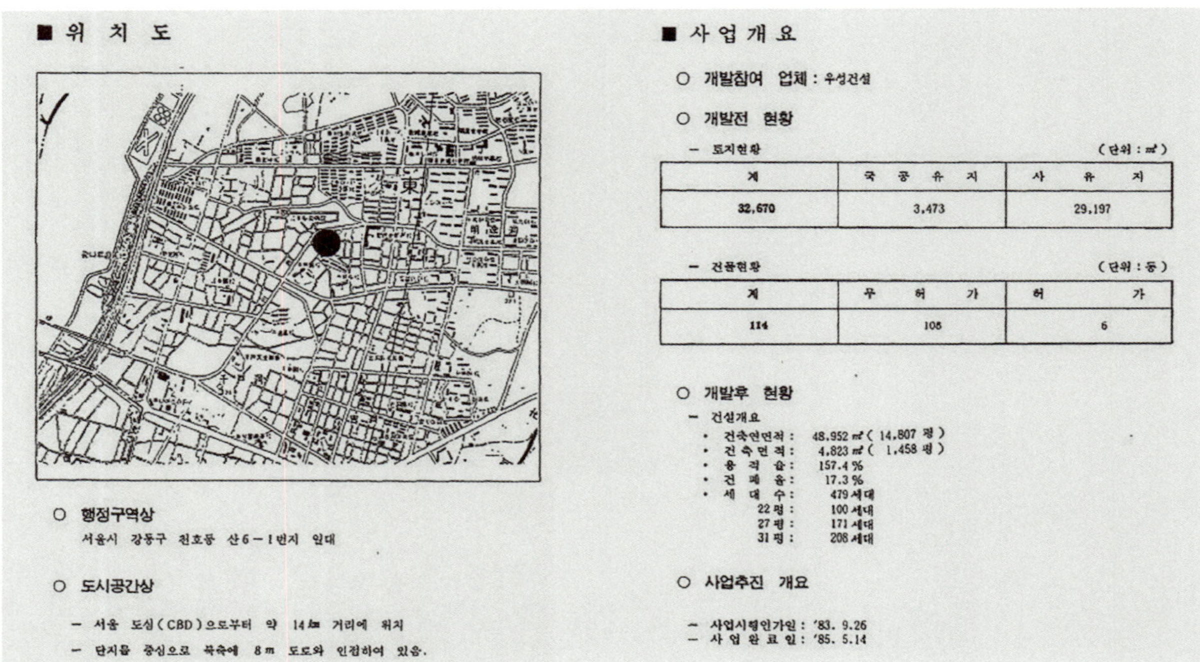
■ 위 치 도

○ 행정구역상
서울시 강동구 천호동 산6-1번지 일대

○ 도시공간상
- 서울 도심(CBD)으로부터 약 14㎞ 거리에 위치
- 단지를 중심으로 북측에 8m 도로와 인접하여 있음.

■ 사 업 개 요

○ 개발참여 업체 : 우성건설

○ 개발전 현황

- 토지현황 (단위 : ㎡)

계	국 공 유 지	사 유 지
32,670	3,473	29,197

- 건물현황 (단위 : 동)

계	무 허 가	허 가
114	105	6

○ 개발후 현황
- 건설개요
• 건축연면적 : 48,952㎡(14,807 평)
• 건 축 면 적 : 4,823㎡(1,458 평)
• 용 적 율 : 157.4%
• 건 폐 율 : 17.3%
• 세 대 수 : 479세대
22평 : 100세대
27평 : 171세대
31평 : 208세대

○ 사업추진 개요
- 사업시행인가일 : '83. 9.26
- 사 업 완 료 일 : '85. 5.14

천호1지구 사업개요
대한주택공사, 『주택개량 재개발 설계 사례도집』, 1990, 42쪽.

도시재개발의 대상지인 기존 도심부는 제1순환선 내부와 신설동·상왕십리·을지로6가를 잇는 4.5㎢의 구역이다. 부핵 및 부심 재개발 대상지는 부핵인 영등포와 부심인 미아·청량리·연신내·천호를 대상으로 하였다. 천호의 경우 세로망 정비와 간선도로변의 다양한 경관 조성을 방향으로 재개발을 진행하였다.

이후 1990년에 들어서 2000년대를 겨냥한 도시기본계획을 주요 도시에서 앞다투어 수립하기 시작하였고, 서울도 예외는 아니었다. 2000년대를 향한 서울시 도시기본계획은 올림픽 개최 이후 변화한 도시의 모습을 담은 것이다. 2001년을 목표연도로 목표 인구를 1,200만 명으로 설정하였다. 이는 21세기 '우리의 서울'의 실현 방향을 밝히기 위한 계획이었다. 이에 따라 시민 모두가 평준화된 편익과 생활환경을 누릴 수 있도록 하였고, 도시 전체에 전철망을 골고루 배치하고 도시 활동 중심과 교통 연결점을 일치하도록 하였다. 전철망과 도로망이 보완적인 교통구조를 이루도록 하고, 유연한 다핵구조가 형성되도록 하였다. 도시 공간구조 계획은 사대문 내 1개 도심과 5개 부도심(신촌, 청량리, 영등포, 영동, 잠실)을 선정하였다. 천호동의 경우 59개 지구 중심의 하나로 선정되었다. 강동구의 세부 정비 방향으로는 지역 내 대규모 공장 및 공해 공장을 지방으로 이전하는 내용을 담았으며, 비 도시형 공장 이전 적지를 활용하도록 하였다.

지방자치제도의 실시와 함께 서울시는 1991년에 자치구 도시기본계획 수립지침을 마련하였다. 22개 구는 1990년 확정된 도시기본계획에 따라 자치구 도시기본계획을 수립하였다. 이에 따라 1995년에 발간된 『강동구 도시기본계획』에서는 강동구가 서울 동남부 배후도시지역의 중심지 면모를 갖추고 다핵도시 구조 개편을 유도하는 부도심지로 자리매김하는 것을 목표로 삼았다. 이를 위하여 천호 부도심(상업·업무) 기능을 육성하여 다핵도시 구조를 구현하고자 하였다. 생활권은 고덕·명일·암사·성내·천호 생활권으로 분류하였으며, 생활권별로 주요 기능을 배분하였다. 고덕은 주거와 교육, 명일은 주거와 상업, 암사는 주거와 문화, 성내는 행정과 업무를 주요 기능으로 설정하였으며 천호는 상업·업무·위락을 주요 기능으로 설정하였다. 중심지체계는 상업과 업무 기능을 담당하는 천호동을 지역 중심으로 선정하고, 길동·고덕·암사는 지구 중심으로 선정하여 1지역 중심과 3지구 중심 체계를 구축하였다.

도시 중심지 개편 구상

구분	도심		부심	지구 중심
	주핵	부핵		
정의	근대적 취업 기능의 중심지		생활 편익 시설의 집중지	생활 편익 시설의 입지
성격	도시권 내의 성장 거점 (3차 중심지)		도시권 내의 중심지 (2차 중심지)	중 생활권 중심지 (1차 중심지)
배후인구	도시권 전체	100만~200만	50만~100만	10만~50만
설정 기준	현 도심부	주핵 기능의 분담 주핵과 부핵 상호 간 원격한 위치	현재 부심 성격을 갖는 곳 장래 분구 가능성이 있는 곳 도심 기능의 분담	
토지이용	주핵 상업 업무지역	부핵 상업 업무지역	부심 상업지역	지구 중심 상업지역
지역수	1(현도심)	3(강남)	13(강북 7, 강남 6)	50(강북 23, 강남 27)

서울특별시, 『도시계획 연혁집』, 2001, 113쪽.

1990년 토지이용계획
서울특별시, 『도시계획 연혁집』, 2001, 136쪽.

한국파이롯트 만년필 공장이 표시된 1990년대 지도
국토지리정보원

한편 이전적지 활용계획으로 천호동에 공원이 들어서게 되었다. 1995년 민선시장이 취임한 이후 서울시정의 방향은 시민 삶의 질을 중시하는 방향으로 나아가게 되었다. 1996년 기사[70]를 통하여 1997년도 서울시 예산안을 살펴보면, 대형 신규사업에 투자하면서 저소득층과 노인을 위한 사회복지와 환경 분야 예산도 대폭 증액하였음을 알 수 있다. 특히 녹지조성에 상당한 재원을 투자하였는데, 공원녹지 확충 예산에 292%를 증액한 4,514억 원을 배정하였다. 이로써 영등포동 오비맥주를 비롯해 성수동2가 삼익악기 공장 부지와 천호동 파이롯트 공장 부지를 매입하여 공원으로 조성하였고, 여의도광장의 공원화 사업이 실시되었다.

70 「환경-복지 대폭증액…삶의 질 중시 뚜렷」, 『조선일보』, 1996년 11월 8일, 35면.

2.3. 강동구 중심 도심지로서의 정체성

2011년을 목표로 한 1996년의 도시기본계획은 1990년의 도시기본계획을 수정 보완한 것으로 시민의 생활편의 향상에 목표를 둔 계획이었다. 1개 도심, 4개 부도심, 11개 지역 중심, 54개 지구 중심으로 세분된 중심지체계는 종전의 1개 도심, 5개 부도심, 59개 지역 중심에서 확대되어 적극적인 다핵화의 결과였다. 서울시 전체를 동남권·서남권·동북권·서북권으로 나누어 4개 부도심과 11개 지역 중심이 생활권을 기점으로 계획되도록 하였다. 지역 중심은 각 권역의 주요 생활권 중심 및 교차 역세권에 해당하는 지역으로 천호동은 길동과 함께 동남권 지역 중심으로 선정되었다.

이 계획에서는 서울시 전체를 5개 생활권으로 나누었다. 천호동이 속한 강동구는 서초·강남·송파와 함께 동남권에 속하였다. 동남 생활권의 계획 과제는 주로 양호한 도시환경의 보호 및 유지·관리에 초점이 맞춰졌다. 천호동의 경우 천호 사거리(현 구사거리) 일대 재개발사업을 통해 업무 및 상업 기능을 도입하여 자치구 중심으로 육성하도록 초점을 맞췄다.

1970년대부터 시작된 강남개발 정책에 따라 1990년대에 이르러서는 강북과 강남의 불균형 문제가 대두되었다. 이에 서울시는 강남과 강북의 개발격차를 줄이기 위한 일환으로 2002년 10월에 시범 구역(길음, 왕십리, 은평)을 지정하여 뉴타운 사업을 추진하였다. 2002년 시범사업에 이어 2003년 11월 18일에는 서울특별시 고시 제2003-372호에 따라 서울시는 2차 뉴타운 사업지구 12개를 지정하고, 지구별로 개발 기본계획을 수립하여 시행하였다.

생활권 구분도
서울특별시, 『2011 서울 도시기본계획(안)』, 1996, 59쪽.

2차 뉴타운의 하나로 지정된 천호뉴타운은 2004년 12월 8일에 천호뉴타운 개발계획의 발표 이후 주민설명회와 서울시 지역균형발전위원회 심의를 거쳐 2005년 4월 21일에 개발 기본계획이 승인되었다(서울시 공고 제2005-531호). 천호뉴타운 계획은 서울 동남권의 신주거 문화의 중심지로 개발하는 것이 목적이며, 계획수립의 배경은 다음과 같다.

> "강동구 천호동 지역은 역사적으로 서울 동부 외곽지역의 관문 역할을 수행하면서 자연발생적으로 형성된 주거밀집지역으로서 강남지역에 입지하고 양호한 입지 여건을 갖추고 있으면서도 도시기능이 지속적으로 쇠퇴"하였으며 "열악한 도시기반시설과 노후화된 재래시장 등이 입지하고 있어 도시 정주 환경이 낙후된 지역"이며 "사회적으로 도시 문제화되고 있는 집창촌 지역이 입지하고 있어 도시 전체의 부정적 이미지로 지역발전을 저해"하고 있음.
> **서울특별시 강동구, 『천호 뉴타운지구 개발 기본계획 승인』, 2005, 4쪽.**

천호뉴타운 계획의 범위

위치	강동구 천호동 362-60일대
면적	약 412,000㎡(약 124,630평)
기준연도	2004년
목표연도	2012년

서울특별시 강동구, 『천호 뉴타운지구 개발 기본계획 승인』, 2005, 36쪽.

서울시는 천호뉴타운 계획의 기조를 '서울의 창(窓), 클린 천호'로 세우고 쾌적한 주거 뉴타운, 활동적 생활 뉴타운, 다양한 문화 뉴타운 조성 등을 목표로 하였다. 당시 강동구청장이었던 신동우 구청장은 강동의 리모델링과 브랜드 업그레이드를 구정 철학으로 삼고 천호뉴타운 사업을 역점사업으로 추진하며 천호동을 한강의 생태자원과 어우러지는 생태 마을로 개발하여 동부권의 신주거단지로 만들고자 하였다. 아래 기사의 신동우 전 강동구청장 인터뷰에서 확인할 수 있듯이 천호동이 가지고 있던 집창촌 이미지에서 탈피하여 서울 동남권의 신주거단지로 새롭게 쇄신하고자 하는 의지가 엿보인다.

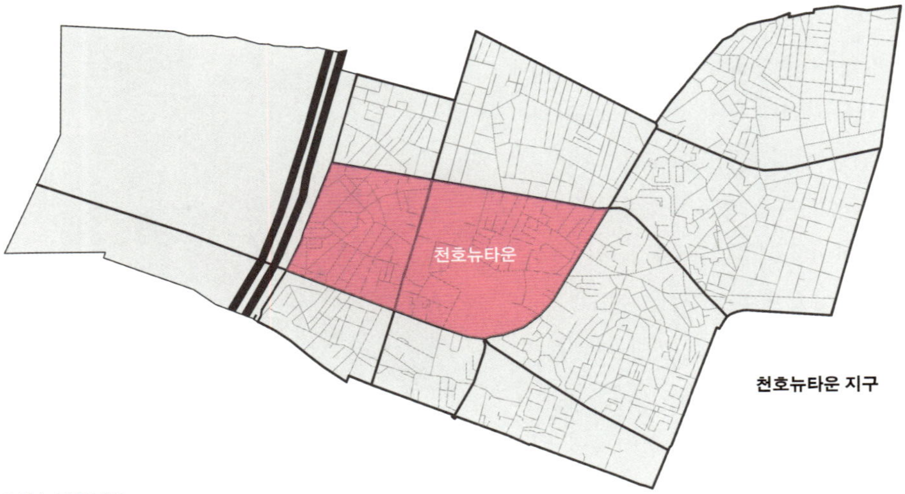

천호뉴타운 지구

2차 뉴타운지구

자치구	사업명	위치	면적(m^2)
종로구	교남뉴타운	평동 164번지 일대	226,871
용산구	한남뉴타운	이태원동, 한남동, 보광동 일대	1,095,800
동대문구	전농·답십리뉴타운	전농동 400번지, 답십리동 일대	903,967
중랑구	중화뉴타운	중화동 312번지 일대	510,517
강북구	미아뉴타운	미아동 1268번지 일대	620,000
서대문구	가좌뉴타운	남가좌동 248번지 일대	1,180,000
마포구	아현뉴타운	아현2·3동, 염리동, 공덕동 일대	1,156,000
양천구	신정뉴타운	신정3동 1162번지 일대	700,700
강서구	방화뉴타운	방화동 609번지 일대	490,240
동작구	노량진뉴타운	노량진동 270-2번지 일대	762,160
영등포구	영등포뉴타운	영등포동 5·7가 일대	260,162
강동구	천호뉴타운	천호동 362-60번지 일대	412,000

서울특별시, 『서울특별시보 제2521호』, 2003, 2쪽.

> 한마디로 기성 도시를 체계적으로 개발하는 천호뉴타운 사업은 강동의 리모델링을 이끌어 나갈 것입니다. 그동안 강동구하면 몰라도, 천호동 텍사스하면 누구나 다 알 정도로 유명한 천호동을 생태 마을로 개발함으로써 지역 브랜드 가치 향상과 리모델링의 선도적 역할로 강동구가 급격히 변화하는 모습을 보게 될 것입니다.
> **「서울의 窓 천호 뉴타운 뜬다」, 『시정일보』, 2005년 10월 6일.**

천호뉴타운 계획의 목적에서 내세우고 있는 '신주거단지'가 무엇인지는 확실하지 않지만, 강동구의 천호뉴타운 개발 기본계획 승인보고서에 나타난 '주거·문화·레저·쇼핑 기능의 신주거 중심 타운으로 조성'과 '담장·차량 등이 없는 사람 중심의 신 주거문화 정착'이라는 문구를 통해 '복합 기능을 갖춘 쾌적한 주거 공간'을 조성하는 것이 주요한 목표였음을 알 수 있다.

이처럼 서울 동남권의 신주거단지로 개발되고자 하였던 천호뉴타운 사업은 집창촌과 노후 재래시장의 밀집에 따른 부정적인 도시 이미지를 씻어낼 기회였다. 하지만 집창촌의 성매매 여성들이 주요 고객이었던 상인들에게는 위기이기도 했다. 따라서 뉴타운 지정 직후 천호동 텍사스 인접 상인들과 거주민들의 반응은 다른 양상으로 나타났다. 인접 상인들은 당장의 밥벌이를 걱정하며 부정적이었고, 거주민들은 텍사스의 이미지를 벗을 수 있게 되었다며 긍정적[71]인 반응을 내비쳤다. 이처럼 지역 주민들 사이에서도 뉴타운 사업 시행에 대한 반응은 찬반이 팽팽하게 갈렸다.

71 「[르포] 재개발 앞둔 '천호동 텍사스' 가보니」, 『한국경제』, 2004년 12월 1일.

천호뉴타운 계획의 기본방향, 목표 및 전략

구분	내용
기본방향	서울 동부권의 신주거 중심으로 개발 - 서울 동부권의 주거·문화·레저·쇼핑 기능의 신주거 중심 타운으로 조성 - 선사로를 도심 → 지역 활성화 축으로 하여 금융·업무 및 지원 기능 부여 - 간선도로 기능 수행을 위하여 구천면길 정비체계 구축 - 천호동 로데오거리와 연계하여 상업 기능 활성화 - 천호동 공원의 입체 복합화로 문화·복지환경 조성 새로운 주거·문화·상업 복합공간 조성 - 집창촌과 재래시장 지역을 주거와 문화시설이 복합된 랜드마크 단지로 개발 - 쾌적한 상업 및 문화, 주거 등 복합공간 구축 테마형 보행문화 공간「한강 가는 길」조성 - 한강의 자연환경이 주거 공간으로 유입되도록 보행녹지 축 조성 - 단지 간 보행 네트워크와 단지 내 문화·체육 등 다양한 테마 공간 연계 - 보행녹지 축과 단지 내 녹지공간 연계 체계 구축
목표 및 전략	쾌적한 주거 뉴타운 - 단지 내외에 자연환경이 유입된 공원 같은 정주 공간 조성 - 담장, 차량 등이 없는 사람 중심의 신주거 문화 정착 - 다양한 세대, 다양한 계층이 함께하는 주거 커뮤니티 조성 활동적 생활 뉴타운 - 단지 간 보행 네트워크를 중심으로 한 생활공간 조성 - 주거와 상업 기능이 보행 중심으로 연계된 생활 네트워크 조성 - 구천면길의 도로 정비체계 구축을 통해 한국형 생활 가로 형태로 조성 다양한 문화 뉴타운 - 근린공원을 중심으로 한 지역 문화 터미널 기능 도입 - 상업과 문화 기능이 복합된 다양한 이벤트 공간 조성 - 생활권별로 다양한 세대와 계층이 이용하는 지역 공공문화시설의 배치

서울특별시 강동구, 『천호뉴타운 지구 개발 기본계획 승인』, 2005, 36쪽.

천호뉴타운 지구 조감도
서울특별시 균형발전본부, 『서울시 뉴타운 사업 7년간의 기록』, 2010, 566쪽.

뉴타운 사업 정비 및 관리구역(변경) 사항

구분	사업방식	구역명		위치		면적(m^2)		비고
		기정	변경	기정	변경	기정	변경	
총계						412,485.0	412,485.0	
계획 정비구역	소계					48,598.0	48,598.0	
	도시환경정비사업	1		천호동 423-200		38,578.0	38,578.0	
	주택재건축사업	2		천호동 437-16		10,020.0	10,020.0	
계획 관리구역	소계					236,329.0	244,307.4 (증 7,988.4)	
	주택재건축사업 (도시개발사업)	3		천호동 423-76		23,289.4	23,289.4	
		4		천호동 399-25		15,482.3	15,482.3	
		5		천호동 362-67		46,111.7	46,111.7	
		6		천호동 391-24		41,479.3	41,479.3	
		7	7	천호동 331-16	천호동 335-33	21,144.9	117,944.7 (증 7,978.4)	구역 통합
		8		천호동 332-4		10,736.7		
		9		천호동 335-33		36,090.0		
		10		천호동 339-5		41,994.7		
자율 정비구역	계					127,558.0	119,579.6 (감 7,978.4)	
	지구단위계획	소계				67,784.1	61,902.1 (감 5,882.0)	
		11		즈믄길변		16,111.7	16,111.7	
		12		구천면길변		7,797.3	7,797.3	
		13		선사로변		24,704.2	24,704.2	
		14		선사로변		19,230.9	13,348.9 (감 5,882.0)	
	도시계획시설사업	소계				38,336.4	38,336.4	
		15		천호동 360		26,696.8	26,696.8	공원
		16		천호동 329		10,626.6	10,626.6	유수지
		도로 확장		천호동 337-1		1,013.0	1,013.0	
	존치			기존 아파트 및 선사로		21,437.5	19,341.1 (감 2,096.4)	

서울특별시 강동구, 『천호뉴타운 지구 개발 기본계획(변경) 공고』, 2010, 2쪽.

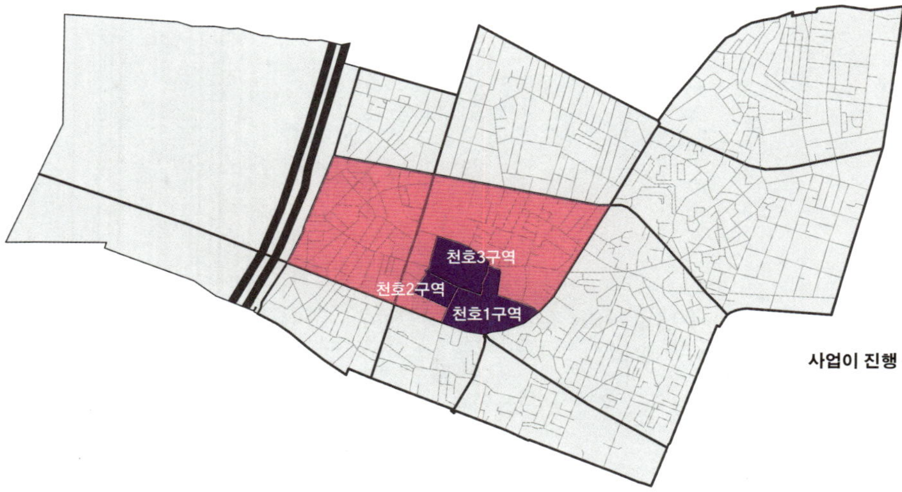

사업이 진행 중인 1·2·3구역

단계적 사업추진에 관한 사항

구분	사업 시기		대상 지역	비고
1단계	기정	2005~2024	천호1구역, 천호2구역, 천호3구역	구역별 촉진 사업 시행 소로 2016호선 조성
	변경	2005~2026		
2단계	기정	2005~2024	천호4구역, 천호5구역, 천호6구역, 천호7구역	존치구역 개별사업 추진
	변경	2005~2026		
3단계	기정	2005~2021	기타 존치구역(천호11~14구역)	존치구역 개별사업 추진
	변경	2005~2026		

서울특별시, 『서울특별시 고시 제2021-734호』, 2021.

천호 재정비촉진지구 사업추진 현황

구역명		천호1 재정비촉진구역	천호2 재정비촉진구역	천호3 재정비촉진구역
사업방식		재개발	재건축	재건축
위치		천호동 423-200일대	천호동 437-5일대	천호동 423-76일대
구역 면적(m^2)		38,508.2	9,900.9	23,083.7
건축계획		공동주택(999세대) 업무 및 판매시설	공동주택(188세대)	공동주택(535세대)
최고층		40층	20층	25층
추진 단계	구역 지정	2009.1.2.	2006.2.9.	2013.12.12.
	추진위원회 승인	2006.7.23.	2009.2.21.	2014.5.12.
	조합설립인가	2012.9.21.	2010.12.21.	2016.1.21.
	사업 시행계획인가	2015.3.17.	2013.10.15.	2018.7.20.
	관리처분계획인가	2019.1.24.	2017.12.27.	2020.12.7.
	이주	2019.5.16.~2020.4.23.	2018.5.31.~2018.11.30.	2021.3.2.~2022.3.
	착공	2020.7.2.	2019.12.30.	-
	준공	-	2022.7.29.	-

강동구청 홈페이지

구천면로를 따라
자리한 천호뉴타운
1구역(좌측)

서울시는 초기 뉴타운 정비 관리구역을 계획정비구역 2곳, 계획관리구역 8곳, 자율정비구역 4곳으로 나누었다. 이후 계획관리구역 10곳은 7~10구역이 통합 개발되게 되면서 다시 1구역에서 7구역까지로 나뉘었다. 집창촌·천호시장·천호신시장 등 재래시장이 모여 있는 1구역 일대는 도시환경정비사업으로 개발하여 공동주택을 건축하고 상업·레저·문화·주거의 복합문화를 누릴 수 있는 공간으로 구상하였다. 또한 인근의 로데오거리 등 특화거리와 연계한 상업 활성화 보행 공간을 제공하는 쇼핑과 문화의 명소로 조성하고자 하였다. 용적률은 350%를 기준으로 상한 500%로 계획하였다. 2009년 구역 지정 이후 10여 년 만인 2020년 7월에 높이 40층에 999세대 규모의 공동주택이 착공되었다. 1구역과 연접한 2·3구역의 경우 노후주택 밀집 지역으로 주택재건축사업을 시행하여 공동주택을 건립하였다. 2구역의 용적률은 190%를 기준으로 상한 235% 이하로 하고, 3구역은 190%를 기준으로 상한 240% 이하로 적용하였다. 2구역은 2006년 구역 지정 이후 14년 만인 2019년 12월에 착공하였으며, 3구역은 2013년 구역 지정 후 2020년에 이르러서야 관리처분계획인가를 받았다. 4~7구역도 노후·불량 건축물이 밀집한 지역으로 재건축사업을 시행하고자 하였다. 다만 사업성이 저조하여 2013년 10월에 해제 수순을 밟게 되었다. 결과적으로 천호뉴타운 사업구역은 1·2·3구역만 촉진 사업을 시행하게 되었다.

천호 1·2·3구역의 모습(2022.11.)

천호 재정비촉진지구 추진 경위

2003.11.18.	천호뉴타운 지구 지정
2005.4.21.	천호뉴타운 개발 기본계획 승인·공고
2006.2.9.	천호뉴타운 2구역 주택재건축 정비구역 지정(서울시 고시 제2006-49호)
2009.11.26.	천호뉴타운 제1종 지구단위계획 결정
2010.5.27.	천호뉴타운 개발 기본계획 변경
2013.3.8.	천호3·4·6구역 실태조사 완료(천호4구역 정비예정구역 해제 요청)
2013.8.26.	천호7 존치 정비구역 정비예정구역 해제 요청 동의서 제출
2013.12.12.	천호3·6구역 정비구역 지정 및 정비계획 결정
2014.5.14.	천호5 존치 정비구역 정비예정구역 해제 요청 동의서 제출
2014.7.31.	천호 재정비촉진지구 의제 처리(뉴타운 → 재정비촉진지구)(서울시 고시 제2014-281호)
2014.10.29.	재정비촉진계획 변경(안) 주민 공람 공고(14일간)
2014.11.6.	천호6구역 정비구역 해제 고시
2015.6.9.	서울특별시 도시재정비위원회 심의(보류)
2015.8.25.	서울특별시 도시재정비위원회 심의(수정 가결)
2015.10.15.	천호 재정비촉진계획 변경 결정 및 지형도면 고시(서울시 고시 제2015-321호)
2016.9.8.	재정비촉진계획 변경(경미한) 결정 고시(서울시 고시 제2016-279호)
2017.4.27.	재정비촉진계획 변경(경미한) 결정 고시(서울시 고시 제2017-145호)
2017.7.6.	재정비촉진계획 변경(경미한) 결정 고시(서울시 고시 제2017-236호)
2018.1.25.	재정비촉진계획 변경(경미한) 결정 고시(서울시 고시 제2018-28호)
2018.3.29.	재정비촉진계획 변경(경미한) 결정 고시(서울시 고시 제2018-94호)
2018.8.30.	재정비촉진계획 변경(경미한) 결정 고시(서울시 고시 제2018-272호)
2018.12.6.	재정비촉진계획 변경(경미한) 결정 고시(서울시 고시 제2018-391호)
2019.7.25.	재정비촉진계획 변경(경미한) 결정 고시(서울시 고시 제2019-243호)
2021.12.2.	재정비촉진계획 변경(경미한) 결정 고시(서울시 고시 제2021-654호)
2021.12.30.	재정비촉진계획 변경(경미한)결 정 고시(서울시 고시 제2021-734호)

강동구청 홈페이지

천호동 텍사스와 재래시장 밀집 지역으로 주목받았던 천호동 423-200 일대의 1구역은 2009년 1월에 구역이 지정(서울특별시 고시 제2008-508호)된 이후 상가 소유주와 주민이 의견 일치를 보지 못하여 사업이 지연되었다. 하지만 2016년에 서울주택도시공사(SH)가 조합과 함께 공동 사업시행자로 나선 이후 빠르게 진행되었다. 2016년 4월에 시공사 선정 입찰이 한 차례 유찰된 후 2017년 9월에 '천호 재정비촉진지구 천호 1촉진 구역 도시환경정비사업 시공자 선정 총회'를 통하여 중흥토건㈜이 시공자로 최종 선정되었다. 이후 2019년 1월에 관리처분계획인가를 받고 같은 해 5월부터 이주를 시작하였으며 2020년 7월에 착공하였다.

천호2구역 주택재건축정비사업은 천호동 437-5번지 일대를 대상으로 하여 전체 구역 중 가장 빠른 2006년 2월에 구역 지정이 완료되었다. 하지만 추진위의 계획대로 재개발하면 수익성이 떨어질 것을 우려한 주민들의 반발로 사업추진이 답보되었다.[72] 이후 2010년에 조합설립인가와 2013년에 사업 시행계획인가를 받았고 재건축 초과이익환수제를 피하고자 조합이 사업계획을 달리하여 2017년 9월에 대우산업개발이 사업을 수주하였다. 그러나 이후 원건설로 시공사가 한차례 변경되었다. 시공사 선정 이후 2018년 5월부터 11월까지 이주를

72 「천호뉴타운, 주민 갈등 일부 사업추진 답보」, 『파이낸셜 뉴스』, 2006년 10월 11일.

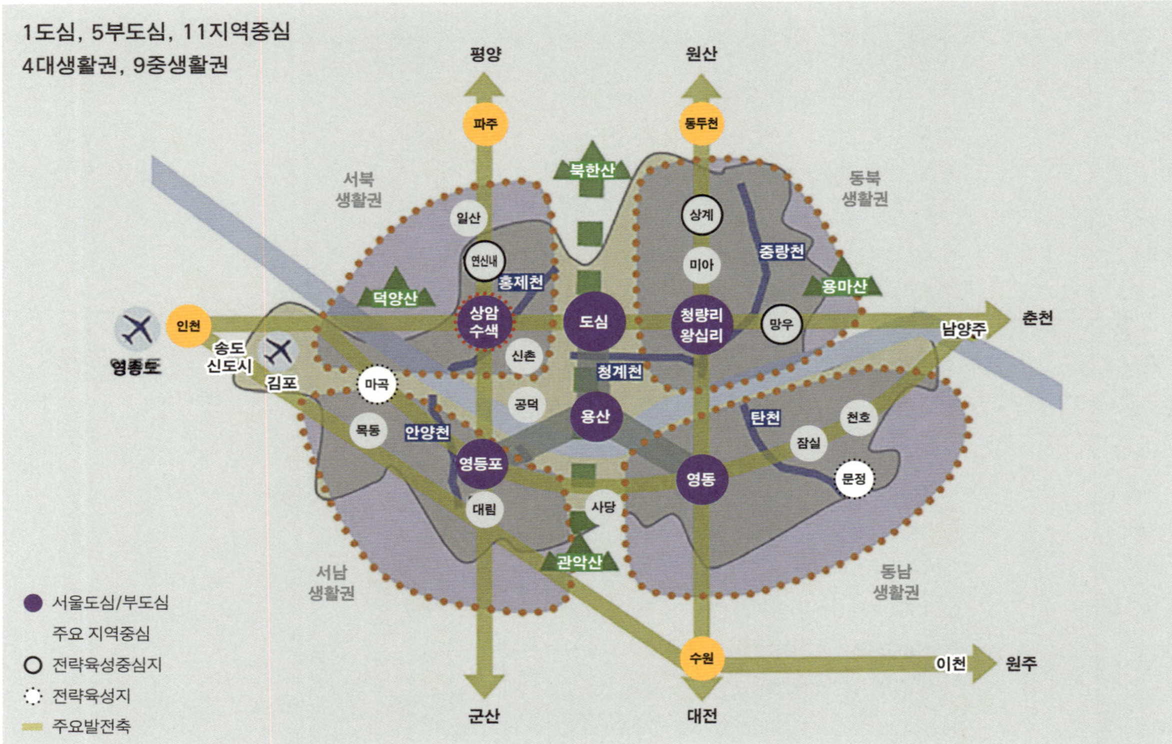

2020 서울 도시기본계획 공간구조구상 개념도
서울특별시, 『2020년 서울 도시기본계획 본보고서』, 2006, 103쪽.

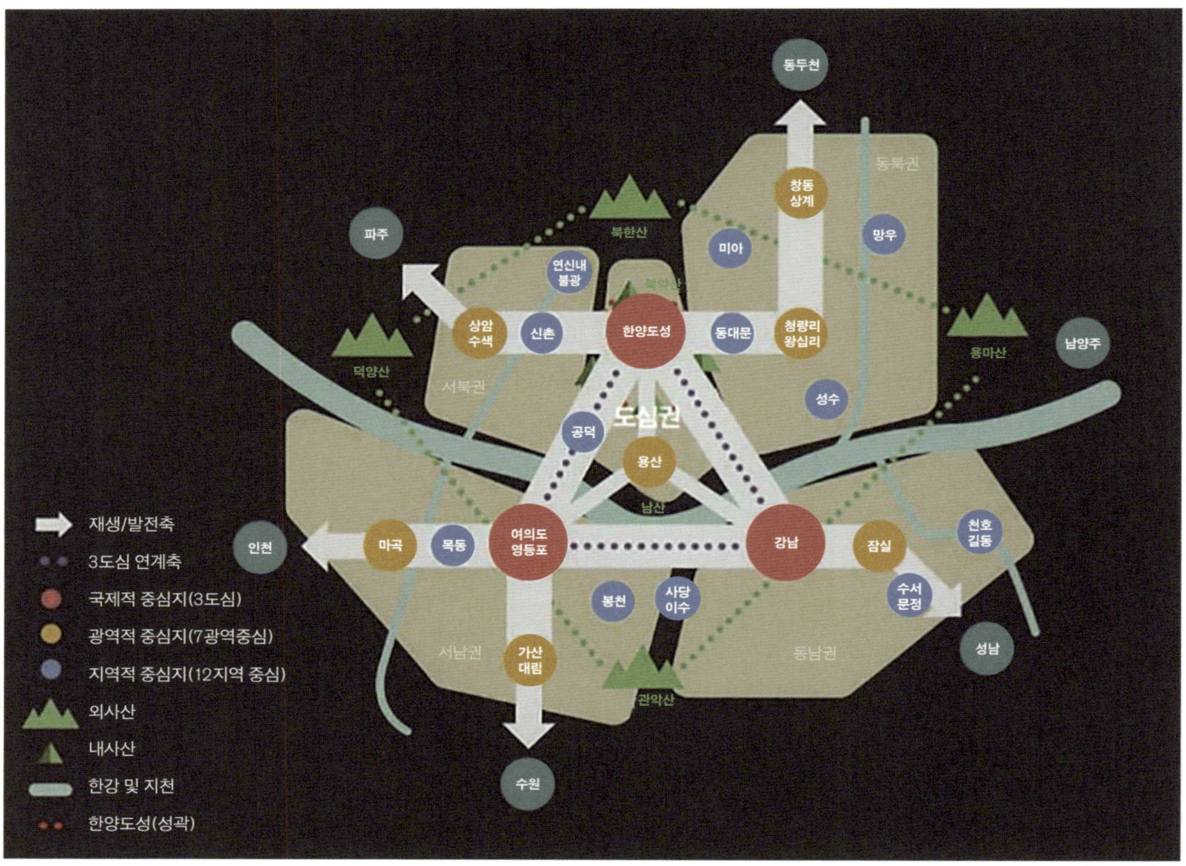

2030서울플랜 공간구조
서울특별시, 『2030서울플랜 본보고서』, 2014, 139쪽.

천호·성내 지역발전구상

목표	전략
천호대로변의 경쟁력 강화 및 역세권·상권의 특성 관리	천호대로변의 중심성 강화 및 맞춤형 지역 정비·관리 유도 입지 여건을 고려한 역세권·상권별 경쟁력 강화
자연발생적 공간구조와 인구·지역 특성을 고려한 정주 환경 개선	저층 주거지역의 입지·연령 특성 맞춤의 주거환경 개선 침수 이력·구역 해제지역 여건을 고려한 도시재생 추진
특화거리 연계 및 향토 자원 관리를 통한 지역 문화의 다양성 확대	특화거리 연계 강화 및 재래시장의 지속적 관리 지역 향토 자원 및 선사·삼국 역사 자원 등의 지역 문화 특성 강화
한강 접근성 강화 및 지역자원을 활용한 생활 서비스의 개선·확충	한강 보행 접근성 개선 및 천호공원 등의 이용환경 개선 공공시설 등의 시설 개선 및 기능 복합 통한 생활 서비스 개선
간선, 집·분산도로 기능 개선 및 주차 문제 해소	간선로 광역 연계 및 간선 기능 증진 구천면로·성안로 등 가로 정비 및 집·분산 기능 향상 특화거리 및 생활도로 등 이면도로 주차 갈등 지역 주차 해소

서울특별시 강동구, 『2030 서울 생활권 플랜 강동구 지역생활권계획』, 57쪽.

시작하였으며, 2019년 12월 착공 후 2022년 7월에 준공되었다.

천호동 423-76 일대 천호3구역은 2013년에 구역 지정 이후 주민투표로 정상적인 사업을 추진하게 되었다. 2014년에 추진위원회 승인이 났으며, 2016년에 조합설립인가를 받았다. 그러나 2018년의 사업 시행계획인가와 2020년의 관리처분계획인가까지의 과정은 쉽지 않았다. 시공사 선정 과정에서 잇따른 유찰로 수의계약을 진행하였으며 인접 구역 간의 사업 시점 차이로 발생하는 레벨 조정, 정비 기반 시설 관련 설계 오차 부분 합의 조정, 서울시의 천호 재정비촉진계획 변경 결정으로 달라진 기반 시설·건축계획에 따른 후속 조치 등 여러 문제로 인하여 사업이 지연되었다.[73] 2022년 8월 현재는 이주를 끝내고 착공을 앞둔 상태이다.

2005년 수립된 『강동구 장기발전종합계획』은 2015년까지 고품격 주거 도시, 풍요로운 자족도시, 지속가능한 생태도시를 만드는 것을 목표로 하였다. 생활권은 암사·천호 생활권, 길동·둔촌 생활권, 고덕·명일 생활권, 강일 생활권으로 분류하였다. 중심지체계는 천호·고덕을 지역 중심으로, 암사·강동·강일을 지구 중심으로, 명일·길동·둔촌을 역세권 중심으로 구상하였다. 천호지구의 경우 천호역 주변 지역 중심 상권의 활성화, 천호역과 길동로터리리·천호대로 지역 일부를 소프트웨어 산업 집적 지역으로 조성하고, 천호동 산업 집적 공간의 육성 등으로 천호동의 중심성을 강화하고 경제적 집적효과를 높이는 방안을 주요 전략사업으로 세웠다.

2006년의 『2020 서울도시기본계획』은 다핵 분산형 광역 대도시를 목표로 하여 중심지체계는 1개 도심·5개 부도심·11개 지역 중심·53개 지구 중심으로 구성하였다. 강동구가 속한 동남생활권을 구상할 때는 천호·길동을 잠실과 함께 동남2 생활권의 지역 중심으로 설정하였다. 동남권의 계획은 계획적인 성장관리체계 구축, 벤처·IT·국제업무 기능의 체계적 육성, 재건축 단계별 추진 및 리모델링 활성화, 다양한 문화 활동의 기회 확대로 구상하였다.

『2030 서울플랜』은 소통과 배려가 있는 행복한 시민 도시를 미래상으로 설정하여 미래상을 반영한 소통과 배려의 공간구조가 실현되도록 구상하였다. 기존의 단핵 중심지 체계에서 벗어나 다핵 기능지 체계를 강조하여 3개 도심·7개 광역 중심·12개 지역 중심으로 중심지 체계를 구상하였으며 12개 지역 중심 중 하나로 천호·길동이 선정되었다. 천호·길동은 대규모 배후지역 개발에 따라 외곽에서 시내로 유입되는 통근 교통을 흡수하는 고용 기반이 구축

73 「천호3구역, 환골탈태 임박」, 『주거환경 life』, 2022년 8월 22일.

되도록 하였다.

도시기본계획을 구체화하는 중간 단위 계획인 『2030 서울 생활권 플랜』 강동구 지역생활권계획에서는 강동구의 지역생활권을 천호·성내, 암사, 길동·둔촌, 명일·고덕, 강일·상일로 구분하였다. 천호·성내 생활권은 젊음이 넘치고 미래의 향기가 가득한 생활권 조성을 위하여 5개 목표와 11개 전략을 구상하였다.

『2030 강동구 장기발전계획』은 성숙한 구민이 길을 여는 강동을 비전으로 세우고 5대 정책목표로 살아 움직이는 활력 도시, 차별과 그늘 없는 균형 도시, 성숙한 구민이 이끄는 품격 도시, 편리하고 안전한 스마트 도시, 건강하고 쾌적한 에코 도시로 구상하였다. 『2030 서울플랜』의 중심지체계상 지역 중심에 해당하는 천호·길동의 경우 지역 중심 기능을 강화하는 방안과 강동의 중심으로 집중 육성하는 방안이 논의되었다. 특히 주거·비주거 기능의 입체·복합화를 유도하여 총통행 발생을 최소화하고 직주근접을 실현하기 위한 콤팩트한 도시구조를 지향[74]하는 방향으로 공간구조체계가 구축되었다.

74 서울특별시 강동구, 『2030 강동구 장기발전 종합계획』, 2015, 193쪽.

75 서울특별시, 『한강의 어제와 오늘』, 2001, 150쪽.

76 임화, 『경궤연선(京軌沿線)』, 『동아일보』, 1938년 4월 13일, 4면.

2.4. 한강의 변화

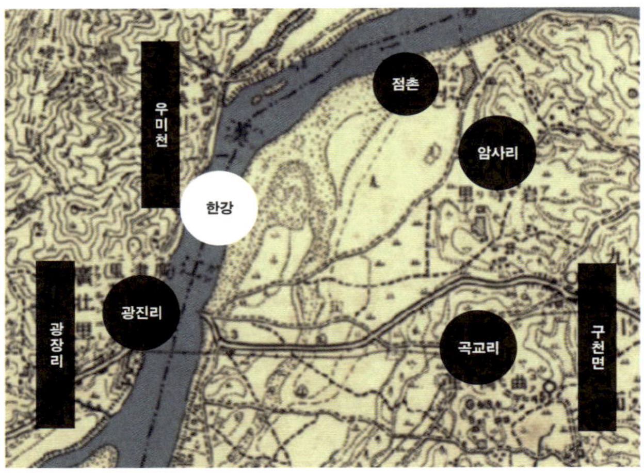

1930년대 천호동 한강변 일대
국토지리정보원

한강은 예로부터 생업을 위한 공간이기도 하였지만, 여가를 즐기기 위한 공간이기도 하였다. 일제강점기 시민들은 한강에서 수영하거나 뱃놀이를 즐겼고, 겨울철에는 얼어붙은 한강 위에서 열리는 빙상경기에 참여하기도 하였다. 서울 한복판에는 강을 왕래하는 유람 택시가 등장하였는데, 젊은 부호와 이름난 기생이 함께 유람 택시를 타고 한강변을 드라이브하는 일이 유행처럼 번지기도 하였다.[75] 특히 인도교와 뚝섬, 광나루 일대가 대표적인 피서지이자 유원지로 이용되었다. 1938년 4월 13일 자 동아일보에 실린 한 소설[76]에서도 광나루는 유원지로 인식되고 있다.

1960년대 들어 광나루 일대는 더욱 본격적인 피서지로 이름을 알리게 된다. 신문 기사에서는 물놀이를 즐기기 좋은 장소로 광나루를 소개하며 인근의 오락시설과 유흥거리에 관해서도 소개하고 있다.

> 녹음 짙은 워커힐을 올려다보며 넓고 깨끗한 모래밭에 가족끼리 모여앉아 하루를 즐기면 시간 가는 줄을 모른다.
>
> 「물놀이의 季節…서울 近郊유원지」, 『조선일보』, 1968년 6월 20일.

광나루는 강수욕을 즐기기에 안성맞춤이었는데, 이유는 강변을 따라 너르게 형성된 모래밭 덕분이었다. 1970년대 중반까지는 강변에서 피서를 즐기는 모습을 흔히 볼 수 있었다. 하지만 서울시의 백사장 모래 채취 허가로 인하여 한강은 그 모습을 점차 잃어갔다. 이와 관련한 내용은 1975년 8월 5일 자 기사를 통하여 확인할 수 있다. 기사는 광나루 유원지가 서울시의 무분별한 모래 채취로 인해 훼손되고 있으며, 피서를 즐기는 시민들이 불편을 겪고 있다고 지적한다.

천호동 광나루 일대 전경
국토지리정보원

> …백사장도 점차 줄어들어 유원지의 모습을 잃고 있다. 모처럼 피서를 위하여 나온 시민들은 웅덩이 사이사이에 남아 있는 백사장에 앉아 어린이들이 웅덩이에 들어가지 않도록 신경을 써야 한다.
>
> 「모습 잃어가는 광나루 遊園地」, 『조선일보』, 1975년 8월 5일.

서울시는 1979년에 뚝섬에 이어 두 번째로 광나루에 수영장을 조성하였다. 수영장은 천호동과 암사동에 접한 광진교 상류 부근에 조성되었는데, 백사장 9만 평에 수영장이 18만 평 규모였다. 이는 서울시 근교 위락시설의 부족을 해소함과 동시에 한강 하상을 정리하고자 하는 목적이었다. 광활한 강과 양호한 수질, 너른 백사장은 휴양에 안성맞춤일 뿐만 아니라 워커힐이 인근에 있다는 점 또한 매력적인 조건이었다.

하지만 수영장은 몇 년이 채 지나지 않아 폐쇄될 운명에 처하였다. 서울시에서 한강종합개발사업을 시행함에 따라 광나루 수영장 운영을 1985년에 중지[77]하였기 때문이다. 당시 기사에 따르면 수영장 관리가 제대로 이루어지지 않아 백사장의 모래가 부족하고, 잡초가 무성하며, 폐수로 모래의 질이 나빠져 있는 상태였다. 서울시는 한강개발사업에 따라 수영장을 포함한 유원지를 새롭게 조성할 계획이었다. 이에 따라 광나루에는 한강 유원지가 새롭게 조성되었다.

77 「광나루水泳場 폐쇄」, 『조선일보』, 1983년 6월 9일, 10면.

유원지의 역할을 한 1960년대 광나루
서울특별시 강동구, 『사진으로 보는 강동사』, 2004, 123쪽.

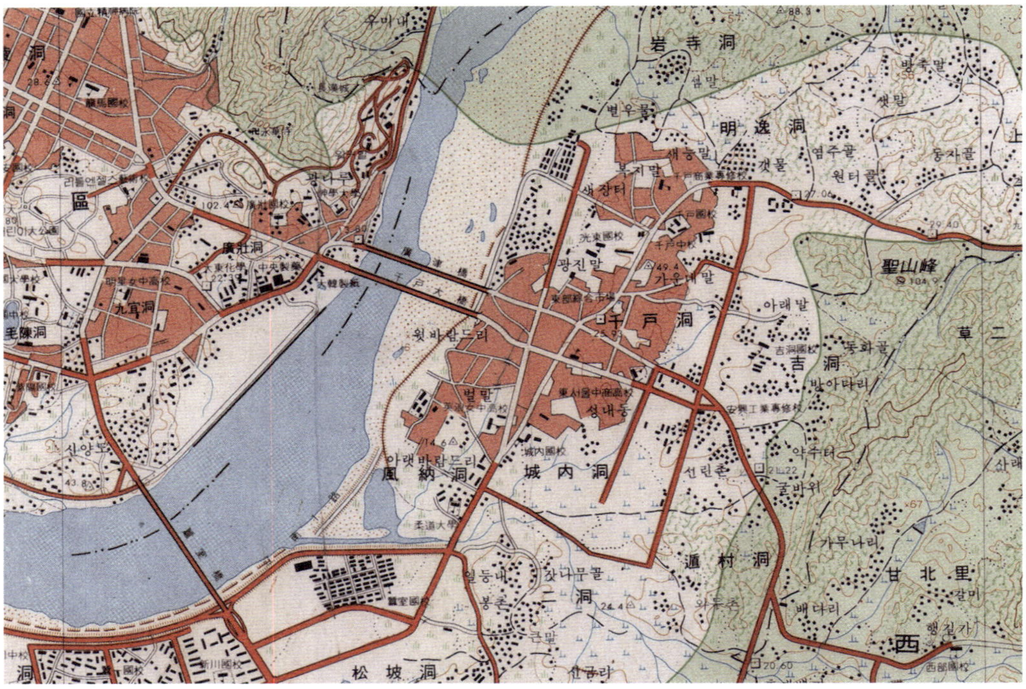

1970년대 광나루 지도
국토지리정보원

천호동 일대는 장마철이 되면 가옥과 농경지가 침수되던 상습 수해지구였다. 기사에 따르면 배수로가 없어 물이 좀처럼 빠지질 않았으며 1965년 홍수에서는 290가구나 집을 잃었다[78]고 전한다. 이에 서울시는 1975년 1월 21일에 수해지구인 천호동 일대에 영세민취로사업의 일환으로 제방을 축조하였다. 이 제방은 홍수 피해를 예방하는 한편 택지와 공공용지를 조성하기 위함이었다.

천호 제방은 새마을 노임소득 사업 중 전국에서 가장 규모가 컸던 사업이다. 연간 60만여 명이 투입되었으며 하루 평균 인원은 6,000여 명[79]에 달하였다. 그뿐만 아니라 천호 제방 축조를 위한 영세민취로사업은 저소득 계층의 겨울철 생활 안정, 지역주민 숙원사업 해결, 도시 기간시설 건설[80]의 효과를 동시에 얻는 효율적인 사업이었다.

한편 공사 진행 과정에서는 취로인부[81]가 집단항의를 하는 사건도 있었다. 감독관이 그날의 작업량에 따라 노임을 주겠다고 하자 500여 명이 모여 사무소를 둘러싸고 35분가량 항의하였는데, 이날은 공교롭게도 유신체제의 찬반과 박정희 대통령의 신임을 묻는 국민투표가 치러진 다음 날이었다.

> 13일 오후 5시쯤 서울 성동구 암사동 천호 제방 축조 공사장에서 일을 마친 성동구 행당 2·3동 및 마장2동 거주 취로민 500여 명은 현장 감독관이 '오늘부터 작업목표량 달성률에 따라 노임을 계산하겠다'면서 노임을 최고 45%까지 깎으려 하자 농기구를 든 채 현장사무소를 둘러싸고 집단항의를 벌였다.
>
> 「就勞사업 勞賃 깎아」, 『조선일보』, 1975년 2월 15일.

78 「새서울 紙上福德房 10. 千戶洞」, 『조선일보』, 1965년 10월 14일, 8면.

79 「하루 6천~7천명의 영세민들이 참여하는 천호제방축조공사장」, 『경향신문』, 1975년 4월 25일, 6면.

80 「새마을 意志 르포 (8) 상습 水災地를 새 都市로」, 『경향신문』 1975년 2월 3일, 7면.

81 영세 근로자의 생계를 위하여 정부에서 진행하는 취로사업에 동원되는 인부를 가리킨다.

천호 제방 축조
서울기록원

1975년 6월에 공사 5개월여 만에 천호 제방이 준공되었다. 준공식에서 구자춘 서울시장은 제방을 좀 더 내어 쌓아 택지를 더 확보하기를 바랐으나 홍수 위험에 대비하고자 하는 기술자들의 반대가 있었다고 아쉬움을 드러냈다.[82]

이로써 총공사비 12억 4,000만 원(노임 7억 2,000만 원, 자재대 5억 2,000만 원)을 들여(취로 인원 80만 명) 폭 12m에 길이 3.6km의 제방을 축조함으로써 택지 36만 2,000평에 공공용지 2만 7,800평[83]이 새로 생겼다. 천호 제방 축조에 따라 천호동 일대의 한강변은 침수지역에서 벗어났고, 강남1로 건설, 저습지의 택지화라는 결과를 얻었다.

82 「"堤防을 10m만 내어 쌓았더라면"」, 『경향신문』, 1975년 6월 28일, 1면.

83 「천호 제방 築造工事 完工」, 『동아일보』, 1975년 6월 27일, 4면.

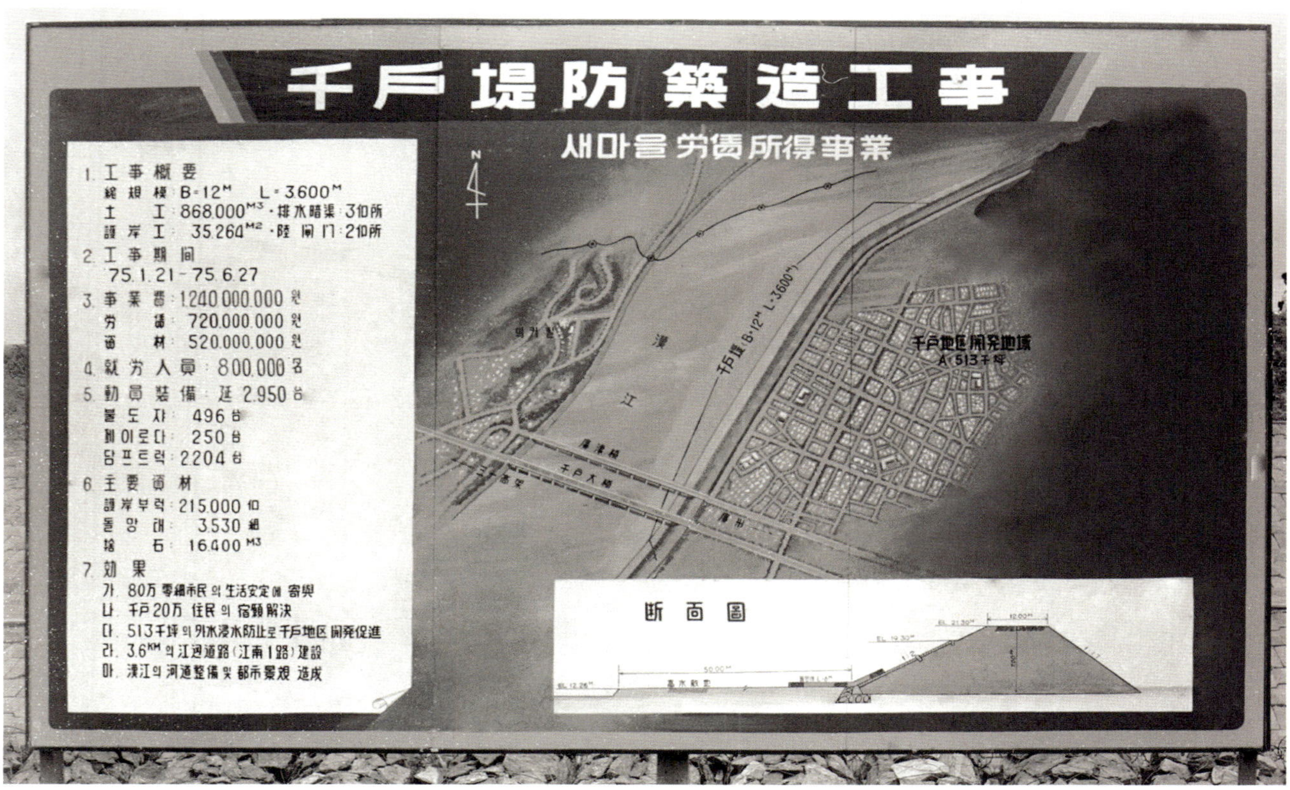

천호 제방 축조 공사 조감도

축조된 천호 제방

한강대교 건설계획(1973)

김종수(남), 80세, 천호2동 거주

> 박정희 대통령 때 제방을 막은 거예요. 그거를 막아서 이쪽에 비만 오면 물이 들었었는데 물 드는 걸 다 막았어요. 지금은 아무리 비가 와도 둑을 막아 놔서 홍수가 안 들어요.

2.5. 시민 여가 공간으로서의 한강

한강이 공원으로서의 모습을 갖추게 된 것은 1980년대로 1982년부터 1986년까지 시행된 2차 한강종합개발사업 덕분이었다. 1981년 9월, 1988년 올림픽의 서울 유치와 같은 해인 11월에 대통령의 지시로 한강종합개발사업의 수립이 본격화되었다. 서울시는 저수로 공사에서 얻어지는 6,500만 톤의 골재를 활용하여 강변공원, 초지, 둔치(고수부지)를 만들고 강남로를 넓히는 한편 하수처리장을 건설하여 물을 정화해 맑은 한강을 만들고자 하였다.[84]

당시의 한강종합개발사업 기본계획 보고서에 나타난 사업의 배경과 목적에는 "급증하는 도시 하수와 공장폐수의 무처리 방류로 인하여 그 오염도가 극에 달했고, 서울 지역 내 한강 골재와 고수부지를 활용하는 방안을 검토하라"는 대통령의 지시가 있었다. 그리고 사업을 통하여 "도시화 과정에서 혹사당한 수도 서울의 젖줄인 한강을 본래의 기능으로 회복시켜 맑고 푸른 물이 담겨 있는 '물의 공원'으로 만들고 좌우안 유적지는 고수부지로 조성"하고자 하였다. 한강의 공원화를 통하여 "시민의 정서 순화와 체력증진을 도모"하며, "86 아시안게임 및 88 서울올림픽에 대비하여 강남 강변도로변의 확장과 주위 도시환경을 정비하여 국제도시로서의 면모를 갖추려는데 적극적인 목적"이 있다고 밝혔다.

한강종합개발사업을 통하여 조성되는 둔치(고수부지)는 총 13곳으로 여의도·한강대교·동부이촌동·난지도 등에는 시설광장공원을 뚝섬과 천호2동이 속한 광나루에는 유원지를 개화·난지·제1한강교 양쪽·제2한강교 양쪽·제3한강교 오른쪽 등 8개 지역에는 자연 초지를 조성[85]하고자 하였다.

84 「맑은 漢江 개발 9월 착공」, 『조선일보』, 1982년 6월 23일, 11면.

85 「노들강변 運河시대 열린다」, 『조선일보』, 1982년 9월 29일, 3면.

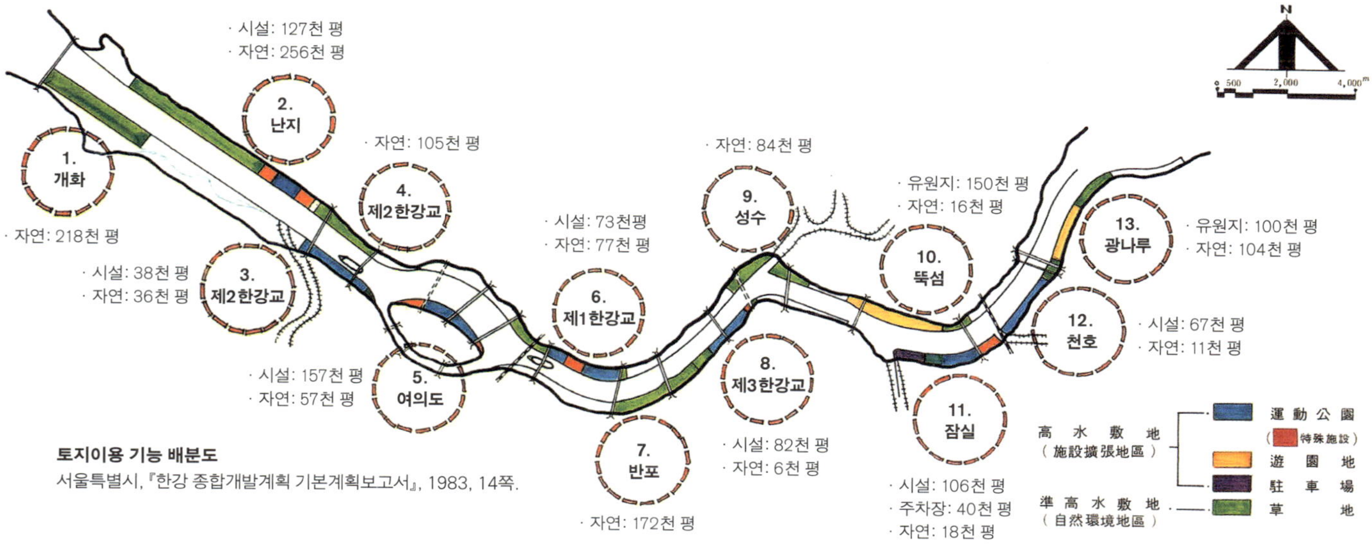

토지이용 기능 배분도

서울특별시, 『한강 종합개발계획 기본계획보고서』, 1983, 14쪽.

광나루지구 유원지 설계내용

구분	시설명	광나루 지구
유희 및 레크리에이션 시설	어린이 놀이시설	1
	조각 놀이시설	1
	선유장	1
	테니스장(면)	4
	조합놀이대	1
	배구장	2
	수영장	1
편의 및 교양시설	휴게소 및 강변식당	10
	잔디광장	2
	퍼걸러	14
	음수전	3
	소각로	6
	벤치	86
	탁자	42
	휴지통	15
관리시설	관리사무소	1
	안내소	1
	공중화장실	13
	분수대	1
	Flower bed	1
기타시설	주차장	4

서울특별시, 『한강 종합개발계획 기본계획 보고서』, 1983, 13쪽.

천호대교 시계간 제방축조 조감도(1978)

한강종합개발 당시
천호대교 일대(1986)

서울시는 한강종합개발사업에 따라 조성되는 둔치의 공원화 계획을 확정하고, 13곳의 한강 둔치에 각종 체육·위락·휴게시설을 갖췄다. 광나루지구는 한강을 이용하는 유원지로 조성하고 백사장·낚시터·놀이마당·모형과학 전시장·모형비행장 등을 설치[86]하고자 하였다. 같은 해 7월의 신문 기사에 따르면 서울시는 『고수부지 체육시설 조성계획』에 따라 1987년까지 11개 지구 65만 평에 체육시설 251개소를 설치하기로 하였는데, 광나루 지구의 경우 야구장·정구장·배구장·농구장·체력단련장·롤러스케이트장·다용도 운동장·스케이트장 등을 설치하고자 하였다.[87] 또한 운영이 중지되었던 수영장을 새롭게 조성하였는데, 4만 평 규모의 백사장에 수용인원은 1만 명에 달하였다. 1986년에 개장하기로 되어 있던 수영장은 고덕 신시가지 조성에 따른 생활하수로 인하여 한강의 수질오염과 시설 미비로 개장이 한 차례 연기되었다.

체육시설과 수영장 외에도 광나루 부근에는 요트학교가 개설되기도 하였다. 윈드서핑 클럽이 설치되기도 하였으며, 수상스키도 즐길 수 있었다. 잠실대교~광진교 간 4.8*km*에서는 3개 업체가 4~6인승 수상스키 30척을 운영하였다. 요트의 경우 광진교 상류 부근에서 이용할 수 있었다. 범한 여행사가 1~4인승 요트 70척을 운영하였고 요금은 시간당 7,500원이었다.[88]

1986년 9월 10일에 준공된 한강종합개발은 한강의 모습을 바꿔 놓은 대역사(大役事)[89]로 평가받았다. 이에 따라 한강변은 '말쑥'한 '명물'인 시민공원으로 거듭났다. 한강종합개발은 폭발적인 관심을 받았다. TV에서는 준공 기념 특집 드라마가 방송[90] 되었으며, 준공을 기념한 교향시를 발표[91]할 정도였다. 일부 백화점에서는 준공을 기념하여 세일과 사진전 등 다양한 행사를 진행하기도 하였고,[92] 환경 분야 학술대회가 개최[93]되기도 하였다. 준공을 기념한 축제는 7일간 여의도를 중심으로 개최되었으며, 총 31가지의 경축 행사가 열렸다. 불꽃놀이·민속제·향토 시장·사생대회·씨름대회 등이 펼쳐졌으며, 광나루에서는 이틀간 요트대회가 열렸다.

한강종합개발사업 이후 한강공원은 시민공원으로 사랑받았으나 강도와 살인 등 범죄의 온상이 되기도 하였다. 1988년부터 1989년 사이 한강 둔치에서 발생한 범죄는 379건에 달하였다. 그중에는 살인 2건, 강도 10건, 강간 13건 등 강력범죄도 포함[94]되어 있었다. 서울

86 「한강 高水敷地에 公園 13개 조성」, 『매일경제』, 1985년 1월 5일, 11면.

87 「漢江 고수부지 體育시설 늘려」, 『조선일보』, 1985년 7월 27일, 10면.

88 「시내버스 1百81개 路線 漢江 고수부지 公園경유」, 『경향신문』, 1986년 10월 2일, 10면.

89 당시 신문지상에서는 이러한 표현을 자주 사용하였다.

90 「한강개발 기념 특집극 '갈매기'」, 『동아일보』, 1986년 9월 12일, 8면; 「한강종합개발준공 기념 특집드라마 '아리수별곡'」, 『경향신문』, 1986년 9월 9일, 12면.

91 「漢江개발 준공 기념 전야제때 교향시발표」, 『경향신문』, 1986년 8월 22일, 6면.

92 「漢江개발 준공기념 百貨店에 행사푸짐」, 『매일경제』, 1986년 8월 28일, 10면.

93 「한강개발 준공기념 환경분야 학술대회」, 『경향신문』, 1986년 9월 1일, 10면.

94 「漢江공원 밤만 되면 "無法天地"」, 『경향신문』, 1989년 5월 25일, 13면.

'새서울, 우리한강' 기본계획
서울특별시, 『'새서울, 우리한강' 기본계획』, 2000, 5쪽.

시는 이에 '한강 시민공원 질서유지 및 방범 대책'을 마련하고 광나루를 비롯하여 여의도, 뚝섬, 잠실지구에 상설파출소를 설치 및 운영하며 24시간 순찰을 시행하였다.[95] 이 외에도 실족·실종 사고와 차량 추락사고가 발생하는 등 한강에서의 사건·사고는 끊이지 않았는데, 1990년대에 들어 순찰과 야간방범 활동의 강화로 야간 피서지로 주목받기 시작하였다.

> 대부분 가족 단위로 나온 주민들은 1점당 100원짜리 속칭 고스톱 등 화투를 즐기는가 하면 곳곳에서 어린이들이 노래자랑대회를 하는 등 화목한 모습을 보였다.
>
> 「한강 시민공원 夜間 피서지 각광」, 『조선일보』, 1990년 8월 9일.

2000년도 광나루 일대 전경
국토지리정보원

1992년에 서울시는 한강 저수부지의 토사유출 방지 및 자연경관 조성을 위하여 광나루지구·잠원지구·풍납지구에 갈대밭을 조성하였다. 이로써 광나루지구에 1만 6,000㎡ 규모의 갈대밭이 조성[96]되었다. 하지만 병충해를 막고 갈대숲에서의 범죄를 예방하기 위하여 갈대숲을 불태우기도 하였다.[97] 갈대숲을 조성한 광나루지구에는 반포지구와 함께 밀밭을 조성하여 우리 밀 살리기 운동본부에 의해 밀이 재배되었다.

2000년에 들어 서울시는 한일월드컵이 열리는 2002년도까지 '살아 숨 쉬는 한강·즐겨 찾는 한강·가까운 한강·내일을 여는 한강'을 만드는 것을 목표로 하는 『'새서울, 우리한강' 기본계획』을 수립한다. 이 사업은 한강을 환경친화적인 공간으로 만드는 것이 주된 목적으로 콘크리트 호안 조성 등을 통해 생태계 복원능력 상실의 문제점을 해결하고자 하였다.

계획은 크게 자연생태 회복, 이용 활성화 및 문화 증진, 한강으로의 접근성·연계 개선, 연접지역 관리 미래비전 제시로 나누어 부문별 세부 과제를 수립하였다. 광나루지구는 자연·생태지구에 초점이 맞춰져 광나루의 모래밭과 갈대숲 등을 최대한 보전하고 고덕지구와 연계하여 대규모 생태공원을 조성하고자 하였다. 또한 다양한 수종을 심어 계절별로 풍경을 즐길 수 있도록 계획하였다.[98] 즐겨 찾는 한강을 만들기 위하여 '강동 가족 강변 달리기 대회'와 '신

95 「한강시민공원 순찰강화」, 『동아일보』, 1989년 4월 18일, 13면.

96 「저수부지에 갈대밭 조성」, 『조선일보』, 1992년 11월 3일, 29면.

97 「漢江 갈대밭 태우기」, 『동아일보』, 1995년 3월 5일, 22면.

98 「한강 5개 권역 나눠 특화개발」, 『경향신문』, 1999년 6월 9일, 21면.

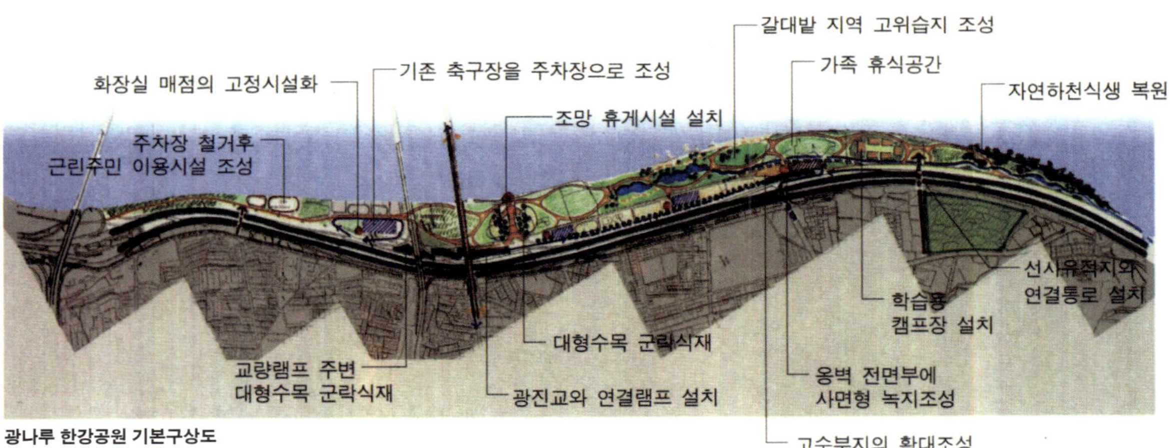

광나루 한강공원 기본구상도
서울특별시, 『'새서울, 우리한강' 기본계획』 2000, 170쪽.

나는 자전거 교실' 등을 기획하기도 하였다.

소득증대와 주5일 근무로 인하여 여가문화가 변화하였고, 시설 노후화에 따른 일부 시설의 이용률 저조로 2003년 발표한 『한강 시민공원 이용 활성화 계획』은 한강의 특성을 살린 시설 보강과 재배치, 새로운 요구에 부응하는 한강 시민공원을 조성하기 위한 계획이었다. 광나루 시민공원은 자연생태 지구로 조성하고 신규 시설의 도입을 가급적 억제하였다. 또 노후 시설을 철거하고 친환경적 시설을 도입하는 방향으로 구상하였다. 이에 따라 기존 수영장과 테니스장을 철거하여 수변 생태 관찰원을 도입하고 야구장을 새롭게 정비하는 방안이 제시되었다.

'한강 르네상스'는 한강의 자연·역사·문화를 되살리고자 하는 취지로 2007년 시작된 3개년 프로젝트이다. 한강 중심의 도시공간구조 재편, 워터 프런트 타운 조성, 한강변 경관 개선, 서해연결 주운(舟運) 기반 조성, 한강 중심의 에코-네트워크 구축, 한강 접근성 향상, 한강변 역사 유적 연계 강화, 테마가 있는 한강공원 조성을 8대 실현 과제로 내세웠다. 광나루공원은 역사 생태 테마파크로 구상하고 자연 생태 보전지구의 보전 및 확대, 암사 선사 유적지와 한강 생태공원을 연결하는 보행 녹도(green way) 조성, 광진교 걷고 싶은 거리와 연계한 한강 자전거공원을 조성하였다.

2013년 발표한 『2030 한강 자연성 회복 기본계획』은 자연성이 살아 있는 한강의 회복을 모색한 것으로 한강 전체의 생태적 복원과 생물다양성 증진을 고려한 계획이었다. 이에 따라 광나루 한강공원의 자연형 호안 복원사업이 2019년 10월에 착공하여 2020년 11월에 완료

한강 광나루지구 사업추진 내용

분야	내용		사업 규모	비고
종단 연속성	낙차공 구조개선		1개소	
횡단 연속성	호안	자연 하안 복원	1,912m	
		자연형 호안 복원	1,170m	
	둔치	운동시설 다기능화	1,472㎡	
		불투수 포장 투수성 개선	7,313㎡	
		저류 녹지조성	30개소	
		자연 물놀이장 조성	8,495㎡	
생물서식처 조성	생태거점		-	
	천변 습지		-	
한강 숲 조성	거점 한강숲 조성	생태숲 조성	24,559㎡	
		이용숲 조성	35,085㎡	
	강변도로 변 완충숲 조성		268,711㎡	
생태 축 설정	서울 주 녹지축 연계		-	
	생태거점 설정 및 연계		-	
	한강변 도시 녹지축 확보		1개소	강동지구
역사 문화복원	옛 경관 조망지점 조성		-	
	현재 경관 조망지점 조성		1개소	아차산 전망
	역사 문화자원 활용		-	

서울특별시, 『2030 한강 자연성 회복 기본계획』, 2013, 412쪽.

암사~광장권의 권역 육성 계획

서울특별시, 『한강변 관리 기본계획 본 보고서 2권: 지구별 가이드라인 II』, 2015, 368쪽.

되어 시민에게 개방되었다. 천호대교~올림픽대교 남단에 이르는 1.2㎞ 구간에는 돌과 자갈을 쌓고 호안 둔치에 다양한 나무를 심었다. 피크닉장도 새롭게 조성하여 휴식 공간을 마련하였다.[99] 이후 2015년에 수립된 『한강변 관리 기본계획』은 한강과 주변 지역 전체를 포괄하는 최초의 한강 기본계획이다. 자연성·토지이용·접근성·도시경관 부문에 대한 12대 관리원칙을 수립하였다. 천호지구는 강동구 천호동 362-60 일대를 포함하는 약 12만 평을 대상지로 하였으며, 광진교8번가·광나루 자전거공원·광나루 한강공원·천호 유수지 등이 이 사업을 통해 자리 잡았다. 광진교를 보행 전용교로 전환하고, 거점 한강숲을 조성하는 방안을 통해 수변 문화거점으로 거듭나는 계획이었다.

99 「광나루 한강공원 콘크리트 호안 걷어냈다…자연형 강변 재탄생」, 『라펜트』, 2020년 11월 11일.

광나루 한강공원 안내도

서울특별시 한강사업본부

1982년 한강종합개발사업 시행 이후 40여 년 동안 많은 변화를 겪어온 한강은 현재 서울시민에게 친숙한 근린공원이다. 12개의 공원 중 근린시설과 초지를 고루 갖춘 공원으로 주민들이 애용하는 광나루 한강공원의 면적은 155만 4,810㎡며 길이는 12㎞에 달한다. 그중 천호2동에 속한 한강공원은 광진교부터 수영장까지로 놀이터·자전거공원·드론공원·자전거 대여소·BMX 경기장·인라인스케이트장 등이 있다. 자전거공원은 광나루 한강공원의 명물로 2009년 9월에 개장하였으며, 총 12만 4,000㎡로 국내 유일의 자전거 레이싱 경기장·자전거 체험장·어린이 자전거 교육장·레일바이크 시설을 갖췄다. 5,000㎡ 규모의 자전거 체험장은 일본에만 조성되었던 시설로 자전거 장애물 경주가[100] 가능하다.

100 「한강 광나루·난지에 '자전거 공원' 조성」, 『시정일보』, 2009년 8월 25일.

2.6. 천호동 공간의 특성

시간의 흐름에 따른 공간의 변화 양상을 살펴보면, 1910년대 천호동 전반에 어지럽게 걸쳐 있던 하천과 물길, 소로는 1970년대 토지구획정리사업 시행 시기에 대부분이 소실되었다. 이때 도로망이 정비되어 천호동을 관통하는 대로가 생겨났으며 소로 역시 반듯하게 정비되었다. 하지만 천호1동과 천호3동 일부에는 옛 골목의 모습이 남아 있다. 2020년대와 1980년대의 이미지를 비교하면 기존 토지구획정리사업 시행지구의 모습은 크게 변하지 않았으나, 사업을 시행하지 않은 지구의 경우 아파트 건설과 주택지 정비 등을 통해 도로가 정비된 것이 보인다. 한강의 경우 1980년대 이후 한강변 정비를 통하여 강폭이 넓어졌으며 둔치가 생겨났다.

천호대로 부근은 일반상업지역으로 지정되었고, 바로 뒤쪽은 준주거지역으로 설정되었다. 주택지 대부분은 2종 일반주거지역이며, 한강변은 자연녹지지역이다. 용도지구는 올림픽대로변으로 한강을 따라 역사문화특화경관지구가 지정되었고, 천호공원 사거리 올림픽로 부근이 조망가로특화경관지구이다.

천호동에 분포한 건축물 대부분은 주거시설이다. 상업시설은 구천면로·올림픽로·양재대로를 따라 있으며 천호역 사거리와 로데오거리 쪽으로 밀집되어 있다. 사무시설의 수는 많지 않은데, 천호1·2동에 주로 분포되어 있다. 복합시설의 경우 천호대로변과 구천면로 사이에 다수가 분포하고 있다. 교육시설은 북쪽에 분포한다.

천호동 공간의 변화 과정

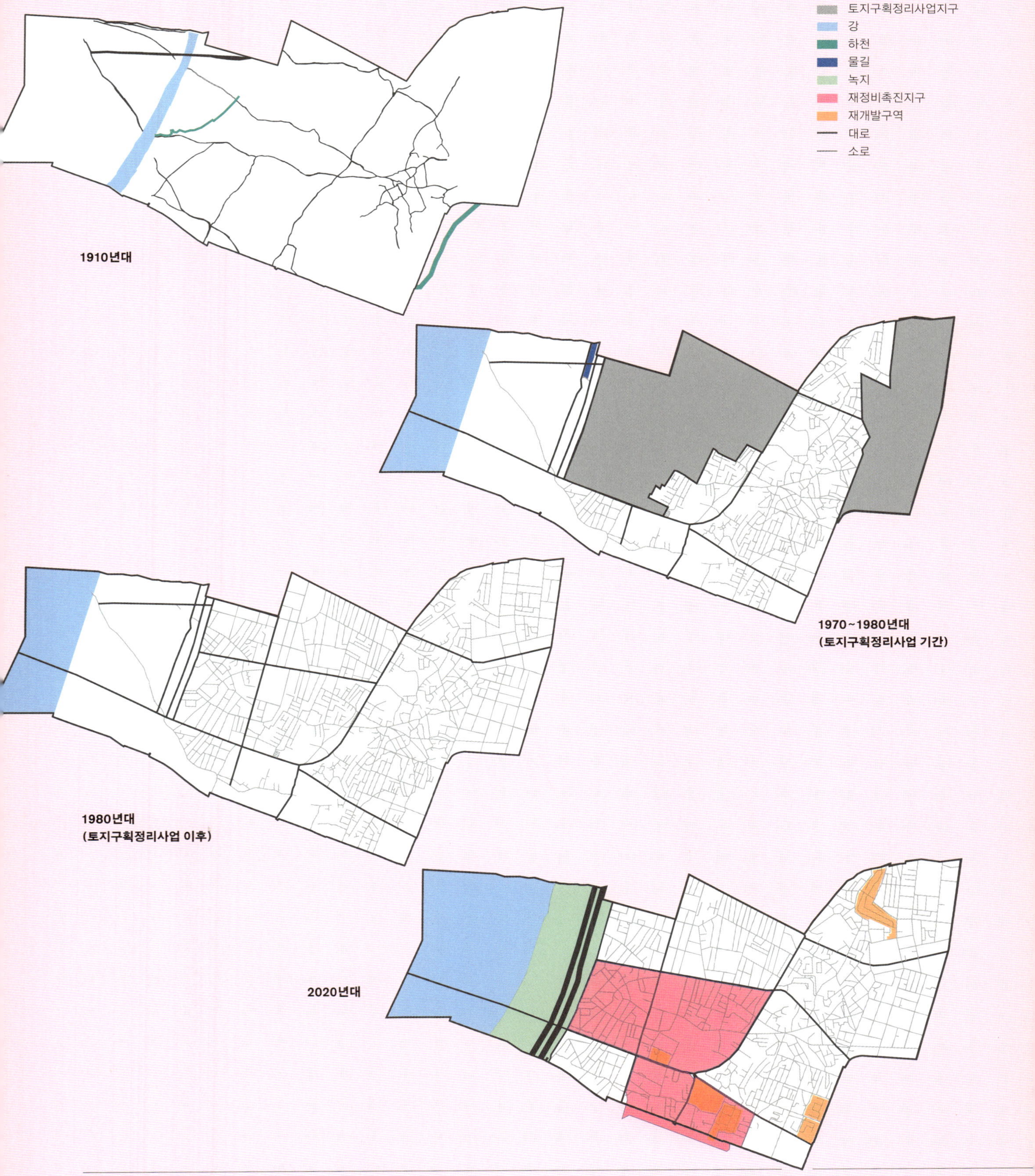
토지구획정리사업지구
강
하천
물길
녹지
재정비촉진지구
재개발구역
대로
소로
1910년대
1970~1980년대
(토지구획정리사업 기간)
1980년대
(토지구획정리사업 이후)
2020년대

지적도에 나타낸 용도지역

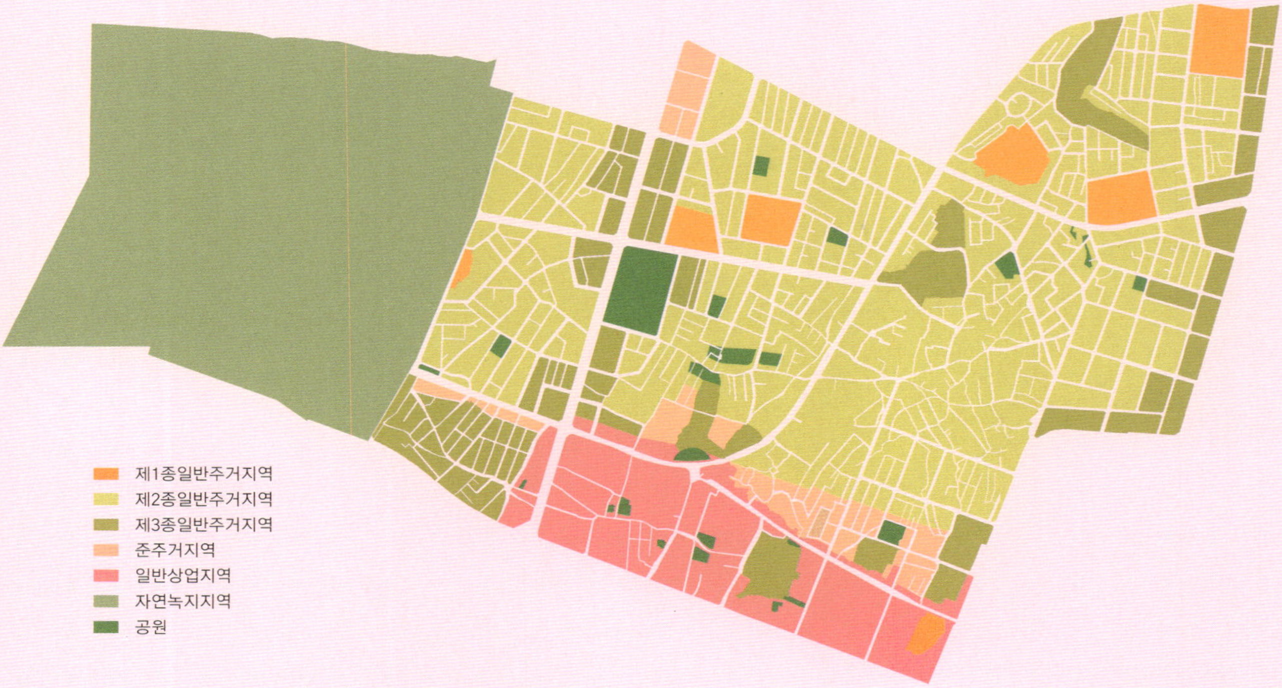

지적도에 나타낸 용도지구

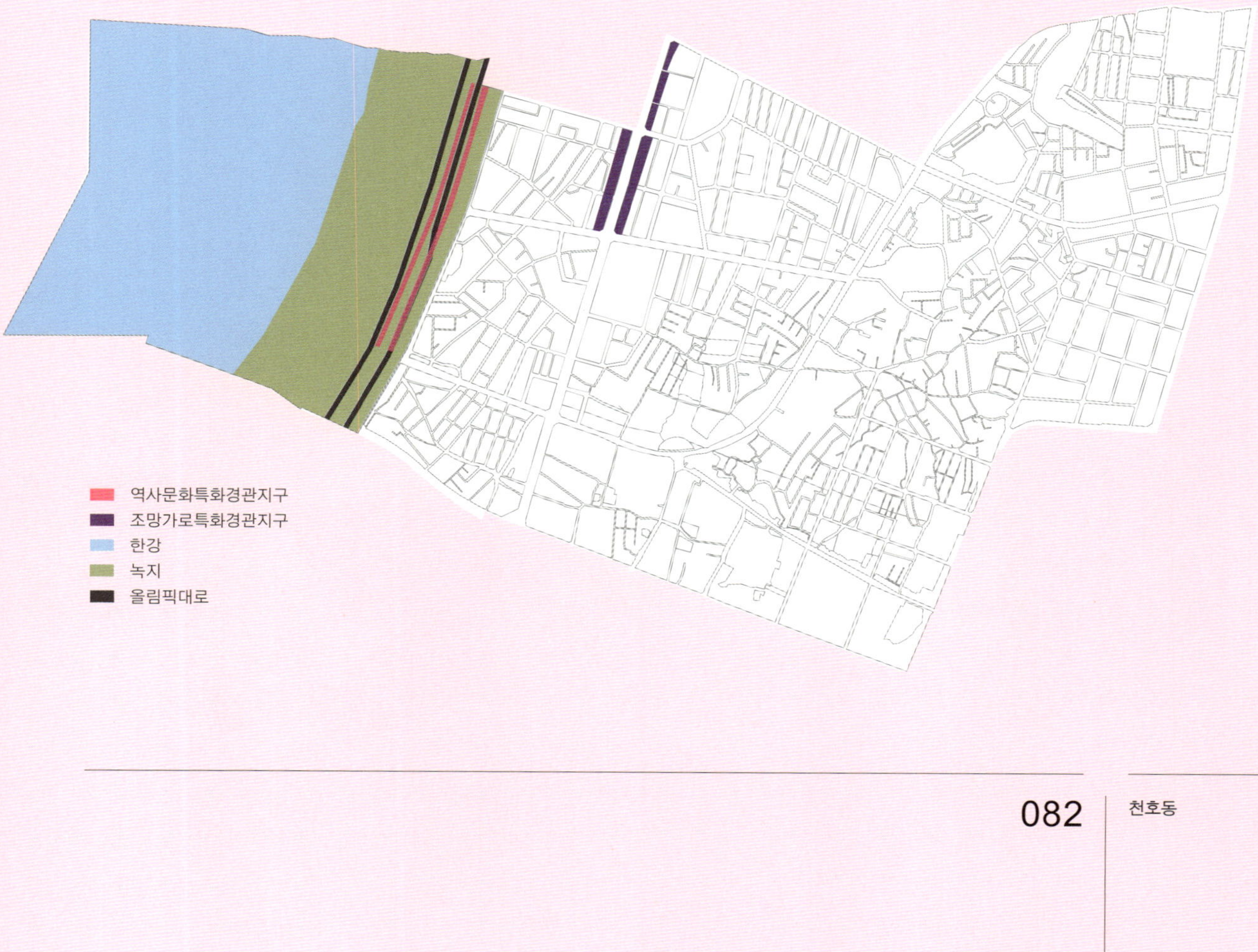

천호동 일대 건축물 용도 현황

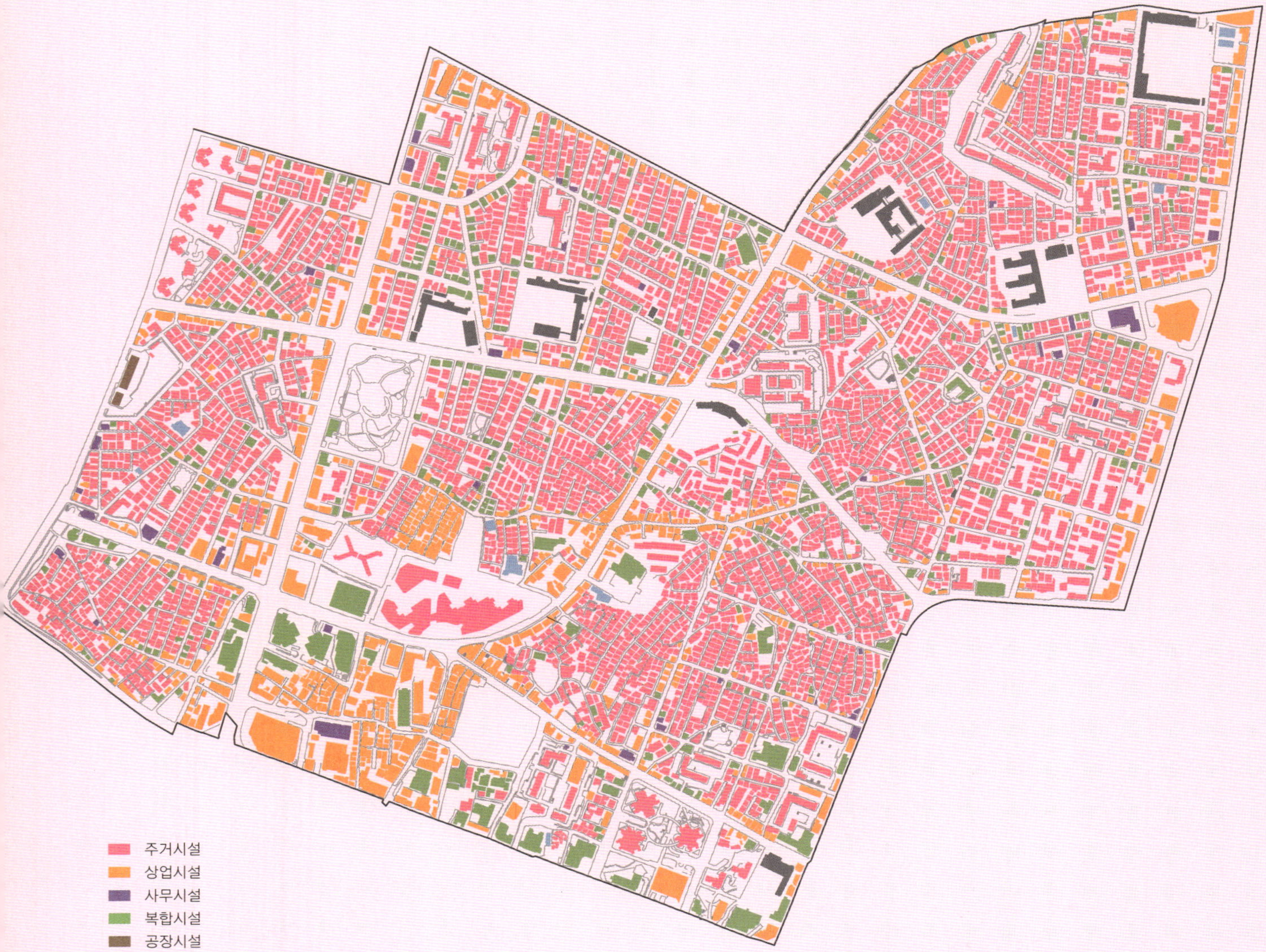

토박이

천호동은 1963년 서울 시역의 확장에 따라 경기도 광주군 구천면에서 서울시 성동구에 편입되었다. 1975년에는 천호출장소가 성동구에서 분리되어 강남구에 속하였고, 1979년 강동구가 신설되면서 현재에 이르고 있다.

사람들은 강바람과 수해를 막아주는 언덕 안쪽에 마을을 이뤄 정착하였다. 청송 심씨, 광주 안씨, 함종 어씨, 광주 이씨가 옛 천호동의 굽은(고분)다리마을을 구성하는 대표적인 성씨로 벽동말, 고분다리말 등에 살았다.

1960년대 이전 서울 시내와 지방을 잇는 교량은 한강대교와 광진교뿐이었다. 이러한 입지적 특성으로 천호동에는 서울의 동쪽 또는 북쪽 지역에서 온 피란민과 지방 상경민들이 대거 모여들었다. 6·25전쟁 이후 이촌향도가 본격화되어 서울의 인구가 폭발적으로 증가하였는데, 한강을 경계에 두고 많은 사람이 이곳에 자리를 잡은 것이다. 이주민들은 토박이들이 집성촌을 이루며 기존에 형성하던 마을에 흡수되지 못하였다. 대신 사람이 살기 좋은 입지가 아니어서 비어 있었던 천호동 구사거리 일대에 마을을 이뤘다. 그렇게 외지 사람들이 새롭게 만든 동네가 현재의 천호동이 되었다.

서울의 도시화 과정에서 새로 생겨난 것과 다름없는 천호동에서 토박이를 찾는 일은 불가능에 가까워 보였다. 하지만 서울시로 편입되기 이전의 천호동 옛 모습을 기억하는 사람을 찾는 것은 매우 중요한 일이었다. 천호의 옛 지명을 본뜬 고분다리시장 상인회장인 김영권을 인터뷰하는 과정에서 조사팀은 천호동 토박이인 심우민을 소개받았다.

심우민은 천호동이 경기도 광주군에 속하던 때에 태어나 현재까지 거주하는 토박이다. 천호동이 서울시에 편입돼 여러 구를 거치는 행정구역 변천을 직접 경험한 산증인이기도 하다. 대학에서 건축학을 전공해 1970년대 천호동 토지구획정리사업 당시 지역에서 건축업에 종사하며 직접 여러 주택을 건설하기도 하였다. 고향에 대한 관심과 애정이 각별한 그는 옛이야기와 사진 자료 등을 수집해 강동구의 역사를 다룬 책을 만드는 데에도 참여하였다. 이 때문에 그가 경험한 천호동뿐 아니라 윗세대들이 기억하는 천호동까지도 조사팀은 생생하게 전해 들을 수 있었다.

지금 천호동은
곡교리랑 별개의 마을이죠.

1960년(1세) 경기도 광주군 구천면 곡교리(現 천호동) 출생
1967년(8세) 구서국민학교 입학
1973년(14세) 천호국민학교 졸업
1976년(17세) 동신중학교 졸업
1979년(20세) 영동고등학교 졸업
2019년(60세) 『6000년 역사 강동구이야기』 집필 참여
2022년(63세) 서울강동농협 감사 지냄

1. 벽동말 토박이 청송 심씨
2. 경기도 광주군 구천면 곡교리의 땅 이름 유래
3. 6·25전쟁 피란민이 만든 새 동네, 천호동
4. 서울의 도시 개발과 천호동의 학교
5. 서울 동남부 교통의 중심지였던 천호동의 지금

1. 벽동말 토박이 청송 심씨

”　제가 어릴 때 우리 동네라고 말하는 곳은 ‘벽동말’이었어요.

지금 천호동은 곡교리랑 별개의 마을이죠. 저는 천호동 73-1번지에서 태어났어요. 제가 태어난 1950년대 말에는 마을에 기와집은 한두 채 있고, 전부 초가집이었죠. 여기를 본으로 두고 사는 사람은 많지 않았어요. 저희 집안인 청송 심씨 외에 고분다리 쪽에는 광주 이씨, 광주 안씨도 몇 가구 모여 살았었고, 능성 구씨도 있었어요. 고덕동에는 어씨가 있는데 거기서도 한두 집 와서 여기 살기도 했어요. 정확한 기록도 없고, 이장하고 개발되어서 지금은 흔적도 없지만요. 산소나 이런 걸로 봐서 청송 심씨는 여기서 대대로 한 300~400년 살았던 것으로 추정돼요. 예전엔 10명 중에서 9명이 토박이였어요. 그런데 지금은 100명 중에서 9명 정도만 토박이인 거예요.

”　아버지뻘 되시는 분들은 배추나 호박 같은 걸 심어서 왕십리 쪽에 가져다 팔았대요.

옛날에 채소는 김장용 배추밖에 없으니까 김장하면 그걸로 그냥 봄에 냉이 나올 때까지 먹었어요. 그러니까 아버지뻘 되시는 분들은 배추나 호박 같은 거 심어서 여기서 저기 왕십리 쪽에 손수레로 끌고 갖다 팔았대요. 곡교에서는 굽은다리역 인근이 논이었는데 개발하면서 메웠잖아요. 낮은 데가 논이 되고, 좀 높은 데는 밭이 되고 더 높은

2022 천호1동 벽동마을 주민축제에서 심우민

1960년대 심우민과 가족들
심우민 제공

데는 산이죠. 근데 산은 겨울에 나무를 베다가 때니까 다 벌거숭이 산이었죠. 그리고 광진교 주위는 모래밭이니까 땅콩이나 수수 같은 걸 심었대요. 홍수가 나서 물에 잠겨도 수수는 키가 커서 열매에 피해가 없으니까요.

2. 경기도 광주군 구천면 곡교리의 땅 이름 유래

” **천호동이 예전엔 광주군 구천면 곡교리였어요.**

굽은 다리가 ‘곡교(曲橋)’거든요. 그래서 고분다리시장 버스 정류장을 곡교 정류장이라고 그랬어요. 옛날엔 농협 분소로 곡교 농협이 있었는데 이제 이사 갔어요. 그때 구천면은 지금 강동구랑 풍납동을 포함한 규모예요. 성내천이 자연 경계를 지어줘서 위쪽이 강동구, 구천면이거든요. 구천면에서 풍납동 빠진 게 강동구예요.

그런데 여기가 왜 곡교고, 다리가 어디 있었는지 위치를 아무도 정확히 몰라요. 그래서 저도 관심을 가지고 많이 알아봤어요. 여기서 오래 사신 연세든 분들한테도 물어보고요. 그랬더니 설이 많더라고요. 저도 처음에는 다리니까 도랑을 찾았어요. 그러니 “내가 돌다리를 봤다”라는 분도 있고, 어떤 분은 “천호2동 쪽에 물이 내려오는데 다리가 있었다”라고 하시기도 했어요. 또 ‘고분’ 다리니까 묘가 있었나 의심하기도 하고요. 그다음에 여기 흙이 황토예요. 그래서 비만 오면 펄이에요. 비가 그치면 겉은 마르고 속은 물기가 있으니

바닥이 쿨렁쿨렁해서 고분다리인가 하고 생각하기도 했죠.

제가 어릴 때 개천이 어디에 있었냐면, 양재대로에서 천중로로 해서 천동초등학교 쪽으로 흐르는 개천이 있었어요. 그 개천이 굽어 있거든요. 우리가 여기서 고기 잡고 그랬으니까 잘 알아요. 지금 양재대로는 인위적으로 둑을 반듯하게 쌓은 거예요. 그런데 자연적으로 두면 물길이 휘겠죠. 우리 동네 아주머니한테 여쭤보니까 일제강점기 때 심명구라는 면장이 계셨는데 그분이 그 물길을 폈다고 하시더라고요. 조선시대에 광주군 호구 조사에 보면 곡교리가 있어요. 그걸 본다면 고분다리가 여기 있었는데, 지형이 바뀌니까 사람들이 고분다리라는 지명만 알지 실체를 모르는 거죠. 고분다리라는 게 일제강점기에 없어졌으니까요.

” 천호라는 지명은 뿌리 없는 말이에요.

사람이 많은 데다가 교통이 발달하면서 농사를 안 짓는 사람이 비율뿐 아니라 숫자도 엄청나게 많아진 거죠. 그러다가 1963년에 서울시에 편입하면서 고분다리라고 하자니 위치가 아니고, 마땅한 지명이 없었던 것 같아요. 그래서 천호동이 된 거예요. 광진교가 개통하고 일본 사람들이 마을 주민 최 노인을 앞세워서 건너올 때, 그 노인이 "여기가 천호(千戶)가 살 만한 곳이다"라고 해서 천호라는 말이 생겼다는 얘기도 있는데 그건 옛날이야기잖아요. 제가 다니며 여러 사람한테 물어보니까 처음에는 "사람이 많으니까 만호(萬戶)라 그럴까? 천호(千戶)라 그럴까?" 그러다가 만호는 일본어로 하면 발음이 나쁘대요. 그러면 천호로 하자 그렇게 돼서 동 서기 같은 사람들이 그냥 붙인 거라더라고요. 그러니 천호라는 지명은 뿌리 없는 말이에요.

지도를 보면 천호동 북서쪽이 트여 있어요. 그러니까 여기가 겨울에 얼마나 추운지 몰라요. 그리고 강변에 농사가 하나도 안 되니까 사람이 없었죠. 그런데 옛날부터 살기 좋아서 천호라 했다는 건 말이 안 돼요. 옛날부터 사람이 살았던 곡교리 마을은 천호1동 안쪽인데 산이 있어서 한강에서 오는 겨울바람을 막아줘서 그나마 따듯하니 사람이 살 수 있었죠.

천호동 지형이 나지막한 산이 펼쳐지다가 천호성당 부근에서 좀 높아져요. 동아하이빌(천호동 217-132)로 해서 우성아파트(천호동 19-1) 쪽으로 나지막한 산이 딱 있는데, 그게 한강에서 부는 북서풍을 막아줘요. 지금은 산이 없어져서 잘 모르는데, 예전에는 한강 쪽은 겨울에 춥고 가뭄도 잘 들고 그랬어요. 강이 바로 옆인데 웬 가뭄인가 하겠지만, 산이 있어야 물이 흐르는 거예요. 농사를 짓더라도 강변이라 2~3년에 한 번씩은 홍수가 나서 어려웠죠. 팔당댐이 생기기 전에는 홍수가 더 심했을 거예요. 팔당댐이 생기고 나서도 광진교에 물이 차서 차가 가느니 못 가느니 하는 걸 광진교 위에서 구경했다고요. 그러면 초가집도 떠내려오고, 닭도 떠내려오고 그랬어요.

천호동 지형도
천호동성당-동아하이빌-우성아파트를
연결하는 방향으로 지대가 높다.

사당모루에 있던 향나무
심우민 제공

”천호동성당 일대를 '북망대'라고 그러더라고요.

예전엔 고분다리에서 광진교로 향하는 윗길은 '웃길 나들이길', 아랫길은 '아랫길 나들이길'이라고 불렀대요. 또 풍납동을 '바람들이'라고 부르고, 암사는 '바윗절'이라고 했어요. 고분다리 마을 입구, 지금 천동초등학교 자리에 청송 심씨 산소가 있었어요. 거기에 향나무가 오래된 게 있었는데 거기를 '사당모루'라고 불렀어요.

천호동성당 일대를 '북망대'라고 그러더라고요. 이건 제가 찾아낸 거예요. 조선시대 문신 정엽이라는 분이 벼슬을 하고 여기에 오셨대요. 이 분이 충정이 굉장히 높아서 천호동성당 밑에 살면서 삭망 때가 되면 저 위로 올라간 거예요. 지금 거기 올라가면 서쪽으로 서울타워가 보여요. 강동구에서 일자산이 높다고 그러는데 제 생각에는 거기가 최고 높은 것 같아요. 천호동성당 옥상에 올라가 보면 안 보이는 데 없이 강동구가 다 보이거든요. 그래서 궁궐 쪽, 서쪽을 보고 궁궐례를 올렸대요. 그래서 거기가 북망대예요.

또 북망대 못 가서 산자락 한 3~4부 능선쯤에 옛날 집들이 있었는데 거기를 '당말'이라고 그랬어요. 거기 유명한 큰 무당의 당집이 있었대요.

천호동의 지형과 지명을 설명하는 심우민

저도 당집은 본 적이 없어서 토박이 모임에서 그 집 본 적 있느냐고 물어보니까 한 사람이 봤다더라고요. 천호동에는 큰 사찰이 없었어요. 구천면 내에는 높은 산이 없어서 절이 없던 것 같아요.

" 진황도로를 여기 토박이들은 군용짓길이라고 했어요.

도로명 주소를 만들면서 벽동말에 있는 길 이름을 맨 처음에는 '미나리꽝길'이라고 했어요. 그래서 주민자치 위원회에서 제가 동장님께 여긴 미나리꽝길이 아니라고 건의를 드렸어요. 엄연히 벽동말이라는 지명이 있었으니까요. 그래서 주민자치 위원회 임시 회의를 소집해서 벽동말길로 바꿨어요. 근데 어느 순간에 보니까 지금은 '천중로'로 바뀌었더라고요.

거여동 가는 길을 강동구청에서 진황도로라고 해놨는데, 그게 마땅한 명칭이 없어서 그랬나 봐요. 여기 토박이들은 그 길을 '군용짓길'이라고 했어요. 쓸 용(用) 땅 지(地)에 길이 붙은 거예요. 그 길을 만든 분한테 이야기를 들어보니 당시에 지대가 높은 데 있는 흙을 단까(たんか)라고 해서 들것으로 넘겨주기도 하고, 레일을 깔아서 밀고 왔대요. 그렇게 고개 윗부분을 깎아서 낮은 데를 메워 길을 만든 거죠. 지금 강동소방서 있는 데를 깎아서 메웠다는 말이 있어요. 굽은다리역 주변은 논이었는데 천호중학교 이런 데는 주변 산을 깎아서 메웠어요.

" 천호동 미나리꽝이 유명해요.

지금 천호초등학교 지나 사거리 코너에 큰 건물이 하나 있어요. 거기가 그전엔 밭이었는데 미나리를 좀 심었어요. 천호1동사무소 자리에 섬유공장이 있을 때예요. 수도가 들어왔을 때라 기숙사에 여공들이 여럿 있으니까 도랑으로 하수가 내려갔어요. 그 옆에 논으로 그 물이 모여서 냄새나고 썩어서 벼농사가 안 되는 거예요. 근데 미나리가 정화 식물이라 오염에도 잘 자라니까 미나리를 5~6년 심었어요. 그런데 섬유공장에서 일반 하수뿐만 아니라 염색물도 들어오니까 미나리 뿌리 부분이 빨개져서 미나리도 못 심었죠. 그래서 논을 메우고 테니스장 같은 거를 만들었다가 나중에 건물을 지었어요.

그런데 미나리꽝을 메우고 4~5년 정도 그 자리에 인력 시장이 생겼어요. 그때 천호동이 택지 개발하면서 건축 붐이 일었거든요. 청방마트라고 천호동에서 제일 먼저 생긴 큰 마트가 그 앞에 있었죠. 그래서 청방마트 앞길에 새벽 4~5시면 서울 각지에서 사람들이 모였어요. 구천면로가 큰 도로라 버스가 다녔기 때문에 교통이 편했어요. 그리고 버스가 대부분 미나리꽝에서 섰어요. 그 맞은편이 원래

심우민이 참여한 서울강동농협의 『6000년 역사 강동구 이야기』
책에는 천호동의 여러 지명 유래에 대한 이야기가 담겨 있다.

암사시장이었고요. 그렇게 인력 시장에 오는 사람들이 "야, (미나리)깡에서 만나"라고 말하면서 자연스럽게 구석구석 번진 거예요.

3. 6·25전쟁 피란민이 만든 새 동네, 천호동

" 내가 아주 어렸을 때는 이 주변에 집이라고는 30~50가구밖에 없었어요.

광진교 쪽에서 오면 구사거리가 있어요. 송파 가는 쪽, 경기도 광주·이천·여주 가는 쪽, 거여동 군부대 가는 쪽이 모이는 사거리에 사람이 몰리는 거예요. 그런데 처음엔 사람이 얼마 없었어요. 여기에 사람들이 몰리기 시작한 게 6·25 때 철원·양주 이런 데 사람들이 여기로 많이 내려온 이후예요. 1·4후퇴 당시에는 한강에 다리가 한강대교하고 광진교밖에 없었으니까 군인들이 피란민들을 태우고 광진교를 건너 온 거예요. 차 200여 대가 피란민들을 실어서 구사거리에 내려놓고 갔대요. 그렇게 구사거리에 왕창 내려놓고 나니까 여기에 시외버스터미널도 생기고, 극장도 생기고 그랬어요. 서커스 공연도 하고, 극장도 천호극장·문화극장·동서울극장 해서 3~4개 있었어요. 구사거리가 어떻게 보면 신시가지예요.

" 강동구 인구를 다 합쳐도 천호동이 훨씬 많았어요.

1963년에 서울시에 편입될 때만 해도 천호동에 인구가 그렇게 많지 않았을 때인데 성동구에 천호출장소를 뒀어요. 그다음에 암사동사무소, 구천동사무소 이런 것들이 있었죠. 그래서 천호출장소에서 성동구

1984년 천호극장

1970년대 초반의 천호동

청 일을 보니까 지금 강동구를 다 아울렀어요. 그 당시만 해도 천호동 사거리에 구천면로만 개발됐지, 다 농경지였죠. 그래서 강동구 인구를 다 합쳐도 천호동이 훨씬 많았어요.

” 피란민들이 고분다리며 암사동 같은 토박이 마을은 못 가고 외곽에 살았어요.

천호동성당 쪽 언덕에 움막 파고, 가마니로 덮어서 추위를 피했어요. 논이나 밭은 주인이 다 있지만 야산 같은 데는 땔감이나 하고 누가 관리를 안 하니까 그런 데서 산 거죠. 또 여기 사람들이 큰 집 행랑채를 방으로 꾸미고 양계장처럼 방을 칸칸이 막아서 세를 주기도 했어요. 그래서 집 수는 적어도 실제로 그 안에 사는 사람들은 많았을 거예요. 그렇게 새로 들어 온 사람들은 농토가 없으니 농사는 못 짓고 장사를 많이 해서 상업이 발달하기 시작했죠. 인력이 풍부해지니까 사람이 많이 필요한 제일연와, 경도섬유 이런 공장이 생겼어요.

제일연와나 이화산업은 사택이 있었어요. 사택이라 해봐야 건물을 지어놓고 칸칸이 벽을 막아서 살았던 거예요. 공장 벽에 슬레이트 지붕만 얹어서 벽을 막아 놓고 사니까 난방도 안 됐죠. 근데 기와나 벽돌을 구울 때 석탄을 때나 봐요. 그래서 그런지 우리 동창 중에 거기 사는 애들은 얼굴이 까맸어요. 물이 귀한 시절이다 보니까 꼭 탄광촌 아이들 같았어요. 그 애들은 넝마주이를 무서워했어요. 일반 가정집은 울타리가 있어서 넝마주이가 못 들어오는데, 사택은 담이 없어서 신발이며 세간살이를 다 주워가곤 했어요. 아주 빈민가였죠. 거기 애들은 좀 사나워서 뭘 뺏고 그러니까 그쪽은 피해 다녔어요. 그렇게 어려운 사람들이 많은 게 천호동 구사거리 쪽이었어요.

” 천호1동에는 섬유공장이 있었어요.

천호1동에 보민연립도 공장이었고, 천호제일감리교회도 공장이었고, 초동빌라도 공장이었고, 그 앞에 청운캐슬도 오성섬유 공장이었어요. 동네에 실 공장이 많으니까 우리가 연을 엄청 잘 날렸어요. 우리 집이 섬유공장 주변에서 구멍가게를 했는데 공장 점심시간이 되면 가게에 줄을 섰어요. 공장 식당이 있었는데 워낙 부실하니까 한창 클 나이에 배가 고파서 간식을 사러 나오는 거예요. 10원짜리 빵 같은 거를 사면서 외상으로 가져가고 월급 타면 갚고 그랬죠. 공장 아가씨들은 점심시간 한 시간 동안만 외출할 수 있었거든요. 점심시간만 되면 먼 동네 사람들까지 여공들 꼬신다고 앞에서 기타도 치고 그랬어요. 또 여공들이 많으니까 화장품 장사도 점심시간만 되면 와서 나일론 이불에 화장품을 보따리로 싸 와서 펼쳐놓고 팔았어요. 그래서 공장 월급날은 그 문에 외상값 받으러 오는 장사꾼들이 쫙 있었어요.

해공공원은 파이롯트 공장 자리였는데, 거기 다니는 사람이랑은 거의 접촉

1985년 천호동

을 안 해봤어요. 왜냐하면 공장 담이 높고 정문은 출퇴근 시간에만 열려 있었거든요. 거기 다니는 사람들은 아침에 일찍 나갔다가 새벽에나 퇴근하니까 볼 수가 없었죠.

” 공장이 들어오면 수도가 들어온다니까 그 당시에 집집마다 땅 파는 게 유행이었어요.

1970년대 초에 우리 집안에서 동사무소 옆 땅을 팔았어요. 그때 당시에 시세가 많이 올라서 평당 600원이었대요. 근데 섬유공장이 들어온다고 그 땅을 평당 1,000원을 주면서 동네에 수도·전기도 끌어오고, 길도 넓힌다고 한 거죠. 길 넓히는 건 땅이 수용되니까 싫지만, 수도가 들어온다니까 그 당시에 집집마다 땅 파는 게 유행이었어요. 우리 집만 파는 게 아니고 저 김 씨네도 팔고 이 씨네도 팔고 그랬죠. 거긴 농사도 안 되는 땅인데 공장을 하면 수도가 들어온다고 그러니까 팔았는데, 50년 만에 그 공장 터가 평당 만 배는 더 올랐을 거예요.

4. 서울의 도시 개발과 천호동의 학교

” 우리 아버지나 그 윗세대는 구천국민학교에 다니셨어요.

우리 아버지나 그 윗세대는 구천국민학교에 다니셨어요. 우리 아버지 때는 지금 상일초등학교가 구천국민학교였는데, 여기서 거기까지 걸어서 다니셨대요. 구천국민학교는 3·1운동 이후에 일본 정부에서 ‘국민정신을 깨워야겠다’며 ‘1면 1학교’ 정책을 펼치면서 생겼대요. 그 당시에 이 근방에 가장 오래된 학교가 남한산성 꼭대기

↑ **1923년 구천보통학교(현 상일초등학교)**
↘ **1961년 구서국민학교(현 천호초등학교) 제13회 앨범**
정영기 제공

1958년 구서국민학교(현 천호초등학교) 운동회
정영기 제공

1951년 구서국민학교(현 천호초등학교) 제3회 졸업기념
정영기 제공

1950년 구서국민학교(현 천호초등학교) 운동회
정영기 제공

에 남한산국민학교가 하나 있었고, 그다음에 (하남시)동부초등학교가 있었는데, 구천면에도 구천국민학교가 생긴 거예요. 그리고 몇 년 지나서 송파에 중대국민학교가 생기고, (하남시)서부국민학교, 구서국민학교가 생겼어요. 천호동에 인구가 계속 늘어나니까 구서국민학교가 개교하고 나중에 학교 이름이 '천호'로 바뀌었어요. 그래서 저도 구서국민학교에 입학했는데, 천호국민학교로 졸업했어요. 천호동이 처음에는 인구가 많지 않아서 구서국민학교도 한 학년에 반이 2~3개밖에 안 됐어요. 그러다가 제가 다닐 때는 17~18반이 있었어요. 한 반에서 70명이 배우는 일도 있었죠. 그러니 한 학년만 해도 1,000명이 넘었죠. 학생이 많아서 3학년 때까지는 수업도 오전반, 오후반으로 나눠서 하다가 도저히 안 되겠는지 4학년 올라갈 때는 성내국민학교가 새로 생겼어요. 그런데 4~5년 전에 천호초등학교 운영위원으로 가보니까 전체 학생 수가 1,000명도 안 되는 것 같더라고요.

” **우리 중학교 다닐 때만 해도 강남 쪽에서 온 애들은 다 촌놈들이었어요.**

저희 다닐 때는 중학교도 시험 쳐서 들어갔는데 이쪽에 있는 중학교는 동신중학교 하나밖에 없었어요. 좀 멀리 가면 우리 다음 세대 애들은 일신중학교 가기도 했고요. 지금 거긴 송파예요. 초등학교는 자기 집에서 가까운 데로 가지만 중학교는 멀리서도 오잖아요? 그래서 중학교 동창 중에 중대초등학교 애들도 있고, 서부 애들도 있고, 구천도 있고, 천호도 있고 그랬어요. 그때만 해도 강남 쪽에서 온 애들은 다 촌놈들이었어요.

고등학교는 강남에 있는 영동고등학교에 다녔어요. 천호동에서 공부 좀 한다고 하는 애들이 거길 많이 갔거든요. 그런데 그때는 강남 개발 이후라 이 동네에서는 공부를 곧잘 하다가도 강남으로 고등학교 가면 공부를 못했어요. 학교에 가려면 1~2시간씩 걸려서 진이 다 빠지니 공부하기가 더 어려웠죠. 천호동에서 버스를 한 번 타고 잠실까지 가요. 그리고 거기서 조금 걸어서 14번 버스를 타고 또 한참 갔어요. 이렇게 통학 시간이 오래 걸리니 천호동 아이들은 공부할 시간이 절대 부족했어요.

5. 서울 동남부 교통의 중심지였던 천호동의 지금

” **천호동이 발전하고 성장할 수 있었던 건 광진교 때문이었어요.**

천호동이 발전하고 성장할 수 있었던 건 광진교라는 어마어마한 국책 사업이 있었기 때문이었어요. 그 당시에 엄청난 돈과 인력을 들여서 시설을 만들어 놨기 때문에 천호동 구사거리 쪽이 허허벌판에서 이렇게 발전했던 거죠. 광진교가 생기기 전만 해도 한강 교통이 좋아서 강원도에서도 광나루까지 뗏목이 오고 했대요. 그런데 광진교가 생기면서 배를 타고 다니지 않게 되고, 광복 이후에 팔당댐이 건설되고 한강을 따라 오는 수로 역할이 떨어졌어요. 광진교는 한강을 건너는 다리 중에서 두 번째로 지어진 다리라 천호동에서 아주 중요해요. 1936년에 2년 동안 공사했대요. 지금은 광진교보다 광나루라고 그러잖아요. 광진나루가 광나루인데, 지금 광진교가 있는 곳보다 실제로는 한 100m쯤 위에 있었어요.

우리 선배들은 광진교 밑으로 소풍 간 사진도 있어요. 그땐 다리가 귀해서 못 봤으니까 다리 밑에 가서 기념으로 사진 찍고 그런 거죠. 또 우리 어릴 때는 거기 가서 수영도 하고 사람이 엄청 많았어요. 한강물이 강 건너 아차산 일대를 휘돌아 쳐서 내려오거든요. 그러면 유속이 느려져서 이쪽에는 산이 깎인 모래가 쌓이니까 백사장이 생기죠. 옛날에는 탁 트인 데가 없어서 광나루 백사장에서 선거 유세도 하고 그랬어요. 우리 학교 다닐 때 "이쪽 학교하고 저쪽 학교하고 광진교 어디 가서 싸웠대" 하는 소문도 나고 그랬죠.

” **1970년대 중후반에는 여기가 서울 4대 상권에 들어간다고 그랬어요.**

천호가 처음 성동구일 때는 굉장히 발전했어요. '서울 동남부의 거점 도시'였으니까요. 그래서 서울 동쪽에서 서울 시내로 가는 사람들은 일단 천호동을 한 번은 거쳐서 갔어요. 천호동에 오면 극장도 있고, 술집도 많아서 구경할 게 많았어요. 사람들이 엄청 많이 살고, 신시가지니까 도로가 새로 뚫려서 교통이 편리했죠. 1970년대에는 천호동이 굉장히 발전해서 여주, 이천 쪽 사람들이 여기 와서 볼일을 보지, 서울 시내까지 안 들어갔어요.

그런데 그게 강남으로 바뀐 거죠. 성동구에서 강을 중심으로 한강 북쪽으로는 성동구가 되고 남쪽으로는 말죽거리(양재)부터 강남구가 됐어요. 천호동을 기껏 개발해 놓고는 강동구로 뚝 잘라내고 1970년대부터 강남을 개발한 거예요. 송파는 주로 농사짓던 곳이었는데 1988년에 올림픽 하면서 공원도 만들고, 아파트도 만들고, 도로를 놓아서 외국 사람들이 보기 번듯하게 만들었죠. 1970년대 초까지만 해도 강남이 촌이었는데 지금은 여기가 깡촌이 됐어요. 그전에는 다른 동네에서 극장에 영화 한번 보러, 네온사인 구경하러 여기로 오고 그랬는데 이젠 반대로 됐어요.

암사동 쪽은 도로도 새로 깔고 그랬는데 구사거리는 발전이 덜 됐어요. 구천면로도 요새 전봇대 지중화사업을 하고 있어요. 옛날엔 천호동 하면 구사거리가 중심이었는데, 택지 개발하면서 개천을 복개하고 양쪽으로 길을 만드니까 구사거리 통행량이 줄었어요. 고분다리시장 옆에 길이 옛날 길이었는데, 통행량은 늘어나고 길은 좁으니까 외곽에 길을 크게 만들었죠. 거기에 지하철이 들어오니까 중심지였던 구사거리가 노후화됐어요.

” **교통이 사통팔달 발달하니까 천호동이 특별할 게 없어졌어요.**

천호동 택지 개발할 때 땅차*가 계속 언덕을 깎느라고 몇 년을 다녔어요. 그래서 지금 지도를 보면 반듯반듯한 데는 원래 농경지였거나 택지 개발한 곳이에요. 택지 개발하기 전에는 도로 가운데에 개천이 흐르고 양쪽에 도로가 있어서 하나는 상행, 하나는 하행이었어요. 그러다가 교통량이 늘어나니까 가운데 개천을 복개했죠. 그래서 지하철은 개천 밑으로 더 깊숙이 다니는 거예요. 지하철이 한강 밑으로 가니까 플랫폼이 깊어서 역에 에스컬레이터가 있잖아요.

지금은 도로가 엄청 많아요. 천호동은 광진교가 놓이고부터 교통 중심지라 지하철도 여길 거쳐 가야 했는데, 지하철이 들어오지 않으니 교통의 중심에서 벗어나면서 발전이 더뎌지고 낙후하게 된 거죠. 강동구는 지하철이 가장 늦게 들어온 곳이에요. 천호동에 인구가 많이 사니까 2호선 순환선이 들어와야 했는데, 잠실에서 꺾어져서 기형적인 모양이 됐죠. 제가 영동고등학교를 나와서 동창회를 주로 강남에서 하는데, 지하철이 바로 안 닿으니까 잘 안 가게 돼요. 한 번 가려고 하면 버스를 몇 번 갈아타야 하고, 지하철도 몇 번 갈아타야 하니까 천호동에서 강남 가려면 영 불편해요.

* 토목공사에서 지면을 고르게 하고 땅을 다지는 특수한 형태의 자동차를 말한다.

PART 3

강동의 중심지 천호동

① 서울 동남부 교통의 관문

1.1. 조선시대 광진간로의 발달

경강의 첫 번째 나루, 광진

전근대 시기에는 강의 명칭을 발원지에서 바다까지 통칭하는 경우가 드물고, 대부분 생활권을 기반으로 강줄기의 명칭을 달리하였다. 조선시대에는 한양 일대에 흐르는 한강, 즉 한성부의 행정구역에 포함되는 광진에서 양화진까지를 경강(京江)[1]이라고 칭하였다.[2] 경강의 시작점에 있던 나루인 광진(廣津)은 동쪽에서 한양으로 들어오는 주요 관문으로서 자연스럽게 사람과 물산이 교류하는 거점으로 자리 잡게 되었다. 경강의 나루에는 전국에서 거두는 세곡(稅穀)을 비

1 근대 이전에는 강의 명칭을 발원지에서 바다까지 통칭하기보다 생활권을 기반으 강줄기의 명칭을 달리하는 것이 일반적이었다. 조선시대에도 한강(漢江)이라는 강의 명칭을 사용하였지만, 오늘날 발원지로부터 서해에 이르는 전체 한강을 지칭하지는 않았다. 조선시대 한강이란 남산의 남쪽 기슭인 지금의 한남동 앞에 흐르는 강줄기를 일컫는 용어였다.

2 고동환 외, 『경강 광나루에서 양화진까지』, 서울역사박물관, 2017, 15쪽.

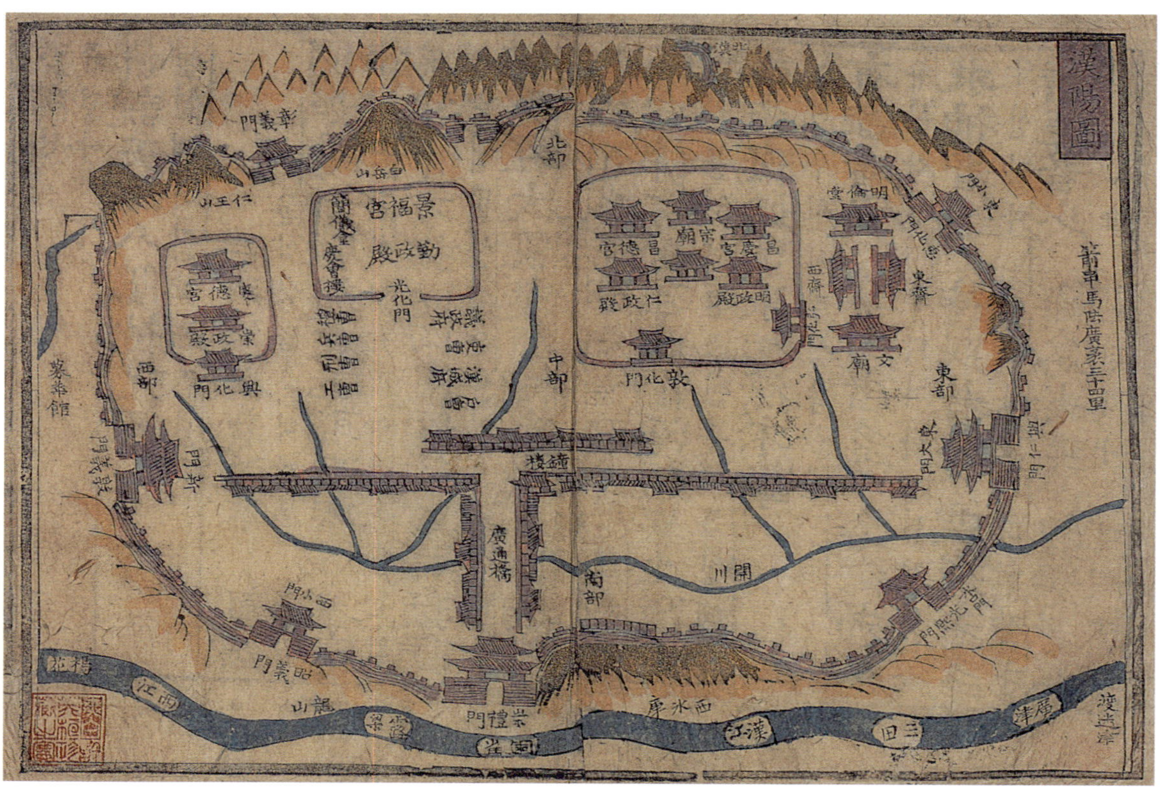

『천하도』 중 「한양도」(1770)
경강의 나루터로 광진, 삼전, 한강, 동작, 노량, 용산, 서강, 양화가 표기되어 있다.

『동국여도』 중 「경강부임진도」 부분 확대(19세기 전반)
서울대학교 규장각한국학연구원
표시한 광진과 송파진은 남한산성으로 이어지는 명확한 길로 나타나 있고, 삼전도는 삼전도비로 간접적으로 표현하고 있다.

롯하여 서울 도민들의 생활필수품인 미곡(米穀)·어염(魚鹽)·시목(柴木)·건축용 목재(木材) 등이 모여들었다.[3] 광진은 그중에서도 특히 목재의 집산지로 유명하였다.

광진은 고려시대 양진(楊津)이라 불리는 나루였으나, 조선 초기부터 '경기도 광주로 가는 배가 드나드는 나루'라 하여 광진이라고 불렀다.[4] 태종 14년(1414)에는 좌도수참전운판관(左道水站轉運判官)[5]이 광진의 도승(渡丞)[6]을 겸하여 조운을 관장하고 도강(渡江)하는 사람들을 조사할 정도로 교통상 중요한 위치를 차지하였다. 이후 세종 21년(1439)에 삼전도(三田渡)가 개설되고, 세조 4년(1458)에 삼전도승(三田渡丞)이 광나루까지 관장하게 되면서 광진의 기능은 점차 축소되었다. 그러나 병자호란 때 인조가 삼전도에서 청 태종에 항복한 뒤로 사람들이 삼전도로 지나기를 기피하면서 광진과 송파진(松坡津)에 통행량이 늘게 되었다.[7] 이 무렵 송파진 별장이 광진까지 관할하였고, 이때 광진에는 관선(官船) 4척과 3명 안팎의 사공이 배치되었다.[8]

『신증동국여지승람』에 광진은 노량진과 더불어 대표적인 능행로의 길목이 되는 나루로 언급되어 있다. 기록에 따르면 임금이 태종과 원경왕후 민씨의 헌릉(獻陵), 세종과 소헌왕후 심씨의 영릉(英陵), 효종과 인선왕후 장씨의 영릉(寧陵), 순조와 순원왕후 김씨의 인릉(仁陵)에 거둥(擧動)할 때에 광진을 경유하였다고 한다.

> 宣陵、靖陵、章陵、健陵、顯隆園, 並由露梁, 獻陵、英陵、寧陵、仁陵、並由廣津
> 선릉、정릉、장릉、건릉、현릉원은 모두 노량진을 경유하며,
> 헌릉、영릉(英陵)、영릉(寧陵)、인릉은 모두 광진을 경유한다.[9]
>
> 『신증동국여지승람 제3권』「동국여지비고 제2편」

3 전하억, 『6,000년 역사 강동구 이야기』, 서울강동농협, 2019, 35쪽.

4 이수광, 『한강이 말걸다: 한강이야기 30선』, 서울특별시 관광정책관 관광정책과, 2014, 195쪽.

5 조선 초기에 지방에서 바치는 공물과 조세를 서울로 실어 나르는 일을 맡았던 벼슬을 전운별감(轉運別監)이라 하였다. 태종 14년(1414)에 품계에 따라 전운사(轉運使), 전운 부사(轉運副使), 전운 판관(轉運判官)으로 고쳤다. 『세종실록』 지리지에는 수참을 관할하는 관리로 좌도수참전운판관과 우도수참전운판관이 기록되어 있으며, 각각 좌도와 우도를 관장하였다.

6 조선시대 한강변에 설치한 한성과 지방을 연결하는 진(津)·도(渡)의 관리책임자를 가리킨다.

7 김미성, 「조선후기 한강 송파지역의 군사적 의미와 장시(場市) 개설」, 『군사』 122호, 국방부군사 편찬연구소, 2022, 125쪽.

8 이덕수, 『한강개발사』, 한국건설산업연구원, 2016, 292쪽.

9 『신증동국여지승람』에 대한 한국고전종합DB의 번역을 인용하였다.

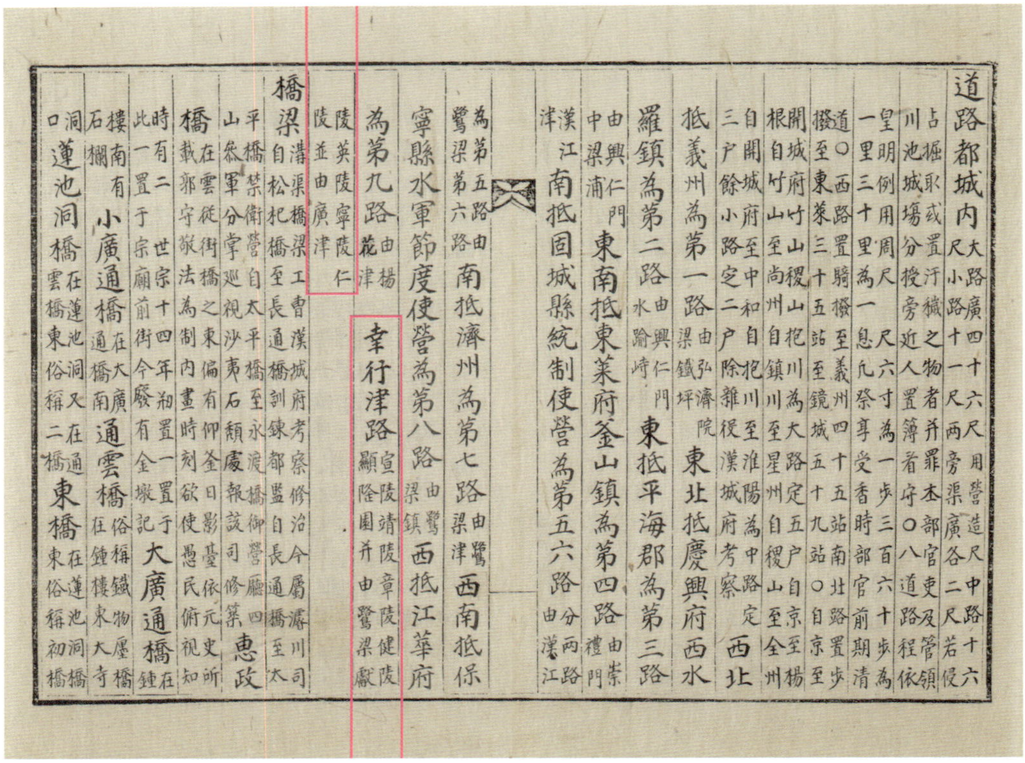
道路都城內大路廣四十六尺用營造尺中路十六尺小路十一尺兩旁渠廣各二尺若侵
占掘取或置汙穢之物者幷罪本部官吏及管領川池城壕分授傍近人置簿者守○八道路程依
皇明例用周尺六寸為一步三百六十步為一里三十里為一息凡祭享受香時部官前期清
道○西路置騎撥至義州四十五站南北路置步撥至東萊三十五站至鏡城五十九站○自京至
開城府竹山稷山抱川為大路定五戶自京至楊根自竹山至尙州自鎭川至星州自稷山至全州
自開城府至中和自抱川至淮陽為中路定三戶餘小路定二戶除雜役漢城府考察
西北抵義州為第一路由弘濟院渠鐵坪東北抵慶興府西水
羅鎭為第二路由興仁門水踰峙東抵平海郡為第三路
由興仁門中梁浦東南抵東萊府釜山鎭為第四路由崇禮門
漢江津南抵固城縣統制使營為第五六路分兩路由漢江
為第五路由鷺梁第六路南抵濟州為第七路由鷺梁津西南抵保
寧縣水軍節度使營為第八路由鷺梁鎭西抵江華府
為第九路由楊花津幸行津路宣陵靖陵章陵健陵顯隆園幷由鷺梁獻
陵英陵寧陵仁陵並由廣津
橋梁濬渠橋梁工曹漢城府考察修治今屬濬川司自松杷橋至長通橋訓鍊都監自長通橋至太
平橋禁衛營自太平橋至永渡橋御營廳四山叅軍分掌巡視沙夷石頹處報該司修築
惠政橋在雲從街橋之東偏有仰釜日影臺依元史所載郭守敬法為制內晝時刻欲使愚民俯視知
時有二世宗十四年刱置一置于此一置于宗廟前街今廢有全墩記大廣通橋在鍾
樓南有石欄小廣通橋在大廣通橋南通雲橋俗稱鐵物屢橋在鍾樓東大寺
洞口蓮池洞橋在蓮池洞又在通雲橋東俗稱二橋東橋在蓮池洞橋東俗稱初橋

「동국여지비고 제2편」 광진에 대한 기록
서울대학교 규장각한국학연구원

영조 44년(1768)에 일흔이 넘은 영조는 세손(훗날 정조)을 데리고 몸소 헌릉에 거둥하였는데, 이때 무명자(無名子) 윤기(尹愭, 1741~1826)가 재야의 유생으로서 다른 유생들과 광나루에서 임금의 행차를 보고서 남긴 칠언율시가 전해진다. 정조대에는 임금의 거둥길을 위한 배다리가 광진에 제도적으로 설치되었다.[10] 정조 14년(1790)에는 임금의 행차를 위하여 한강에 놓던 배다리의 운영 방안을 담은 『주교지남(舟橋指南)』을 제작하였는데, 그에 따르면 선릉·정릉·장릉에 행차할 때는 노량진 배다리를 이용하고, 헌릉·영릉(英陵)·영릉(寧陵)에 행차할 때는 광진으로 배다리를 옮겨 설치하였다. 노량진과 더불어 광진은 임금의 능행길에서 한강을 건너기 위하여 꼭 필요한 나루였음을 알 수 있다.

> 3월 21일에 상께서 헌릉에 납시기 위하여 광나루를 건널 때 다른 선비들과 함께 강머리에서 공경히 어가를 맞이하며 입에서 나오는 대로[11]
>
> 임금님 행차가 멀리 헌릉 향하시니 / 羽旄遙指獻陵途
> 우리 임금 강녕하심 모두들 기뻐하네 / 擧喜吾王疾病無
> 임금님 타신 배를 수많은 배가 옹위하고 / 翼夾龍舟千舸並
> 번쩍이는 의장(儀仗)을 일만 군사가 갖추었네 / 閃騰虎仗萬軍俱
> 황도(黃道)에 해가 뜨니 궁중 향기 진동하고 / 日開黃道天香動
> 푸른 물에 바람 자니 해약(海若)이 달려가네 / 風靜蒼波海若趨

10 이덕수, 『한강개발사』, 한국건설산업연구원, 2016, 292쪽.

11 『무명자집』 시고 제1책에 대한 한국고전종합DB의 번역을 인용하였다.

초야의 작은 정성 바칠 길이 없으니 / 草野微誠嗟莫效
부끄럽네 영송(迎送)하는 선비들과 짝하기 / 自慙迎送伴諸儒
『무명자집』 시고 제1책

광진은 임금의 거둥길일 뿐만 아니라 한양과 강원·충청·경상도를 이어주는 선상 교통의 중심지였기 때문에 광진을 오가는 사람들이 남긴 시도 여러 편 남아 있다. 조선 숙종대 문신인 백호(白湖) 윤휴(尹鑴, 1617~1680)는 '광나루 새벽길에서[廣津曉行]', 조선 후기 실학자 다산(茶山) 정약용(丁若鏞)은 '광나루에 당도하여[次廣津]'라는 시를 지었다.

광나루 새벽길에서[廣津曉行] 12

꽃은 운무 같고 물은 하늘 같은데 / 花如雲霧水如天
첫새벽에 노를 저어 광나루를 건너가네 / 一棹淸晨出廣津
서울로 통하는 길 어디멘가 물으려고 / 蒼茫欲問秦京路
어스름 별과 달이 임의 얼굴 막고 있네 / 星月依微隔美人
『백호전서 제2권』

광나루에 당도하여[次廣津] 13

종횡으로 엇갈린 수륙의 길목 / 縱橫川陸道
강가 버들 도성 문 연이었다네 / 岸柳接都門
마소는 배가 작아 서로 다투고 / 牛馬爭船小
어룡은 시끄러운 물이 싫으리 / 魚龍厭水煩
마음이 툭 트이네 드넓은 들판 / 曠心方大野
눈이 크게 뜨이네 모두 큰 정원 / 駭矚盡名園
붉은 누각 저 멀리 어른거리니 / 紫閣依然見
떠들썩한 도회지 소리나는 듯 / 如聞市陌喧
『다산시문집 제1권』

조선 후기 광진의 위상

1861년 김정호가 제작한 『대동여지도(大東輿地圖)』에 수록된 「경조오부도」에는 한양 도성에서 지방으로 향하는 길과 연결된 나루터가 잘 나타나 있다. 이 중 경강의 가장 동쪽에 있는 나루인 광진과 연결된 길이 광진간로(廣津間路), 삼전도·송파진과 연결된 길이 광주로(廣州路)로 표기되어 있다. 두 길 모두 도성의 동대문에서 시작하여 왕십리와 살곶이다리를 지나 나루에서 한강을 건너면 광주에 닿았다. 광주를 지나서는 경안역~곤지암~이천~장호원~충주(충주)에 이르고, 문경새재를 넘어서는 상주~대구~청도~밀양~동래~부산까지 연결되었다.[14] 조선시대에

12 『백호전서 제2권』에 대한 한국고전종합DB의 번역을 인용하였다.

13 『다산시문집 제1권』에 대한 한국고전종합DB의 번역을 인용하였다.

14 고동환 외, 『경강 광나루에서 양화진까지』, 서울역사박물관, 2017, 58~59쪽.

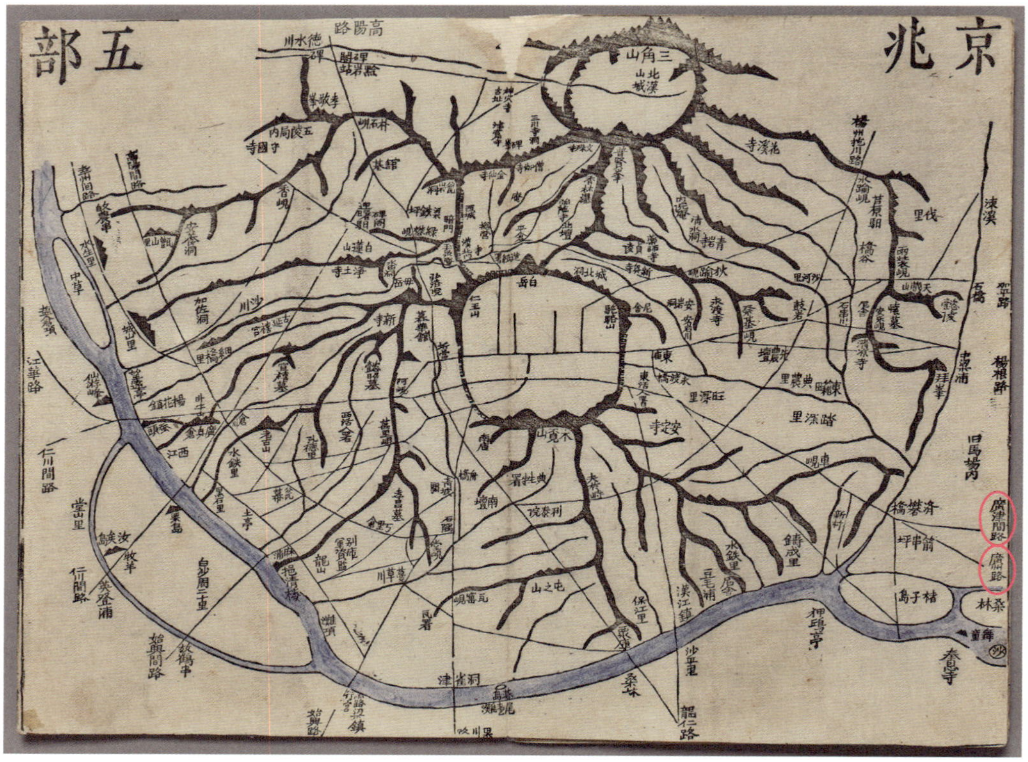

『대동여지도』 중 「경조오부도」 (1861)
광진간로와 광주로를 원으로 표시하였다.

는 광진보다 삼전도나 송파진이 활성화되었지만, 그에 못지않게 광진에도 사람과 물자가 모이는 취락이 형성되었다.[15]

조선 전기에 광진간로와 광주로는 서울과 부산을 잇는 영남대로의 주된 간선로는 아니었으나, 임진왜란과 병자호란 같은 큰 전란 중에 남한산성이 군사적 요충지로 주목되면서 광진과 송파진을 통하는 길의 위상이 높아졌다.[16] 더욱이 임진왜란 이후에는 광주의 남한산성을 지나 이천~충주~문경~상주~대구~부산에 이르는 파발로[17]가 놓이게 되면서 광진은 군사적으로 중요한 길목 역할을 하게 되었다.

조선 후기 남한산성은 한양을 방어하는 군사적 요충지이자 유사시 임시수도로서 기능할 수 있도록 조성되었다. 남한산성의 중요성은 선조대부터 제기되었다. 선조 10년(1577)에 남한산성이 속한 광주목(廣州牧)은 수도를 방위하는 행정구역인 광주부(廣州府)[18]로 개편되어 개성부, 강화부, 수원부와 함께 한양을 지키는 4대 보장처(保障處)로 지정되었다. 이후 인조 2년(1624)에 이괄의 난이 일어나 인조가 공주 공산성으로 피신하는 일이 있자, 유사시 임금이 도성 가까이 대피할 수 있는 산성으로서 남한산성이 본격적으로 개축되었다. 더불어 수도와 외곽을 방어하기 위하여 설치하였던 오군영 중 하나로 수어청(守禦廳)을 설치하여 남한산성 수비를 담당하게 하였고, 광주의 읍치를 산성 안으로 옮겨 산성 안팎을 관리하는 체제를 마련하였다.

남한산성의 국방상 역할이 확대됨에 따라 한양 도성과 남한산성을 잇는 길목인 광진과 송파진은 군사적으로 중요한 나루터로 기능하였다. 특히 나루에 배치된 진선(津船)은 사람을 태우고 물자를 실어 나를 뿐만 아니라 군사적으로 기능하였기 때문에 조선 후기 별장(別將)[19]

15 서울특별시 강동구, 『사진으로 보는 강동사』, 2004, 22쪽.

16 김미성, 「조선후기 한강 송파지역의 군사적 의미와 장시(場市) 개설」, 『군사』 122호, 국방부군사편찬연구소, 2022, 123쪽.

17 임진왜란 때 봉수의 한계가 드러나자 1597년 명나라의 제도를 본떠 사람이 직접 소식을 전하는 파발을 설치했다. 인조대는 서발·북발·남발의 3대로를 근간으로 한 파발제가 완성되었다.

18 조선왕조는 수도 방위를 위하여 한성부 주변의 행정적·군사적으로 중요한 지역에 주·부·군·현의 일반적인 행정 체계와는 별도로 특수 행정 체계로 유수부를 설치 및 운영하였다.

19 훈련도감별장 2인, 어영청별장 1인, 호위청별장 3인은 정3품이고, 용호영 금군별장 1인은 종2품, 수어청별장은 2인으로 여주목사와 이천부사가 겸임하고 관리영별장(管理營別將) 2인을 두었다. 그리고 각 지방 산성과 나루터 등의 수비책임자로 종9품 1인을 두었다.

은 나루와 관선을 군영에 소속시켜 관리하였다. 『비변사등록』에는 광진·송파·삼전도의 배를 수어청에 속하게 해 담당하도록 하였다[20]는 기록이 있다.

전근대 시기 국방상 요충지나 변방 지역에는 방어를 위하여 안정적으로 인구가 유지되어야 하였다. 『비변사등록』에 따르면 남한산성과 가장 긴밀하게 연결되었던 송파진은 본래 진군과 모민들이 매우 빈천해 의지할 곳이 없었으나, 민진후가 수어사(守禦使)로 있을 때 송파장(松坡場)을 창설해 인민을 모여 살게 하였다고 한다.[21] 송파진은 군사적 요지였을 뿐 아니라 유통로 측면에서도 교통의 요지였기 때문에 송파장은 크게 번성하였다. 본래 남한산성 가까이에 설치되었던 송파장은 18세기 중반 무렵에 송파로 옮겨졌는데, 19세기 초 『만기요람』에는 송파장이 전국의 향시(鄕市) 가운데 15개의 대장시(大場市) 중 하나로 기록되어 있다. 개설된 지 100년도 되지 않아 크게 성장하였음을 알 수 있는 대목이다.[22]

송파장은 최대 소비시장인 한성과 인접하였으나 성저십리(城底十里)[23] 밖에 있어 금난전권, 즉 시전상인의 통제권에서 벗어나 있었다. 송파 상인들은 별다른 제약 없이 전국의 상품을 대량으로 매점매석(買占賣惜)하여 한성의 상권까지 위협하였다. 이에 송파장을 혁파해야 한다는 주장이 제기되었으나, 군사상의 목적하에 개설된 장시라는 이유로 쉽게 없애지 못하였다. 이

20 『비변사등록』 109책, 영조 17년(1741) 12월 12일.

21 『비변사등록』 134책, 영조 34년(1758) 4월 18일.

22 김미성, 「조선후기 한강 송파지역의 군사적 의미와 장시(場市) 개설」, 『군사』 122호, 국방부군사편찬연구소, , 2022, 145~146쪽.

23 한성부 사대문 주변 10리(약 4㎞) 이내 지역을 가리킨다.

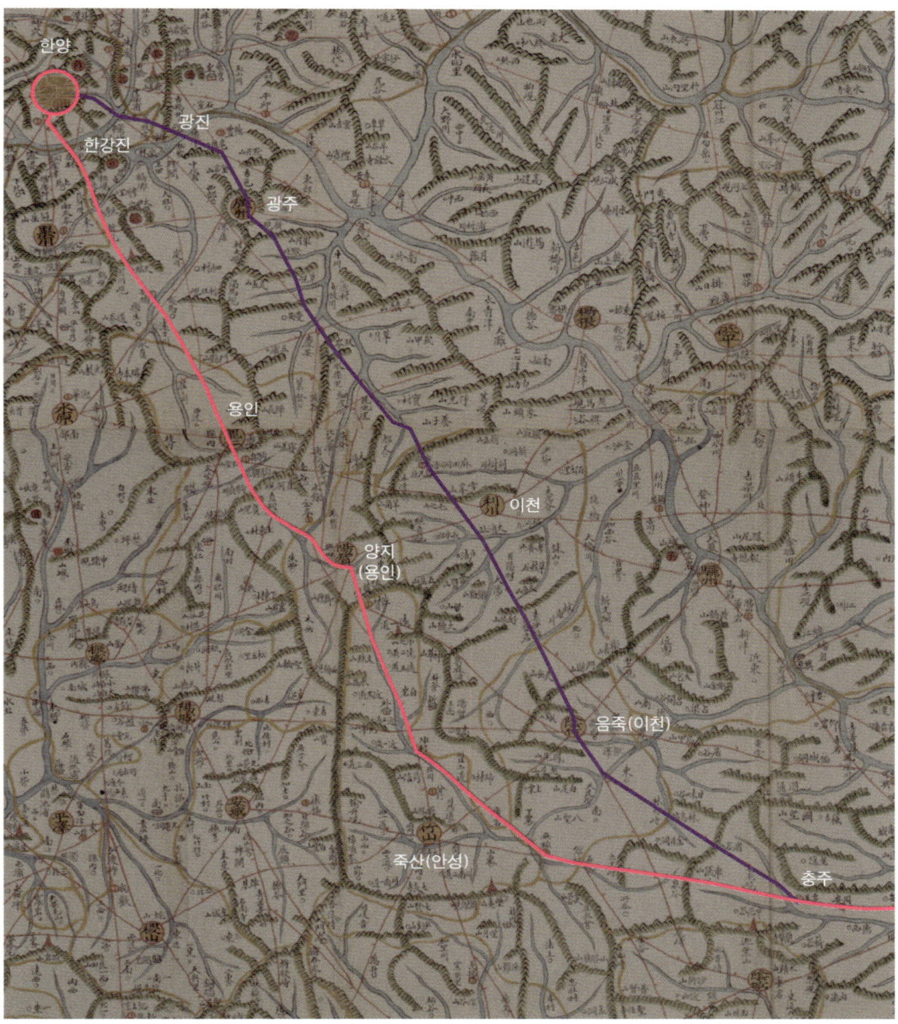

19세기 『동여도(東輿圖)』에 나타난 영남대로와 남발노선
한국학중앙연구원 한국학자료센터

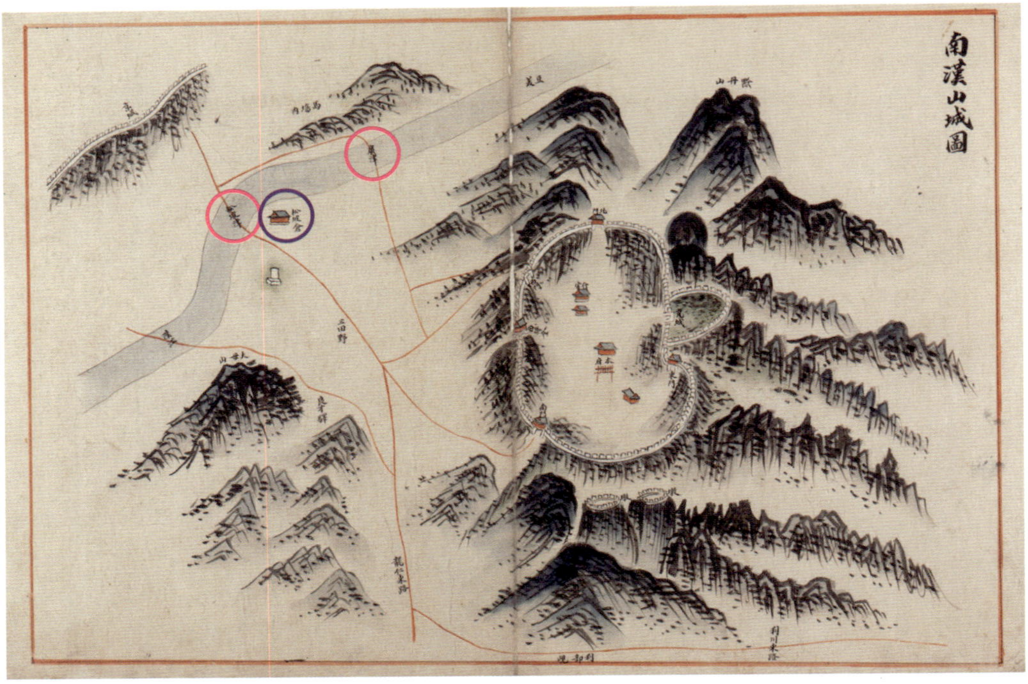

『동국여도』 중 「남한산성도」 부분 확대(19세기 전반)
서울대학교 규장각한국학연구원
광진과 송파진을 분홍색 원으로 표시하였고, 송파창을 보라색 원으로 표시하였다.

렇듯 송파진의 군사적·상업적 중요성이 확대되면서 남한산성과 송파진의 영향권 안에 있는 광진도 물류 이동의 길목 역할을 하였다. 영조 4년(1728)에 한강변의 나루가 대거 통폐합될 때도 주변의 작은 나루들을 예속한 채 광진과 송파진은 그대로 유지되었다는 점에서 두 나루의 높은 위상을 짐작할 수 있다.[24]

1.2. 광진교 건설

일제강점기 광진을 지나는 2등 도로의 건설

수도를 중심으로 주요 도읍지나 군사 요지, 대외교역의 관문을 향해 방사상(放射狀)으로 뻗어 있던 조선의 도로망은 20세기 초 일제에 의하여 조직적이고 계획적으로 개편되었다. 일본은 1903년에 러시아와의 전쟁에 앞서 병참선(兵站線)[25]으로 활용할 수 있는 조선의 주요 간선도로를 비밀리에 조사하였고,[26] 러일전쟁(1904~1905)에서 승리한 뒤에는 본격적으로 경제적 수탈을 위한 교통 인프라 확충에 돌입하였다. 이미 부설된 경부선·경의선·경인선 철도는 일본~부산~경성~만주를 최단 거리로 연결하고 있으나, 경제적 거점과 항만 등을 효과적으로 경유하지 못하였기 때문에 도로를 통하여 이러한 한계를 보완하고자 한 것이다.[27]

1906년에 설치된 통감부는 경제적 수탈을 목적으로 곧장 신작로 건설사업 집행에 착수하여 1910년 한일강제병합까지 817㎞에 달하는 도로를 개수하였다.[28] 1910년 한일강제병합 이후에는 조선총독부 주도하에 한반도의 정치·군사·경제적 지배를 위한 기초 작업으로서

24 김미성, 「조선후기 한강 송파지역의 군사적 의미와 장시(場市) 개설」, 『군사』 122호, 국방부군사편찬연구소, 2022, 131쪽.

25 작전 중인 군부대와 작전 기지를 연결해 보급품과 병력이 이동하는 일체의 수송로를 뜻하며, 보급로라고도 한다.

26 轟博志, 「20世紀前半 韓半島 道路交通體系 變化 : "新作路" 建設過程을 中心으로」, 『지리학논총 별호』 54, 서울대학교 국토문제연구소, 2004, 34쪽.

27 조병로, 「일제 식민지시기의 도로교통에 대한 연구(Ⅰ) : 제1기 治道事業(1905~1917)을 중심으로」, 『한국민족운동사연구』 59호, 한국민족운동사학회, 2009, 9쪽.

28 행정안전부 국가기록원 기록편찬문화과, 『國家記錄院 日帝文書解題 : 土木篇』, 2010, 240쪽.

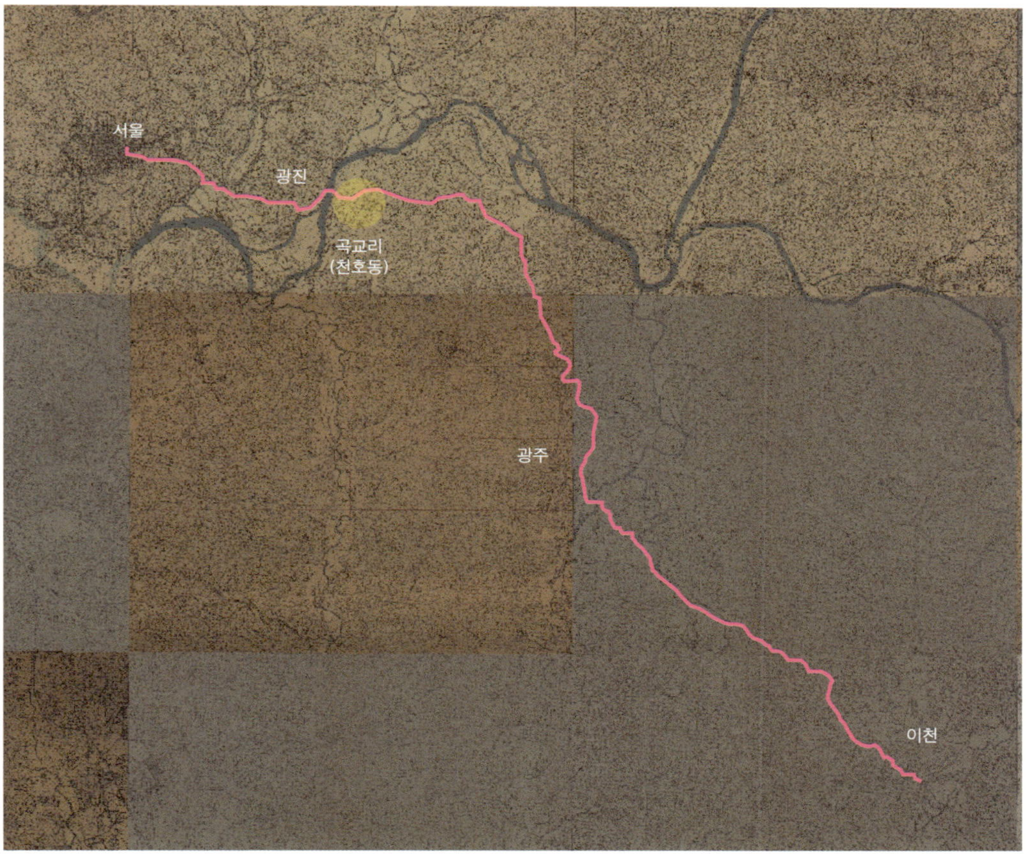

광진을 지나는 이천 가도
국사편찬위원회 한국근대지리정보

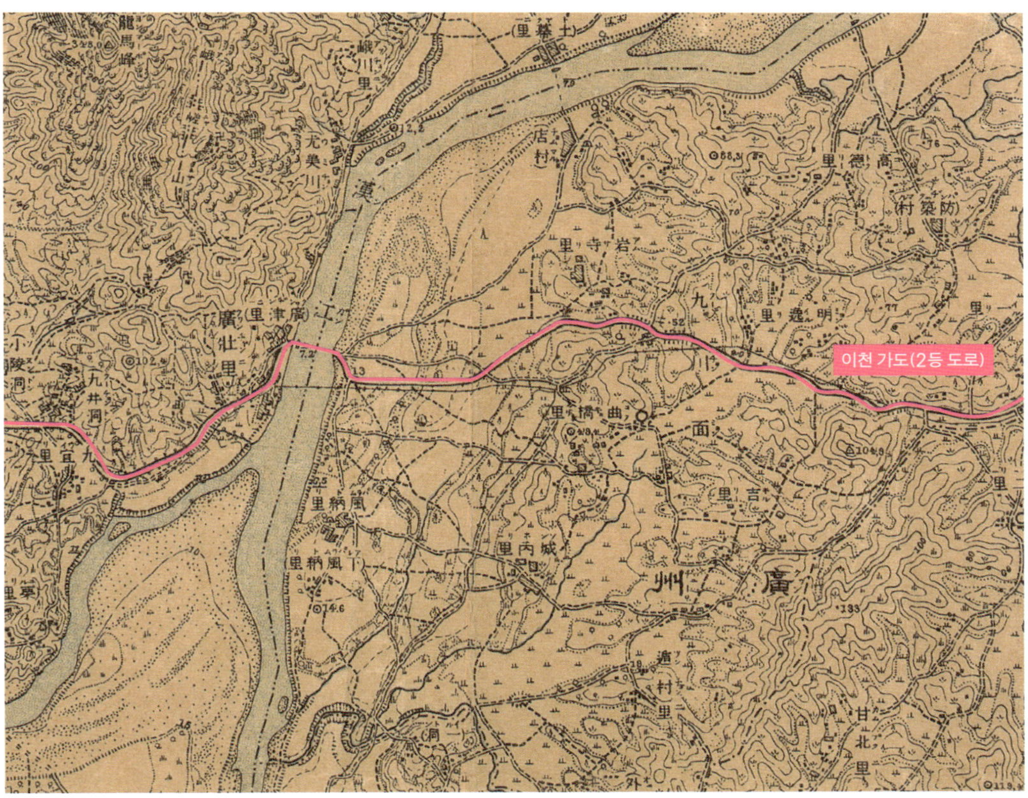

『纛嶋』(1915)에 나타난 2등 도로
국립중앙박물관

신작로 계획 및 시공을 진행하였다.[29] 1911년에 조선총독부는 일제의 영구적인 한반도 통치를 전제로 「도로규칙(道路規則)」을 공포하여 식민지 조선의 도로에 대한 제반 사항을 규정하였다.[30] 「도로규칙」에 따라 도로는 1등 도로·2등 도로·3등 도로·등외 도로 등 기능상 4개의 등급으로 구분되었다.

「도로규칙」에 따른 등급별 도로의 특징

등급	노선의 기능	폭	관리
1등 도로	- 경성에서 도청소재지, 각 사단사령부·여단사령부·요새사령부·진수부(鎭守府)[31] ·요항부(要港府) 소재지, 주요 개항장·정거장에 달하는 도로 - 군사상 중요한 도로 - 경제상 특히 중요한 도로	7.2m 이상	총독
2등 도로	- 도청 상호 간 및 도청과 관내 부·군청 소재지를 연결하는 도로 - 도청 소재지와 도내 주요 지점, 항진 또는 철도역을 연결하는 도로 - 도내 또는 인접 도내의 주요 지점, 항구와 철도역 간을 연결하는 도로	5.4m 이상	총독
3등 도로	- 부청·군청 소재지 간을 연결하는 도로 - 부청·군청·도청 소재지와 관내 주요 지점, 항구와 철도역을 연결하는 도로 - 부·군·도내, 또는 인접한 부·군·도내 주요 지점, 항구와 철도역을 연결하는 도로	4m 이상	도지사

행정안전부 국가기록원 기록편찬문화과, 『國家記錄院 日帝文書解題 : 土木篇』, 2010년, 241쪽의 내용을 표로 정리하였다.

조선총독부의 도로 건설은 크게 제1기 치도 사업과 제2기 치도 사업으로 진행되었다. 이 중 제1기 치도 사업[32]의 결과로 경성~부산선에 포함되는 경성~이천 구간의 2등 도로(이하 이천 가도)가 마련되었다. 이천 가도는 오늘날 을지로 일대로부터 왕십리와 중랑천 살곶이다리를 지나 광진에서 한강을 건너 광주 구천면과 이천까지 이어지는 연장 61.64㎞의 경로로 강원·충청·경상과 연결되었다.[33] 달리 말해 광진은 일제에 의하여 근대 도로가 마련되면서 서울과 강원도·충청도·경상도를 잇는 교통로로써 더욱 결정적인 역할을 하게 된 것이다.

신작로가 개발되면서 조선시대 서울의 동부지역과 한강 이남 지역을 잇는 주도로였던 봉화로를 이용하는 발걸음은 점점 뜸해진 반면 광진과 연결된 신작로 주변에는 가게와 주막이 들어서면서 천호동 지역에는 새로운 마을이 형성되거나 취락의 규모가 확대되었다.[34] 현재 구천면로에는 이천 가도 노선의 일부가 남아 있다.

광진교 가설운동의 전개

1920년대 광진에서는 발동기선 한 척으로 나룻배를 끌어 우마차나 자동차를 건네주었다. 1930년대에는 교통량이 격증하여 도강하는 자동차·우마차·손수레 등이 매일 수백 대에 달하였고,[35] 도선비(渡船費)는 하루에 100원(당시 쌀 한 가마가 13원)을 돌파하였다.[36] 강을 건너려고 몰린 수많은 인파를 감당하기에 나룻배는 역부족일 수밖에 없었다. 게다가 여름에 홍수가 나면 수일 동안 교통이 두절되어 큰 불편함을 겪곤 하였다.[37]

29 행정안전부 국가기록원 기록편찬문화과, 『國家記錄院 日帝文書解題 : 土木篇』, 2010, 240쪽.

30 조병로, 「일제 식민지시기의 도로교통에 대한 연구(Ⅰ) : 제1기 治道事業(1905~1917)을 중심으로」, 『한국민족운동사연구』 59호, 한국민족운동사학회, 2009, 16쪽.

31 각 군항(軍港)에 두어 해군(海軍)에 관(關)한 사무(事務)를 통할(統轄)하던 관아(官衙)를 가리킨다.

32 조선총독부의 제1기 치도 사업은 1911년도부터 5개년 간 26개 노선 2307.3㎞와 일부 경성시가도로를 개수한다는 계획이었는데, 재정난 때문에 1913년과 1914년에 준공 기한을 1개년씩 연장하여 1917년까지 총 34개 노선 269만 6509㎞를 준공하는 것으로 개정되었다. 일부 계획 변경이 있었지만, 대체로 사업은 일정대로 진행되어 1917년에 한강교 개통과 함께 최종 완결되었다.

33 행정안전부 국가기록원 기록편찬문화과, 『國家記錄院 日帝文書解題 : 土木篇』, 2010, 256쪽.

34 서울특별시 강동구, 『사진으로 보는 강동사』, 2004, 44쪽.

35 서울특별시 강동구, 『사진으로 보는 강동사』, 2004, 49쪽.

36 「京畿, 江原聯絡關門 漢江廣津에 架橋」, 『동아일보』, 1934년 9월 15일, 2면.

37 「八月頃은 竣工될 廣津橋鐵橋工事」, 『조선일보』, 1936년 5월 13일, 3면.

현재 가교 처소로 말하면 한강 상류 지방의 급류지대로서 여태껏 발동선 한 척을 사용하여 폭주하는 경강 방면의 교통량을 소화시키기에 저간의 불편이란 말할 수 없었다. 그뿐 아니라 여름 홍수기에는 한강의 범람으로 인하여 그나마도 두절되고 마는 것이 항례(恒例) 사이였는데⋯.

「八月頃은 竣工될 廣津橋鐵橋工事」, 『조선일보』, 1936년 5월 13일, 3면.

더욱이 겨울철에 한강이 얼면 배를 이용할 수 없어 빙판 위로 사람을 비롯하여 소와 말, 심지어 자동차도 통행하였다. 1922년 조선일보에는 얼음이 견고하게 얼어 인마(人馬)와 자동차가 통행할 수 있게 되었음을 알리는 기사가 실리기도 하였다.[38] 이는 안전한 통행 방식은 아니었기 때문에 인명사고가 발생[39]하거나 주인을 따라 강을 건너던 황소가 얼음에 빠져 익사하는 사건[40]이 일어나기도 하였다.

경성으로부터 광주와 이천 등지로 통행을 하게 되는 가운데 있는 광나루는 그동안에 일기(日氣)의 관계로서 인마의 교통이 불편하였으나 며칠 내로 일기가 찬 관계로 작일(昨日)부터 인마는 물론이요, 자동차까지 통행케 되었다더라.

「廣津은 結氷堅固 저작일부터 인마동행」, 『조선일보』, 1922년 12월 24일, 3면.

이러한 상황에서 1917년에 용산과 노량진 사이에 세워진 한강인도교가 노후하여 철거되고 신교를 건설한다는 계획이 세워지면서 구교를 광진에 놓자는 운동이 벌어졌다. 특히 1933년에 경기도의회 광주군 의원 박기환(朴箕煥)이 광주군 진정위원이자 중선각지연합진정위원(中鮮各地聯合陳情委員)으로서 가교실현맹운동(架橋實現猛運動)을 이끌었다.[41] 광진교 가설운동은 경기도 지역 일부에서 시작되어 중남부 지역으로 확대되었으며, 자동차 도로와 관련이 있는 강원·충청·경상도에 속한 10여 군의 유지들도 일대 연합 진정서를 제출하였다.[42] 일련의 움직임 속에 경성에 있는 경기도자동차협회를 중심으로 조직된 유지 일동도 광나루에 가교를 가설해 달라고 총독부와 경기도 당국에 진정하였다.[43] 한강인도교를 쟁취하기 위한 노력은 양평의 양수강에서도 격렬하게 일어나, 결국 경기도에서는 '2차 궁민구제공사' 가운데 한 사업으로 광주 광진교와 양평 양수강철교를 가설하기로 하였다.[44]

박기환 씨 담(談) "현재 중남선의 교통은 경부선 철도에 의하여 통하지만, 이 경부선에 만약 고장이 생긴다면 경성 이남의 교통은 반드시 광나루로 통하는 수밖에 없습니다. 고로 이 광진교는 조선 전체의 교통 운수 문제에 있어 소홀히 볼 수 없는 중요과제입니다."

「關係十餘郡聯絡 架橋實現猛運動」, 『조선일보』, 1933년 8월 3일, 4면.

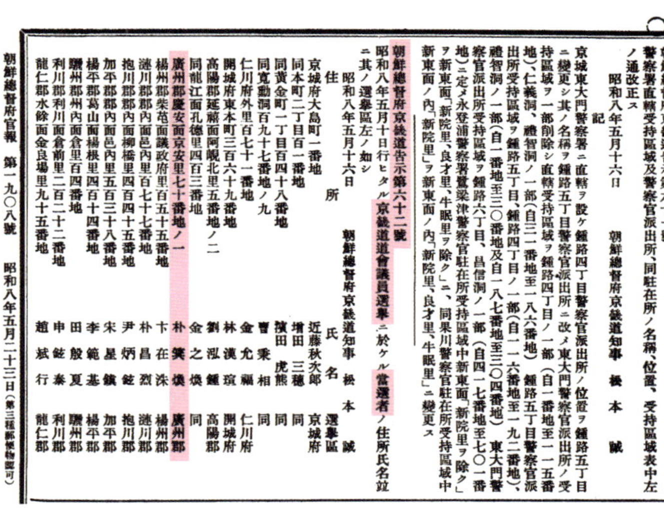
朝鮮總督府京畿道告示第六十一號
警察署直轄受持區域及警察官派出所、同駐在所ノ名稱、位置、受持區域表中左ノ通改正ス
昭和八年五月十六日　朝鮮總督府京畿道知事　松本誠
記
京城東大門警察署ニ直轄ヲ設ケ鍾路四丁目警察官派出所ノ位置ヲ鍾路五丁目ニ變更シ其ノ名稱ヲ鍾路五丁目警察官派出所ニ改メ東大門警察官派出所ノ受持區域ヲ一部削除シ直轄受持區域ヲ鍾路四丁目ノ一部（自一番地至一一五番地）、仁義洞、禮智洞ノ一部（自三一番地至一八六番地）鍾路五丁目警察官派出所受持區域ヲ鍾路五丁目、鍾路四丁目ノ一部（自一一六番地至一九二番地）、禮智洞ノ一部（自一番地至三〇番地及自一八七番地至三〇四番地）東大門警察官派出所受持區域ヲ鍾路六丁目、昌信洞ノ一部（自四一七番地至七〇一番地）ニ定メ永登浦警察署鷺梁津警察官駐在所受持區域中新東面「新院里ヲ除ク」ヲ新東面「新院里、良才里、牛眠里ヲ除ク」ニ、同果川警察官駐在所受持區域中新東面ノ內「新院里」ヲ新東面ノ內「新院里、良才里、牛眠里」ニ變更ス

朝鮮總督府京畿道告示第六十二號
昭和八年五月十日行ヒタル京畿道道會議員選擧ニ於ケル當選者ノ住所氏名竝ニ其ノ選擧區左ノ如シ
昭和八年五月十六日　朝鮮總督府京畿道知事　松本誠

住所	氏名	選擧區
京城府大島町一番地	近藤秋次郎	京城府
同本町二丁目百一番地	增田三穗	同
同黃金町一丁目百四十八番地	濱田虎熊	同
同寬勳洞百九十七番地ノ九	曺秉相	同
仁川府外里百七十一番地	金允福	仁川府
開城府東本町三百六十九番地	林漢瑄	開城府
高陽郡延禧面阿峴北里五番地ノ二	劉泓鍾	高陽郡
同龍江面孔德里四百三番地	金之煥	同
廣州郡慶安面京安里七十番地ノ一	朴箕煥	廣州郡
楊州郡柴芚面議政府里百五十五番地	卞在洙	楊州郡
漣川郡郡內面邑內里百七十七番地	朴昌烈	漣川郡
抱川郡郡內面柳橋里四百四十五番地	尹炳鉉	抱川郡
加平郡郡內面邑內里五百三十八番地	宋星鎭	加平郡
楊平郡葛山面楊根里四百十四番地	李範基	楊平郡
驪州郡州內面倉里百四番地	田殷夏	驪州郡
利川郡利川面倉前里二百二十二番地	申鉉泰	利川郡
龍仁郡水餘面金良場里九十五番地	趙斌行	龍仁郡

朝鮮總督府官報　第一九〇八號　昭和八年五月二十三日（第三種郵便物認可）

조선총독부 관보에 실린 경기도의원 당선자 명단(1933)
한국사데이터베이스

38 「廣津은 結氷堅固 저작일부터 인마동행」, 『조선일보』, 1922년 12월 24일, 3면.

39 「薄氷에 溺死」, 『조선일보』, 1929년 2월 20일, 2면.

40 「薄氷꺼지자 黃牛가 溺死」, 『동아일보』, 1929년 2월 8일, 2면.

41 「關係十餘郡聯絡 架橋實現猛運動」, 『조선일보』, 1933년 8월 3일, 4면.

42 「關係十餘郡聯絡 架橋實現猛運動」, 『조선일보』, 1933년 8월 3일, 4면.

43 「廣津架橋陳情團」, 『조선일보』, 1933년 8월 15일, 2면.

44 「楊平兩水江에 鐵橋架設確定」, 『조선일보』, 1933년 9월 17일, 3면.

광진교 아래 백사장으로 소풍 나온 학생들(1937)
서울특별시 강동구, 『사진으로 보는 강동사』, 2004, 48쪽.

광진교(1950년 이전)

광진교 건설과 구천면로의 형성

마침내 1934년 9월 20일에 내무국장·제신국장·경성부윤·경기도지사 등이 참석하여 성대한 기공식을 거행한 뒤에 고양시 독도면과 광주군 구천면을 잇는 광진교 가설 공사를 착수하였다.[45] 하지만 여러 사람의 염원이 깃든 광진교가 건설되는 과정이 순탄하지만은 않았다. 1935년 6월에 광진교 건설 공사를 하던 중에 가교가 무너지면서 인부 12명이 죽거나 다치는 사고가 일어난 것이다. 조선일보 기사에 따르면, 이 사고 전에도 이미 두 번의 사고가 있어 2명의 인부가 사망한 일이 있었다.[46] 해당 참사로 인하여 공사가 지연되면서 예정된 준공일이 미뤄지고, 이 공사를 위하여 각지에서 모여든 노동자들은 일자리를 잃게 되어 어려움을 겪었다.[47]

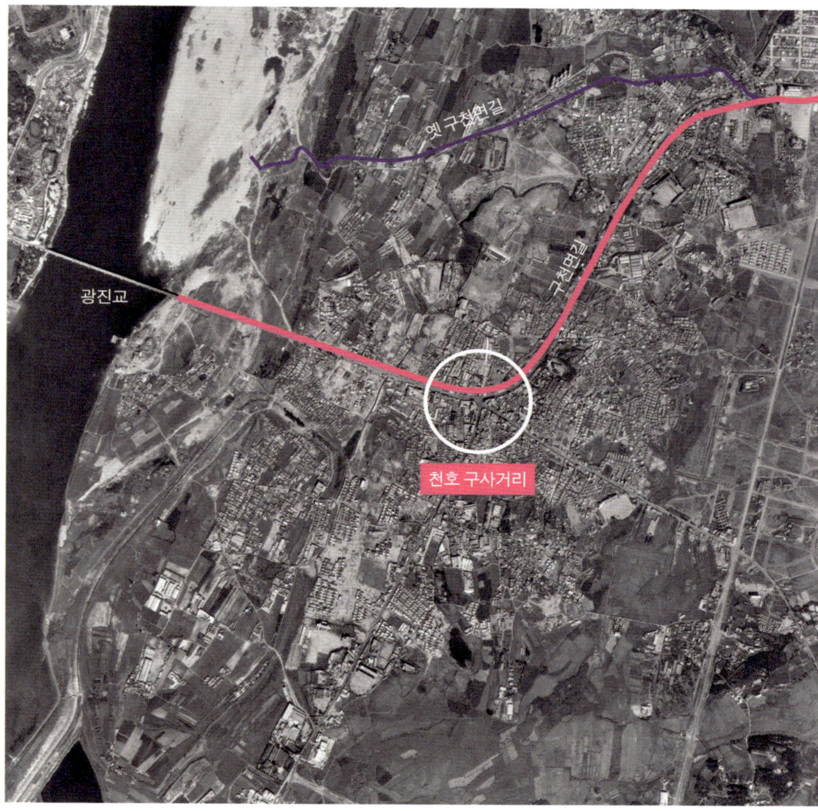

1974년 항공지도에 나타난 옛 구천면길과 새로운 구천면길
국토지리정보원

광진교는 공사를 착수한 지 만 2년 만인 1936년 10월에 강철 트러스 철골 구조물[48]로 완공되었다. 총공사비 84만 3,000원이 사용되고, 18만 5,000명이 투입된 매우 큰 공사였다. 개통된 광진교의 길이는 1,037*m*로 당시 전국에서 부산의 낙동교(1,060*m*) 다음으로 긴 다리였으며, 폭은 9.9*m*에 달하고, 차도와 인도를 구분하여 통행을 편리하게 한 것이 특징이었다.[49] 준공식은 경기도지사를 비롯한 내빈과 관민(官民) 400여 명이 참석하여 성대하게 거행되었다. 준공식을 마친 뒤 오후 2시부터 일반 사람들이 강을 건널 수 있도록 하였다. 이때 광주·고양·경성 각지에서 새로운 다리를 구경하러 온 사람들로 인산인해를 이루었다고 전해진다.[50]

광진교는 서울 일대 한강에서 두 번째로 놓인 인도교라는 점에서 의미가 크다. 광진교 건설 전까지 한강에는 용산과 노량진을 잇는 지점에만 유일하게 1900년에 개통된 한강철도교 A선, 1912년에 개통된 한강철도교 B선, 1917년에 개통한 한강인도교가 놓여 있었다. 그러나 한강에 최초로 교량이 세워진 지 30년이 지나도록 용산과 노량진 지역 외 다른 지역에서 한강을 건너는 교량은 지어지지 않았고, 1936년에 이르러서야 한강의 두 번째 인도교로 광장동과 천호동을 잇는 광진교가 놓인 것이다. 이는 광진의 교통 수요가 매우 많고, 광진과 이어진 천호동의 통행량도 상당히 많았다는 것을 시사한다.

광진교가 건설되자 구천면의 길과 구조에 변화가 일어났다. 원래 구천면에는 광진과 구천면을 지나 경기·강원·충청·경상 지역으로 연결된 2등 도로가 놓여 있었는데,[51] 1936년 광진교가 광진을 대체하게 되면서 교량 남단과 이어진 길이 천호동의 야트막한 구릉지 능선을 따라 북동·남서 방향으로 놓이게 되었다. 이 길은 1972년에 '천호로'라고 처음 명명되었고,[52] 1984

45 「京城東郊偉觀廣津橋의 起工式」, 『조선일보』, 1934년 9월 21일, 2면.

46 「광나루架橋가 崩落 人夫十二名死傷」, 『동아일보』, 1935년 7월 1일, 2면.

47 「慘事낸 廣津橋 架設工事遲延」, 『동아일보』, 1935년 7월 18일, 2면.

48 트러스 구조(trussed structure)는 강철이나 목재를 삼각형 그물 모양으로 짜서 하중을 지탱시키는 구조로, 교량이나 지붕과 같이 넓은 공간에 걸치는 구조물에 많이 활용되었다.

49 「광나루 橋落成式 十三日橋上에서 擧行」, 『조선일보』, 1936년 10월 6일, 3면.

50 「廣津橋竣工式」, 『조선일보』, 1936년 10월 14일, 2면.

51 서울특별시 강동구, 『사진으로 보는 강동사』, 2004, 44쪽.

52 「새이름 붙인 道路 107개로 늘어나」, 『경향신문』, 1972년 11월 27일, 6면.

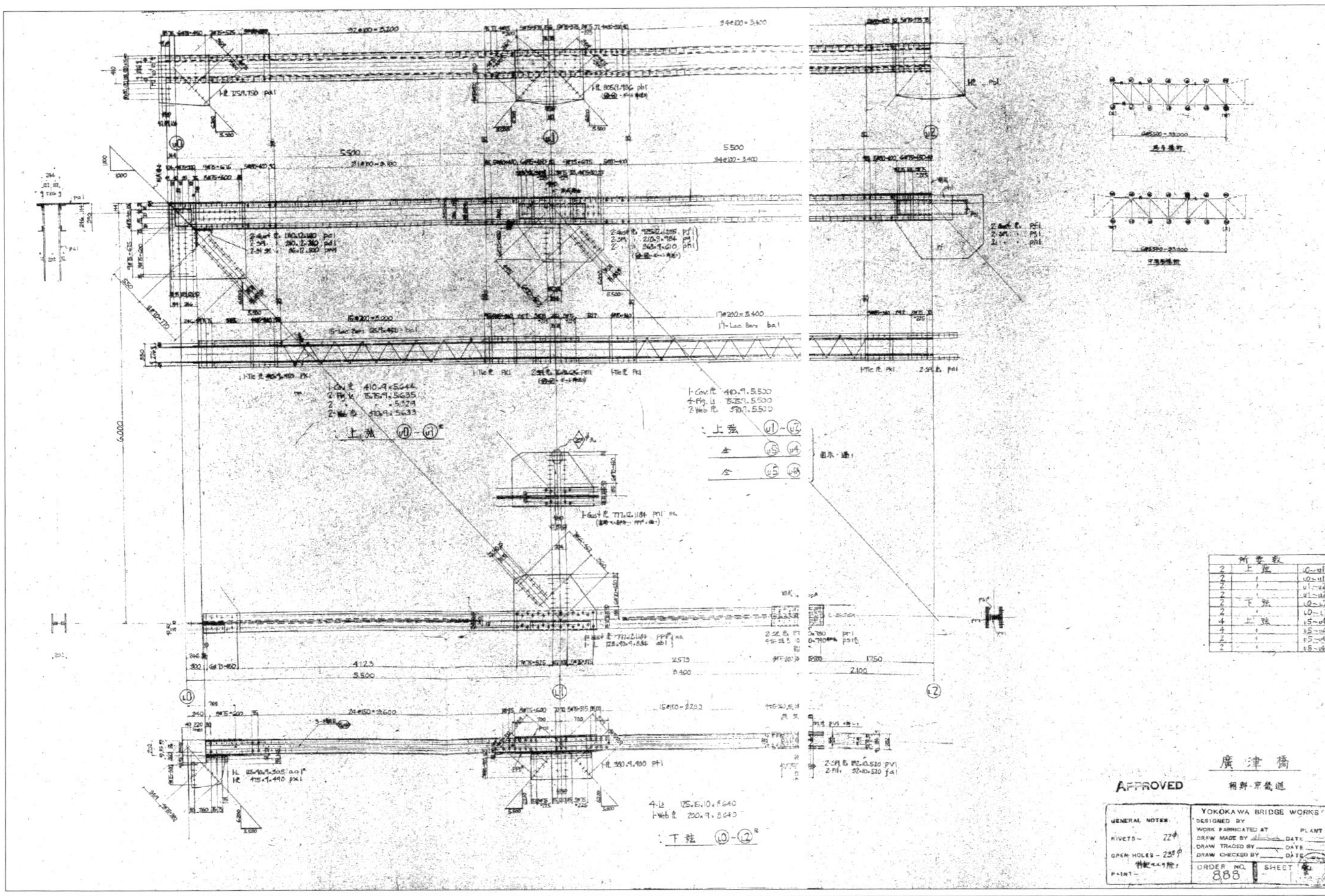

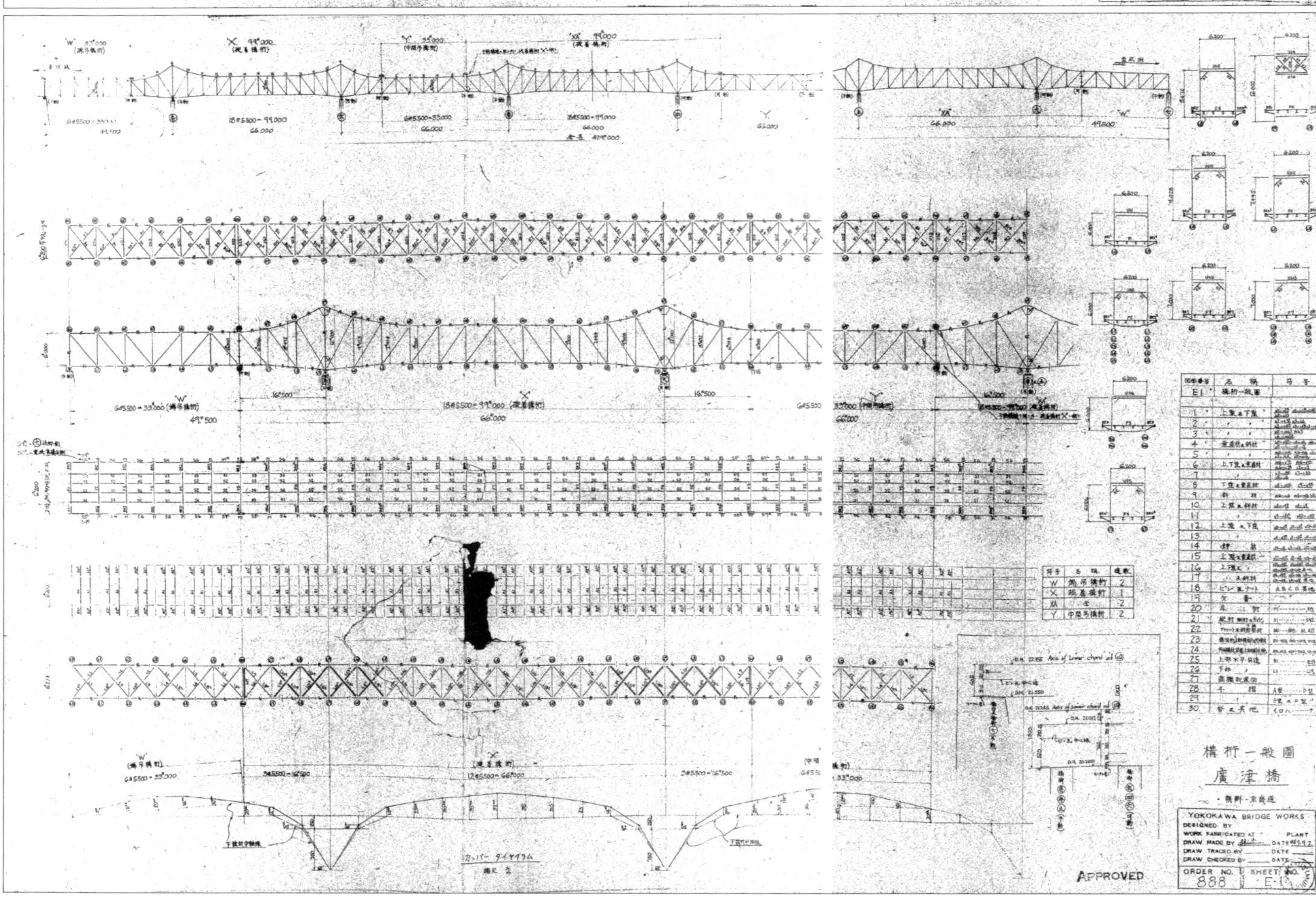

광진교 설계도

국가기록원

년에 '구천면길'로 변경되었다. 이후 2009부터 「도로명주소법」에 따라 '구천면로'로 지정되어 지금까지 불리고 있다. 구천면로는 1976년에 천호대교와 이어진 천호대로가 개통되기 전까지 강동구 중심도로로서의 기능을 담당하였으며, 지금도 여전히 천호동의 상징적인 길이다.

박성직(남), 71세, 서울강동농협 조합장

> 이 구천면길은 새로 생긴 길이고, 오리지널 구천면길은 어디냐 하면 지금 암사1동 주민센터 앞길이에요. 그러니까 광진교가 생기기 전에는 거기가 구천면길이에요. 지금 있는 건 광진구 생기면서 새로 생긴 도로예요. 새로 생긴 도로하고 아주 옛날부터 있던 구천면길하고 만나는 지점이 있어요. 그 만나는 지점이 어디냐 하면 성덕고등학교예요.

광장리선 기동차의 운행

광진교 준공이 시작된 해인 1934년 12월에는 경성궤도주식회사(京城軌道株式會社)[53]가 동대문과 화양리(華陽里)를 연결하는 화양지선(華陽支線)을 연장하여 광주 가도를 따라 광장리까지 이어지는 노선(이하 광장리선)을 개통하면서 광진의 교통량이 크게 늘었다.[54] 이 전차는 경성전기주식회사(京城電氣株式會社)가 서울 시내에서 운영하는 전차와 운영 주체가 달라 특별히 '기동차'라고 불렸다. 시내 전차는 한 량의 객

1967년 서울의 전차노선
이혜은, 「대중교통수단이 서울시 발달에 미친 영향: 1899~1968」, 『대한지리학회지』 23권 1호, 대한지리학회, 1988, 23쪽.

1966년 기동차 모습
서울기록원

53 경성교외궤도회사(京城郊外軌道會社)는 1930년 동대문에서 화양동과 뚝섬을 연결하는 기동차 노선을 개통하여 운행하였으나, 경영상의 어려움으로 1932년 경성궤도주식회사가 해당 노선을 인수해 운영하였다.

54 「東大門廣壯里 軌道車가 開通」, 『동아일보』, 1934년 12월 25일, 2면.

실을 보유하였으나, 동대문과 뚝섬·광나루 사이를 오가는 기동차는 뒤쪽에 4~5개의 객차나 화차를 달고 달렸다.[55]

경기도와 강원·충청·경상 지역의 사람들은 광진 건너편에서 강을 건너와 광장리 정류장에서 기동차를 이용하여 왕십리·화양·모진·구의 정류장을 거쳐 동대문까지 갈 수 있었다. 구천면 곡교리와 독도면 광장리는 광진교와 기동차의 연결성으로 인하여 서울과 지방을 오가는 관문으로서 비약적인 발전을 이루게 되었다.[56]

> 경성궤도회사에서는 저간(這間)에 화양 정거장에서 광장 도선장(渡船場) 부근에 이르는 3.5㎞의 새로운 선로를 개통하고 작(昨) 25일부터 일반 운수 영업을 개시하고 하루에 14번 왕복하는 가솔린 차를 운전하게 되었다. 경로를 보면 화양에서 모진(毛陳), 구의(九宜) 양 정거장을 지나 광장에 이르는 것인데 이 가도는 서울에서 이천·여주에 이르는 길이며, 중간에는 한강을 건너는 도선장이 있어 장래는 철교를 가설할 계획이 있는 곳이요, 교통이 빈번해질 것이다.
>
> **「東部交通發展」, 『조선일보』, 1934년 12월 29일.**

동대문과 광나루 사이를 잇는 기동차 노선은 6·25전쟁 때 운행이 중단되었다가 1955년 2월부터 재개되었다.[57] 천호동 토박이의 증언에 따르면 1960년대 초까지 천호동 주민들이 광진교를 건너 광장동에서 기동차를 타고 서울 시내로 나가는 경우가 많았다고 한다.

박성직(남), 71세, 서울강동농협 조합장

> 원래는 이쪽 사람들이 버스가 생기기 전에는 기동차라고 해서 저 광장동 가서 차를 타고 시내에 갔어요. 1960년도 초까지요. 그러다가 버스가 생기면서 그때 천호극장 앞, 또 문화극장 앞 이쪽에 버스가 활발하게 시내로 다녔어요.

55 「[그 시절 우리는] 전차④ 기동차, 그리고 '왕십리 똥파리 『한국농정』, 2019년 1월 27일.

56 「廣壯里大發展 市內實業家들이 進出」, 『조선일보』, 1936년 5월 23일, 3면.

57 「화양廣壯里線 開通」, 『경향신문』, 1955년 2월 13일 3면.

6·25전쟁 뒤 복구된 광진교(1952)
서울특별시 강동구, 『사진으로 보는 강동사』, 2004, 51쪽.

광진교 붕괴(1965)

6·25전쟁 시 광진교를 통한 인구의 유입

일제로부터 해방을 맞이한 뒤 얼마 지나지 않아 발발한 6·25전쟁에서 한강 다리는 새로운 국면을 맞이한다. 북한군의 남하를 저지할 목적으로 한강을 건너는 통로인 5개의 교량을 모두 파괴한 것이다. 1950년 6월 28일 오전 2시 30분경 한강인도교와 3개소의 철교가 폭파되었고, 오전 4시경 광진교가 폭파되었다.[58]

이들 중 가장 먼저 복구된 다리는 광진교였다. 광진교는 전시 중이던 1952년에 군사적인 이유로 미군에 의하여 임시로 복구되었다.[59] 한강 제3철도교가 1957년, 한강인도교가 1958년, 한강 제1·2철도교가 1969년에 복구된 것에 비하여 광진교의 복구는 매우 조속히 이루어졌다.

수천 명의 피란민은 별다른 선택 없이 광진교를 통하여 한강을 건넜다. 이에 광진교 남단과 연결된 천호동(당시 광주군 구천면 곡교리)은 자연스럽게 피란민들의 집산지로 변모하였다. 임시 움막과 전쟁의 상처를 치료하기 위한 구호 시설이 많았으며, 피란민들이 일군 판자촌 노점상들이 자리 잡았다. 그 결과 광진교·상일동·둔촌동·송파나루 쪽으로 연결된 사거리(이하 천호 구사거리)가 형성되어 오랜 세월 천호동의 중심지 역할을 하게 되었다. 사거리 주변에 인구는 점점 증가하여 구천면사무소와 광주경찰서 구천지서 등의 관공서가 이전해오고, 이발관·주유소·약국 등의 편의시설이 들어섰다.[60]

58 정상혁, 「6·25전쟁 초기 북한군 도하작전의 실패요인 연구 – 한강 도하 사례를 중심으로」, 『군사』 110호, 국방부군사편찬연구소, 2019, 333쪽.

59 장승필, 「서울의 발전과 한강 다리의 역할」, 『대한토목학회지』 70권 1호, 대한토목학회, 2022, 60쪽.

60 서울특별시 강동구, 『사진으로 보는 강동사』, 2004, 64쪽.

박성직(남), 71세, 서울강동농협 조합장

> 1936년도에 광진교가 생겼어요. 지금은 뭐 천호대교도 있고 잠실대교도 있고 영동대교도 있지만, 그때는 강남하고 강북을 연결하는 게 광진교밖에 없었어요. … 그 당시에 천호 구사거리에 강원도 철원군 사람들이 피란 와서 진을 치고 거기서 장사들 하시고….

천호 구사거리(2022)

6·25전쟁이 발발한 1950년에 끊겼다가 1952년에 미군에 의하여 임시 복구된 광진교는 이후 오랜 세월 보수를 거듭하며 사용되었다. 1965년에는 폭우로 인하여 급류에 휩쓸려 교량 일부가 V자형으로 무너지는 일이 있어 1966년에 복구하였고,[61] 1968년에는 교각 아래 토사가 내려앉아 교판 틈이 벌어졌으나 예산이 없어 방치하기도 하였다.[62] 1969년에는 금이 가거나 이음매가 벌어져 있는 곳이 많으며, 가로등이 없고 일부 난간이 떨어져 나간 광진교의 안전성을 우려하는 기사가 나기도 하였다.[63]

천호동에는 다른 서울지역에 비하여 일찍이 강남과 강북을 잇는 다리인 광진교가 놓였으나, 1930년대에 만들어진 교량인 만큼 폭이 좁고 노후(老朽)하여 점차 제 기능을 제대로 발휘하지 못하고 있었다. 그러나 광진교 외에는 강동구에서 한강을 건너 서울 도심으로 향하기 위한 다른 수단이 없어 수많은 사람이 이용하면서 큰 교통혼잡을 겪을 수밖에 없었다. 특히 안전을 위하여 광진교를 일방통행으로 다니게 하면서 출퇴근 시간이면 노선버스 150여 대와 택시 등 각종 차량이 몰려 다리를 건너는 데 평균 10분 정도가 지체되었다. 자동차 행렬이 길게 늘어설 때는 천호동삼거리에서 광진교 입구까지 약 400*m* 거리에 200여 대의 차량이 꼬리에 꼬리를 물고 서 있는 광경이 연출되기도 하였다.[64] 이렇듯 서울 도심에서 천호지구까지 교통망이 미흡한 탓에 1969년부터 1973년까지 서울 외곽지역 인구 증가율은 164%인 데 반해 천호지역의 인구 증가율은 143%에 그쳤다.[65]

1.3. 서울시 편입 후 천호동의 교통

대중교통 체계의 발전

광진교가 한강에 가로막힌 서울 시내와 천호동 사이를 이어준 덕에 천호동은 서울시에 편입되기 전인 1950년대부터 서울시의 대중교통 체계에 속할 수 있었다. 1950년대 서울의 인구는 100만 명을 넘어서면서 시내버스와 합승택시가 보급되기 시작하였는데,[66] 천호동은 서울과는 뗄 수 없는 주택지이자 농산물의 집산지로서 행정구역상 경기도 광주군에 속하는 시외지역임에도 서울 시내버스와 합승택시의 노선이 이어져 있었다. 1955년에 교통부는 서울 반경 8.3㎞를 1구간으로 정하였는데, 화양동과 천호동 사이를 가로막고 있는 한강을 광진교가 연결해준 덕에 왕십리·화양동·천호동 노선이 1구간에 포함되었다.[67] 1957년에 교통부가 '보통여객자동차면허기준'을 변경하여 서울 시내에서 운행하는 일반 택시 1,150대를 650대로 감축하고, 합승택시 200대를 900대로 확대할 때에도 24개의 노선 중 서울운동장(동대문)과 천호동을 잇는 노선이 포함되어 35대의 합승택시가 운행되었다.[68] 이렇듯 1950년대 서울의 주요 대중교통이었던 전차·시내버스·합승택시는 모두 천호동과 연결되어 있었다.

1961년 박정희 정권이 출범하면서 대한민국은 국가 경제발전을 최우선 목표로 삼아 정책을 실행하였다. 1963년에 정부는 기존 시가지의 과밀해소와 향후 인구 증가에 대비하여 서울의 시역(市域)을 기존의 2배 이상 확대하여[69] 평균 인구밀도를 낮추고자 하였다.[70] 이에 따라 경기도 김포·양주·광주·부천·시흥 등 5개 군의 11개 면 84개 리가 서울시로 편입되었

61 「廣壯橋 崩壞」, 『동아일보』, 1965년 7월 17일, 1면.

62 「틈벌어진 광진橋板」, 『동아일보』, 1968년 8월 17일, 8면.

63 「위험한광진橋 補修않고 放置」, 『동아일보』, 1969년 1월 24일, 4면.

64 「서울퍼트롤(15) 낡고 비좁은 '광진橋'」, 『동아일보』, 1973년 5월 2일, 6면.

65 장승필, 「서울의 발전과 한강 다리의 역할」, 『대한토목학회지』 70권 1호, 대한토목학회, 2022, 68쪽.

66 서울정책아카이브(https://www.seoulsolution.kr), 2022년 9월 12일 검색

67 「이번엔 '뻐—스'값이 껑충 每區間에 四十 均一로」, 『동아일보』, 1955년 8월 4일, 3면.

68 「合乘택시 900臺運行」, 『경향신문』, 1957년 11월 20일, 3면.

69 원래 서울시의 면적은 268.35㎢였는데, 새 편입지구는 이보다 넓은 282㎢에 달하였다.

70 장남종 외, 『서울의 도시공간정책 50년 : 어제와 오늘』, 서울연구원, 2016, 4쪽.

1964년 광진교와 천호동 전경
서울특별시 강동구, 『사진으로 보는 강동사』, 2004, 90쪽.

다.[71] 광주군의 구천면·언주면·중대면 전부와 대왕면의 일부가 성동구에 속하게 되었는데, 이때 구천면 곡교리가 천호동으로 개칭되었다. 새로운 편입지구의 면적이 방대한 만큼 서울시는 영등포구·성북구·성동구·동대문구에 10개 출장소를 설치하여 행정구역을 정돈하였다.[72] 천호동에는 현재 강동구 전역을 관리하는 천호출장소가 신설되어 구천동·선린동·암사동·성내동, 천호동을 관할하였다.

1966년에 서울PR사에서 간행한 1:13만 5,000 지도인 「최신서울특별시전도」에는 1963년에 편입된 지역을 '행정구역변경 편입 예정 지구'로 표시하고 있다. 지도 우측에 수록된 '시내교통 운행노선 일람표'에는 당시 서울의 주요 대중교통수단의 운행노선이 기록되어 있는데, 천호동을 지나는 노선으로는 버스가 2개, 합승택시가 2개, 급행버스가 1개 있었다.

버스의 경우 천호동과 서울역을 오가는 31번이 47대, 천호동과 세곡동을 오가는 32번이 3대 운영되었고, 천호동과 서울역을 오가는 급행버스가 25대 운행되었다. 합승택시의 경우는 천호동과 서울역을 오가는 31번이 20대, 천호동과 세곡동을 오가는 32번이 2대 운행되었다.[73] 천호동을 지나는 대중교통 노선이 대체로 31번과 32번을 사용하게 된 것은, 서울시가 교통난 완화책의 하나로 시내버스·합승택시·급행버스 노선을 증설 및 조정하면서 동일 방면의 교통수단은 단위를 같게 하였기 때문이다.[74]

지금은 생소한 교통수단인 합승택시는 서울의 대중교통 승차난을 완화하기 위하여 1950년대부터 도입되었다. 1960년대에 들어 서울시는 9인승 합승택시를 소형버스로 대체하기를 권장하였고, 1961년에 서울역과 천호동 사이를 오가는 최초의 16인승 디젤 합승택시가 등장하였다.[75] 당시 천호동 주민들은 상공업과 금융업이 밀집한 서울 시내 중심가로 출퇴근

71 「서울編入地區에 9개區廳出張所 설치」, 『경향신문』, 1957년 11월 20일, 3면.

72 「編入地區 10個 出張所長 任命, 『동아일보』, 1963년 1월 5일, 8면.

73 「버스合乘急行버스 全路線 재조정」, 『조선일보』, 1966년 4월 29일, 4면.

74 「급행버스·합승·버스 변경되는 노선」, 『중앙일보』, 1966년 4월 28일, 8면.

75 「16人乘合乘 서울에 登場」, 『동아일보』, 1961년 11월 7일, 8면.

「최신서울특별시전도」(1966)에 수록된 시내교통 운행노선 일람표

하는 일이 많았기 때문에 러시아워 때마다 심각한 교통체증에 시달렸다.[76] 이후 버스와 합승택시 등의 대중교통수단이 확충되면서 이들의 교통수단 분담률은 급속히 늘어났고, 반면 전차는 속도가 느리고 승하차 시 위험이 따르며 차량의 흐름에 방해된다는 이유로 점차 쇠퇴하여 1968년에 완전히 폐선되었다.[77]

76 서울특별시 강동구, 『사진으로 보는 강동사』, 2004, 126쪽.

77 서울정책아카이브(https://www.seoulsolution.kr), 2022년 9월 13일 검색

78 「市外버스도 動員」, 『조선일보』, 1966년 9월 21일, 4면.

서울시 교통수단 분담률(1965)

교통수단	버스	택시(합승 포함)	전차
수단분담률(1965)	54.4%	26.2%	19.4%

서울정책아카이브

천호동 시외버스터미널

과거 천호동에는 경기도, 충청북도와 서울을 잇는 시외버스터미널이 있었다. 천호동 토박이들의 증언을 종합해 보았을 때 시외버스터미널은 현재 광진교 남단 사거리의 대우베네시티(천호동 425-5번지) 자리에 있었던 것으로 보인다. 이 터미널이 언제부터 존재하였는지 정확하게 알 수 없으나, 1966년 『조선일보』에 14대의 시외버스가 '이천~천호동~을지로 6가' 노선으로 운행되었다는 내용이 실려 있다.[78]

김종수(남), 80세, 천호2동 거주

> 시외버스터미널은 경기도 광주·여주·이천·(충북) 음성 이런 데서 오는 사람들이 타고 와서 어디까지 가는 거냐 하면 을지로6가 서울운동장 앞에 가면 시외버스터미널이 있었어요. 천호동까지 온 사람들은 내리고, 서울로 갈 사람들 그러니까 을지로6가까지 갈 사람들은 곧장 가는 거지요. 그때는 천호대교가 없었고 광진교만 있어서 광진교를 타고 가면 을지로6가가 종점이에요. 시외버스 이름이 경기여객, 중앙여객 이렇게 있었어요.

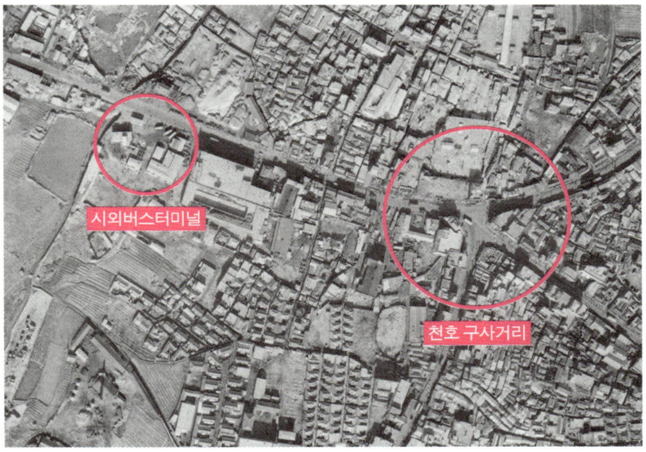

1972년 항공사진에 나타난 시외버스터미널
국토지리정보원

1970년대 천호동 버스 종점
서울특별시 강동구, 『사진으로 보는 강동사』, 2004, 127쪽.

천호동을 지나는 시외버스의 영향으로 1961년에 평당 150원에서 200원이었던 천호동의 땅값은 1967년에 이르러 평당 3만 원을 호가할 정도로 급격하게 올랐다.[79] 그도 그럴 것이 1960~1970년대에는 경기도 광주·이천·장호원을 비롯하여 충북 충주·음성에 사는 사람들도 시외버스를 타고 와서 천호동에 있는 천호시장, 천호신시장, 동부종합시장, 동서울시장 등을 이용하였다.[80] 특히 1971년에 개장한 동부종합시장은 시외버스터미널 바로 옆에 있어 천호동 주민을 비롯하여 경기도민을 대상으로 영업하였다.[81] 이렇듯 천호동의 시장과 크고 작은 영향을 주고받으며 영업을 유지해 온 터미널은 1989년에 동서울종합터미널이 개장됨에 따라 폐쇄되었다.[82]

천호대로와 천호대교의 건설

1970년대 서울시는 '서울도시계획기본구상(1977)'을 토대로 장기적이고 종합적인 정책의 틀을 확립하면서 교통 부문에 대해서 계획적인 정책을 수립하기 시작하였다. 도로율 15%를 지표로 한 1972년의 시정종합계획에서는 도심부의 교통량 집중완화를 위하여 3개의 순환선 도로를 신설·확장하고, 도심부 교통의 흐름을 증진하기 위하여 14개 방사선 도로를 신설·확장하기로 계획하였다.[83] 그에 따라 14개의 방사선 중 하나인 천호대로(방사 4호선) 공사가 1974년에 착공되었다.

천호동을 관통하는 천호대로는 원래 있던 길이 아니었기 때문에 건설 과정에서 많은 집과 상가들이 헐렸다. 특히 1966년에 개교한 성동초등학교의 본관 앞 운동장을 천호대로가 관통하는 일이 발생하였다. 도로에 의하여 부지가 나뉘게 되자 결국 성동초등학교는 1979년에 성동구 광장동(현재 광진구 자양동)으로 이전하였다.[84] 현재 이 자리(천호동 451-1)에서는 이마트 천호점이 영업하고 있다.

79 「서울의 땅값 (9) 千戶洞(천호동)」, 『매일경제』, 1967년 8월 11일, 3면.

80 「市場 어제 오늘 〈14〉 千戶시장」, 『경향신문』, 1971년 12월 18일, 6면

81 「市場 어제 오늘 〈14〉 千戶시장」, 『경향신문』, 1971년 12월 18일, 6면.

82 「동서울 터미널 開場(개장)」, 『조선일보』, 1989년 9월 1일, 17면.

83 서울특별시, 『도시계획연혁집』, 2000, 1088쪽.

84 서울특별시 강동구, 『사진으로 보는 강동사』, 2004, 102쪽.

3개의 순환선 도로와 14개의 방사선 도로
서울특별시, 『서울도시계획 1972~1981』, 1972, 24쪽.

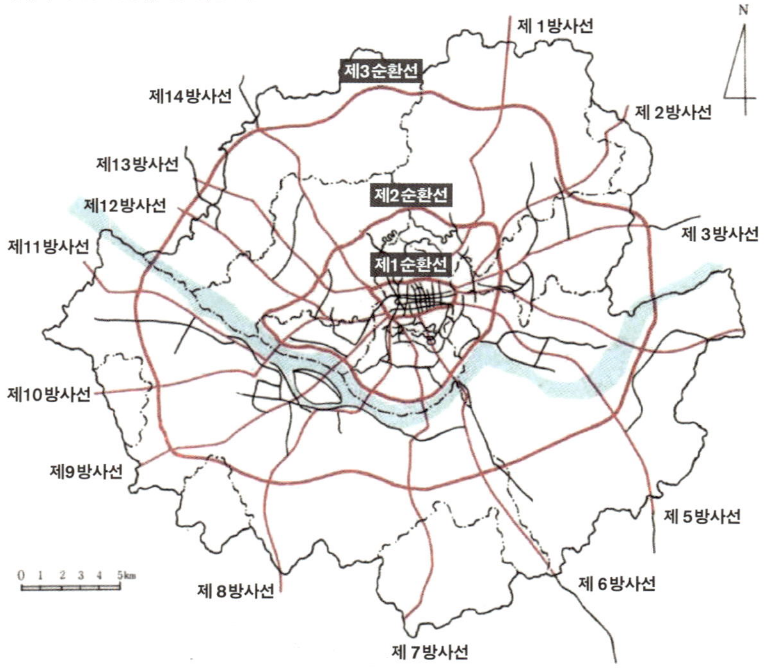

장선옥(여), 80세, 주몽재단 이사장

지금은 성동초등학교가 천호동에 없습니다. 광진구 자양동에 있어요. 왜 그렇게 됐느냐 하면 천호동에 성동초등학교가 있었는데, 천호대로 8차선 도로가 운동장을 지나게 된 거예요. 그래서 당시에 아이들의 제2의 교실이 운동장인데 왜 거기로 길을 내냐, (김기인 선생님이) 학교 운동장으로 길을 못 내게끔 하려고 휠체어 타고 가셔서 열심히 말씀하셨는데 소용이 없었어요. 천호대로에 운동장이 다 잘려 나가면서 그 길 건너에 또 우리 땅이 들어간 거예요. 그러니까 거기서 학교를 할 수가 없어서 자양동으로 이사 가게 된 거예요.

성동초등학교 운동장을 관통하게 된 천호대로
서울특별시 강동구, 『사진으로 보는 강동사』, 2004, 102쪽.

1972년 항공사진에 표시한 천호대로
국토지리정보원

완공된 천호대로는 폭 30~50*m*에 길이 9.4*km*인 6차선 도로였으며, 총공사비 76억 원이 투입되었다. 이 도로가 마장동에서 장안평과 천호동을 일직선으로 연결하면서 천호동에서 도심까지 50분 걸리던 것이 25분으로 단축되었다.[85] 또한 천호대로는 군자교를 넘어서면서 동부간선도로와 교차하고 남쪽으로는 경부고속도로, 북쪽으로는 의정부와 춘천 방면으로 연결되어 서울의 동부지역 개발에 큰 영향을 주었다.[86]

천호대로는 천호대교·군자교·전농교 등 3개소의 교량과 3·1고가도로의 연장인 마장동까지의 고가도로에 주도로가 연결되는 복합도로였다. 천호대로 전 구간은 1974년 8월을 전후로 일제히 착공되어 2년 만인 1976년에 한꺼번에 개통하였다.[87] 이 중 천호대교는 낡고 오래되어 기능을 제대로 발휘하지 못하는 광진교를 보완하고 강동구 개발을 촉진하기 위하여 세워졌다. 천호대교 기공식에 참석한 구자춘 서울시장이 이 사업에 대하여 "천호지역 주민의 숙원사업"이라고 표현할 정도로 많은 이들의 염원이 담긴 다리였다.[88] 더욱이 서울시는 1972년

85 「千戶大路 2년만에 開通」, 『조선일보』, 1976년 7월 6일, 6면.

86 「滯症 풀린 道路網 정돈된 새길을 돌아본다 (2) 千戶大路」, 『매일경제』, 1976년 8월 16일, 6면.

87 「달라지는 서울 새모습 千戶大路, 『경향신문』, 1976년 7월 2일, 6면.

88 「千戶大橋 어제 起工」, 『조선일보』, 1974년 9월 11일, 8면.

천호대로(1978)

천호대로와 그 주변(2004)
서울특별시 강동구, 『사진으로 보는 강동사』, 2004, 101쪽.

천호대교 기공식(1974)
서울기록원

천호대교 공사현장(1975)
서울기록원

완공된 천호대교(1976)
서울특별시 강동구, 『사진으로 보는 강동사』, 2004, 95쪽.

천호대교 개통식(1976)
서울특별시 강동구, 『사진으로 보는 강동사』, 2004, 97쪽.

부터 1975년까지 천호지구 개발에 착수하였고, 천호대교 공사에 착공한 1974년 9월 무렵에는 44.3%의 공정이 완료된 상황으로 천호대교는 천호지구 개발에 결정적인 역할을 할 것이라는 기대가 높았다.[89] 그 영향으로 당시 부동산 경기 침체에도 불구하고 천호대교의 착공이 확정되자 천호동을 비롯하여 인근 암사동·풍납동·성내동 등 지역의 땅값이 오르고 거래도 활발해졌다.

천호대교 건설에는 천호대로 총공사비의 절반인 38억 원이 투입되었고, 완공된 교량의 폭은 25.6*m*에 길이는 1.15*km*에 달하였다.[90] 1976년 천호대교가 개통되면서 천호지역 주민들은 천호대교 광장에서 이를 축하하는 새마을 잔치를 개최하였다. 천호대교로 인하여 천호지구는 동부 서울의 새로운 주거지역으로 한층 각광받게 되었고, 서울시에 편입되기 전에 평당 200원에 불과하던 땅값이 주택지의 경우 평당 4만~8만 원, 상가지는 10만~30만 원에 이르게 되었다.[91] 또한, 구천면길과 거여동길이 교차하는 천호 구사거리의 중심지 기능이 천호대로와 선사로가 만나는 천호 신사거리로 옮겨가게 되었다.[92]

89 「'때' 만난 千戶地區」, 『매일경제』 1974년 9월 13일, 6면.

90 「千戶大路 2년만에 開通」, 『조선일보』, 1976년 7월 6일, 6면.

91 「서울의 뉴타운 (5) 千戶地區」, 『매일경제』, 1976년 7월 7일, 6면.

92 전하억, 『6,000년 역사 강동구 이야기』, 서울강동농협, 2019, 53쪽.

천호대교 건설 이후 광진교

천호대교 건설 이후 광진교에는 소형차와 자전거만 통행하게 되었다. 1984년에는 광진교 일부가 1m가량 내려앉아 철거하자는 주장이 강력히 대두되기도 하였으나,[93] 광진교 폐쇄 이후 천호대교에 극심한 교통혼잡이 일어나자 광진교를 보수하여 다시 개통하게 되었다.[94] 이후 1993년이 되어서야 광진교는 철거되었고, 1997년에 확장 공사에 착수하여 2003년에 2차로에서 4차로로 새롭게 개통되었다.

광진교는 2007년에 '걷고 싶은 다리' 조성 공사를 시작하여 2009년에 한강 다리 중 최초로 보행자 우선 교량으로 거듭났다. 기존 왕복 4차로를 2차로로 줄이면서 나머지 2차로를 폭 10m의 보행로와 폭 2.5m의 자전거 도로로 전환하고 돌출전망대·벤치·화장실 등을 설치하였다. 다리 위에는 1,921㎡의 녹지를 조성하고, 한강 다리 중 최초로 교각 하부에 전망 쉼터 '광진교 8번가'를 설치하였다.[95] 광진교 8번가에서는 시민들이 무료로 다양한 장르의 공연과 전시를 즐길 수 있고, 공간을 대여할 수도 있다.[96]

93 「存廃기로의 広津橋」, 『조선일보』, 1984년 9월 8일, 10면.

94 「廣津橋 다시 開通키로」, 『경향신문』, 1985년 1월 23일, 10면.

95 이덕수, 『한강개발사』, 한국건설산업연구원, 2016, 301쪽.

96 한강사업본부(https://hangang.seoul.go.kr/archives/730), 2022년 9월 23일 검색

광진교 확장 개통(2003)
서울특별시 강동구, 『사진으로 보는 강동사』, 2004, 50쪽.

천호대교(2004)
서울특별시 강동구, 『사진으로 보는 강동사』, 2004, 98쪽.

1.4. 천호동 사람들의 교통수단

늦은 지하철 개통으로 인한 천호동 입지 약화

1900년대 초반부터 40여 년간 서울 시내의 중요한 교통수단이었던 노면전차가 1968년에 철거되었다. 이후 1970년대에 이르러 우리나라의 도로는 철도보다 양과 질적인 면에서 모두 우위를 차지하게 되었다.[97] 이러한 가운데 버스는 서울시 교통에 있어 가장 중요한 수단으로써 1974년에 수단분담률은 73%에 달하였다.[98]

서울 지하철은 철도의 역할이 상대적으로 약했던 1974년에 최초로 건설되었다. 1971년 4월 12일에 착공해 만 3년 4개월 만에 완공된 지하철 덕에 서울역과 청량리 간 7.8㎞를 18분 만에 주파할 수 있게 되었다.[99] 지하철 1호선 개통 1주년만 해도 서울시가 원래 예상한 1일 승객 수의 58%에 해당하는 23만 명밖에 유치하지 못하였으나,[100] 이후 지하철 2·3·4호선이 개통되면서부터 지하철 이용객이 차츰 증가하였다. 1985년에 지하철은 16.5%의 수단분담률을 차지하며 핵심 교통수단으로 자리 잡았다.

1992년에 서울시 수송 분담률은 버스가 38.8%, 지하철이 24.6%로 지하철의 역할이 상당히 커진 상황이었으나, 이때까지도 천호동에는 지하철 노선이 지나지 않았다. 강북 도심, 영등포, 영동·잠실의 3핵을 연결하는 지하철 2호선의 노선이 천호동까지 이어지지 못한 것이다.[101] 『강동구 도시기본계획(1995)』에 따르면 당시 강동구의 대중교통수단은 일반 시내버스와 좌석버스·마을버스 등 버스 중심이었고, 이것이 총통행량의 56.5%를 분담하였다.[102] 서울 대중교통에서 지하철의 비중이 늘어나고 있는 상황에서 지하철의 부재는 교통의 요지로서 천호동의 입지를 약하게 만든 요인이 되었다.

서울시 수송 분담률 전망

구분	1992	1997	2001
지하철	24.6%	50.0%	75.0%
버스	38.8%	26.2%	10.0%
기타	36.6%	23.8%	15.0%

서울특별시 강동구, 『강동구 도시기본계획』, 1995, 86쪽.

서울 지하철 5·8호선의 개통

1995년 11월, 2기 지하철 계획하에 강동지역에 서울 지하철 5호선(이하 5호선)이 놓이게 되면서 천호동에서도 비로소 지하철을 이용할 수 있게 되었다. 5호선은 도심에서 서울의 동서 양극을 연결함으로써 도심이나 강남과 비교하여 상대적으로 소외되었던 강서·강동 지역을 발전시키기 위한 중요한 노선이었다.[103] 총연장 52㎞로 구성된 5호선의 노선은 강서의 방화에서 출발하여 김포공항~영등포~여의도~광화문~동대문~천호~강동~고덕~거여로 이어졌다.[104]

지하철 5호선의 애초 계획은 1993년에 완공하는 것이었으나, 광나

97 서울정책아카이브(https://www.seoulsolution.kr), 2022년 9월 19일 검색

98 서울정책아카이브(https://www.seoulsolution.kr), 2022년 9월 19일 검색

99 「市首都圈電鐵-地下鐵 오늘 개통」, 『조선일보』, 1974년 8월 15일, 1면.

100 「손님이없다…개통1年의 地下鐵」, 『동아일보』, 1975년 8월 20일, 6면.

101 백영현, 「서울지하철 건설 연혁」, 『한국철도학회지』 3권 4호, 한국철도학회, 2000, 13쪽.

102 서울특별시 강동구, 『강동구 도시기본계획』, 1995, 85쪽.

103 「지하철5호선 오늘 개통」, 『경향신문』, 1996년 12월 30일, 1면.

104 백영현, 「서울지하철 건설 연혁」, 『한국철도학회지』 3권 4호, 한국철도학회, 2000, 18쪽.

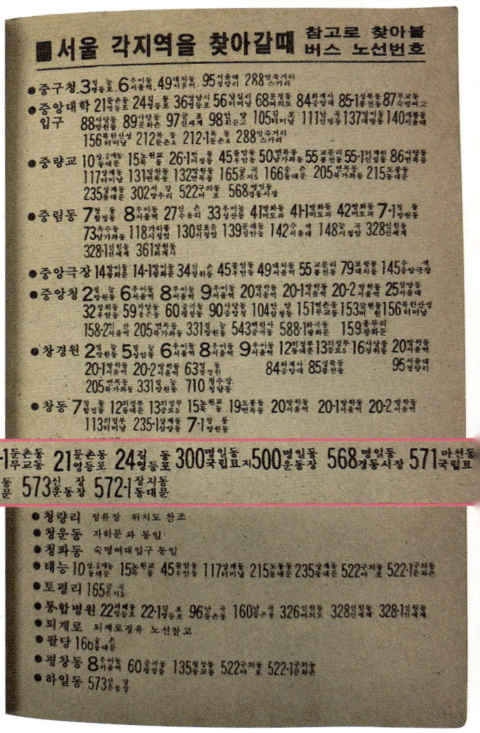

지하철 5호선 한강 하저 터널 공사(1993)
서울특별시 강동구, 『사진으로 보는 강동사』, 2004, 271쪽.

루 지역의 하저(河底) 터널 공사를 비롯한 난공사 구간을 안전하게 수행하기 위하여 1995년으로 완공 시기를 연기하였다. 1995년 11월에 천호역이 포함된 강동 구간 15㎞를 1차로 개통하였다. 이후 강서·거여·영등포 구간을 차례대로 개통한 뒤 마침내 1996년 12월에 도심 구간을 개통함으로써 5호선이 완전히 구축되었다.[105]

지하철 5호선 강동 구간 개통식(1995)
서울특별시 강동구, 『사진으로 보는 강동사』, 2004, 272쪽.

천호대교와 광진교 사이 한강 하저에는 지하철 5호선 노선 중 광나루역과 천호역을 연결하기 위한 터널이 건설되었다. 이 하저 터널은 1990년 11월에 착공하여 1994년 6월에 관통하였으며, 1996년 2월에 폭 12.4m, 높이 6.7m 규모로 완공되었다. 터널이 건설된 곳은 하저 지반이 약하고 지하 수량이 많아 강 속 노선을 따라 단계적으로 양쪽에 물막이(coffer dam)를 쌓아 물을 퍼내고 강바닥을 평균 14.8m쯤 파 내려가 콘크리트 함형 박스 구조물로 지하 터널을 만든 뒤 다시 메꾸는 방식으로 진행하였다.[106]

5호선이 개통된 천호역은 곧 8호선의 환승 역사가 될 예정이었으므로 천호역 일대는 신역세권으로서 동부지역 최대상권으로 부상하였다. 강동구는 천호역 일대의 이면도로변을 상업지역으로 변경하여 술집·음식점·카페 등의 시설을 고급화하기로 하였으며,[107] 천호사거리 주변에 백화점 등 대형 상권이 들어섰다. 서울시는 강동역과 천호역 사이 천호대로 지하 구간에 환승주차장을 개장하여 강동지역은 물론 하남시 주민들이 도심까지 승용차를 이용하지 않고 지하철로 진입할 수 있도록 하였다. 이 주차장은 당시 서울 시내 최대 규모로 차량 1,551대를 수용할 수 있었다.[108]

한편 1999년 7월에는 천호역이 8호선으로 확장 개통되었다. 지하철 8호선은 성남시(모란)~잠실역~암사역을 연결하는 20㎞의 노선으로 위성도시인 성남시와 교통 여건이 열악한 하일동과 암사동 일대의 교통난을 해소하기 위하여 건설되었다.[109] 성남의 모란과 잠실을

105 서울특별시 지하철건설본부, 『서울 지하철 8호선 건설지』, 2001, 7쪽.

106 이덕수, 『한강 개발사』, 한국건설산업연구원, 2016, 399쪽.

107 「신역세권 (16) 천호역」, 『매일경제』, 1996년 10월 17 30면.

108 「천호역 환승주차장 19일 개장 『매일경제』, 1997년 12월 5일 37면.

109 백영현, 「서울지하철 건설 연혁 『한국철도학회지』 3권 4호, 한국철도학회, 2000, 21쪽.

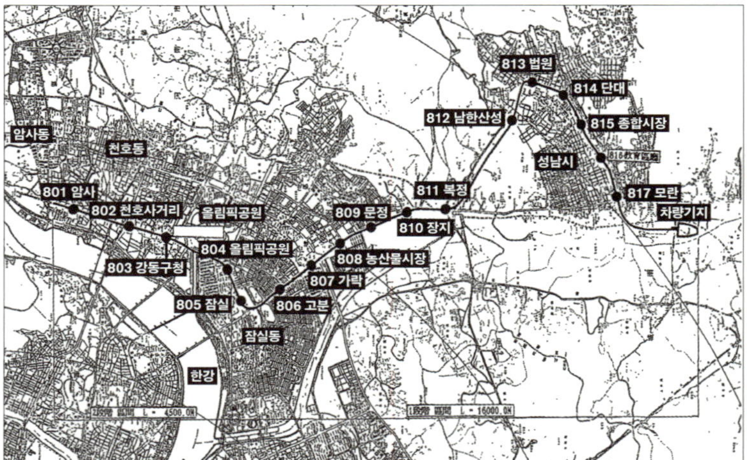

지하철 8호선 노선도(2001)
서울특별시 지하철건설본부, 『서울 지하철 8호선 건설지』, 2001, 603쪽.

지하철 8호선 공사 구간 위치도(2001)
서울특별시 지하철건설본부, 『서울 지하철 8호선 건설지』, 2001, 781쪽.

잇는 15㎞ 구간은 1990년에 착공하여 1996년 개통하였고, 천호역이 속한 잠실과 암사를 잇는 4.5㎞ 구간은 1994년에 착공하여 1999년에 개통하였다.[110]

『서울 지하철 8호선 건설지(2001)』는 천호역이 위치한 천호사거리를 '천호동의 상업 및 주거의 핵심지로서 현대백화점과 신세계백화점 등 대형 유통점 및 근린생활시설이 집중되어 있고, 단독주택지 및 아파트 등이 혼재되어 있다'고 설명하였다. 과거 천호동의 중심은 유흥 위락시설과 재래시장이 자리한 구사거리였다면, 지하철이 개통된 이후 현대백화점이 있는 신사거리로 중심이 이동한 것이다. 지하철 5호선과 8호선이 개통되면서 천호동에서 서울 도심과 강남을 오가는 교통이 매우 편리해졌다.

8호선 강동 구간 개통식에 참석한 고건 전 서울시장(1999)
서울특별시 강동구, 『사진으로 보는 강동사』, 2004, 273쪽.

110 백영현, 「서울지하철 건설 연혁」, 『한국철도학회지』 3권 4호, 한국철도학회, 2000, 21쪽.

최성권(남), 69세, 천호3동 주민자치회 회장

> 아주 획기적이었습니다. 제가 공항에서 근무했거든요. 5호선 한 번 타면 집까지 논스톱으로 와요. 그전에는 제가 차를 가지고 다녔었는데 출퇴근 시에 교통체증이 너무 심해서 굉장히 어려웠어요. 한 시간 반, 두 시간씩 걸렸거든요. 그런데 5호선이 개통되니까 횡재죠, 횡재. 정말 편안하게 많이 이용했습니다.

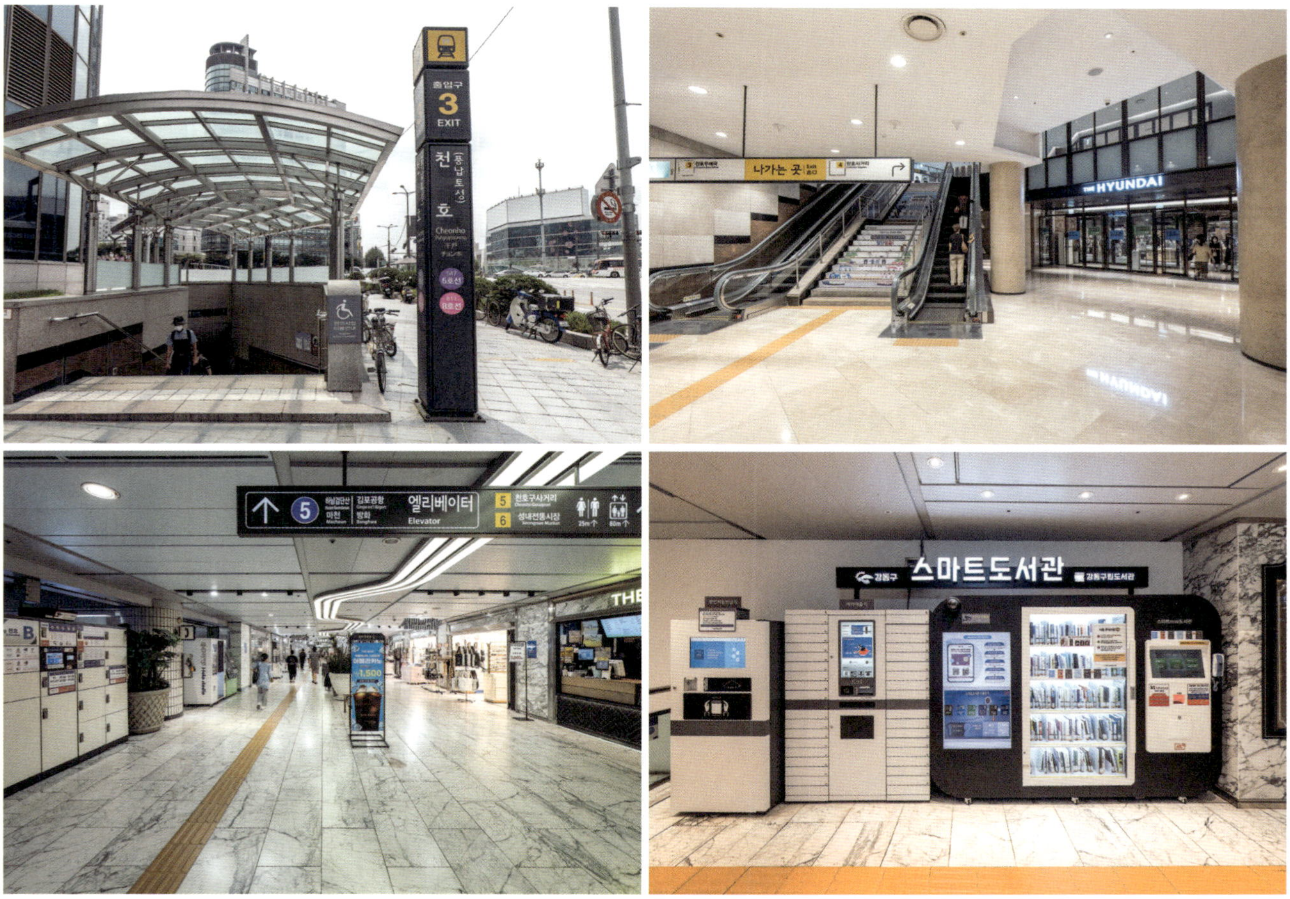

천호역 내·외부

지하철 이용

현재 천호동 내 주요 지하철역의 이용현황을 살펴보기 위하여 지하철 승차 인원을 분석하였다. 천호동 지하철 승차 인원은 오전 8시에서 9시 사이에 가장 많았고, 하차 인원은 저녁 6시에서 7시 사이에 가장 많은 것으로 나타났다. 서울시 전체와 천호동을 비교해 봤을 때도 오전 출근 시간대 승차 비율이 높았고, 저녁 퇴근 시간대부터 막차 시간대까지 하차 비율이 꾸준히 높게 나타났다. 서울시의 시간대별 승하차 인원과 비교해도 천호동에는 오전 승차 인원이 많았고, 저녁에 하차 인원이 많았다.

천호동 내 지하철역별 시간대별 승차 인원을 살펴보면, 모든 역에서 오전 시간대에 승차 인원이 가장 높으며, 천호역과 강동역의 경우 승차 인원이 감소하다가 다시 증가하여 저녁 6시에서 7시 사이에 승차 인원이 높게 나타났다. 반대로 하차 인원은 모든 역에서 저녁 시간대에 가장 높으며, 천호역과 강동역의 경우 오전 시간대에 하차 인원도 높은 것으로 나타났다.

이용객수가 가장 많은 천호역을 좀 더 살펴보면, 천호동 인근 6개 역에서 차지하는 비율이 낮 시간대에 가장 높게 나타났고, 오전에는 승차가 저녁에는 하차가 많은 대칭적인 구조를 보였다.

천호동 지하철 이용객을 살펴본 결과, 출근 시간대에 승차가 많고 퇴근 시간대에 하차가 많은 전형적인 주거지의 패턴을 발견할 수 있었다. 버스의 경우 출퇴근 시간에 승하차 인원이 비슷한 수준으로 나타났으나, 지하철은 출근 시간대와 퇴근 시간대의 승하차가 정반대의 결과를 보였다. 다만 천호역과 강동역의 경우 출근 시간대 하차 인원과 퇴근 시간대 승차 인원도 많은 것으로 나타나 천호동 지역은 천호역이나 강동역 부근에 업무공간이 집중되어 있음을 알 수 있다.

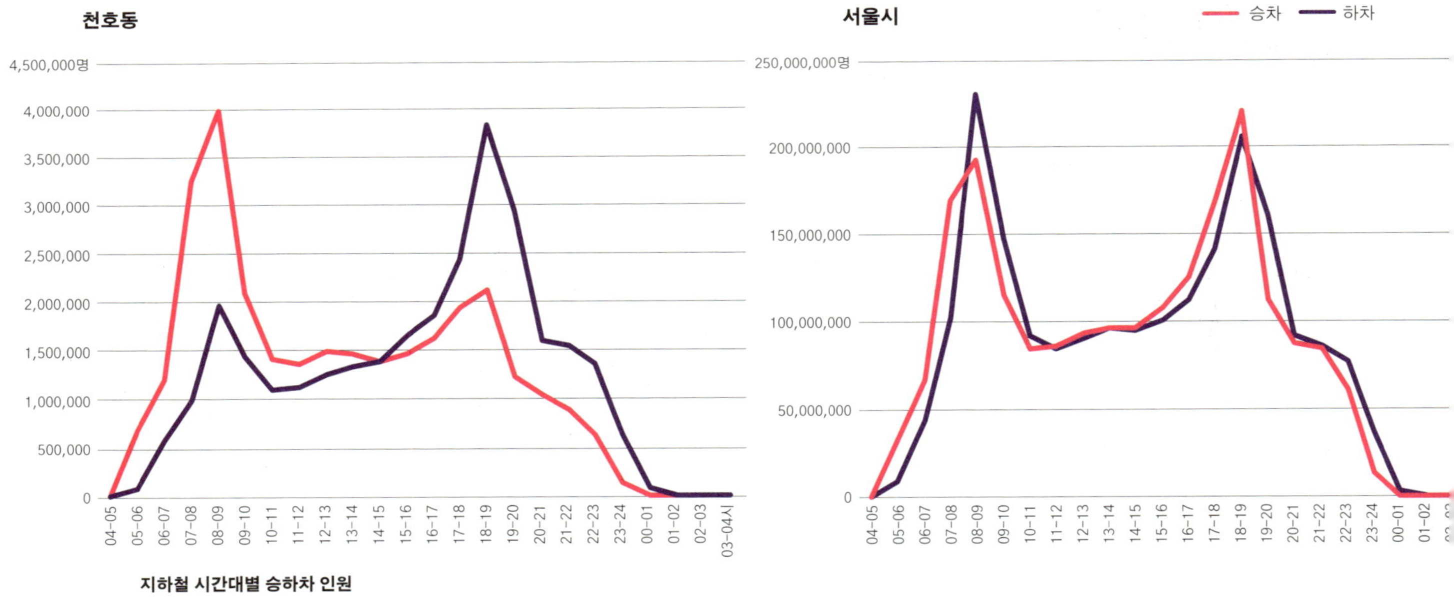

지하철 시간대별 승하차 인원
서울특별시 서울열린데이터광장, 서울시지하철 호선별역별 승하차인원 정보, 2021.

천호동 지하철역별 시간대별 승·하차 인원과 서울 전체 대비 비율

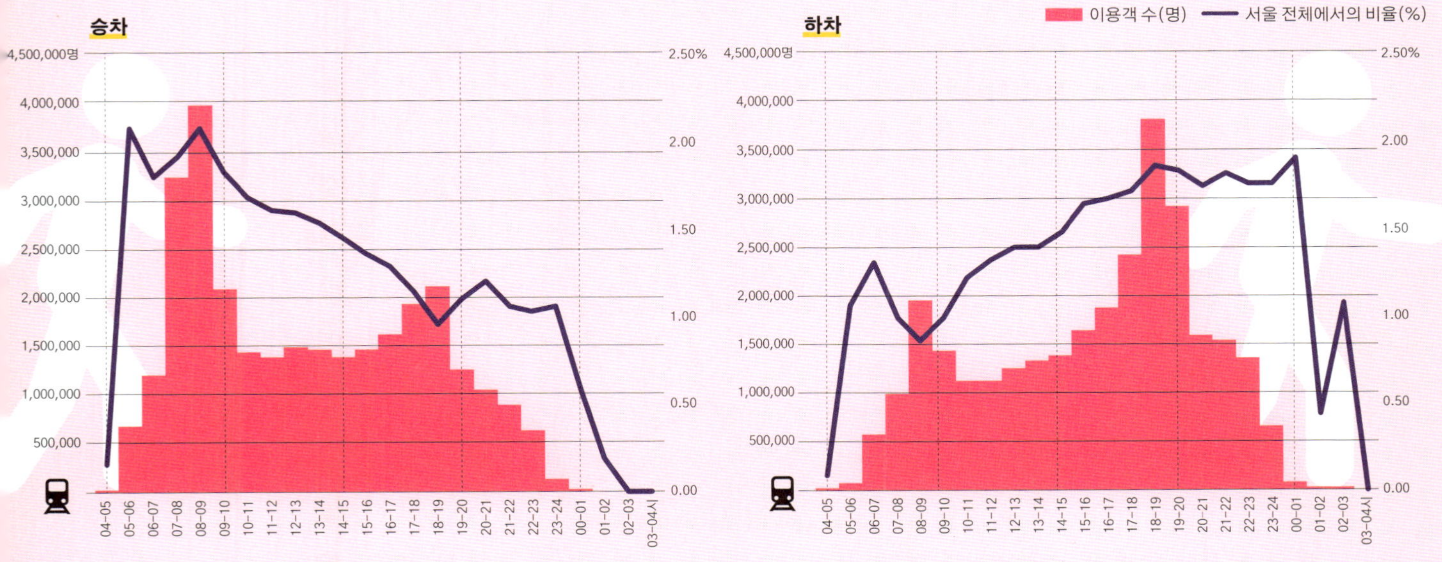

천호동 지하철역별 시간대별 승·하차 인원

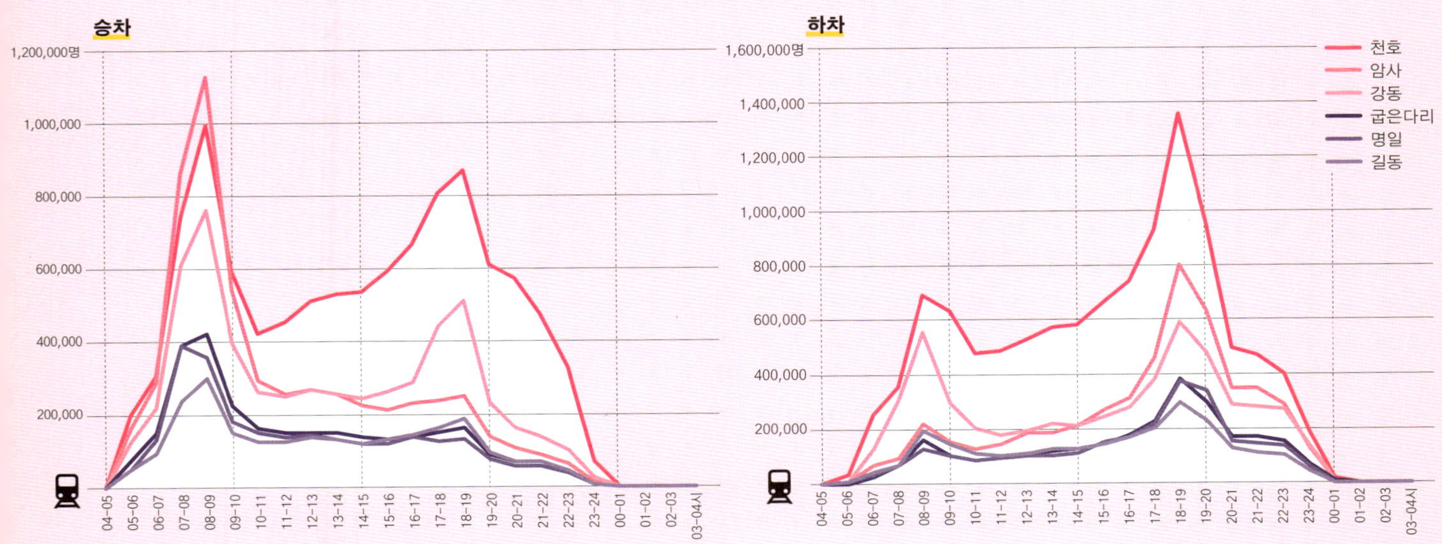

천호역 이용객수와 서울시 전체 지하철 역 중에서 천호역의 비중

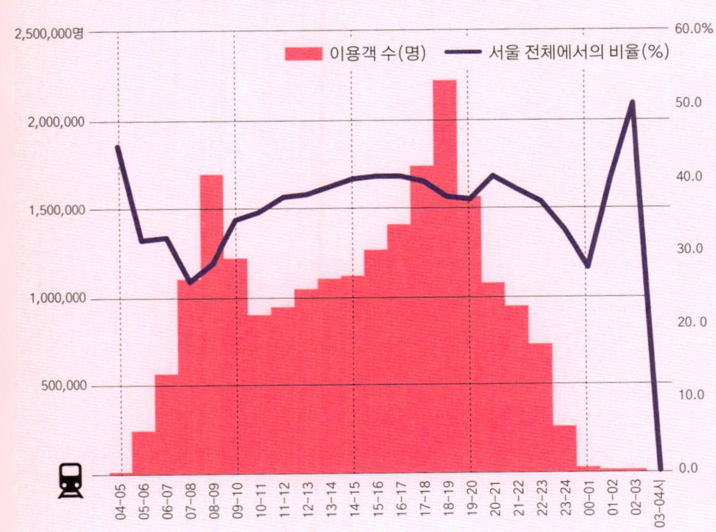

천호역 시간대별 승하차 인원

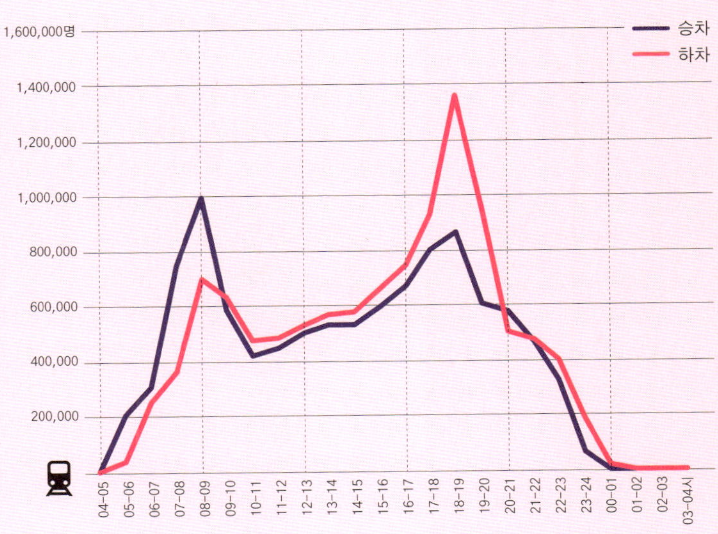

서울특별시 서울 열린데이터 광장, 서울시 지하철 호선별 역별 승하차 인원 정보, 2021.

천호동의 도로 접근성과 버스 노선

천호동이 속해 있는 강동구는 서울시 남동부에 위치하여 하남·구리·광주 등 인접한 배후 도시와 연결되는 서울 외곽·수도권 교통의 요충지이다. 강동구와 관련된 광역 교통체계로는 수도권 제1순환도로 등의 고속도로, 올림픽대로 등 도시고속도로, 천호대로 등의 지역 간선도로가 있다.

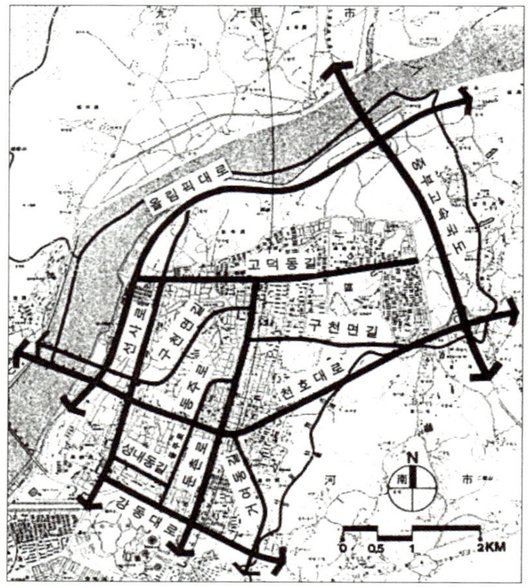

1995년 강동구 주요 도로 현황
서울특별시 강동구, 『강동구 도시기본계획』, 1995, 31쪽.

수도권 제1순환도로는 서울 도심부를 거치지 않고 수도권 주요 지역을 연결하는 순환 고속도로이다. 경기도 성남시의 판교 분기점을 기점으로 서울특별시, 경기도 하남시·구리시·남양주시·의정부시·양주시·고양시·김포시, 인천광역시를 거쳐 경기도 부천시·시흥시·안산시·군포시·안양시·의왕시·성남시를 순환한다. 이 노선에는 강동구 고덕동의 강일IC[111]와 상일동의 상일IC가 포함되어 있는데, 강일IC와 상일IC는 각각 천호동을 지나는 올림픽대로·천호대로와 이어져 있다. 특히 천호동에서는 강일IC와 이어진 서울양양고속도로와 중부고속도로[112]에 접근하기 유리하다.

111 원래 명칭은 하일IC였으나 하일동이 강일동으로 개칭되 강일IC로 명칭이 바뀌었다.

112 강일IC~하남JC 구간은 원래 중부고속도로에 속하였는데, 이후 수도권 제1순환도로에 편입되었다.

김성기(남), 54세, 천호 문구·완구 거리 상인회 회장

> 천호 문구·완구 거리의 장점은 위치가 좋다는 거예요. 올림픽대로도 있고, 천호대로도 있고, 고속도로와도 연결되죠. 지금 신도시가 생기는 남양주나 양주·포천으로 가는 길도 잘 되어 있어요.

수도권제1순환선(한국도로공사 운영)
한국도로공사 홈페이지

수도권제1순환선(서울고속도로주식회사 운영)
한국도로공사 홈페이지

천호동은 올림픽대로와 천호대로가 교차하는 지점에 있으며, 선사로·구천면로·성안로 등 간선도로가 천호동의 외곽과 중심부를 지난다. 이 길들을 따라 강남(강남역·삼성동 일대)·강서(영등포·신정동)·강북(종로·청량리) 방향과 구리·하남·남양주·성남 방향의 버스 노선이 운행되고 있다.[113] 강동구의 버스 노선 45개 중 37개 노선이 천호동을 경유한다는 점에서 천호동의 대중교통 여건은 강동구에서 가장 좋다고 할 수 있다.

중부선
한국도로공사 홈페이지

113 전하익, 『6,000년 역사 강동구 이야기』, 서울강동농협, 2019, 52쪽.

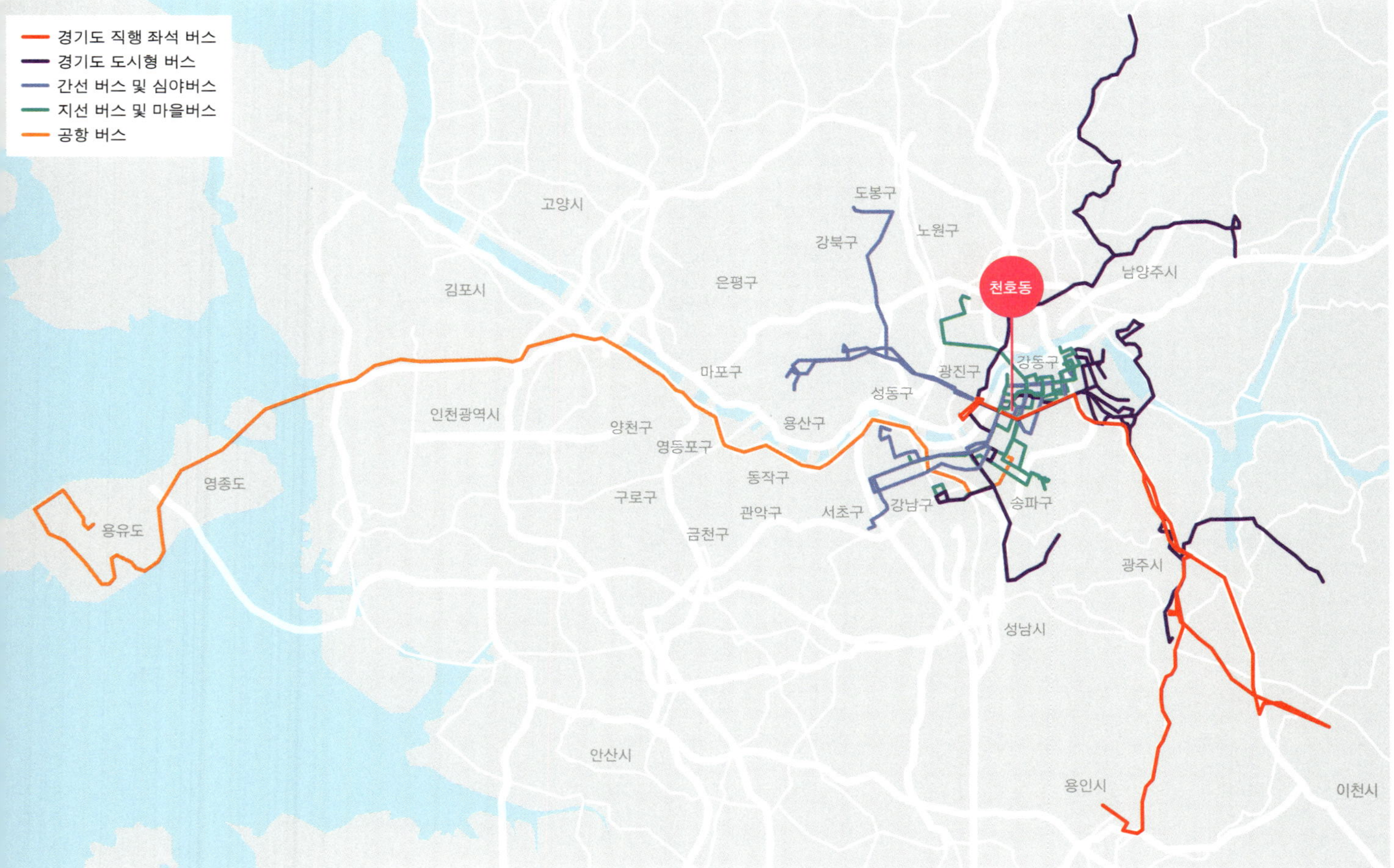

천호동을 경유하는 버스 노선(2022)

천호동을 지나는 버스 노선(2022)

종류	노선번호	업체명	주요 경유지
간선버스	130	삼양교통	미아역~고려대학교~동대문구청~장한평역~천호사거리
	340	서울승합	고덕역~암사역~천호역~송파강동등기소~한티역~뱅뱅사거리
	341	대원여객	길동사거리~천호역~잠실역
	342	서울승합	상일동역~중앙보훈병원역~천호역~잠실역
	370	대원여객/송파상운	길동사거리~천호역~동대문구청~종로~광화문
심야버스	N30	서울승합	길동사거리~천호역~장한평역~동대문구청~을지로~숭례문
지선버스	2312	북부운수/대원여객	명일역~길동역~중앙보훈병원역~첨단업무단지
	3212	서울승합	강동고~명일여고~길동신동아아파트~천동초~대순진리회~영파여고
	3214	송파상운	방이역~둔촌동역~천호역~영파여고
	3316	송파상운	오금동~동북고~둔촌동역
	3318	서울승합/송파상운	상일동역~암사역~천호역~잠실역
	3321	서울승합/송파상운	삼성엔지니어링~상일동역~천동초~천호역
	3411	서울승합	상일동역~명일역~천호역~잠실역
	3413	서울승합	미사2동주민센터~하남고~상일동역~e마트(명일점)~명일역 ~둔촌동역~잠실역~가락시장
공항버스	6300	서울공항리무진	명일동~굽은다리역~둔촌동역
경기도 도시형 버스	23	경기버스	오남~교문사거리~천호역
	1-4	대원운수	남양주시청~금곡~도농역~교문사거리~광나루역~천호대로
	30	경기상운	하남시~상일초~구천면로~영파여고
	30-3	경기상운	하남시~상일초~구천면로~영파여고~잠실역
	13	경기고속	하남시~상일동~구천면로
	13-2	대원고속	번천~하남시~상일동~구천면로~천호대교
	16	대원고속	황산~상일초~구천면로~잠실역
	112-1	대원운수	덕소~황산~길동사거리~영파여고~천호대교
	112-5	경기상운	상일동~길동~천호역
경기도 직행좌석버스	1113	대원고속	외대사거리~광주터미널~광주시청~천호대로
	1113-1	대원고속	곤지암~광주터미널~천호대로
	1113-10	대원고속	천호대로~상일동~곤지암
	1113-11	대원고속	곤지암~상일동~천호대로
	1113-2	대원고속	광주보건소~밀목~상일동~천호대로
마을버스	강동02	강동교통	상일동역~광문고~고덕역~암사역
	강동05	강동교통	강일역~상일동역~광문고~명일역-천호역

강동구청 홈페이지

버스 이용

현재 천호동의 버스 이용객을 버스 정류장의 종류 및 승하차에 따라 서울시와 비교해 분석하였다. 버스 정류장의 종류는 일반 버스 정류장과 버스전용차로 정류장, 마을버스 정류장으로 구분하였고 시간대에 따른 승하차 인원을 살펴보았다.

버스 이용객수는 출근 시간대인 오전 8시부터 9시 사이와 퇴근 시간대인 저녁 6시부터 7시 사이에 가장 높게 나타났으나, 서울 전체 버스 이용량에서 차지하는 비율은 낮 시간대에 더 높게 나타났다.

천호동의 시간대별 버스 승차 인원과 하차 인원을 비교해 보면, 오전 9시 이전에 승차 인원이 하차 인원보다 높게 나타나며, 저녁 6시 이후의 승차 인원이 하차 인원보다 높게 나타났다.

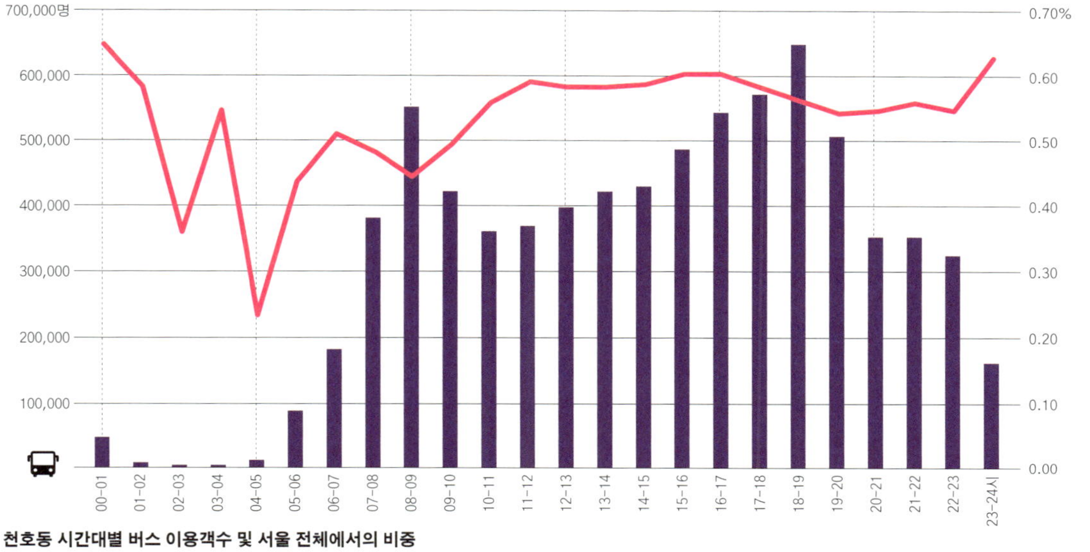

천호동 시간대별 버스 이용객수 및 서울 전체에서의 비중
서울특별시 서울 열린데이터 광장, 서울시 버스 노선별 정류장별 승하차 인원 정보, 2021.

천호동 시간대별 버스 승하차 인원
서울특별시 서울 열린데이터 광장, 서울시 버스 노선별 정류장별 승하차 인원 정보, 2021.

버스 정류장을 종류별로 살펴보면 '일반 차로' 버스 정류장의 버스 이용객이 가장 높게 나타났으며, 출근 시간대와 퇴근 시간대에 승차와 하차 인원이 모두 높게 나타났다. '전용 차로' 버스 정류장도 출근 시간대와 퇴근 시간대의 승하차 인원이 높은 것으로 나타났지만, 낮 시간대에도 이용객이 급감하지 않고 이용객이 꾸준히 있는 것으로 나타났다. '마을버스' 정류장은 출근 시간대에는 승차와 하차 인원 모두 높게 나타났지만, 퇴근 시간대에는 승차 인원은 크게 증가하지 않았고 하차 인원은 높게 나타났다.

마을버스 정류장의 경우 주택가에서 주로 나타나는 오전에 승차가 많고 저녁에 하차가 많은 이용 패턴을 보이지만, 천호동 내 버스정류장을 전반적으로 살펴보면 출퇴근 시간에 승하차 인원의 변화가 뚜렷하게 나타나지 않는다. 이는 천호동에 주택가·업무지역·상업지역이 혼재되어 있기 때문으로 보인다.

승차 인원

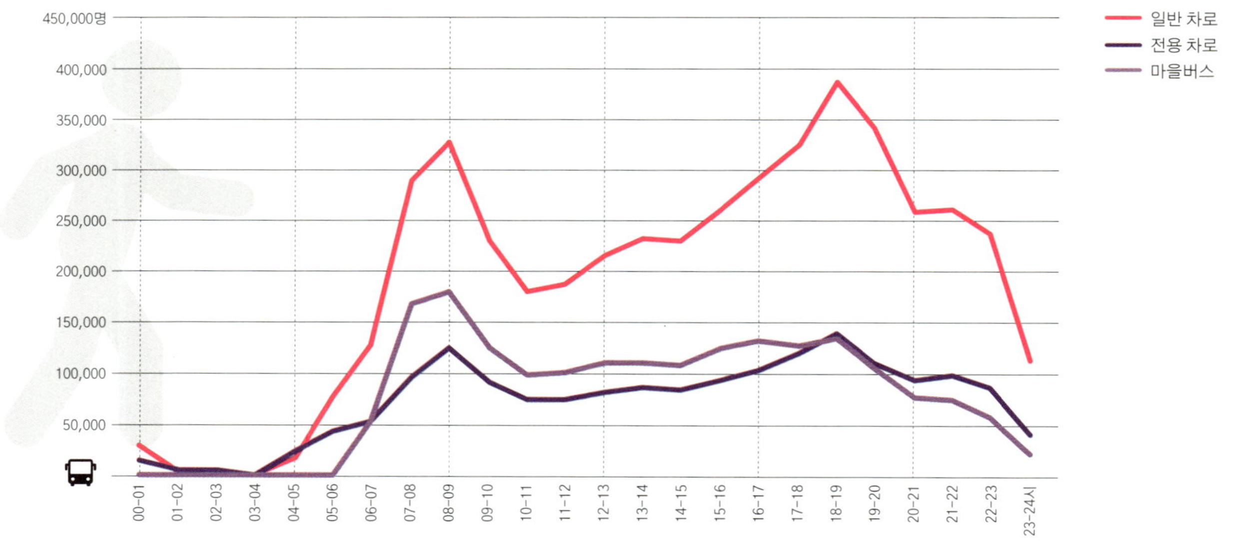

하차 인원

천호동 버스 정류장별 시간대별 승·하차 인원

서울특별시 서울 열린데이터 광장, 서울시 버스 노선별 정류장별 승하차 인원 정보, 2021.

서울 공공자전거 '따릉이'의 이용

2020년의 서울시 공공자전거인 따릉이 이용 데이터를 활용하여 1일 평균 3회 이상 이용된 경로를 주중과 주말을 구분하여 살펴보았다. 주중에는 여의도·강남·성수·문정 일대의 이용량이 눈에 띄며 원거리에 이용된 경로들이 꾸준히 나타난다. 반면 주말에는 한강을 포함한 개천 등 수변을 따라 근거리의 경로가 1일 평균 3회 이상 이용된 것으로 나타났다.

천호동의 따릉이 활용을 더 자세히 분석하기 위하여 천호동 인근에 위치한 15개의 자전거 대여소 중에서 가장 많이 사용된 자전거 대여소의 순위를 주중과 주말, 출발지와 도착지로 나누어 분석하였다.

주중과 주말에 대여와 반납 모두 '천호역 4번 출구' '굽은다리역' '암사역 3번 출구' 등

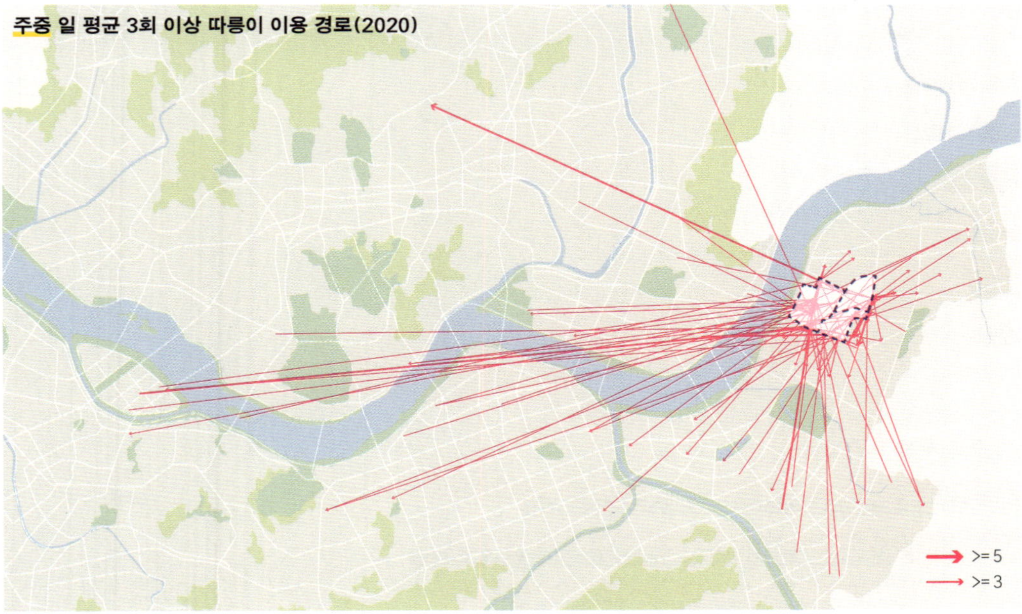

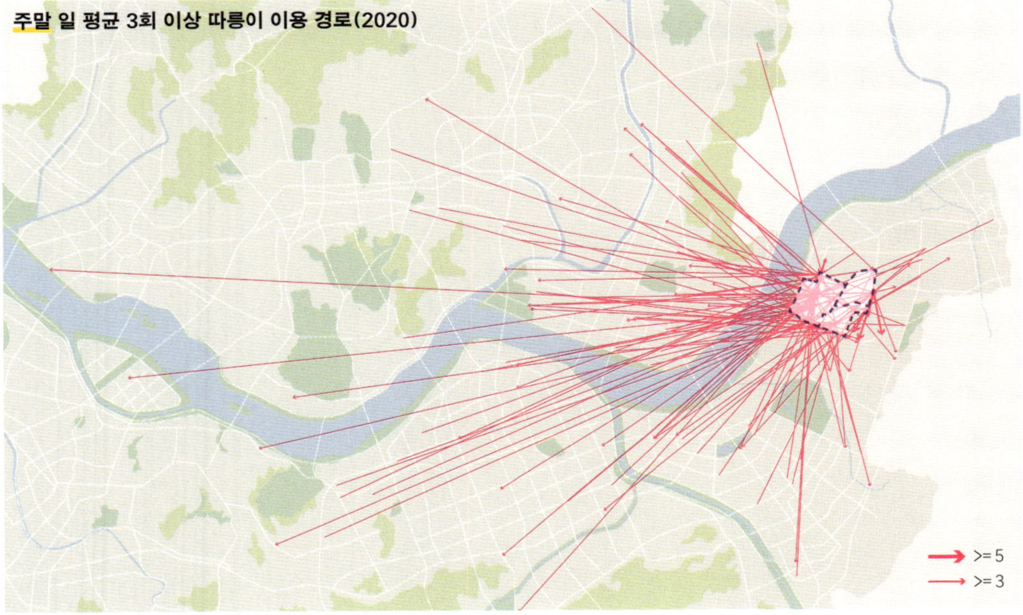

서울특별시 서울 열린데이터 광장, 서울시 공공자전거 대여 이력 정보.

천호동 따릉이 대여소의 주중·주말 평균 대여

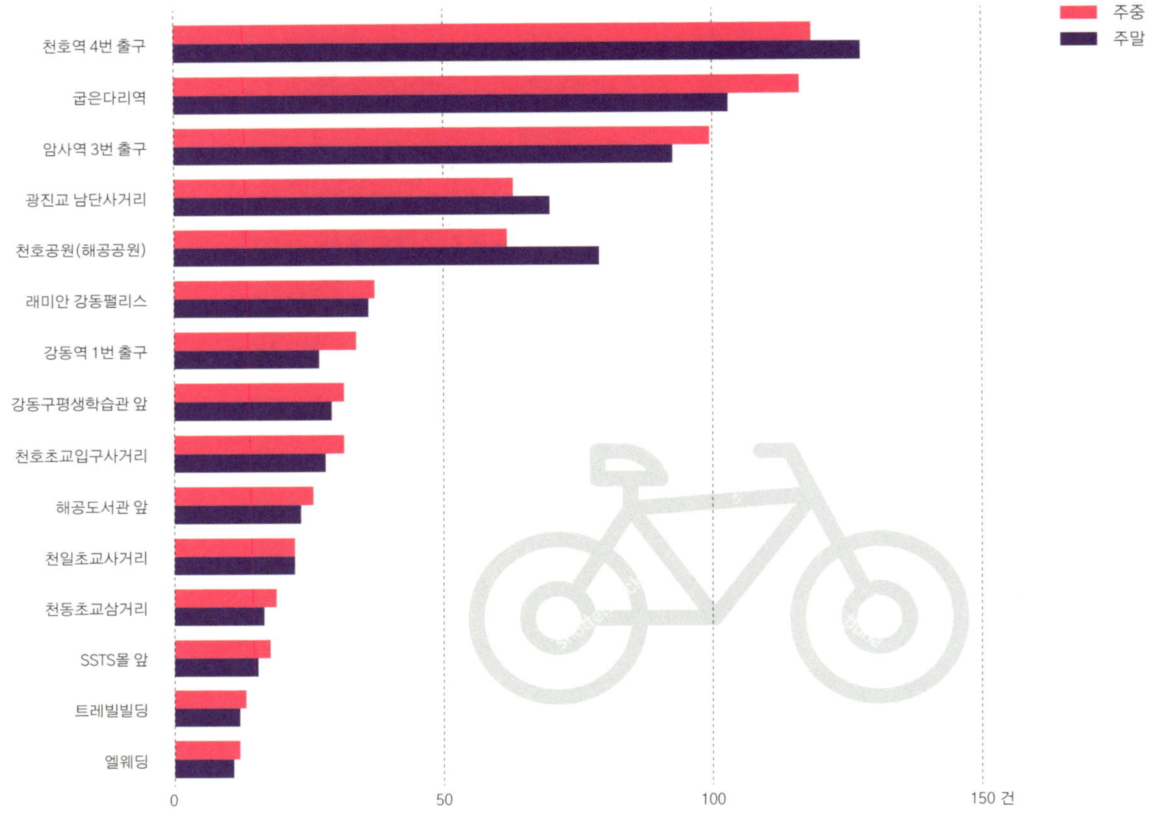

천호동 따릉이 보관소의 주중·주말 평균 반납

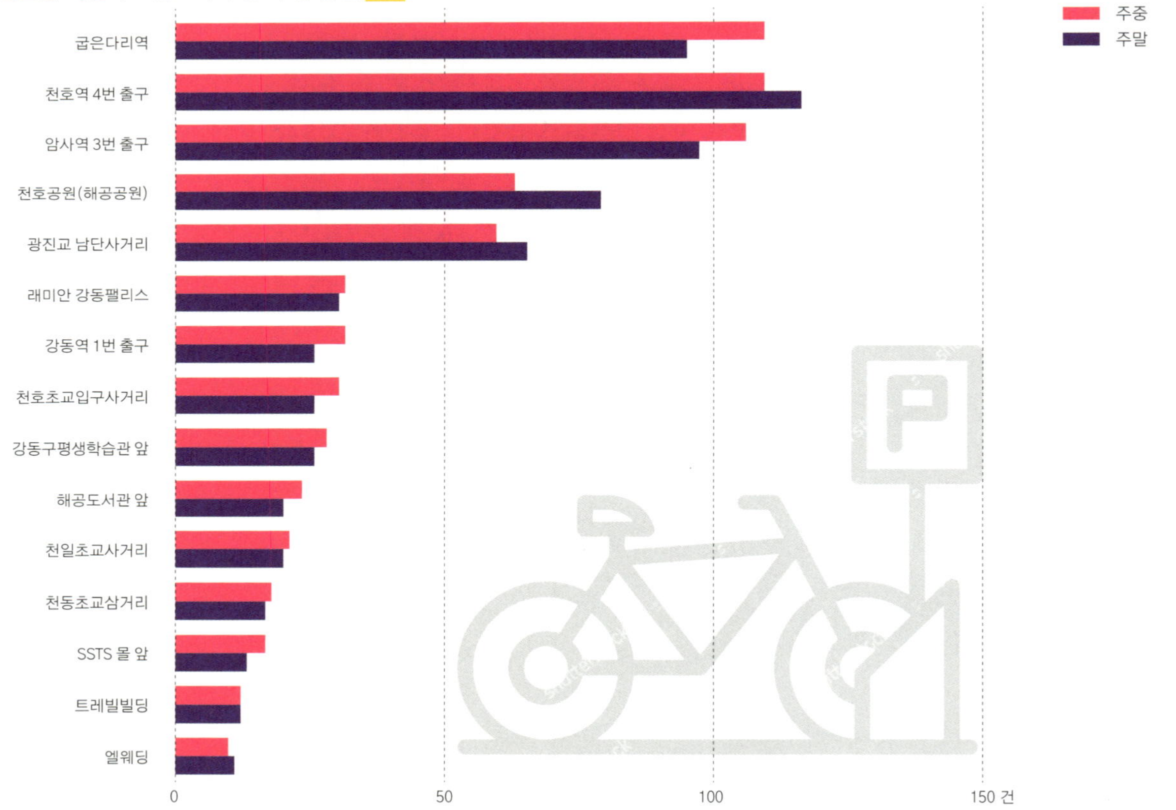

서울특별시 서울 열린데이터 광장, 서울시 공공자전거 대여 이력 정보, 2020.

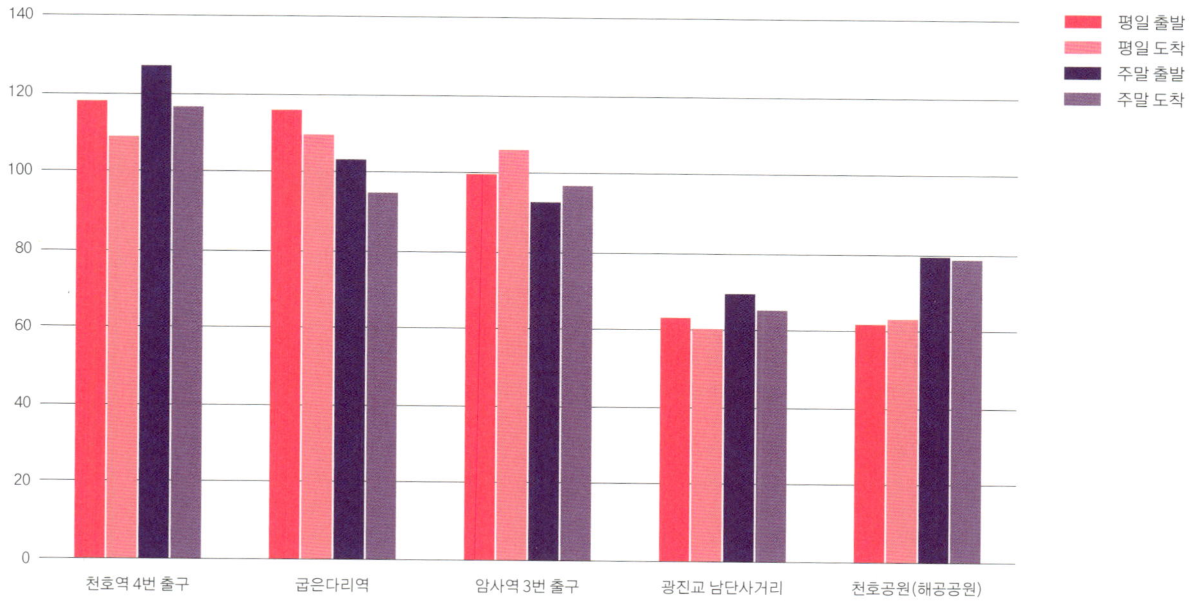

천호동 따릉이 대여수 상위 5개 보관소의 주중과 주말, 출발과 도착 평균 비교(2020)
서울특별시 서울 열린데이터 광장, 서울시 공공자전거 대여 이력 정보.

지하철역 인근의 대여소에서 가장 많이 이루어졌다. 다음으로는 천호역과 암사역 사이의 대여소인 '광진교 남단사거리'와 '천호공원(해공공원)' 이용이 많은 것으로 나타났다. 반면 천호역 동쪽 대로변에 위치한 '엘웨딩' '트레빌 빌딩' 'SSTS몰 앞' 대여소는 주택가 안쪽에 위치한 천일초교삼거리와 천동초교삼거리보다 이용량이 적었다.

천호동에 위치한 자전거 대여소의 전반적인 이용량을 살펴봤을 때 한강과 가까운 천호역 4번 출구·광진교 남단사거리·천호공원(해공공원) 등의 대여소, 주택가의 천일초교입구사거리·천일초교사거리 등의 대여소, 천호동 동남쪽 경계 대로변의 트레빌빌딩·SSTS몰 앞 순으로 이용량이 많았다.

천호역 4번 출구와 광진교 남단사거리, 천호공원(해공공원)은 주중보다 주말에 이용량이 더 높게 나타난 점으로 미루어 볼 때 주말에 한강으로 가는 사람들 많이 이용한 것으로 보인다. 반면 굽은다리역과 암사역의 경우 평일이 주말보다 이용량이 많게 나타난 것으로 보아 평일에 지하철을 이용하여 출퇴근하는 사람들이 많이 이용한 것으로 분석된다.

천호동과 연결된 서울 둘레길

서울시는 2009년부터 2014년까지 서울의 외곽 산과 하천, 마을 길을 연결하는 서울 둘레길을 조성하여 2014년 11월에 개통하였다. 서울을 한 바퀴 휘감는 총연장 156.5㎞의 서울 둘레길은 총 8개의 코스로 구성되어 국내외 탐방객들이 길 위에서 서울의 역사·문화·자연 생태 등을 느낄 수 있도록 하였다.[114]

1코스는 수락·불암산 코스(노원구, 도봉구), 2코스는 용마·아차산 코스(광진구, 중랑구), 3코스는 고덕·일자산 코스(강동구, 송파구), 4코스는 대모·우면산 코스(강남구, 서초구), 5코스는 관악·호암산 코스(관악구, 금천구), 6코스는 안양천·한강 코스(강서구, 구로구, 금천구, 영등포구), 7코스는 봉산·앵봉산 코스(마포구, 은평구), 8코스는 북한·도봉산 코스(강북구, 도봉구, 성북구, 은평구, 종로구)로 이루어져 있다.[115]

둘레길에는 총 28곳에 스탬프 시설을 갖추고 있어 스탬프를 모두 받아오면 완주 증명서를 발급해 주는데, 2021년 11월에는 5만 번째 완주자가 탄생하였다.[116] 서울 둘레길을 방문한 탐방객은 2020년에 319만여 명, 2021년에 423만여 명으로 추산되어 상당히 많은 사람이 이용하고 있음을 알 수 있다.[117]

천호동과 연결된 서울 둘레길은 3코스로, 총연장 25.6㎞에 8시간 50분이 소요된다. 광나루역에서부터 한강~고덕산~일자산~성내천~탄천을 경유하여 수서에 도착하는 코스이다. 구간이 긴 편이나 자연경관을 즐기기에 적합하고 평탄한 지형으로 이루어져 있어 난이도가 쉬운 편이다. 이 경로의 초입에 천호동과 연결된 광진교와 광나루 한강공원을 지난다.

3코스 고덕·일자산 코스
서울둘레길 홈페이지

서울 둘레길 코스
서울 둘레길 홈페이지

114 서울둘레길 홈페이지(https://gil.seoul.go.kr/walk/main.jsp) 2022년 9월 21일 검색

115 서울둘레길 홈페이지(https://gil.seoul.go.kr/walk/main.jsp) 2022년 9월 21일 검색

116 「서울둘레길 완주자 7년 만에 5만 명 넘어」, 『동아일보』, 2021년 12월 9일.

117 서울시 푸른도시국, 「2022년 서울둘레길 관리·운영 추진계획」, 2022년 2월 24일.

2 천호동의 도심 형성

2.1. 천호동의 서울 편입

1945년 해방 이후 서울은 1949년과 1963년에 대대적인 행정구역 확장이 이루어졌다. 1949년에 편입된 고양군(高陽郡) 은평면(恩平面)·숭인면(崇仁面)·독도면(纛島面), 시흥군(始興郡) 동면(東面) 구로리(九老里)·도림리(道林里)·번대방리(番大方里)는 서울에 인접해 있어 주민 대부분이 서울 시내로 통근하고 있었고, 이미 서울시 경찰국의 관할하에 있었다.[118] 1963년에 새로 편입된 양주군(楊州郡) 구리면(九里面) 일부와 노해면(蘆海面), 광주군(廣州郡) 대왕면(大旺面) 일부와 구천면(九川面)·언주면(彦州面)·중대면(中垈面), 시흥군(始興郡) 동면(東面) 일부와 신동면(新東面), 김포군(金浦郡) 양동면(陽東面)과 양서면(陽西面), 부천군(富川郡) 소사읍(素砂邑) 일부와 오정면(吾丁面) 일부는 서울 계획인구 500만을 위하여 기존의 서울 면적보다 더 넓은 구역을 편입한 결과였다. 지속되는 인구 팽창으로 인하여 도시문제를 안고 있던 서울은 현재의 300만 인구를 넘어서서 앞으로 예상되는 500만 인구를 수용하기 위하여 시가지 확장이 불가피하였다. 이에 전문가들 사이에서는 어디로 뻗어나가야 하는지에 대한 논의[119]가 있었다. 요지는 서울 서북쪽에 위치한 경기도, 경인 간, 경기도 광주 일대 중 어디를 '새서울' 자리로 잡을 것인지였으며 경기도 광주 근방 일대가 논의의 결론이었다.

실제 1963년에 새로 편입된 지역은 양주군을 제외한 나머지 모두 한강 이남에 위치한 지역이었다. 특히 이미 서울로 편입되어 있었던 영등포 지역에서 더 서쪽으로 나아간 김포와 부천, 동쪽으로 나아간 광주까지 한강 이북을 중심으로 구성되었던 서울은 한강 이남으로 크게 확장되었다. 당시 언론에서 '지도가 바뀔 것이다'[120]라거나 '새로운 지도가 나올 것[121]이다'라며 기사화하였으며, 확장된 서울은 이전과 확연히 달라진 대변혁이었다. 이 과정에서 천호동은 경기도 광주군 구천면 곡교리로서 1963년에 성동구에 편입되었고, 천호출장소를 설치하였다.

천호동은 서울로 편입되기 이전부터 서울 생활권역에 포함되어 있었다 해도 과언이 아니다. 당시 서울 도심에서 한강 이남으로 연결되는 한강 다리는 노량진으로 연결되는 한강대교와 천호동으로 연결되는 광진교뿐이었으므로 천호동의 도심 배후지 역할은 예견된 일이었다. 다음 〈1958년 도로현황〉과 같이 도심에서 남쪽으로 나아가는 서남쪽은 마포와 용산으로 향하는 몇 갈래의 길이 있으나 동남쪽은 광장동 방면, 즉 천호동으로 이어지는 길뿐이었다.

118 서울특별시사편찬위원회, 『서울特別市史 [1] 解放後市政篇』, 1965, 36쪽; 「서울시구대확장」, 『동아일보』, 1949년 4월 13일, 2면.

119 「서울도시계획을 타진한다」, 『경향신문』, 1962년 10월 12일, 6면.

120 「우리나라 지도가 바뀐다」, 『동아일보』, 1962년 11월 15일, 3면.

121 「500만 대서울 뻗어나는 새지도」, 『조선일보』, 1962년 12월 15일, 6면.

1950년대 버스는 영등포 다음으로 구천, 즉 천호동으로 향하는 노선의 버스수가 가장 많았다.[122] 영등포와 구천은 한강 이남에 위치한 지역으로 도보 이동이나 전차 이용이 수월한 서울 중심지 인근의 다른 지역보다도 교통수단 확보가 필수적이었다. 영등포는 1936년에 이미 서울로 편입되어 있었으나, 천호동은 경기도 광주군에 속하면서도 서울 도심과의 연결이 중요한 지역으로 해석되었다. 실제 천호동 주민들은 서울 중심지로 출퇴근하는 직장인들이 많아 서울 외곽의 배후지로서 상당수의 인구를 수용하였다.

122 서울특별시사편찬위원회, 『서울交通史』, 2000, 706쪽.

> 만원으로 교통지옥을 이루는데 서울 시내가 아니고 경기도 땅이라는 데서 주차장을 잃은 천호동 사람들 … 천호동은 광나루 건너 경기도 광주군 구천면 곡교리인데 지금은 1,000호가 넘는 큰 동네가 되었고 주민들도 경기도민이라고는 하지만 서울과는 뗄 수 없는 주택지이며 남쪽 한강 이남의 농산물 집산시장이다. 이 때문에 행정지역상으로는 시외버스가 다녀야 할 처지이지만 서울역에서 17㎞나 떨어진 가장 먼 거리의 시내버스 노선이 이곳까지 뻗치게 된 것이다.
>
> 「발잃은 千戶洞住民들 서울땅에 임시뻐스點」, 『조선일보』, 1961년 10월 29일.

위의 기사는 천호동 내 버스노선 운행이 중단된 후의 상황을 설명한 것이다. 천호동을 종점으로 운행하던 기존 버스노선이 광나루까지로 단축된 후 서울로 출퇴근하던 천호동 사람들이 불편함을 호소하였다. 천호동이 서울 생활권역 내 포함되어 있었음을 알 수 있는 대목이다.

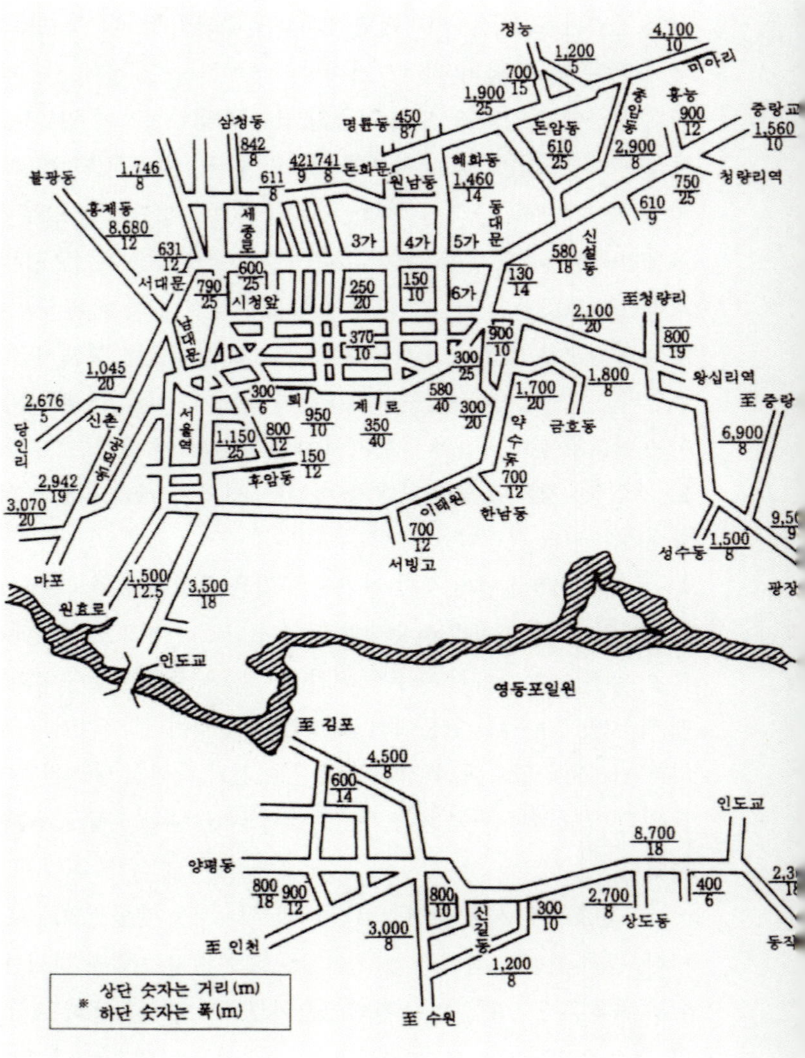

1958년 도로현황
서울특별시사편찬위원회, 『서울交通史』, 2000, 935쪽.

2.2. 성동구에서 강남구로, 그리고 강동구로

1963년 1월 1일에 천호동은 성동구로 편입되었다. 성동구는 천호출장소, 송파출장소, 언주출장소를 두어 서울로 새로 편입된 한강 이남 지역의 일부를 관할하였다.

출장소별 관할 구역

출장소	관할 구역
천호출장소	명일리, 암사리, 고덕리, 하일리, 상일리, 길리, 둔촌리, 성내리, 풍납리, 곡교리
송파출장소	송파리, 이리, 방제리, 오금리, 마천리, 거여리, 장지리, 문정리, 가락리, 석촌리, 삼전리, 일원리, 수서리, 자곡리, 율현리, 세곡리
언주출장소	역촌리, 논현리, 신사리, 압구정리, 학리, 청담리, 삼성리, 대치리, 양재리, 반포리, 포이리, 염곡리, 내곡리, 신원리

1963년과 1973년, 1975년에 한강 이남 지역의 서울 편입 이후 줄곧 목표로 삼아온 남서울개발, 즉 강남개발의 실현에 따라 행정구역이 개편되었다. 1973년에는 성동구 언주출장소와 영등포구 신동출장소[123]가 폐지되고 영동출장소가 신설되었다. 영동출장소는 주택이 들어선 구획정리지구를 제외하면 농촌의 모습을 그대로 간직하고, 농업이나 축산 등을 업으로 삼은 주민들이 살아가는 곳[124]이었다.

영동출장소가 신설될 때만 하더라도 일부 지역에서 토지구획정리사업으로 도시화를 이루고 있었으나, 나머지 지역은 아직도 농촌의 모습을 이어 나가고 있었다. 같은 해 성북구와 영등포구에서 각각 분리되어 신설된 도봉구, 관악구와 달리 영동출장소는 구(區)로 나아가지 못하고 성동구 관할 출장소로 유지되었다. 한편 송파출장소는 천호출장소와 통합되었다.

불과 2년 후인 1975년에 영동출장소는 강남구로 승격되어 성동구에서 분구(分區)되었다. 서울시는 그 목적을 동남부 서울 개발의 거점을 마련하고 강북의 인구를 분산시킴과 동시에 성동구의 과도한 업무를 덜어주고자 함[125]이라고 밝혔다. 이로써 성동구의 관할범위가 한

123 영등포구 신동출장소에서 관할하는 구역은 양재리, 신원리, 우면리, 당곡리, 방배리, 서초리, 반포리, 잠실리였다.

124 「여기에 行政 力點을 … (5)永東출장소」, 『경향신문』, 1973년 7월 10일, 6면.

125 「30일 江南區廳 개청」, 『매일경제』, 1975년 10월 1일, 6면.

1973년도 천호동 관할 구역
국토교통부 국토지리정보원, 『대한민국 국가지도집』, 2019, 50쪽.

1975년도 천호동 관할 구역
서울연구원, 『지도로 본 서울』, 2013, 42쪽.

1995년도 천호동 관할구역
서울연구원, 『지도로 본 서울』, 2013, 42쪽.

강을 기준으로 하여 강북은 기존의 성동구로, 강남은 새로 신설한 강남구로, 천호동은 강남구 관할 천호출장소로 변경되었다.

1979년에 강남구는 탄천을 기준으로 서쪽은 기존의 강남구로, 동쪽은 강동구로 분구되었다. 이전의 천호출장소가 강동구로 승격된 것이다. 강동구의 신설은 이미 인구가 90만 이상인 행정구역이거나 출장소가 존재함으로써 사실상 분구(分區)의 기능을 하는 곳을 신설한다는 배경에서 비롯되었다.[126] 천호동 지역이 점차 도시화되어 감에 따라 행정수요도 늘어나고, 그에 맞는 신속한 행정처리를 진행하여 주민들의 편의를 도모할 필요가 있었기 때문이다.[127] 이로써 사실상 서울의 마지막 출장소였던 천호출장소가 폐지되었다. 낡고 좁았던 천호출장소

126 「恩平·江東區 年內 신설」, 『경향신문』, 1979년 8월 30일 7면.

127 「恩平·江東區 年內 신설」, 『경향신문』, 1979년 8월 30일 7면.

강동구청 준공식(1979)

청사를 대신하여 성내동 303번지에 지하 1층 지상 5층의 첫 강동구청 청사를 새로 건립하였다. 한편 강동구가 신설되던 1979년에 강남구에서 서초구가 분리되었고, 1988년에 강동구에서 송파구가 분리되어 현재의 행정구역으로 이어지고 있다.

2.3. 1960~1980년대 강남지역의 변화

> 빈농들은 아무리 농사를 지어도 부채만 늘어가고 있으니 도전(都前)에 나가서 생활할 방도를 구해 보았으면 하는 생각으로 서울 기타 도시를 향할 것이고 조금 여유가 있는 부농층에서는 그 자녀 중 서울에 있는 중학교 고등학교 또는 대학에 입학하게 된 자가 있으면 매월 기숙비를 보내는 것보다는 가족 중 누구 하나가 서울에 가서 살림을 하는 편이 낫겠다는 생각으로 서울에 올 수도 있을 것이다. 수 년 전에는 150만이라고 하던 서울 인구가 작년 말에는 25만이나 늘어 175만이 되게 된 주요한 이유가 그런 데 있다고 할 수 있다.
>
> **「都市集中傾向과 그 對策」, 『조선일보』, 1959년 2월 13일.**

일자리를 구하거나 자녀교육을 위하여 서울로 향하는 사람들이 늘어갔지만, 이들을 수용할 주택은 턱없이 부족하였다. 수도 서울로의 인구집중 문제와 주택난 현상은 조선 후기 이후로 꾸준히 나타났으나, 6·25전쟁 후 이 문제는 더욱 가중되었다. 이전부터 서울 인구가 증가하는 추세였으나, 1950년에 6·25전쟁을 겪으며 급감하였다가 이내 그 수를 회복하여 가파른 인구 증가세를 보였다.

한 기사에서 '끊임없이 지어도 집이 부족하다'고 한 언급에서 당시의 상황을 알 수 있다.[128] 또한 수많은 사람이 거주하는 것에 비하여 교통망은 턱없이 부족하였다. 도로 면적은 겨우 5.6%에 불과하였다.[129] 새로운 도로 건설과 더불어 입체교차로와 고속도로의 필요성이

128 「하늘에서 본다 (13) 지어도 지어도 모자라는 집」, 『동아일보』, 1962년 10월 15일, 1면.

129 「交通 大서울診斷」, 『조선일보』, 1959년 9월 6일, 5면.

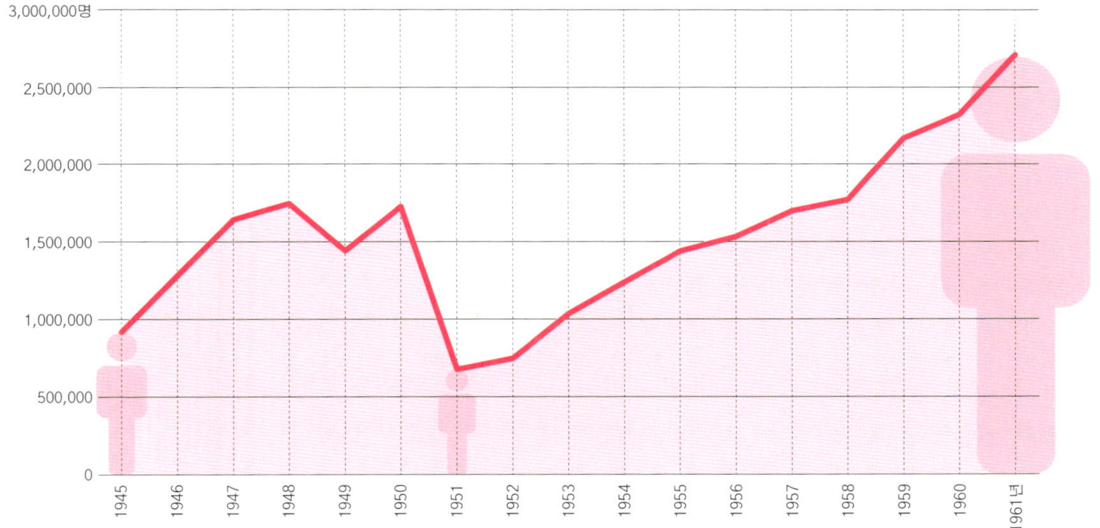

해방 후 서울 인구수 변화
서울특별시 도시계획과, 『도시계획백서』, 1962, 174~175쪽.

제기되는 상황이었다. 격증하는 서울 인구를 수용하기 위하여 서울의 행정구역 확장으로 서울 면적은 넓혔으나 각 지역으로의 도로 연결이 미흡하였고, 수많은 서울 사람들의 주택 마련을 위한 토지개발도 미흡하였다.

서울시는 1962년에 『도시계획백서』를 발행해 인구와 주택, 도로 및 교통과 토지이용현황 등 서울시가 직면한 문제를 다루며 앞으로의 도시계획 방향에 대하여 제언하였다. 서울시의 도시계획 목적은 확고하였다. '인구 집중을 억제하는 어떤 대책이 있어야'[130] 한다는 것이다. 인구 증가 추세를 통하여 추산한 20년 후의 서울시 인구 500만을 기준으로 도시계획 방향을 적시하였다. 그 내용을 요약하면 1949년에 서울시로 새로 편입된 지역을 포함하고, 1963년에 서울시에 새로 편입될 예정인 지역에 대하여 지역제·간선도로망·공원 등 도시계획을 구상하여 무질서한 난개발을 방지한다. 또 서울시 인구를 교외로 분산하기 위하여 교외지 개발 및 부도심지 조성, 그리고 이들 지역과 도심지와의 방사선도로 및 순환도로를 연결하고 고속도로화한다고 하였다. 인구 분산을 위하여 개발할 교외지의 경우 "38선을 눈앞에 둔 군사적 현실을 고려하여 한강 이남을 중점적으로 개발하도록 할 것이며, 개발을 촉진하기 위하여 새로 세워질 공장·학교·공공시설 등은 이들 지역에 세우도록 유도할 것이다"[131] 라고 말하였다. 그리고 "구시가지 내에 있어서는 교통 완화를 위한 간선도로 정비 및 공원정비, 현대 도시의 위생시설인 오수처리를 위한 하수시설 등 긴급하고 부득이한 것을 제외하고는 교외지 개발에 중점을 둘 것"[132] 이라고 밝혀 강남지역에 대한 개발 의지가 굳건함을 보여주었다. 서울시는 1966년에 『서울기본도시계획』을 수립하였다. 이에 따라 1960년대부터 한강 이남 지역의 대대적인 변화가 시작되었다.

한강 이남 지역의 변화는 여러 가지 사업이 얽혀 동시다발적으로 이루어졌다. 우선적으로 살펴볼 사업은 한강변 매립이다. 1962년에 「공유수면매립법」이 제정된 후 한강변을 따라 크고 작은 매립공사 사업계획이 구상되었다. 이전부터 한강 주변은 제방이 없었기 때문에 물난리가 빈번하였다. 1925년에 발생한 '을축년 대홍수'로 인하여 용산과 마포·노량진·영등포 일대에만 급히 제방을 쌓은 정도였다. 한강변에 매립공사를 시행하면 홍수를 대비함과 동시에 대규모 토지면적을 확보하여 도시발전에 활용할 수 있었다.

서울시는 1967년에 『한강종합개발계획』을 발표하여 여의도 개발계획과 더불어 같은 해 개통된 한강교와 여의도공항 입구 사이의 강변1로를 연장하였다. 그리고 한강 이북에서 여의도로 연결되는 교량을 건설하고자 하였다. 이 사업으로 1968년에 여의도 윤중제가 완공되었다. 또한 여의도 개발사업의 연장선상에서 1970년에 마포와 여의도를 잇는 서울대교(현 마포대교)가 완공되고, 1971년에는 여의도와 영등포를 잇는 서울교가 완공되었다. 사업의 파급효과는 여의도 택지조성과 한강 남북도로 연결에 그치지 않았다. 한강유역의 개발은 곧 강남의 발전으로 이어져 인구 분산이라는 결과를 가져올 것이며, 향후 부도심을 형성하게 될 것[133] 이 분명하였다. 이러한 서울시의 기대감에 걸맞게 매립을 통한 택지 조성은 개발사업적 측면에서 매력적이었다. 1967년에는 동부이촌동에 한강변 공유수면매립 공사를 시행하여 택지를 조성하고 이곳에 아파트가 건설되었다. 한국수자원개발공사에서 소양강댐 건설 재원으로 활용하기 위하여 동부이촌동 매립공사를 시행하였고, 조성된 택지를 공무원연금기금에 매각하였다. 공무원연금기금에서는 주택공사와 아파트를 건설하여 매각하였다. 이 과정에서 공유수면매

130 서울특별시 도시계획과 편, 『都市計劃白書』, 1962, 481쪽

131 서울특별시 도시계획과 편, 『都市計劃白書』, 1962, 483쪽

132 서울특별시 도시계획과 편, 『都市計劃白書』, 1962, 483쪽

133 「새서울 20年前과 오늘 내일의 設計」, 『경향신문』, 1966년 10월 6일, 8면.

134 당시에는 한강을 건너기 위하여 나룻배를 이용하였다. 특히 과일과 채소 등을 재배하여 서울 도심으로 제공하던 한강 이남의 경기도 광주군 언주면(현재 강남구 일대) 주민들은 도심으로의 왕래를 위하여 나룻배 이용이 잦았다. 나룻배는 목선에 모터보트를 설치해 운행하였는데, 이용객의 수요가 많아 모터보트의 정비가 제때 이루어지지 않은 채 운행되었다. 1962년 9월 7일, 한강을 건너던 나룻배가 모터보트와 분리되어 방향을 잃은 채 게이블에 걸려 전복되는 사고가 발생하였다. 이 사고로 주민 30여 명이 변을 당하였다. (디지털강남문화대전 http://gangnam.grandculture.net/gangnam/toc/GC04800339

135 「숱한 목숨 앗은 漢南洞-蠶室里間 第3漢江橋를 가설」, 『경향신문』, 1962년 9월 12일, 7면; 「江南地區 青寫眞을 完成」, 『조선일보』, 1966년 2월 23일, 4면.

립은 일명 '황금알을 낳는 거위'로 불리며 여러 민간 개발업체들의 참여가 줄을 이었다. 1969년에는 현대건설에서 압구정 지역을, 1970년에 삼부토건·현대건설·대림산업이 만든 경인개발이 반포 지역을 매립하여 아파트를 건설해 분양하였다. 윤중제로 조성된 여의도 택지 또한 서울시 재원 마련을 위하여 매각되어 아파트가 건설되었다. 한강변을 따라 이어지는 도로 건설에도 큰 영향을 주었다. 제1한강교(현 한강대교)에서 여의도 입구(현 서울교 남단 부근)까지 이어지는 강변1로는 1967년에 우리나라 최초의 유료도로로 개통되었다. 곧바로 『한강개발3개년계획』과 더불어 1970년까지 한강대교에서 양화대교까지 강변도로를 건설하였다.

서울 도심과 교외지 및 부도심으로 조성할 한강 이남 지역 간의 원활한 교통 연결은 한강이라는 자연 지리에 의하여 교량 건설이 필수적이었다. 1960년대 본격적인 개발에 앞서 이미 설치된 한강 교량은 1900년에 지어진 한강철교, 1917년에 놓인 제1한강교, 1936년에 설치된 광진교 등 3개뿐이었다. 한강철교와 제1한강교는 용산에서 노량진으로 이어지는 다리였고, 광진교는 광장동에서 천호동으로 이어지는 다리로서 영등포 지역과 천호동 지역이 번성하는 요인이기도 하였다. 광복 후 가장 먼저 지어진 다리는 제2한강교(양화대교)였다. 여의도 개발과 더불어 1965년에 완공된 제2한강교는 마포 일대에서 여의도를 거쳐 영등포로 향하였다.

영등포와 천호동 방향이 아닌, 새로운 한강 이남 지역을 연결한 첫 한강다리는 1966년에 착공하여 1969년에 완공된 제3한강교(한남대교)였다. 제3한강교는 한남동에서 토지구획정리로 대대적인 변화가 예상되는 영동지구로 연결되는 다리였을 뿐 아니라, 1968년부터 공사 중이던 경부고속도로와 연결함으로써 머지않아 도래할 자동차 시대를 대비한 교량이었다. 본래 한남동에서 한강 이남의 잠실 등지를 오가던 나룻배는 하루 평균 2,000명이 왕래할 정도로 수요가 많았으나 한남동 나룻배 전복 사건[134]으로 배편이 끊기면서 흑석동으로 돌아가는 실정이었다. 이에 이 뱃길을 대체할 인도교 건설이 제기되었다. 지지부진한 상황이 계속되다가 영동지구 토지구획정리사업과 경부고속도로를 필두로 한 한강 이남의 강남 부도심과의 도로망 연결 계획에 근거하여 상황이 급반전되었다.[135]

한강 이남 지역의 변화를 이끈 또 다른 요인은 토지구획정리사업과 경부고속도로이다. 영동지구 토지구획정리사업

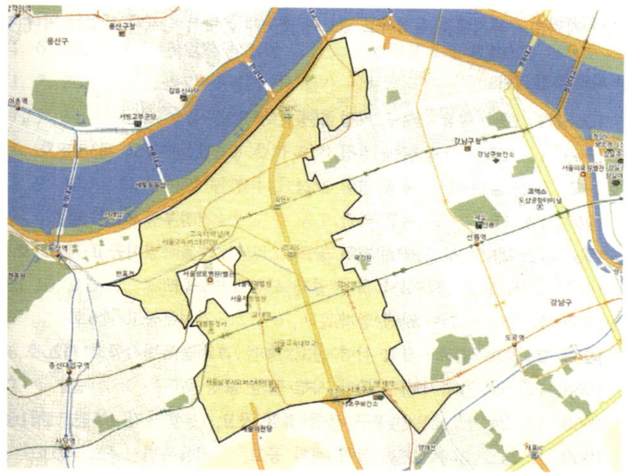

영동1지구
서울특별시 도시재생본부, 『서울 토지구획정리 백서』, 2017, 667~719쪽.

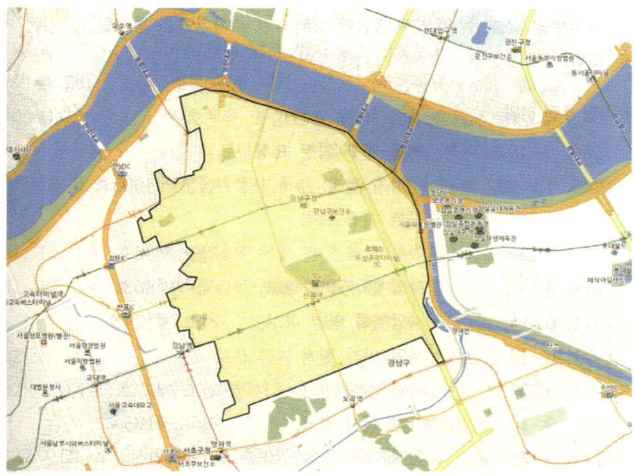

영동2지구
서울특별시 도시재생본부, 『서울 토지구획정리 백서』, 2017, 667~719쪽.

잠실지구
서울특별시 도시재생본부, 『서울 토지구획정리 백서』, 2017, 781쪽.

은 1966년 1월과 8월에 발표된 계획안에서 비롯되었다. 바로 『남서울도시계획』과 『새서울백지계획』이다. 이 중 『남서울도시계획』은 동작동에서 경기도 과천과 언주 등을 거쳐 뚝섬에 이르는 광범위한 땅에 새로운 주택지와 경공업 지역을 설치할 강남지구 사업계획이었다. 『새서울백지계획』은 무궁화 꽃잎 모양으로 서울 모형도를 그려 주택지구·관공서·상업지구·경공업지구·녹지대·도로 등을 일정 비율로 채워 인구 100만~150만 명이 살 새서울 계획이었다. 두 계획은 허허벌판 땅 위에 새로이 개발하겠다는 취지에서 동일하였다.

1966년 9월 서울시는 건설부에 영동지구 구획정리사업을 위한 지구 지정을 요청하였다. 당대 도시계획 이념이 남서울계획에서 새서울백지계획으로, 그리고 영동지구 개발로 현실화된 셈이었다. 서울시는 『시정 10개년 계획』의 하나인 부도심을 조성하고, 부도심 대상지구 선정을 위해 1966년도 예산 일부 항목을 편성하여 그 일환으로서 강남지구 조사를 계획하였다.[136] 당시 김현옥 서울시장은 여의도를 중심으로 영동지구를 포함하여 신시가지를 건설해 100만 명의 인구를 수용할 수 있는 제2의 서울을 한강 이남 지역에 만들겠다는 포부를 밝혔다.[137] 영동지구 토지구획정리사업은 경부고속도로와 제3한강교 완공과 더불어 수차례 구역 확장 및 축소를 반복해오면서 양재·우면·사당·방배·서초·반포·잠원동 일대를 영동1지구로, 신사·압구정·청담·논현·역삼·삼성·대치동 일대를 영동2지구로 분리하여 사업을 진행하였다. 사업 후 전·답·임야 등으로 분류되어 있던 토지들이 대지 용도로 대거 전환되어 건물이 들어설 수 있는 땅이 되었고, 상당수 도로 용지도 확보되었다.

서울시는 1970년에 『잠실지구개발계획』을 발표하였다. 뚝섬 건너편의 신천·잠실·송파·풍납·방이·석촌·삼성동 일대의 '잠실도(島)', 말 그대로 섬이던 이곳을 매립과 제방축조로 물길을 돌리는 육지화를 기반으로 인구 15만 명을 수용할 수 있는 곳으로 조성하기로 하였다.[138] 이와 동시에 잠실지구에는 종합경기장, 체육 중·고교, 대학 등[139]을 설립할 예정이었다. 인구집중과 주택 부족을 논하던 서울시에서 체육시설을 비롯하여 체육 교육기관을 새로 조성해 잠실에 들이겠다는 발표를 두고 손정목(2003)은 "1970년 아시안게임 개최지로 선정되었으나 국제경기를 펼칠 마땅한 경기장이 없어 방콕으로 개최지를 넘겨주어야 하였다"는 뒷이야기를 전하였다.[140] 1974년에 발표한 『잠실지구개발계획』에서는 이전까지의 공사를 통하여 택지화된 땅에 주택·도로·공원 등 신시가지 형성 계획을 담는 등 강남의 부도심 기능 수행을 목적으로 하였다. 1972년에 준공한 잠실대교와 더불어 잠실종합개발은 효율적 토지이용을 위하여 섬을 개발하고 뉴타운을 건설[141]하여 여의도와 영동지구에 이어 한강 이남 지역을 개발해 부도심을 형성함으로써 도심 인구를 분산하는 해결책 중 하나였다.

서울시는 1960년대부터 건설을 이어오던 한강 남단과 북단의 강변도로와 더불어 1970년부터 도로 공사를 시작하였다. 1972년에 완공한 잠실대교를 비롯하여 1970년대 서울의 남북 도로망과 도심 외곽지역 간 연결을 늘리는 데 적극적이었던 김현옥 서울시장의 도로 건설 추진력은 영동지구와 더불어 잠실지구의 개발을 촉진하였다. 한강변을 따라 건설한 도로는 공사 구간 및 위치에 따라 이름이 붙여지다가 한강 남단의 도로는 1986년에 각 구간을 연결하여 올림픽대로로, 한강 북단의 도로는 1988년에 각 구간을 통합하여 강변대로(2001년 강변북로로 변경)로 가로명을 개칭하였다.

잠실은 88 서울올림픽 유치와 관련하여 개발사업이 계속 이루어졌다. 1976년에 당시

136 「새서울 청사진 (4) 강남지구개발」, 『경향신문』, 1966년 1월 7일, 4면.

137 「'第二의 서울' 建設」, 『동아일보』, 1968년 4월 4일, 7면.

138 「江南의 副都心 잠실島개발」, 『동아일보』, 1971년 2월 17일 8면.

139 「영동잠실지구 개발」, 『경향신문』, 1970년 6월 16일 8면.

140 손정목, 『서울도시계획이야기 ③』, 한울, 2003, 198~200쪽

141 「蠶室地區에 '뉴타운' 3백40만坪面積에 現代都市건설」, 『매일경제』, 1974년 8월 2일, 6면.

구자춘 서울시장은 잠실종합운동장 건설계획을 발표하며 아시아경기대회를 유치할 수 있는 아시아 최대 종합운동장 건립을 목표로 하였다.[142] 1979년에 드디어 86 아시안게임과 88 서울올림픽 유치에 성공하고 잠실에 일명 '올림픽타운'을 건설하는 데 힘을 쏟았다. 국제경기를 앞두고 1960년대에 이어 1982년부터 1986년까지 한강종합개발사업을 진행하여 올림픽대로 개통과 9개의 한강공원을 조성함으로써 잠실지구로의 교통로 확보와 주변 도시경관을 정비하였다.[143]

정부는 영동과 잠실로 대표되는 한강 이남 지역에 대규모의 신시가지를 이루면서 이곳으로 서울의 인구가 분산될 수 있도록 여러 조치를 취하였다. 특히 이 과정에서 인구를 분산하고 주택난을 해소[144]하기 위한 방안이라 밝히며 1973년에 영동지구를 개발촉진지구로 지정하여 영동지구 내 주택건설에 과세되는 세금 항목을 모두 면제해 주었다. 세금 면제 혜택은 부동산 투기를 조장하는 문제가 있어 행정기관 및 금융기관, 학교 등이 강남으로 이전하도록 인구소산시안(人口疏散試案)을 계획하기도 하였다.[145] 1975년 당시 서울에는 강북에 고등학교가 84%, 중학교가 72% 몰려 있는 데다가 자녀교육을 위하여 서울에 거주한다고 답한 서울 시민이 45%에 달하여 강남지역으로의 학교 이전이 인구 분산의 핵심이 되었다.[146] 이에 따라 경기고·서울고·휘문고·숙명여고·정신여중 등 강북에 있는 명문 학교들이 강남으로 이전하였다. 교육기관 이전은 강남지역 학군 형성에 긍정적으로 작용하였고, 부동산 가격도 이에 영향을 받아 상승하였다.[147] 지금까지도 꺼지지 않는 강남 신화를 이루는 요인이다.

이로써 한강 이남 지역에는 영동과 잠실이 대규모의 택지개발과 함께 신시가지로 새로 조성되어 발전을 이루었다. 그리고 서울 행정구역이 변경되었다. 성동구에 속해 있던 영동지역은 집중적인 개발사업과 함께 성장한 이후 1975년에 강남구를 신설하여 성동구로부터 분리되었다. 이후 1979년에 잠실지구를 포함하여 천호동을 비롯한 강동지역이 강동구로 분리되었고, 강남대로의 서쪽 지역인 반포·잠원 일대가 서초구로 분리되었다. 잠실은 강남구에서 가 강동구로, 1988년에 강동구에서 송파구로 분리·신설되었다.

2.4. 천호동의 위상 변화

천호동은 1963년에 서울로 편입되기 전후만 하더라도 영등포와 더불어 한강 이남에 위치한 서울 도심부의 배후지였다. 서울시가 1966년에 발표한 『서울도시기본계획』에서도 천호동은 남부 서울의 중심으로서 부도심 상업지구로 분류되었다.[148] 천호동, 영등포와 함께 강남이 새로운 부도심으로 부상하고 있었다. 여기서 강남은 영동지구 일대를 말하는 것으로, 이는 같은 해 발표된 영동지구 토지구획정리사업 계획을 염두에 둔 부도심권 구상이었다.

이 계획 발표를 전후로 한강 이남 지역에는 수많은 건설 공사가 이루어졌다. 천호동 또한 마찬가지였다. 영등포와 함께 한강 남쪽의 중심지였던 천호동은 새로 조성되는 영동지구 및 잠실지구와 필수적으로 연결되어야 하였다. 서울 도심과의 연결과 더불어 천호동과의 연결은 서울 인구 분산을 달성하기 위하여 필요한 일이었다. 중심도로와 같은 기반시설이나 상권과 같은 생활영역에서 필요한 것들이 두루 갖춰져 있는 기존의 중심지와 새로운 도시 간의 연

142 「蠶室에 亞洲 최대 경기장」, 『매일경제』, 1976년 9월 23일, 1면.

143 김백영, 「강남 개발과 올림픽 효과」, 『도시연구』 17호, 도시사학회, 2017. 82~83쪽.

144 「建設部 開發促進지구 첫指定 永東地域」, 『매일경제』, 1973년 6월 28일, 1면.

145 「서울市 人口疏散試案 그 主要內容과 문제점」, 『매일경제』, 1975년 8월 5일, 1면.

146 「700万…서울의 苦悶 (7) 敎育기관 82% 江北에」, 『경향신문』, 1975년 7월 16일, 7면.

147 「江南새風俗圖 〈53〉 학교④ "바늘구멍" 轉學창구」, 『경향신문』, 1983년 10월 25일, 6면.

148 서울특별시 도시계획과 편, 『서울都市基本計劃』, 1966, 215쪽.

결 측면에서도 필요한 일이었다. 기존의 중심지인 영등포와 새로 만들어진 여의도를 연결한 것과 무관하지 않다. 1970년대 초까지만 해도 영동지구와 잠실지구 개발에 있어서 천호동과의 연결은 도로망 계획에서 염두에 두어야 할 기본 사안이었다.[149] 1971년에도 천호동은 영등포, 말죽거리와 함께 부도심이 될 지역으로 꼽혔다.[150] 그러나 정부가 집중적으로 영동과 잠실을 부도심 또는 핵심지역으로 주력함에 따라 천호동도 개발사업을 계획 및 실행하고 있었음에도 기존 도심의 배후지로서 천호동이 지닌 위상은 점차 약화되었다. 이는 도시계획과 도로계획 변천사에서 확연히 드러난다.

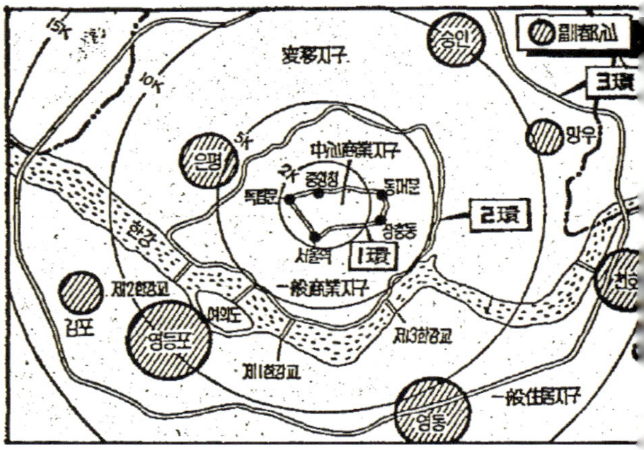

1970년 서울시 공간구조
「서울市 새 '매스터 플랜'」, 『조선일보』, 1970년 12월 9일.

서울시는 1964년에 용도지역을 결정하면서 앞으로 부도심으로 성장하게 될 지역을 꼽았다. 또한 추후 상업지역을 추가해야 할 경우를 대비하여 커뮤니티 센터(community center)를 지정하였다. 천호동은 천호 상업지구의 중심지로 선정되었고, 천호지구의 커뮤니티 센터로 성수동이 선정되었다. 한편 강남에서는 말죽거리, 지금의 양재동을 부도심으로 하여 천호동과 같은 공간적 위계에 두었다.

1970년 완성한 『서울시 마스터플랜』에서도 천호동은 부도심을 유지하였다. 이 계획은 서울시 용역사업으로 사단법인 국토계획학회에서 설계한 이후 1971년에 수립한 『서울도시기본계획』의 밑바탕이 되었다. 1971년에 수립한 도시기본계획 중 부도심계획에서는 도심을 중앙으로 하여 방사선 형태로 뻗어나간 7개의 부도심(은평, 미아, 청량, 천호, 영동, 영등포, 김포)을 계획하

149 「잠실島地區開發着工」, 『동아일보』, 1971년 2월 17일, 7면.

150 「'서울'은 半徑25㎞까지」, 『조선일보』, 1970년 11월 8일, 6면.

천호동 일대(1975)

였다. 각 부도심 권역에서 수용할 인구수를 설정하였는데, 한강 이남 지역에서는 김포 25만, 영등포 80만, 영동 100만, 천호 40만이 설정되었다.[151] 1970년에 도시구조 계획을 수용하면서 도로망 계획을 수정하여 발표한 1972년 『시정종합계획』에서는 전반적으로 동일한 부도심계획을 수립하였다. 다만 부도심 권역 내 수용인구수에서 차이를 보이는데, 영등포 80만과 영동 60만을 계획하였다. 수치에 차이를 보이긴 하지만 영등포와 영동에 가장 많은 인구를 설정하였다는 점에서 새로운 개발이 진행 중인 영동지역과 기존의 중심지인 영등포, 두 지역에 대한 발전 기대감이 반영되었다.

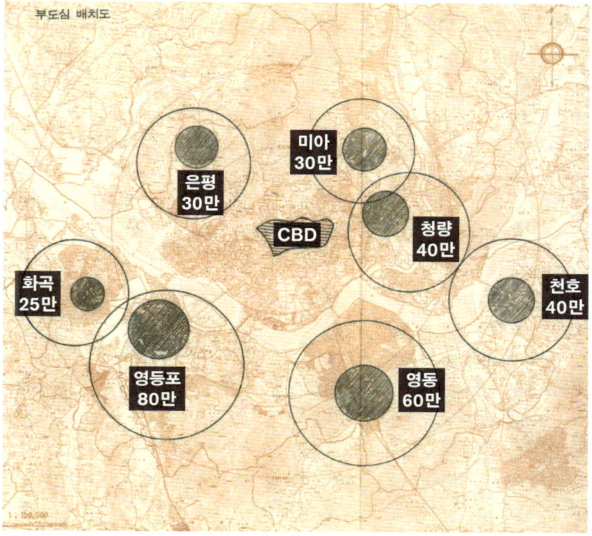

1972년 부도심 배치도
서울특별시, 『시정종합계획 1972~1981』, 1972, 99~100쪽.

1970년대 초에 발표한 도시계획과 1970년대 후반에 발표한 도시계획 내에서 부도심계획은 차이를 보였다. 이 기간에 도시공간구조계획에 영향을 미치는 두 번의 발표가 있었다.

첫 번째는 1975년에 1개 도심과 2개의 부도심을 두는 공간구조로 하여 이 중 2개의 부도심을 영등포와 영동으로 하겠다는 발표였다. 본격적으로 한강 이남 지역에서의 핵심지역이 손꼽히게 된 것이다. 이전의 시정종합계획에서 지역별 수용인구계획에 차등을 두었던 것에서 짐작할 수 있었지만, 서울시는 이번 발표에서 앞으로 서울 강북지역에서는 기존의 도심을, 강남지역에서는 영동과 영등포를 부도심으로 한 도시계획이 전개될 것임을 표명하였다.

두 번째는 3핵 도시구상이다. 1977년에 발표한 『서울도시기본구조연구』에서 3핵화론

151 「서울 20年都市計劃발표」, 『동아일보』, 1971년 5월 4일, 8면.

을 제기하였다. 3핵화론은 1976년에 당시 구자춘 서울시장이 1977년을 '도시정비정돈의 해'로 설정하면서 도심·영등포·영동 등 3개의 핵을 형성하겠다고 발표한 것에서 비롯되었다. 영등포와 영동을 선정한 이유는 두 지역을 2개의 부도심으로 두겠다는 이전 발표의 영향 때문이었다. 도시의 모든 기능이 도심에 집중되어 나타나는 문제를 여러 개의 부도심을 형성하여 해결하겠다는 측면에서 이전의 도시계획 방향과 일치하지만, 3개의 핵심지역으로 압축하였다는 점에서 차이가 있다. 서울도시기본구조연구에서는 이전의 도시구조계획과 달리 3핵으로 집약한 이유에 대하여 다음과 같이 설명하였다.

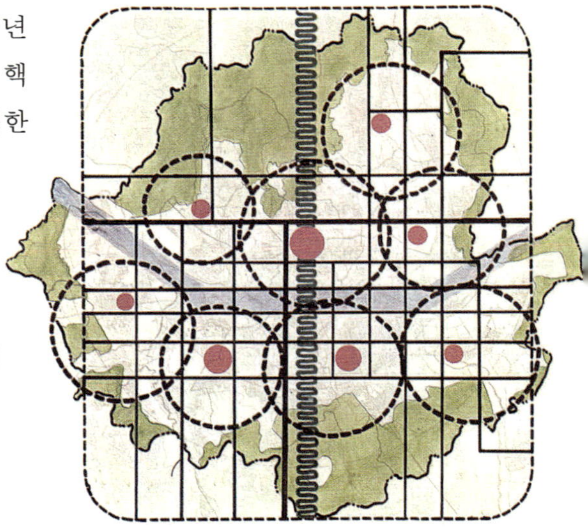

1978년 도시 기본 구조 구상도
서울특별시 도시계획과·대지종합기술공사, 『서울都市基本計劃 : 2000年代를向한』, 1978, 15쪽.

> 2핵 구조일 경우는 기능의 집중도가 이분화됨으로써 이론적으로 인구의 집중도 및 기타 과밀에 의한 불경제는 반감될 수 있다. 한편 물리적인 발전 형태는 두 핵을 축으로 자연 선형적인 도시성장이 이룩된다. 현재 서울의 자연발생적 발전상태는 영등포를 다른 하나의 부핵으로 보면, 이러한 형태라 할 수 있으며 2핵의 경우 분산의 효과가 적으며 또한 서울의 지형 상태에도 적당하지 못한 것이다. 그러나 4핵 이상일 경우는 분산에 대한 효과는 강력해지나 핵 간의 유통체계상 주 교통 흐름의 교우점이 발생하게 되어 복잡해짐으로써 이에 대한 교통체계처리의 새로운 문제가 발생하게 된다. 동시에 교우점은 자연발생적으로 전혀 의도하지 않은 또다른 핵의 발생으로 종국에는 도시의 무핵화된 도시확산과 동일한 의미를 갖게 되는 것이다. … 반면 3핵 구조에 의한 계획적인 개발은 핵 간 교통 흐름의 교우점이 발생되지 않고 분산된 핵의 독립된 기능 유지와 동시에 과밀 해결의 수단 및 균형된 도시성장의 물리적 형태의 유도가 이론적으로 가장 바람직한 것이다.
>
> **서울특별시 도시계획과, 『서울都市基本構造硏究』, 1977, 62~63쪽.**

당시 서울은 기존의 도심을 제외하면 영등포가 핵심지역으로 성장하고 있었으나, 도심과 영등포 2개의 핵 구조나 4개 이상의 핵을 둔 구조보다는 3개의 핵을 설정하는 편이 합리적이라는 설명이다. 3개의 핵은 도심·영등포·영동지역이었다. 이후 발표된 도시기본계획에서의 도시공간구조가 실제로 변화하였다.

「1978년 도시 기본 구조 구상도」에서는 도심 권역의 중심지를 가장 큰 원으로, 영등포와 영동권역의 중심지를 그다음 크기의 원으로, 그 이하 권역의 중심지를 가장 작은 크기의 원으로 표기하여 위계를 다르게 하였다. 또 하나의 변화는 천호동의 공간구조 위계가 낮아진 점이다. 『1987년의 도로망 계획』을 보면 도시공간구조를 국심-지역 중심-지구 중심의 위계로 구분하였다. 기존의 도심을 국심으로, 지금까지 부도심으로 계획해 왔던 지역을 지역 중심으로, 지역 중심과는 별개의 그보다 낮은 위계로 지구 중심을 두었다. 영등포와 영동은 지역 중심으로, 천호동 대신 잠실이 지역 중심이 되면서 천호동은 지구 중심으로 설정되었다.

1972년에 잠실개발이 본격화되고, 1973년에 영동·잠실 신시가지 조성계획을 발표함에 따라 잠실의 발전 및 성장에 따른 결과로 보인다.

천호동에서도 1970년대 여러 개발사업이 이루어졌으나, 영동과 잠실에 비할 바가 아니었다. 이후의 도시기본계획에서도 천호동의 공간 위계는 영등포·영동·잠실 보다 한 단계 낮은 위치로 계속 이어졌다. 1980년대에도 천호동의 위상은 변하지 않았다. 영등포·영동·잠실은 여전히 부도심격이었고, 천호동은 생활권 내 중심지 또는 지구 중심으로 계획되었다. 1990년대부터 부도심계획은 빈번하게 거점지역을 변경하면서 사실상 단지 계획에 불과할 뿐이었다.[152] 청량리·신촌·왕십리 지역을 강북지역의 새로운 부도심으로 추가 선정하였으나 강남지역은 크게 달라지지 않았다. 즉 한강 이남 지역에서 천호동의 위상은 1970년대 후반의 도시계획 이래로 영동·잠실지역에 내주었다 해도 과언이 아니었다.

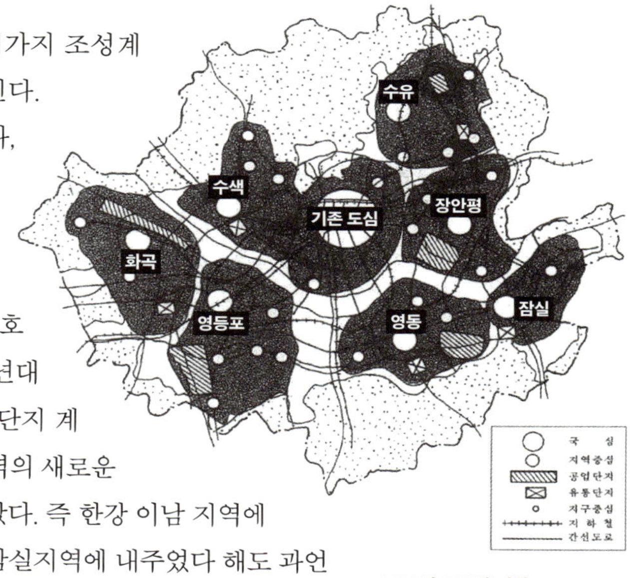

1978년 도로망 계획
서울특별시사편찬위원회, 『서울交通史』, 2000, 958쪽.

지하철 노선 계획 및 건설 공사는 도시계획의 우선순위를 확인할 수 있는 대표적인 사례이다. 지하철 건설 공사에 대한 언급은 서울의 지독한 교통난에서 비롯되었다. 1964년에 극심한 교통지옥을 완화하기 위하여 당시 윤치영 서울시장은 버스 및 합승노선 증차와 서울 시내 지하철 공사 계획을 언급하였다.[153] 지하철 계획은 이를 진행할 재원과 기술이 부족한 상황에서 구체적인 계획안조차 마련되지 않아 한없이 지연되었고, 이 과정에서 여러 차례 노선계획 수정 발표가 있었다. 1971년 4월에 1호선 공사를 시작하였음에도 1호선 노선만 확정되었을 뿐 이후 건설하게 될 노선은 번복되기 일쑤였다.

1970년에도 영동지역의 도시화 과정을 고려하여 계획된 노선이 수정되었다. 당초 영동지역 말죽거리를 4호선 종점으로 정하였으나, 2호선과 3호선의 기점으로 변경되었다. 천호동은 1호선과 2호선 사이에 간이 노선으로 빠져나왔다.[154] 이후 1972년에는 노선 하나를 더 추가하여 연희동에서 천호동을 연결하는 5호선을 예고하였다. 실질적으로 지하철이 유기적인 관계를 맺으려면 3개 노선은 되어야 하였기 때문에[155] 1·2·3호선에 주력하여 서울의 주요 핵심지역 또는 곧 부도심으로 부상할 지역을 배치한 셈이다.

1964년 12월 2일[156]

1호선: 서울역 ~ 동대문 ~ 청량리

2호선: 서소문 ~ 을지로6가 ~ 성동역

3호선: 돈암동 ~ 충무로4가 ~ 장충동

4호선: 영천 ~ 중앙청 ~ 종로2가 ~ 퇴계로 ~ 광희동

152 「갈팡질팡 副都心」, 『조선일보』, 1996년 2월 28일, 7면.

153 「明年안에 地下鐵착공」, 『동아일보』, 1964년 12월 2일, 3면.

154 「首都새動脈」浮上」, 『동아일보』, 1970년 11월 16일, 3면.

155 「韓國의 大役事 (6) 서울地下鐵工事」, 『동아일보』, 1972년 7월 3일, 2면.

156 「明年안에 地下鐵착공」, 『동아일보』, 1964년 12월 2일, 3면.

1965년 11월 27일[157]

1호선: 오류동 ~ 망우리

2호선: 능곡 ~ 미아리 ~ 창동

3호선: 도내리 ~ 천호동

4호선: 우이동 ~ 말죽거리

1966년 1월 31일

1호선: 서울역 ~ 시청앞 ~ 종로 ~ 동대문 ~ 청량리역

2호선: 서소문 ~ 시청앞 ~ 을지로 ~ 동대문 ~ 신설동 ~ 성동역

3호선: 갈현동 ~ 중앙청 ~ 안국동 ~ 종로2가 ~ 을지로2가 ~ 퇴계로 ~ 왕십리 ~ 천호동

4호선: 우이동 ~ 돈암동 ~ 종로4가 ~ 을지로4가 ~ 한남동 ~ 말죽거리

1970년[158]

1호선: 서울역 ~ 청량리

2호선: 삼성동 ~ 성수동 ~ 왕십리 ~ 서울운동장 ~ 을지로 ~ 서소문 ~ 마포 ~ 여의도 ~ 영등포

3호선: 역삼동 ~ 한남동 ~ 장충동 ~ 동대문 ~ 창덕궁 ~ 남대문 ~ 용산동 ~ 사당동 ~ 구로동

4호선: 미아동 ~ 혜화동 ~ 종로5가 ~ 을지로5가 ~ 퇴계로 ~ 서울역 ~ 서대문 ~ 불광동 ~ 갈현동

간이 노선: 서전동 ~ 광진교 ~ 군자동 ~ 답십리동 ~ 동대문

1972년[159]

1호선: 서울역 ~ 청량리

2호선: 영등포 ~ 마포 ~ 서대문 ~ 시청 앞 ~ 왕십리 ~ 성수동

3호선: 불광동 ~ 서대문 ~ 퇴계로 ~ 혜화동 ~ 미아동

4호선: 포이동 ~ 대림동

5호선: 연희동 ~ 천호동

1974년에 지하철 1호선 개통 후 2호선을 착공하기에 앞서 1975년에 노선 측량을 앞두고 서울시는 2호선을 영등포~신촌~을지로~왕십리~잠실~영동~영등포로 연결되는 남북 순환 노선으로 수정하였다. 기존의 계획노선에서 영동과 잠실을 추가 연결하여 순환선을 만든 것이다. 이는 같은 해 기존 도심과 더불어 영등포와 영동지역을 2개의 부도심으로 두겠다는 계획과 이상적인 도시로 발돋움하려는 1974년의 『잠실종합개발계획』 발표와 관련이 있다. 이용자가 많은 강남고속버스터미널을 지나야 한다는 의견이 제기되었으나, 서울시는 순환선의 효과를 내야 한다는 점과 공사의 난제가 예상된다는 이유를 들어 추후 4호선 건설에 포함하겠다고 밝혔다.[160] 결과적으로 강남 고속터미널은 1978년에 3·4호선 계획노선 수정 과정에서 3호선에 배치되었고, 2호선은 1978년부터 수정된 노선에 따라 공사를 시작하였다.

지하철 3호선과 4호선은 당초 계획에서 도심을 통과하는 노선으로 변경하여 최대한 많은 인원을 수송하여 건설 투자비를 조기 회수할 수 있도록 해 민자 유치를 도모하였다.[161]

157 「地下鐵敷設키로」, 『동아일보』 1965년 11월 27일, 7면.

158 「首都새動脈」浮上」, 『동아일보 1970년 11월 16일, 3면.

159 서울특별시 편, 『서울地下鐵: 이렇게 건설되고 있다』, 1972, 39쪽.

160 「地下鐵2호선 江南터어미널에 이어져야」, 『동아일보』, 1977년 10월 11일, 6면.

161 「地下鐵 都心통과 검토」, 『조선일보』, 1978년 6월 8일, 6면.

3호선은 구파발~영천~안국동~중앙극장 앞~금호동~강남고속터미널~도곡동으로, 4호선은 방학동~미아사거리~돈암동~혜화동~남대문~동부이촌동~사당동~과천으로 수정되었다.[162]

1978년에 서울시는 지하철 5호선 계획을 뒤로 미루겠다고 밝혔다. 이 노선을 공사하겠다고 나서는 민간사업자도 없고, 서울시로서도 당장 급하지 않다고 판단하였기 때문이다.[163] 천호동은 지하철 공사 추진 초기부터 염두에 두었던 지역이었으나 서울 내 교통망 연결 우선순위에 따라 밀려났다. 이러한 이유로 천호동을 연결하기로 계획하였던 5호선은 1980년에 착공하여 1985년에 개통한 3·4호선과 달리 10여 년이 지난 1990년에 공사를 시작하여 1996년에 개통되었다. 천호동은 지하철 도입이 본격적으로 논의되던 1960년대부터 노선계획에 포함되었으나 결과적으로는 1990년대에 들어서야 지하철이 연결되었다.

162 「地下鐵 都心통과 검토」, 『조선일보』, 1978년 6월 8일, 6면.

163 「民間業者유치위하여 都心통과」, 『동아일보』, 1978년 6월 7일, 1면.

164 「宅地값 (上)」, 『경향신문』, 1973년 9월 22일, 6면.

165 「때 만난 千戶地區」, 『매일경제』, 1974년 9월 13일, 6면.

2.5. 강동구의 중심지로서 천호동

1970년대 영동과 잠실 일대가 급격히 부상하는 동안 천호동에서도 각종 개발사업이 이루어졌다. 1973년에 이루어진 천호지구 및 암사지구 토지구획정리사업과 1975년의 한강변 제방 축조사업, 1976년에 개통한 천호대교 건설사업이 대표적이다.

당시 기사[164] 내용에 의하면 천호지구 토지구획정리사업은 영동과 잠실지구에 비하여 부동산 열풍을 불러일으키지 않았다. 천호동은 교통이 불편하고 상하수도 시설이 제대로 갖춰져 있지 않았기 때문이다. 이미 여러 건물이 들어서 있어서 비어 있는 땅이 적고, 토지를 매입하여도 지가가 비교적 높게 형성되어 있어서 차후 큰 개발이익을 기대하기 어려웠다. 기존의 논과 밭을 대지로 전환하거나 한강변을 매립하여 새로운 대지를 획득하는 방식이 주였던 영동 및 잠실과는 여건이 달랐다.

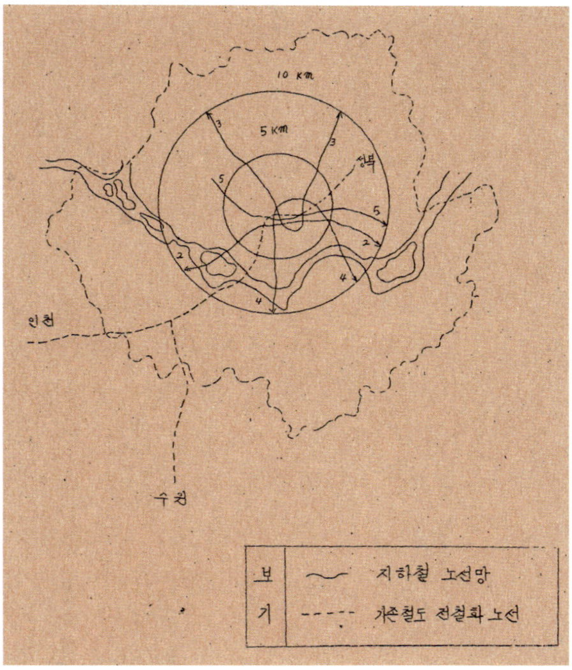

1972년 지하철노선계획도
서울특별시, 『서울地下鐵: 이렇게 건설되고 있다』, 1972, 156쪽.

1976년에 노후화된 광진교를 대신하여 천호대교를 구축하고, 다리와 연결되는 천호대로를 건설하여 성남·여주·이천 등지로 연결되는 도로 여건을 개선하였다. 이 사업을 계기로 부동산 가격이 상승[165] 하면서 천호동에 대한 새로운 발전 기대감을 불러일으켰다. 그러나 천호대교와 천호대로는 강남 개발의 역점사업은 아니었다. 본래부터 천호동은 광주대단지와 연결하기 위해 필연적인 지역으로 인식되었다. 오래전부터 존재해 왔던 구천면로가 서울 도심에서 천호동을 지나 광주와 성남으로 이어지는 대로였고, 천호동이 그 길목의 중심지였기 때문이다. 잠실지구 개발 이후 실제 광주대단지와 연결되는 서울지역은 잠실이 되었다. 광주~천호 간보다 광주~잠실 간의 접근성이 더 높기에 당초 천호동 일대에 종합개발을 계획하고자 하였던 목적은 퇴색되었다. 그만큼 천호동 일대에 대한 중요도는 낮아졌다. 서울시가 이 공사를 통하여 '의정부에서 창동·

면목동·자양동을 경유하고, 광주대단지와 직결되는 동부 서울의 남북 관통 도로의 구실을 하여 경부 및 영동고속도로와 연결'[166] 하겠다고 의지를 밝힌 만큼 실제 잠실개발계획에는 의정부에서부터 잠실대교를 건너 잠실과 광주를 연결하는 남북도로 건설이 포함되어 있었다. 이를 실현하기 위하여 잠실대교가 천호대교보다 먼저 건설되었다. 한편 천호대교와 천호대로 건설로 부동산 건설 붐이 일어났으나, 1978년 지하철 2호선 착공에 앞서 1977년에 확정된 노선이 발표된 뒤에는 잠실·송파 일대로 그 열기가 이동하였다.[167]

1980년대 들어서서 천호동 주변에도 주택 개발이 활발해졌다. 1960~1970년대 영동과 잠실지구에서의 개발 열풍이 강동지역으로 넘어간 것이다. 정부는 한강 이북 지역 도심부 인구를 분산하기 위하여 한강 이남 지역을 개발하는 데 목적을 두고 영동과 잠실에 주력하였으나, 영동과 잠실에 인구가 포화상태가 되어서 천호지구의 개발이 [168] 이 불가피하다는 것을 알고 있었다. 또한 서울시에서 발표한 『서울도시기본계획』에서는 불량주택과 부족한 주택수를 짚으며 '매년 4만~5만 호의 주택을 신축해야'[169] 한다고 주장하였다. 이러한 주장은 주택재개발사업의 계기가 되었다. 특히 천호동은 새로 조성된 택지 위에 개발하는 것이 아니라 기존의 시가지에 주택개발사업이 이루어져야 하였기 때문에 대규모 아파트 단지 대신 소규모 단독주택 및 연립주택 형태의 개발이 이루어질 수밖에 없었다. 영동지역은 개발할 땅이 없을 만큼 개발이 포화에 이르렀고 가격도 오를 만큼 올라 투자의 눈길을 다른 곳으로 돌릴 수밖에 없었다. 천호동이 영동지구와 잠실지구 인근에 있어 사업성이 있을 것으로 예상되지만, 곳곳에 지은 소단위 주택으로 대단지 주택을 건설하기에는 비어 있는 땅이 많지 않았다.

1978년에 아파트 지구로 변모할 것이라는 기대감은 둔촌동·명일동·암사동·성내동·길동·천호동 주변으로 아파트 단지들이 들어서면서 예전부터 중심지의 역할을 하였던 천호구사거리 부근과는 상이한 모습으로 나타났다. 여전히 구사거리 인근으로는 상업지로서의 시가지로 남아 있었고, 주변 지역으로 주거지가 형성되고 있었다.

1980년대에는 올림픽 개최도시를 위한 도시환경의 국제수준화와 경기장으로의 도로 연결 등이 서울시의 주요 시책이었다. 그 일환으로 뒷골목 정비사업과 재개발사업을 진행하였다. 천호동은 올림픽 경기장이 들어서는 잠실의 인접 지역으로서 주변 환경 정비 차원에서 여러 개발사업이 이루어졌다. 천호동으로 이어진 올림픽대로는 1987년에 개통한 중부고속도로와 연결하고, 천호동 내 불량주택 재개발사업, 한강공원 천호지구 조성, 천호대로 확장 등 도로망 보완과 도시 미관을 정비하였다.

천호1구역(천호동 19번지 일대)은 불량주택 재개발사업의 첫 완성작으로 1985년에 아파트가 완공되었다. 이후 천호2·3구역(천호동 410번지 일대)은 각각 1988년과 1990년에 주상복합시설로, 사업이 지연되었던 천호4구역(천호동 153번지 일대)과 천호5구역(천호동 425번지 일대)은 1997년에 각각 아파트와 주상복합건물로 탈바꿈하였다. 후발주자로 사업허가를 받은 천호6구역(천호동 566번지 일대)은 1999년에 아파트로 재건축되었다. 재개발사업의 결과는 대상지의 위치에 따라 다르게 나타났다. 구사거리에서 다소 떨어져 있는 1·4·6구역은 아파트로, 2·3·5구역은 저층부 상가와 고층부 주거시설로 구성된 주상복합 형태로 건설되었다. 기존의 중심지에 주상복합건물을 지어 도시 기능적으로 기존의 상업활동을 유지할 수 있도록 한 셈이다. 더욱이 강동구청에서는 천호역이 위치한 천호사거리와 구사거리 일대를 1996년에 상업 및 업무지역으로 변

166 「蠶室지구 開發 착공」, 『조선일보』, 1971년 2월 18일, 7면.

167 「千戶지구 土地去來침체」, 『매일경제』, 1977년 11월 10일 3면.

168 「永東·蠶室·千戶지구 등 江南개발 적극 추진」, 『매일경제』, 1975년 7월 5일, 7면.

169 서울특별시 도시계획과·대지종합기술공사 『서울都市基本計劃: 2000年代를 向한』, 1978, 35쪽.

경하여 강동의 중심으로 개발하겠다는 구정 계획을 발표하였다.[170] 이러한 도시계획 정책의 뒷받침 덕분에 기존의 중심지 역할을 하던 구사거리 부근은 계속 상권을 유지할 수 있었다.

특히 재개발사업은 대형 건설사들의 참여가 활발하였다.[171] 이전의 영동·잠실지구처럼 새로운 택지를 조성하여 개발하는 경우와 달리 이미 시가지를 이루고 있던 천호동에서는 대규모의 유휴부지를 매입하기 어려운 상황이었다. 하지만 불량주택 재개발사업은 저층으로 넓게 퍼져 있는 인접한 불량주택을 철거한 후 대규모 대지에 고층빌딩으로 압축적인 개발을 할 수 있기에 사업성을 고려한 건설사에는 매력적인 사업이었다.

170 「천호동 江東 중심으로 개발」, 『경향신문』, 1996년 7월 16일, 20면.

171 「재개발 참여 부쩍 늘어」, 『매일경제』, 1991년 4월 3일, 17면.

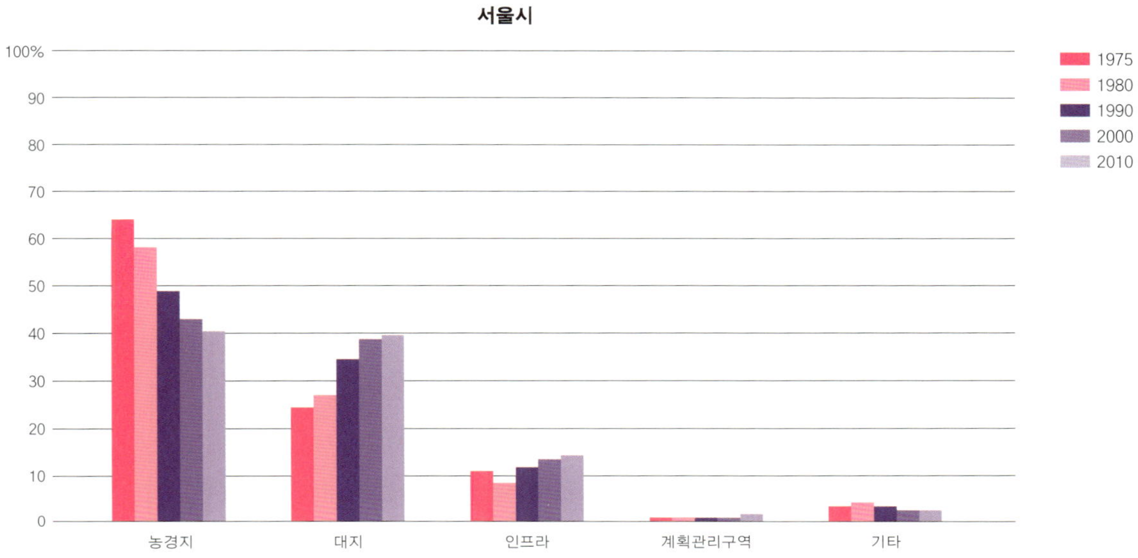

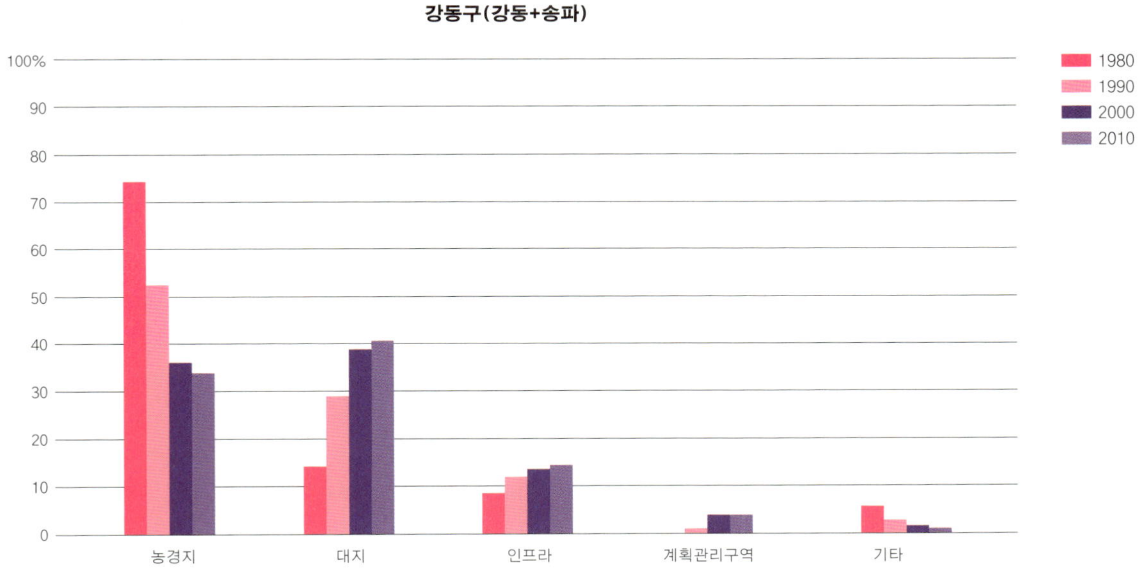

토지용도별 비율 변화
국토교통부, 지적통계

천호동의 개발사업은 영동과 잠실에 비해 다소 늦게 시작하였다. 작은 면적 단위로 이루어졌으나, 서울시 전역과 비교하면 변화 추세에 발맞추고 있었다. 서울시 토지 용도에 따른 비율을 살펴보면 농경지가 점차 감소하는 반면 도시의 기반 시설을 수용할 수 있는 대지와 인프라 용도 비율이 점차 증가하는 양상을 보인다. 이는 서울이 비도시화된 토지 용도에서 도시화된 토지 용도로의 전환이 나타나고 있음을 말한다. 강동구에서도 이와 비슷한 양상을 보인다. 특히 1980년대에서 1990년대로, 1990년대에서 2000년대로의 변화가 가장 두드러지게 나타난다.

천호동은 1970년대 후반부터 서울의 부도심 위상에서 밀려났지만 강동구의 중심지로 명맥을 이어 나갔다. 이 중심에는 기존의 시가지였던 구사거리 주변과 천호역을 중심으로 신시가지를 이룬 천호사거리가 존재한다. 천호역을 지나는 지하철 5호선과 8호선 개통이 있던 1990년대에는 강동구 중심 상권으로 부상하는 천호동이 주목받고 있었다.

> 강동지역 인구 증가에 따른 자연스러운 대단위 상권 형성의 필요성과 함께 최근 오랜 숙원이던 지하철망까지 신설됨에 따라 중심부 재개발지역에 잇따라 건립 중인 주상복합건물을 비롯, 대형 전자상가와 백화점까지 속속 들어설 채비를 갖추면서 새로운 모습으로 변신해 가고 있다.
>
> **「천호동 달라진다 교통~유통의 요지로 부상」, 『조선일보』, 1993년 10월 28일.**

위의 기사를 비롯하여 다른 여러 기록에서 언급하듯이 천호동은 대표적인 상업지역이었다. 당시 언론[172]에서는 천호동이 서울 동부의 유통과 교통의 중심지가 될 것으로 확신하였다. 천호역 일대 상권은 5년 전보다 소매업 매출액이 46.4% 높아져 1,936억으로, 높은 수준의 상권으로 꼽혔다.[173] 특히 지하철 5호선과 8호선이 천호사거리에서 교차하며 천호역이 환승역이 됨에 따라 상권이 활성화될 수 있는 조건을 갖추었다. 이에 강동구는 천호사거리 주변을 강동구 중심의 상업지구로 개발하기 위하여 15만여 평을 상세계획구역으로 지정하고, 천호시장과 천호종합시장 등 재래시장을 현대화하여 도소매업을 중점 개발할 계획이었다.[174] 앞서 1980~1990년대 재개발사업으로 주택을 공급해도, 천호사거리와 구사거리를 중심으로 한 대규모의 상업지역이 존재하고 있었기에 천호동은 상권가로서의 역할이 두드러졌다.

천호동은 점포 임대료가 높은 지역이며 주변부로 아파트 단지가 형성된 명일동과 풍납동 등이 주요 수요층으로 형성[175]되어 있었다. 탄탄한 상권을 지닌 천호동과 천호동 주변으로 생겨난 대규모 아파트 단지는 1990년과 2000년에 조사한 주택용과 상업 및 업무용 건물의 공시지가에서도 드러난다. 천호동은 상업 및 업무용에서 강동구의 다른 행정동보다 월등히 높은 공시지가를 보인다. 반면 주택용은 공시지가가 비슷하거나 낮은 수준이다.

172 「천호동 달라진다 교통~유통의 요지로 부상」, 『조선일보』, 1993년 10월 28일, 27면.

173 「서울 역세권 商圈분석 유통정보硏 보고서 요약 (1)지하철驛 주변 발전 주도」, 『매일경제』, 1994년 7월 25일, 21면.

174 「천호4거리 서울 동북부 거대상권 浮上」, 『경향신문』, 1994년 8월 5일, 21면.

175 「부동산 길잡이 〈22〉 도심부동산⑥ 지하철 개통 땐 초대형 商圈 부상」, 『매일경제』, 1995년 1월 24일 35면.

천호동 인접 행정동의 공시지가 비교

[단위: 천만 원]

구분	주택용			상업 및 업무용		
	천호동	암사동	성내동	천호동	암사동	성내동
1990년	855	858	881	1,613	1,368	1,311
2000년	945	938	978	2,115	1,776	1,777

국토교통부, 공시지가

서울시 〈우리 마을가게 상권분석 서비스〉 데이터를 이용하여 천호동의 소득변화 추이를 2016년부터 2022년까지 살펴보았다. 2016년 이래로 천호동의 소득분위는 크게 변화하지 않았는데, 천호3동은 2016년에 6분위에서 2017년에 7분위로 상승하였다. 이때 가계소득의 6분위는 244만 600~298만 3,558원이며, 7분위는 298만 3,559~374만 1,082원이다. 2016년부터 2022년까지 서울시 전체의 소득과 강동구의 소득이 7분위인 것을 감안할 때 천호1동과 천호2동의 가계소득은 평균을 밑돌고, 천호3동의 가계소득은 평균임을 알 수 있다.

천호동의 소득변화 추이

[단위: 지수]

구분	2016	2017	2018	2019	2020	2021	2022
천호1동	6분위	6분위	6분위	6분위	6분위	6분위	6분위
천호2동	6분위	6분위	6분위	6분위	6분위	6분위	6분위
천호3동	6분위	7분위	7분위	7분위	7분위	7분위	7분위

우리 마을가게 상권분석 서비스(golmok.seoul.go.kr)

천호 구사거리(1970년대)
서울특별시 강동구, 『사진으로 보는 강동사』, 2004, 107쪽

③ 다양한 상업공간

3.1. 천호동 상업의 변화

천호동은 하남·광주·이천·여주 등지에서 서울로 통하는 길목에 자리한 지리적 특수성 때문에 '서울 동부지역의 관문'으로서 청량리·영등포 등과 함께 일찍이 상권이 형성되었다.[176] 천호동 상권 발달에 큰 영향을 미친 것은 천호동의 길, 즉 구사거리와 신사거리이다.

천호 구사거리는 1960년대에 천호시장을 중심으로 형성된 천호동 상권의 옛 중심지다. 천호 구사거리는 6·25전쟁 때 피란민의 유입에 따라 형성되었다. 수천 명의 피란민이 천호동(당시 경기도 광주군 구천면 곡교리)에 유입되어 임시수용소가 들어섰고, 구천면사무소와 지서 등의 관공서가 이곳으로 이전하였다. 유동 인구가 많아지면서 피란민들의 임시 움막은 천호시장의 모체가 되었고,[177] 천호동의 주요 시장이 형성되는 데 핵심 역할을 하였다. 천호동의 시장은 1968년에 천호시장이 허가 개설된 이래 천호신시장, 동서울시장, 동부종합시장 등으로 분화

176 「'천호동 신/구사거리' .. 다양한 업태」, 『한국경제』, 1996년 10월 14일.

177 서울특별시 강동구, 『사진으로 보는 강동사』, 2004, 64쪽.

천호동 구사거리와 신사거리 위치

하였다. 이후 1980년대까지 총 8개의 시장이 형성될 정도로 번성하였다.

김종수(남), 80세, 천호2동 거주

> 천호시장은 피란민들이 와서 만들었다고 봐야 해요. 시장 상인들이 주로 피란민들이었어요. 천호시장이 정말 컸어요. 한때는 경기도 광주, 양평 이런 데서까지 전부 버스를 타고 장을 보러 천호시장에 왔을 정도니까요.

시장과 더불어 제조업 등 천호동의 초기 상업도 발달하였다. 오성섬유, 제일연와 등 크고 작은 제조업 공장이 생겨나면서 피란민들은 천호동에 정착하며 생계를 유지하였다.

김종수(남), 80세, 천호2동 거주

> 6·25 때 황해도 연천, 연백 이런 데서 온 피란민들이 한강 다리 건너 여기 천호동에 정착을 많이 했어요. 공장에서 일하는 사람은 외지인이었죠. 피란 온 사람들이 많이 일했어요. 원주민은 농토를 가지고 있으니까 농사를 지은 거고, 피란 와서 직업이 없는 사람들이 여기 공장에서 일한 거지요.

당시 천호동의 경제 인구를 살펴보면 1960년대 천호동의 상업적 정체성을 확인할 수 있다. 1963년에 서울로 편입될 당시 경제활동 인구의 68.2%가 상업·건설업·서비스업·제조업에 종사하고 있었다. 당시 인근 암사동(43.5%)과 큰 차이를 보인다.

1960년대 천호동과 암사동의 경제 인구 비교

[단위: 명, %]

지역	상업	서비스업	제조업	건설업	합계 (경제 인구)	비율
천호동	427	503	491	85	1,506	68.2%
암사동	128	102	304	20	554	43.4%

서울특별시 내무국, 『서울통계연보: 第四回』, 1964.

상업 분야의 종사자수도 해가 갈수록 늘어갔는데, 1966년은 단 2년 만에 상업 분야 인구가 두 배로 증가하였다. 이는 1960년대 천호동에서 활발한 상업활동이 이루어지고 있었음을 보여준다.

1960년대 천호동의 경제 인구

[단위: 명]

지역	상업	서비스업	제조업	건설업	합계 (경제 인구)
1964	427	503	491	85	1,506
1965	766	646	589	24	2,025
1966	871	1,354	474	144	2,843

서울특별시 내무국, 『서울통계연보: 第四回』, 1964;
서울특별시 내무국, 『서울통계연보: 第五回』, 1965;
서울특별시 기획관리관, 『서울통계연보: 第六回』, 1966.

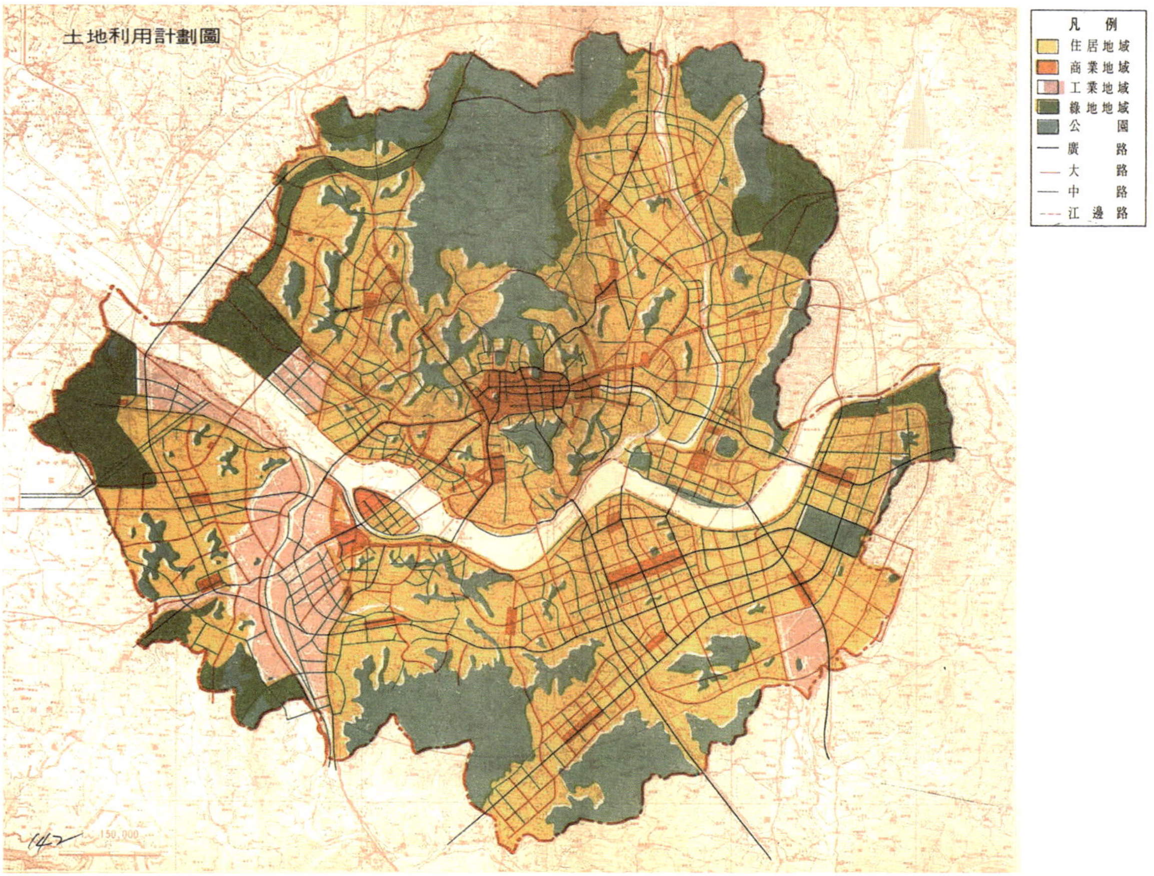

1970년 토지이용계획도
서울특별시 도시기본계획 조정

1960년대에 등장한 이동식 은행은 이러한 천호동의 상업적 특성을 분명히 해준다. 1965년에 국민은행은 은행으로 찾아오기에는 바쁜 상인들을 위하여 금호동과 천호동에 이동은행을 만들었다. 천호동의 경우 당시 문화극장 옆(천호동 419)에 이동은행을 설치하여 시장과 상점 상인들이 지폐를 교환하거나 현금을 입금할 수 있게 소액금융 중심으로 운영하였다.[178]

178 「千戶洞에 '移動銀行' 등장」, 『조선일보』, 1965년 11월 24일, 4면.

천호동이 상업의 요지로 부상하자 서울시는 1960년대 말부터 천호동을 상업지역으로 분류하기 시작하였다. 『서울특별시 도시기본계획 조정』을 살펴보면, 천호동은 1970년부터 종로·여의도·강남 등지와 함께 주요 상업지역으로 지정되었다. 또한 천호동 상업지역이 구천면로를 따라 천호 구사거리 인근으로 표기된 것을 통하여 당시 천호 구사거리가 천호동 상업의 핵심지였음을 분명히 알 수 있다.

1980년대에 이르러서는 천호 문구·완구 거리도 형성되었다. 천호 문구·완구 거리는 1980년 후반에 창신동 문구·완구 거리가 포화상태에 이르자 창신동의 3개 점포가 천호동으로 이전하면서 생겨났다. 당시 구사거리 인근에는 경기와 강원을 잇는 시외버스터미널(현재 대우베네시티)이 있어 지방의 문구·완구 소매상을 대상으로 도매업이 번성할 수 있었다. 이후 1990년대 전성기를 거치면서 창신동·화곡동·영등포·남대문 문구거리와 함께 서울 5대 문구·완구 거리로 성장하였다.

김성기(남), 54세, 문구·완구 거리협회장(명진문구 대표)

> 1980년대부터 2003년까지 거의 전성기였어요. 저희가 일일이 다 못하니까 (중간 상인들이) 여기에서 물건을 떼가서 그분들(소매상)한테 또 물건을 갖다주기도 하고요. 여기까지 나오기 힘드신 분들 위주로 배달도 해주셨죠. 손님이 엄청 많았죠. 아침에 중간 상인이 왔다가 배달 갔다가 다시 오후에 와서 또 가고 이럴 정도로 대단했어요.

한편 천호 구사거리가 천호동의 명동으로 인식되면서 천호동에는 술집·나이트클럽·다방·전자오락실 등 유흥시설이 늘어갔다. 1982년에 야간통행 자유화 이후 새벽까지 영업할 수 있게 되면서 천호 구사거리에는 전자오락실이 무려 10개나 생겨났다. 전자오락실은 유흥가를 찾은 사람들이 집으로 가기 애매한 새벽 시간에 가장 북적였고, 비디오를 상영하면서 술을 판매하는 심야 다방 역시 새벽에도 사람들의 발길이 끊이지 않았다. 유흥시설에서 놀고 난 뒤 집에 들어가기 전에 전자오락실과 심야 다방에 들르는 것이 당시 천호동의 모습이었다.[179]

유흥시설이 늘어남에 따라 천호 구사거리는 10대 청소년들의 일탈 공간이 되기도 하였다. 당시 천호동에는 청소년 전용 다방도 있었다. 청소년 다방은 10대 전용 다방으로 10대들의 취향에 맞춰 구성되었다. 인테리어뿐만 아니라 종업원도 10대로 구성되어 있었으며, 입장료는 음료수 값을 포함해 800~1,000원 정도로 저렴하였다. 하지만 건전함과는 거리가 멀었다. 일반 다방의 DJ 박스 대신 성인 디스코텍의 스테이지나 조명 등을 갖춰 성인 디스코텍 흉내를 냈으며, DJ의 입담으로 청소년의 일탈을 부추겼기 때문이다.[180]

> 어른 손님은 입구 쪽에 앉아 있는 20대 여인 2명뿐이었고, 나머지 좌석은 DJ실을 중심으로 10대의 남녀 중·고생 60여 명이 차지하고 있었으며, 실내는 학생들이 피워대는 담배 연기로 눈이 아렸다. 남학생과 여학생 2명이 머리를 맞대고 수군거리는 모습이 여기저기 눈에 띄었고, 남학생 3명이 건너편 자리에 앉아 있는 여학생 2명에게 메모 쪽지를 건네며 킥킥거리는 모습도 볼 수 있었다.
>
> **「"젊음"이 죽치고 "脫線"이 숨쉬는…… '中·高生 단골 다방 盛業'」, 『조선일보』, 1983년 12월 3일.**

이렇게 1970~1980년대 구사거리를 중심으로 형성된 천호동 상권은 유통산업의 발전과 교통의 발달, 특히 1995년에 지하철 개통과 맞물려 큰 변화를 맞았다. 1995년에 지하철 5호선과 1997년에 지하철 8호선의 개통으로 천호 신사거리 주변에 환승역세권이 형성된 것이다.

1989년에 지하철 5호선 실시설계가 착수되고, 1990년에 지하철 8호선이 착공되면서[181] 천호역을 중심으로 한 천호 신사거리는 강동지역의 새로운 교통 중심지로 떠올랐다. 교통의 요지가 된 천호 신사거리는 강동구뿐만 아니라 송파구와 성동구, 주변 신도시인 구리·하남·분당 일대 318만 명의 유동 인구가 오가는 신흥 부도심 상권으로 부상[182]하였다. 이에 따라 1992년에는 신세계백화점이 목산백화점 측으로부터 20년 장기 임차를 계약하고, 신세계 천호점을 개장하였다. 1년 뒤인 1993년에는 영동백화점이 2호점 개점을 위하여 천호동 부지를 매입하여 백화점 건립을 계획하였다. 천호 신사거리 일대는 백화점과 상가들이 들어서면서 환승역세권 상권으로 인식되었다.

179 「새벽盛業 電子오락실·다방」, 『조선일보』, 1983년 2월 2일 11면.

180 「靑少年 전용 다방 급증」, 『동아일보』, 1988년 1월 25일 11면.

181 서울특별시, 『서울지하철 건설 연혁』, 2000, 21쪽.

182 「신세계千戶店 문열어」, 『매일경제』, 1992년 12월 17 19면.

환승역세권을 이용하는 환승객은 26만 명으로 서울 전체 인구의 14%를 차지하며[183] 천호동 상권의 현대화를 견인하였다. 자연스레 천호동 상권의 무게중심은 유흥·위락시설·전통시장이 있는 구사거리에서 천호 신사거리로 이동하였다. 이러한 흐름에 맞춰 강동구는 1994년에 서울 동북부 거대상권으로 부상한 5호선 천호역과 강동역에 이르는 천호 신사거리 주변 16만 6,000여 평을 상세계획구역으로 지정하고, 강동구의 중심 상업지구로 개발한다는 계획을 세웠다.[184] 상권이 더 확장되자 1996년에는 천호동을 강동구의 중심으로 개발하는 세부 계획을 기존 계획보다 훨씬 넓은 범위인 29만 평(천호동 431 일대 포함)을 대형 업무 빌딩과 상업시설 밀집 지역으로 개발한다고 발표하였다.

강남 상권에서 벗어나 독자적인 강동 상권의 중심이 된 천호 신사거리는 대형 백화점들의 각축장이 되기도 하였다. 1984년에 강동구 최초의 백화점으로 개장한 유니버스백화점은 1990년에는 목산백화점으로, 1992년에는 신세계백화점 천호점으로 재개장하였다. 신세계백화점 천호점은 개장한 이래 연간 1,000억대의 매출을 올릴 만큼 강동 상권의 터줏대감 역할을 하였지만, 1997년에 현대백화점 천호점의 개장으로 하락세를 겪었다. 원래 현대백화점은 영동백화점 2호점으로 출발하였다. 1993년에 영동백화점이 2호점 개장을 위하여 신세계백화점 인근의 455번지 일대 부지를 매입하였으나, 1996년에 나산그룹을 거쳐 1997년에 현대백화점으로 넘어가게 된 것이다. 신세계백화점 천호점의 3배 규모인 연면적 1만 평에 달하는 현대백화점이 새로운 강동 상권의 주인으로 떠오르자 신세계백화점은 결국 1999년에 매출 적자를 버티지 못하고 신세계 이마트로 업태를 전환하였다.

183 「현대-신세계백화점 밀월전선 긴장」, 『한겨레』, 1997년 8월 21일, 9면.

184 「천호4거리 서울 동북부 거대상권 浮上」, 『경향신문』, 1994년 8월 5일, 21면.

3.2. 천호동의 시장

천호동 시장의 형성

1960~1970년대 서울의 시장은 급격하게 늘어났다. 인구의 폭발적 증가와 행정구역의 확장, 산업화와 도시화의 발달 때문이었다. 서울 곳곳에 대형 시장은 물론 중·소시장이 생기고 거래량이 큰 폭으로 증가하였으며, 시장의 양적 확대와 더불어 질적 발전도 나타났다.[185] 서울의 고도성장과 함께 서울의 중심부뿐만 아니라 시내 곳곳에 양질의 시장이 대폭 증가한 것이다. '지역시장 시대'가 본격적인 막을 연 데에는 1960년대 간선도로 확장도 영향이 컸다. 1960년대 서울의 남서부에 남영동, 동부에 신설동과 제기동, 삼선교와 돈암동에 시장이 생겼고, 동남부의 행당동에는 왕십리종합시장이 생겼다. 1970년대 초에는 로터리나 사거리를 중심으로 화양동·천호동·미아동·홍은동 등지에 시장이 들어섰다.[186]

서울시 통계 연보에 따르면 서울의 시장수는 1961년에 37개에서 1970년에 124개로, 1980년에는 256개가 되어 양적으로 괄목할 만한 성장세를 보였다. 1961년을 기준으로 보면 1970년에는 약 2.4배, 1981년에는 약 6배 규모로 증가한 것이다. 시장의 점포 수도 큰 성장세를 보였다. 1961년에는 7,200개에서 1971년에는 1만 6,417개로 1.3배 증가하고, 1981년에는 3만 7,445개로 4.3배 증가하였다.

185 서울특별시사편찬위원회, 『서울의 시장』, 2007, 279쪽.

186 「市場 어제 오늘 그리고 내일 〈9〉 地域시장」, 『매일경제』, 1984년 5월 17일, 11면.

서울 시내 전통시장 현황(1961~1980)

[단위: 개]

연도	전통시장		증감수		증감률	
	시장수	점포수	시장수	점포수	시장수	점포수
1961	37	7,200	-		-	
1962	65	11,444	28	4,244	75.7	58.9
1963	70	13,351	5	1,907	7.7	16.7
1964	75	15,631	5	2,280	7.1	17.1
1970	124	16,417	49	786	65.3	5.0
1971	135	19,714	11	3,297	8.9	20.1
1973	179	26,554	44	6,840	32.6	34.7
1975	195	27,678	16	1,124	8.9	4.2
1976	205	27,628	10	-50	5.1	-0.2
1977	218	29,165	13	1,537	6.7	5.6
1979	225	30,082	7	917	3.2	3.1
1980	256	37,445	1	7,363	13.8	24.5

서울특별시사편찬위원회, 『서울의 시장』, 2007, 279~280쪽을 참조하여 작성하였다.
1965~1969년, 1974년, 1978년의 시장 수는 백화점·상가 수까지 전부 포함된 기록으로 표기에서 제외하였다.

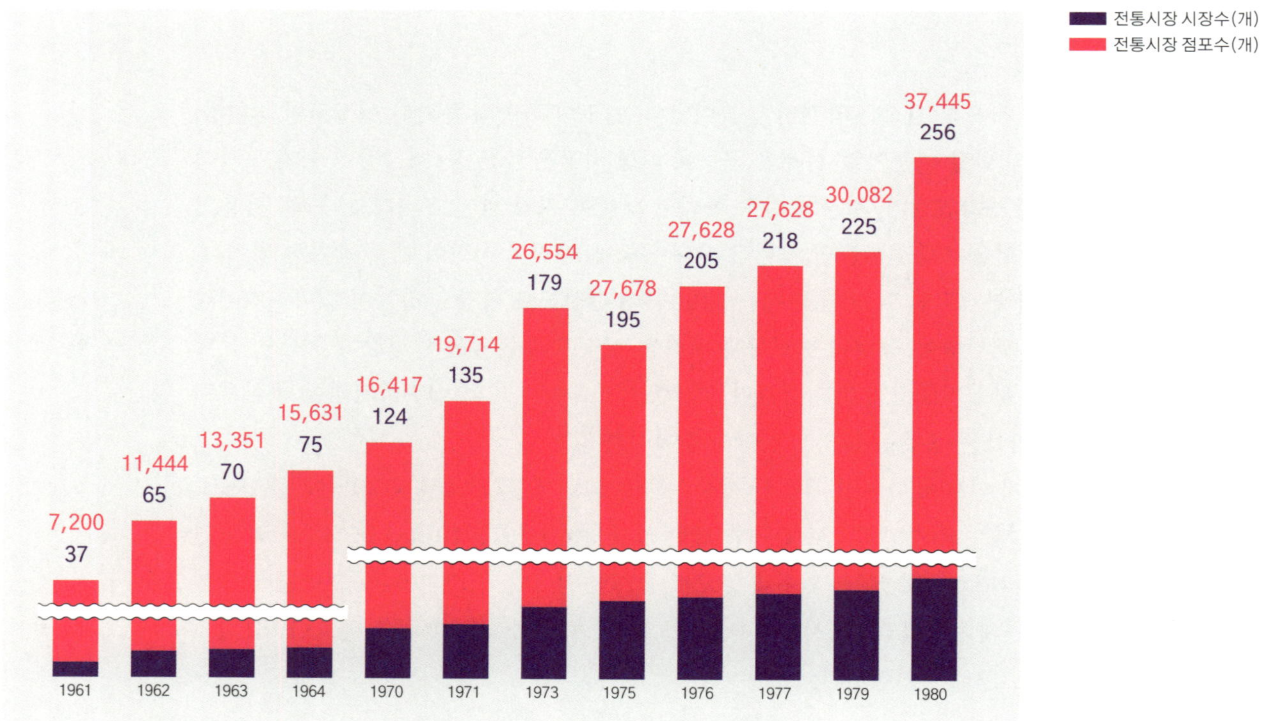

서울시 전통시장 변화 추이(1961~1980)
서울특별시사편찬위원회, 『서울의 시장』, 2007, 279~280쪽을 참조하여 재정리 하였다.

한편 시장의 질적인 성장도 이루어졌다. 도시민 생필품의 유통 및 가격 안정을 도모하기 위하여 시장과 관련된 법규와 유통 체계를 마련한 것이다. 1961년에는 상업조직을 육성하고, 중소상인의 협업 및 조직화를 통하여 소비자를 보호하기 위한 「시장법」이 만들어졌다. 「시장법」은 일제가 조선의 전통시장을 통제하기 위하여 1914년 조선총독부령 제136호로 반포한 「시장 규칙」[187] 이래 최초의 근대적인 시장 육성법이었다. 1973년에는 「농수산물도매시장법」이 제정되었다. 도시민에게 식료품으로 공급되는 농수산물의 수급을 원활히 하고 적정한 가격을 유지함으로써 생산자와 소비자 이익을 보호하고, 국민 생활의 안정을 기하기 위함[188]이었다. 이러한 시장의 육성과 유통에 관한 법률 제정은 전국적이었지만, 서울의 시장과 유통 변화를 우선적으로 고려한 것이기도 하였다.[189] 시장의 육성과 유통 불균형 시정 등을 통하여 인구 과밀화를 겪고 있는 서울 등 대도시 지역의 시민 생활의 편의와 안정을 도모하고자 한 것이다.

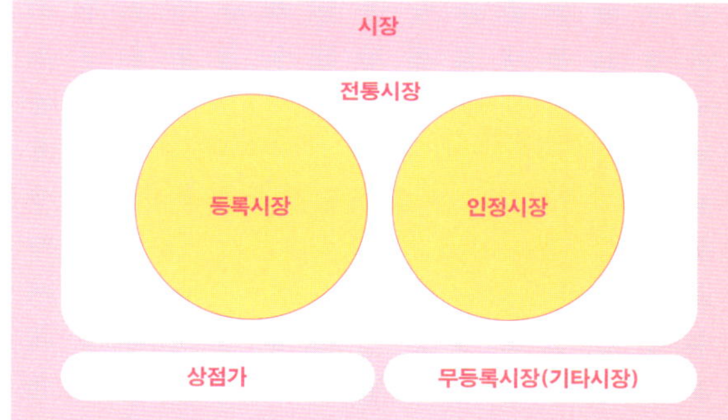

시장 구분도
서울특별시, 『서울시 시장 정비사업의 추진실태와 제도 개선방안』, 2014, 5쪽.

오늘날 시장은 크게 전통시장·상점가·무등록시장으로 분류되는데, 전통시장은 등록 유무에 따라 등록시장과 인정시장으로 구분된다. 등록시장은 「전통시장 및 상점가 육성을 위한 특별법」 제2조 제1항에 따라 「유통산업발전법」 제8조 및 같은 법 제2조 제3호에 따른 대규모 점포로 등록된 시장을 말한다. 인정시장은 등록시장과 같은 기능을 하고 있으나 대규모 점포의 요건은 갖추지 못한 곳으로서 대통령령으로 정하는 기준에 적합하다고 특별자치도지사·시장·군수·구청장이 인정한 곳을 말한다.[190] 등록시장과 인정시장의 차이는 등록시장이 인정시장보다 규모가 크고, 시장수가 많다는 것이다.

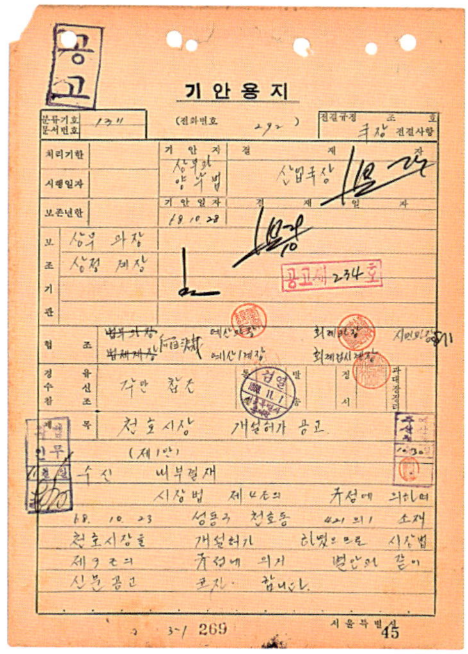

천호시장 개설허가 공고(1968.10.23.)
서울기록원

「유통산업발전법」 제2조 제7호에 따르면 상점가는 일정 범위 안의 가로 또는 지하도에 대통령령이 정하는 수 이상의 도매점포·소매점포·용역점포가 밀집하여 있는 지구를 말한다. 상점가가 시장으로 분류된 계기는 2007년 12월에 개정된 「재래시장 및 상점가 육성을 위한 특별법」과 관련된 것으로 보인다. 이는 2004년 10월에 제정된 「재래시장 육성을 위한 특별법」의 개정안으로, 상점가[191]를 재래시장과 같은 궤도에 놓고 지원책과 육성책을 마련한 법이다. 이로부터 재래시장의 세부적 구분, 즉 인정시장과 등록시장이 생겨났으며 경영 현대화와 시장 정비를 촉진하여 지역 상권을 활성화하는 체계가 마련되었다. 이후 「재래시장 및 상점가 육성을 위한 특별법」의 틀을 기반으로 2009년 12월에 「재래시장 및 상점가 육성을 위한 특별법」이 새롭게 제정되었다. 기존의 시장·재래시장·전통시장으로 혼재되어 사용되던 용어가 '전통시장'으로 통일되었고, 쇠퇴하는 전통시장을 지원·육성하기 위하여 정비사업의 공공성도 강화되었다.[192]

천호동의 시장은 노점에서 시작되었다. 6·25전쟁 이후 고향을 떠나온 피란민들이 임시로 정착한 지역 중 하나가 천호동이었고, 이때 피란민들에 의해 세워진 임시천막이 천호시장의 모태가 되었다. 피란민들은 이전과 다른 방식으로 생계를 유지해야 했고, 그중 하나가 집에

187 신세계백화점, 『한국의 시장 상업사』, 1999, 163~164쪽.

188 국가법령정보센터(https://www.law.go.kr/LSW/lsInfoP.do?lsiSeq=2172&anc#0000), 2022년 8월 30일 검색

189 서울특별시사편찬위원회, 『서울의 시장』, 2007, 278쪽.

190 지역N문화, 『한국시장의 기능과 종류』(https://ncms.nculture.org/market/story/3349?jsi=), 2022년 9월 14일 검색

191 '상점가'란 일정 범위 안의 가로 또는 지하도에 대통령령이 정하는 수 이상의 도매점포·소매점포·용역점포가 밀집하여 있는 지구를 말한다.

192 서울연구원, 『서울시 시장정비 사업의 추진실태와 제도 개선방안』, 2014, 7쪽.

서 기른 채소 등을 노상에 좌판을 열어 판매하는 것이었다. 시간이 지날수록 거래되는 품목은 다양해졌다. 채소뿐만 아니라 쌀·생선·고기·기타 생필품까지 판매되면서 노점 일대는 사람들로 항상 붐비는 시장으로 성장하였다.

천호동에 시장이 공식적으로 등장하게 된 것은 1968년도부터이다. 당시 「시장법」에 의해 개설 허가 된 최초의 시장은 천호동 421-1 일대다. 시장법 규정 제4호에 의하여 1968년 10월 23일 개설된 천호시장은 당시 건평 538평(1,776㎡) 규모의 45개 점포로 시작하여 불과 3년 만인 1971년에는 점포 500개로 급성장하였다.

천호동에 시장이 크게 형성될 수 있었던 주요 요인은 시장의 위치 때문이었다. 천호동의 시장 대부분은 오늘날 천호대로157길과 진황도로가 만나는 천호 구사거리에 자리하였다. 이곳은 구천면로의 결절점(node, 여러 기능이 집중되는 접촉 지점)으로 많은 사람의 교류 활동이 일어날 수 있는 최적의 장소였다. 상업활동의 잠재력을 보유하던 사거리는 피란민의 유입을 기점으로 천호동에서 나아가 강동구의 상업 중심지로 부상하였다.

1966년에 천호동의 시장 일대 측량원도를 살펴보면 구천면로의 결절점과 맞닿은 천호시장(421-1 일대)을 시작으로 천호동의 주요 시장이 형성된 것을 확인할 수 있다. 천호시장을 기준으로 하여 북쪽으로 천호신시장(422-2 일대)이, 더 북쪽으로는 동서울시장(422-1 일대)이 있다.[193] 천호시장(421-1 일대), 천호신시장(422-2 일대), 동서울시장(422-1 일대)이 인접하여 있으며, 천호시장이 발달하면서 천호신시장과 동서울시장으로 점차 분화한 것을 알 수 있다. 특히 천호신시장과 동서울시장은 서로 맞닿아 있을 뿐만 아니라 연결되어 있어 자유롭게 왕래할 수 있었다.

193 생활정보 114(https://life114.co.kr/html/board/view.asp?M_SEQ=577144), 2022년 9월 2일 검색

한편 상업과 혼용된 주거 형태가 시장의 확장에도 영향을 미쳤을 것으로 보인다. 상인들은 시장 인근에 거주하면서 상업에 매진할 수 있었고 천호동 시장 확장에 기여할 수 있었다. 이러한 내용은 고분다리시장 상인의 인터뷰를 통해서 알 수 있다.

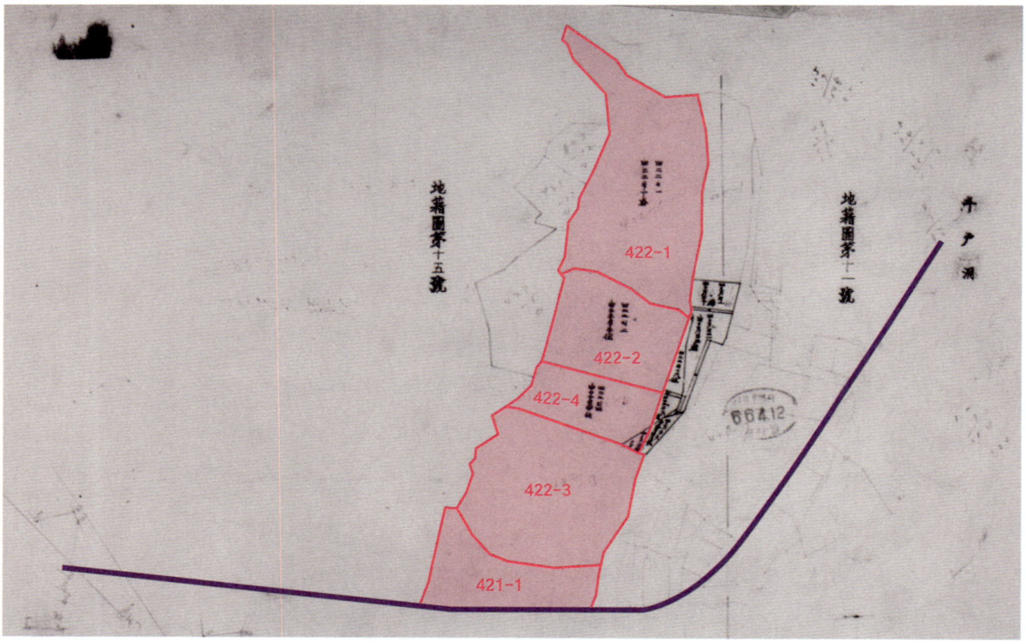

1966년 천호동 시장 일대 측량원도
서울기록원

김종수(남), 80세, 천호2동 거주

구사거리에서 이 골목으로 들어가면 쭉 시장이었어요. 엄청나게 컸죠. 천호시장이 언제부터 생겼냐면 내가 천호동에 1960년부터 살았는데 1960년대 내가 이사 왔을 때도 있었어요. 동서울시장은 이 천호신시장 뒤에 있었어요. 동서울시장하고 천호신시장은 붙어 있었어요.

전안순(여), 66세, 고분다리시장 상인(늘푸른생선 대표)

일단은 먹고살아야 하니까…. 이(고분다리) 골목에 사람들이 좀 많이 다니는 것 같아서 여기에 방 한 칸 얻어 장사를 시작한 거예요. 손님들이 오면 바로 달려가서 장사를 할 수 있으니까 편했죠. 천호시장도 처음에는 다 그랬을 거예요.

천호동 시장의 절정과 쇠퇴

1968년에 천호시장 개설 허가가 난 이래 천호동의 시장은 지속적으로 성장하였다. 동서울시장·동부종합시장·천호신시장이 1970년대 초에 문을 열었고, 이후 계속 늘어나 1980년대 초까지 총 8개의 시장이 형성되었다.

시장이 확장·분화되거나 새롭게 개장하는 동안 천호동 시장은 자연스럽게 천호동 상권의 중심이 되었고 전성기를 맞았다. 1968년 개설 당시 45개 점포에 불과하던 천호시장은 1971년에는 약 10배로 규모가 확장되면서 점포 500개의 대형 시장으로 급성장하였다. 또한 천호신시장도 200여 개의 점포로 규모를 늘리면서 세력을 키워나갔다.

천호동의 시장이 채소, 일용품 등 유사한 물품을 취급함에도 천호시장과 천호신시장 등 여러 시장으로 구분된 채 운영된 이유는 시장의 이권 대립 때문이었다. 시장이 성장함에 따라 상인들 사이에서 분쟁이 일어났고, 그 결과 시장 상인의 일부가 분리되어 인근에 시장을 새롭게 개설하였던 것이다.

천호동 시장 형성 흐름도

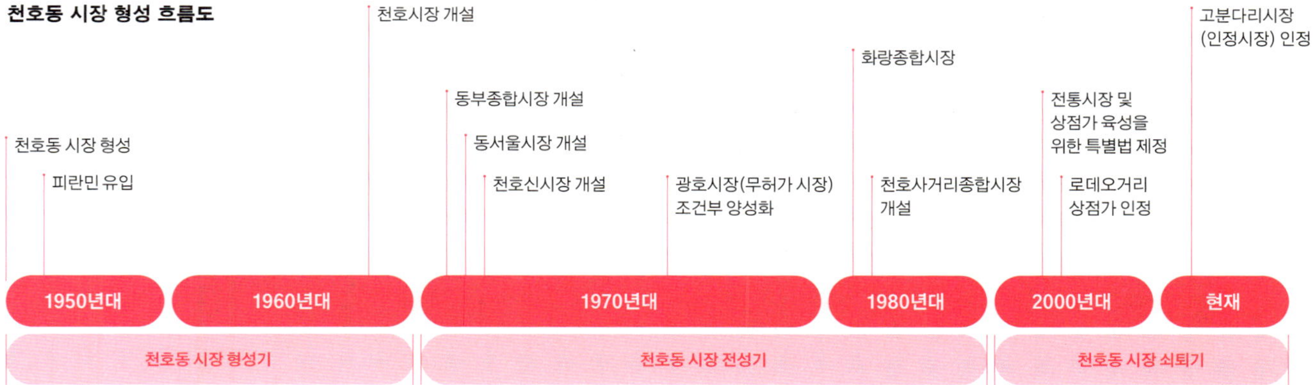

이현영(남), 50세, 고분다리시장 상인(솔떡방 대표)

천호시장하고 천호신시장은 사람들이 똑같았어요. 천호시장과 천호신시장이 구분된 건 상인회 때문이에요. 천호시장 상인회에서 싸움이 벌어져서 신시장이 만들어진 거죠. 신시장 법인을 새로 설립할 때 새로운 상인회가 만들어지고, 그래서 두 시장이 분리되었다고 보면 돼요.

천호시장
서울특별시 강동구, 『사진으로 보는 강동사』, 2004, 114쪽.

천호신시장
서울특별시 강동구, 『사진으로 보는 강동사』, 2004, 115쪽.

동부종합시장과 천호사거리종합시장 등 현대식 시설을 갖춘 종합시장도 개설되었다. 동부종합시장은 건평 3,200평, 점포수 600개의 냉난방시설을 갖춘 최신의 현대식 3층 건물로 지어진 시장이었다. 1970년 당시로서는 시장·예식장·피로연 홀이 합쳐진 새로운 개념의 시장 형태였다. 시장의 1층에는 양품부·식료품부·잡화부·귀금속부·전기상품부 등이 자리하였다. 2층에는 2,000여 명을 수용할 수 있는 예식장과 60여 대의 주차장 시설이, 3층에는 회갑연과 피로연을 주로 하는 홀이 있었다.

한편 정식 허가를 낸 시장 주변으로 무허가 시장도 나타났다. 시장이 발달함에 따라 장사가 잘되는 길목에 불법 건물을 지어 영업하는 시장들이 늘어난 것이다. 이러한 시장들이 단속의 대상이 되기보다는 임시 개장 허가까지 받으면서 세를 늘려나간 것으로 보인다. 동부종합시장 인근의 무허가 시장이 그 예다. 1977년부터 동부종합시장의 주위 공터와 큰길 건너 공터 2,000평에는 판자와 천막으로 지은 임시점포 40여 개가 영업하는 무허가 시장이 있었다. 시장은 관할 천호출장소로부터 김장시장 개장 허가까지 받아서 영업하였으며, 무허가인데도 동부종합시장과 임대 계약을 체결해 영세 상인들에게 점포를 빌려주기도 하였다.

이러한 무허가 시장으로 인하여 정식 허가 시장의 피해가 잇따랐다. 1977년 동아일보 기사에 따르면 당시 서울시가 풍납동에 178 공터 3,500여 평에 천호청과물시장 개장을 허가하였으나, 불과 500m 떨어진 무허가 시장의 임대 상인들이 영업하며 정식 청과물 시장 영업에 손해를 끼쳤다는 사실을 알 수 있다.[194]

194 「千戶洞 無許市場 버젓이 營業」, 『동아일보』, 1977년 12월 1일, 7면.

무허가 시장은 인근 허가 시장 상인과의 상업적 문제뿐만 아니라 화장실 미확보와 소방시설 부재 등의 환경 관련 문제도 있었다. 또한 바가지요금과 불량식품 판매 등의 소비자 권리보호 문제도 있었다. 이에 서울시는 1975년에 무허가 시장 일부를 조건부 양성화하였다. 심의를 거쳐 소방시설과 공익시설 등을 마련하는 조건으로 시내 44개 무허가 시장 중 총 26개의 무허가 시장을 합법화하였다. 이때 천호동의 무허가 시장인 광호시장(천호동 420-1)도 양성화되었다.

1970년 현대식 상가로 발족한 동부종합상가
「市場 어제 오늘 〈14〉 千戶시장」, 『경향신문』, 1971년 12월 18일, 6쪽.

1974년 개정 서울특별시 전도

> 서울시는 8일 시설개수 등의 조건을 붙여 26개 무허가 시장을 양성화하기로 하였다. 시 당국자는 무허가 시장에 대해 소방시설 및 공익시설을 갖추도록 하여 시민의 생명과 재산을 보호하고 불량상품과 바가지 판매를 근절시키기 위하여 이 같은 조처를 하였다고 밝혔다. 이번에 양성화되는 시장은 작년 4월 1일부터 시장 개설 허가를 요구해 온 44개 무허가 시장 중 도시계획에 저촉되지 않는 곳이다.
>
> 「26개 무허가 시장 조건부 양성화」, 『조선일보』, 1977년 12월 1일.

천호동의 시장 발달 요인은 크게 3가지로 구분할 수 있다. 첫째, 피란민 유입과 같은 급격한 인구 증가이다. 천호동에는 6·25전쟁 이후 수많은 피란민이 정착하면서 상업 관련 경제 인구가 폭발적으로 늘어났다. 외부 인구의 유입은 상업, 특히 시장의 발달을 촉발하였고 상업의 발달은 다시 새로운 인구의 유입을 가속화하는 순환 체계가 형성되면서 천호동의 시장은 크게 성장하였다.

심우민(남), 63세, 천호동 거주

> 전쟁 초기에 피란민들이 여기 천호동에 많이 늘어났대요. 그러니까 피란민들이 기존 마을 쪽은 못 오고 천호동성당 그쪽 언덕 같은 곳에 움막을 짓고 추위를 피하고 그랬대요. 또 살아가려니까 장사도 하고요.

둘째, 서울 중심부와 경기도를 잇는 지리적 이점도 크게 작용하였다. 천호동은 예로부터 하남·광주·이천 등 경기도와 서울 시내를 연결하는 관문의 역할을 하였다. 경기도에서 서울 중심부에 도달하려면 천호동을 거쳐야 하였던 것이다. 원래 경기도 광주군 구천면에 속하였던 천호동이 1963년에 서울시 재정비계획에 의해 서울시로 편입된 것도 천호동이 일종의 결절지 역할을 하였기 때문이다.

지정학적 위치와 관련하여 시외버스터미널의 역할도 중요하였다. 버스가 주요 이동 수단이었던 1960~1970년대 시장이 위치한 구사거리 인근에 시외버스터미널이 자리하였다. 터미널에는 서울에서 경기도와 충북을 오가는 사람들로 항상 붐볐다. 1971년 신문 기사를 보면 동부종합시장의 개설 배경 중 하나가 시외버스터미널이라는 것을 알 수 있다. 당시 시외버스터미널의 왼쪽에 개설되었던 동부종합시장은 터미널이 옆에 있어 천호동 9만여 주민뿐만 아니라, 인근 경기도 30만여 주민을 후배지의 고객으로 삼았다는 것[195]이다. 천호동의 시장 상권은 천호동뿐만 아니라 인근 경기도까지 포함할 만큼 매우 넓었다는 것을 알 수 있다.

195 「市場 어제 오늘 〈14〉 千戶시장」, 『경향신문』, 1971년 12월 18일, 7면.

셋째, 성동시장 등 서울 시내 시장에 채소를 중계하는 중계 활동이다. 천호시장과 천호신시장은 채소류·식료품부·잡화부 등이 주를 이루는 시장이었고, 오랜 고객에게 저렴하게 많이 파는 박리다매를 특징으로 성장하였다. 이 때문에 대부분 점포는 규모의 크기와 상관없이 대도매상이나 생산자와 직접 연결되어 중간 이익을 없애는 방식을 채택하였다. 이는 자연스럽게 서울 시내 시장과 연결하여 채소를 싸게 많이 파는 중계 활동을 가능하게 하였고, 천호동 시장이 성장하는 데 중요한 역할을 하였다. 실제로 천호신시장은 광주와 이천 등 지방의 채소류를 중간 도맷값으로 받아 동대문의 성동시장에 중계해 주는 채소류 중간집산지로 유명하였다.

> 천호신시장[사장 김삼녹(45세)]의 200개 점포는 자기자본을 가지고 자기 가게에서 장사하는 이곳의 대표적인 중류층 모범시장이다. 오랜 고객에게 많이 팔아야만 유지가 되는 박리다매의 전통이 서 있다. 천호동 개발붐이 일기 전부터 10여 년의 전통을 가진 이 시장은 광주, 이천, 여주 등지에서 생산되는 지방의 채소류를 중간 도맷값으로 받아 서울의 동대문 성동시장에 중계해 주는 채소류 중간집산지로도 널리 알려져 있다.
>
> 「市場 어제 오늘 〈14〉 千戶시장」, 『경향신문』, 1971년 12월 18일.

1980년대 초반까지 천호동의 시장은 8개나 형성될 정도로 커졌고 서울 시내의 다른 시장보다도 질 좋고 값싼 상품으로 많은 소비자를 끌어들였다. 1982년에 소비자보호단체협의회가 밝힌 생필품 가격조사를 살펴보면 천호시장의 생필품 가격을 확인할 수 있다. 당시 협회는 서울 강남구와 강동구에 위치한 암사·천호·잠실1단지·도곡·영동 등 6개 시장에서 32개 생필품, 45개 품목을 대상으로 가격을 비교하였다. 결과에 따르면 천호시장의 가격이 가장 안정되었고 영동과 도곡시장의 가격은 기복이 큰 것으로 조사되었다. 1980년대 초반까지만 해도 천호시장의 생필품 가격은 당시 강남구와 강동구 중에서 가장 안정된 가격을 유지하였다.[196]

전성기를 달리던 천호동의 시장은 1980년대 초중반부터 부침을 겪는다. 시장에 빈 점포가 늘기 시작한 것이다. 경기 침체로 매출이 부진한 데다 시장 주변의 노점상이 늘어나 손님이 시장 안으로 들어오지 않게 되자 상인들의 점포 해약이 증가하였다. 1982년 한 기사에

196 「천호시장 商品 값 가장 安定勢 유지」, 『매일경제』, 1982년 11월 17일, 10면.

천호시장 내부
서울특별시 강동구, 『사진으로 보는 강동사』, 2004, 114쪽.

천호 구사거리의 노점상들
서울특별시 강동구, 『사진으로 보는 강동사』, 2004, 121쪽.

따르면 노점상에 의한 영업 부진으로 시장 내 점포 해약이 증가하고 있는 대표적인 시장이 천호시장으로 천호시장의 점포는 7~15%까지 빈 상태였다.[197]

부침을 겪던 천호시장이 쇠퇴하게 된 배경으로는 1989년의 시외버스터미널 이전을 꼽을 수 있다. 1986년에 서울시는 동마장시외버스터미널과 천호동 영업소를 1987년 하반기에 완공될 예정인 성동구 구의동에 위치한 동부시외버스터미널로 이전한다는 계획을 발표하였다. 1986년 한 기사를 참고하면 경북 안동·상주 지역과 충북 음성·청주 등을 운행하는 동마장시외버스터미널과 성남을 비롯한 경기도를 운행하는 천호동 영업소가 함께 동부시외버스터미널로 이전·통합하였다는 것을 알 수 있다. 102개 노선에 418대가 이용하는 거대 시외버스터미널[198]이 탄생함으로써 마장동 일대와 천호영업소 부근의 심각하였던 교통체증이 크게 줄어드는 효과[199]가 나타났다. 하지만 시외버스터미널을 통하여 경기·충북까지 연결된 배후 상권망을 빼앗아감으로써 결국 천호동 상권이 축소되는 결과를 초래하였다.

또한 시장에서 종합상가·백화점 상권으로 넘어가는 시대적 흐름도 있었다. 당시 지속적인 경제성장으로 인한 소비성향의 고급화와 유통산업의 발달은 소비자의 구매패턴을 변화시켰다. 시장보다는 상가나 백화점이 큰 폭의 성장세를 보인 것이다.[200] 시내 상거래의 상권을 주도하고 있던 천호동의 시장은 1970년대부터 이어진 개발붐과 함께 장악력을 점차 상가와 백화점에 빼앗겼다. 이러한 추세는 1980년대 초중반부터 본격적으로 시작되었다.

더불어 1990년대 지하철의 개통으로 상권의 축이 구사거리에서 신사거리로 이동하게 된 것도 중요한 요인이다. 1995년에 지하철 5호선과 1997년에 지하철 8호선이 개통함으로써 환승역 구간인 지하철역 인근은 '천호 신사거리'로 불리면서 새로운 상권 축을 형성하였다. 1994년에 강동구는 5호선 천호역과 강동역에 이르는 천호 신사거리 주변 16만 6,000평을 상세 계획 구역으로 지정하고, 구 중심의 상업지구로 개발한다는 계획을 발표하였다.[201]

197 「시장 임대점포 해약 늘어」, 『매일경제』, 1982년 3월 18일, 10면.

198 「九宜 東部버스터미널 6월 着工」, 『동아일보』, 1986년 1월 27일, 10면.

199 「馬場시외터미널 移轉」, 『경향신문』, 1989년 8월 26일, 13면.

200 서울특별시사편찬위원회, 『서울의 시장』, 2007, 299쪽.

201 「천호4거리 서울 동북부 거대상권 浮上」, 『경향신문』, 1994년 8월 5일, 13면.

2006년 천호동 시장 관련 뉴타운 지역 표기도

무엇보다도 천호동의 시장 쇠퇴에 결정적 영향을 준 요인은 2003년 천호뉴타운사업이었다. 천호뉴타운사업은 집창촌을 포함한 천호동 일대 12만 4,630평 규모의 재개발사업으로 주상복합시설 건립과 녹지율을 40%까지 확대하여 천호동을 주거 중심 타운으로 탈바꿈하는 내용을 담았다.[202] 이후 주민 갈등으로 지지부진하다가 2017년에 천호2구역이 가장 먼저 관리처분계획[203] 인가를 받았다. 이후 천호1구역이 2019년, 천호3구역이 2020년에 관리처분계획 인가를 받았다.

천호동 재개발사업은 지역 전체로 보면 강동구 중심지로서의 위상을 되살리는 자구책이었지만, 이미 낙후되고 있는 천호동의 시장 상권을 무너뜨리는 결과를 초래하였다. '천호동 텍사스'라고 불리는 423번지 집창촌과 천호동의 주요 시장(천호시장, 천호신시장, 동서울시장)이 위치한 곳이 천호1재정비촉진구역(약 1만 1,648평)이었기 때문이다.

1990년대 후반부터 2000년 초반까지 천호동의 시장은 노후화되고 낙후되고 있었다. 손님이 많이 찾지 않게 되자 빈 점포는 자연스레 늘어갔다. 2005년의 천호뉴타운 개발 구상(안)에 따르면 천호시장의 점포수는 35개, 천호신시장의 점포수는 120개, 동서울시장의 점포수는 65개였다. 천호시장의 경우 전성기 시절인 1971년의 점포수 500개를 감안해 보면 90% 이상이 감소한 수치이다.

202 「재래시장 3곳에 복합쇼핑몰」, 『조선일보』, 2004년 12월 8일

203 관리처분계획은 재건축되는 건축물에 대한 조합원별 분담금 등 사업의 권리 배분을 결정짓는 단계로서 철거·착공 전 마지막 행정절차이다. 인가 이후 주민 이주가 이루어지면 바로 착공에 들어갈 수 있다.

2005년 천호동 주요 시장 현황

시장명	면적(m^2)	점포수/층수	소유주
천호시장	1,421	35개 업소/2층	2인(법인 1, 개인 1)
천호신시장	7,312	120개 업소/2층	10인(법인 1, 개인 9)
동서울시장	4,641	65개 업소/1층	개인 120인

강동구, 『천호뉴타운 개발 기본구상(안)』, 2005, 89쪽.

슬럼화되어 가는 동서울시장
서울영상위원회

김영권(남), 46세, 고분다리시장 상인회 회장

> 저도 몇 년 전에 천호시장에 들어가 봤지만, 그 천막 지붕이 너무 깜깜해 가지고 완전 그 옛날, 진짜 몇십 년 전 그런 방식이었거든요. 그러니까 이제 거기에 사람들이 무서워서 못 들어가는 구조였어요.

재래시장 형태로는 더 이상 살아남을 수 없다고 판단하여 천호신시장의 소유주(대상그룹의 계열사인 미성교역)는 천호신시장에 새로운 성격의 쇼핑센터 건립을 추진하였다. 백화점 등 대형 쇼핑센터가 등장함에 따라 재래시장을 새롭게 개발하려는 움직임이 일어난 것은 1990년대 말부터이다. 1999년에 시장 관계자는 천호신시장 주변에 현대백화점 등이 들어서면서 시장 내 빈 점포가 지속적으로 늘어나고 있어 현재 상태로 둘 수 없으며, 밀리오레·두산타워 등과 같이 특정 테마를 지닌 대형 쇼핑센터로 개발할 필요성이 있다[204]고 밝혔다. 낙후되고 노후화되는 시장을 당시 인기가 높았던 의류 쇼핑몰 형태로 재개발하여 시장에 새로운 변화를 가져오고자 한 것이다.

204 「대상 천호동에 대형 쇼핑몰 건립 추진」, 『매일경제』, 1999년 5월 26일, 19면.

낙후된 천호동의 주요 시장은 2003년 천호 뉴타운 재개발사업을 기점으로 관리되지 않고 슬럼화되어 갔다. 이로 인해 이곳을 수십 년간 삶의 터전으로 삼았던 시장 상인들의 저항이 있었다. 2019년에는 천호1재정비촉진구역 관리처분인가로 천호신시장을 떠나야 하였던 상인들의 생존권 시위가 있었다. 당시 천호신시장 상인회의 회장(유보영)은 이주를 위하여 없던

재정비계획에 대한 천호동 시장 상인들의 저항 흔적
https://zomzom.tistory.com/4352, 2022년 9월 7일 검색

권리금까지 지불해야 하는 상황을 천호1구역 조합·부지 소유주에게 호소하였다.

> 천호신시장 상인들은 올해 10월 말까지 이곳을 떠나야만 한다. 재개발 조합 관계자는 "원래는 올해 5월 16일부터 8월 15일까지가 기한이었으나 조금 더 시간을 드렸다"고 하였다.
> 유보영 천호신시장 회장은 "이주를 하려고 부동산에 알아봤더니 평소에는 없던 권리금이 갑자기 생겼다고 하더라"면서 "수천만 원에 달하는 권리금을 내면 계약금과 보증금은 어떻게 내느냐"고 호소하였다.
> 「"떠나고 싶어도 떠날 수 없어요"…천호신시장에 무슨 일이?」, 『뉴스핌』, 2019년 10월 12일.

결국 천호신시장의 상인들이 2020년 4월 23일에 이주를 완료하자 재정비 사업은 같은 해 7월 2일 착공에 들어갔다. 1960년대부터 천호동 상권의 핵심 역할을 해왔던 구사거리 인근의 천호동 시장은 역사의 뒤안길로 사라지게 되었다. 시장이 사라진 후 지역주민들은 대체적으로 '불편하다' 또는 '아쉽다'라는 반응을 보였다. 그 자리에는 2023년 말경을 목표로 2만 7,510㎡의 부지에 지상 40층짜리 4개 동 주상복합아파트 999세대, 오피스텔 264호, 상업 및 업무시설 등이 들어서는 주상복합단지가 들어설 계획이다.

윤동욱(남), 44세, 이마트 종사자

> 천호동은 동네 자체가 노후화가 되다 보니까 시장 문화에 많이 익숙하신 분들이 많아요. 이 동네에 사는 분들 중에는 걸어서 인근의 시장을 다니는 사람들이 많았거든요. 그래서 없어졌을 때 사람들이 많이 아쉬워했죠.

고분다리 전통시장 입구

천호동 시장의 위기와 새로운 가능성을 여는 고분다리시장

2020년을 기점으로 천호 구사거리에 있던 천호동의 주요 시장들이 사라졌지만, 천호동의 시장 전부가 사라진 것은 아니었다. 천호동 시장의 명맥은 구사거리에서 조금 떨어진 고분다리시장이 잇게 되었다. 181개 시장의 위치를 표시한 서울시 시장 분포도(2020)[205]를 살펴보면 천호동에 남아 있는 유일한 전통시장이 고분다리시장이다.

205 서울도시연구, 『서울시 전통시장 변화의 영향요인 탐색과 정책적 함의』, 통권 제22권 제4호, 2021, 27쪽.

서울시 시장 분포현황(2020)

시장 수	법정동(명)
7곳	신림동, 화곡동
6곳	봉천동
5곳	신당동, 미이동
4곳	전농동, 창신동, 자양동, 상도동
3곳	면목동, 창동, 목동, 수유동, 답십리동, 제기동, 구로동, 시흥동, 신길동, 신월동
2곳	방배동, 묵동, 망우동, 청량리동, 신정동, 중곡동, 종로6가동, 성산동, 황학동, 정릉동, 응암동, 신공덕동, 암사동, 아현동, 천호동, 독산동

서울도시연구, 『서울시 전통시장 변화의 영향요인 탐색과 정책적 함의』, 2021, 28쪽.

고분다리시장은 인정시장에 해당하는데, 인정시장은 등록시장과 같은 기능을 하고 있으나 대규모 점포의 요건은 갖추지 못한 시장이다. 천호동 393-33 일대에 위치한 고분다리시장은 농산물·축산물·수산물·가공식품 등을 취급하는 전통시장이다. 시장 상인들에 따르면 이곳 역시 유서 깊은 천호동의 주요 시장들처럼 1960년대부터 시장으로서 역할을 해 왔다. 하지만 처음부터 시장으로 인식된 것은 아니었다. 단지 유동 인구가 많은 골목으로 길목이 좋아 상권이 자연스럽게 형성되었다고 인식한 듯하다. 이 때문에 골목 시장으로 불리다가 2011년에 인정시장이 되면서 고분다리 골목 시장으로, 약 3년 뒤에는 고분다리 전통시장으로 명칭이 변경되었다.

서울시 시장 분포도
서울연구원, 『서울시 전통시장 변화의 영향요인 탐색과 정책적 함의』, 2021, 27쪽.

천호동 시장 위치도

김영권(남), 46세, 고분다리시장 상인회 회장

> 고분다리시장이 2011년에 인정시장이 되긴 했지만, 1960~1970년대부터 있었다고 해요. 여기가 출퇴근하는 사람이 많으니까 골목으로 유동 인구가 워낙 많아서 상권이 자연스럽게 생겼어요. 그래서 예전에 골목 시장이라고 많이 했었거든요. 누가 의도적으로 만든 시장이 아니라 자연스럽게 유동 인구 많으니까 만들어졌던 거죠.

전안순(여), 66세, 고분다리시장 상인(늘푸른생선 대표)

> 그때는 시장이라고 볼 수 없었고 그냥 골목인데, 시장처럼 사람들이 이용했어요. 그냥 골목이었다가 활성화되고 상권이 생긴 거예요.

구사거리에 위치한 천호동의 주요 시장과 달리 고분다리시장이 살아남게 된 요인은 위치 때문이다. 천호동 텍사스와 맞닿아 있던 구사거리 쪽 시장은 재개발 대상이 되었지만, 상권의 중심지에서 벗어나 있었던 고분다리시장은 살아남을 수 있었다. 또 고분다리시장의 현대화 사업 등 지속적인 관리의 영향도 컸다. 인정시장이 되면서 구청의 지원으로 아케이드·지붕·조명·간판이 새로 설치되고 주차장도 만들어졌으며 온누리상품권도 취급할 수 있게 되었다. 관리가 체계적으로 이루어지자 권리금이 생길 정도로 시장이 안정화되었다.

현대화 사업이 진행된 고분다리시장

이헌영(남), 50세, 고분다리시장 상인(솔떡방 대표)

> 천호시장 자체가 슬럼화가 됐잖아요. 관리하는 회사가 임대료를 받으면서 신경을 제대로 안 쓴 거죠. 사실 고분다리시장도 이렇게 보면은 볼 건 없지만, 과거에는 진짜 더 볼 거 없었어요. 그런데 지금 이렇게 아케이드도 하고 현대화 시설을 갖추고 해서 많이 나아진 거예요.

한편 고분다리 전통시장은 구사거리에 있던 시장 상인들의 새로운 터전이 되었다. 수십 년간 생계를 이어오던 시장이 2020년에 사라지자 활동의 무대를 고분다리시장으로 옮긴 것이다. 현재 고분다리시장에서는 구사거리 쪽 시장 상인 일부가 이전해서 영업하고 있다. 천호신시장에 있었던 생선가게인 '구천상회'와 천호시장의 기름집인 '엄마기름집'이 대표적인 예이다. 당시 보상금을 받으려고 남아 있던 상인들을 제외하고는 많은 상인이 고분다리시장으로 옮겨와 빈 점포 자리를 메꿨다. 현재 고분다리시장은 빈 점포가 없을 뿐만 아니라 상인회에 가입하려면 대기를 해야 할 정도이다.

고분다리시장은 상인들뿐만 아니라 도보로 시장을 보러 다니는 천호동 주민의 대안이 되었다. 구사거리 쪽에 있던 주요 시장이 사라지자 천호동 주민들은 고분다리시장을 이용하게 된 것이다. 주민들은 대형 마트에서도 장을 보지만, 걸어서 이동할 수 있는 인근의 시장에서 장을 보는 문화에 익숙하다. 이 때문에 천호동의 주요 시장이 사라지자 '쪼그라들었어도 있는 것과 없는 것은 천양지차라 세상이 점점 힘들어진다'[206] 라고 아쉬움을 토로하며, 고분다리시장을 이용하였다.

206 「천호동 골목에서 마주친 기억 너머 영원의 시간」, 『주간경향』, 2021년 6월 11일.

낮은 임대료 덕분에 저렴한 물건값을 유지하는 고분다리시장

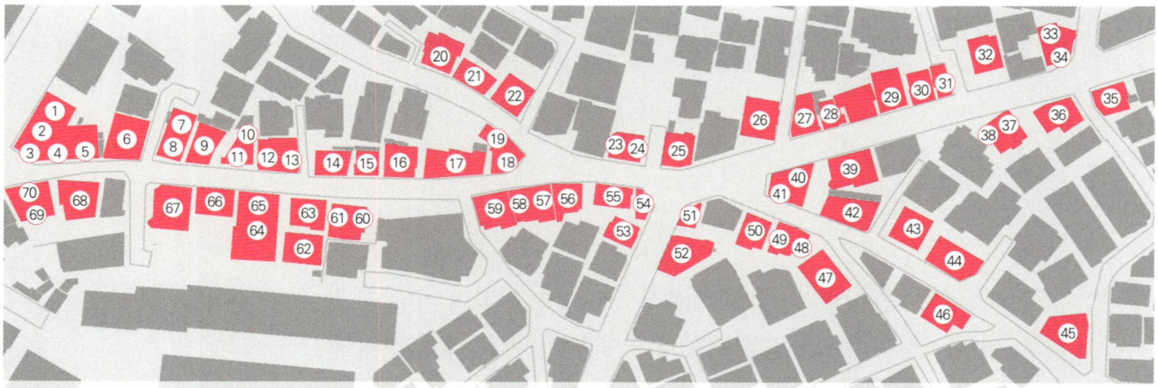

1. 빨간여우떡볶이
2. 뚜레쥬르
3. 강동농협365
4. 우리약국
5. 민속떡집
6. 과일머꼬
7. 요술장화
8. 지도리치킨
9. 용가리축산
10. 두부명가
11. 솔떡집
12. 굿썸
13. 행복가득찬
14. 만나수제어묵
15. 쓰리세븐
16. 도니네족발보쌈
17. 엄마기름집&방앗간
18. 천금당
19. 무무국수
20. 방울방울세탁
21. 국내산돼지고기찌개방
22. 박숙희헤어샵
23. 그랑프리베이커리
24. 세니떼뷰티샵
25. 삼거리이발관
26. 고분철물전기
27. 탐나네일
28. 고분열쇠수리
29. 할머니사철탕
30. 용현짬뽕
31. 친구덮밥
32. 강화상회
33. 고향농산
34. 쪽갈비를굽닭
35. 깐풍기치킨
36. 멋쟁이명품세탁
37. 부흥지물포
38. OK컴퓨터
39. 청진동해장국
40. 우리한의원
41. 마켓유
42. 멕시칸치킨
43. 삼첩분식
44. 소담왕국시냉면
45. 꾸덕트
46. 석희미용실
47. 감동집
48. 유정이네해물탕
49. 남도쌀직판장
50. 강동건강원
51. 돼지소개소
52. 아람숯불바베큐
53. 고흥선어회맛집
54. 종로곱창
55. 방울이팥칼국수
56. MZ원앙이불
57. 소나기분식
58. 남해건어물
59. 털보네정육점
60. 가게이름은섬강
61. 빈이네야채
62. 왕호떡
63. 백만장자전집
64. 다독다독
65. 트립티
66. 늘푸른수산
67. 해바라기마트
68. 총각네
69. 이태리제화
70. 강동커피호프

고분다리시장 점포 배치도

고분다리시장은 크게 4가지 강점을 가지고 천호동 시장의 새로운 가능성을 모색하고 있다. 첫째, 저렴한 물건값과 임대료이다. 고분다리시장은 채소·과일·생선값이 다른 시장보다 저렴하다. 고분다리시장 인근에서 장사하는 사람 대부분이 이곳에서 물건을 사 갈 정도이다. 경쟁력 있는 물건값은 저렴한 임대료 덕분이다. 고분다리시장의 임대료는 다른 시장 대비 매우 싼 편이다. 평당 10만 원 정도로, 인근의 전통시장인 길동시장과 비교하면 평균 5만~10만 원 정도 낮은 금액이다. 임대료는 물건값 책정에 영향을 주기 때문에, 낮으면 낮을수록 물건값이 저렴해진다. 저렴한 물건값 덕분에 고분다리시장의 상권은 길동 일부까지 뻗어 있다. 길동시장 인근에서 장사하는 사람 중에는 길동시장보다 고분다리시장에서 물건을 주문 배달하여 영업하는 사람도 많다.

둘째, 배달서비스이다. 시장에서 운영하는 배달서비스는 총 2가지이다. 모바일 플랫폼 서비스인 '놀러와요시장(놀장)'과 택배 서비스이다. 2020년 4월에 오픈한 놀장은 전국에 소재한 전통시장 110여 곳에 있는 점포의 물건을 주문할 수 있는 온라인 주문 앱이다. 전국 배송이 가능한 시스템이지만, 보통 반경 1.5㎞까지의 인근 시장에서 주문한다. 특정 금액 이상을 주문하면 무료 배송해 주며 최대 40%까지 특별 할인 혜택이 있기 때문에 전국에서 가장 많은 전통시장이 가입해 있다.[207]

고분다리시장에서도 달걀·쌀·과일을 판매하는 상인들이 놀장을 이용하여 배달 서비스하고 있다. 하지만 놀장에 올려둔 상품 가격이 바뀔 경우 지속적으로 수정하고 관리해야 하는 번거로움이 있어 이용하는 상인들이 줄어드는 추세이다. 대신 자체적으로 택배 서비스를 제공한다. 가게마다 조금씩 다르기는 하지만 서비스의 범위는 강동구 외에 타 지역도 포함된다.

207 「코로나 불황 3년, 전통시장이 사는 법…"온라인 가판대라도 해야죠"」, 『아시아 타임즈』, 2022년 1월 31일.

전안순(여), 66세, 고분다리시장 상인(늘푸른생선 대표)

> (놀장을) 처음에는 했었는데. 내가 나이를 먹다 보니까 잘 못 만져요. 또 수산물이 그때그때 값이 매일 달라져요. 그럼 매일 이걸 바꾸고, 어떤 때는 젖은 손으로 해야 하니까 불편해서 안 써요.

이헌영(남), 50세, 고분다리시장 상인(솔떡방 대표)

> 저는 놀장을 안 써요. 바빠서 못 써요. 대신 택배 서비스를 제공합니다. 배달 범위는 강동구 이외 지역까지 가능하고요. 강동구는 일단 무료 배송이고, 관내를 벗어나면 택배비를 구매자와 반반 부담해요.

셋째, 새로운 특화상품과 서비스 개발이다. '솔떡방'을 운영하는 이헌영 대표는 고분다리시장의 특화상품 및 서비스 개발에 힘쓰고 있다. 그는 속초 중앙시장 하면 떠오르는 상품인 닭강정을 롤모델로 고분다리시장은 식혜를 중점적으로 발굴했다고 밝혔다. 2018년부터 식혜를 판매하기 시작하여 조합을 만들었고 온·오프라인 홍보활동에 매진한 결과, 하루 1톤 트럭으로 2대의 분량을 팔아 한 달에 4,800만 원 정도 수입을 올릴 정도로 성공하였다. 그가 특화상품을 개발하는 이유는 고객 유입 효과 때문이다. 식혜 등 특화상품을 사러 오는 사람들이 시장에 온 김에 물건을 하나라도 더 사면 전체 시장의 매출이 성장할 수 있다는 것이다.

고분다리시장 특화상품 동동식혜
위메프

시장이반찬 도시락
시장이반찬 협동조합

지금은 반찬가게와 도시락 사업을 하는 '시장이 반찬 협동조합'도 운영 중이다. 고분다리시장 5개 점포가 모여 만든 이 협동조합은 구독 배달서비스로 조합원들이 도시락 제조와 배달까지 역할을 맡아 진행한다. 돌봄 노인들에게 배달할 도시락 등을 포함하여 하루 평균 100개 이상의 도시락을 만든다.[208]

넷째, 다독다독 북카페 도서관이다. 강동구의 북카페 도서관인 다독다독은 책과 차를 매개로 사람과 사람이 만나 교류하는 복합문화공간이다. 차를 마시며 담소를 나누고 편히 쉴 수도 있는 휴게 공간의 역할을 하며, 커뮤니티 맞춤형 프로그램이 마련되어 있어 커뮤니티 센터로도 활용된다. 2021년에 2호점으로 개장된 다독다독 고분다리시장점은 228㎡ 규모로 독서 테이블, 소규모 모임을 즐길 수 있는 세미나실, 아이들이 편하게 책을 읽을 수 있는 유아실을 갖췄다. 쇠퇴한 전통시장에 활력을 불어넣고자 시장 한가운데 있으며, 인근 주민과 시장 커

208 「"똑똑 도시락왔어요"… 도시락으로 안부 전하는 사람들」, 『이로운 넷』, 2021년 10월 5일.

뮤니티에 적합한 북 큐레이션과 문화 프로그램을 마련하였다. 시장 상품과 연계한 '건강·요리'에 관한 책이 다수 비치되어 있고, 시장을 찾는 고령층을 위하여 큰 글자 도서 코너와 아이들이 좋아하는 팝업북도 구비하였다.[209]

다독다독 고분다리시장점은 '젊은 엄마들이 시장에 아이들과 함께 올 수 있도록 하자'는 취지에서 인테리어와 키즈 콘텐츠에 신경을 썼다. 동네 어르신뿐만 아니라 점심시간과 오후 4~5시 이후에는 아이들이 많이 방문하고 있다. 더불어 엄마 노래 교실이나 동아리 활동 등 각종 문화 프로그램으로 고분다리점시장은 강동구에서 운영하는 북카페 가운데 가장 활성화된 곳이라는 평을 듣는다. 고분다리시장은 장을 보러오는 사람들과 북카페 도서관 다독다독에 들러 쉬면서 공유하고 교류하는 사람들로 북적이고 있다.

209 「강동구, 북카페 도서관 '다독다독 고분다리시장점' 개관」, 『서울&』, 2021년 4월 22일.

북카페 도서관 다독다독 고분다리시장점 내·외부

3.3. 천호동의 제조업

인구 밀집과 제조업의 발달

6·25전쟁 이후 피란민들이 정착함에 따라 천호동의 인구는 급증하였다. 1960년대 약 2만 4,000명이었던 천호동의 인구는 1970년대에는 3만 524명으로, 1980년대에는 7만 6,097명으로 늘었다. 증감률로 환산하면 각각 27%와 149%라는 높은 성장률을 보여준다.

천호동의 인구변화

[단위: 명, %]

구분	인구	증감수	증감률
1960	24,000	–	–
1970	30,524	6,524	27
1980	76,097	45,573	149
1990	114,147	38,050	50

국가통계포털

1960년대 천호동의 면적은 2.1㎢ 정도인데[210] 논과 밭이 많아서 농업이 발달하였다. 피란민 정착과 함께 서울로 편입되자 인구가 폭발적으로 증가하면서 상황이 달라졌다. 천호동에 유입된 이주민들은 생계를 유지하기 위하여 상업활동 외에도 공장에서 일하는데, 이는 천호동의 제조업 발달에 큰 영향을 미쳤다.

210 「新兴地帶(6) 千戶洞」, 『매일경제』, 1969년 12월 2일, 8면.

심우민(남), 63세, 천호동 거주

> 외지인들은 농토가 없으니까 장사도 하고 이러잖아요. … 또 공장도 다니고요. 인력이 풍부해진 거죠. 그리고 공장이 생기면서 자본이 많이 들어오고, 또 사람들이 많으니까 장사가 잘되는 그런 구조였어요.

공장에서 일할 인력이 풍부해졌고, 천호동의 값싼 토지에는 공장이 다수 들어섰다. 오늘날 천호1동 주민센터를 중심으로 섬유공장, 기와공장, 벽돌공장이 생겨났다. 토박이와 인터뷰를 통하여 정확한 명칭이 확인된 공장은 평화직물, 오성섬유, 경도섬유, 한창직물, 제일연와, 이화벽돌, 한국파이롯트 공장 등이다.

심우민(남), 63세, 천호동 거주

> 천호1동 동사무소 주위로 큰 땅이 많이 있어요. 보민연립 거기도 공장이었어요.
> 천호 감리교회인가 그것도 공장이었고, 초동빌라도 공장이었고, 그 앞에 청운빌라도 오성섬유 공장이었어요.
> 제일연와에서 벽돌도 찍고, 이화산업(이화벽돌)도 있었고요.

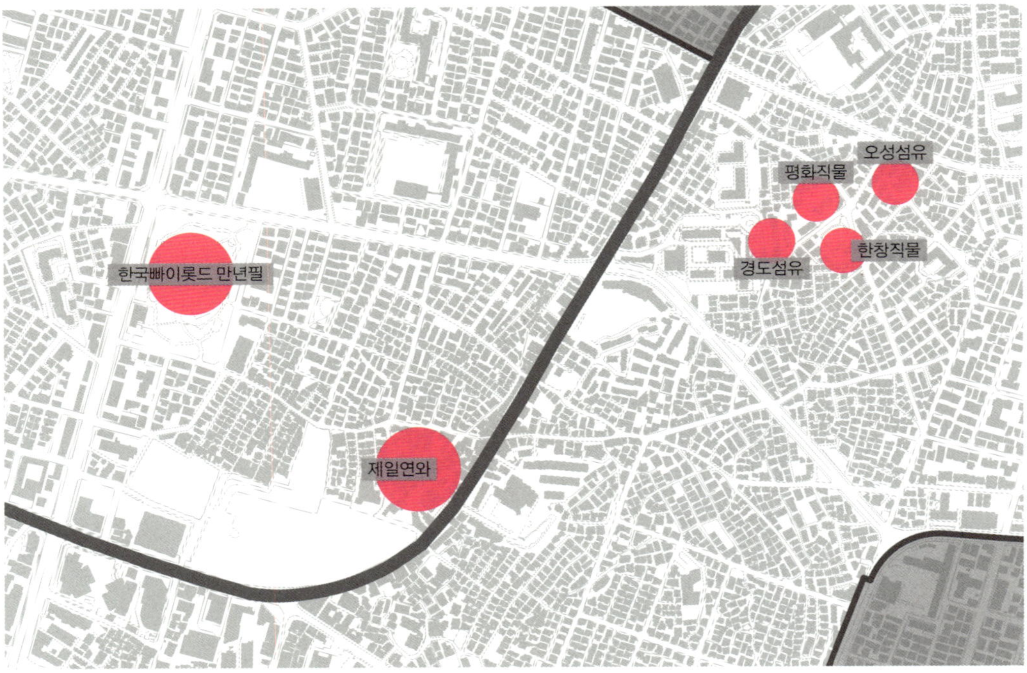

과거 천호동의 제조업 공장 위치도

홍영호(여), 67세, 천호1동 봉제공장 운영

> 천호1동 동사무소 그 옆이 다 공장이었어요. 천호성당 그 옆으로 이화벽돌이 있었어요.

천호동의 제조업 공장들을 살펴보면 대부분 벽돌공장과 섬유공장 중심으로 발달했다는 것을 알 수 있다. 벽돌공장이 발달하게 된 이유는 천호동의 토양과 관계가 있다. 선사시대부터 이곳 천호동은 황토질로 토기를 빚기에 가장 적합하였다고 한다. 토기와 마찬가지로 벽돌 제조에서도 중요한 것은 토양이다. 천호동에서 생산되는 붉은 벽돌은 벽돌에 적합한 토질로 되어 있어 우수하다는 평가를 받았다.

박성직(남), 71세, 서울강동농협 조합장

> 천호동이 전부 다 아주 좋은 흙을 만들어내는 동네였어요. 그러니까 선사 유적지에서 나온 빗살무늬토기의 원자재가 황토인데, 그 황토 흙이 제일 많은 데가 천호동이었어요. 대한민국에서 제일 많은 것 같아요. 대신에 빚을 수 있는 아주 좋은 흙이기 때문에 장화 없이 다니지 못했어요. 얼마나 질은지 그 당시에는 다 그래서 장화를 신고 뻘건 흙, 노란 흙을 묻히고 학교 가면 아주 우리 강동 사람 티가 났지요.

이러한 토양 조건 덕분에 천호동에는 1940년대부터 연와공장이 생겨났다. 천호동의 기와공장이 언제부터 생겼는지 정확히 알 수 없으나, 아래의 기록에 따르면 최소 1949년부터는 천호동에 자리했다는 것을 알 수 있다.

천호동 한국빠이롯드 공장 내부 모습
서울특별시 강동구, 『사진으로 보는 강동사』, 2004, 133쪽.

> 내가 20살이 되던 해이니, 해방되고 4년 후 서기 1949년에 일이다. 농사일 하루 품삯이 600원인데 기와 공장에 화부 보조일을 하면 1,200원이나 주니 힘이 들어도 벌이가 되어 성내동 벌, 지금의 영파여고 자리 박수길 씨가 운영하는 기와 공장에 가서 화부 보조일을 하는 것이다. 사라지 기와는 찰흙으로 만들어 햇볕에 말린 흙 조각이다 보니 조심하여 다뤄야 운반하는 과정에서 툭하면 깨져서 파치로 변해 버리는 수가 많아 한 가마 서리는 데 100~200장 버리는 것이 보통이다. 한 가마 서리는 작업이 아침부터 온종일하여 오후 4~5시경이 되어야 끝이 난다.
>
> **서울강동농협, 『6000년 역사 강동구 이야기』, 2019, 78~79쪽.**

섬유공장의 발달은 일정한 기술만 익히면 누구나 일을 할 수 있다는 섬유산업의 특징과 관련이 있어 보인다. 1960년대에는 서울 등 대도시로 상경한 젊은 여성들이 방직공장 등 섬유산업에 종사하는 경우가 많았다. 1970년엔 직물과 의류 등 섬유제품이 전체 수출액의 30%가량을 차지하면서 섬유산업은 한국의 중요 수출 품목이 될 정도로 성장[211]하였다. 천호동 역시 값싼 노동력이 풍부하여 크고 작은 섬유산업이 발달하였다.

211 「1970년대 '수출효자' 섬유, 1997년엔 사양산업 '낙인'… 2016년 사상 첫 무역적자」, 『한경산업』, 2019년 7월 16일.

심우민(남), 63세, 천호동 거주

> 공장 직원들 월급이 적어요. 자기 생활도 하고, 모은 걸 집에 보내서 자기 오빠 학교 보내고, 동생들 키우는 데 다 쓰는 거지요. 자기한테 남는 게 없어도 그렇게 열심히 산 사람들이 많아요.

섬유산업과 관련한 무허가 공장이 많았다는 것은 천호동에서 섬유산업이 얼마나 발달했었는지를 방증해 주기도 한다. 당시 천호동에는 1960년대부터 가정집에 미싱(재봉틀)을 들여서 허가 없이 운영하는 공장이 많았다. 1965년에 천호동 일대에서 등록된 섬유 관련 공장은 37개소, 종업원 수는 916명이지만 실제 공장은 60여 개소에 종업원이 2,000명이 넘었다. 등록되지 않은 약 20개의 무허가 공장에서 전체 종업원의 절반 정도인 1,000여 명의 종업원을 불법 고용하였던 것이다. 이러한 무허가 공장들은 부산이나 대구 등지에서 직조기를 가지고 올라와 집안에 공장을 차린 것이었다. 또한 숙련공 양성이라는 미명 아래 부업으로 일하는 주부뿐만 아니라 시골에서 올라온 아이들까지 밤낮없이 일을 시켰다. 기숙사 완비라고 해 놓고 2칸 방에 교대로 3시간씩 잠을 재울 만큼 이들의 근무 조건은 매우 열악[212]하였다.

입학과 졸업 선물의 대명사가 된 빠이롯드 만년필 광고
한국파이롯트 페이스북

홍영호(여), 67세, 천호1동 봉제공장 운영

> 미싱으로 할 수 있는 건 다 했어요. 이 동네 주부들이 젊은 시절부터 같이 했죠. 지금 같이 일하는 분들도 삼십 몇 년 같이 했거든요. 평생을 같이한 거죠. 아이들이 어렸을 때 다 같이 시작해서 벌써 애들이 다 시집가고 장가가서 손주 낳고 한 세대가 간 거예요.

212 「無法地帶 (4) 無許可工場 ―千戶洞 私煙草製造 ―金湖
『경향신문』, 1965년 3월 27
8면.

213 한국파이롯트 홈페이지(http:
www.koreapilot.com/m41.ph
2022년 9월 21일 검색

214 한국파이롯트 홈페이지(http:
www.koreapilot.com/m41.ph
2022년 9월 21일 검색

천호동에는 8,000평이 넘는 넓은 부지에 지어진 한국빠이롯드 만년필(현재 한국파이롯트) 공장도 있었다. 한국빠이롯드 만년필㈜은 1954년에 신화사로 출발하여 1964년에 국내 최초 만년필 국산화에 성공한 기업이다. 1961년에 일본빠이롯드 만년필주식회사와 기술 제휴를 맺은 후 1962년에 천호동에 한국빠이롯드 만년필 공장을 완공하였다.[213] 8,090평(2만 6,749㎡) 부지의 대형 공장은 당시 천호동 주민이 이전까지 접해 보지 못한 규모였다.

김종수(남), 80세, 천호2동 거주

> 공장에서 빠이롯드 만드는 소리가 엄청났어요. 천호공원 전체 자리가 빠이롯드 만드는 공장이었는데, 고홍명 씨라고 전부 그 사람 땅이었어요.

개발한 기술을 통해 대량 생산할 수 있는 공장과 풍부한 노동력이 밑받침됨으로써 한국빠이롯드 만년필은 성장 가도를 달리게 된다. 볼펜 제조 국산화에 성공한 이후 1966년에 국내 최초 사인펜을 개발하고, 1972년에 국내 최초로 샤프펜슬 개발에 성공하였다. 만년필 잉크 생산까지 성공하면서 1970~1980년대 만년필로 큰 호황을 누렸다.[214] 자체 기술과 대량 생산 시스템 덕에 한국빠이롯드 만년필 제품은 합리적이고 실용적인 선물로 인식되었고, 중·고등학교 입학과 졸업 선물로 큰 인기를 얻었다. 천호동의 한국빠이롯드 만년필 공장은 당시 국내 문구류의 산실 역할을 하였다고 할 수 있다.

입학 및 졸업 선물로 많이 팔리고 있는 상품은 만년필·앨범·크레파스 등 학용품과 학생복, 신사복, 머플러, 핸드백 등. 이 중 문구류는 작년 연말보다 가격이 15~20% 정도 올랐음에도 수요가 급격히 늘고 있다.

「만년필-앨범 등 文具 사는 學生고객 붐벼」, 『조선일보』, 1975년 1월 26일.

주요 제조업 공장의 이전

1960~1970년대 천호동은 공식적으로 공장지대로 분류되지 않았다. 그러다가 인근 성내동의 태양금속과 광장동의 대한제지 등에 이어 천호동에도 한국빠이롯드 만년필 공장이 자리하면서 자연스럽게 공장지대로 인식되었다. 이는 1970년대 당시 신문 기사에 실렸던 공장부지 매물 기사 모음을 통하여 확인할 수 있다.

천호동 공장지대 매물 기사

제목	내용	날짜	언론사
매물정보 건평 500평 공장	천호동 대지 803평, 건평 500평, 상가주택有, 동력 50㎾, 브레이크슬레이트造, 4,800만 원 호가(은행융자 2,000만 원 포함)	1974.10.12.	매일경제
매물정보 대지 773평 공장	성동구 천호동 소재, 대지 38평, 건평 33평, 은행 200만 원, 슬라브 2층, 연탄보일러, 가격 700만 원 호가	1975.1.29.	매일경제
매물정보	천호동 소재, 대지 188평, 건평 160평, 동력 80㎾, 7,500만 원 호가	1978.6.15.	매일경제

한국빠이롯드 만년필 공장 전경
서울특별시 강동구, 『사진으로 보는 강동사』, 2004, 132쪽.

하지만 천호동이 서울 변두리의 공장지대로 각광을 받으면서 부동산 투기 지역이 되었다. 1974년에는 천호동과 인근의 명일동·상일동 일대가 공장 부지로 인기를 얻자 투기 목적으로 땅을 매입한 사람들이 시세보다 싼 매물을 대량으로 내놓았다. 대량으로 쏟아진 매물 때문에 가격은 하락하였고, 거래는 줄어들었다.[215] 시세 하락에 따른 손해를 막기 위한 투자자들의 행동이 천호동 부동산 경기에 악영향을 준 것이다.

한편 천호동에 공장이 늘어감에 따라 일부 공장은 소방시설을 갖추지 않거나 매연·폐수·소음 등 공해를 일으키는 업체로 적발되었다. 1960~1970년대 서울 내 공업지대에서 발생하는 악취와 폐수 등 공해요인은 서울 전역에서 골칫거리로 인식되었다. 당시 매연 차량뿐만 아니라 소방시설을 갖추지 않은 건물과 유해 공해업소 감독이 검찰의 검찰권 발동 대상에 오를 정도였다. 그중 유해 공해업소 위반 여부를 관리·감시하는 것은 특히 어려웠는데, 매연이나 폐수를 밤에 몰래 내보내고 검찰이 현장에 나갈 때만 공해방지시설을 가동하였기 때문이다.

천호동의 상황도 마찬가지였다. 1976년 9월에 서울시는 주택지 인근의 공장지대 195개 공해업소에 이전명령을 내렸다. 폐수·악취·소음 등으로 주민들에게 큰 피해를 준다는 이유였는데, 그중에는 신생화학공업사(천호동 250)가 포함되었다. 이전명령에 불응할 경우 폐쇄 또는 허가 취소의 강력한 행정조치가 취해졌기 때문에[216] 당시 신생화학공업사가 다른 곳으로 이전하였을 가능성이 높아 보인다.

또한 1977년 2월에는 천호동의 대표적 섬유공장인 경도섬유(천호동 217-4)가 소방시설을 제대로 갖추지 않아 대표 윤영길이 입건되었다. 1976년에 서울시는 소방시설을 갖추지 않은 아파트·시장·학교·공장 등을 대상으로 그해 연말까지 화재 위험에 대비할 수 있도록 소방시설을 보완하라는 행정명령을 내렸다. 하지만 계도되지 않자 이듬해 초에 행정명령을 이행하지 않은 25개의 대표자를 소방법 위반 혐의로 입건하였다.[217]

1980년대 이후 천호동의 주요 공장들은 준공업지역 도심 내 부적격 업체로 분류되어 타 지역으로 이전해야 하였다. 1977년에 서울시는 교통난과 공해 등을 유발하는 도심 부적격 산업 관련 시설 12개 업종 1만 2,070개 업소를 지정하였다. 이에 따라 자동차부품·기계공구·철재·전기전자 등 4개 업종 6,338개 업체가 1989년까지 이전하였다. 하지만 원자재·건재·

215 「賣物많아時勢下落 千戶洞 외곽一帶 명일동등 垈地」, 『매일경제』, 1974년 5월 31일, 6면.

216 「住宅地 百95 公害업소 내년까지 移轉명령」,『경향신문』, 1976년 9월 28일, 7면.

217 「25개建物 대 표立件」, 『조선일보』, 1977년 2월 5일, 7면.

천호공원(옛 한국빠이롯드 만년필 공장 부지)

포장재·고물하치·화공약품·인쇄·지물·섬유 등 8개 업종 8,694개 업소는 이전 방침 수립 후 12년이 지난 후까지도 착수조차 이루어지지 못하였다. 도심 부적격 산업 관련 시설의 시 외곽 이전 사업이 착수된 지 12년이 넘도록 53%에 불과한 부진한 실적을 보인 것이다. 주요한 요인은 세제 등 행정적 지원이 따르지 않아 사업주들이 이전계획을 세우지 않았기 때문[218]이다.

천호동의 주요 섬유·화학공장들도 마찬가지였다. 공장 이전에 대한 지원이 마련되지 않아 자동차부품·기계공구 등 4개 업종의 부적격 시설의 이전이 늦어졌다. 특히 넓은 부지를 차지하고 있던 한국빠이롯드 만년필 공장은 1990년대 후반에야 이전하였다.

한국빠이롯드 만년필 공장 부지에는 고층 아파트가 들어설 예정이었으나, 실제로는 천호공원이 조성되었다. 1996년 8월에 서울시의 『공원·녹지 확충 5개년 계획』에 따른 조치였다. 계획에는 공장 이적지·난지도 매립지·시립영등포병원 이적지·낙산시민아파트 철거 부지·압구정역 주변 부지·미개설 학교 용지 등을 녹지로 바꾸는 내용이 담겨져 있었다. 천호공원의 경우는 공해가 심한 준공업지역을 공원으로 바꾸는 과정에서 탄생하였다. 서울시는 648억 원을 들여 천호동의 공장 부지를 매입하였고, 1997년 10월에 공사를 시작하여 1998년 6월에 천호공원을 개장하였다. 이는 서울시가 사유지인 공장 터를 매입하여 공원으로 조성한 첫 사례[219]였다.

해공 신익희 선생의 이름을 따 해공공원으로 불리기도 하는 천호공원은 천호동 주민들의 쉼터이자 사랑방 역할을 하고 있다. 천호공원은 한가운데의 야외무대를 중심으로 방사형으로 펼쳐진 분수대·어린이 숲 체험장·지압 보도·농구장 등이 마련되어 있다. 또한 곳곳에 앉아서 쉴 수 있는 벤치가 있어 휴식을 취하기에도 적합하다. 주민들은 이곳을 '천호의 센트럴파크'라고 부르면서 사계절 내내 즐겨 찾는다.

김종수(남), 80세, 천호2동 거주

> 내가 천호동에서 제일 좋아하는 공간이 천호공원이에요. 가면 마음이 편하달까요? 원래 천호공원 자리 전체가 빠이롯드 공장이었는데, 서울시에서 매입을 해 가지고 공원이 된 거예요.

218 「도심부적격 업체 이전 부진」, 『한겨레』, 1989년 5월 14일, 9면.

219 「[되살아난 서울] (91) 만년필 공장 부지서 강동의 센트럴파크로 재탄생한 '천호공원'」, 『메트로』, 2022년 9월 22일.

천호동 제조업의 현재

강동구 관내 공장정보에 의하면 2022년 기준 천호동에 남아 있는 제조업 공장은 총 28개 업체이다. 공장은 섬유 및 봉제·핸드백 및 지갑·자수제품·기계장비·기타 등 모두 5개로 구분할 수 있다.

2022년 천호동에 남아 있는 공장 업체

구분	회사명	업종명
섬유 및 봉제	금성산업	편조원단제조업
	주영어패럴	그 외 기타 봉제의복 제조업 외 12종
	세동어패럴	그 외 기타 봉제의복 제조업
	계정양행	그 외 기타 봉제의복 제조업 외 1종
	㈜니트프로덕션샘어패럴	편조의복 제조업 외 22종
	㈜예감	편조의복 제조업
	㈜샘컬렉션	근무복, 작업복 및 유사의복 제조업 외 22종
	미일복장	기타 편조의복 액세서리 제조업
	주식회사 세종스포츠	셔츠 및 블라우스 제조업 외 3종
	서광까운	그 외 기타 분류 안 된 섬유제품 제조업 외 5종
핸드백/지갑	마니실업	핸드백 및 지갑 제조업
	㈜선보인터내셔널	핸드백 및 지갑 제조업
	한국가죽산업협동조합	핸드백 및 지갑 제조업 외 3종
	두리상사	핸드백 및 지갑 제조업 외 1종
	주식회사 미호코리아	가방 및 기타 보호용 케이스 제조업 외 31종
자수제품	미래산업	자수제품 및 자수용재료 제조업 외 17종
	수현E.M.B	자수제품 및 자수용재료 제조업 외 3종
	㈜지유비아이이에스	자수제품 및 자수용재료 제조업 외 12종
자수제품	한울MB	자수제품 및 자수용재료 제조업 외 2종
기계장비	㈜이투에스	배전반 및 전기 자동제어반 제조업 외 6종
	㈜오중파워텍	건설 및 채광용 기계장비 제조업
	선진조명	일반용 전기 조명장치 제조업
	아이비장애인보호작업장	기타 주변기기 제조업
	㈜쉐브론에스에이치	그 외 기타 전기장비 제조업
기타	나야나화학	사무 및 회화용품 제조업
	동광섬유	어망 및 기타 끈 가공품 제조업
	조이쉐프	도시락류 제조업 외 1종
	코코산업	모조 귀금속 및 모조 장신용품 제조업

공공데이터포털

섬유 및 봉제 공장은 금성산업·주영어패럴 등 10곳이 자리하고 있는데, 대부분이 편조 원단이나 봉제 의복 제조를 생산하고 있다. 편조 원단 제조는 섬유를 환편·경편·횡편 및 평편 등의 각종 기계적 방법으로 편조하거나 또는 수작업으로 뜨개질하여 제조하는 것을 말한다. 봉제 의복 제조는 각종 직물, 편조 원단, 가죽 및 기타 재료(모피 제외)를 재단·재봉하여 의복을 만드는 것을 말한다.[220] 즉 편조 원단 제조는 편조 방식으로 섬유 원단을, 봉제 의복 제조는 재단·재봉 방식으로 의복을 제조하는 것이다.

220 통계분류(http://kostat.go.kr/ 2022년 9월 22일 검색

심우민(남), 63세, 천호동 거주

> 요꼬(YOKO, 바늘이 직선상으로 배열되어 실이 좌우로 왕래하면서 편직하는 기계로 짠 것)는 짜는 거라 공장이 그렇게 크진 않아요. 천호동에도 있었지만, 공장이 작으니까 표시가 안 났어요. 집에서 혼자서 하고 그러니까요. 집집마다 부업을 한 거예요. 액세서리 꼬아서 만드는 사람도 있었고요.

그다음으로 많은 비중을 차지하는 공장은 핸드백 및 지갑 공장으로 마니실업·선보인터내셔널 등 5곳이 있다. 지금은 많이 사라졌지만 이전에는 핸드백·가방·벨트 등도 봉제 공장에서 많이 취급하였다. 자수 제품 제조 공장도 4곳이나 천호동에 자리하고 있다. 자수 제품 및 자수용 재료 제조업은 직물 원단을 기계 또는 손으로 자수하여 자수 제품을 생산하거나 각종 직물 원단에 날염 등의 방법으로 자수 도안을 재단해서 방석·자수포·기타 자수 제품 제조용 재료와 관련 재료를 소매용 세트로 생산하는 것을 일컫는다.[221] 일반적으로 자수 제품은 단독으로 사용되기보다 의류나 장식품 등에 사용되기 때문에 자수 제품 제조 공장도 섬유 관련 공장의 일부로 포함한다.

221 통계분류(http://kostat.go.kr/), 2022년 9월 22일 검색

홍영호(여), 67세, 천호1동 봉제공장 운영

> 이전에는 완구 물품 말고 핸드백, 가방이나 벨트 같은 것도 많이 했었어요. 봉제로 할 수 있는 것은 웬만한 건 다 했었죠.

섬유 및 봉제, 핸드백과 지갑, 자수 제품 제조 공장을 섬유 관련 공장으로 구분해 보면 오늘날 천호동에 남아 있는 공장 중 섬유 관련 공장이 전체의 68% 정도를 차지한다. 섬유 관련 공장이 가장 많은 비율을 차지하고 있다는 사실은 의미심장하다. 1977년에 도심 부적격 시설로 지정되면서 주요 섬유공장들이 이전하였지만, 소규모의 공장들이 천호동에 여전히 남아 있다는 것을 뜻하기 때문이다. 또한 남아 있는 공장들이 천호동의 제조업 정체성을 잇고 있다는 것을 의미한다.

한편 천호동의 섬유 관련 공장들은 기계나 기타 분야의 제조업과 다른 특성을 지니고 있다. 천호동의 제조업 공장의 위치도를 살펴보면 섬유 관련 공장들이 서로 인접해 있다는 것을 확인할 수 있다. 이는 일종의 클러스터 형태라 할 수 있는데, 다만 한곳에 모두 모여 있는 형태가 아니라 주택가 곳곳에 분산된 형태로 나타난다. 이는 천호동에 남아 있는 공장들이 소규모로 운영되기 때문으로 보인다.

홍영호(여), 67세, 천호1동 봉제공장 운영

> 1987년도부터 시작했는데, 천호동에 봉제 공장이 엄청 많았어요. 이 주변에 굉장히 많았는데, 한 집 걸러 한 집이 있을 정도였어요. 수출 활황기가 다 지나서 해외로 많이 나갔지만, 남아 있는 집들은 대부분 다 작은 규모로 해요. 서로 다 아는 사이예요.

2022년 천호동 제조업 공장 위치도

과거와 달리 오늘날 천호동에는 기계장비 공장이 5곳이나 있다. 건설용 기계장비와 조명 장치·배전반 등을 제조하는데, 하나의 뚜렷한 정체성은 없다. 과거 천호동의 제조업 호황 시기에는 없었던 공장이다.

3.4. 천호동의 상가

지역재개발과 상가의 등장

상가(商街)는 상점들이 죽 늘어서 있는 거리를 의미한다. 우리나라에는 1967년에 세운상가가 처음 등장하면서 일정한 건물 및 지역에서 상거래를 하는 장소의 의미로 널리 알려졌다. 즉 초기의 상가는 판매자와 소비자가 상거래를 위하여 일정한 거리에 모여 있는 공간을 뜻하였다. 상가의 가장 큰 장점은 편리함이다. 1968년의 기사에서는 "상가는 아파트와 함께 지어졌는데, 상가는 거주민뿐만 아니라 상인들에게도 물건을 사러 멀리 이동하는 수고로움과 불편을 덜어주고 있다"[222] 라고 설명하였다.

이렇게 도시 미관뿐만 아니라 도시민들에게 편리함을 가져다주는 우리나라 최초의 상가는 주상복합상가로, 아파트와 상가를 결합한 형태이다. 1966년 『서울시 도시기본계획』에 따라 주택난 해결 및 생활권 형성을 위한 목적으로 고안되었다. 최초의 주상복합아파트인 세운상가가 등장한 이후 1967년에 서울시 도시계획을 '상가아파트 건립'이라고 규정지을 만큼[223] 서

222 「首都서울 変化속에1年」, 『조선일보』, 1968년 12월 3 6면.

223 서울특별시사편찬위원회, 『서울의 시장』, 2007, 310쪽

울에는 주상복합상가가 큰 폭으로 증가하였다.

서울의 상가수는 1967년에 세운상가를 필두로 폭발적으로 늘었다. 1970년에 12개였던 상가는 1975년에 25개, 1979년에 73개, 1980년에 113개로 크게 증가하였다. 점포수 역시 1970년에 2,048개에서 1973년에 6,100개, 1979년에 1만 605개, 1980년에 1만 5,439개까지 늘어나는 등 엄청나게 성장하였다. 성장 폭을 백분율로 환산하면 1970년 기준으로 1973년에는 198%, 1979년에는 418%, 1980년에는 1979년보다 654%나 증가하였다. 불과 10년 사이에 상가수의 경우 3.5배, 점포수는 6.5배가 증가한 것이다.

서울의 상가수

[단위: 개]

연도	상가		증감수		증감률	
	시장수	점포수	시장수	점포수	시장수	점포수
1970	12	2,048	–	–	–	–
1971	12	2,067	0	19	0.0%	0.9%
1973	16	6,100	4	4,033	33.3%	195.1%
1975	25	6,618	9	518	56.3%	8.5%
1976	40	6,947	15	329	60.0%	5.0%
1977	49	7,753	9	806	22.5%	11.6%
1979	73	10,605	24	2,852	49.0%	36.8%
1980	113	15,439	40	4,834	54.8%	45.6%

서울특별시사편찬위원회, 『서울의 시장』, 2007, 279~280쪽을 참조하여 작성하였다.
1974년, 1978년의 상가 수는 시장·백화점 수까지 전부 포함된 기록으로 표기에서 제외하였다.

이렇게 상가가 짧은 기간 내에 크게 성장한 이유는 1960~1970년대 서울시의 주택재개발 정책과 관련이 있다. 당시 서울은 급격한 도시화로 인한 인구 과밀화 문제를 해결하고자 무허가 판잣집을 허물어 주택난을 해소하겠다는 계획을 마련하였다. 1968년에 『주택난 해결 10개년 계획』을 세웠고, 10년 뒤인 1977년까지 주택문제를 해결하겠다는 포부 아래 주택과 상가를 결합한 세운상가 형태를 보급[224]하게 되었다. 이렇게 도심의 재개발이 이루어지는 곳에서는 상가가 급속히 자리하기 시작하였다. 상가가 확산할 수 있었던 배경에는 1970~1980년대 경제성장으로 인한 소비패턴의 변화와 유통 부문의 발전도 있었다. 눈높이가 높아진 소비자들은 현대적 유통업체가 등장하자 좀 더 편리하고 깨끗한, 또는 위락적 기능을 갖춘 상가로 발걸음을 옮겼다.

224 「超大都市 서울의 難題」, 『경향신문』, 1968년 11월 27일, 6면.

상가 건설 붐 초기에 상가는 서울의 도심, 특히 중구에 치중해서 생겨났다. 1967년에 세운상가뿐만 아니라 아세아상가와 시청 앞 지하상가 등이 개장한 데 이어 중구 산림동에 대림상가, 마포구 노고산동에 신촌상가, 서대문구 홍은동에 유진데파트(유진상가) 등이 들어섰다. 도심지역이 재개발됨에 따라 서울의 상가는 늘어났으며, 특히 1970년대에 지어진 상가 역시 중구지역에 집중적으로 지어졌다. 같은 도심이라 할지라도 종로구 지역의 상가 비중은 10% 미만이었다. 일례로 1976년 서울 시내 상가는 46개였는데, 그중 중구는 17개(42.5%) 상가에 4,881개 점포(70.3%)로서 절대적인 비중을 차지하였다. 종로구는 3개 상가에 451개 점포(6.5%),

성북구는 3개 상가에 271개 점포(3.9%), 서대문구는 1개 상가에 260개 점포, 관악구는 3개 상가에 237개 점포(3.4%), 강남구는 6개 상가에 263개 점포(3.8%) 등으로 나타났다.[225]

1970년대 이후 강남개발이 활발해지면서 강남지역에도 상가가 늘어나기 시작하였다. 1975년 강남구에 편입되었던 천호동도 예외는 아니었다. 1970년대 토지구획정리사업과 1983년의 주택재개발사업 이후 1980년대 후반부터 천호동의 도심개발 사업이 이루어졌다. 이에 따라 천호동에도 크고 작은 상가가 건설되었는데, 1985년 우성종합상가를 필두로 코오롱쇼핑·현대프라자·천호종합상가 등이 지어졌다.

225 서울특별시사편찬위원회, 『서울의 시장』, 2007, 310쪽·312쪽.

226 서울특별시, 『도시계획연혁집』, 2001, 113쪽.

현대식 상가의 확산

1984년 수립된 『서울시 도시기본계획』에 따라 천호동은 서울의 부심지로서 재개발[226] 되었다. 이에 따라 천호동 상권의 중심지였던 구사거리 쪽 재개발은 상가아파트 중심으로 이루어졌다. 천호시장 인근의 천호2·3구역에는 천호동의 주상복합상가가 들어섰다.

> 천호2구역에 아파트 159가구를 들인 12층짜리 주상복합건물(코오롱상가)이 들었고, 인접 천호3구역에도 14층 규모의 주상건물(112가구)인 현대프라자가 건립돼 이 지역의 신호탄이 됐다. 천호동 지역에는 이와 함께 길동 인근 천호4구역과 천호동 옛4거리께 천호5구역에도 재개발사업이 활발히 펼쳐지고 있다. 4구역(5,200평)의 경우 삼성건설 시공으로 총 676가구의 아파트 단지를 건설할 예정. 올봄 사업시행인가를 받아 기존 가옥들을 철거하고 있다. 동아건설산업이 시공을 맡아 20층짜리 대형 주상복합건물을 지을 예정인 천호5구역(2,100평) 역시 최근 철거작업을 시작하였다.

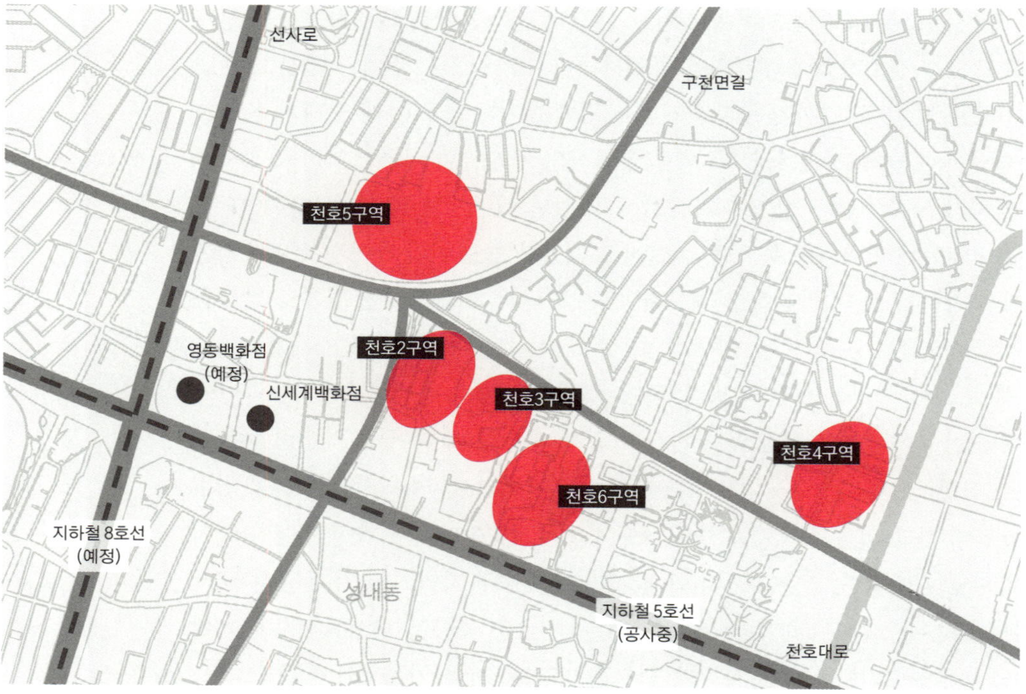

1993년 천호동의 개발구역 표시도

> 천호6구역(5,800평)은 재개발지구로 지정된 지 1년도 채 안 된 현재 이미 아파트 단지 건립계획이 확정 단계에 온 상태. 세입자 임대아파트(270가구)를 포함해 모두 688가구를 지을 예정이다. 재개발지역이 대부분 지구 지정 4~8년 뒤에야 사업계획이 구체화되는 점과 비교할 때 천호지역의 활발한 변모 추세를 짐작하게 한다.
>
> **「천호동 달라진다 교통-유통의 요지로 부상」, 『조선일보』, 1993년 10월 28일.**

1989년 천호2구역에 들어선 코오롱쇼핑(천호동 410-90)는 천호동에 들어선 최초의 주상복합상가이다. 코오롱쇼핑은 연면적 5,000평 규모의 복합상가로 지하 1층부터 지상 2층까지는 상가이며, 3층부터 12층까지는 198가구가 들어선 아파트였다. 개장 전부터 큰 주목을 받아 상가 분양 시작과 함께 7,000평 규모의 슈퍼마켓, 400평의 시중은행, 300여 평의 증권사 등 당시 인기 있는 대형 점포들이 계약을 완료하는가 하면 일부 점포는 웃돈이 붙을 정도로 인기가 높았다.[227] 상가의 층별 구성을 살펴보면 지하층에는 대형 슈퍼마켓과 식료품점·음식점·가정용품점, 1층에는 은행·약국과 잡화·의류·가전제품·스포츠용품점, 2층에는 의류·가구·장식용품·혼수용품점과 휴게실 등이 입주하였다.[228]

1990년에 코오롱쇼핑 바로 옆 천호3구역에도 현대프라자가 개장하였다. 현대프라자는 지하 2층부터 지상 3층까지 연면적 9,000평에 달하는 상가와 4층부터 14층까지 아파트로 구성되었다. 코오롱쇼핑보다 늦게 개장하였으나 시설과 규모 면에서 코오롱쇼핑을 앞섰다. 현대프라자는 생활시설뿐만 아니라 쇼핑과 레저까지 포함하여 생활에 필요한 모든 시설을 한곳에서 해결할 수 있다는 장점을 내세웠다.[229] 실제로 코오롱쇼핑에 없는 볼링장·사우나·이미용실 등의 시설이 추가되었다. 층별 구성을 살펴보면 지하 3·4층에는 주차시설이, 지하 2층에는 볼링장·대중사우나·당구장·전자오락실·이미용실·OB호프, 1층에는 신변잡화·액세서리·스포츠용품·귀금속·카메라·선물용품점과 은행·약국, 2층에는 의류·혼수용품·기타단품의류점과 휴게실, 3층에는 가전제품·가구·문구·완구·전문체인점과 커피숍·식당 등이 입주하였다.

또한 천호5구역에는 주상복합상가 동아코아가 들어섰다. 1995년에 분양한 동아코아는 24층 건물로서 지하 6층부터 지상 5층까지는 상가로, 지상 6층부터 24층까지는 191가구의 아파트로 구성되었다.[230] 한편 오피스텔과 아파트, 상가가 결합된 주상복합상가 형태도 있었다. 1997년에 분양한 천호동안성타워였다. 천호동안성타워는 지하 5층 지상 24층 규모로 지하 1층부터 지상 4층까지는 잡화점·슈퍼·은행·약국 외에 스낵코너와 전문식당가 등 근린생활시설이, 지상 5층부터 14층까지는 오피스텔, 15층부터 24층까지는 아파트로 구성되었다.[231]

하지만 코오롱쇼핑과 현대프라자 등 주상복합 상가들은 인접한 위치 때문에 상권이 분산됨으로써 영업 부진에 시달린 것으로 보인다. 특히 강동구 최대 규모의 쇼핑 공간을 표방하고 출발한 현대프라자는 개장 1년 만에 상가 일부를 컴퓨터 상가로 재개점할 정도로 타격이 컸다. 이듬해에는 추가로 2층의 기존 의류상가를 대신하여 대형 가전 양판점을 입점시켰다. 가전 도매상과 오디오·비디오·사무기기·수입 가전·전기자재 도매상 등 50여 업체를 들이면서 가전 종합도매상가 비중을 늘린 것이다.[232] 이는 당시 여러 회사의 제품을 한자리에서 보고

227 「천호동 코오롱상가 개장 임박」, 『동아일보』, 1988년 10월 18일 3면.

228 「코오롱 복합商街 분양 5천평 규모 11월 개관」, 『매일경제』, 1988년 7월 20일, 15면.

229 「都心진입 길목 新開地 각광」, 『매일경제』, 1988년 10월 10일, 15면.

230 「서울 천호동 동아코아 77가구」, 『경향신문』, 1995년 6월 11일, 9면.

231 「천호동에 24층 규모 주상복합빌딩 안성개발 분양 나서」, 『매일경제』, 1997년 3월 17일, 35면.

232 「현대프라자에 대형 家電양판점」, 『매일경제』, 1992년 3월 10일, 11면.

구매할 수 있는 가전 종합매장으로서 매출과 관련이 있다. 가전 양판점이라고도 하는 가정종합매장은 다양한 브랜드를 한자리에 모아둔 상품 구성군과 할인 서비스로 결혼이나 이사를 준비하는 사람들이 필수적으로 찾는 곳이었다. 하이마트의 경우는 매장별 월평균 3억~5억 원의 매출을 일으킬 정도로 큰 인기를 얻었다.[233] 현대프라자는 당시 인기를 끌었던 하이마트와 전자랜드에 이어 가전 종합매장으로 인식됨으로써 천호동에 있는 다른 종합상가들과 차별화를 꾀하려 하였다.

1984년 이후 서울의 부심 지역 중 하나로 재개발된 천호동은 부심상업지역으로도 발돋움하였다. 값싼 술집과 카바레 등 유흥가로 알려졌던 천호동에 아파트와 근린생활시설들이 늘어남에 따라 현대식 상가 붐이 조성되었다. 천호동의 상가 붐은 천호 상권의 현대화 및 고급화와 밀접한 관련이 있다. 1990년대 초반까지 천호 상권은 천호 구사거리 인근뿐만 아니라 천호 구사거리에서 천호대로를 잇는 길이 500m에 폭 15m의 좁은 도로를 중심으로 발달하였다. 하지만 1990년대 중반 이후 대형 백화점이 건립되고, 천호역이 지하철 5호선과 8호선의 환승 거점 역할을 함에 따라 천호 신사거리까지 확장되었다. 지하철 5호선과 지하철 8호선의 천호 신사거리에서의 교차, 천호대로 지하에 400m 길이의 지하도로 건설, 신세계백화점 천호점에서 길동사거리까지의 지하에 초대형 지하 주차장 겸 지하보도 건설 등과 같은 계획이 발표되면서 새로운 상권이 형성된 것이다. 이에 따라 천호동의 상권은 5호선 천호역과 하나은행·천호시장·LG증권을 잇는 네 꼭짓점의 사각형 모양으로 자리하게 되었다.

이렇게 천호동 상권이 현대화됨에 따라 천호동 상가의 범위도 함께 확장되었다. 현대식 상가는 1985년에 우성종합상가를 필두로 천호 상권의 원 중심지였던 천호 구사거리를 중심으로 발달하였으나, 시간이 지나면서 천호 신사거리 쪽으로 뻗어나갔다. 주상복합상가를 제외한 현대식 상가를 살펴보면 1993년에 부도처리된 진덕스토아[234]를 비롯하여 천호종합상가(1991년) 오복빌딩(1992년) 금강먹자빌딩(1994년) 2001아울렛(1995년) 등이 개장하였으나, 크게 활성화되지 못하였다. 하지만 천호동이 강동 상권의 최대 중심지로 부각됨에 따라 투자개발지라는 호재가 계속되면서 천호동의 상가는 1990년대 후반까지 계속 생겨났다.[235]

233 「家電品구입 '종합賣場'인기」, 『경향신문』, 1992년 9월 23일 11면.

234 「商圈이 달라진다 (2) 千戶사거리」, 『매일경제』, 1993년 4월 12일, 22~23면.

235 「서울 6개 신흥개발지 투자자'유혹'」, 『조선일보』, 1995년 6월 25일, 27면.

코오롱쇼핑과 현대프라자 전경
https://blog.naver.com/PostView.nhn?blogId=asano15&logNo=221636473402&categoryNo=41&parentCategoryNo=0
2022년 12월 검색

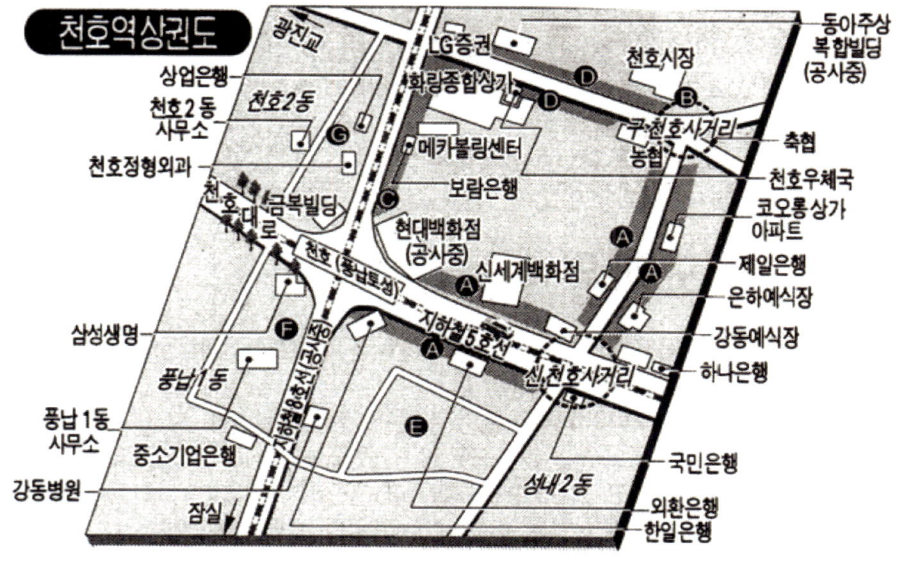

1996년 천호동 상권도
「2기 지하철 역세권이 떠오른다(7) 천호역」, 『동아일보』, 1996년 12월 17일, 23면.

천호동 상가의 층별 구성도를 살펴보면 천호동의 상가가 쇼핑센터의 역할뿐만 아니라 근린생활시설과 위락기능까지 담당하였다는 것을 알 수 있다. 현대프라자·천호종합상가·동아그라시아21의 층별 안내도를 종합해 보면 지하층에는 주차장·슈퍼마켓, 1층에는 은행과 액세서리점·화장품점·선물코너, 2층에는 의류·혼수 용품 코너와 병원시설, 3층 이상에는 레스토랑·볼링장·사우나 등 레저시설로 구성된 것을 알 수 있다. 이는 오늘날 흡사 백화점의 형태

천호동의 현대식 상가 위치도

현대프라자	
3F	가전제품 / 가구점 / 커피숍 / 전문식당가(한·중·일식) / 피자코너 / 전문체인점 / 문구·완구
2F	신사, 숙녀정장 및 캐주얼 / 아동의류 / 유아의류 / 혼수용품 / 기타단품의류 / 휴게실
1F	신변잡화 / 액세서리 / 스포츠용품 / 귀금속 / 카메라 / 은행 / 약국 / 선물용품
B1	슈퍼마켓 / 스낵 / 토속음식 / 수입상품 / 철재가구 / 반찬, 젓갈 / 꽃전문매장 / 건강식품 / 주방용품 / 전문회센타
B2	볼링장 / 대중사우나 / 당구장 / 전자오락실 / 이용실, 미용실 / OB호프
B3	주차시설
B4	주차시설

천호종합상가	
5F	무역 사무실 / 개인 사무실 / 독서실
4F	피아노 / 속셈 / 주산 / 미술 / 컴퓨터 / 에어로빅 / 서예 등
3F	각종 전문식당(한식, 중식, 일식, 양식) / 피부미용실 / 미장원 / 이발관 / 커피하우스 등
2F	각종 병원, 의원(소아원, 내과, 외과, 안과, 치과, 이비인후과, 산부인과, 한의원 등) / 기타 유사업종
1F	금융기관 / 신변잡화 / 귀금속 / 수입품 전문점 / 선물의집 등
B1	사우나

동아그라시아 21	
5F	헬스 / 에어로빅 / 증권 / 보험
4F	스넥 / 크리닉 / 전문 식당가
3F	해외 유명 브랜드 아울렛 몰
2F	해외 유명 브랜드 아울렛 몰
1F	신변잡화 및 명품점
B1	24시 초대형 할인마켓
B2~6	주차시설

3층 이상	레스토랑, 볼링장, 사우나 등 레저시설
2층	의류, 혼수용 코너, 병원시설
1층	은행, 액세서리, 화장품, 선물코너
지하층	주차장, 슈퍼마켓

천호동 상가 층별 구성도(종합)

왼쪽부터 『조선일보』, 「동서울最大의 全生活 쇼핑공간이 천호동에 탄생합니다」, 1990년 2월 6일, 『조선일보』, 「20여만의 유동인파가 물결치는 천호동의 새로운 명소——"탄생"」, 1991년 12월 13일, 『경향신문』, 「강동패션·문화의 중심 동아그라시아 21 탄생 성·공확·신 천호역세권 World Out-let Mall 분양 개시」, 1997년 5월 29일 참조하여 재정리

와 유사하다. 금융시설과 병원시설을 제외하면 한 장소에서 쇼핑·취식·레저까지 즐길 수 있는 형태이기 때문이다. 한편 1층에 금융기관과 액세서리·화장품 코너가 선호되었던 것으로 나타나는데, 이는 유동 인구가 많은 천호동 상가의 특징으로 보인다.

3.5. 천호동의 백화점

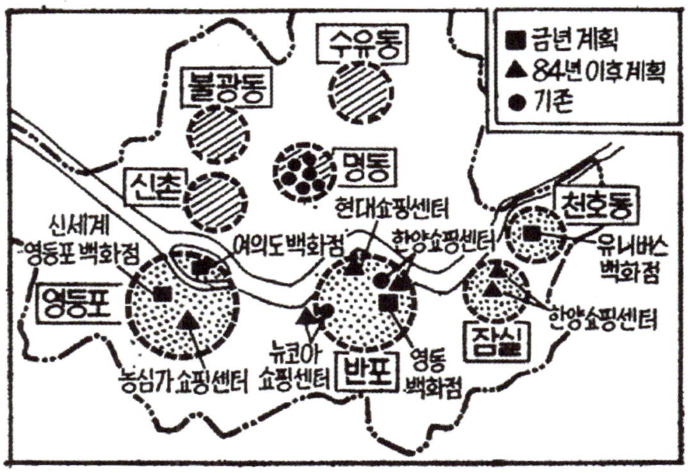

8개 다핵상권에 포함된 천호동 유니버스백화점
「한쪽에 치우친 副都心商圈개발 百貨店 신축 江南지역 집중현상」, 『동아일보』, 1983년 1월21일, 10면.

강동구 최초의 백화점, 유니버스백화점

천호동에 강동구 최초의 백화점이 건립된 배경은 크게 세 가지 요인으로 볼 수 있다. 첫째, 서울시가 1982년부터 추진해 오던 도심다핵화사업이다. 1983년에 서울시는 86 아시안게임과 88 서울올림픽을 앞두고 1985년 말까지 현재의 도심지역 외에 영등포·반포·잠실·천호동·불광동·수유동·신촌 지역 등 7개 부도심지역을 도심 수준으로 개발하고, 도심을 다핵화한다는 방침 아래 유통업체를 골고루 유치하려는 계획을 세웠다. 신개발지인 반포·잠실·천호동·영등포 지역 등 4개 지역에 4개소의 백화점이 문을 열 예정이었는데, 그중 하나가 유니버스백화점이었다.[236] 다핵 상권이 표시된 지도를 보면 강동구에 있는 유일한 백화점이라는 것을 알 수 있다.

둘째, 1980년대 '백화점이 장사가 잘된다'는 시대적 배경 때문[237]이다. 백화점은 경제발전, 인구 증가, 소비성향의 고급화 등에 힘입어 큰 폭의 성장을 이뤘다. 1970년대에 들어서면서 백화점의 경기는 더욱 활성화되었다. 특히 명절과 연말연시 기간이면 백화점은 쇼핑하는 사람들로 북적였고, 전통시장은 한산하여 상대적으로 위축을 면치 못하였다.[238] 사람들이 전통시장보다 백화점을 선호하는 성향이 뚜렷해지면서, 1980년대에는 백화점이 상거래의 주도권을 완전히 장악하게 되었다.[239]

마지막으로, 천호동이 1970~1980년대 강동구의 문화중심지로 인식되었기 때문이다. 강동구의 상업 중심지였던 천호동에는 상가와 함께 식당·술집·여관 등 유흥을 위한 시설이 늘어갔다. 자연스럽게 극장 등 문화시설과 위락시설이 생겨났고, 이러한 기반에서 문화중심지로서 천호동에 강동구 최초의 백화점이 건립될 수 있었다.

236 「한쪽에 치우진 부도심상권 개발 백화점 신축 강남지역 집중 현상」, 『동아일보』, 1983년 1월 21일, 10면.

237 「중형 백화점 장사 잘 안된다」, 『동아일보』, 1986년 12월 27일, 2면.

238 서울특별시사편찬위원회, 『서울의 시장』, 2007, 300쪽.

239 「백화점"흥청" 시장은"한산"」, 『매일경제』, 1983년 9월 22일, 11면.

> 천호동에는 일찍부터 큰 시장이 섰고 제가 어렸을 때는 이 천호동 시장이 강동지역 상업의 중심지 역할을 하였습니다. 자연스럽게 술집, 여관, 음식점, 예식장 등등의 시설들도 생겼었지요. 천호동은 또한 문화의 중심지이기도 했습니다. 70년대 말과 80년대 초에는 '천호극장'과 '문화극장' 등이 강동지역(잠실 포함) 전체를 통틀어 유일한 극장이었답니다. 제가 중학교 다닐 때까지 천호동에 와서 단체로 영화를 관람하였던 기억이 납니다.
> 이 글을 보시는 분들 중에 혹시 강동지역 최초의 백화점이 어느 것이었는지 아시는 분 계신가요? 네? 잠실 롯데라구요?
> 틀렸습니다. 강동지역 최초의 백화점은 1984년에 생긴 '유니버스' 백화점입니다.
> 그 건물이 지금도 남아 있지요. 어디 있었느냐 하면 바로 지금의 이마트가 사용하고 있는 건물 되겠습니다. 천호동은 백화점이 들어올 만큼의 막강한 상권을 자랑하고

> 있었습니다.
>
> 「풍납동의 과거와 현재 - 제5편(천호동이야기)」, 『부동산리서치&플랫폼 닥터아파트』, 2006년 9월 15일.

유니버스백화점	
6F	사무실 / 옥상 휴게실
5F	관광식당가(한식, 일식, 중식, 양식 등)
4F	가전제품 / 가구 / 가정용품 / 문화행사장
3F	아동의류 / 학생용품 / 레저·스포츠용품 / 학생공원
2F	신사, 숙녀 의류(유명브랜드)
1F	신사, 숙녀 일용잡화 / 귀금속 / 화장품 / 은행
B1	슈퍼마켓 / 카페 / 제과점 / 식료잡화
B2	주차장

1984년 유니버스백화점 층별 안내도
「유니버스 백화점 4월오픈 올림픽 타운 강동에 나타난 거대한 코끼리— 유니버스백화점」, 『동아일보』, 1984년 3월 8일 참조하여 재정리 하였다.

유니버스백화점은 1984년 5월에 대지 1,200평, 연면적 5,000평의 중형 백화점으로 개장하였다. 현재 천호 신사거리 쪽 이마트(천호동 454-1)에 위치하였다. 지하 2층부터 지상 6층의 건물로 전층에 에스컬레이터를 운행하고, 300대를 수용할 수 있는 주차장을 갖췄다. 창원진흥기업(대표 오창균)이 80%는 직영으로 하고, 나머지만 임대하는 방식으로 운영되었다.

백화점 지하 2층에는 주차장, 지하 1층에는 슈퍼마켓·커피숍·식료 잡화점, 1층에는 은행과 귀금속·화장품점, 2층에는 성인 의류 코너, 3층에는 아동의류·학생용품점·레저 및 스포츠용품점, 4층에는 가전·가구 제품점, 5층에는 식당가, 6층에는 사무실과 옥상 휴게실이 들어섰다. 유니버스백화점의 층별 구성 중에는 특이한 점이 있다. 바로 3층을 아동과 학생을 대상으로 한 전용층으로 조성하고, 학생공원이나 학생용품 구성에 집중하였다는 것이다. 이는 당시에는 흔하지 않았던 에스컬레이터나 엘리베이터 등을 일종의 놀이터 삼아 백화점에 놀러오는 초·중·고생들에게 더 많은 즐길 거리를 제공하였을 것으로 보인다.

유니버스백화점은 주변의 백화점과 경쟁하기 위한 다양한 노력을 펼쳤다. 개장 초부터 고객 유치 전략의 일환으로 고덕·가락지구를 중심으로 둔촌동과 잠실 일대를 도는 쇼핑 버스를 운행하였다. 이는 당시 강남지역에 있는 중소 규모의 백화점들이 고객을 시내 유명 백화점이나 인근 경쟁사로 빼앗기지 않으려는 자구책이었는데, 유니버스백화점도 이 제도를 따랐다. 유니버스백화점은 대형 버스 2대로 고덕·가락지구를 중심으로 둔촌동과 잠실 일대를 운행하였다.[240]

또한 같은 품목 대비 최저가를 유지하는 품목을 구성하였다. 1980년 중반에는 미도파와 신세계 등 대형 백화점들이 일부 품목에 한하여 같은 품목을 비싸게 파는 가격제를 유지한 것에 반하여 유니버스백화점은 같은 품목 대비 최저가 가격[241]을 유지한 정책을 보였다. 심지어 실제 할인율이 높은 상품이 일부인데도 대부분의 상품이 할인되는 과장 광고까지 펼쳤다.[242]

하지만 개장 초 매출실적 호조로 업계 관심을 모았던 유니버스백화점은 개장 2년 만에 부도처리 되었다. 1986년 9월에 100명을 수용할 수 있는 10층 규모의 객실 유니버스 호텔을 무리하게 신축하면서 자금 부족을 겪다가 2개월 후 11월에 부도를 맞은 것이다.[243] 또한 임대업주와의 분쟁 등 경영 미숙도 부도에 영향을 미쳤다.[244]

240 「江南지역 백화점 쇼핑버스 운행경쟁」, 『매일경제』, 1984년 10월 23일, 11면.

241 「百貨店·쇼핑센터 물건값 들쭉날쭉 롯데·신세계 등 비싼 品目 많아」, 『경향신문』, 1985년 4월 29일, 7면.

242 「서울市 조사 결과 有名백화점·쇼핑센터 변칙割引特賣」, 『동아일보』, 1985년 8월 2일, 11면.

243 「유니버스백화점·호텔 인수」, 『매일경제』, 1988년 6월 3일, 5면.

244 「中型백화점 장사 잘안된다」, 『동아일보』, 1986년 12월 27일, 3면.

환승역세권과 상권 축의 이동

1995년에 지하철 5호선과 1997년에 8호선의 개통으로 천호 신사거리 주변에는 환승역세권이 형성되었다. 환승역세권 주변으로 1992년에 신세계백화점, 1997년에 현대백화점 등 대형 백화점이 들어서고 상권이 빠르게 팽창하자 천호동 신사거리는 강남과 구분된 독자적인 강동 상권의 중심지로 성장하였다. 기존 강동지역은 강남지역과 인접한 지리적 여건 때문에 현대백화점이나 롯데 잠실점 등 강남지역의 백화점 상권에 의존하였다.[245] 그러나 천호역 주변의 환승역세권이 개발되면서 강남지역 상권 의존을 벗어나게 되었다.

천호 구사거리에서 신사거리로 이동하는 천호동의 상권

> 5·8호선이 만나는 환승역이 들어서는 천호4거리 주변은 벌써부터 역세권 개발이 한창이다. 신세계백화점은 역 주변 유니버스백화점을 개보수한 뒤 신세계 천호점을 개설하였다. 나산실업은 4거리에 인접한 나대지 1,650평을 영동백화점으로부터 인수한 뒤 백화점·사무실 등이 포함된 대규모 복합빌딩을 신축할 계획인 것으로 알려졌다. 또 세원기공은 대로변에 있는 천호동 447 일대 1,000여 평에 지하 7층 지상 27층 규모의 주상복합건물을 신축 중이다. 지난해부터 공사에 들어간 이곳엔 185가구와 전자제품 전문상 등 판매·운동시설이 들어설 예정이다.
>
> 「천호4거리 서울 동북부 거대상권 浮上」, 『경향신문』, 1994년 8월 5일.

천호역 주변의 상권 팽창이 가속화되자 천호동 상권의 무게중심은 유흥·위락시설·전통시장이 위치한 구사거리에서 천호 신사거리 쪽으로 이동하게 되었다.[246] 이에 따라 강동지역 유일의 환승역세권은 강동개발의 중심지로 떠오르게 되었다. 실제로 1996년에 강동구에서 발표한 구정 계획을 살펴보면 천호 신사거리 쪽 천호동 431 일대 등 29만 평이 대형 업무 빌딩과 상업시설로 밀집한 강동의 중심지로 개발된다는 내용을 담고 있다.[247]

소비패턴의 현대화 및 고급화를 반영할 수 있는 상업시설의 조성 여건도 상권 축이 이동하게 된 요인 중 하나로 보인다. 천호 구사거리에는 천호동 텍사스를 비롯하여 주점·유흥시설·전통시장이 형성되어 있어 대규모의 상업시설을 계획하는 데는 제약이 따랐다. 이 때문에 새로운 상업시설을 조성하기 위하여 구사거리보다 신사거리가 훨씬 수월하였을 것이고, 상권 축이 신사거리로 이동하게 된 것이다.

245 「江東 새상권 급속 형성」, 『매일경제』, 1990년 12월 19일, 9면.

246 「[떠오르는 상권] '천호동 신/구사거리'..다양한 업태」, 『한경집코노미』, 1996년 10월 14일.

247 「천호4거리 서울 동북부 거대상권 浮上」, 『경향신문』, 1994년 8월 5일, 21면.

248 서울특별시사편찬위원회, 『서울의 시장』, 2007, 392쪽.

백화점의 각축장으로 떠오른 천호동

천호동이 백화점의 각축장으로 떠오르게 된 배경은 1980년대 이후 백화점의 급격한 성장과 밀접한 관련이 있다. 1980년대 이후 서울의 백화점은 양적·질적 측면에서 눈부신 성장을 거듭하였다. 1980년대 초 8개였던 서울의 백화점은 1985년에 21개로 늘어나 불과 5년여 동안 2.6배라는 수적 증가를 기록하였다. 1994년에 32개로 최대치를 기록하였다가 이후 약간 줄어들어 2000년 이후에는 28개 정도의 수준을 유지[248]하고 있다. 또한 백화점은 규모는 물론 각종 레저·문화시설 등 소비자들의 편의 생활에 필요한 제반 기능을 고루 갖춰 생활백화점의 면모를 보여주고 있다.

서울의 백화점수

연도	백화점		증감수		증감률	
	백화점수	점포수	백화점수	점포수	백화점수	점포수
1961	7	796	-	-	-	-
1962	7	1,246	0	450	0.0%	56.5%
1963	7	1,462	0	216	0.0%	17.3%
1964	7	2,063	0	601	0.0%	41.1%
1970	13	3,455	6	1,392	85.7%	67.5%
1971	14	3,545	1	90	7.7%	2.6%
1973	10	2,156	-4	-1,389	-28.6%	-39.2%
1975	9	2,086	-1	-70	-10.0%	-3.2%
1976	9	2,315	0	229	0.0%	11.0%
1977	8	2,115	-1	-200	-11.1%	-8.6%
1979	8	1,564	0	-551	0.0%	-26.1%
1980	8	1,564	0	0	0.0%	0.0%

서울통계연보

백화점이 양질의 성장이 가능하였던 것은 1980년대 대형 재벌들이 경쟁적으로 백화점업계에 진출하면서부터다. 그 이유는 크게 세 가지로 꼽을 수 있다. 첫째는 폭발적으로 늘어나는 매출을 고려할 때 충분한 투자 대상이었기 때문이다. 실제로 백화점계의 매출은 1980년에 1,500억 안팎이던 것이 1984년에는 4,500억 원으로 급격하게 늘어났다. 둘째는 정부의 유통 근대화 정책이다. 1980년대 당시 아시안게임과 서울올림픽 개최 등 특수에 따라 정부는 서울 시내 곳곳에 백화점을 고루 분산하는 계획을 세워 백화점 진출을 독려하였다. 셋째는 백화점이 연간 1,000억 원이 넘는 거액의 현금을 다루는 일종의 금융기관 역할을 하기 때문이었다.[249]

이렇게 대형 재벌기업들이 백화점 업계에 앞다퉈 진출하면서 백화점의 상권은 필연적으로 변화하게 되었다. 신세계·미도파·롯데가 위치한 소공동 일대에서 강남지역을 비롯한 각 지역으로 세분화된 것이다. 서울의 백화점은 자연스럽게 종로·중구의 도심권을 벗어나 여의도·영등포·강남·잠실 등지의 부도심권으로 확장되었다. 서울의 백화점이 도심에서 부도심으로 확장되면서 천호동의 백화점계에도 지각변화가 일어났다. 지하철 5호선과 8호선이 교차하는 환승역세권을 차지하기 위하여 천호동의 백화점계는 대형 재벌기업의 각축장이 된 것이다.

유니버스백화점이 1986년 11월에 부도난 뒤 재일교포인 목산그룹 회장(최춘원)이 76억원에 인수하여 목산백화점으로 단장하고 1990년 11월에 개장하였다. 매장 규모 3,000평으로 '새로운 쇼핑, 새로운 문화'라는 슬로건 아래[250] 문을 열었다. 유니버스백화점과 호텔 사업을 모두 이어받았지만, 개장 1년 만인 1991년 11월에 부도처리 되었다. 부도난 이유는 기존 임대업주들의 보상 문제 등으로 운영에 어려움을 겪은 것으로 보인다. 목산백화점이 개장하고 약 한 달 뒤 인근의 명일동에 우리나라 최초의 대중양판점(GMS) 해태마트가 개점하였다. 매장 면적 4,100평의 대규모 유통업체인 해태마트는 상품을 구성하는 데 있어 생필품을 취급하는

249 「不況모르는 現金장사 財閥 백화점진출 熱風」,『매일경제』 1985년 2월 18일, 11면.

250 「牧山백화점 17일개점」, 『매일경제』, 1990년 11월 17일, 11면.

유니버스백화점 개장 (1984) → 목산백화점 개장 (1990) → 신세계백화점 개장 (1992) → 신세계 이마트 개장 (2000~)

신세계백화점 천호점 개장 연표

슈퍼마켓과 백화점의 장점을 결합하여 품질이 좋으면서도 중저가 품목을 판매하였다.[251] 이는 목산백화점에는 매출 등 운영 측면에서 큰 위협이 되었다.

비록 유니버스백화점과 목산백화점이 개장 후 얼마 되지 않아 부도처리 되었지만, 이 위치는 강동지역의 유일한 백화점이 들어설 만큼 노른자 상권이었다. 이 때문에 당시 업계 1위 탈환을 목표로 하였던 신세계백화점이 1992년 7월에 20년 장기 임차계약(임대보증금 150억 원)을 맺고 신세계백화점 천호점으로 재개장하였다.[252] 이로써 신세계는 본점·동방플라자점·영등포점·미아점에 이어 5번째 매장을 오픈하면서 강남 및 강동 상권 공략의 교두보를 마련하였다.

1992년 12월에 문을 연 신세계백화점은 연면적 5,000평을 목산 측으로부터 임대하여 지하 1층부터 지상 6층 건물 전체를 매장 면적 2,650평으로 새로이 단장하였다. 지하 1층은 명품식품관, 지상 1층은 뷰티숍과 구두숍, 2층부터 4층까지는 의류 코너, 5층은 가전제품과 주방 및 홈인테리어 용품점, 6층은 문화센터로 구성하였다.[253]

1996년 신세계백화점은 20년 장기 임차 상태였던 백화점 부지를 매입하였다. 이는 1997년 현대백화점의 개장에 앞서 그동안 유지해 온 상권을 지키기 위한 방안이었다고 볼 수 있다. 신세계백화점은 천호사거리 환승역세권을 차지하기 위하여 현대백화점 측과 토지매입 경쟁을 벌였다. 1995년에 현대그룹 관계사인 금강개발산업이 천호동 455-8 일대 1,761평을

251 「百貨店—슈퍼 중간형태 해태流通'마트'개점」, 『동아일보』, 1990년 12월 12일, 7면.

252 「백화점업계 강남상권쟁탈전 개막」, 『한겨레』, 1992년 8월 15일, 7면.

253 「2월17일 신세계천호점 OPEN」, 『조선일보』, 1992년 12월 14일, 24면.

신세계백화점 천호점
「천호동 달라진다 교통-유통의 요지로 부상」, 『조선일보』, 1993년 10월 28일.

나산그룹으로부터 매입하고, 현대백화점 천호점 준공에 들어갔다. 나아가 목산호텔 부지 747평(454-2)까지 매입함으로써 신세계백화점을 둘러싸 버렸다. 신세계는 강한 위기감을 느꼈던 것으로 보인다. 이 때문에 신세계는 20년 장기 임차 상태였던 신세계백화점 천호점을 매입으로 전환하고 455-1 등 3필지 212평을 추가로 매입하는 한편 금강 측 소유 토지 복판에 위치한 455-6과 455-7 2필지를 인수하면서 역공으로 맞섰다.[254]

하지만 1999년에 신세계백화점 천호점은 할인점으로 재편되었다. 주요한 이유는 매출 적자 때문이었던 것으로 보인다. 신세계백화점 천호점은 1992년에 개점한 후 연간 1,000억원대의 매출을 올렸으나 과도한 투자와 높은 판매관리 비용으로 매년 60억 원 규모의 적자를 보여왔다. 적자 규모가 매년 누적되자 백화점을 이마트로 전환하여 흑자경영을 모색하고자 하였다. 당시 대형 할인점 이마트의 매출 규모는 매우 고무적이었다. 1999년에 이마트 상반기 매출이 1조 4,200억 원에 달하였는데, 이 수치는 전년도 대비 31.6% 성장한 것이다.[255] 업태의 전환은 1990년대 후반 강동 상권에 대형 할인점이 없다는 점을 고려하여 선점을 위한 목적도 지니고 있었다. 결국 신세계백화점은 1999년 10월 13일 자로 백화점 영업을 종료하고, 약 한 달간 내부 수리를 거쳐 12월 초에 이마트 천호점으로 재개장하였다.

254 「신세계—현대백화점 땅차지 싸움 천호4거리 환승 역세권 선점겨냥」, 『매일경제』, 1996 3월 11일, 31면.

255 「신세계 이마트 호조 반기순익 300억」, 『매일경제』, 1999년 7월 5일, 23면.

> 신세계백화점 천호점이 할인점으로 바뀐다. 신세계는 현재 백화점으로 운영되고 있는 천호점을 12월부터 할인점으로 전환한다고 29일 밝혔다. 이에 따라 천호점은 오는 10월 31일 백화점 영업을 종료하고, 한 달간 내부 조정 공사를 거쳐 12월 초 E마트 천호점으로 다시 문을 열게 된다.
>
> **「신세계백화점 천호점 12월부터 할인점으로」, 『조선일보』, 1999년 9월 30일.**

윤동욱(남), 44세, 이마트 종사자

> 당시 트렌드 자체가 할인점이 만들어질 때고, 여기 천호동 상권에 할인점이 없었어요. 지금은 두 군데가 있지만 홈플러스나 킴스클럽 같은 게 없었어요. 이마트가 제일 먼저 들어온 걸로 알고 있어요.

신세계백화점 천호점이 연간 1,000억대 흑자 매출에서, 60억 마이너스 매출로 전환된 가장 큰 이유 중 하나는 1997년 현대백화점의 개장과 관련 있다. 하지만 현대백화점이 들어선 자리는 원래 강남의 영동백화점이 2호점으로 출점하기 위하여 개장을 준비하던 곳이었다.

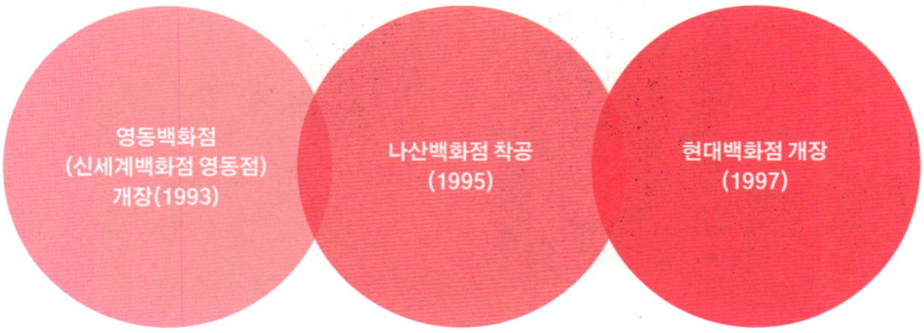

현대백화점 개장 연표

영동백화점은 1983년에 문을 연 강남 최초의 직영 백화점이다. 1985년에 현대백화점 압구정점 개점 전까지 강남권에서 우위를 차지하였다. 2호점 개장을 위하여 1991년 12월에 천호 신사거리 455번지 일대의 상용 부지를 대형 유통업체들과의 경쟁 끝에 삼성생명으로부터 구입하였다. 영동백화점 천호점은 1992년 9월에 착공하여 대지 1,800여 평에 연건평 1만 8,700여 평 규모로 상업시설과 스포츠 레저시설 등 다양한 편의시설을 갖춰 1995년 개장을 목표로 하였다.[256] 하지만 경영 부진으로 운영에 어려움을 겪었고, 1993년 11월에 신세계백화점과 10년 동안 위탁경영을 맺고 신세계백화점 영동점으로 개점하였다. 이 시기에 신세계백화점은 신세계백화점 천호점과 신세계백화점 영동점을 통하여 강동의 백화점 상권을 장악하였다.

이러한 흐름은 나산그룹이 유통사업에 진출하고자 1994년에 영동백화점을 인수하면서 달라졌다. 나산그룹은 천호동에 매장 면적 1만 평의 지하 8층 지상 16층 규모의 대형 백화점을 계획하였다. 특히 패션을 키워드로 4개 층에 걸쳐 '가격파괴형 패션 매장'을 설치하는 등 백화점 매장 외에 의류 아웃렛 등을 중점적으로 마련하고자 하였다. 또한 지하철 5호선과 8호선이 교차하는 환승역 지점에 위치한다는 장점을 살려 지하 1·2층이 각각 지하철과 연결되도록 건설하고자 하였다.[257] 한편 기존에 위탁경영을 해 오던 신세계백화점 영동점에 경영권 반환을 요청하였다. 결국 신세계백화점 영동점은 위탁경영을 시작한 지 2년이 채 지나지 않아 1995년 3월에 위탁경영을 해지하고, 경영권을 나산 측에 넘겼다.[258]

나산그룹이 경영권까지 반환하고 난 뒤 약 3개월이 지난 1995년 6월에 현대백화점이 나산백화점의 소유였던 천호동 부지를 인수하였다. 1997년 8월에 드디어 현대백화점 천호점이 개장하였다. 지하 7층 지상 12층, 연면적 2만 1,980평에 매장 면적이 1만 평이 넘는 초대형 백화점이었다. 이는 강동 상권을 두고 인근의 신세계백화점 천호점과 송파구의 롯데백화점 잠실점, 강동구의 해태백화점과 치열한 경쟁을 불러왔다. 특히 강동 상권의 터줏대감 역할을 하던 신세계백화점 천호점에는 천호역 환승역세권을 두고 큰 긴장감을 안겼다. 당시 신세계백화점 천호점의 매출이 5개 지점 가운데 '점당 순이익' 면에서 상위권에 오를 정도로 중요한 상권이었기에 신세계는 곧바로 방어 태세에 들어갔다. 3배 규모가 넘는 현대백화점이 개장하기에

한강이남 백화점들

현대천호점 개점– 떠오른 강동 상권

고객잡기 판촉전쟁

서울 강남 강동지역의 백화점들이 요즘 사은품과 경품을 다투어 내놓는 등 다양한 판촉행사를 벌이고 있다. 고객 입장에서 알뜰쇼핑 기회가 될 수도 있다.

현대백화점 천호점이 지난 22일 문을 열면서 대대적인 판촉행사를 벌이자 기존의 신세계백화점 천호점 등도 사은품행사 등으로 맞불작전을 펴고 있다. 현대와 신세계천호점이 자리잡은 천호동 네거리는 45개의 버스노선과 지하철5호선이 통과하는 교통의 요지여서 강동지역은 물론 한강 건너편의 광진 성동구와 경기 하남 구리 남양주시 등의 주민까지 고객으로 확보할 수 있다. 현대와 신세계는 각각 「천호

…다. 이 지역의 경쟁 백화점들도 다양

이 지역 백화점들도 수성(守城)차원에서 판촉전을 펼치고 있다. 개점기념 판촉행사를 준비하던 백화점들은 행사의 내용을 더욱 강화했다.

고객들로서는 알뜰쇼핑의 기회가 늘었지만 백화점들이 경쟁적으로 내놓는 사은품에 현혹돼 당장 필요없는 물건을 사는 일은 피하는 것이 좋다. 특히 시티폰과 휴대전화 호출기 등을 가입비나 보증금만 받고 주는 행사가 많은데 사용요금이 부담

파격할인-경품제공 잇따라– 알뜰쇼핑 좋은 기회

강동상권을 두고 치열한 경쟁을 벌이는 현대백화점과 신세계백화점
「한강 이남 백화점들」, 『동아일보』, 1997년 8월 30일.

256 「영동백화점 천호동에 2호점 연건평 1만 9천평 규모…95년 개점」, 『매일경제』, 1992년 7월 3일, 11면.

257 「나산그룹, 천호동에 대형백화점」, 『조선일보』, 1995년 2월 27일, 17면.

258 「신세계 영동점, 나산에 반환키로」, 『조선일보』, 1995년 3월 9일, 13면.

앞서 바로 옆에 있는 10층짜리 별관을 마련하고 '새 단장 축하 상품전'을 열면서 상권 사수에 총력을 기울였다.

백화점계의 라이벌이라고 할 수 있는 두 대형 재벌기업인 현대와 신세계가 각축을 벌였던 이유는 바로 지하철 5호선과 8호선이 교차하는 환승역세권 때문이었다. 이 역세권을 통하여 강동구는 물론 송파구와 광진구 일부까지 포함하여 서울 전체 인구의 14%인 약 160만 명을 아우르는 광역 상권[259]을 휘어잡을 것으로 판단한 것이다.

259 「현대백화점 천호점 문열어」, 『매일경제』, 1997년 8월 22일 17면.

3.6. 천호동의 상업 분석

천호동의 상업과 관련 산업의 변화 분석

천호동의 산업 변화를 분석하기 위하여 서울시 전체 평균과 비교한 천호동의 산업 대분류별 사업체수와 종사자수를 활용하여 입지계수(입지계수)를 산출하였다. 입지계수는 상대적인 중요도를 측정하는 방법으로 서울시 전체에서 천호동의 비율을 비교한 값으로, 값이 1이면 서울시 전체와 해당 산업 비율이 같고, 1보다 크면 서울시 전체에 비하여 해당 산업의 비율이 높다는 것

산업 대분류 코드 및 약어

산업 대분류	산업 코드	약어
농업, 임업 및 어업	A	농업·임업
광업	B	광업
제조업	C	제조
전기, 가스, 증기 및 공기조절 공급업	D	전기·가스
수도, 하수 및 폐기물 처리, 원료 재생업	E	수도·하수
건설업	F	건설
도매 및 소매업	G	도매·소매
운수 및 창고업	H	운수·창고
숙박 및 음식점업	I	숙박·음식
정보통신업	J	정보통신
금융 및 보험업	K	금융·보험
부동산업	L	부동산
전문, 과학 및 기술 서비스업	M	전문기술
사업시설 관리, 사업 지원 및 임대 서비스업	N	시설임대
공공행정, 국방 및 사회보장 행정	O	공공행정
교육 서비스업	P	교육
보건업 및 사회복지 서비스업	Q	보건복지
예술, 스포츠 및 여가 관련 서비스업	R	예술·여가
협회 및 단체, 수리 및 기타 개인 서비스업	S	협회·단체

이하 산업 분석에서 약어 활용

을 의미한다. 사업체의 규모에 따라 사업체수와 종사자수에 차이가 있으므로 사업체수를 활용한 입지계수와 종사자수를 활용한 입지계수를 각각 산출하였다. 산업 대분류는 활용할 수 있는 가장 최근 데이터인 2019년을 기준으로 2009년과 비교하여 변화를 분석하였다.

사업체수를 활용한 입지계수를 살펴보면 2019년 천호동에서 사업체수의 입지계수가 가장 높게 나타난 것은 '운수 및 창고업'과 '건설업'이다. 2009년에도 입지계수가 1 이상으로 나타난 서울시 평균에 비하여 사업체수가 높았으나 2019년에는 입지계수가 더 증가한 것으로 나타났다. '숙박 및 음식점업'과 '부동산업'의 경우 2009년에는 입지계수가 가장 높은 업종이었으나 2019년에는 입지계수가 감소한 것으로 나타났다. 이를 통하여 천호동이 서울시 전체와 비교하여 운수 및 창고업, 건설업의 사업체수 비율이 높고, 2009년에 비하여 2019년에 상대적인 비율이 더 증가한 것을 알 수 있다.

각 행정동의 주요 사업체 변화를 살펴보면 천호1동의 경우 운수 및 창고업과 협회 및 단체, 수리 및 기타 서비스업이 2009년과 2019년에 모두 입지계수가 가장 높게 나타났다. 교육 서비스업과 부동산업은 2009년에 비하여 감소하였고, 건설업과 공공행정, 국방 및 사회보장 행정은 증가한 것으로 나타났다. 천호2동의 경우 숙박 및 음식점업과 건설업이 2009년 가장 높게 나타났고, 2019년에 입지계수가 다소 감소하였다. 도매 및 소매업이 2019년에 사업체수 입지계수가 가장 높게 나타났다. 천호3동의 경우 2009년에 수도·하수 및 폐기물 처리, 원료 재생업의 사업체수 입지계수가 가장 높았고, 2019년에는 협회·단체를 비롯하여 수리 및 기타 서비스업과 예술 그리고 스포츠 및 여가 관련 서비스업의 입지계수가 높은 것으로 나타났다.

따라서 서울시 전체와 비교하여 천호1동은 운수 및 창고업과 협회 및 단체, 수리 및 기타 서비스업의 사업체수가 많다는 것을 알 수 있다. 천호2동은 2009년에는 숙박 및 음식점과 건설업의 사업체수가 많았으나 2019년에는 도매 및 소매업의 사업체수가 많다는 것을 알 수 있다. 천호3동은 2009년에는 수도·하수 및 폐기물 처리, 원료 재생업의 사업체수가 많았으나 2019년에는 협회·단체, 수리 및 기타 서비스업과 예술, 스포츠 및 여가 관련 서비스업의 사업체수가 많다는 것을 알 수 있다.

반면에 종사자수를 활용한 입지계수를 살펴보면 2019년 천호동에서 종사자수의 입지계수가 가장 높게 나타난 것은 협회 및 단체, 수리 및 기타 서비스업과 숙박 및 음식점업으로 나타났다. 예술, 스포츠 및 여가 관련 서비스업의 경우 2009년 종사자수 입지계수가 가장 높게 나타났으나 2019년 크게 감소하였다. 이를 통하여 천호동을 서울시 전체와 비교하여 협회 및 단체, 수리 및 기타 서비스업과 숙박 및 음식점업에 종사하는 사람의 비율이 높고, 2009년에는 예술·스포츠와 여가 관련 서비스업에 종사하는 사람이 많았으나 2019년에는 크게 감소한 것을 알 수 있다.

각 행정동의 주요 종사자 변화를 살펴보면 천호1동의 경우 운수 및 창고업과 협회 및 단체, 교육 서비스업이 2009년과 2019년에 모두 입지계수가 가장 높게 나타났다. 천호2동의 경우 부동산업과 숙박 및 음식점업이 2009년에 가장 높게 나타났고 2019년에 부동산업의 입지계수는 다소 감소하였다. 금융 및 보험업이 2019년에 사업체수 입지계수가 가장 높게 나타났다. 천호3동의 경우 2009년에 예술, 스포츠 및 여가 관련 서비스업의 종사자 입지계수가 가

천호동 행정동별 사업체 입지계수 순위

구분	천호1동				천호2동				천호3동			
	2009년		2019년		2009년		2019년		2009년		2019년	
1위	운수 창고	1.71	운수 창고	2.01	숙박 음식	1.81	도매 소매	1.54	수도 하수	1.90	협회 단체	1.45
2위	협회 단체	1.45	협회 단체	1.48	건설	1.37	숙박 음식	1.41	협회 단체	1.42	예술 여가	1.36
3위	교육	1.26	건설	1.27	금융 보험	1.30	건설	1.29	금융 보험	1.30	부동산	1.33
4위	부동산	1.26	공공 행정	1.24	도매 소매	1.24	시설 임대	1.27	부동산	1.24	금융 보험	1.30
5위	보건 복지	1.21	보건 복지	1.20	부동산	1.21	운수 창고	1.05	운수 창고	1.22	수도 하수	1.18
6위	예술 여가	1.01	교육	1.04	시설 임대	1.14	부동산	1.00	시설 임대	1.18	운수 창고	1.11
7위	건설	0.98	부동산	1.00	운수 창고	1.07	제조	0.83	숙박 음식	1.17	숙박 음식	1.03
8위	숙박 음식	0.91	제조	0.97	제조	0.94	교육	0.80	건설	1.17	도매 소매	1.01
9위	제조	0.82	예술 여가	0.91	공공 행정	0.49	공공 행정	0.66	예술 여가	1.09	건설	0.93
10위	도매 소매	0.74	숙박 음식	0.91	전문 기술	0.38	수도 하수	0.60	보건 복지	1.05	보건 복지	0.93

장 높았으나 2019년에는 도매 및 소매업의 입지계수가 가장 높은 것으로 나타났다.

따라서 서울시 전체와 비교하여 천호1동은 운수 및 창고업과 협회 및 단체, 교육 서비스업에 종사하는 사람의 비율이 높고, 천호2동은 2009년에는 부동산업과 숙박 음식점업에 종사하는 사람의 비율이 높았으나 2019년에는 금융 및 보험업에 종사하는 사람의 비율이 가장 높은 것을 알 수 있다. 천호3동은 2009년에는 예술, 스포츠 및 여가 관련 서비스업에 종사하는 사람의 비율이 높았으나 2019년에는 도매 및 소매업에 종사하는 사람의 비율이 높은 것을 알 수 있다.

천호동 사업체 입지계수 변화

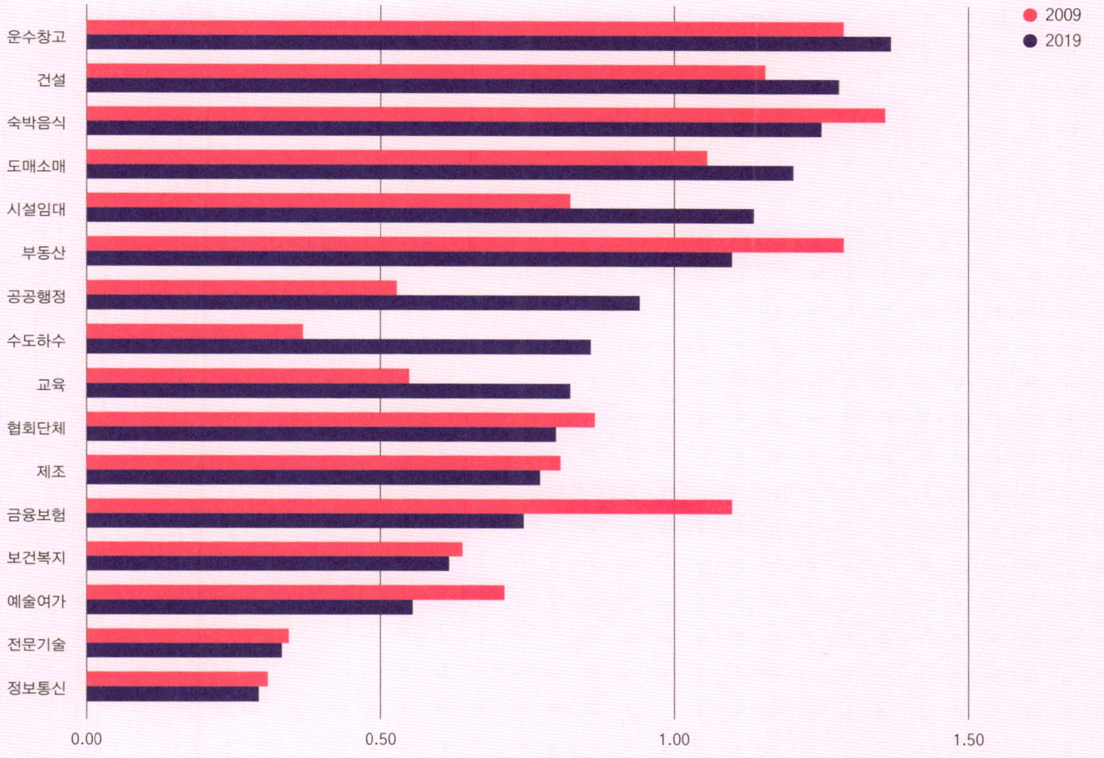

천호동 종사자 입지계수 변화

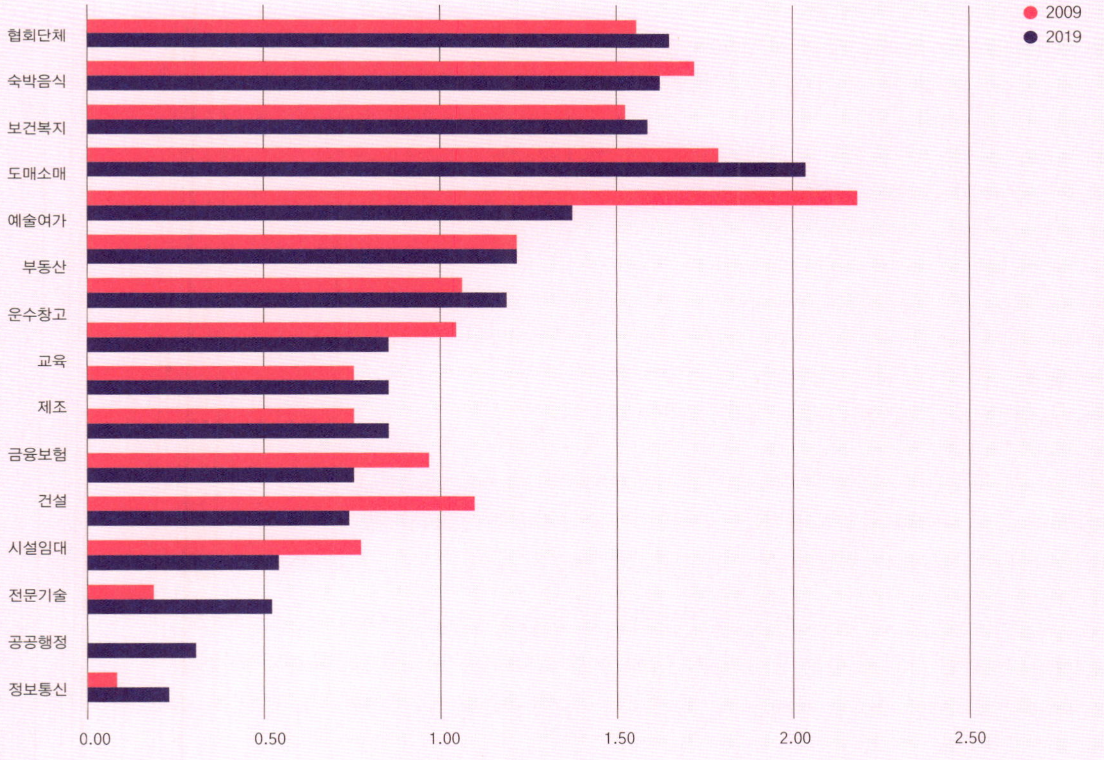

전국사업체조사
서울시 평균 대비 천호동 입지계수

천호동 행정동별 종사자 입지계수 순위

구분	천호1동				천호2동				천호3동			
	2009년		2019년		2009년		2019년		2009년		2019년	
1위	운수 창고	2.08	운수 창고	2.43	부동산	1.87	금융 보험	1.47	예술 여가	2.64	도매 소매	1.88
2위	교육	1.83	교육	1.98	숙박 음식	1.48	숙박 음식	1.43	숙박 음식	1.92	숙박 음식	1.75
3위	보건 복지	1.53	협회 단체	1.72	금융 보험	1.34	부동산	1.31	보건 복지	1.56	예술 여가	1.64
4위	협회 단체	1.44	보건 복지	1.52	도매 소매	1.33	운수 창고	1.28	도매 소매	1.42	보건 복지	1.63
5위	예술 여가	1.40	제조	1.44	시설 임대	1.02	전문 기술	1.17	협회 단체	1.27	협회 단체	1.44
6위	숙박 음식	1.22	부동산	1.29	운수 창고	0.88	도매 소매	1.11	건설	1.23	부동산	1.06
7위	도매 소매	1.09	숙박 음식	1.27	건설	0.76	건설	0.70	금융 보험	0.93	제조	0.77
8위	부동산	1.04	건설	1.03	제조	0.56	시설 임대	0.69	부동산	0.91	건설	0.60
9위	제조	0.96	예술 여가	1.01	전문 기술	0.37	제조	0.48	교육	0.86	운수 창고	0.60
10위	건설	0.94	도매 소매	0.91	정보 통신	0.08	교육	0.44	제조	0.69	교육	0.59

천호동 전체로 봤을 때는 서울시 전체에 비하여 운수·창고업과 건설업의 사업체 입지계수가 높고, 협회·단체와 숙박·음식의 종사자수 입지계수도 높다. 천호1동의 경우 운수·창고업의 사업체수와 종사자수 입지계수가 모두 꾸준히 높았고, 증가하는 추세로 나타난다. 천호2동의 경우 도매·소매 사업체수 입지계수와 금융·보험 종사자수 입지계수가 높아졌다. 반면 숙박·음식 사업체수와 부동산 종사자수 입지계수는 감소하였다. 천호3동의 경우 협회·단체 사업체수 입지계수는 꾸준히 높았고, 도매·소매 종사자수 입지계수가 높아졌다. 반면 수도·하수 사업체수 입지계수와 예술·여가 종사자수 입지계수는 감소하였다.

제조업 변화 분석

천호동의 사업체 중 제조업 변화를 좀 더 살펴보기 위하여 1999년부터 2019년까지 10년 단위로 사업체수 및 종사자수 변화에 대한 분석을 진행하였다. 천호동의 제조업은 1999년에서 2009년 사이에 종사자수와 사업체수가 크게 줄었고, 종사자수는 2019년에 다소 증가하였으나 사업체수는 다소 감소하였다. 서울시도 마찬가지로 제조업 종사자수가 1999년에서 2009년에 크게 감소하였으나 사업체수는 2019년까지 비슷한 수준으로 유지되었다.

천호동의 제조업 사업체 평균 종사자수는 3명 전후로 1999년부터 2019년까지 비슷한 수준으로 유지되었다. 서울시의 경우에는 1999년부터 2009까지 평균 종사자수가 크게 감소하였다.

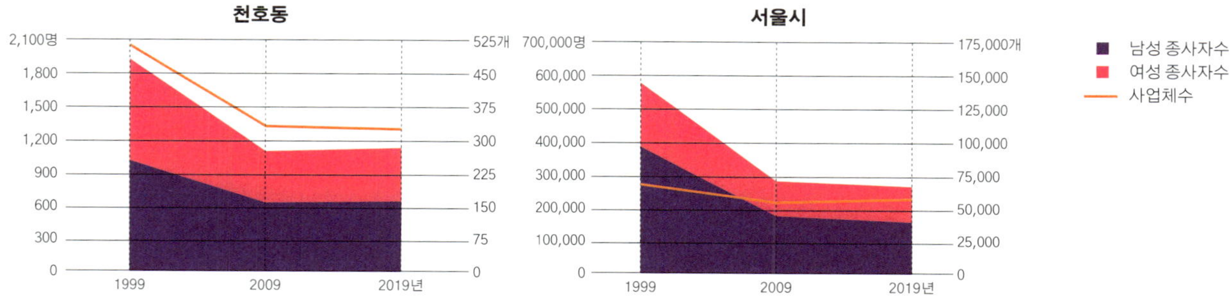

제조업 종사자수 및 사업체수 변화
전국사업체조사

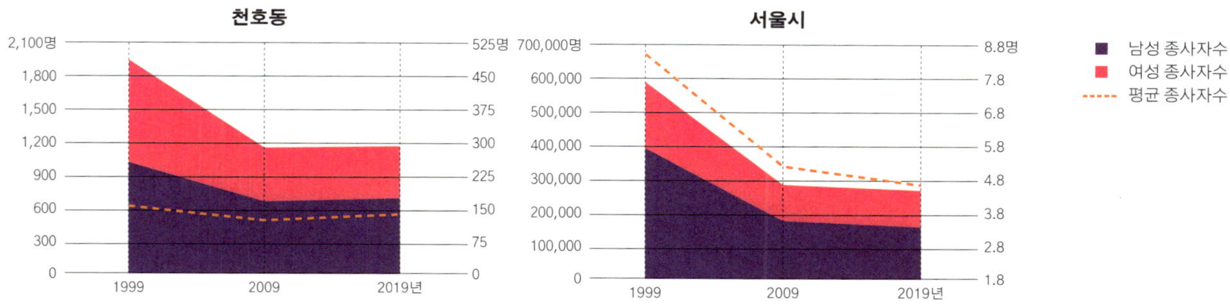

제조업 종사자수 및 사업체 평균 종사자수 변화
전국사업체조사

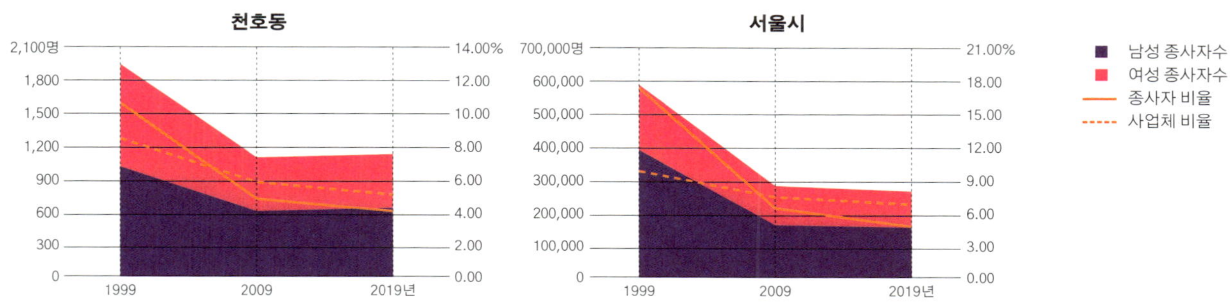

제조업 종사자수 및 사업체수 비율 변화
전국사업체조사

천호동 전체 사업체에서 제조업 사업체의 종사자 비율은 1999년에서 2009년에 크게 감소하였으며, 사업체 비율도 꾸준히 감소하였다. 서울시도 종사자 비율이 1999년에서 2009년에 크게 감소하였고, 사업체 비율도 꾸준히 감소하였다.

천호동의 제조업은 서울시와 마찬가지로 종사자수와 사업체수가 1999년과 2009년에 크게 감소하였으나, 서울시와 비교하여 1999년부터 평균 종사자수가 적은 것으로 나타나 서울시 평균에 비하여 종사자가 적은 소규모 형태임을 알 수 있다. 서울시 제조업 종사자수는 2009년에서 2019년에 다소 감소하지만, 천호동의 종사자수는 다소 올라갔다. 또 여성 종사자수의 비율이 서울시에 비하여 높았다.

천호동 상권의 변화 흐름

천호역 상권은 강동구를 대표하는 상권 중 하나로 평일과 주말을 가리지 않고 다양한 연령층이 모여드는 거대상권이다.[260] 이러한 천호동의 상권 변화를 분석하기 위해서 '우리 마을 가게 상권분석 서비스'에서 제공하는 서울시 자치구 상권변화지표를 활용하였다. 2014년부터 2021년까지 약 2년 단위로 서울시 25개 자치구의 상권변화지표 속에서 천호동 상권의 변화 흐름을 분석하였다. 또한 강동구 상권(천호동 상권)과 비교되는 송파구(잠실역 상권), 광진구(건대입구역 상권), 강남구(강남역 상권)의 3개 상권도 함께 살펴보았다.

상권변화지표는 상업 공간의 변화를 생존한 사업체의 평균 영업 기간과 폐업한 사업체의 평균 영업 기간을 기준으로 4개 등급으로 나눈 지표이다. 4개 등급은 다이내믹(LL), 상권 확장(LH), 상권 축소(HL), 정체(HH)로 구분된다. 각 등급에 대한 상권별 특징은 아래 표와 같다.

사업체의 평균 폐업 기간과 평균 영업 기간을 기준으로 분류된 4개 상권 및 특징 분류표

분류	상권	특징
다이내믹(LL)	도시재생 및 신규 개발 상권으로 창업 진출입 시 세심한 주의가 필요한 상권(지역)	특정 시점 사업체의 영업 기간이 서울시 평균 생존 영업 기간보다 낮고, 서울시 평균 폐업 영업 기간보다 낮은 상권(지역)
상권 확장(LH)	경쟁력 있는 신규 창업 우위 상권(지역)	특정 시점 사업체의 영업 기간이 서울시 평균 생존 영업 기간보다 낮고, 서울시 평균 폐업 영업 기간보다 높은 상권(지역)
상권 축소(HL)	경쟁력 있는 기존 업체 우위 상권(지역)	특정 시점 사업체의 영업 기간이 서울시 평균 생존 영업 기간보다 높고, 서울시 평균 폐업 영업 기간보다 낮은 상권(지역)
정체(HH)	창업 진출입 시 세심한 주의 상권(지역)	특정 시점 사업체의 영업 기간이 서울시 평균 생존 영업 기간보다 높고, 서울시 평균 폐업 영업 기간보다 높은 상권(지역)

2014년부터 2021년까지 강동구는 모두 다이내믹 구간에 속해 있다. 특정 시점 사업체의 영업 기간이 서울시 평균 생존 영업 기간보다 낮고, 서울시 평균 폐업 영업 기간보다 높은 지역이다. 도시재생 및 신규 개발 지역에 해당하므로 창업 진출에 주의가 필요한 상권이다. 2014년을 기준으로 2016년부터 2018년까지는 폐업 영업 기간이 더 낮아지고, 생존 영업 기간이 더 높아졌다. 이는 창업 후 가게들이 오래 버티지 못하고 빨리 폐업하였고, 생존한 가게들은 오래 가게를 운영하였음을 의미한다. 이러한 흐름은 2021년에 변한다. 2021년에는 2018년보다 폐업 영업 기간이 더 높아지고, 생존 영업 기간이 더 낮아졌다. 이는 창업 후 가게들이 더 오래 생존하다가 폐업하였고, 생존 가게들은 더 짧게 가게를 운영하였음을 의미한다.

강동구 상권(천호동 상권)과 비교되는 송파구(잠실역 상권)·광진구(건대입구역 상권)·강남구(강남역 상권)의 3개 상권도 함께 분석하였다. 송파구·광진구·강남구의 경우 2014년을 기준으로 2021년까지 폐업 영업 기간 및 생존 영업 기간이 더 높아지거나, 더 낮아지거나, 변화 없음이라는 불규칙한 경향을 보였다. 특정 흐름이 없이 불규칙한 변화 양상을 보이지만, 각 상권 모두 2014년부터 2021년까지 다이내믹 구간에 해당한다는 점을 알 수 있다.

강동구·송파구·강남구·광진구 상권은 유동 인구가 밀집하여 먹거리 및 유흥시설이 많다는 공통점이 있다. 다이내믹 구간에 속하는 이 지역은 새로운 업종이 생기고 사라지는 역동적인 상권으로 이해할 수 있다. 하지만 같은 다이내믹 상권에 속하더라도 강동구의 상권은 2021년을 기준으로 다이내믹(LL)에서 상권 확장(LH) 쪽으로 이동하였는데, 이를 통하여 과거 창업할 때 주의가 필요한 지역에서 경쟁력 있는 신규 창업이 가능한 지역으로 상권이 안정화되었음을 알 수 있다.

260 한국창업부동산정보원(http://www.kera.kr), 2022년 11월 14일 검색

2014~2021년 강동구, 송파구, 광진구, 강남구의 상권 변화 지표

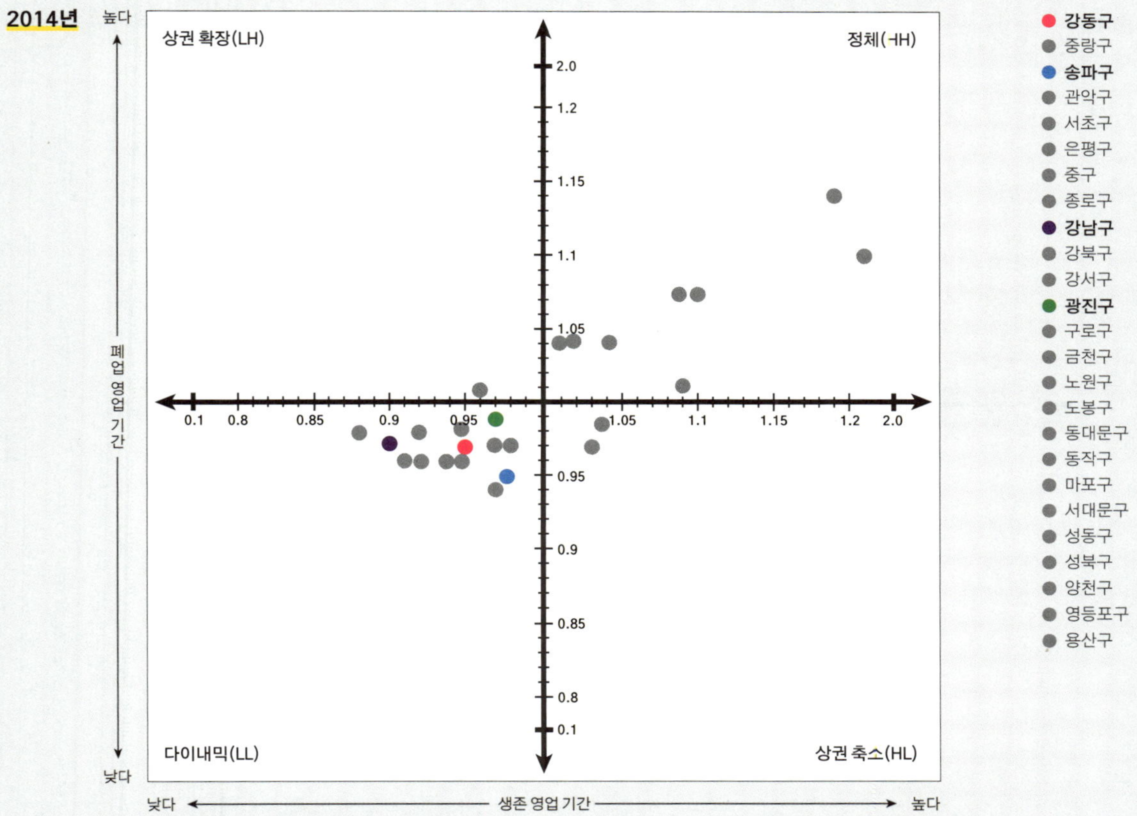

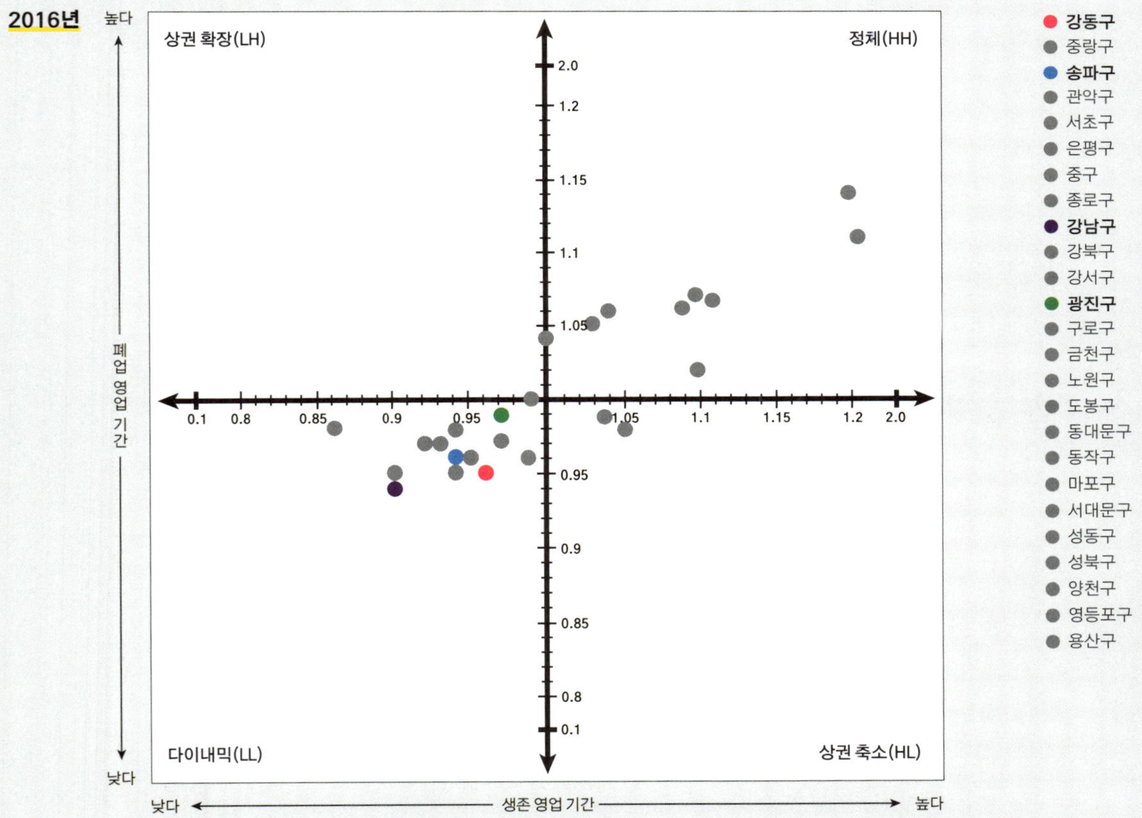

서울시 평균 생존 영업 기간과 서울시 평균 폐업 영업 기간을 그래프의 기준점(0,0)으로 도식화하였다.

2018년

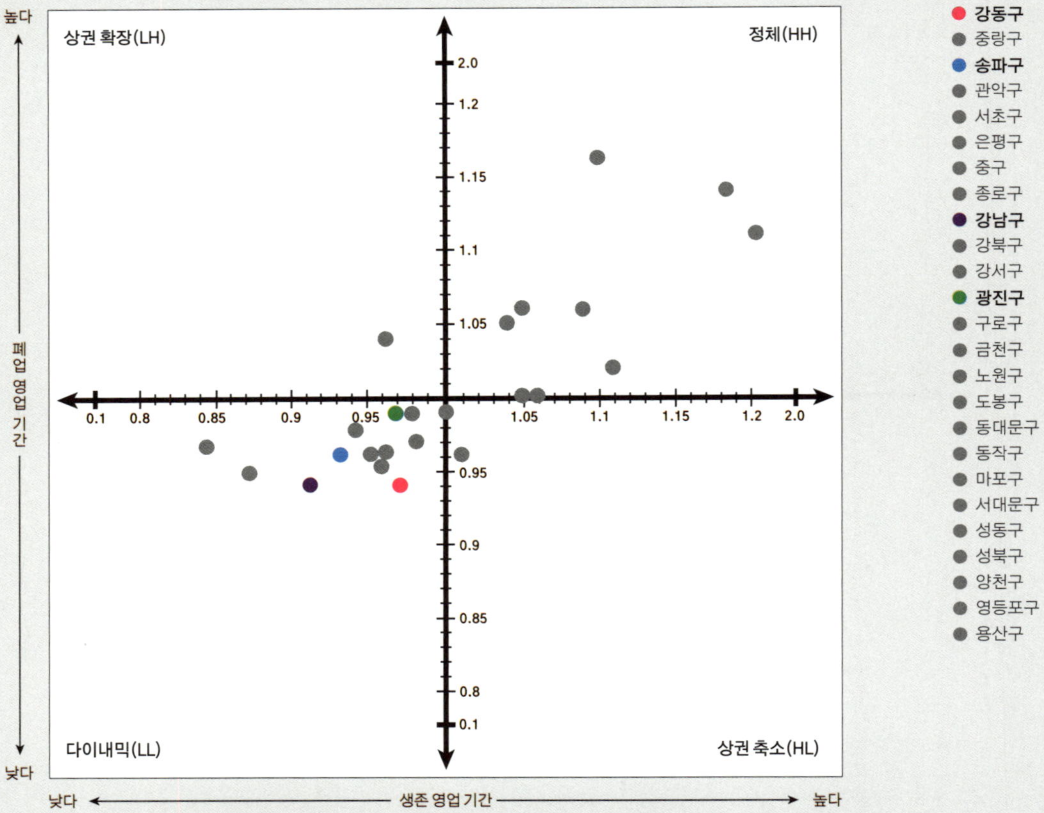

2021년

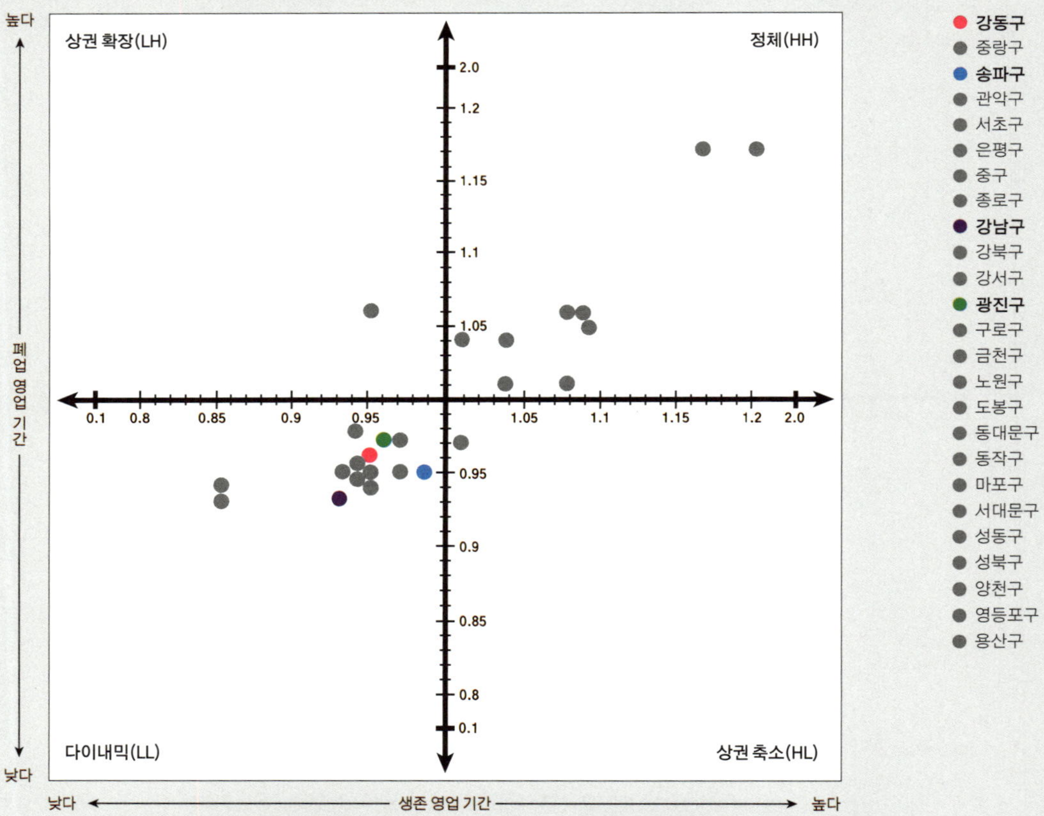

서울시 평균 생존 영업 기간과 서울시 평균 폐업 기간을 그래프의 기준점(0,0)으로 도식화하였다.

2014~2021년 강동구·송파구·광진구·강남구의 상권 변화 흐름표

분류	2016		2018		2021	
	폐업 영업기간	생존 영업기간	폐업 영업기간	생존 영업기간	폐업 영업기간	생존 영업기간
강동구 (천호역 상권)	↓	↑	↓	↑	↑	↓
송파구 (잠실역 상권)	↑	↓	–	↓	↓	↑
강남구 (강남역 상권)	↓	–	–	↑	↓	↓
광진구 (건대입구역 상권)	–	–	–	–	↓	↓

강동구 상권 비교군

다이내믹 상권 (LL)

천호동의 상업 건축물 현황

상업 건축물의 경우 법정동별 근린생활시설(공동주택 생활 편익 시설 포함) 비율과 업무시설 비율, 위락시설(단란주점, 유흥주점, 무도장 등) 비율, 상가동 평균 연면적에 대한 2015년과 2020년 데이터를 비교하였다.

2015년과 2020년의 용도별 건축물 비율을 비교하고, 기간 내 증감률과 순위이동성지수(Rank Mobility Index)를 함께 비교하였다. 순위이동성지수는 두 시점의 순위 변화를 통하여 변화를 측정하는 지수로 각 시점에서의 순위를 활용하기 때문에 집단 내에서 상대적인 변화를 확인할 수 있다. 서울시 전체 행정동을 대상으로 각각의 순위를 매기고 천호동의 순위가 시간이 지나면서 어떻게 변하였는지 함께 확인하여 단순한 변화뿐만 아니라 서울시 안에서 천호동의 변화가 보여주는 특징을 파악하였다.

주택가와 인접한 생활편의 시설인 근린생활시설과 공동주택 내의 상가를 포함한 생활편익 시설의 비율은 2015년에 전체 상업 건축물 면적의 50.1%에서 2020년에 44.6%로 감소하였다. 그러나 순위이동성지수 값은 0.014로 나타나 서울시 내의 법정동과 비교하여 변화에 큰 차이가 없는 것으로 보인다.

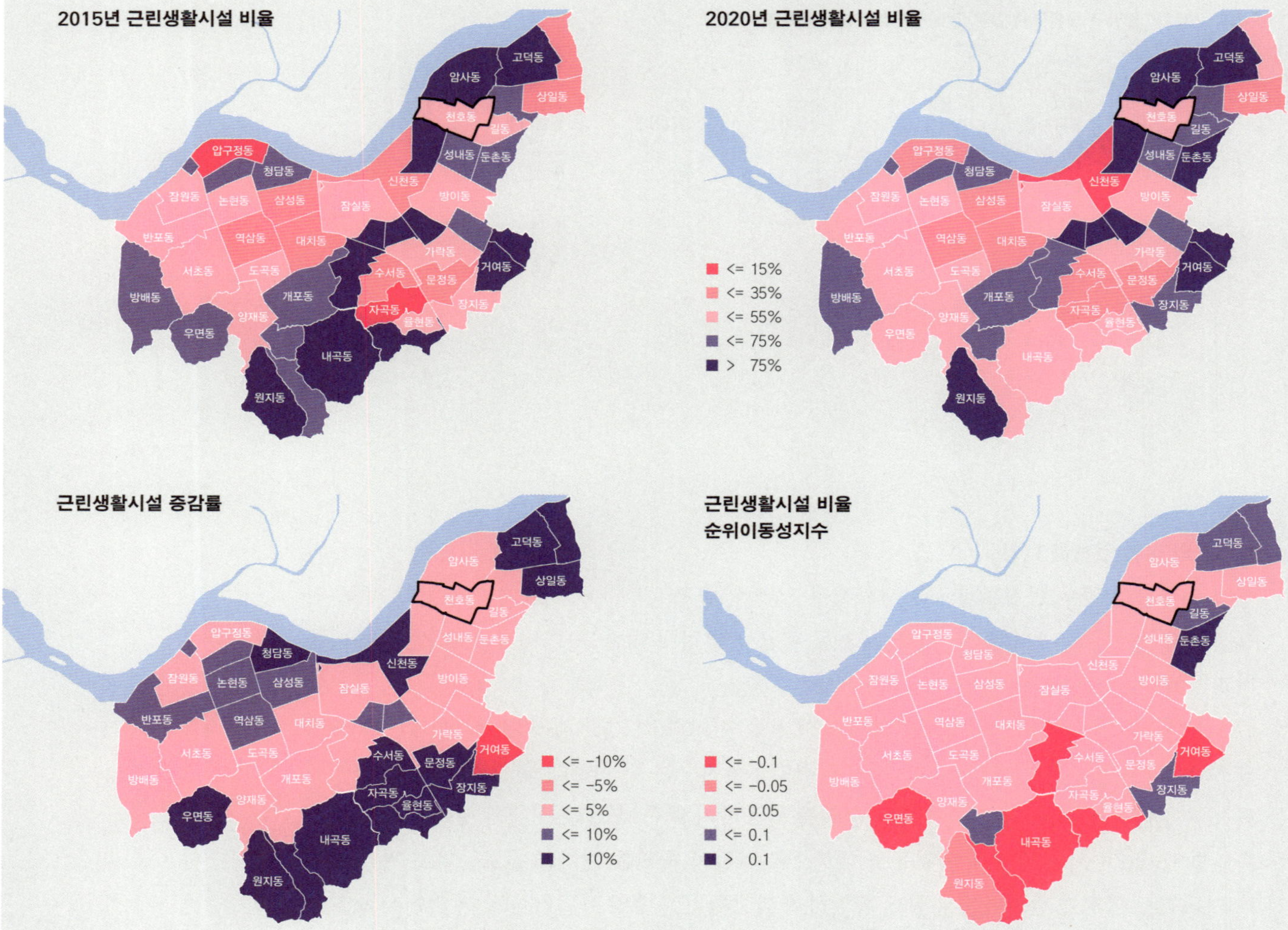

2015, 2020년 근린생활시설 비율 및 변화 분석
건축물생애이력관리시스템

천호동 근린생활시설 주요 현황

[면적 단위: ㎡]

	상업시설 총 연면적	근린생활시설 면적	근린생활시설 비율	근린생활시설비율 법정동 순위	근린생활시설 증감	근린생활시설 비율 순위이동성지수
2015년	1,340,403	671,535	50.1%	288	-3.44%	-0.014
2020년	1,454,721	648,433	44.6%	296		

법정동 순위는 서울시 전체 467개 법정동 내 순위이며, 공동주택 생활 편익 시설을 포함하였다.

업무시설의 비율은 서울시 동남권 내에서 낮은 수준으로 나타나지만 2015년에 전체 상업 건축물 면적이 18.6%에서 2020년에 25.8%로 증가하였고, 순위이동성지수 값은 0.098로 나타나 서울시 내의 법정동과 비교하여 다소 증가한 것으로 분석되었다.

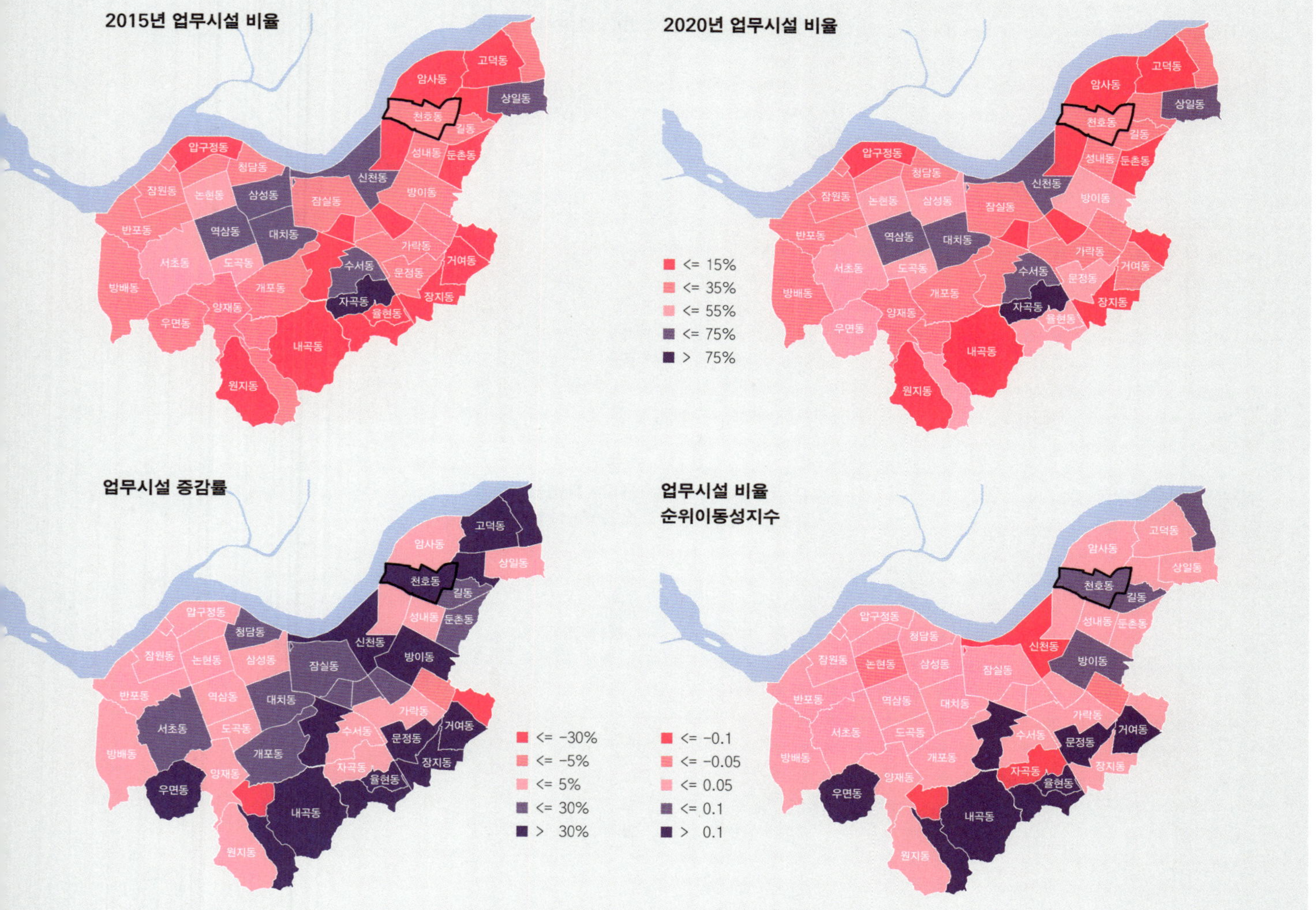

2015, 2020년 업무시설 비율 및 변화 분석
건축물생애이력관리시스템

천호동 업무시설 주요 현황

[면적 단위: ㎡]

	상업시설 총 연면적	업무시설 면적	업무시설 비율	업무시설 비율 법정동 순위	업무시설 증감	업무시설 비율 순위이동성지수
2015년	1,340,403	248,904	18.6%	218	50.84%	0.098
2020년	1,454,721	375,447	25.8%	179		

법정동 순위는 서울시 전체 467개 법정동 내 순위이다.

단란주점과 유흥주점을 포함하는 위락시설의 비율은 서울시 동남권 내에서 중간 수준으로 나타났다. 2015년에 전체 상업 건축물 면적이 0.31%에서 2020년에 0.27%로 증가하였고, 순위이동성지수 값은 0.021로 나타나 서울시 내의 법정동과 비교하여 비슷한 수준으로 증가하였다.

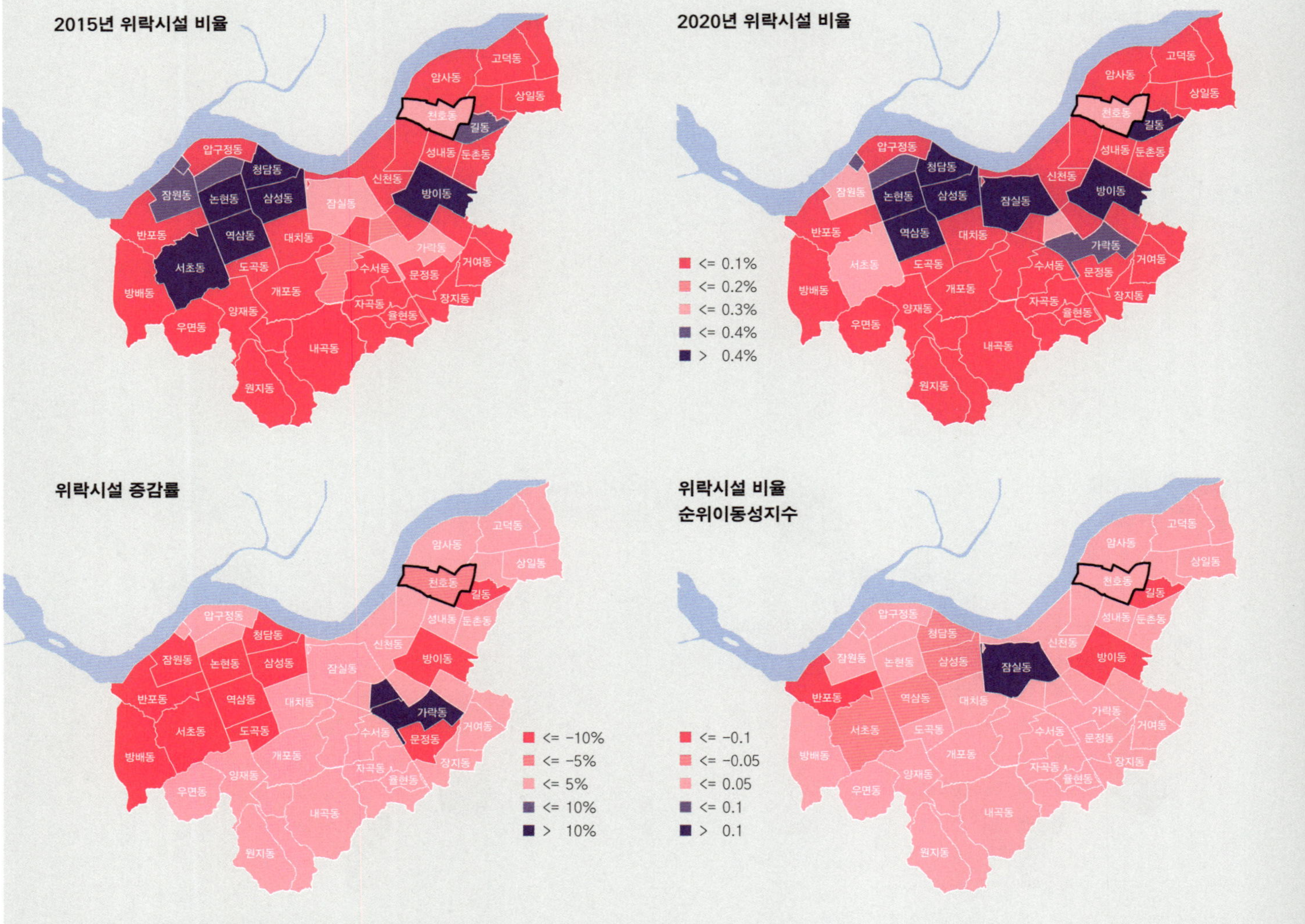

2015, 2020년 위락시설 비율 및 변화 분석
건축물생애이력관리시스템

천호동 위락시설 주요 현황

[면적 단위: ㎡]

	상업시설 총 연면적	위락시설 면적	위락시설 비율	위락시설 비율 법정동 순위	위락시설 증감	위락시설 비율 순위이동성지수
2015년	1,340,403	4,207	0.31%	98	-6.61%	0.021
2020년	1,454,721	3,929	0.27%	94		

법정동 순위는 서울시 전체 467개 법정동 내 순위이다.

상가동 1개의 평균 연면적은 서울시 동남권 내에서 좁은 것으로 나타났다. 상가동의 수가 10.55% 감소하면서 1,322㎡에서 1,604㎡로 증가하여 상가동의 평균 연면적이 커졌음을 알 수 있다. 순위이동성지수 값은 0.047로 나타나 서울시 전체 법정동과 비교하여 주거동 평균 연면적에 큰 차이가 없는 것으로 분석되었다.

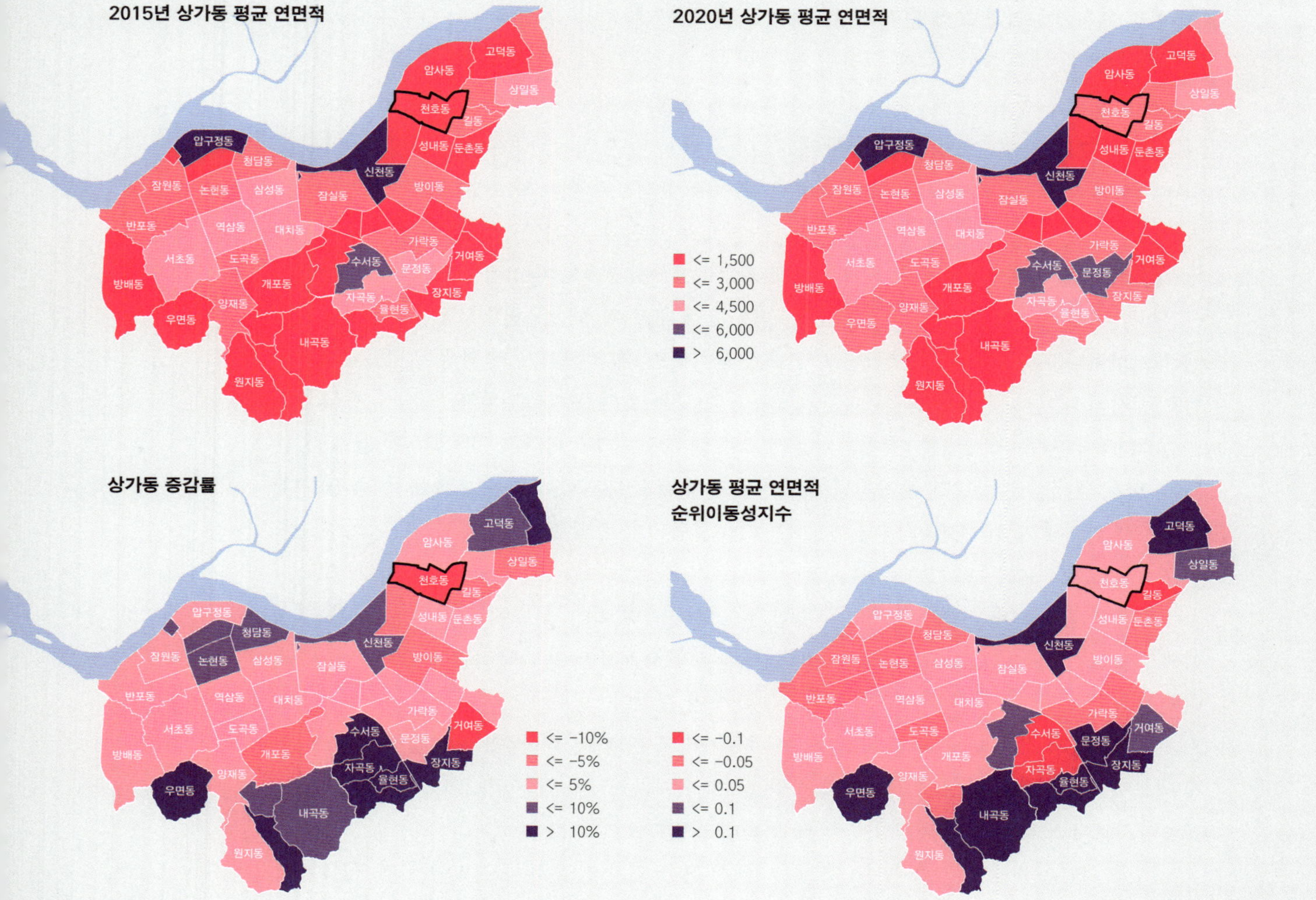

2015, 2020년 상가동 평균 연면적 및 상가동 변화 분석
건축물생애이력관리시스템

천호동 상가동 주요 현황

[면적 단위: ㎡]

	상업시설 총 연면적	상가동 수	상가동 평균 연면적	상가동 평균 연면적 순위	상가동 수 증감	상가동 평균 연면적 순위이동성지수
2015년	1,340,403	1,014	1,322	144	-10.55%	0.047
2020년	1,454,721	907	1,604	131		

법정동 순위는 서울시 전체 467개 법정동 내 순위이다.

천호동은 근린생활시설과 위락시설의 비율이 평균 수준이며, 근린생활시설의 비율에도 큰 변화가 없다. 위락시설은 다소 감소하였으나 서울시 다른 지역과 비교하여 큰 차이가 없었다. 업무시설의 경우 비율이 낮은 것으로 나타나지만 증가하는 추세로, 서울시 다른 지역과 비교하여도 업무시설의 증가가 눈에 띈다. 상가동의 평균 연면적은 주거동과 마찬가지로 좁은 것으로 나타났으며, 상가동의 수가 줄어들고 있으나 서울시 다른 지역과 비교하여 평균 연면적에 큰 변화는 없었다.

천호동에 위치한 상업 관련 생활 기반 시설

로컬데이터(www.localdata.go.kr)에 의하면 천호동에는 다양한 생활 기반 시설이 분포하고 있다. 병원시설의 경우 종합병원인 강동성심병원 외에 중소형의 병원과 의원 등이 천호동에서 운영되고 있다. 대부분의 중소형 병원과 의원은 지하철역이 있는 역세권(암사역 인근, 천호역 인근, 강동역 인근)이나 큰 사거리(광진교 남단사거리, 천호초등학교사거리)를 중심으로 위치하고 있다. 다른 상업시설과 마찬가지로 환자의 교통접근성을 높이려는 의도로 보인다. 광진교 남단사거리와 천호대로에 밀집된 것을 볼 수 있는데, 이것은 천호대로에 주상복합건물들이 있기 때문에 입주 가능한 공간이 많아서일 것으로 추측된다. 특이한 점은 천호대로 외에는 구천면로를 따라 분포하고 있다는 것이다. 왕복 2차선의 구천면로의 규모에 비하면 꽤 많은 병원과 의원이 있는데, 이는 천호동 지역 내에서 구천면로의 중요도와 인구 밀집도를 보여주는 부분이다.

약국의 경우 역세권뿐 아니라 천호대로와 양재로(굽은다리역과 길동사거리 연결)에 넓게 분포되어 있다. 역세권뿐 아니라 주거지역에 일정한 간격으로 분포되어 있는 모습에서 약국이 지역주민 생활과 밀접한 관계가 있어 어느 한 곳에 밀집되기보다 주거지역에서 접근이 가능한 인근 대로에 모여 있는 것으로 보인다.

헬스장 및 체력도장도 약국과 비슷한 분포를 보인다. 대로 인근에 모여 있으며, 주거지역에서 접근이 가능한 것으로 나타났다. 체력도장은 학생들이 많이 이용하는 공간으로 천호동 내의 초등학교, 중학교, 고등학교 인근에 있는 경우가 많았다.

세탁소의 경우도 약국이나 헬스장과 마찬가지로 지역주민의 생활과 밀접한 관계가 있기 때문에 역세권이나 대로에 있기보다는 주거지역 안에 분포하는 경우가 많았다. 대중교통을 이용하기보다 도보로 접근할 수 있는 곳에 위치하고 있다.

헤어숍, 이용원, 네일숍 등은 천호동 내에서 많은 수가 영업을 하고 있어서 역세권과 주거지역 구분 없이 접근성이 매우 높게 나타나고 있다. 천호대로 인근 복합상가뿐 아니라 구천면로와 양재로 인근에서도 밀도 높게 분포하고 있다.

천호동의 유흥시설은 숙박업소, 주류업소, 노래방 등으로 구분해서 살펴보았다. 숙박업소는 천호동 구사거리와 천호역 사거리 중심으로 분포되어 있다. 숙박업소의 특징으로 대부분 주류업소와 비슷한 공간에 있기 때문에 일종의 공생관계를 보여주고 있다.

주류업소의 경우 숙박업소가 밀집한 구사거리와 천호역 사거리 사이에 있거나 대로에 있다. 주거지역의 대로에 있는 경우는 인근 주거지역에서 접근할 수 있기 위해서인 것으로 보인다.

노래방은 유흥시설이기는 하지만 다른 생활 기반 시설의 분포와 비슷하게 주거지역 인근에서 접근할 수 있도록 주거지역과 가깝게 분포하고 있는 것으로 나타났다. 물론 많은 수가 여전히 구사거리와 천호역 사거리 사이(로데오거리)에 분포하고 있지만, 숙박업소나 주류업소보다는 주거지역에서 많이 영업하는 것으로 확인되었다.

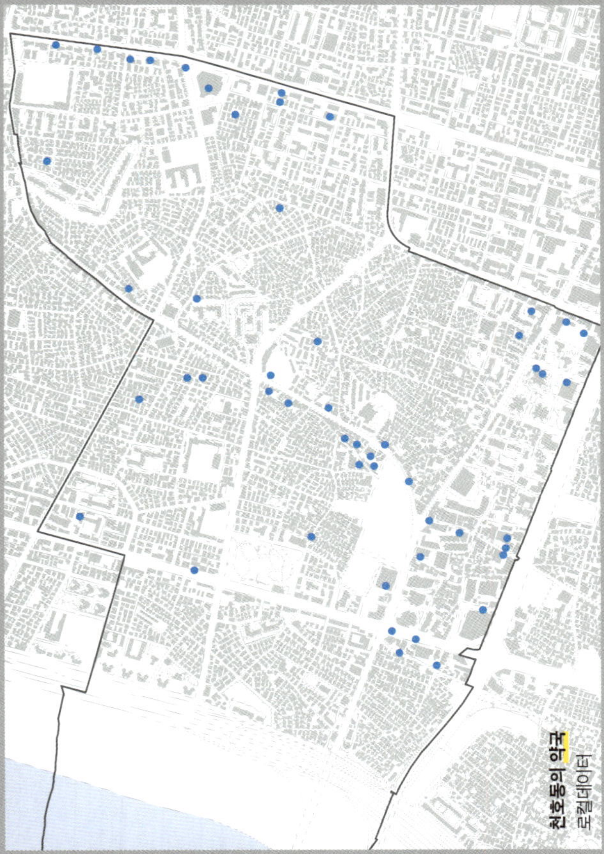

천호동의 약국
로컬데이터

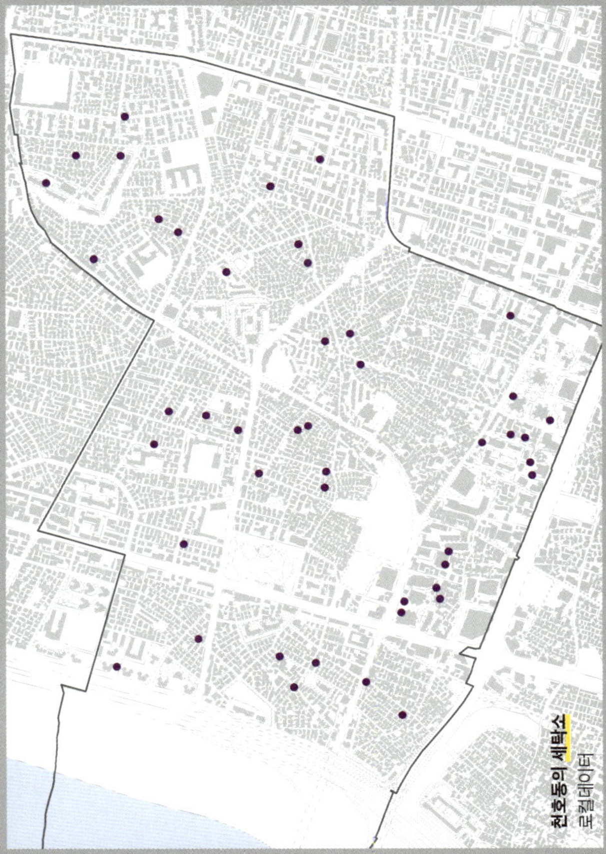

천호동의 세탁소
로컬데이터

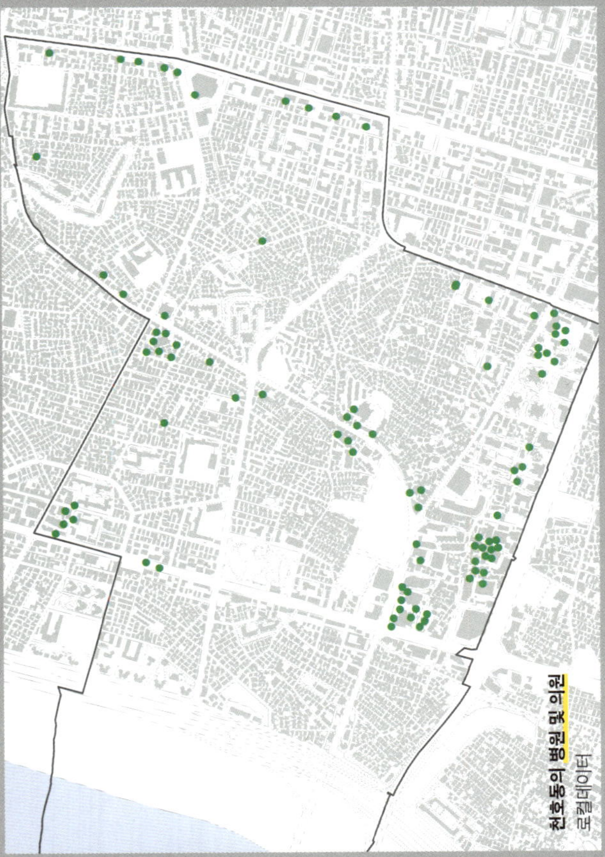

천호동의 병원 및 의원
로컬데이터

천호동의 헬스장 및 체력도장
로컬데이터

천호동의 숙박업소
로컬데이터

천호동의 노래방
로컬데이터

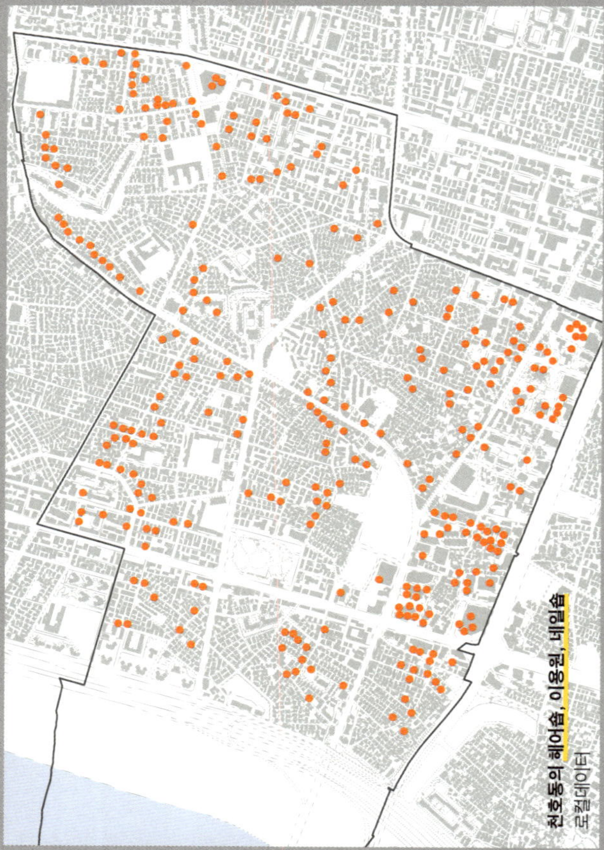

천호동의 헤어숍, 이용원, 네일숍
로컬데이터

천호동의 주류업소
로컬데이터

문구·완구 거리

문구·완구 거리의 시작

천호 문구·완구 거리는 서울의 5대 문구거리(창신동, 천호동, 영등포, 화곡동, 남대문) 중 하나로, 문구·완구를 전문적으로 취급하는 도매시장이다. 천호대로151길 일대로 천호역 1번 출구 인근에 위치한 조형물부터 세진문구유통까지 약 230*m*의 거리를 따라 조성되었다.

도매상을 주 고객으로 하지만, 일반 소비자도 물건을 구매할 수 있다. 로봇·모형·자동차·인형 등 캐릭터 상품뿐만 아니라 문구류·지류·화방 용품 등 다양한 제품군을 갖춘 까닭에 어린이는 물론 60~70대 어른들까지 방문한다. 이곳은 도매 전문시장으로 정상가격의 30~40% 저렴하게 구매 가능하다.[261]

261 「[서울서울인] 천호동 문구·완구 거리를 아시나요?」, 『아시아경제』, 2010년 2월 19일.

권민선(여), 44세, 천호2동 거주

> 저희 아이들이 초등학교 저학년일 때는 자주 갔어요. 왜냐하면 우선 저렴하니까요. 그리고 뭐든지 다 있으니까요. 그 거리에 그런 용도로 많이 갔어요. 또 장난감도 파니까 어린이날, 크리스마스, 이럴 때는 사실 발 디딜 틈이 없었어요. 요즘은 인터넷에서 다 사니까 좀 덜하죠.

천호 문구·완구 거리는 전성기 시절 40개 이상의 점포가 영업할 만큼 호황을 누렸으나 현재는 14개 점포만 남아 있다. 점포수는 줄어들고 있지만, 거리가 형성될 당시 사무용품·팬시·완구 등 가게마다 취급하는 품목이 특화된 정체성은 여전히 유지하고 있다.

천호역 1번 출구 인근에 위치한 문구·완구 거리 상징 조형물

문구·완구 거리는 당시 전국 단위의 시장이었던 창신동 문구·완구시장에서 파생되었다. 1988년에 창신동의 물류 시스템 개선을 통하여 새 시장을 개척하고자 하였던 캐릭터문구(舊 팬시랜드)로부터 비롯되었다. 이후 창신동에서 함께 이주한 영진문구와 명진잡화가 들어서면서 자리 잡기 시작하였다.

오주환(남), 63세, 캐릭터문구 대표

> '창신동 문구·완구시장과 유통 시스템을 가지고, 내가 나가서 개선을 해 봐야겠다' 해서 이쪽(천호동)에 왔죠. 원래 도매상들한테는 일주일에 생산자가 물건을 한 번에 이렇게 줬던 거예요. 근데 천호동에 와서 당일 생산되는 거를 그날 받을 수 있게끔 해서 물량을 원활히 공급하도록 제가 노력을 많이 했죠.

천호동이 새로운 문구·완구 시장의 거점이 된 배경에는 서로 다른 물품을 취급하는 점포들 덕분이었다. 캐릭터 문구용품 위주의 캐릭터문구, 필기구 위주의 영진문구, 체육용품 등 잡화 위주의 명진문구가 함께하면서 이른바 구색이 맞춰진 것이다. 이러한 이점 덕분에 물건을 공급받으려는 도매업체들은 창신동까지 나가는 수고를 덜 수 있었다. 또한 당시 시외버스터미널과 고속도로와의 접근성 등 교통적 이점도 주요한 영향을 미쳤다. 문구·완구 거리는 과거 시외버스터미널(현재 대우베네시티) 자리 인근에 있으며, 올림픽대로를 통한 고속도로와의 연결성이 매우 편리하기 때문이다. 지방 도매상이 물건을 구매하거나 생산자가 물건을 공급하기에 가장 좋은 위치라 할 수 있다.

김성기(남), 53세, 문구·완구 거리협회장(명진문구 대표)

> 천호동이 위치적으로 좋아요. 창신동보다 좋은 게 위치거든요. 왜냐면 저희는 고속도로를 접할 수 있는 도로가 바로바로 있잖아요. 올림픽대로나 아니면 고속도로요. 창신동 같은 경우는 더 시내 쪽이라 들어가기도 힘들고요.

오주환(남), 63세, 캐릭터 문구 대표

> 당시에는 시장 규모가 작다 보니까 생산자가 생산한 물건을 주로 차로 싣고 나왔어요. 옛날에는 물류 체제가 그렇게 잘 안 돼 있었거든요.
> … 옛날에는 지방 도매상들이 도매시장에 올라와서 물건을 떼어다가 장사를 했어요.

문구·완구 거리 위치도

창신동에서 일부 상인이 천호동으로 이주하기 전부터 천호동을 거점으로 문구·완구를 취급하는 점포들이 5~6개 있었다. 동화사·수복교재·수복아트·세진문구 등이 대표적이다. 하지만 이들은 오늘날 문구·완구 거리에 있지 않고, 각각 분산돼 있었다. 하지만 천호 문구·완구 거리가 1990년대 초부터 활성화되면서 판매 집적 효과가 나타나자 문구·완구 거리로 이전한 것으로 보인다.

오주환(남), 63세, 캐릭터 문구 대표

> 1988년도에 넘어올 때 천호동에도 문구·완구를 취급하는 집도 있었죠. 동화사는 부대 납품 같은 거 했고요. 수복교재하고 수복아트하고가 형제예요. 그다음에 세진문구라고 있어요.
> 시외버스터미널 쪽 아니면 그 위로 조금 더 올라가서 있던 양반들이 이 거리로 들어오게 된 거죠. 1990년도 초반에 '아, 여기 활성화가 되네' 하고, 들어오게 된 계기가 된 거죠.

문구·완구 거리의 호황과 쇠퇴

1990년대 서울의 문구·완구 거리는 큰 호황을 누렸다. 당시만 해도 학용품과 함께 장난감이 아이들에게 최고의 선물로 손꼽혔기 때문이다. 특히 완구류의 경우는 백화점이나 소비자가격보다 15~40% 저렴하여 문구·완구 도매시장이 큰 인기를 끌었다.[262] 1990년대 소비자보호원의 발표에 따르면 실제로 창신동의 완구 판매가격이 15% 이상 저렴한 것을 알 수 있다.

262 「어린이완구 싸게 파는곳 할인매장 15~40% 값저렴」, 『동아일보』, 1995년 4월 27일, 17면.

완구류 판매가격

[단위: 원]

	상품명	제조원	소비자 권장가	백화점	뉴마트	이마트	창신동 완구상가	남대문 시장	용산 완구 백화점
블록	비밀로켓기지	레고코리아	42,500	42,500	34,000	35,300	36,100	36,100	38,250
	카리브 보물선	레코코리아	116,000	116,000	92,800	92,800	98,600	98,600	104,400
인형	똘똘이	미미월드	33,000	33,000	24,000	26,000	26,400	28,000	29,700
	미미 궁전	미미월드	35,000	35,000	28,000	29,500	28,000	30,000	31,500
로봇	우주특공대 파이브맨	현대통상	30,000	30,000	24,000	22,000	24,000	25,000	24,000
	그레이트다간	서울화확	70,000	70,000	-	59,100	56,000	55,000	63,000
	카옹	서울화확	40,000	40,000	-	34,000	32,000	32,000	36,000

소비자보호원

천호동 문구·완구 거리 역시 전성기를 맞이하였다. 서울의 5대 문구·완구 거리로서 독자적인 시장을 형성하고 제조품이 귀했던 시대적 배경, 교통적 이점, 학생수의 지속적인 증가가 주요한 이유였다. 3개로 시작한 점포는 최전성기 시절 약 40개까지 늘어나면서 급성장하였다. 등하교 시간에 물건이 떨어진 동네 문구점 주인들이 물건을 사러 밀려오거나 동네 문구점을 대신하여 주문받고 배달해 주는 중간 상인이 하루에 수차례 방문하여 물건을 받아 갈 정도였다.

윤석봉(남), 50대, SB현대유통 대표

> 1990년대에는 장사가 정말 잘 됐어요. 저희가 일일이 다 못하니까 중간상인들이 물건을 떼 가서 소매상한테 물건을 가져다주시고요. 아침에 왔다가 배달 갔다가 다시 또 와서 물건 떼 가고 이럴 정도로요. 중간상인들이 서울 시내뿐만 아니라 지방, 그러니까 가깝게는 이천부터 멀게는 강원도까지 다 왔다 갔다 하셨죠.

하지만 2000년대 들어서면서 천호 문구·완구 거리는 쇠퇴기로 접어들었다. 요인은 첫째, 오프라인 방식에 익숙한 상인들이 온라인 판로 개척을 선점하지 못하였기 때문이다. 통계청 발표 자료에 따르면 2017년 10월 기준 온라인 문구 거래액은 416억여 원으로 2007년 10월의 160억여 원보다 2.6배 이상 증가하였다.[263] 온라인 문구·완구 시장을 선점하지 못하게 됨으로써 결국 온라인 전문업체에 뒤처지게 된 것이다.

둘째, 다이소 등 대형 프랜차이즈의 등장이다. 각종 문구부터 가벼운 완구 물품까지 전부 갖춘 다이소는 문구·완구 상권을 잠식하였다. 2017년에 전국 459개 문구점을 대상으로 진행한 '다이소 영업점 확장과 문구업 운영실태 현황' 조사 결과 다이소 영향으로 매출이 하락하였다고 답한 문구점은 92.8%로 매우 높았다.[264]

마지막으로, 서울시가 무상으로 학습준비물을 제공한 것 역시 큰 영향을 미쳤다. 서울시는 2011년부터 본격적으로 학생들에게 학습준비물을 제공하는 교육지침을 내렸다. 이에 따라 동네 문구점들이 사라지게 되었고, 오프라인 문구·완구 도매시장의 입지가 크게 흔들리게 되었다.

263 「기억나세요? 모든 게 크리스마스 선물이던 그 문구거리」, 『한겨레』, 2017년 12월 23일.

264 「다이소 확장 논란…골목상권 보호 vs 소비자 권리」, 『세계일보』, 2017년 9월 27일.

윤석봉(남), 50대, SB현대유통 대표

> 지금은 서울시에서 학교마다 준비물을 다 주고 그러지만, 옛날에는 문구점에서 구입하고 그랬었잖아요. 그래서 문구류를 학교 앞 문구점에서 많이 구입했는데…. 이제 동네 문구점들이 점점 사라져요. 슈퍼마켓이 사라지듯이요.

문구류, 완구류별로 가게마다 특화된 상품군

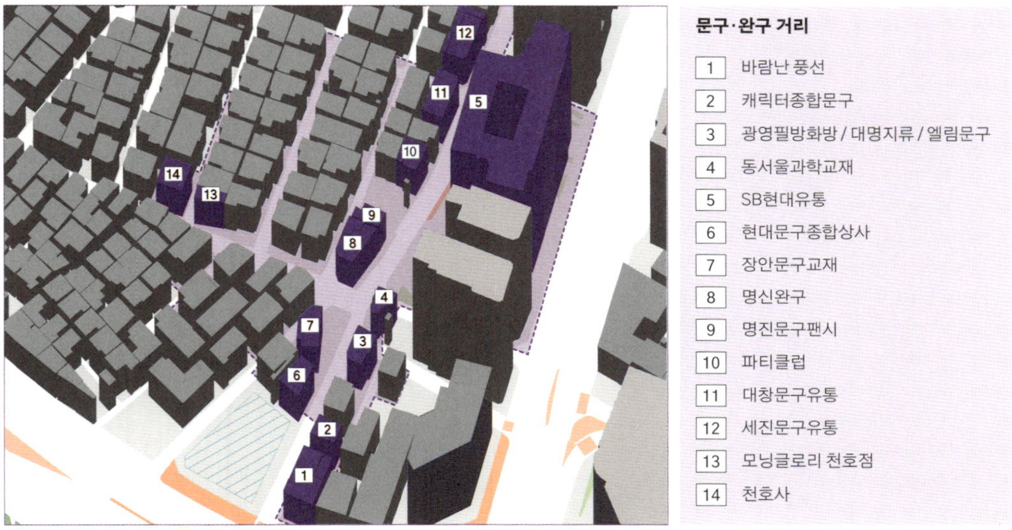

천호 문구·완구 거리 전수조사 현황(2022)

권민선(여), 44세, 천호2동 거주

> 요즘은 학교에서 준비물을 다 주기 때문에 사실 거기(문구·완구 거리) 가서 물건을 살 일이 별로 없어요.

2022년 현재 천호 문구·완구 거리에는 총 14개의 업체가 있다. 화방·필방류, 문구 교재류, 필기류, 캐릭터 문구류·완구류, 파티용품류 등 다양한 상품군의 점포들로 구성되어 있다. 상인들은 문구·완구 거리의 쇠퇴 흐름을 막아보고자 다양한 노력을 펼치고 있다. 온라인 시장 위주로 변해 가는 추세에 맞춰 문구·교재 등 일부 업체들이 온라인 판매를 겸하고 있다. 하지만 다양한 제품군 보유, 박리다매 형식, 배송 시스템 등 갖춰야 할 게 많아 대부분의 업체는 여전히 오프라인 방식을 고수하고 있는 처지이다. 또한 오프라인 시장의 범위를 확장하고자 영업 대상을 남양주 등 인근 신도시로 확장하고 있다. 그 지역에 없는 새로운 제품을 제공하고, 파격적인 유통시스템을 제공하면서 새로운 판로를 개척하는 것이다.

김성기(남), 54세, 문구·완구 거리협회장(명진문구 대표)

> 지금은 다 온라인으로 구매를 하니까 저희가 온라인 판매를 하려고 해도 거기에 들어가는 부대비용과 시스템을 갖추기까지 힘들죠. 또 많이 팔지 않으면 온라인에서 승자가 될 수 없어요. 쿠팡이라든지 이런 데가 있으니까 우리가 온라인을 하기도 조금 힘들어요.
> 남양주나 양주 같은 신도시가 있잖아요. 거기에 있는 고객들이 예전에는 천호동이나 큰 시장으로 왔었죠. 굳이 이쪽으로 안 와도 내부에서 해결을 할 수 있어 점차적으로 손님들을 뺏기고 그랬어요. 근데 저희가 신제품이라든가 물건의 유통면에서 그쪽보다는 좀 더 빠르고, 획기적으로 제공해서 저희 쪽으로 끌어들이는 그런 마케팅을 하고 있죠. 앞으로도 그렇게 해야지 살아남을 수 있고요.

한편 거리 자체를 활성화하기 위하여 특화거리 지정, 도시경관사업에도 힘썼다. 새로운 환경에 적응하기 위하여 상인들이 적극적으로 행동한 결과 문구·완구 거리는 2001년 '문구의 거리' 특화구역으로 지정되었고, 이후 2021년에 도시경관사업에도 선정되었다. 특히 도시경관사업의 경우 강동구청과 상인주도 1호 경관협정으로 협약을 맺으며 사업이 시행되어 주목받았다. 점포 6곳의 상인과 맺은 경관협정을 통하여 상인이 주도하여 경관 관리가 이루어질 수 있게 되었다.[265] 특화거리로 도로 정비와 간판 정비 등의 사업이 이루어졌고, 도시경관사업을 통하여 건물 외벽과 바닥 등이 개선되며 침체된 거리에는 활력이 생겼다.

265 「강동구 '천호문구·완구 거리' 아시나요?」, 『헤럴드경제』, 2021년 2월 24일.

김성기(남), 54세, 문구·완구 거리협회장(명진문구 대표)

> 성수동 가면 커피거리가 있고, 어디 가나 벽화가 트렌드가 됐잖아요. 부천은 만화가 있고요. 저희도 삭막한 벽돌로 보이는 것보다 좋겠다 싶었죠.
> 걷다 보면 '여기가 뭔데 이렇게 아스팔트가 아니라 이런 그림을 그렸지?' 하면서 간판을 보게 되는 성공 사례가 됐습니다. 바닥 아스팔트도 정비하면서 장난스러운 비행기라든가 배 이런 거를 좀 그렸어요.
> 아무튼 저희 거리 발전을 위해서 사장님들이 서로 똘똘 뭉쳐 가지고 도움을 요청하고 있습니다.

이러한 노력에도 불구하고 상인들이 바라보는 문구·완구 거리의 미래는 밝지 않다. 1990년대 전성기 대비 매출이 70% 정도 떨어진 현 상황을 받아들이기는 하지만, 이면에는 침체된 상권에 대한 아쉬움을 토로한다. 상인들 스스로가 문구·완구 거리의 쇠퇴는 지속될 것이며, 경쟁력이나 특색이 없는 점포는 계속 사라져 향후 10년 이내 몇 개밖에 남지 못할 것으로 전망한다.

문구·완구 거리의 일상과 사회적 관계

문구·완구 거리의 상인들은 오전 9시부터 오후 6시 반까지 영업한다. 소매상을 대상으로 영업하기 때문에 소매상 일정에 따라 일부 점포의 경우 오전 7시쯤에 문을 열기도 한다. 이렇게 보면 상인들의 삶은 점포에서 보내는 일과로 채워지는 셈이다.

소매상을 대상으로 영업하는 상인들은 오전이 가장 바쁘다. 오전 9시 출근과 함께 본인이 주력하고 있는 지역의 소매상 영업활동을 시작한다. 동네의 소매상을 만나면서 신제품을 홍보하고, 판매 중인 상품의 호응 여부를 확인하면서 오전 시간을 보낸다. 정오쯤 오전 영업을 마치고 점포로 돌아와 상인들과 인근 식당에서 점심을 먹고 나면 오후 일과가 시작된다. 오후에도 역시 영업활동이 이어진다. 오후 1시부터 3시까지는 인근에 위치한 교회·학원 등의 단체를 방문하면서 시장 개척에 힘쓴다. 점포 내에서 물건을 배치하는 등 점포 내부도 관리한다.

김성기(남), 54세, 문구·완구 거리협회장(명진문구 대표)

> 근처 식당에서 시간 되시는 점포주들과 같이 식사하고 그러죠. 저희는 하루 24시간 중에서 12시간을 여기 같이 계신 점포주들과 보내다 보니까 일단은 같이 식사도 하게 되고 더 친밀감 있게 지내게 되죠.

오후 영업활동을 마친 오후 3시는 상인들에게 한가한 시간이다. 상인들은 인근 점포주들과 티타임을 가지면서 영업활동에서 있었던 에피소드나 시장 개척에 대한 의견을 나눈다. 또는 점포 내에서 휴식하면서 바빴던 하루 일상에 여유를 보탠다. 오후 5시부터는 내일 일과를 준비한다. 도매뿐만 아니라 소매로 판매한 내역을 정리하며 부족한 재고 수량을 파악한다. 또한 영업활동에 필요한 부분까지 준비하면 오후 6시가 되고, 이로써 하루 영업이 마감된다.

업무적 일상과 사적 일상을 함께 공유하는 문구·완구 거리의 상인들은 약 30년 전부터 공식적인 상인회를 운영하였다. 상인회는 경쟁은 하되 선의의 경쟁을 하고 서로 만나 도움을 주자는 취지로 만들었다. 자신의 주력 품목으로 각자 점포의 정체성을 지켜가던 시절부터 이어져 내려온 전통인 셈이다.

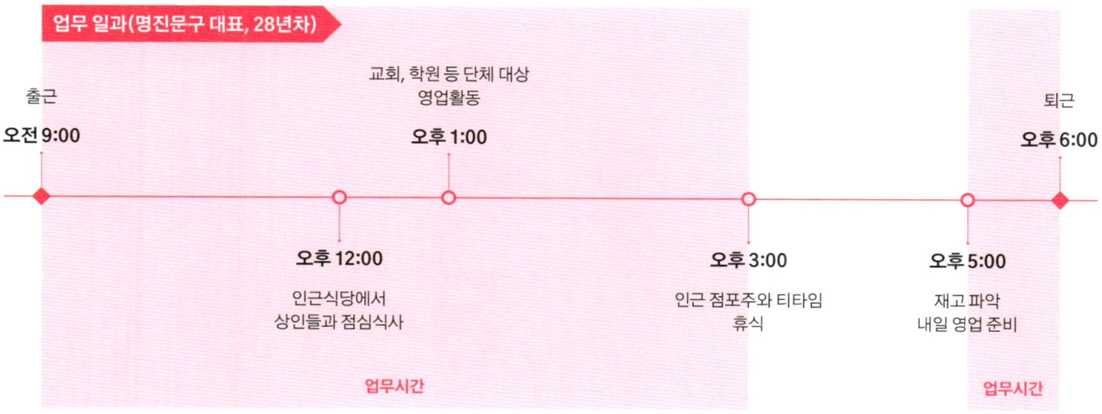

문구·완구 거리 상인의 하루 일과표

상인들은 코로나19 이전까지는 1년에 4회 정도 정기 모임을 가지면서 서로의 안부를 묻고 문구·완구 거리의 발전을 위한 생각을 나누었다. 야유회와 같은 워크숍도 비정기적으로 열면서 유대관계를 돈독히 유지하였다.

김성기(남), 54세, 문구·완구 거리협회장(명진문구 대표)

> 장사를 개개인이 하고 있지만 선의의 경쟁을 하면서 서로 만나자는 취지로 상인회가 결성된 것 같아요. 이렇게 코로나가 없었으면, 1년에 4번은 만났죠. 정기적으로 모임을 갖고 식사를 같이하면서 서로 어떻게 지내는지 그리고 우리 발전을 위해서 어떻게 해야 되는지 서로 논의하고 항상 그렇게 대화로 진행을 해 왔어요.

이렇게 서로 친근하게 연결된 덕에 문구·완구 거리의 상인들은 공식적인 모임 외에도 비공식적으로 자주 연결되곤 한다. 점심이 되면 상인들은 삼사오오 모여 식사하면서 일상의 소소함을 나눈다. 또한 오후 티타임 시간에는 서로의 일상과 업무를 공유하면서 더 깊은 친밀감을 형성한다. 이같이 반복적인 공식적 또는 비공식적인 모임을 통하여 문구·완구 거리의 사람들은 30년이 넘는 세월 동안 서로 관계를 만들고 이어나가며 소통하고 있다.

먹자골목

먹자골목의 형성 및 재구성

먹자골목은 1960년대 천호시장으로 오가는 유동 인구를 대상으로 시장 주변에 형성되었다. 과거에는 족발 골목, 냉면 골목, 감자탕 골목으로 유명하였다. 현재는 특정 메뉴로 인식되는 먹자골목 형태를 벗어나 골목 점포의 메뉴가 다양해지는 추세이다. 현재 먹자골목의 위치는 천호역 5번 출구 인근의 천호대로155길과 올림픽로70길을 중심으로 모여 있으며, 특정한 업종의 구분 없이 불규칙하게 나열되어 있다.

이곳에는 20대부터 40~50대 중장년층까지 다양한 연령층이 방문하며, 이들을 위한 밥집과 술집들이 자리하고 있다. 먹자골목에는 전통적으로 밥집보다 술집이 훨씬 더 많았고, 특히 노상 포장마차가 먹자골목에 즐비하였다. 지금도 골목에는 반주가 가능한 식당이 많으며, 그런 식당보다 술집이 더 많이 있다.

먹자골목 위치도

권민선(여), 44세, 천호2동 거주

> 천호동에 원래 포장마차랑 술집이 정말 많았어요. 천호역 인근 주변에 먹자골목 쪽으로 포장마차가 많았어요. 로데오거리 근처부터 롯데시네마 그쪽으로 거의 포장마차였어요.

단일 메뉴로는 처음으로 천호시장 옆쪽 구천면로23길 일대에 족발골목이 형성되었다. '몽땅족발' 문욱 대표의 말에 따르면 철원 등 이북 출신의 피란민들이 정착한 판자촌에서 1965년에 최초의 족발집인 '춘천집'이 문을 열었다. 춘천집이 장사가 잘되자 그 주변으로 몽땅족발, 홍천족발, 철원족발 등이 차례대로 생기면서 총 9개의 족발집이 모여 골목을 이루게 되었다. 족발집을 이용하려는 손님이 30m 정도 줄을 설 정도로 유명했지만, 천호1구역 재개발로 골목은 사라져 버렸다. 상인들은 재개발로 삶의 터전을 잃고, 주변 건물들이나 다른 지역으로 뿔뿔이 흩어져 각자 장사를 이어가고 있다.

문욱(여), 64세, 몽땅족발 대표

> 춘천족발이 제일 먼저 생겼어요. 그 집이 생기고 나서부터 한 집 한 집 생긴 게 몽땅족발, 홍천족발, 철원족발, 장수족발, 장충족발, 천호족발 이렇게 해서 골목이 형성된 거예요. 골목이 사라질 때의 심정은 이루 말할 수도 없죠. 내가 진짜 거기서 잘하고, 진짜 어려움 속에서도 지내온 골목인데, 그 골목이 사라지니까 너무 허망했죠.

천호동 구천면로29길 일대에 위치한 냉면골목은 1988년 '송월냉면'이 생긴 이래 냉면 가게가 10개까지 늘어나면서 독자적인 골목이 형성되었다. 골목의 원조가게로 손꼽히는 송월냉면은 천호동뿐만 아니라 서울과 경기도 등 외지에서도 방문할 정도로 유명하다. 3대째 이어져 내려오고 있으며 직접 끓여낸 사골 국물로 냉면 육수를 사용하고, 열무도 직접 담가 냉면의 주재료로 사용[266] 한다. 이 냉면골목의 특징은 저렴한 가격에 비하여 푸짐한 양이다. 2022년 현재도 7,000원이라는 저렴한 가격을 유지하고 있지만, 초반에는 2,000원대에서 시작하였다고 한

266 구글 검색(https://dodo1004love.tistory.com/17300), 2022년 12월 15일 검색

뉴타운 재개발로 사라지기 전 족발골목 모습
지역N문화

냉면거리 조형물

다. 저렴하면서도 푸짐한 냉면은 천호시장으로 오가는 사람들의 한 끼 식사로 충분했을 것이다. 하지만 지역 재개발 등의 이유로 현재는 송월냉면, 정천냉면, 삼거리냉면만 남아 있어 독자적인 먹자골목이라고 보기는 어렵다.

감자탕골목은 구천면로24길에 위치하였으며, 1984년에 '또순이네'가 처음 문을 열면서 시작되었다. 이후 감자탕 가게가 20여 개까지 늘어나 단일 메뉴로는 가장 큰 규모의 먹자골목을 형성하게 되었다. 감자탕집은 인근의 나이트클럽에 오는 사람들을 주 고객으로 영업하였으며 식사가 가능한 술집으로 인식되었다. 감자탕 소(小) 분량이 1,000원 정도였는데, 저렴하면서도 푸짐한 안주로 알려지자 찾는 손님이 많아져 이후 감자탕을 전문으로 하는 가게들이 길을 따라 늘어나기 시작하였다.

족발골목, 냉면골목, 감자탕골목 위치도

이정숙(여), 68세, 또순이네 대표

> (냉면가게가) 엄청 많았죠. 그쪽 골목은 거의 다가 냉면가게로 봐야죠. 10개 정도 됐었는데, 지금은 한 서너 개밖에 없어요.
> 냉면도 그때 당시에 굉장히 쌌어요. 2,000원씩 그렇게 팔았다고 얘기를 들었는데, 지금은 7,000원이나 8,000원씩 그렇게 한다고 그러더라고.

권민선(여), 44세, 천호2동 거주

> (냉면골목이 사라지는 건) 재개발 때문이죠. 그러니까 그전에 아예 아무것도 없던 곳에서 신축 건물들이 많이 들어왔으니까요. 재건축으로 들어간 건 아니고 건물주들이 사실 하나씩 다 해 올린 거죠. 그러면서 가게가 나가는 상황이 발생한 거죠.

이정숙(여), 68세, 또순이네 대표

> 감자탕골목에 처음에 들어왔을 때 골목에 가게가 하나도 없었어요. 우리 혼자 있었어요. 골목이 깜깜했었어요. 그때가 1984년도에요.
> 천호동 감자탕골목으로 타지에서 많이 오고 그랬죠. 그때 당시에는 여기가 나이트클럽이 많았어요.

하지만 인기를 한몸에 받았던 감자탕골목에도 위기가 찾아왔다. 주재료인 등뼈를 취급하는 정육업체들이 직접 감자탕 체인점을 내면서 손님이 줄어들었다. 또한 나이트클럽이 사라지면서 손님들이 줄고, 감자탕골목이 재개발되면서 감자탕 가게들이 사라지거나 메뉴를 변경하면서 감자탕골목은 약 15년 전에 사라졌다. 이로써 특정 메뉴로 인식되는 먹자골목은 천호동에서 사라지고 말았다.

냉면골목의 원조인 송월냉면

이정숙(여), 68세, 또순이네 대표

> 마장동에서 뻐를 작업하는 사람들이 많잖아요. 그런데 그런 사람들이 대량으로 체인점을 만들었어요. 대형으로 크게 하다 보니까 그쪽으로 다 몰리게 된 거예요. 감자탕집들이 이 골목(또순이네가 위치한 구천면로24길) 양쪽으로 있었어요. 여기 오피스텔 짓기 전에도 있었고 앞쪽에 모텔도 짓기 전에 이 골목에 (감자탕집이) 쫙 있었어요. 근데 지금 이제 이 모텔(캠프 모텔)이 들어서면서 점포들이 여러 개 없어지고, 푸르지오 오피스텔 지으면서 또 싹 없어지고… 메뉴를 감자탕 포함해서 여러 가지를 했던 건데, 이제 감자탕 매출이 주니까 감자탕 메뉴를 빼 버린 거죠.

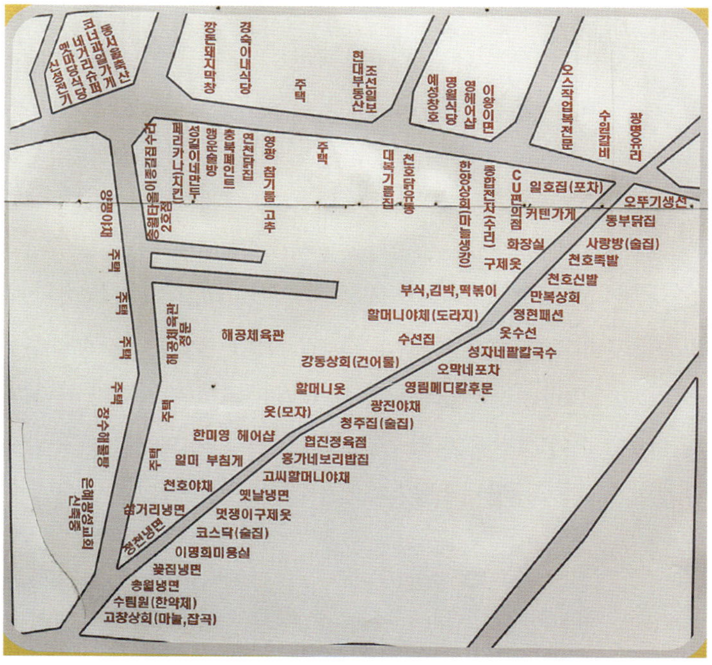

냉면 골목 현황도(2022)

먹자골목의 특징과 미래

먹자골목의 특징은 과거부터 현재에 이르기까지 천호동의 유동 인구를 대상으로 형성되고 변화되었다는 것이다. 상인들의 말에 따르면 먹자골목을 이용하는 사람들은 천호시장 외에도 시장 인근에 있는 천호동 텍사스나 나이트클럽 등을 방문하는 사람들의 영향도 매우 컸던 것으로 보인다.

문욱(여), 64세, 통땅족발 대표

> (먹자골목은) 여기 오가는 분들을 대상으로 한 거지. 여기 뒤편이 말하자면 텍사스촌이었어요. 그래서 텍사스촌이 있을 때는 진짜 굉장히 사람이 붐볐어요. 장사하는 사람들이 뭐 아무 장사를 해도 됐는데. 그게 서서히 없어지고 단속하고 뭐 이러는 바람에 이제 서서히 무너진 거죠.

또한 과거 특정 메뉴로 인식되던 족발·냉면·감자탕 골목은 한곳에 모이지 않고 각각의 주력 메뉴를 중심으로 따로 형성되고 발전하였다. 이유는 시장 주변으로는 한곳에 모일 수 있는 공간이 없었기 때문이다. 먹자골목 대부분의 점포는 처음부터 건물을 세우는 등의 계획된 형태가 아니었고, 구옥을 개조하는 형태를 취하였다. 세를 주기 위하여 가정집을 쪼개서 점포 여러 개를 만드는 형태이기도 하였고, 오랜 건물을 점포 임대용으로 수리하는 형태이기도 하였다. 그러한 구옥들이 과거 감자탕골목과 현재 먹자골목에 30~40채가 될 정도로 매우 많았으나 현재는 또순이네를 포함해 몇 채 남지 않았다.

이정숙(여), 68세, 또순이네 대표

> 따로 떨어져서 할 수밖에 없었어요. 장소가 고만고만하니까 이제 이쪽 골목 저쪽 골목 그렇게 할 수밖에 없었죠. 구옥을 개조한 거예요. 여기도 원래 32평 정도 되는 가정집이었어요. 여기 마당, 안집을 점포 세 집으로 나눈 거예요. 이런 집들이 저쪽하고 한 30~40채 되는 것 같아요. 근데 지금 몇 개 안 남았어요. 이쪽 골목에 지금 몇 집이 있고요.

한편 과거 특정 메뉴로 인식되던 먹자골목의 방문객은 성별이나 연령대가 매우 다양하였다. 이곳을 찾는 손님은 천호동 인근의 주민뿐만 아니라 하남 등 외지의 사람도 많아서 비율 구성이 절반은 지역주민이고, 절반은 외지인이었다. 남녀 성별이 한쪽으로 치우지지 않았고, 연령층도 20대부터 60대까지 다양하였다.

문욱(여), 64세, 몽땅족발 대표

> 천호시장에 오신 손님들만 아니라 서울 시내에서도 많이 오고, 지방에서도 찾아오고 했어요. 나이대는 다양했어요. 젊은 사람, 나이 든 사람, 남녀노소 그냥 다 있었죠.

이정숙(여), 68세, 또순이네 대표

> 타지에서 많이 오고 그랬죠. 하남에서도 오고 여러 군데에서 손님이 왔어요. 그때 당시에는 여기에 나이트클럽이 많았어요. 손님들 나이대는 20대부터 60대까지 있었어요. 싸면서도 여럿이 밥도 술도 먹을 수 있으니까 진짜 다양한 사람들이 왔어요.

오늘날 천호동 먹자골목은 더 이상 특정 메뉴로 구분되지 않으며, 오히려 메뉴가 다양해지는 추세이다. 곱창, 스시(초밥), 치킨류 등 메뉴를 중심으로 점포의 구성이 변화하고 있는 것이다. 현재 먹자골목에는 크게 3가지 특징이 나타난다. 첫째, 20~30대 젊은 층을 대상으로 하는 곳이 대부분이다. 이는 먹자골목과 맞닿아 있는 로데오거리의 영향으로 보인다. 저녁 시간이면

숙박업소와 공존하는 먹자골목의 모습

구옥을 개조한 먹자골목 점포의 모습

주로 20~30대가 로데오거리에 방문하는데, 이들이 먹고 마실 수 있는 메뉴로 바뀐 것이다.

둘째, 맛집보다는 술집 또는 식사와 술을 겸하는 점포가 더 큰 비중을 차지한다. 지역주민들은 이곳을 먹자골목이라기보다는 술집골목에 가깝다고 느낀다. 유흥가이기 때문에 밥집을 위주로 하는 점포는 살아남기 어렵고, 술 마시기에 적합한 안주를 취급하는 점포만이 살아남을 수 있다는 것이다.

셋째, 프랜차이즈보다는 독립점포가 많다. 20~30대 취향에 맞춰 새롭게 단장한 점포와 신축 건물들도 있지만 아직도 낡은 건물들이 많고, 대형 점포보다는 15평 정도의 소형 점포들이 많다. 이는 점포의 주인이 대부분이 한곳에서 15년 이상 장사해 온 터줏대감들이기 때문[267]이다.

267 장사닷컴(http://jangsa.com/info/view2.asp?no=1534&code=2&page=8&mNum=&sNum=), 2022년 10월 11일 검색

권민선(여), 44세, 천호2동 거주

> 사실 먹자골목이라고 하기보단 약간 술집에 가까운 건데 그냥 유흥가예요. 노래방, 술집 이런 게 있으니까요. 식당도 운영하긴 하는데, 주로 오후 늦게 아니면 24시간 운영하시는 분 정도밖에 안 남아 있어서 별로 없죠.

먹자골목의 상인은 메뉴의 다양화 현상에 대하여 긍정적으로 인식한다. 단일 메뉴일 때는 경쟁을 피할 수 없지만, 메뉴가 다양해지면 불필요한 경쟁이 사라진다고 여기기 때문이다. 한편 영업 시간대가 다른 경우도 긍정적으로 바라본다. 이는 방문하는 주요 고객층이 겹치지 않아 손님을 빼앗기지 않는다고 인식하기 때문이다.

이정숙(여), 68세, 또순이네 대표

> (먹자골목에) 메뉴가 다양해지는 건 긍정적으로 봐야지요. 우리 집 거 먹어보고 맛있다고 소문내 주고, 인터넷 올려주고 하니까 나로서는 많이 덕 보고 있어요. 다른 데도 마찬가지 아닐까 해요.

먹자골목

번호	점포	번호	점포
1	육쌈냉면	17	신의주뒷고기
2	신촌황소곱창	18	리골레토시카고피자
3	오늘와인한잔	19	아빠감자탕
4	오가네	20	스키마야
5	군자대한곱창	21	유타로천호
6	족발사조	22	경성왕꼬치
7	이모네아구탕찜	23	마왕족발
8	삼삼막창 1994	24	야다이
9	와고참숯갈비	25	스시공간
10	진정한우곱창	26	치킨뱅이
11	신사소곱창	27	크라운호프
12	육회공작소	28	계림원
13	오가네	29	또순이네
14	한국통닭	30	시골집
15	로니로티	31	신가네 해물닭갈비
16	복찜	32	교동 전선생

먹자골목 전수조사 현황(2022)

> 또 오는 손님층이 다르잖아요. 우리는 밥집이니까 아침 9시부터 밤 10시까지고, 어떤 집은 술집이니까 오후 3~4시쯤 열어서 새벽 1~2시까지 하고요.

먹자골목의 일상문화

먹자골목 상인의 일과는 술집과 밥집 또는 밥과 술을 겸하는 두 종류의 점포로 구분할 수 있다. 밥집 위주 점포의 일상을 살펴보면 전체 일과는 오전 9시에 시작해서 그날 밤 12시경 마무리된다. 물론 점포 중 일부는 주 고객층을 응대하기 위하여 특정일의 영업시간을 오전 6시 30분이나 7시경으로 조정하는 경우도 있다. 또순이네의 경우 금·토·일에는 오전 6시 30분에 문을 연다. 이는 인근에 있는 경마장 개장 시간에 맞춘 것으로 아침밥을 먹고 나오지 않은 손님들을 위해서다.

밥집 상인들은 일반적으로 오전 9시에 출근해 장사를 준비하기 시작한다. 오전 10시까지 점심 장사 준비를 마치고, 손님을 맞이한다. 이후 11시부터 오후 2시까지는 하루 중 매우 바쁜 시간인데, 이 시간대가 점심시간으로 손님들이 몰려오기 때문이다. 오후 3시까지 간간이 오는 손님들을 맞이하고 나면, 오후 4시까지는 휴식 시간이다. 상인들의 휴식은 특별하지 않다. 가게 안에서 의자를 붙여놓고 발을 뻗고 낮잠을 자거나 텔레비전을 시청한다. 간혹 휴식 시간에도 손님이 올 수도 있기 때문에 다른 곳으로 이동하지 않고 가게를 지키는 것이다. 평범하지만 꼭 필요한 오후 휴식 시간이 지나면 저녁 장사를 준비한다. 오후 5시부터 본격적인 저녁 장사가 시작되며, 밥과 함께 술도 판매한다. 분주한 저녁 장사를 하다가 밤 11시경이 되면 손님들의 발길이 뜸해진다. 이때부터는 하루 장사를 마무리할 시간이다. 오늘 매출을 정리하고, 내일 장사를 위한 재고도 파악한다. 장사에서 남은 재료를 정리하고 설거지를 하다 보면 어느덧 밤 12시 퇴근 시간이 된다.

먹자골목 상인의 일상

밥집 상인들은 하루 세 끼 식사를 가게에서 해결한다. 장사를 위해 집에서는 잠만 자고 아침, 점심, 저녁을 가게에서 먹는 것이다. 이렇게 휴식뿐만 아니라 식사까지도 가게에서 해결하는 밥집 상인들의 일상문화는 술집이나 타 골목의 상인들보다도 가게의 일상과 밀접하게 연결되어 있다. 실제로 상인들은 점포와 함께 자신들의 삶과 희로애락을 함께한다고 이야기한다.

이정숙(여), 68세, 또순이네 대표

> 나는 집에서 밥을 안 해 먹고 아침, 점심, 저녁을 여기서 먹어요. 집에 가서는 씻고 잠만 자다가 나와요. 여기서 밤 12시 돼서 끝나면 막차 타고 집에 가요. 평일은 밤 12시 24분까지 막차 지하철이 있어요. 그거 타고 가서 씻고 하면 밤 1시부터 잠을 자는 거죠.

술집 상인의 일상은 밥집 상인의 일상보다 단조롭다. 일과는 보통 오후 4시부터 시작된다. 출근과 함께 장사를 준비하고, 오후 5시부터 영업을 한다. 술을 위주로 팔다 보니 장사는 다음 날 새벽 1시까지 이어진다. 새벽 1시가 되면 그날의 장사를 정리하고 재고를 파악하며 다음 날 장사를 준비한 뒤 새벽 2시쯤 일과를 마무리한다. 한편 휴식은 따로 구분된 시간을 두지 않고, 손님이 보이지 않는 장소에서 잠깐 쉰다. 이 때문에 퇴근 후의 시간이 술집 상인들에게 본격적인 휴식 시간인 셈이다.

로데오거리

로데오거리의 시작과 재도약

천호동 로데오거리는 1990년대 중후반 새로운 수요층으로 떠오른 신세대를 겨냥하여 2004년에 탄생한 강동구의 쇼핑 특화거리이다. 천호역 인근에 위치하고 있으며, 천호대로155길과 천호대로157길이 만나는 지점에서부터 시작하여 길이 300m, 너비 12m의 규모를 지니고 있다.

천호동 로데오거리는 로데오거리로 정식 개통하기 전부터 지역주민뿐만 아니라 외지인에게도 인기 있는 상권이었다. 개통 전에는 2차선 버스 통행이 가능한 번화가였으며, 주요 방문객은 중장년층이었다. 또한 거리에 버스 정류장까지 있어 사람들이 오고 가는 데 편리하였기 때문에 지금보다 더 많은 사람들이 이용하였다.

로데오거리 위치도

1990년대 중후반 젊은 층이 주 소비집단으로 부상하면서 신촌·압구정·명동·홍대앞·건대입구·잠실·천호 신사거리 등이 신세대 위주의 상권으로 재편[268] 되었다. 이에 따라 천호신사거리 일부 상권은 서울 시내와 하남·구리 등지의 젊은 층 유입을 위하여 재단장했고, 2004년 12월에 로데오거리로 개통되었다. 총 13억 6,000만 원을 투입하여 폭 1.5m였던 기존 보도를 3~6m로 넓혔고 벤치·가로등·가로수 등 조경시설도 설치하였으며 차도는 좁혀 일방통행길로 재정비

268 「신세대 잡아야 상권이 산다」, 『매일경제』, 1996년 4월 16일, 41면.

하였다.[269] 버스가 다니지 않게 되자 이용객의 편의성이 높아졌지만, 시간이 지날수록 이용객의 수는 점점 줄었다. 2차선 도로일 때는 보도가 좁더라도 더 많은 이용객이 거리에 머물러 활기를 느꼈는데, 확장된 보도에서는 활력도 떨어져 보였다. 더 많은 이용객을 유입시키기 위하여 개통한 쇼핑특화거리는 상인들 입장에서는 역효과가 난 것이다.

269 「천호동 로데오거리 오늘 개통」 『동아일보』, 2004년 12월 27일

유병태(남), 64세, 로데오거리 상인회 회장

> 원래 이게 2차선에 버스 통행이 가능했어요. 그러다가 2차선을 줄이고 보도를 확장하면서 차도를 확 줄였어요. 물론 일반적으로 소비자들 통행은 좋아졌지만, 버스가 정차하지 않게 됐잖아요. 개통하기 전에는 중장년층이 더 많았어요. 그때는 버스가 로데오거리에도 섰었고, 상권 자체는 예전이 더 좋았던 것 같아요.
> 대신 보도가 좁았죠. 그때는 보도가 좁다 보니까, 통행인구가 적어도 사람들이 느끼기에는 더 활기가 넘쳤는데, 확장되고 나니까 사람도 없어 보이고 장사하는 사람 입장에서는 사람이 북적이는 속에서 장사가 되는 거지 한가한 쪽에서는 안 되는 거잖아요. 상권 활성화하려고 시설 투자해 만들었는데, 오히려 거꾸로 후퇴해 버렸어요.

한편 로데오거리로 정식 개통된 후 수년간은 상권이 좋았다. 중장년층보다는 젊은 층이 유입되었기 때문이다. 하남·구리·성남·광주 등지의 젊은이들이 로데오거리로 몰려왔고, 거리는 전보다 활성화된 듯 보였다. 하지만 이후 인근의 서울지역뿐만 아니라 경기 지역의 상권 개발로 로데오거리의 상권은 분산되었고, 로데오거리는 결국 침체기에 빠졌다.

권민선(여), 44세, 천호2동 거주

> 지금은 나비 쇼핑몰이 있죠. 구사거리 쪽에 있는 옷 가게 몇 군데가 남아 있는데, 예전에는 정말 다 옷 가게였어요. 20년 전만 해도 모두 다 옷 가게였어요. 그래서 그때는 미용실이 아니면, 옷 가게 했어요.

재단장한 로데오거리 모습

유병태(남), 64세, 로데오거리 상인회 회장

> 로데오거리가 생기면서 처음에는 좋았죠. 몇 년간은 젊은 층들이 유입되니까요. 그리고 그때는 하남, 구리, 성남, 광주 이런 곳에서 젊은 애들이 다 모였어요. 근데 이게 지금 각 지역이 개발되면서 구리시장에 상권 뺏기고, 하남에 상권 뺏기고, 성남 분당은 그 지역대로 커졌어요. 한마디로 여기 상권이 분산되어 버린 거죠. 또 건대 상권도 더 커져 버리면서 상황 자체가 많이 침체되어 버렸어요.

쇼핑 상권으로의 재도약을 위하여 2010년에는 패션쇼핑몰 '나비쇼핑몰'이 개장하였다. 하지만 패션 상권의 명성을 되찾기에는 큰 도움이 되지 못하였다. 이유는 첫째, 나비쇼핑몰의 내부 폐쇄형 형태가 로드숍의 유동 인구를 끌어들이기 불편하였기 때문이다. 폐쇄형은 인근의 로데오 거리의 로드숍들을 자유롭게 드나들며 쇼핑을 즐기는 데 조화를 이루지 못하였다. 둘째, 인근에 있는 현대백화점과 이마트가 이미 패션 상권의 역할[270]을 하고 있어 차별화된 콘텐츠가 없는 나비쇼핑몰은 큰 인기를 얻지 못하였다. 셋째, 나비쇼핑몰의 층별 구성도가 유동 인구를 유인하기에 부적합하고, 극장과 같은 유인 요소를 유치하는 데도 실패하였다.

270 「[상권⑧ 천호동] 5년간 임대료 정체…미사 신도시도 영향권」, 『매거진 한경』, 2015년 11월 30일.

유병태(남), 64세, 로데오거리 상인회 회장

> 나비쇼핑몰은 사실 패션 상권으로 아무 도움이 안 됐어요. 약간 폐쇄형이고, 층별 구성에도 문제가 있었어요. 지하층에 있어야 할 식당가가 7층에 있었고, 비싸게 분양하느라고 액세서리는 지하에 집어넣고, 극장 같은 시설을 넣지도 않았고요.

패션 상권의 특색을 잃어가는 로데오거리

현재 로데오거리는 쇼핑거리의 특색을 잃어가고 있다. 패션업종이 사라지고 유흥시설과 먹거리가 많아지고 있다. 로데오거리 상인회에 등록한 점포는 150곳으로 실질적으로 활동하는 점포는 70~80곳, 주로 활동하는 점포는 10곳 정도다. 점포의 업종 분포를 살펴보면 나비쇼핑몰을 포함하여 패션이 약 20%이고 식음료·유흥시설이 80%로 식음료·유흥시설이 로데오거리의 대다수를 차지하였다. 패션업종의 경우 의류보다는 신발이나 화장품이 주를 이루고 있다. 로데오거리로 개장한 초반에는 의류·신발·화장품 등 브랜드 매장들이 입점하였으나 현재는 화장품과 신발가게 위주로 재편된 상태이다. 이와 같은 내용은 로데오거리 전수조사 현황에서도 확인할 수 있다.

2차선 도로였던 로데오거리(1990년대)
강동구청 홈페이지

1차선 도로로 변경된 로데오거리(2000년대)
강동구청 홈페이지

유병태(남), 64세, 로데오거리 상인회 회장

> 패션 비중은 나비쇼핑몰을 포함해 20%이고, 식당·디저트 및 카페, 술집 같은 유흥시설이 80%예요. 의류고 이런 부분들은 1층밖에 없는 겁니다. 그리고 1층인데도 지금 브랜드들이 다 안 들어와 있잖아요. 아디다스, 나이키도 들어왔다가 다 철수했잖아요.

상황이 이렇게 된 배경에는 로데오거리를 방문하는 주요 고객층의 영향이 크다. 주 고객층은 10대와 20~30대인데, 이들 대부분은 오후 6시 이전과 이후로 분산되어 로데오거리를 방문한다. 오후 6시 이전까지는 10대가 학교 끝나고 친구들과 놀거리를 찾기 위하여, 오후 6시 이후에는 20~30대가 친구들과 만남을 즐기기 위하여 오는 것이다. 이렇게 낮과 밤에 주 고객이 분산되는 흐름은 패션 상권이 유지되는 데 악영향을 미친다. 낮에 오는 10대 중·고생들은 구매력이 낮아서 점포 매출이 떨어지는데, 이로 인해 패션업종이 들어오기를 꺼리거나 들어왔다가도 철수하게 된다. 이는 밤에 구매력을 갖춘 20~30대가 오더라도 이들이 살 만한 패션업종이 유지될 수 없는 구조로 바뀌게 되는 것이다. 결국 옷가게 등 패션업종, 특히 브랜드들이 점차 축소되고 주요 고객층 모두가 먹고 마시고 즐길 수 있는 식당·카페·게임·술집 등 유흥시설로 재편될 수밖에 없는 형편인 것이다.

권민선(여), 44세, 천호2동 거주

> 예전에는 그 거리에 옷가게, 미용실 이런 것들로 가득 찼던 것 같아요. 옷도 있지만, 신발가게도 예전에는 5~6개 있었거든요. 근데 지금은 ABC마트 이런 것만 남아 있고, 정말 보세 신발가게는 두 군데 정도 남아 있나 그래요. 그것도 이제 다 죽었죠. 상권이 죽고 거의 패션 상권은 없어지고, 먹거리나 이런 걸로 다 바뀌었죠.

주변 상권과 조화되지 못한 폐쇄형의 나비쇼핑몰

로데오거리 전수조사 현황(2022)

로데오거리

번호	상호	번호	상호
1	베스킨라빈스	19	펀앤조이
2	NINE 보드게임카페	20	주씨 천호점
3	보드스토리 천호점	21	렌즈미 천호점
4	아트박스	22	큐브이스케이프
5	메가커피	23	8번가
6	인생네컷	24	천호동나비쇼핑몰
7	공수간 천호점	25	슈에뜨펌
8	단골손님	26	치킨뱅이
9	놀숲 천호로데오점	27	담주 미즈약국
10	리안헤어	28	천호3 치안센터
11	흑백, 담다	29	커피트리
12	블링샵	30	똥찌비 천호점
13	꿀순이 떡볶이	31	열두테이블
14	엔츠노래타운	32	이차전
15	깨돌이김밥	33	녹두장군
16	뽑다방	34	천호양푼탕
17	크로앙쥬 천호점	35	천호왕판구이
18	만화보이	36	해골피자 천호점

유병태(남), 64세, 로데오거리 상인회 회장

> 로데오거리 고객은 10대와 20~30대가 거의 대부분이에요. 낮에는 10대가 눈에 띄게 많고, 저녁에는 20~30대가 많죠. 천호동과 인근 지역을 내부로 보면, 이들이 40% 정도 오고 나머지는 하남·잠실·구리 등 외부에서 한 60%가 와요. 젊은 사람들이 오니까 맛집보다는 유흥이나 호프 이런 데가 많이 생겨요.

한편 패션업종이 사라졌어도 로데오거리의 임대료는 높은 편에 속한다. 한국부동산원의 『상업용부동산 임대동향조사보고서』에 따르면, 2022년 2분기 천호동의 소규모 상가 임대료는 잠실·송파·건대입구역의 소규모 상가 임대료보다 높다. 또한 전년 대비 임대료의 변화율도 거의 없는 상태이다.

패션업종보다 먹거리, 유흥시설이 늘어나는 천호동 로데오거리 모습

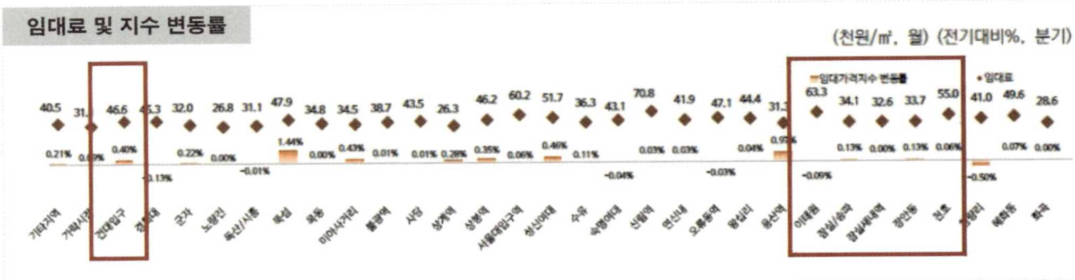

천호동 소규모 상가 임대 현황
한국부동산원, 『2022년 2분기 상업용임대동향조사 보고서』, 47쪽.

이렇게 높은 임대료와 방문객의 구매력 차이는 패션 상권으로서 로데오거리의 입지를 악화시키고 있다. 하지만 동시에 유동 인구가 일 평균 8만 명으로[271] 매우 높기 때문에 빠져나가는 패션업종 대신 먹거리와 유흥업종으로 대체되는 양상을 보인다.

패션업종 대신 식당과 카페 등으로 대체되는 상황은 단순히 천호 로데오거리만의 상황은 아니며, 압구정 로데오거리와 건대 로데오거리도 마찬가지이다. 압구정 로데오거리는 1990년대 초 패션의 중심지로 자리 잡으면서 독특한 디자인의 의류·신발·액세서리들로 인기가 높았다. 하지만 10여 년 전부터 높은 임대료로 젠트리피케이션이 생겨나자 쇠퇴하기 시작[272]하였다. 최근 20~30대의 이목을 끄는 식당과 카페 등이 생겨나면서 다시 전성기를 맞이하고 있다. 브랜드 제품을 모아 판매하는 패션 '편집숍'의 자리를 이색적인 인테리어와 메뉴를 갖춘 식음료 매장이 채우고 있는 것[273]이다. 건대 로데오거리 역시 비슷한 흐름을 보여준다. 건대 로데오거리는 2015년경 차고지로 이용되던 부지에 200여 개의 컨테이너를 연결한 '커먼그라운드'가 생기면서 만들어진 스타시티와 커먼그라운드 사이의 거리를 말한다. 건대입구역의 중심 상권 역할을 해오던 먹자골목과 구별되는 상권임에도 패션 외에도 맛집과 카페 등이 밀집된 상권으로 20~30대 젊은 층이 많이 찾는다. 건국대는 물론 인근의 20대 대학생이 배후 수요로 있기 때문에 대학가 상권에서 흔히 볼 수 있는 객단가가 비교적 낮은 패션과 식음료 업종[274]이 주를 이룬다.

271 「[상권⑧ 천호동] 5년간 임대료 정체…미사 신도시도 영향권」, 『매거진 한경』, 2015년 11월 30일.

272 「압구정 로데오거리, 멋의 거리에서 맛의 거리로 변신」, 『동아일보』, 2019년 6월 15일

273 「"여기도 꽉 찼네" 2030 바글바글…여기 그 압구정 맞아요」, 『땅집고』, 2022년 3월 28일.

274 「[요즘엔 이 거리가 핫] 건대입구역 상권…2030 즐겨찾는 미식거리」, 『매일경제』 2018년 5월 18일.

압구정 로데오거리
대한민국 구석구석 홈페이지

건대 로데오거리

천호 로데오거리 초입

상인이 바라보는 로데오거리의 미래

상인들이 체감하는 매출의 변화는 로데오거리가 개통하기 전, 로데오거리 개통 후, 코로나19 후로 나뉜다. 로데오거리로 개통하기 전의 매출이 가장 좋았고, 개통 후 매출은 80% 정도로 떨어졌으며, 코로나19 이후에는 30~50%로 떨어진 상태다. 하지만 매출의 하락과는 별개로 로데오거리 상인이 바라보는 로데오거리의 미래는 밝다. 천호 구사거리 쪽 천호1구역의 재개발과 맞물려 상권의 침체가 아니라 오히려 확장으로 보기 때문이다. 천호1구역에는 2023년 말을 목표로 2만 7,510㎡ 부지에 지상 40층짜리 4개동 주상복합아파트 999세대, 오피스텔 264호, 상업 및 업무시설 등이 들어서는 주상복합단지가 들어선다.[275] 또한 코오롱상가 아파트, 현대프라자가 있었던 천호4구역에도 2023년 완공을 목표로 지하 6층에 지상 38층 4개 동의 주상복합건물 670가구와 업무 시설 및 상업 시설 등이 들어선다.[276] 지역 재개발로 단순히 대형 주거 단지뿐만 아니라 업무 및 상업시설도 함께 함께 들어서는 것이다. 이는 로데오거리 상인들이 호재로 인식하는 부분이다. 로데오거리는 천호1·4구역과 인접해 있는데, 새로 들어설 상권에는 로데오거리에서 빠져나간 패션 관련 점포들이 들어설 것으로 예상한다. 이러한

275 「[인터뷰]이정훈 강동구청장"명품 자족도시로 도약할 한 해 될 것」, 『아시아경제』, 2020년 5월 7일.

276 「강동구, 천호4촉진지구 최고 38층 주상복합 건립」, 『전국매일신문』, 2019년 8월 14일.

구조를 통하여 로데오거리의 먹거리와 유흥업종 상권이 천호 구사거리 쪽 상권과 전체적으로 서로 연결되고 확장될 수 있다고 보는 것이다.

유병태(남), 64세, 로데오거리 상인회 회장

> 천호 구사거리 쪽에 40층짜리 4개동이 들어오고, 코오롱·현대 쪽에 새로 건물이 들어왔을 때, 우리는 확장을 보는 거예요. 지하 주차장 시설도 들어올 테고 앞에 상가도 생긴단 말이죠. 우리가 봤을 때는 상권이 확장된다고 보는 거예요. 바로 옆 동네잖아요. 다른 아이템들이 들어온다는 거죠. 그래서 기대를 하고 있는 거예요.
> 다른 품목들하고 다르게 아이템이 들어오니까 손님들이 한 번 더 찾아온다고 보는 거예요. 근데 거기에 쫓아가려면 주차장 부분, 그리고 이런 평탄한 차선 확장이든지 이런 게 돼야지만 맞춰지는 거죠.

쇼핑과 다양한 먹거리·즐길 거리의 시너지 효과를 근거로 로데오거리 상인들은 천호 상권이 향후 잠실과 같은 큰 상권으로 성장할 것으로 전망한다. 또한 이러한 거대 상권에 발맞추기 위하여 주차장 확보, 차도와 보도의 높이를 맞추는 평탄화 작업, 주말 '차 없는 거리' 운영 등에 관하여 강동구청과 지속적으로 협의하고 있다.

자전거거리

자전거거리의 구조와 특징

서울 유일의 자전거 특화거리인 천호 자전거거리는 2013년부터 자전거 관련 업체들이 하나둘씩 생기면서 자생적으로 형성된 거리이다. 천호공원사거리부터 즈믄길 나들목까지 약 430*m* 거리를 따라 자전거 판매 매장과 정비 매장뿐 아니라 자전거 의류 및 액세서리 매장과 자전거 카페 등 30여 개가 자리하고 있다.

자전거거리를 걷다 보면 곳곳에서 자전거거리의 정체성을 발견할 수 있다. 가장 먼저

천호 자전거거리

눈에 띄는 것이 인도 옆으로 독립적으로 펼쳐진 전용 도로인데, 이는 자전거거리가 있는 지자체에서만 발견할 수 있는 특징이다. 또한 자전거를 편리하게 보관할 수 있는 랙(거치대 Rack)도 가게 앞마다 비치되어 있다. 거리 초입에 자전거거리를 알리는 상징물과 표지판도 자전거거리의 이름에 걸맞은 특징이라 할 수 있다.

자전거거리 위치도

천호 자전거거리가 한강변이 아닌 천호동에 생긴 이유는 한강공원과의 편리한 접근성 덕분이다. 천호 자전거거리는 한강 광나루 자전거공원과 인접하여 있고, 공원 옆으로는 자전거 보행자 겸용 도로가 마련되어 있다. 공원과 자전거 보행자 겸용 도로는 자전거 애호가들이 공원을 자주 찾게 만드는 요소이다. 실제로 광나루 자전거공원에서는 개별적인 라이딩뿐만 아니라, 공식적·비공식적인 단체 라이딩 교육도 이루어지고 있다. 수년째 진행 중인 서울 시민을 위한 자전거 교실도 라이딩 교육 중 하나인데, 자전거 교실은 서울 시민의 자전거 교습 및 안전사고 예방을 위하여 서울시 한강사업본부에서 운영 중인 무료 교육 사업[277]이다. 이처럼 한강공원과의 높은 지리적 접근성은 자전거 관련 업체들이 자연스럽게 생기고 한곳에 모일 수 있는 요인으로 작용하였다.

277 「서울시, 성인·어린이·가족 '자전거 교실' 선착순 접수」, 『Total News』, 2022년 3월 29일.

이미란(여), 53세, 케이벨로 로라방 대표

> 여기 천호 자전거거리는 지리적 입지가 많이 달라요. 일단은 광나루 자전거공원이 여기 있고, 그 옆으로 자전거 보행자 겸용 도로가 나 있어요. 자전거공원에서는 서울시 한강사업소에서 운영하는 자전거 시민 교실이 열려요. 자전거 관련 업체들이 하나둘씩 모여들기 좋은 위치예요.

천호 자전거거리는 자전거 동호인들뿐만 아니라 일반 시민에게도 자전거 전문 거리로 인식되고 있다. '자전거 덕후'라면 꼭 방문해야 하는 장소로 자리 잡은 것이다. 자전거 초보부터 전문 라이더까지 방문하는데, 특히 코로나19 이후 사회적 거리두기의 영향으로 천호동 자로수길로

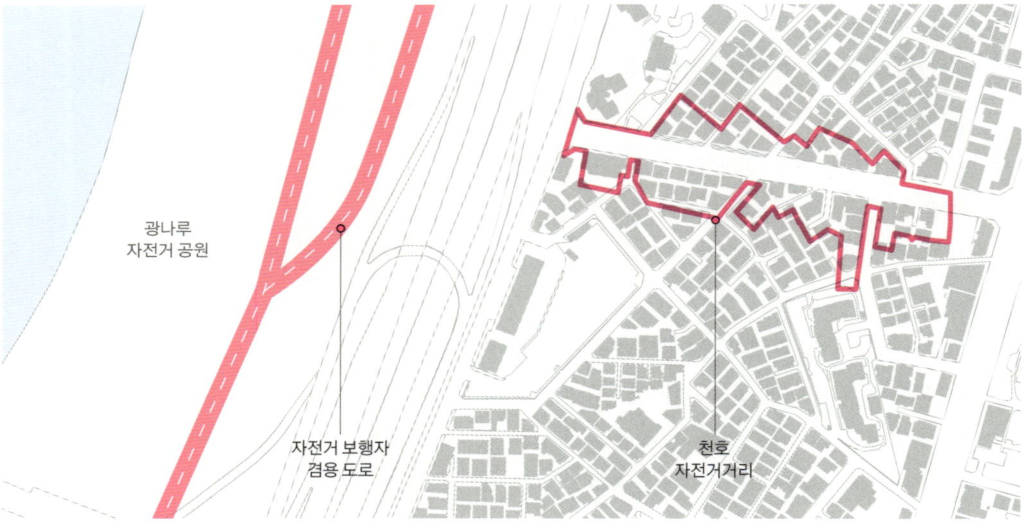

천호 자전거거리의 지리적 이점

불리면서 유명해졌다. 방문객의 구성과 비율은 이러한 흐름을 보여준다. 방문객은 지역주민뿐만 아니라 암사·김포·분당 등 외지인도 많다. 지역주민과 외지인의 비율을 산정하면 5:5 정도로 비등하다. 천호동이나 인근에서 오는 방문객은 라이딩 외에도 산책하기 위하여 자전거거리를 찾곤 한다.

이미란(여), 53세, 케이벨로 로라방 대표

> 지역 주민분들도 방문합니다. 제가 교육을 하다 보면, 이쪽(천호동) 지역에 계신다는 분들이 많아요. 멀리는 김포에서도 오시고 분당에서도 오시지만, 암사나 천호에서 오셨다고 이야기하시는 분들이 계세요.
> 자전거 특화거리는 라이딩하시는 분들이 오시기 때문에 거의 다 외부인이라고 생각을 하는데요. 주변 분들도 산책 겸 정말 많이 오세요. 왜냐하면 즈믄길 나들목이 여기 앞에 있잖아요. 그래서 주말 같은 경우에는 아이들이나 반려견하고 아침 산책길로 이 앞을 거의 다 지나가고 있고요.

자전거거리는 크게 의류 및 액세서리 매장, 자전거 정비소, 자전거 매장, 교육업체, 자전거 카페 등 5가지 형태로 구성되었다. 전수조사 현황을 보면 의류 및 액세서리 매장 18곳, 자전거 정비 4곳, 자전거 교육 4곳, 자전거 카페4곳, 자전거 매장 3곳 순으로 나타난다.

구성을 구체적으로 살펴보면 서울 유일의 자전거거리라는 명성에 걸맞게 자전거 관련 의류 및 액세서리 매장이 전체 비중의 절반 이상인 55%를 차지할 정도로 제일 많다. 그 뒤를 이어 자전거 관련 정비 12%, 자전거 교육 12%, 자전거 카페 12% 등 고른 비율을 보인다. 의류 및 액세서리숍, 정비, 교육 업체 등은 자전거거리가 자연스럽게 형성될 때부터 큰 변동 없이 자전거거리를 지켜온 터줏대감이다. 자전거 매장도 마찬가지이다. 자전거 매장은 비중의 8%를 차지하지만, 자전거거리에서는 없어서는 안 될 매장이다. 그러나 자전거 카페는 조금 다르다. 자전거거리에 꼭 필요한 구성은 아니지만 자전거거리의 특징을 보여주는 구성이기 때문이다.

천호 자전거거리

1	산티나 천호직영점	18	라피아토 자전거카페
2	얼바인 천호점	19	케이벨로 로라방
3	펠라 코리아	20	짱구네 아지트
4	40192	21	삼천리자전거 천호MTB점
5	피이세코리아	22	카스텔리천호스포츠
6	바이크카페	23	B카페/빌러클럽오브서울
7	Universal Colours	24	엠핀스포츠 한강천호점
8	스타코	25	닷아웃코리아
9	에첸도(ETXEONDO)	26	아덴바이크 천호점
10	40192 클릿슈즈	27	Q36.5
11	사이클인수아레즈 천호	28	109사이클링 스튜디오
12	디케이레이싱	29	바이크웍스
13	스페셜라이즈드 천호점	30	B1 초보자전거강습
14	NSR 천호점	31	KOM BIKE
15	시미나창 카페	32	키클로스
16	말로야 천호점	33	7클리어 천호직영점
17	승 사이클정비센터		

천호 자전거거리 전수조사 현황(2022)

자전거 카페는 자전거 매장과 카페를 결합한 형태로 이곳을 방문하는 사람들의 쉼터이자 라이딩 전후 휴식을 위한 장소로 인기가 높다.

상인이 바라보는 자전거거리

상인이 바라보는 천호 자전거거리의 모습은 매우 입체적이다. 자전거와 관련된 다양한 분야의 업체들이 생태계를 이루면서 서로 영향을 주고 있기 때문이다. 앞서 살펴보았듯이 자전거거리에는 의류 및 액세서리숍, 정비, 교육 업체, 자전거 매장, 자전거 카페라는 자전거와 관련된 다양한 분야의 업체들이 모여 있다.

자전거거리는 총 5개 유형으로 분류되지만 업체마다 취급하는 물품이나 운영 방식이 달라서 자전거거리의 다양성이 유지되고 있다. 의류 및 액세서리, 자전거 매장들의 경우 각자 특정 브랜드를 취급함으로써 가게만의 고유한 특징을 유지하고 있으며, 국내 총판 대리점(GSA)의 역할을 하기도 한다. 가격대나 디자인에 따라 각 브랜드를 선호하는 고객들이 해당 브랜드를 총판하는 매장을 방문하므로 업체들 사이에 경쟁도 크지 않다. 이는 업체들이 불필요한 할인이나 가격경쟁 대신 서로의 품질과 가격대를 유지함으로써 업체 간 유대감을 가지게 하는 요인이라고 한다.

또한 자전거 수리와 교육 업체도 업체의 노하우에 따라 수리와 운영 방식을 달리함으로써 고객층이 크게 겹치지 않는다. 자전거 카페 역시 형태나 메뉴 등을 조금씩 달리하면서 늘어나고 있다. 자전거 카페가 생길 당시에는 자전거 판매장 한편에 카페를 운영하는 숍인숍 형태가 주를 이뤘지만, 현재는 커피숍 인테리어를 자전거 관련 물품을 활용하거나 자전거를 뺀 카페 형태로 운영하는 곳도 있다. 이렇듯 자전거의 모든 것을 한곳에서 경험할 수 있으면서도 업체마다 차별성을 유지하기 때문에 상인들은 이곳을 '자전거의 성지'로 여긴다.

천호 자전거거리 매장 점유율 순위

이미란(여), 53세, 케이벨로 로라방 대표

> 각 업체들이 다 각각 총판을 하죠. 특정 브랜드를 취급하는 거예요. 손님들이 그 브랜드를 찾아서, 그러니까 예를 들어서 약간 저가의 옷을 원하는 분들이 있을 거고, 약간 고가의 옷을 원하는 분이 있고, 디자인을 보시는 분이 있으면 기능을 보는 분도 있어요. 그래서 고객층이 다 달라요.
> 자전거숍이 있고, 수리소가 있고, 교육하는 곳이 있고, 액세서리 숍이 있고, 카페도 있고, 여기 오면 다 보이고 복합이니까 자전거의 모든 걸 다 경험할 수 있는 메카죠.

상인들을 연결하는 공식적인 모임인 상인회는 2019년부터 운영되었다. 다양한 분야의 업체가 모여 있지만 가게 대부분이 1인 사업자 형태로 운영되는 데다 코로나19라는 상황 때문에 회원들이 한자리에 모이는 것은 쉽지 않았다. 하지만 자전거거리의 상인들은 상인회를 유지하는 데 나름의 노하우가 있다. 바로 필요한 안건이 있으면 카톡 등 온라인 단체 소통방을 활용하여 나누거나 상인회를 조직한 이미란 대표가 업체마다 직접 방문하면서 의견을 묻는 방식이다. 이렇게 자전거거리의 상인들은 상인회를 통하여 자신의 목소리를 내면서 자전거거리의 생태계를 확장시키고 자전거거리의 발전을 위하여 힘쓰고 있다.

자전거거리에 부는 새로운 바람

2020년에는 코로나19의 확산으로 자전거 인구가 급증하면서 천호 자전거거리를 찾는 사람들이 폭발적으로 증가하였다. 이에 따라 거리의 특색과 콘텐츠를 강화하기 위하여 2020년부터 강동구 지원으로 자전거 테마거리 사업이 진행되었다. 2016년에는 '천호자전거거리'라는 명예도로명이 부여되었으나 거리의 정체성을 강화하기 위한 구체적인 작업이 이루어지지 못하였다. 하지만 이번 자전거 테마거리 사업을 통해서는 거리를 알리는 조형물이 설치되었다. 가게마다 자전거 거치대가 마련되었으며, 거리 중간중간 벤치도 조성되었다. 또한 즈믄길 나들목 터널 환경 개선을 통하여 자전거거리와의 연결성을 보여주고, 가로수 정비 및 전신주 랩

의류/액세서리 매장 | 자전거 정비소 | 자전거 교육 | 자전거 판매 매장 | 자전거 카페

천호 자전거거리의 생태계를 구성하는 5가지 유형
바이크매거진

핑 작업들로 자전거거리의 통일성이 강조되었다.

한편 천호 자전거거리는 중심 거리의 물리적 한계를 벗어나 주변 골목으로 점점 확장되는 추세이다. 그동안 자전거거리는 자전거와 관련된 다양한 업체들이 모여 생태계를 이루며 발전하였는데, 이 생태계는 거리 내에 있는 슈퍼·식당·자동차 세차장·숙소 등과 서로 유기적으로 영향을 주고받으면서 성장하였다. 방문객들이 잠시 앉아 쉴 수 있는 슈퍼마켓이, 먹고 마실 수 있는 맛집이, 편히 묵을 수 있는 숙소 등이 방문객들로 하여금 자전거거리에 더 자주, 더 오래 머물도록 한 것이다.

이미란(여), 53세, 케이벨로 로라방 대표

> 거리에 놀러 와도 어디 앉을 쉼터가 필요하니까 카페가 생기는 거죠. 또 여기 조그만 삼량슈퍼도, 요 앞에 편의점도 굉장히 잘 돼요. 자동차 세차장도 덕을 보죠. 사람들이 자동차에 싣고 와서 세차 맡기고 자전거 라이딩 가거든요. 백반집도, 그 옆에 짬뽕집도, 옛날 통닭집도 있고요. 모텔하고 호텔도 3개나 있어요. 이 조그만 거리 안에 이게 다 있고, 그래서 서로 연결되어 머물 수 있는 거리가 되는 거예요. 서로 잘 어우러졌기 때문에 이 거리가 살아 있는 것 같아요.

취급 품목이나 운영 방식을 달리함으로써 천호 자전거거리의 다양성을 유지하는 업체들
시민기자 김종성 촬영

즈믄길 나들목 터널 환경개선

전신주 랩핑 작업

천호 자전거거리의 확장은 바로 이러한 곳들과 밀접한 관련이 있다. 정체성이 뚜렷해진 자전거거리에 방문객들이 증가함에 따라 주변 골목으로 새로운 식당, 커피숍, 북카페 등이 늘어나고 있다. 최근까지 자전거거리의 주변 골목들은 '죽어 있는', 말 그대로 활용되지 않는 공간이었다. 하지만 중심 거리에 많은 자전거 관련 업체들이 늘어나는 데 공간적 한계가 있기 때문에 거리 주변 골목이 활성화되었다. 대로에 있지 않아도 큰 영향이 없는 자전거 관련 업체들, 예를 들면 자전거 교육이나 자전거 카페들뿐만 아니라 방문객을 머물게 하는 식당과 같은 부차적 공간들도 생겨나고 있는 것이다. 앞으로도 이러한 흐름은 지속될 것으로 예상된다.

이미란(여), 53세, 케이벨로 로라방 대표

> 이 대로변 안쪽 골목들은 원래 죽었던 골목이었어요. 그런데 저희 자전거 관련 업체들이 골목으로 늘어나고, (그 업체분들이) 물어 봐요, 자전거인들이 무엇을 잘 먹느냐, 커피숍이 좋겠냐 식당을 하면 좋겠냐면서요.
> 자전거뿐만 아니라, 자전거인들을 대상으로 하는 사업들이 계속 확장되면서 점점 더 커지고요. 자전거 이상의 시설들이 들어오게 되는 거죠.

천호 자전거거리는 중심 거리와 주변 거리가 서로 연결돼 자전거와 자전거 이외의 즐길 요소들이 결합된 '자전거 콘텐츠 클러스터'로 거듭날 것으로 보인다. 이에 대하여 이미란 대표는 천호 자전거거리가 향후 지역 단위의 클러스터를 넘어설 것으로 확신한다. 독보적인 자전거거리의 콘텐츠와 암사동, 한강 등 관광지가 만나 전국적인 자전거 관광벨트로 성장하기에 충분하다는 것이다.

공구거리의 특징

천호동 공구거리는 1990년대 후반에 청계천 상가 정비에 따라 천호2동 광진교 주변으로 공구 상점이 하나둘씩 모여들면서 자연스럽게 형성[278]되었다. 광진교 남단사거리와 구천면로가 교차하는 지점부터 천호지구대 방향으로 약 230m 거리를 따라 50여 개의 상점이 늘어서 있다. 이곳은 광진교 남단사거리를 기준으로 서쪽에 있는데, 특히 초입 '천오골프장' 하단에 밀집된 가게들의 모습이 특징이라 할 수 있다.

천호 공구거리는 1990년대 후반 5~6개 업체로 시작하여 2000년대 말까지 100여 개 공구업체가 영업을 할 정도[279]로 전성기를 맞이하였다. 공구거리가 크게 성장하게 된 배경에는 하남과 구리 등 수도권 동남부 지역의 건설에 필요한 각종 건축자재·공구류·건설장비 등을 취급하는 공구점들이 한곳에 모였기 때문이다. 공구거리의 업체수는 지속적인 감소 추세로 2017년에는 약 70개였으며,[280] 2022년에는 더 줄어 50개 정도가 영업 중이다.

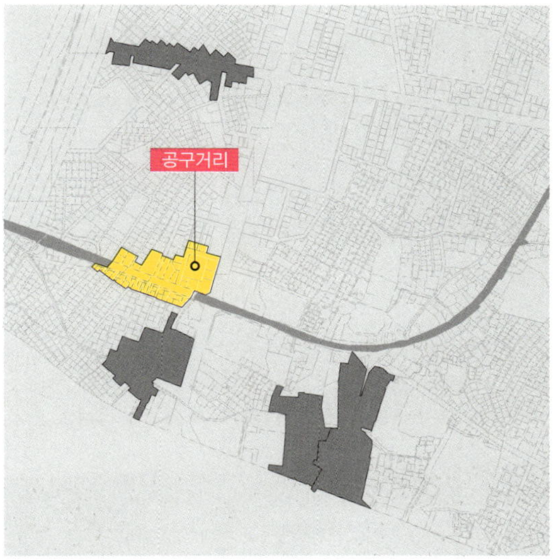

공구거리 위치도

비록 침체되었지만 천호 공구거리는 서울 동남권에서 대규모 유통 공구단지라는 이름에 걸맞게 각종 건축자재·공구·건설장비 등 다양한 종류의 품목을 취급한다. 또한 일반 공구점에서 구하기 힘든 품목을 저렴한 가격으로 판매한다. 공구거리에서 취급하는 품목의 종류를 살펴보면 크게 기계·인테리어·철물점·자동차수리·AS 수리·기타 등 6가지로 분류할 수 있다.

278 「새단장한 천호공구거리… 상징조형물 설치」, 『강동신문』, 2017년 5월 31일.

279 「천호 공구거리 새 단장」, 『아시아경제』, 2009년 11월 25일.

280 「새단장한 천호공구거리… 상징조형물 설치」, 『강동신문』, 2017년 5월 31일.

공구거리 취급 품목 분류표

분류	상호	주소지
기계공구	디월트전공구대리점, 성광건설기계공구 외 24곳	서울 강동구 구천면로 169
인테리어 (문, 조명, 페인트 등)	대성앵글 외 9곳	서울 강동구 구천면로 158
철물점	㈜리더스공구 외 2곳	서울 강동구 구천면로 159 1층 리더스공구
자동차수리	동방카월드 외 4곳	서울 강동구 구천면로 161
A/S수리	밀워키 외 3곳	서울 강동구 구천면로 168-1
기타 (천막, 어닝 등)	대교 천막건업우 외 4곳	서울 강동구 구천면로 154

한편 공구거리의 환경을 개선하기 위한 다양한 사업들이 시행되었다. 2009년에는 간판개선사업, 조형물 재설치, 벽화 사업 등이 진행되었다. 무질서하고 주변과 조화를 이루지 못하는 간판 113개를 교체하였고, 공구(Monkey Spanner) 형태의 홍보 조형물을 공구거리 양측에 설치하였다. 또 건물 우측 상단에 별도 표기를 통하여 쉽게 해당 점포를 찾을 수 있도록 하였다. 고물상(천호동 465-3) 앞에 공구거리 특화 펜스를 설치하여 공구거리의 정체성을 살렸고, 건물 벽(천호동

구천면로를 따라 형성된 공구거리

공구거리 전수조사 현황(2022)

공구거리

1	제일종합공구 외 2곳
2	공구임대수리 외 2곳
3	영진종합기계 외 1곳
4	대광스프링 외 2곳
5	한국로프
6	장원로프 외 1곳
7	현대종합공구 외 1곳
8	정일건설기계 외 1곳
9	중앙공구 외 1곳
10	대성전기상사
11	대하종합공구
12	대성앵글 외 1곳
13	한국스마일산업안전
14	서원콤프레셔 외 1곳
15	우일공구장식 외 1곳
16	창대전기상사 외 3곳
17	동일공구 외 3곳
18	부성종합전기 외 2곳
19	가야산기
20	디월트공구대리점 외 1곳
21	성원전기 외 3곳
22	태백건설기계공구
23	성내모터스

340-37)에는 대형 공구상가 이미지를 넣어 이곳이 공구상가임을 쉽게 알아볼 수 있도록 하였다. 더불어 보행자의 안전 등을 고려하여 적치물을 상가 안쪽으로 붙였고, 20여 개 업소에는 차양막까지 교체하여 공구거리의 밝고 편한 분위기를 연출하였다.[281]

2017년에는 침체되고 낙후된 거리를 되살리기 위한 상인들의 요구에 따라 낡고 작은 조형물 대신 크고 눈에 잘 띄는 조형물로 교체하였다. 상인회는 2016년 11월부터 공식적으로 등록되어 운영되고 있다. 각종 환경 개선사업 및 상인회까지 운영되는 천호 공구거리는 2022년 현재 강동구의 특화거리 중 하나로 관리되고 있다.

281 「천호 공구거리 새 단장」, 『아시아경제』, 2009년 11월 25일.

지역주민이 애용하는 공구거리

지역주민들이 공구거리를 실제로 이용하는지 파악하기 위하여 중고거래 플랫폼 당근마켓에서 천호공구거리에 관한 내용을 살펴보았다. 당근마켓에서 천호동 주민들은 일반 공구점에서

공구거리에서 취급하는 품목들

2009년에 진행된 환경 개선 사업(간판 개선, 상징 조형물)

구하기 힘든 공구 품목을 구할 장소로 천호 공구거리를 첫손에 꼽았다. 또한 보일러 고장이나 의자 파손 등 집수리에 필요한 각종 장비를 대여하기도 하고, 여의치 않을 경우 업체를 찾아 수리를 맡기기도 하면서 공구거리를 애용하고 있다.

한편 공구거리의 공간적 범위는 물리적 한계를 뛰어넘어 서울 전역은 물론 경기도까지 뻗어 있다. 천호동뿐만 아니라 가깝게는 강동구 성내동, 송파구 암사동·풍납동·가락동·삼전동, 양천구 신월동, 하남시 신장동 등에서도 천호 공구거리를 이용하고 있다. 종합해 보면 천호 공구거리는 공구 품목을 구매하는 것뿐만 아니라 각종 장비 대여 및 수리까지 가능하여 지역 커뮤니티의 일상생활과 매우 긴밀하게 연결되었다는 것을 알 수 있다.

2017년에 조성된 공구거리 조형물

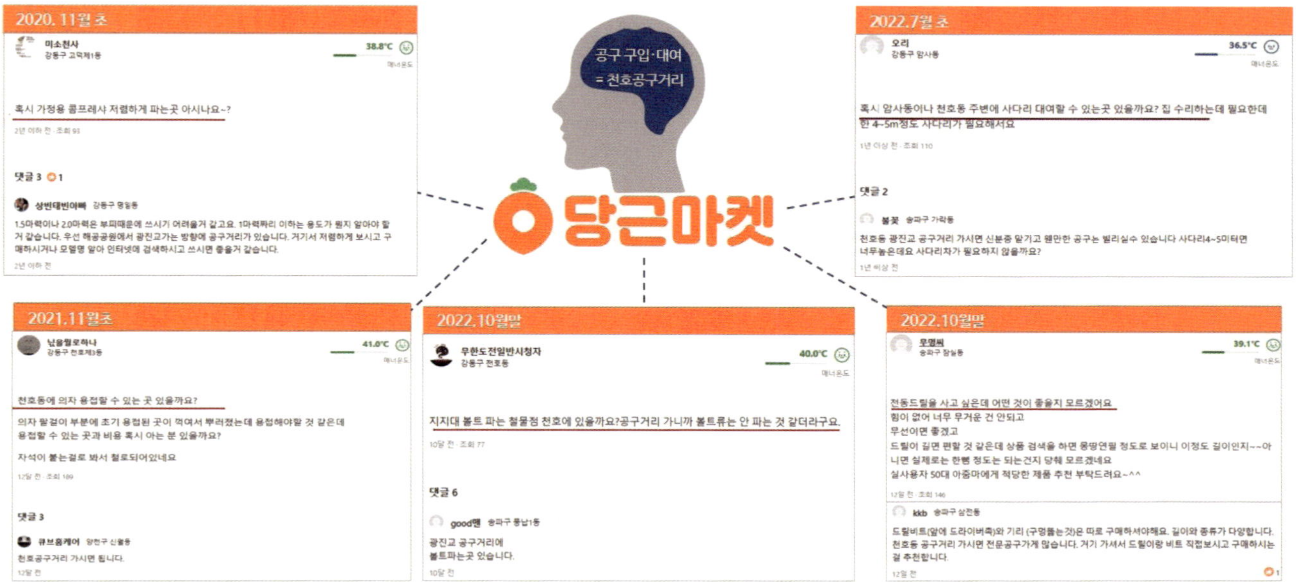

당근마켓에 나타난 천호 공구거리 애용 현황

당근마켓

먹자골목

한적한 농촌 마을이었던 천호동은 갑작스러운 6·25전쟁의 발발로 한강을 건너 남쪽으로 향하는 피란민들의 관문이었다. 광진교를 건너 쏟아진 피란민들이 구천면로를 따라 빠르게 터전을 형성하면서 천호동의 인구는 폭발적으로 증가하였다. 게다가 1963년에는 천호동이 경기도 광주군에서 서울시로 편입되면서 일자리를 찾아 상경한 사람들이 더욱 몰려들었다. 지금의 천호동은 원주민과 이주민, 외지인이 복잡하게 얽혀 1960년대 이후 새롭게 만들어진 지역이다.

천호동 먹자골목은 천호대로변에서 구사거리 사이에 형성된 음식점 밀집 지역이다. 주요 상업가로인 '천호동 로데오거리(천호대로157길)' 후면부에 위치한다. 1980년대 먹자골목에는 감자탕 가게가 늘어선 감자탕 골목이 있었다. 하지만 2000년대에 들어 주변에 모텔·호텔 등 숙박업소가 들어서고, 2004년에는 재개발로 두산위브센티움 오피스텔이 들어서면서 현재는 감자탕 골목을 찾기 어렵다.

이정숙은 1954년 강원도 원주에서 태어났다. 1958년에 가족과 상경해 1979년에 천호동에 정착하였다. 그는 현재 천호동 먹자골목 안쪽에서 '또순이네'를 운영하고 있다. 또순이네는 함경도 출신 어머니의 정체성을 나타낸 상호이다. 처음에는 곱창을 주재료로 한 음식을 팔다가 감자탕으로 변경해 본격적인 장사를 시작하였다. 감자탕은 저렴한 가격에 여러 사람이 함께 먹을 수 있는 음식이기 때문에 모임이나 인근 유흥업소를 찾았던 사람들의 해장 메뉴로 인기가 많았다. 천호동에는 유흥업소가 많아 24시간 운영하며 감자탕을 팔기도 하였다. 하지만 한국마사회 강동지사가 지금의 자리로 이전하면서 운영시간을 단축하고, 식사 메뉴 위주로 전환해 운영하고 있다.

천호동 감자탕 골목은
우리가 원조예요.

1955년(1세)	강원도 원주 출생
1959년(5세)	영등포로 상경
	영등포에서 구의동으로 이사
1979년(25세)	구의동에서 천호동으로 이사
	또순이네 개업(천호동 454-25)
1983년(29세)	결혼
1984년(30세)	현 위치로 또순이네 이전 (천호동 427-23)
2022년(68세)	천호동 먹자골목 내 또순이네 운영

1. 천호동 또순이네의 시작
2. 천호동 감자탕 골목의 원조, 또순이네
3. 또순이네의 하루와 한 주

1. 천호동 또순이네의 시작

" 1979년에 천호동에 와서 음식점을 시작했어요.

출생은 강원도 원주에서 했어요. 어머니는 이북 분이신데 1·4후퇴 때 피란 나와서 강원도 원주에 정착해 우리 아버지를 만나서 결혼하고 우리를 낳으셨어요. 다섯 살 때 원주에서 영등포로 올라왔는데 1959년에 서울대공원이 있는 구의동으로 가서 살았어요. 그러다가 우리 부모님이 천호동에서 장사를 해야겠다고 해서 1979년에 천호동에 와서 음식점을 시작했어요.

처음에는 지금 두산위브센티움 못 미쳐서 대림국수(천호동 415-5) 맞은편에 있는 주택에서 살면서 엄마랑 가게를 같이 했어요. 소 곱창으로 곱창전골과 곱창구이도 하고 돼지고기 삼겹살 이런 걸 했어요. 지금 먹자골목에 사람 바글바글한 곳 있죠? 거기 '신의주 뒷고기(천호동 454-25)' 자리에서 3년 동안 또순이네를 했는데, 맨 처음에는 장사가 안 됐어요. 그때 당시에도 그 골목에 족발도 팔고, 술집도 있고, 여러 가지가 있었어요. 구옥(舊屋) 30~40채가 있었죠.

천호동은 이 일대가 다 달동네였어요. 다 쓰러져가는 집이고 판자촌이었어요. 여기 두산위브센티움 오피스텔(천호동 155-5) 있는 데도 다 달동네였고요. 이 밑에 대우베네시티 아파트(천호동 425-5) 앞이 시외버스터미널이었기 때문에 사람들이 많이 왔다 갔다 했었죠.

1979년 또순이네가 개업했던 자리(24시 제주뒷고기)

2.
천호동 감자탕 골목의 원조, 또순이네

” 함경도 사람을 '함경도 또순이'라고 해요.

엄마 따라서 1~2년 식당을 하다가 서른에 결혼해서 아기를 낳았어요. 아이가 16개월 될 때까지는 집에서 키우다가 아이랑 나와서 다시 엄마랑 장사했죠. 그러다가 제가 기존에 식당 하던 자리에서 혼자 하고, 엄마가 따로 저쪽 골목으로 들어가서 감자탕 장사를 했어요. 상호는 또순이네로 똑같이 했어요. 그러니까 또순이네 1, 또순이네 2라고 했죠. 함경도 사람을 '함경도 또순이'라고 해요. 그런데 우리 친정엄마가 함경도 사람이니까 또순이네라고 가게 이름을 지었어요. 진짜 생활력이 강하다는 뜻이에요. 그렇게 3년 동안 하다가 이쪽으로 이사 오게 된 거죠. 이 골목이 세가 싸니까 여기서 다시 시작을 해보자 하고 이쪽으로 온 거죠. 그때 당시에 이 가게 보증금이 400만 원에 월세가 8만 원이었어요. 지금은 보증금 3,000만 원에 월세가 165만 원이에요.

지금은 미사역에 살아요. 지하철로 여덟 정거장밖에 안 되니 그렇게 멀지 않아요. 딱 30분 걸려요. 천호동에서 계속 살다가 2년 전에 미사로 갔어요.

” 우리가 처음 이 자리에 들어왔을 때가 1984년도였어요.

처음에는 감자탕 골목에 가게가 하나도 없어서 깜깜했어요. 우리는 여기 이사 와서 감자탕하고 닭볶음탕만 했어요. 여럿이 앉아서 싸게 먹을 수 있는 게 닭볶음탕하고 감자탕이었죠. 둥그런 양은으로 된 상, 그런 상이었어요. 가스도 없었고 연탄불 위에다가 끓여 먹고 그랬어요.

1984년도에 우리 감자탕은 천 원짜리 한 냄비 가지고 보통 3명씩 먹었어요. 싸게 손님들이 먹을 수 있는 음식이었죠. 대·중·소가 있는데 소는

천호동 또순이네

천 원, 중은 3천 원, 대는 5천 원 이렇게 했어요. 감자탕이 천 원 할 때, 닭볶음탕은 3천 원·5천 원·7천 원 그랬어요. 그러다가 내가 감자탕 그만둔 지가 15년쯤 된 것 같은데, 그쯤 다른 감자탕집도 다 없어졌어요. 그때 감자탕 소가 15,000원이었어요. 물가가 오르고 감자탕을 그만둔 지금이 장사는 더 잘 된다고 봐요. 식사를 위주로 팔면서 술안주도 만들어서 팔고 그러는데, 지금이 그때보다 갑절은 더 장사가 잘돼요. 그때 제일 많이 팔았을 때 하루 매출이 30만 원이었으면, 지금은 70만 원이에요.

" 천호동 감자탕 골목은 우리가 원조예요.

우리가 여기서 감자탕 장사를 시작하니까 이 주변에 구옥(舊屋)을 개조해서 가게로 세를 다 놓더라고요. 그리고 감자탕, 닭볶음탕을 하나씩 메뉴로 넣어서 하는 거예요. 내가 이 골목에서 최초로 감자탕을 해서 감자탕 하는 사람들이 다 우리 집 거를 와서 먹어보고 자기들도 시작한 거죠. 그래서 우리 집이 제일 특이하고 맛있었어요. 다른 집들은 콩나물을 넣었고 우리는 우거지를 썼거든요. 이 동네에서는 전부 콩나물을 썼어요. 그런데 우리는 가락시장에서 우거지를 잔뜩 사다가 큰 드럼통에 넣고 소금에 절여서 겨울에도 썼어요. 그날그날 쓸 때마다 삶고 일일이 찢어서 된장에 무쳐서 감자탕을 했어요. 그래서 굉장히 맛있었어요. 감자탕에 대한 자부심은 있어요. 체인사업도 하려고 그랬는데 내가 혼자 하다 보니까 여력이 없었죠. 감자탕만큼은 맛있게 잘 만들 자신 있는 사람이에요. 30년 전에 우리 집 감자탕이 맛있다고 대구에서 차로 데리러 와서 간 적도 있어요. 대구까지 가서 체인점에 감자탕을 가르쳐주고 그때 당시 돈으로 100만 원 받아 왔나 그래요.

호텔, 모텔 등 숙박업소가 자리한 천호동 먹자골목

천호동 또순이네와 시골집

감자탕 할 때 왔던 손님들이 아직도 오는데 50대에서 70대예요. 그때 당시에는 20대도 안 됐던 사람들이 지금은 50대가 됐어요. 손님들이 와서 "내가 이모네 감자탕 먹으러 왔을 때가 열일곱 살이었어요"라고 그러거든요. 그 당시에는 천호동에 젊은 사람들이 많이 다녔어요. 친구들끼리 만나면 어울려서 술 먹으러 오고 그랬죠. 그 사람들이 와서 감자탕이 제일 맛있었는데, 왜 안 하느냐고 그래요

오피스텔이랑 모텔 짓기 전에는 이 골목이 쫙 감자탕집이었어요. 한 스무 군데 됐다고 보면 돼요. 2000년 이후에 모텔이 들어서면서 가게가 여러 개 없어지고, 또 두산위브센티움 오피스텔 지으면서 싹 없어졌어요.

” 여기 나이트클럽이 많아서 새벽 2~4시에도 손님이 많이 왔어요.

예전에는 또순이네 앞으로 사람들이 많이 다녔어요. 그런데 지금은 로데오거리에 사람이 더 많이 다니죠. 원래는 또순이네 앞길이 명동거리 같았어요. 그래서 내가 이 골목으로 온 거예요.

여기가 천호동 감자탕 골목이라고 타지에서 많이 먹으러 오고 그랬어요. 저희가 오후 5시부터 장사를 시작했기 때문에 퇴근 시간에 손님이 많이 왔어요. 손님이 제일 많은 시간은 저녁 7시였고요. 그 당시에는 여기 나이트클럽이 많아서 새벽 2~4시에도 손님이 많이 왔어요. 나이트클럽이 없어진 지가 한 15년 됐어요. 15년 전에는 나이트클럽이 일곱 군데 있었어요. 그래서 제가 24시간 장사를 한 거죠. 나이트클럽이 저녁에 시작해서 새벽에 끝나잖아요. 그러니까 그런 사람들이 주로 와서 감자탕하고 닭볶음탕을 많이 먹었어요. 밤을 새워서 다음 날 아침까지 장사하고, 낮에 와서 재료 준비해 놓고 오후 5시부터 영업을 시작했었죠. 천호동이 나이트클럽도 많고 먹자골목으로 이름이 났기 때문에 타지에서 '천호동에 가면은 놀 데도 많고 먹을 데도 많다'고 생각했어요. 그래서 밤늦게 택시를 타고 돌아가는 한이 있더라도 이쪽으로 다 몰렸었죠.

” 천호동에서 가게 하다가 떠난 사람이 많아요.

이 주변 식당은 주인이 몇 번씩 바뀌었죠. 못해도 4~5번씩은 바뀌었을 거예요. 나는 그래도 로데오거리 쪽에서 1979년부터 시작해서 3년 장사하고, 여기에서 1984년부터 40년 가까이 장사한 거죠. 먹자골목에서 오래된 사람은 바로 옆에 시골집하고 나밖에 없어요. 시골집은 나보다 한 10년 뒤에 들어온 거예요. 원래 해물탕 종류를 하다가 우리가 감자탕을 하니까 감자탕을 하나 더 집어넣은 거죠. 그러다가 감자탕도 없앤 지 한 3~4년 된 것 같아요.

3.
또순이네의 하루와 한 주

” 나는 여기서 세 끼를 다 먹고 집에 가서는 씻고 잠만 자다가 나와요.

금·토·일은 아침 6시 30분에 열어요. 밤 11시에 끝낼 때도 있고 12시에 끝날 때도 있어요, 그리고 월·화·수·목까지는 오전 9시에 열어서 밤 11시에서 12시까지 한다고 보면 돼요. 늦게 오는 사람한테도 밥은 줘야 한다는 마음으로 손님을 대하죠. 평일은 밤 12시 24분 지하철이 막차예요. 장사가 자정쯤 끝나면 막차 타고 집에 가요. 집에 가서 씻고 새벽 1시에 잠들어서 오전 7시에 일어나요.

반찬 준비는 보통 오전 10시면 끝나요. 손님이 10시 전에 들어오면 손님 음식을 하면서, 준비를 하는 거죠. 점심시간은 대중없어요. 오전 11시 반부터 오후 2시까지는 손님이 꾸준히 있어요. 이때가 가장 바쁜 시간이라고 보면 돼요. 2시가 넘으면 뭐 한 테이블, 두 테이블 이렇게 오는 거 받고요. 한가한 오후 3시부터 5시까지는 조금 쉬어요. 여기서 그냥 다리 뻗고 앉아서 쉬고, 텔레비전 보면서 깜빡 졸다가 손님 오면 받고 계속 장사하는 거죠. 저녁 장사 준비는 따로 하지 않고, 중간에 뭐가 없으면 그때그때 즉흥적으로 해버리죠.

” 원래 재료를 천호시장에서 안 샀어요.

여기 천호시장이 있었지만, 너무 비쌌어요. 거기서 안 쓰고 보통 한군데를 정해놓고 가락시장에서 오는 유통업체 통해서 주문했어요. 그런데 요즘은 오히려 그런 데가 더 비싸졌어요. 그래서 아침 8시에서 8시 반쯤 자전거 타고 다니면서 천호대로 버스 정류장 위에 노점에서 싸게 사요. 거기는 현금밖에 안 받는 대신에 싸요. 그리고 낮에 채소 팔러 오는 사람한테는 양파 한 망 이렇게 사고요. 생선은 유통에서 시켰었는데, 그런 사람들이 다 없어졌어요. 그래서 예전 파이롯트 건너편 식자재왕도매마트(천호동 332-26)에서 생선은 짝으로 시켜요. “오늘은 오징어 한 짝, 고등어 한 짝, 갈치 한 짝 이렇게 가지고 와라” 그러면 배달해줘요. 이렇게 하다보니 재료 준비하는 게 힘들지는 않아요.

” 금·토·일은 경마장이 열려서 굉장히 바빠요.

여기 경마장이 금·토·일 열리잖아요. 그때는 경기도 이천에 사는 우리 언니가 6시 반에 새벽같이 와요. 와서 문 열어놓고 청소하고 있으면 내가 7시 돼서 나오죠. 경마장이 9~10시 되면 시작하니까 아침 안 먹고 나오는 아저씨들이 와서 밥을 먹어요. 경마장이 옛날에는 이 밑에 하나은행 자리에 있었어요. 지금 교보문고가 옛날에는 교민문고였는데 거기 못 가서 보면 하나은행 건물이 있어요. 거기가 원래 마사회였는데 여기 온 지가 한 15년 된 것 같아요. 그쪽에 있을

경마전문지 가판

때는 우리 집에 감자탕 먹으러 왔었지, 밥 먹으러 오는 손님이 별로 없었어요. 근데 내가 식사 메뉴로 바꾸고 난 다음에 경마장이 일로 옮긴 거예요. 그러니까 이제 밥을 팔 수가 있는 거죠. 손님들 나이대는 20대부터 70대까지 있어요. 남녀 비율은 반반이고 타지에서 오는 사람, 천호동에 사는 사람 비율도 반반 정도예요.

" 사람이 돈을 만지면 든든하고 즐거워서 일하는데 힘든 게 없어요.

천호동 먹자골목은 앞으로 계속 이렇게 유지가 되겠죠. 아마도 또순이네는 이 건물이 재개발되기 전까지는 장사할 거예요. 저는 여기가 고향 같아서 여기 떠나면 장사는 못 할 것 같아요. 천호동이 정도 많이 들고, 살기 편한 곳이거든요.

저는 돈을 벌 수 있으니까 장사하는 게 즐거워요. 돈이 하루에 몇십만 원씩 왔다 갔다 하는데, 돈 싫은 사람이 어디 있어요. 사람이 돈을 만지면 든든하고 즐거워서 일하는데 힘든 게 없어요. 돈을 모을 수 있다는 게 즐겁고, 내가 이 돈을 모아서 부동산을 산다든가 하는 게 재미있잖아요.

한국마사회 강동지사

천호 문구·완구 거리

천호동에 문구·완구 업체가 들어온 것은 1993년으로 알려져 있다. 하지만 구술 조사 중 1988년 창신동에서 천호동으로 독립해온 업체가 있음을 확인할 수 있었다. 주로 창신동의 문구·완구 업체에서 일하다가 독립해 자신의 가게를 낸 직원이나 2세들이 천호동에 정착하였다. 각자의 사업 분야를 침해하지 않는 상품만 취급해 '상도덕'을 지키는 미풍양속이 남아 있던 때였다. 초창기에는 천호동 시외버스터미널과 천호시장 등 지금의 문구·완구 거리를 벗어나 업체들이 분산되어 있었다. 하지만 1990년대 중반부터 베이비붐 세대의 학령기와 맞물려 문구·완구 거리가 호황기를 맞으면서 흩어져 있던 가게들이 지금의 위치로 집결하였다. 2001년에는 강동구 문구·완구 특화거리로 지정되었고, 2009년에는 간판개선사업을 통해 현재의 아기자기한 경관이 완성되었다. 하지만 최근 저출생과 교육 당국의 정책 변화로 학교 앞 문방구들이 사라지면서 천호 문구·완구 거리도 타격을 받고 있다. 호황기에는 30여 개에 이르던 천호동의 문구·완구 업체는 현재 17곳에 불과하다.

오주환은 강원도 화천에서 태어났다. 상경해 송파구에 있는 일신상업고등학교를 졸업하고, 제대 후 동대문구 장안동에서 가구점을 운영하였다. 하지만 가구점은 적성에 맞지 않았다. 그러던 중 창신동에서 문구업을 하는 고등학교 동창의 사업을 도우며 문구·완구 업계에 발을 들였다. 창신동에서 '승진완구'로 승승장구하던 친구의 사업체에서 나와 '승진사'라는 이름의 잡화점을 개업해 매형과 함께 운영하였다.

1988년에는 창신동 '승진사'를 매형에게 일임하고, 독립해 천호동에 팬시용품을 취급하는 '팬시랜드'를 새롭게 개업하였다. 도심에 있는 창신동에서 전국의 문구 유통을 담당한다면 천호동은 교통의 편리를 이용해 경기도를 비롯한 동부권을 노린 새로운 시장이었다. 그는 천호 문구·완구 거리를 활성화하기 위해서 1990년대 초반부터 다양한 문구·완구 품목을 취급하는 가게들을 유치해 지금의 모습을 갖추었다. 1990년대에 팬시용품의 유행에 맞춰 운영하던 '팬시랜드'는 시장의 변화에 따라 캐릭터 사업에 초점을 맞춰 '캐릭터 문구'로 변경해 운영 중이다.

천호 문구·완구 거리가
가장 활성화됐을 때
30개 점포가 있었어요.

1958년(1세) 강원도 화천 출생
1974년(17세) 송파구 일신상업고등학교 입학
1982년(25세) 동대문구 장안동 가구점 운영
1983년(26세) 종로구 창신동 승진사 개업
1988년(31세) 강동구 천호동 팬시랜드 개업
2001년(44세) 천호 문구·완구 특화거리 지정
2009년(52세) 천호 문구·완구 거리 간판 개선 사업
2022년(65세) 캐릭터 종합문구 대표

1. 창신동에서 시작한 문구 사업
2. 천호 문구·완구 거리의 조성
3. 천호 문구·완구 거리의 유통체계 변화
4. '팬시'에서 '캐릭터'로의 상품 변화
5. 천호 문구·완구 거리를 함께 만들어 가는 생산자와 소비자
6. 천호 문구·완구 거리의 현재와 미래

1. 창신동에서 시작한 문구 사업

”

옛말에 ‘말은 제주도로 보내고 사람은 한양으로 보낸다’라고 그래서 고등학교를 서울 송파로 왔어요.

저는 1958년생 개띠고, 강원도 화천에서 태어났습니다. 그 당시에는 ‘말은 제주도로 보내고 사람은 한양으로 보낸다’라고 그래서 고등학교를 서울 송파로 왔어요. 지금은 일신여자상업고등학교인데, 우리 때는 남녀공학이었던 일신상업고등학교를 졸업했죠. 졸업하고 나서는 1년 동안 전자제품 같은 것들을 유통하는 데서 일을 배웠어요. 그러다가 군대 가서 1982년도에 제대하고, 장안동에서 1년 정도 가구점을 했어요. 아는 사람이 가구공장을 했는데, 당시 장안동에 연립주택을 많이 짓고 있어서 가구가 잘 팔릴 것 같았거든요. 그런데 이건 앉아서 마냥 손님을 기다리고 있어야 하는 사업이라 젊은 사람이 하기에는 맞지 않더라고요.

오주환의 인터뷰 모습

창신동 문구·완구시장에 있는 승진완구

” **창신동은 원래 피알사(PR社) 제품이라고, 아이들 소풍 가면 깔아놓고 판매하던 물건이 유명했어요.**

청계천 세운상가 쪽에 '육교 상가'라고 있었어요. 육교 상가에서는 주로 피복을 팔았는데, 그 꼭대기에 팬시용품·인형·액세서리 같은 것들을 파는 곳이 있었어요. 종로에서 청계천, 방산시장으로 연결되는 곳이에요. 거기에서 고등학교 동창이 인형을 도매로 파는 일을 하다가 1983년에 '마로니에 완구'라고 그 친구 매형이 하는 큰 완구점에서 일하게 됐어요. 그래서 그 친구가 다른 친구한테 "야, 그럼 너는 창신동에 들어가서 해 봐라"라고 그랬는데, 그 친구가 창신동 승진완구 사장이에요. 지금 창신동에 가면 '승진완구'라고 코너에 있는 큰 매장이 있어요. 거기가 원래는 조그만 가게로 시작했는데, 지금은 대한민국에서 제일 큰 완구점이 됐어요. 주머니에 돈만 원밖에 없던 친구였는데, 매형이 보증금을 걸어줬어요. 또 마로니에 완구에서 장사하던 친구가 인형 거래처에 "내가 보증할 테니까 물건 한판씩 밀어줘라"라고 해서 시작한 게 성공한 거죠. 마로니에완구 매형 아들 이름이 임승진인데, 그렇게 도움 준 게 고마워서 '승진완구'라고 가게 이름을 지은 거예요. 그렇게 그 친구가 완구업을 하게 되면서 저도 창신동에 들어가게 됐는데, 친구가 하는 품목을 피해서 시작하려고 하다 보니까 액세서리하고 잡화를 취급하게 됐어요. 진짜 친한 친구들이니까 가능했던 얘기죠.

2. 천호 문구·완구 거리의 조성

” 저는 1988년에 창신동에서 천호동으로 독립했어요.

저 같은 경우는 1983년 말에 창신동에서 매형하고 사업을 시작했어요. 친구가 하는 승진완구가 잘 되니까 손님 연결이 쉽도록 '승진사'라고 상호를 정했어요. 1984년에 LA올림픽을 해서 올림픽 지갑 같은 걸 많이 팔았던 기억이 나요. 액세서리는 남대문시장이 강하니까 매일 남대문시장에 가서 물건 떼다 팔고, 지갑 같은 잡화들도 팔았어요. 창신동에서 장사할 때는 장위동 매형 집에서 같이 출퇴근했어요. 그러다가 창신동 가게는 매형이 전담하시고, 저는 1988년에 천호동으로 독립했어요. 천호동에 올 때는 매형네 가게에서 다루는 품목을 피해야 한다는 생각에 팬시용품으로 바꾸고 '팬시랜드'를 냈어요. 오는 손님은 같은데 물건까지 같으면 매형네 손님을 뺏어오는 모양이 되니까요. 그건 제 마음이 허락을 못 하겠더라고요.

” 1980년대 후반에는 '동화사'라는 곳이 문구를 크게 했어요.

1980년대 후반에도 천호동은 도회지 이미지가 없었어요. 시외버스터미널이 있으려면 어느 정도 규모의 여유 공간이 있어야 하는데 도회지에는 그런 공간이 없잖아요. 천호동 구사거리 근처에 대우한강베네시티(천호동 425-5)라고 아파트가 있어요. 그곳이 1990년대 초반에는 화랑산업에서 소유한 땅이었는데 거기 시외버스터미널이 있었어요. 이쪽에 큰 건물이라고는 아산병원이 전부였어요.

제가 천호동에 처음 왔을 때만 해도 여기 문구·완구 거리 조성이 다 안 되어 있었어요. 여기 문구·완구 관련된 점포가 한 4~5개밖에 없었어요. 그러니까 활성화가 안 됐었죠. 이 골목에 하다못해 상조회사에서부터 연탄 가게까지 있었으니까요.

문구는 '동화사'라고 지금은 현대종합문구가 있는 자리인데 거기가 문구를 크게 했어요. 직원 7~8명을 두고 그랬으니까요. 그분은 창신동으로 물건을 하러 다니지 않으셨어요. 제가 알기로는 군부대 납품을 많이 하셨어요. 그리고 '수복교재'라고 학습교재를 하던 교재상이 있었고요. 학년마다 교재가 다르니까 종류가 어마어마했죠. 수복교재하고 형제 관계였던 '수복아트'가 있었고요. 천호 시외버스터미널 입구에 '유선완구'가 있었어요.

지금 여기는 거의 다 2세들이 물려받아서 하고 있는데, 저 위에 'SB 현대유통' 같은 경우에는 권만희 씨라고 직원이었던 분이 맡아서 하고 계세요. 그리고 또 꼭대기에 가면 '세진문구'라고 있어요. 원래는 지금 코너에 있는 '동서울과학교재' 자리에 있었던 곳이에요. 세진문구는 문구를 취급하면서 스프링노트 같은 것도 만들어서 납품하고 그랬다고 하더라고요.

" **1991년부터 문구·완구 거리 구색을 갖추려고 천호동에 없는 품목들을 유치했어요.**

우리 손님으로 오는 문구점들은 뜨내기는 없어요. 다 물건 하러 창신동에 다녔던 분들이니까 안면이 있죠. 그러니까 천호동에 문구·완구 거리 구색이 맞으면 가까운 사람들은 굳이 창신동까지 나가 발품 팔 일이 없죠.

창신동 문구업체 2세라든가 아니면 직원 중에서 핵심 역할을 열심히 하다가 나가서 소매상을 차리려는 주춧돌 직원한테 "그러지 말고 도매를 해봐라" 하고 데려왔죠. 어떤 분은 창신동 수입 필기구 전문점에서 오랫동안 근무하시다가 면목동에서 소매상을 하려고 하셨어요. 그런 분을 내가 전화해서 "천호동에 들어와서 한번 해보시죠. 가게 얻어서 하는 게 좀 부담스러우면 우리 지하 반을 내가 그냥 쓰게 해드릴 테니까" 하고 영입했죠. 그렇게 우리 매장에서 1년 동안 계시다가 자리 잡고 정식으로 차려서 나간 거죠. 그리고 잡화가

SB 현대유통

↑ 세진문구유통
↘ 동서울과학

↑ 천호 문구·완구 거리 조형물
↘ 성원완구

부족해서 제가 잡화는 취급하지 않기로 하고 창신동에서 잡화상 하던 사람을 들여왔어요. 그리고 저한테 잡화 관련 물건을 찾는 손님이 오면 다 보내줬어요. 또 크리스마스트리 용품이라든가 체육용품 하는 친구도 영입했어요. 요새는 덜 나가도 옛날에는 트리 용품이 어마어마하게 나갔어요. 그렇게 동네에 점포가 하나, 둘 늘어나면서 어느 정도 규모가 생기니까 구색을 갖췄죠. 업체들도 왔다 갔다 하면서 여기가 이제 문구 골목이 제대로 잡혀간다고 인식하니까 납품 업체들도 들어오고 완구도 들어오면서 지금 모습이 됐죠.

'성원문구'는 예전에 '이칠문구'였어요. 그 친구도 창신동에 있다가 성남으로 갔지만 이 동네가 활성화되고 손님이 많이 온다고 소문이 나니까 들어왔어요. 이쪽으로 손님이 많이 몰려오고 구색이 갖춰지니까 드문드문 있던 집들이 한군데 모이게 된 동기가 된 거죠. 장사라는 게 떨어져서는 안되는 거예요. 그리고 그 당시에는 문구 하는 집은 문구만 취급했어요. 교재상은 학습교재만 했고, 체육용품 하는 사람은 체육용품만 했어요. 저는 팬시용품이 많이 나가서 팬시랜드를 한 거고요. 저도 처음에는 한 칸짜리 매장으로 시작했어요. 1년 지나서 한 칸 더 얻고, 1년 지나서 지하 얻고 그런 식으로 점점 매장 규모를 늘렸어요. 처음부터 크게 한 집은 몇 집 없어요.

3. 천호 문구·완구 거리의 유통체계 변화

> " 옛날에는 문구·완구 도매상이 창신동에 가야지만 물건을 떼어갈 수 있는 구조였어요.

문구·완구 도매상이 생산 회사에 가도 직접 공급받지 못했어요. 창신동에 가서 물건을 떼어가는 구조였죠. 옛날에 창신동에 있는 '우일교재'에서 A업체 전국 총판을 했으면, A업체는 만든 물건을 전부 우일교재에 갖다줬어요. 그러면 우일교재에서는 그걸 전국으로 나눠줬거든요. 그런 시스템이 창신동에서 이뤄진 거죠. 그러니까 수원·안양·안산·성남·인천에서도 사람들이 물건을 떼러 매일 창신동에 나온 거예요. 그래서 창신동이 문구·완구 업계에서 전국 시장이 됐던 거죠. 그런데 생산자가 가만히 생각해보니까 이걸 직접 주면 자기 이득이 더 많은데 굳이 총판에 맡길 필요가 없잖아요. 그래서 나중에는 지역도매상에 공급하게 된 거예요.

> " 생산자가 매일 생산한 물건을 천호동에서 바로 받을 수 있게 된 게 1992년이었어요.

초창기에는 천호동에서도 물건 떼러 창신동으로 나갔었어요. 여기에 문구·완구 점포수가 별로 없으니까 생산자가 한두 집 보고 물건을 싣고 오면 시간 낭비, 인력 낭비죠. 그래서 일주일씩 모아서 갖다주고 그랬거든요. 소매상 입장에서는 천호동으로 물건하러 나오면 공급이 늦는데, 창신동에 가면 물동량이 많고 매일 새로운 제품이 들어오니까 그곳으로 많이 가는 거예요. 그래서 제가 여기에 와서 '창

창신동 문구·완구시장

신동에서 물건을 받는 유통 시스템을 개선해봐야겠다'고 생각했어요. 매일 생산한 물건을 바로 받을 수 있게끔 노력을 많이 했죠. 그렇게 된 게 1992년이었어요. 그게 제가 노력해서만 되는 게 아니다 보니까 몇몇 업체에 부탁을 드렸어요. 천호동에 점포수가 많아지니까 생산자도 오늘 무슨 제품을 만들었다 하면, 천호동에 싣고 나갈 만해진 거예요.

" 30년 전쯤에 일본 오사카에 있는 팬시용품 도매상에 견학을 갔어요.

1990~2000년대는 일본이 우리보다 앞서갔으니까 일본에서 보고 그대로 베껴다 놓으면 물건이 잘 나갔어요. 제가 30년 전쯤에 일본 오사카에 있는 팬시용품 도매상에 간 적이 있어요. 그때는 팬시 도매상이 잘 되니까 서울에서 지역별로 모임이 있었어요. 남대문, 영등포, 창신동, 천호동에 있는 도매상 10여 군데가 모여서 일본으로 견학을 갔어요.

일본은 도매상에 일반 소비자는 못 들어가요. 소매상 패스가 있어서 전철 들어가듯이 찍어야 문이 열렸어요. 그리고 소매상마다 자기 고유번호가 있어요. 내가 어디에 있는 무슨 점포라고요. 그래서 고유번호가 10번이면, 바구니에 물건하고 자기 번호만 올려놓으면 돼요. 그때는 택배가 이렇게 되리라고 상상 못 했어요. 그런데 일본은 그

때도 택배 제도가 잘 되어 있더라고요. 요새는 우리나라도 새벽 배송해서 오늘 주문하면 다음 날 새벽에 와 있는 시대가 됐잖아요. 그런데 일본에서는 30년 전에 문구에서도 그렇게 하더라고요. 사실 그때는 이해가 안 됐어요.

” 천호동에서는 저만 철도를 이용해서 장사했어요.

옛날에는 물류 체계가 지금처럼 잘 되어 있지 않았거든요. 1988년 당시에는 택배라든가 이런 게 아예 없었고, 화물도 안 가는 지역이 많았어요. 대도시만 연결이 돼 있었죠. 그래서 중소도시는 대개 철도 화물을 썼었죠. 기차역이 있는 곳만 물류가 가능했어요. 저 아래쪽으로 가는 화물은 청량리역에서 중계해요. 그래서 청량리역에 맡기면 그게 서부역으로 가고, 서부역에서 또 옮겨 싣고서 밤새 내려가는 거죠. 멀리는 울산·부산까지도 물건을 보냈어요. 그래서 청량리역에서 화물 접수하는 사람들한테 삼겹살에 막걸리로라도 회식하라고 봉투에 돈도 넣어서 갖다주고 그랬어요. 그래야 내 차가 저 뒤에 있어도 제일 앞으로 당겨서 짐 내려주고 알아서 다 해줬거든요.

천호동에서는 저만 철도를 이용해서 장사했어요. 창신동에 있을 때 거래처 중에 지방 도매상이 있었거든요. 독립하면서 매형이랑 품목이 겹치지 않게 해서 거래처를 그대로 쓸 수 있었어요. 다른 사람들은 대개 창신동에서 하던 품목을 그대로 가져와서 못 했고요.

청량리역에 철도 화물을 오후 4시 반까지는 갖다줘야 해요. 그래서 점심도 못 먹고 열심히 짐 싸서 '삼밴'이라는 봉고차에 앞에는 세 명 타고, 뒤에 짐 싣고 다녔어요. 청량리역에 짐을 부치고 나서야 점심 겸 저녁 먹고 그랬어요. 그때는 식당가서 먹는 것도 사치여서 주로 배달시켜 먹었어요. 그때 습관이 돼서 지금도 밥 먹는 속도가 빨라요. 손님 기다리는데 밥을 여유 있게 먹을 수 없잖아요. 빨리 먹어야 하니까 뜨거운 것도 못 먹어요. 제일 빠르게 먹을 수 있는 게 짜장면이었어요. 오면 그냥 후루룩 먹어버리면 되니까요. 그 당시만 해도 일하는 만큼 벌리니까 저뿐만 아니라 누구나 다 똑같았을 거예요.

2000년대 후반부터는 일반화물이 좋아져서 철도 화물을 할 이유가 없어졌어요. 지금은 택배회사가 많지만 사실 택배가 보편화된 건 십몇 년 밖에 안 됐어요. 택배가 생기기 전에는 호남화물, 건영화물, 대신화물, 천일화물 같은 화물회사가 많았어요. 호남화물이 웬만한 지역은 다 커버가 됐고, 호남화물에서 안 되는 곳은 또 천일화물에서 커버해 주고 그랬어요. 일반화물이 직접 와서 실어 가니까 청량리까지 나갈 일이 없어졌죠.

" 경기도 남양주·성남·분당·용인도 이쪽으로 거의 오세요.

창신동은 매장이 다 작아요. 거기는 옛날부터 큰 집은 몇 집 안 돼요. 그러다 보니까 물건 위에 또 다른 물건 올려놓고 그래서 찾기가 힘들었어요. 근데 천호동은 매장이 거의 대형이다 보니 같은 제품이라도 좀 더 잘 보이고 찾기가 쉽죠. 또 창신동은 주차가 어렵고 주변 여건이 복잡하니까 강북 쪽 문구·완구는 거의 천호동에서 커버하고 있어요. 송파나 강동 같은 주변 외에도 경기도 남양주·성남·분당·용인도 이쪽으로 거의 오세요. 천호 문구·완구 거리에는 주차장이 2개 있어요. 또 지하철 5호선·8호선 더블 역세권에 지하철 1번 출구 바로 앞이라 찾아오기 쉬워요.

요즘도 지방에서 손님이 한 달에 한 번씩은 꼭 와서 직접 물건을 보고 가요. 또 전화로 "뭐 뭐 좀 보내달라"라고 연락이 오기도 하고요. 1990년대는 자가용이 흔하지 않아서 지방 손님들은 버스 타고, 지하철 타고 와서 양쪽 손에 물건을 한가득 들고 내려갔어요. 그 당시만 해도 물건이 없어서 못 팔던 시절이어서 제가 여기서 직접 팔아보고 잘 나가는 물건이면 지방에 보내도 잘 팔렸어요. 지금 생각해도 그때가 그립죠.

천호 문구·완구 거리 가로 경관
도로 폭이 넓고, 주차장을 설치해 차량 진입이 용이하도록 하였다.

4. ‘팬시’에서 ‘캐릭터’로의 상품 변화

‘팬시랜드’에서 ‘캐릭터 종합문구’로 상호를 변경한 건 2007년이에요.

옛날에는 아이들 생일파티를 주말에 몰아서 하는 경우가 많았어요. 그래서 토요일에 생일선물이 많이 나갔죠. 또 친구들을 그냥 보내기는 그러니까 생일인 아이 부모가 생일파티에 올 아이들 숫자에 맞춰서 답례선물을 사 가고 그랬어요. 그래서 ‘선물의 동산’ 그런 개념으로 팬시랜드를 했었는데 팬시용품이 점점 없어지고, 캐릭터와 문구가 접목이 많이 되다 보니까 상호가 안 맞는 거 같더라고요. 시장도 변하고 제품도 변하다 보니 상호도 변경해야겠더라고요.

장수 캐릭터가 있는가 하면 순간적으로 유행하는 캐릭터가 있어서 예측이 어려워요.

팬시는 문구처럼 꼭 필요한 학용품은 아니에요. 하지만 아이들이 충동 구매할 수 있는 것들이죠. 문구에 해당하는 필기구도 캐릭터 같은 것으로 꾸며지면 팬시라고 할 수 있어요. 일반 모나미 153 볼펜에 모양이 달려 있거나 그림이 들어간다거나 헬로키티나 도라에몽 같은 캐릭터가 그려져 있다고 한다면 팬시 제품이 되는 거예요. 바른손, 아트박스, 아트프라자, 정아트 등등 이런 브랜드 종류로 한동안 많이 나갔어요. 하다못해 탁상시계, 벽시계만 해도 몇백 종을 취급하고 그랬어요.

캐릭터는 순간적으로 인기 있는 것들이 있어요. ‘포켓몬’ 같은 경우는 시너지 효과가 있어서 어떤 제품이 나와도 잘 나가요. 그런데 다른 캐릭터들은 순간적으로 튀는 게 있고 시드는 게 있고 그래요. 장수 캐릭터가 있는가 하면 또 단기간 인기가 조금 올라갔다가 그냥 수그러드는 캐릭터도 있어서 예측하기 힘드니 장사가 어렵죠. 요새는 ‘산리오’ 제품이 한동안 인기였어요. 캐릭터는 아직도 일본이 강하죠.

우리 고객층은 미취학 아동, 초등생, 중·고·대학생으로 나뉘어 있어요. 연령층에 따라서 캐릭터 선호도가 조금씩 다르죠. 그래서 거기에 맞는 제품을 어떻게 확보하느냐가 관건이에요. 왜냐면 요즘은 생산자들이 물건이 잘 팔리지 않으면 재고로 떠안아야 하니까 대량으로 생산하지 않거든요.

지금 캐릭터 문구 업계는 라이선싱 제품을 만드는 게 주종이 됐어요.

옛날에는 캐릭터 사용 규제가 별로 없었어요. 2002년 월드컵 치르고 나서부터 캐릭터 사용 규제가 강화됐죠. 그전에는 중국에서 헬로키티나 도라에몽 부채를 들여다가 팔아도 문제가 없었는데, 그 이후로는 법이 강화되니까 못 하겠더라고요.

↑ 캐릭터 종합문구
↘ 모닝글로리 천호점

어린이들에게 인기를 끌고 있는 다양한 캐릭터 카드

천호 문구·완구 거리 내 완구 판매장
다양한 캐릭터 완구를 취급한다.

5.
천호 문구·완구 거리를 함께 만들어 가는 생산자와 소비자

" 기본으로 오는 단골은 동네에서 소매하는 문구점이에요.

자전거 타고 오시는 분은 지역주민이고, 물건을 많이 하는 분들은 차를 가져오세요. 기름 때고, 시간 들여서 온다는 건 어느 정도 양이 되는 분들이죠. 또 학원이라든가 유치원·태권도장 같은 데 있잖아요. 그리고 종교단체도요. 교회 여름성경학교나 크리스마스 때 아이들 선물이 필요하잖아요. 단체로 구매하려면 수량이 많으니까 도매상에 나와야 맞죠. 동네 문구점에서는 아무리 많이 산다고 해도 할인을 그만큼 해줄 수가 없어요. 그리고 보유하고 있는 물건 양도 필요한 만큼 없고요. 단체 구매하는 분들이 처음에는 인터넷에서 사는 게 싼 줄 알고 구매하다가 막상 인터넷 상품을 받아보면 실물이 형편없거든요. 그러니까 직접 와서 실물 보고 여러 가지 비교하고 사 가시죠. 제품이 확실히 사진으로 보는 거하고 다르거든요. 그래서 우리 손님 중에는 남양주 별내에서 오는 음악학원 원장님도 계세요. 우리가 캐릭터를 취급하다 보니까 물건을 보내주면 기대보다 아이들 만족도가 좋대요. 그때그때 아이들이 좋아하는 콘셉트에 맞춰서 캐릭터를 보내주니까 본인이 고른 것보다 오히려 반응이 좋다고 하시더라고요.

그다음에 어떤 캐릭터가 흥행할 때, 아이가 그거 사달라고 조르면 못 이겨서 오는 학부모들이 있어요. 부모들은 애들이 조르기 시작하면 대책이 없거든요. 그런데 요즘 '포켓몬 카드'처럼 물건이 달릴 때는 소매 손님들보다 문구점에 하나라도 더 챙겨드릴 수밖에 없어요. 사업자등록증에는 도소매로 되어 있지만 그래도 도매가 주력이라서 소매상을 보호할 의무가 있거든요. 왜냐하면 소매상들은 도매상 믿고 장사를 하는데 여기서 조금 더 남는다고 소매로 팔아버리면 소매상 줄 물건이 없잖아요. 장사라는 게 서로 간에 믿음이 공존해야 하니까요. 우리 집에 오는 소매상 고객한테는 최대한 예우를 갖춰서 물량이 달리는 물건을 많이 챙겨주려고 노력하죠.

그런 부분 때문에 우린 소매를 잘 안 해요. 간혹 아이들이 직접 와서 구매하기도 하는데 통으로 된 거는 색깔 빠지고 하는 게 보기 싫어서 낱개 판매를 안 해요. 그런 거 말고 될 수 있는 거는 기껏 와서 사려 하는데 안 주는 것도 그러니까 판매하기도 하죠.

" 오전에 물건 사러 온 소매상이랑 하는 티타임에서 정보를 많이 얻어요.

소매상은 아침에 여기 와서 물건을 떼다가 다시 돌아가서 매장 문을 열어야 하니까 저희도 오전 7시면 문을 열어요. 일찍 문을 여니까 닫는 것도 조금 일찍 오후 5시면 닫고요.

문구·완구는 물건을 생산자가 생산하면 맨 처음 저희 같은 도매상이 물건을 받아요. 그러면 소매상이 직접 오거나 저희가 물건을 보내주죠. 장사가 웬만큼 되는 소매상은 매일, 하루도 안 거르고 물건을 떼어

천호 문구·완구 거리의 물건 진열
도매를 주력으로 해서 묶음 단위 상품이 진열되어 있다.

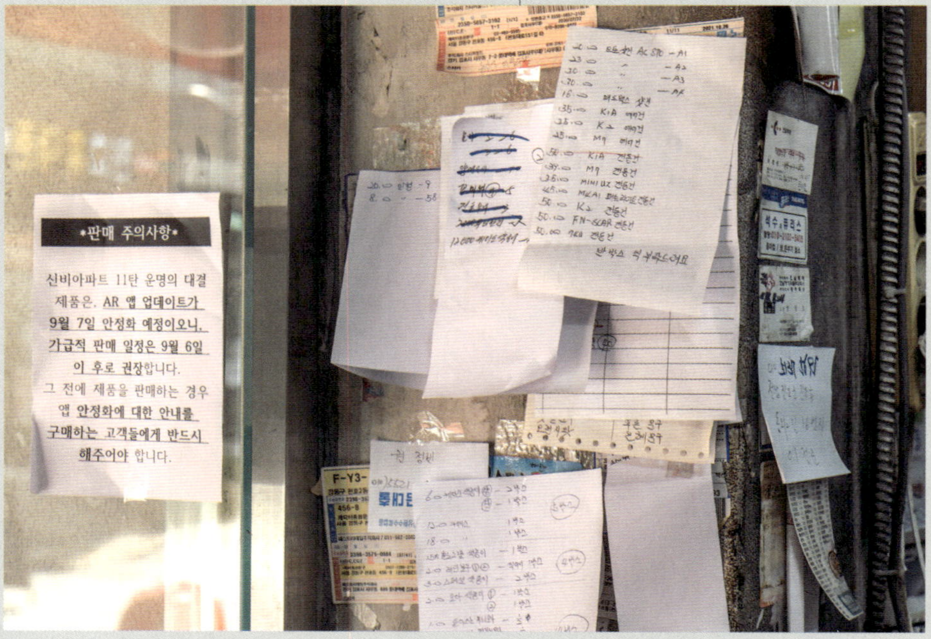

매장 벽면에 붙어 있는
주문 내역과 판매 주의사항

가요. 그러면 그분들이 그날 나온 신제품을 다 가져가는 거예요. 그렇게 물건을 팔고 나면 아침 7시 40~50분쯤에 티타임을 해요. 물건 하러 온 소매상들하고 커피 한잔하면서 그 전날 가져간 물건 얘기도 하고 그러죠. 그러면서 잘 나가는 물건은 소매상이 다음에 확보를 좀 더 해달라고 부탁하기도 해요. 오전 티타임 시간에 정보를 많이 얻어요. 우리가 직접 소비자를 상대할 일은 없으니까 직접 소매에서 부닥치는 사람하고 이야기 나누는 게 제일 좋은 정보죠. 그렇게 저희랑 티타임 하는 단골은 주로 잠실이나 강남 쪽에서 오시는 분들이에요. 그분들한테는 공급이 달리는 물건이든, 귀한 물건이 있으면 꼭 챙겨드리죠.

저희는 월말에 거래처를 돌면서 수금을 다녀요. 그냥 다니면 안 되는 게 제품이 얼마나 빠졌는지도 봐야 하고, 추가 주문받을 것이 있나 확인하면서 다녀야 해요. 창신동에 있을 때는 바닷가를 놀러 가는 길에 우연히 거래처에 들어갔는데, 어떤 생산자가 귀에 붙이는 스티커 한 판을 걸어놓고 반응을 봐달라고 한 걸 제가 보게 됐어요. '이거다!' 싶어서 그 길로 공장에 찾아가서 단독계약을 맺었어요. 그 덕에 몇 년 동안 아주 신나게 팔아먹었죠.

” **생산자들하고 커뮤니케이션도 해야 해요.**

'먹지마 지우개'라는 제품이 있어요. 그게 원래는 일본에서 여러 가지 모양으로 만든 지우개예요. 예전에 누가 사진을 보여줘서 제가 우리랑 거래하는 생산자한테 이 아이템을 한번 만들었으면 좋겠다고 말했죠. 그래서 중국에 가서 일본에 그 물건을 만들어서 납품하는 공장을 찾게 됐어요. 원래 중국에 '이우(이우국제상무성義烏國際商貿城)'라는 데가 세계시장이에요. 거기 이름이 '푸텐시장'이에요. 2000년 초에 제가 처음 나갔을 때만 해도 남대문시장처럼 큰 건물 한 동밖에 없었는데 지금은 그런 건물이 열몇 개가 돼요.

6. 천호 문구·완구 거리의 현재와 미래

” **천호 문구·완구 거리가 제일 활성화됐을 때는 30개 점포가 있었어요.**

작년, 재작년 해서 4~5집 정도가 문을 닫았어요. 지금은 17~18개 정도 남았어요. 코로나19가 인터넷 쇼핑 문화를 4~5년은 앞당겼어요. 동네 문구점이 없어지니까 버스나 차 타고 멀리 있는 문구점을 왔다 갔다 해야 하는데 그 교통비며 수고를 하느니 배송비 내고 인터넷으로 주문하는 사람이 태반이에요. 그러다 보니 문구 품목군이 전반적으로 도태된 거예요.

매장에서 인터넷 판매를 상대로 일반 문구류는 가격경쟁을 할 수가 없어요. 그러니까 동네 문구점들이 일반 문구는 팔아먹기가 힘들어요. 그래서 복사지, 모나미 153 볼펜, 매직 같은 일반 문구만 했던 가게들이 가장 먼저 문을 닫았어요. 최저가로 정해진 가격이 널뛰니까

① 대명지류·엘림문구(포장지·교육용품·문구·팬시),
광영화방필방(신한물감·화방)
② 명진 문구 팬시(사무용품·팬시용품·문구 도소매)
③ 파티클럽
④ 천호사(수입완구·초콜릿·사탕·잡화)
⑤ 장안문구·장안건(건담·BB탄총)
⑥ 명신완구

요. 그래서 오프라인 매장에서는 가격을 수시로 올리기 어려운 것만 팔아먹는 거예요. 유행 사이클이 빨리 지나가고 이런 것들은 인터넷으로도 가격을 조정하는 게 한계가 있거든요.

”

학교에서 학용품 나눠주는 정책을 시작하면서 학교 앞 문방구가 쇠퇴해 버렸어요.

1990년대까지만 해도 물건이 귀한 시절이라 물건만 많이 가지고 있으면 돈이 벌리는 시절이었어요. 또 학생 인구도 많아서 한 반에 아이들이 바글바글했죠. 초등학교는 오전반·오후반이 있을 정도였으니까 장사가 잘될 수밖에 없었어요. 초등학교 앞에는 기본적으로 문구점이 5~6개씩 있었는데 지금은 하나 보기도 힘들어요. 왜냐하면 국가에서 학용품 나눠주는 정책을 시작하면서 학교 앞에 있던 문방구들이 다 쇠퇴해 버린 거예요. 학교에서 준비물을 나눠주기 전

에는 부모가 됐건 아이가 됐건 문방구에 거의 매일 다녀야 했어요. 근데 지금은 학부모가 문방구 갈 일이 별로 없어요. 공짜로 주는데 싫어할 부모들도 없고요.

비수기는 아무래도 겨울방학하고 여름방학이에요. 특히 겨울방학에는 추우니 아이들이 밖에 안 나가고 집에만 있어요. 1990년대 초반에는 3월에 개학하면 신학기라고 정신이 없었어요. 그런데 이제는 학교에서 다 주면서 비수기, 성수기가 따로 없다고 봐야죠.

이 주변에 명성교회·오륜교회·광성교회 같은 대형교회들이 좀 있어서 그 덕을 봤거든요. 그런데 코로나 오고 나서 교회도 그렇고, 학원도 선물하는 금액이 자꾸 줄어들더라고요.

또 세태에 일조한 게 다이소예요. 지금 다이소 연 매출이 2조 이상이에요. 처음에는 다이소 문구류 잡식이 별로 없었어요. 처음부터 문구류를 많이 했으면 나름대로 보호 업종이라 해서 정부에서 행동을 취할까 봐 야금야금 침범한 거예요. 옛날에는 실내화 같은 건 문방구에서 샀는데 지금은 다 다이소에서 사잖아요. 그 가격 경쟁력을 이길 수가 없어요. 지금은 하다못해 먹거리부터 해서 안 다루는 게 없어요. 그래서 다이소가 주변에 생기면 인근 몇 킬로미터 안에 있는 상권은 힘들어지는 거예요. 상권이 큰 동네 가보면 다이소가 양옆으로 있는 데도 있어요. 그래서 큰 매장을 할 수 없는 도곡동이라든가 잠실이라든가 그런 아파트단지에서 나름대로 문구점들이 버틸 수 있는 거예요. 하지만 신도시 같은 데는 다이소가 다 들어가니까 문구점이 살아남기가 힘들다고 봐야죠.

” 이제는 도매고 소매고 '토탈샵'이라고 봐요.

옛날에는 소매점도 문구점 따로 있고 팬시점 따로 있고 다 따로 있었어요. 근데 이제는 도매도 소매도 문구·완구·잡화·팬시 이런 구분 없이 다 토탈샵이에요. 제가 볼 때 앞으로는 자가 건물에서 직원 고용 없이 부부나 가족끼리 운영하는 시스템으로 흘러가지 않을까 생각

6

해요. 왜냐하면 인터넷을 막을 방법이 없거든요. 일반 동네 장사하던 집들이 이제는 쿠팡 때문에 못 견뎌요. 쿠팡이 문제가 뭐냐면 완전히 유통을 장악하려고 마진도 없이 하는 게 많아요. 주위를 다 죽여 놓고 자기네가 다 섭렵하려고요. 지금은 '이게 잘 나간다'고 그러면 너나 나나 할 것 없이 다 갖다 놓고 팔려고 하는 시대가 됐어요. 유통의 어떤 질서가 없어졌다고 봐야죠.

” 항상 오르막이 있으면 또 내리막이 있잖아요.

장사도 논리는 같더라고요. 어느 제품이 갑자기 튀어나와서 한 해를 아주 힘들게 했다면 그 다음 해는 생각지도 않은 제품이 튀어나와서 다시 숨통을 틔워주고 그러는 경우가 종종 있어요. 코로나19로 힘들었는데 애들이 누르는 장난감 '푸시팝(Push-pop)'이라고 하죠. 그거랑 주물럭거리는 '말랑이' 이런 종류는 캐릭터가 아니잖아요. 그런 게 어마어마하게 나가면서 또 숨통을 틔워주고 그러더라고요. 나름대로 노력해야 하는 부분도 있겠지만, 사이클이라고 그럴까요? 그런 면에서도 제품을 많이 찾아다녀야 해요.

쿠팡이나 다이소에서 못 하는 품목만으로 유지하려니까 매출이 줄어들 수밖에 없긴 해요. 하지만 반대로 쿠팡이나 다이소에서는 슬라임같은 품목들을 다양하게 판매할 수가 없어요. 공산품이지만 시간이 조금 지나면 변질 우려도 있고 교환이나 반품도 곤란하니까요. 이렇게 오프라인에서 유리하게 거래할 수 있는 품목을 취급하면서 나름대로 살아남는 방편을 마련하는 거죠.

요새는 소매상한테 카톡으로 팔 물건 사진을 보내줘서 주문받으면 생산자한테 어떤 제품을 어디로 얼마나 보내라고 해요. 그러면 거기서 바로 보내주는 거예요. 여기로 오면 물류비가 또 들어가니까요. 그렇게 중개하기도 해요.

” 직업 전환 없이 40여 년을 한 업종에 종사했다는 게 제가 가진 복이라고 생각해요.

제가 볼 때 문구·캐릭터 제품들은 IMF 외환위기 때도 큰 불경기를 겪지 않고 넘어온 거 같아요. 우리나라 부모님들처럼 자식 교육열이 높은 나라는 없잖아요. 아이들이 공책이나 캐릭터 제품을 사달라고 하면 거절하는 부모는 거의 없다고 봐요.

하지만 가장 안타까운 점은 출생인구가 너무 줄고 있다는 거죠. 출생률 저하는 우리 업계랑 밀접하게 연관되죠. 또 유통망도 급속도로 변하다 보니까 지금은 모두가 다 어려운 시기를 겪고 있는 것 같아요. 늦게 시작한 젊은이들이 어떻게 헤쳐 나갈까 하는 걱정은 많아요. 특히 2세들이 물려받아서 하는 곳을 다녀보면, 노력해도 안 되는 부분들도 있으니까요. 그래도 저는 지금까지 이 일을 하는 게 행복해요. 제가 한창 일할 때는 노력만 하면 대박이 날 수 있었거든요.

➜ 다이소 천호점

Anytime Anywhere
더 높은 품질로
고객을 더 높이겠습니다
더 낮은 가격으로
고객 앞에 더 낮아지겠습니다
B1
daiso
다이소

구천면로

고분다리시장 상인회 인터뷰를 하면서 시장에서 가장 오랫동안 장사한 상인을 물었다. 그런데 뜻밖에도 시장 북쪽 끝에 있는 '삼거리이발관'을 소개받았다. 1995년 5호선 천호역이 개통될 때까지만 해도 천호동의 중심 상업지역은 구천면로에 위치한 천호 구사거리였다. 이발소는 구천면로로 바로 이어지는 삼거리에 자리하고 있는데, 이곳이 바로 고분다리시장 일대에서 가장 오래된 가게였다.

이구성은 1949년 경기도 평택에서 7남매 중 다섯째로 태어났다. 16세에 먼저 서울에 올라와 공부하던 형님을 따라 상경하였다. 진학의 꿈을 가지고 온 서울이었지만 상황은 녹록하지 않았다. 형님의 입대로 진학의 꿈을 포기하고 고등기술학교에서 이발 기술을 배웠다. 이후 이용사가 되어 서울 이곳저곳에서 기술을 숙련하며 기거하였다.

1971년, 마침내 천호동에서 '삼거리이발관'을 개업하였다. 23세 혈혈단신으로 천호동에 온 이구성은 30세에 당시 함께 일하던 지금의 아내와 혼인하였다. 이발소 위에 있는 살림집에서 두 살 터울 형제를 낳아 성인으로 키웠다. 자신은 고향을 떠나 천호동을 제2의 고향으로 알고 살고 있지만, 자식들은 나고 자란 곳을 떠나지 않게 해주고 싶었기 때문이다. 그렇게 그는 50여 년간 삼거리이발관 한 자리를 지키며 오늘을 살아가고 있다.

1949년(1세) 경기도 평택 팽성읍 출생
1964년(16세) 상경, 대방동 거주
1966년(18세) 을지로3가 중앙고등기술학교 재학
1967년(19세) 졸업 후 후암동, 장위동, 석관동, 응암동, 초동 등지의 이발소 근무
1971년(23세) 천호동 삼거리이발관 개업
1978년(30세) 결혼
1983년(35세) 직능지도자 특별 새마을교육 참여
2006년(58세) 지역사회공헌 인증점포 선정
2022년(74세) 천호동 삼거리이발관 운영

23살에 천호동에
삼거리이발관을
개업했어요.

1. 청운의 꿈을 품고 온 서울
2. 을지로3가 중앙고등기술학교
3. 천호동 삼거리이발관
4. 천호동의 옛 모습

1.
청운의 꿈을 품고 온 서울

> 서울에는 열여섯 살에 올라왔어요.

고향은 경기도 평택 팽성읍이에요. 우리 아버지, 어머니 다 평택 팽성읍 본 정리에 좋은 일가를 가꾸고 있었어요. 우리 할아버지는 그 당시에 백여덟 마지기(21,000여 평) 농사를 지었으니까 유복했어요. 형제는 1938년생 장형, 1940년생 둘째 형, 1944년생 셋째 형, 1947년생 누이, 내가 1949년생, 1952년생 누이동생, 그리고 1957년생 남동생이 있어요.

서울에는 열여섯 살에 올라왔고요. 나보다 먼저 형님이 서울에 올라와 계셨어요. 내 형님이 사범대학 나와서 경기도에서 고등학교 수학 선생님을 하셨거든요. 제가 서울 올 때는 학원에 다니면서 고등학교도 다니고 학업을 더 할 생각이었죠. 처음에 서울 올라와서 대방동, 대방초등학교 옆에 살았어요. 그 당시에는 그 주위에 공군사관학교하고 공군 본부가 있었어요. 또 서울공고가 바로 옆에 있었어요. 서울공고가 체조를 잘했는데, 학교에 다니고 싶어서 링 체조하는 걸 교문 바깥에서 쳐다보고 그랬죠. 그런데 모든 여건이 현실적으로 그렇지 못하더라고요. 그래서 서울에서 학교를 못 다니고 '서울 강의록'이라고 을지로3가에 있는 유니온 다방 뒷골목에 있는 강의록에 다녔어요. 공장에도 다니면서 책 볼 시간도 없이 세월을 보냈죠.

그런데 어느 날 형님이 "이발을 한번 해봐라. 기술을 배우면 미래에 밥은 안 굶지 않겠냐" 하셔서 이발을 배우게 됐어요. 하지만 전 이발이 싫었어요. 남자가 태어났으면 한 시절 공부해서 학력고사 쳐서 최소한 '대한민국에서 몇 등이냐' 실력을 따져봐야 하는 것 아니에요? 그것도 한 번 못해 보고 겨우 머리 깎아봐야 한 시간에 그저 돈 만 원 받든지, 또 손님 없으면 그냥 앉아서 꾸벅꾸벅 졸고 있는 거니까요. 그래서 이발 일을 하면서도 스트레스를 엄청나게 받았어요. 그러니까 저녁에 일 끝날 때쯤 되면 친구들이랑 어울려서 술을 많이 먹었어요. 그렇지 않으면 세월을 보낼 수가 없으니까요.

결혼은 서른 살에 우리 이발소에 일하러 왔던 식구하고 했어요. 우리 아들이 1978년생과 1980년생인데, 이 동네 단칸방에서 다 키웠어요. 애들이 이 골목, 이발소에 왔다 갔다 하면서 컸어요. 난 애들이 여기가 고향인데 고향 친구들을 무시 못 한다고 생각해서 천호동을 여태껏 못 떠났어요

2.
을지로3가 중앙고등기술학교

> 1966년부터는 을지로3가 국도극장 뒤편에 있는 중앙고등기술학교를 다녔어요.

당시에 이용·미용·양재·편물·타자 5개 학과가 있었는데 저는 이용 본과 1년을 마쳤어요. 고등기술학교에 들어가려면 시험은 안 보고 수업료만 내면 들어갈 수 있었어요. 저는 둘째 형님이 수업료를 대줘서 다녔어요. 이용과가 속성은 6개월이면 마치고, 본과 과정은 1년을 다녀요. 그래서 본과를 마치면 면허증이 보장된 거나 마찬가지였

→ **중구 초동2가 50번지 '은성사우나' 건물 옥상에서의 이구성(1971)**
이구성 제공

죠. 이용과는 한 반이었는데, 우리처럼 어떻게든 먹고살려고 다닌 케이스가 있는 반면, 서울대 상대에 다니던 형도 있었어요. 그 형은 미국 유학 갈 준비 중이었는데, 유학 가서 이발로 벌어 먹고살려고 배운다고 했어요. 남들 입 하나 풀칠 못해서 밥 얻어먹고 기술 배울 때 우리는 돈 줘가며 이발 배운 특수한 케이스죠. 그때 서대문에 무궁화고등기술학교, 청계천4가에 반도고등기술학교, 남산 밑에 정화여자고등기술학교 등등 고등기술학교가 다른 데도 많았어요.

학교 2층에서 학과 공부를 하는데, 물리·화학·전염병학·생리학 이렇게 체계적으로 다 있었어요. 그때만 해도 위생적으로 관리 못 하니까 머리에 기계충이라는 게 많았거든요. 그래서 피부나 기구 소독을 신경 써서 공부했어요. 그리고 학과 공부 끝나면 1층에 내려와서 오전 10시 반에서 11시쯤부터 오후 5시 이후까지 실습하는 거예요. 실습생이 머리를 깎아주는 거니까 요금이 싸서 사람들이 줄을 서서 기다렸어요. 학교는 적지만 그 수입에도 의존하고요. 점심에 2층 교실에서 도시락 싸 온 거 먹고 있으면, 1층에 손님들이 미리 와서 쫙 앉아 있어서 밥 먹는 틈틈이 내려와서 실기 배우던 거예요. 피곤하긴 했는데 어차피 기술을 연구하려면 실습을 해봐야지 이론만으로는 안 되니까 자꾸 깎아봐야죠.

졸업할 때가 되니까 학교에서 소개해서 용산구 후암동 후암시장에 '평화이발관'이라는 데를 처음으로 다니기 시작했어요. 그다음에 성북구 장위동 장위파출소 옆에 '신사이발관'에서도 하고, 석관동에 '장흥이발관', 은평구 응암동 영단주택에 '영단이발관'이라고 거기서도 좀 했어요.

3. 천호동 삼거리이발관

” 23살에 천호동에 삼거리이발관을 개업했어요.

당시 보증금이 5만 원에 월세가 5,000원이었는데, 이발 요금이 조발·면도까지 다 포함해서 140원이었어요. 학생, 어린이들은 60원이고요. 그때는 포마드를 많이 써서 포마드 뚜껑 몇 개를 두고 5원짜리, 10원짜리 동전통으로 분리해 썼어요. 그렇게 하루 일하면 천 원짜리 하나 있던가, 500원짜리하고 10원짜리 몇 개 있으니 직원들 일당을 500원이나 550원 선에서 주고 그랬죠. 머리 감기는 사람, 여자 면도사, 대방동에서 같이 이발했던 친구, 마흔다섯 살이던 기술자 아저씨 모시고 나까지 다섯 명이 일했어요. 토요일·일요일은 그래도 주말이라 손님들이 좀 있었는데, 평일에는 그냥 노는 거죠. 그러면 직원들 줄 돈이 모자라는 거예요. 직원들 일당 맞춰주고, 집세 내고 하면 남는 게 별로 없었어요. 그래서 직원들을 줄이고, 줄이다 이제는 혼자 하는 거예요.

이발소 자리는 원래 미장원이었는데 나가서 제가 이발소를 낸 거예요. 개업할 때 천호동 구사거리에 있는 이용재료상 섭외해서 의자부터 몇 대 들여놨어요. 그때는 이용재료상이 활발했는데 다 없어지고 지금 한 사람이 버티고 있어요. 이제는 휴대폰으로 주문하면 금방 가져다주는 시스템이잖아요. 옛날에야 우리가 재료상에 직접 가서 사고했지만요. 그래서 이제는 우리가 어려우니까 그 사람들도 어려운 거죠.

4. 천호동의 옛 모습

” 변방 중의 변방이었으니까 처음에는 강동구가 싫었어요.

1971년도에는 여기가 경기도 광주군 구천면 곡교리였어요. 굽을 곡(曲), 다리 교(橋) 이래서 곡교리였는데 굽은 다리를 빨리 말하다 보니까 '고분다리'라고 해서 지금 그렇게 부르는 거예요. 처음에 왔을 때는 여기가 성동구 천호동, 천호출장소였는데 강남구가 됐다가 또 몇 년 후에 강남, 강동으로 갈라지고, 강동구였다가 강동구가 송파구하고 또 갈라지고 그런 과정이 있었어요.

처음에는 강동구가 싫었어요. 변방 중의 변방이었으니까요. 그때는 천호동에 놀만한 데가 별로 없어서 '천호극장'이나 가면 가고, 그 옆에서 술이나 한잔 먹든가 그랬어요. 여기서는 서울승합을 타고 다녀서 천호동에 살았다면 '서울승합'이라는 이름이 익숙할 거예요. 버스 회사 이름이 서울승합 주식회사예요. 이쪽 노선은 서울승합이 아주 압도적이었어요.

그 당시 '계림극장'이 을지로6가에 있었는데, 그 건너편에서 꺾어서 맞은편이면 천호동 방향이었어요. 저녁에는 왕십리 '광무극장'을 지나서 배명고등학교(성동구 상왕십리 763)를 지날 때까지만 해도 불빛이 그런대로 있었어요. 그러다가 사근동, 한양대학교쯤 지나고 뚝섬까지는 그저 불빛이 있을까 말까 한 상태로 버스 타고 한참 오는

↑ **천호동 213-2 일대 과거 모습(2000년대)**
이구성 제공
현재 마켓유 천호점이 있는 자리에 미도파슈퍼 고분다리점이 자리하고 있다.

↓ **천호동 213-2 일대 현재 모습(2022)**

거예요. 그러다 화양리(동)쯤 오면 화양리 시장에서 나오는 불빛이 사람 사는 거 같고, 그 이후로부터는 차 지나오는 길은 컴컴하게 오는 거예요. 그렇게 뚝섬 지나서 광진교 건너 천호동까지 오면 여기는 그래도 불빛이 제법 되니까 환하고요.

” 1970년대 초에는 고분다리시장이라는 게 없었고, 천호시장이 제대로 된 시장이었죠.

당시에 잠실아파트가 생겨서 잠실에서 천호시장으로 장 보러 오고, 하남이나 성남에서도 왔어요. 한강 건너 광장동에서도 오고요. 천호시장으로 들어가는 골목을 자전거 타고 들어가려면 사람이 너무 많아서 자전거를 끌고 들어갈 수가 없었어요. 그때 천호시장은 참 굉장했어요.

고분다리시장도 처음에 내가 왔을 때만 해도 연탄 가게 한두 개, 부동산 한두 개, 양복점, 양장점 한두 개 있었어요. 또 과일가게, 쌀가게도 있고 이발소도 지금보다 그때가 더 촘촘히 있었죠. 시장이 많이 컸을 때는 사람이 정말 많이 다녔어요. 이발소 앞길에 사람이 얼마나 많은지, 안에서 손님들 상대하다가 바깥에 숨 좀 쉬려고 나가면 사람이 많아서 더 어지러운 거예요.

그 당시에는 지하철이 없었죠. 광진교 다리 건너서 여기 구사거리가 천호동 최고 센터였어요. 그런데 지금은 천호대교 생기고, 천호역 생겨서 큰길 가에 신사거리가 생겼죠. 옛날에 비오면 풍납동·암사동·성내동·길동은 물에 뜨고 어쩌고 하는데 여기는 지대가 높아서 수해가 거의 없었어요.

구천면로

” 시외버스터미널에는 장호원이나 성남으로 가고, 경기도 북쪽으로 가는 버스가 많았어요.

시외버스터미널은 천호동 구사거리에서 '화랑예식장(천호동 425-5)'하고 광진교 쪽으로 조금 가다 보면 '2001아울렛(천호동 563)' 맞은편에 대우아파트(대우한강베네시티)라고 높이 올라간 데가 있어요. 그 자리가 버스 공용터미널이었어요. 장호원이나 성남으로 가고, 경기도 북쪽으로 가는 버스가 많았어요. 그리고 이쪽 권역에서는 동북쪽으로, 낙생 지나서 수원까지 가는 버스도 있었어요. 지금이야 지하철이 발전하니까 터미널이 있을 필요가 없어서 자연스럽게 없어졌어요. 결정적으로 '동서울터미널'이 생기니까 거기로 흡수가 됐죠.

”

천호동은 호남, 영남, 충청도, 경기도 사람이 다 골고루 섞여 살지 않았을까 생각해요.

천호동 본토박이들은 예전에야 있었지만, 지금은 드물죠. 그냥 대대로 버티고 살아온 집이 있고, 평당 5,000원이나 7,000원일 때 다 갖다 팔고 지금은 채소 장사하면서 “옛날에 저기가 우리 집터였어” 하는 사람이 있고 그래요. 옛날에는 본토박이 중에 우리보다 위에 어른들은 눈도 마주치지 못할 정도로 동네에서 어른 노릇을 단단히 했어요. 그런데 다들 돌아가시고, 자녀들이 수원이나 안양·성남·여주·이천 이런 데로 다 흩어졌죠. 지금 강남에 가서 사는 사람들은 별로 없었어요.

구천면로(천호동 280-15)

고분다리시장

천호동은 서울 동남부와 경기도를 연결하며 강동 지역 유통의 중심지 역할을 해왔다. 1976년 천호대교가 놓이며 연장 도로인 천호대로를 따라 천호동의 중심 상권이 형성되었다. 하지만 천호대교 부설 이전 천호동의 중심지는 오랫동안 구천면로에 위치한 '천호 구사거리'였다.

천호 구사거리를 중심으로 천호동에는 천호시장, 천호신시장, 동서울시장, 암사시장 등 재래시장이 여러 개 있었다. 이 시장들은 천호동 주민보다는 이웃한 경기도 광주·이천이나 충북 충주 등지의 상권과 연결돼 호황을 누렸다. 그뿐만 아니라 경기도에서 생산되는 채소류를 중간 도매로 받아 서울 시내 재래시장으로 중계해주는 채소류 중간 집산지 기능도 담당하였다.

고분다리시장은 천호시장과 암사시장 사이에 있는 소규모 골목 시장이었다. 하지만 암사시장이 지금의 암사역 쪽으로 이전하고, 천호시장이 재개발로 폐쇄됨에 따라 천호동에 유일한 전통시장이 되었다. 2011년 인정시장이 된 고분다리시장은 총 95개의 점포가 개설되어 있다. 이 중 상인회에 소속된 점포는 75개이다.

김영권은 전라북도 김제 출신이다. 휴대전화 판매업에 종사하다가 서른 살 무렵 천호동에 발을 들였다. 처음 천호동에 와서는 구사거리에 있던 휴대전화 대리점에서 일하였고, 이후 고분다리시장 내에 '독도텔레콤'이라는 점포를 개업하였다. 고분다리시장 상인 중에서 막내뻘이었던 김영권은 주변 상인들이 어려움을 느끼던 컴퓨터나 인터넷을 이용한 작업 등을 도우며 시장 내에서 두터운 신임을 얻었다.

상인회 총무로 시작해 현재는 고분다리시장 상인회장으로서 젊은 시장을 만들어 나가는 일에 앞장서고 있다. 시설 현대화사업으로 천장을 씌우고 간판을 정비했을 뿐만 아니라 공영주차장을 만들어 이용자의 편의를 높였다. 또 시장 내에 북카페를 마련하는 등 젊은 소비자를 불러 모으고 시장을 활성화하기 위한 노력을 꾸준히 하고 있다.

고분다리시장은
1960~1970년대부터
있었다고 해요.

1977년(1세) 전라북도 김제 출생
2005년(29세) 고분다리시장에서 휴대폰 판매점 개업
2015년(39세) 고분다리시장 상인회 총무
2018년(42세) 고분다리시장 상인회장 취임
2022년(46세) 고분다리시장 상인회장, 독도텔레콤 대표

1. 고분다리시장과의 만남
2. 고분다리시장 상인회와 전통시장 시설 현대화
3. 북카페 다독다독 고분다리시장점
4. 천호동의 현재와 미래

1.
고분다리시장과의 만남

"여기 시장이 있는지도 몰랐는데, 골목에 사람들이 바글바글한 거예요."

저는 1977년생이고 고향은 전라북도 김제예요. 제가 2005년에 고분다리시장에 왔거든요. 처음에 천호동에 왔을 때는 저쪽 구천면로 변에서 휴대폰 가게를 시작했어요. 그때 저는 여기 시장이 있는지도 몰랐어요. 주로 대로변으로 다니고 은행 가려면 로데오로 나가고 그랬었거든요. 근데 천호동에 사는 여직원이 고분다리시장 안에 농협이 있으니까 여기 들어가 보라고 그랬어요. 그래서 와보니까 골목에 사람들이 바글바글한 거예요. 그래서 다른 데 가게 자리를 알아보다가 이 골목에 사람이 많으니까 여기로 가게를 얻은 거죠.

"서울시 시장 상인회장 중에서 제가 나이는 가장 어리지만, 제일 길게 했죠."

그때는 총각이니까 저녁에 퇴근하면 집에 가서 잠자는 거 외에는 할 일이 없잖아요. 그래서 여기 시장분들 중에 늦게까지 영업하시는 과일 집이나 이런 데 가서 조금 도와드리고, 저녁 같이 먹고 막걸리 한잔하면서 어울렸거든요. 그러니까 보통 시장 어르신들이 텃세 있다고 하는데, 그런 거 없이 그냥 바로 여기서 자리를 받고 인정받게 된 거죠. 그래서 30대에 결혼도 하고 이제는 두 아이의 아빠가 됐어요.

↑ 고분다리시장 김영권 상인회장의 인터뷰 모습
← 고분다리 전통시장

보통 전통시장이 어른들 위주다 보니까 문서 만들고 이런 걸 하실 수 있는 분들이 잘 없어요. 그런데 제가 휴대폰 가게를 운영해서 그나마 컴퓨터 앞에 앉아 있으니까 처음에는 어른들 문서 작업 제가 다 해드렸어요. 그렇게 상인회에서 총무 3년 했고, 상인회장 임기가 3년인데 연임해서 지금 5년째 하고 있어요. 일반적으로 시장 상인회장은 2년 임기로 두 번까지 연임할 수 있어요. 후임자가 없어서 좀 길게 하시는 분들도 있지만 강동구, 아니 서울시에서 공식적으로 따지면 제가 나이는 가장 어리지만, 시장 상인회장을 제일 길게 했죠.

” **고분다리시장은 1960~1970년대부터 있었다고 해요.**

이 길로 출퇴근하는 사람이 많으니까 상권이 자연스럽게 생겼어요. 그래서 예전에는 여기를 골목 시장이라고 했었거든요. 누가 의도적으로 만든 시장이 아니라 골목에 자연스럽게 만들어졌던 거죠.

여기가 천호역, 굽은다리역, 강동역의 딱 중간이에요. 중앙에 들어 있는 데라서 외부로 잘 안 나가고 보통 여기 사는 분들이 출퇴근하면서 천호역으로 걸어 나가면서 장을 보는 그런 위치거든요. 지금도 명절 때는 사람이 가득가득한데 제가 18년 전에 여기 왔을 때만 해도 이쪽이 완전 번화가였어요. 사람이 부딪쳐서 못 다녔을 정도였죠.

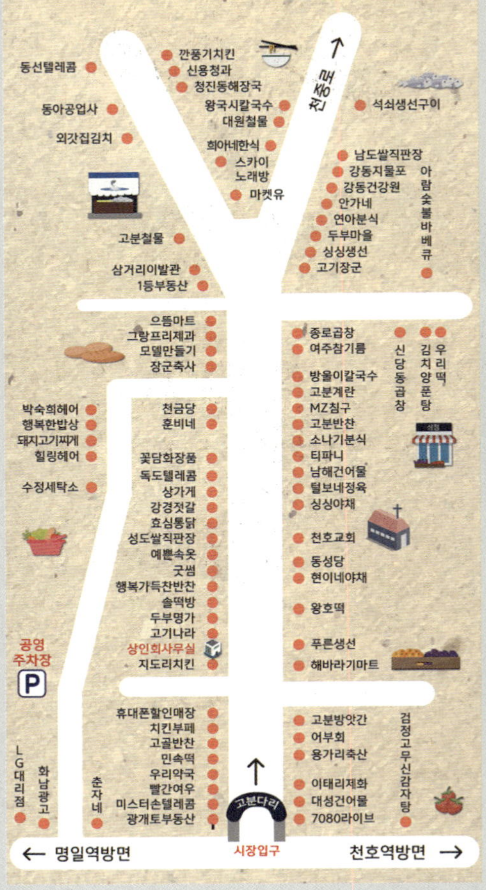

고분다리시장 상가 배치도
고분다리시장 홈페이지

2.
고분다리시장 상인회와 전통시장 시설 현대화

근데 몇 년 전에 저기 시장 뒤쪽에 도로가 하나 뚫리면서 이제 그쪽으로 버스가 다녀요. 그러니까 아무래도 통행이 없어서 전체적으로도 상권이 좀 죽기는 했죠.

지금 고분다리시장 안에 있는 전체 점포가 한 90개 정도 돼요. 그런데 교체 중인 점포도 있고, 새로 짓는 건물 2~3개를 제외하면 75개 점포가 상인회에 가입돼 있어요. 상인회에 가입하지 않은 경우는 배달 전문점 같은 경우인데, 오프라인하고 연관성이 크게 없으니까 상인회에 가입을 잘 안 해요. 우리 시장 상인 한 60~70%는 이 근처에서 살면서 출퇴근하시고, 최근에 들어온 분들은 외부에서 출퇴근하시는 분들도 있어요.

” **우리 시장은 빈 가게가 거의 없어요.**

천호(千戶)라는 지명처럼 이 동네는 주택 밀집 지역이에요. 사람이 많이 살아서 천호시장 같은 큰 시장도 있었고, 천호동 텍사스 같은 집창촌도 있었어요. 천호시장은 재개발 지역이기 때문에 시설 현대화가 안 됐었어요. 그래서 시장 안이 깜깜하고 옛날 시장 모습 그대로였거든요.

반면에 우리 시장은 재개발 지역에서 벗어나 있어서 지자체 지원으로 시설을 현대화했어요. 시장에 지붕을 설치해서 날씨와 상관없이 편리하게 이용할 수 있게 했는데, 리모컨으로 지붕을 여닫을 수도 있어요. 공영주차장도 만들었고요. 조명이랑 간판도 새롭게 지원받아서 달았더니 문 닫기 전에 천호시장 상인 분들이 우리 시장을 되게 부러워했었어요.

고분다리시장은 지자체에서 예산을 받아서 행사를 많이 해요. 예를 들면 시장에서 5만 원어치 물건을 사면 1만 원짜리 온누리 상품권을 주는 행사예요. 우리 시장은 상인회가 체계화되어 있어서 상품권을 상인회에서 환전해 줄 수 있거든요. 그런데 옛날 시장들은 상인들이 거의 어르신들이어서 그런 행사를 하기 어려워요. 그래서 천호시장 막바지에 계속 이 동네에서 장사하실 생각이 있는 분들은 우리

고분다리시장 내부

시장으로 많이 올라오셨어요. 그래서 우리 시장은 빈 가게가 거의 없어요. 자리는 없고, 권리금이 어느 정도 형성돼서 고분다리시장에 못 들어오는 가게들이 있거든요. 그래서 예전 천호시장 가는 길 골목에 가게들이 지금 한 100개 정도 추가로 생겼어요.

3. 북카페 다독다독 고분다리시장점

” 시장 안에 키즈카페형 북카페를 만들었어요.

북카페 다독다독 고분다리시장점은 원래 농협은행이 있던 자리였어요. 공간이 크니까 월세가 500만 원으로 높은데, 들어오는 점포마다 계속 폐업했어요. 마트도 들어왔었는데 2년 계약하면 6개월 장사하고, 남은 월세 까먹고 나가는 자리였거든요. 마침 강동구청에서 정책적으로 지역에 북카페를 많이 만들려고 했었어요. 그래서 구청하고 이 자리를 도서관과 커피숍을 병행하는 곳으로 만들자고 이야기하게 됐죠. 건물주하고도 협의해서 500만 원짜리 월세를 450만 원으로 낮추고, 4년 계약을 추진했어요. 처음에는 강동구청에서 여기에 도서관하고 커피숍만 넣으려고 했더라고요. 그런데 그렇게 하면 북카페가 시장에 들어오는 의미가 없죠. 그래서 공용 화장실도 넣고, 시장 상인들이나 주민들이 모일 수 있는 세미나실을

↑ 북카페 다독다독 고분다리시장점
↓ 키즈카페처럼 꾸민 북카페 다독다독 고분다리시장점 내부
↘ 북카페 다독다독 고분다리시장점

추가했어요. 그렇게 해서 이곳이 강동구 북카페 다독다독 2호점이 됐어요. 1층이고 시장이니까 접근성이 좋아서 강동구에서 운영하는 북카페 중에 여기가 제일 활성화돼 있다고 하더라고요.

보통 전통시장이 발전하려면 '젊은 엄마들을 잡아야 한다'라고 말해요. 그런데 젊은 엄마들은 대형 마트에 가지 시장에는 잘 오지 않죠. 그래서 기왕 북카페를 만드는 거 '키즈카페형'으로 만들었어요. 아이들의 눈높이에 맞춰 인테리어 공사도 하고요. 엄마들이 장을 보는 동안 아이들은 여기서 놀게 하는 거죠.

4. 천호동의 현재와 미래

” 지금은 천호동 상권이 점점 죽는 것 같아요.

2000년대 초반만 해도 천호동 로데오거리가 활성화됐었죠. 지금은 오락하고 쇼핑이 복합돼 있지만 그때는 전부 먹자(음식점) 위주였어요. 제가 천호역 대로변에 있던 휴대폰 가게에서 일하던 당시에는 로데오 골목 안에 사람들이 엄청 많았어요. 몇 년 전까지도 로데오거리 안에 휴대폰 가게도 되게 많았거든요. 권리금이 몇 억씩 갔었는데, 지금은 세부적으로는 모르겠지만 많이 바뀌었어요. 휴대폰 사업이 사양길에 접어들어서 그런지는 모르겠지만 '임대'라고 써 붙인 점포도 꽤 있고요. 음식점도 큰 가게들은 싹 빠지고 최근에 새롭게 들어온 점포가 꽤 많은 것 같더라고요. 코로나 때문인 것도 있는데 상권이 점점 죽는 것 같아요.

로데오거리 건너편에 KB국민은행 천호역지점 뒤쪽으로 '성내동 주꾸미 골목'이 있거든요. 젊은 사람들은 그쪽에 많이 가고, 명일역 주변에도 먹자골목이 있어서 그쪽으로도 좀 가요. 암사역도 꽤 많이 가는 거 같은데 천호는 예전 같지 않아요. 또 유흥은 길동 쪽에 많잖아요. 천호동에 집창촌이 없어지면서 길동이 유흥 문화 쪽으로 많이 변했다고 하더라고요. 주점, 노래방 이런 게 길동 전화국 그쪽으로 가면 잘 돼 있다고 그런 이야기를 하더라고요.

” 천호동에서 옛 모습이 제일 많이 남아 있는 곳은 천호1동일 것 같아요.

정치하시는 분들은 "강동구의 중심은 천호동입니다"라고 많이 표현하세요. 그런데 실질적으로는 천호대로변으로 조금 활성화된 거 외에는 없어요. 로데오도 예전에 비하면 많이 죽었고, 천호1·3동도 오래된 주택 밀집 지역이라 대부분 어르신이 사세요. 그러니까 완전히 낙후된 거죠. 천호동에서 옛 모습이 제일 많이 남아 있는 곳은 천호1동일 것 같아요. 천호3동은 천호대로하고 가까워서 로데오거리도 있고 변화가 좀 있어요. 천호3동 중에서는 다독다독 고분다리시장점 뒤쪽에 옛날 모습이 조금 남아 있어요. 약간 달동네 같은 이미지인데, 곧 재건축 들어갈 거예요.

”

천호동이 예전에 뒤처져 있었지만, 이제 점점 더 올라갈 것 같아요.

강남에 사는 사람들이 우스갯소리로 “천호동 주변에 살면 한 달에 100~200만 원씩은 절약한다”라고 이야기하더라고요. 생활 물가 자체가 싸니까 그런 이야기를 하는 것 같아요. 그런데 이제 조금씩 변하고 있는 거예요.

천호동 여기저기를 재개발해서 아파트가 공사 중이에요. 천호시장 없어진 자리에 1,200가구인가 대규모 아파트 단지가 들어온다고 그러더라고요. 그동안 천호동에는 대형 아파트 단지가 없었어요. 강동역의 ‘강동 래미안’이 최근에 지어진 거예요. 고분다리시장 주위도 재개발된다고 해서 최근에 다가구 주택을 많이 짓고 있어요. 빌라 같은 신축 건물이 들어오니까 젊은 사람들이 거기 들어와서 사는 것 같아요. 이쪽이 중심 도로보다는 주거비용이 조금 덜 들어가니까요. 그래서 예전에는 시장 손님들이 어르신들이 대부분이었는데 이제는 젊은 층이 좀 늘어났어요. 앞으로 천호시장 자리에 아파트가 들어오고 하면 단지 내 상가가 생길 것 같긴 한데, 어쨌든 우리 시장에도 긍정적인 부분이 될 거로 생각해요.

또 구천면로가 옛날부터 경기도 광주나 이런 데로 빠지는 교통의 중심이었대요. 현 구청장님이 도시재생사업으로 구천면로를 걷고 싶은 거리

로 만들고 계세요. 그래서 천주교 교회에서부터 명일역까지 전봇대 다 뽑고 전선 작업을 새로 했어요. 가로등도 정리하고, 보도블록도 새로 싹 깔고, 도로에 아스팔트도 다시 깔았어요. 그리고 구천면로에 있는 간판도 구청에서 지원해줘서 다 정비해서 깔끔해졌더라고요. 구청에서도 그런 식으로 구천면로를 살리려고 노력을 많이 해요.

← 천호3동 고지대 주택가
↓ 정비사업을 진행 중인 구천면로

PART 4

주거지로서의 천호동과 사회적 관계

① 천호동 지역주민의 일상

천호동 총인구

85,872

남성 인구 41,977명
여성 인구 43,895명

천호1동 26,588명
천호2동 32,982명
천호3동 26,302명

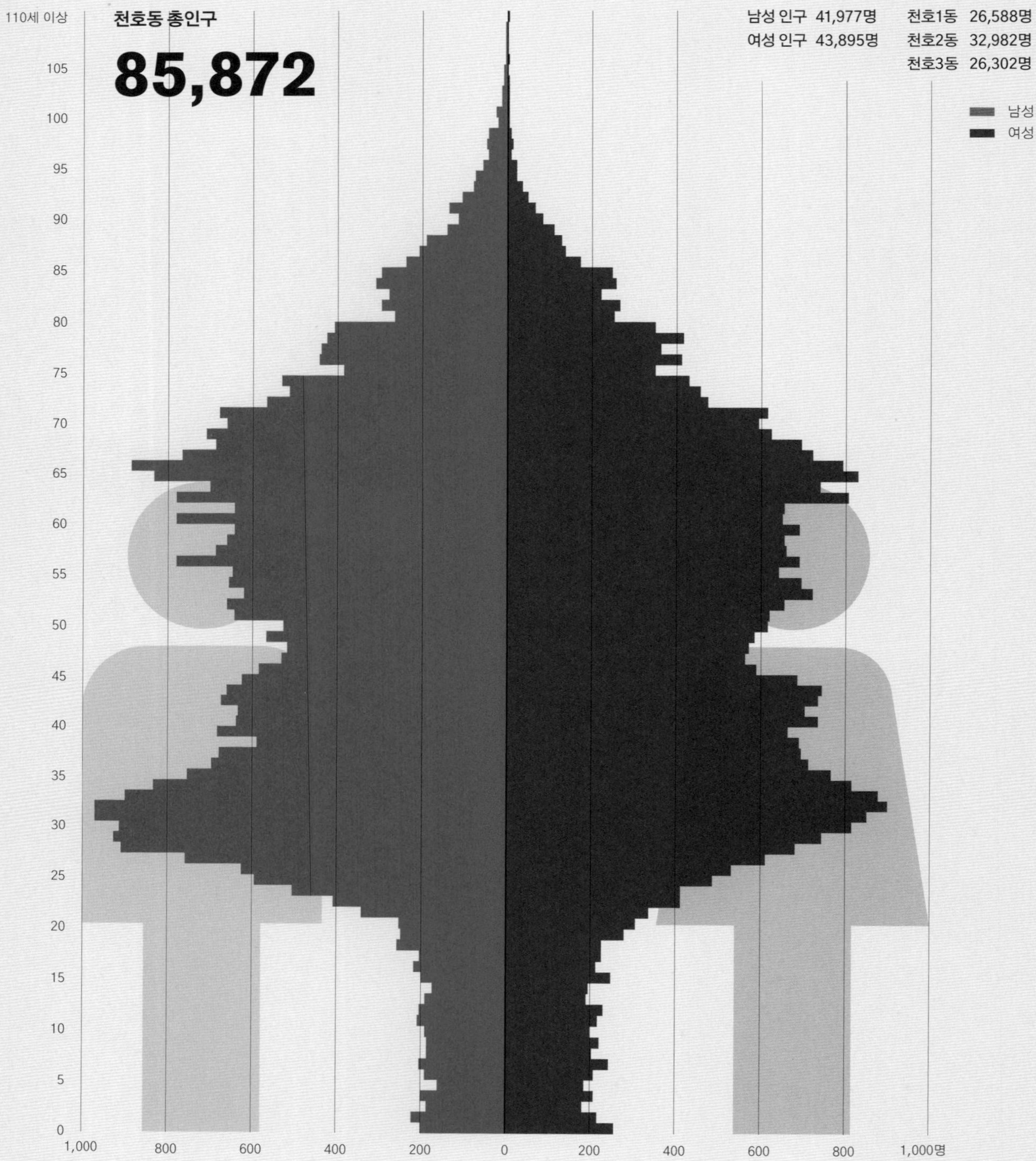

천호동 1세 단위 인구피라미드(2022)
강동구 홈페이지(2022년 6월 연령별 인구 현황)

1.1. 천호동의 인구 변화

천호동의 인구

국가통계포털에 따르면 천호동에는 2022년 기준 8만 5,872명이 거주하고 있다. 이 중 남성은 4만 1,977명이며 여성은 4만 3,895명이다. 이를 1세 단위 인구피라미드 그래프로 나타내면 28~32세가 가장 많고, 60~64세가 두 번째로 많다. 또 80~84세보다 0~16세까지의 유소년 인구가 적은 것을 알 수 있다. 동별로 봤을 때는 천호1동 2만 6,588명, 천호2동 3만 2,982명, 천호3동 2만 6,302명으로 천호2동에 거주하는 사람이 천호1동과 천호3동에 거주하는 사람들보다 약간 더 많다.

연령별 남성 인구 변화

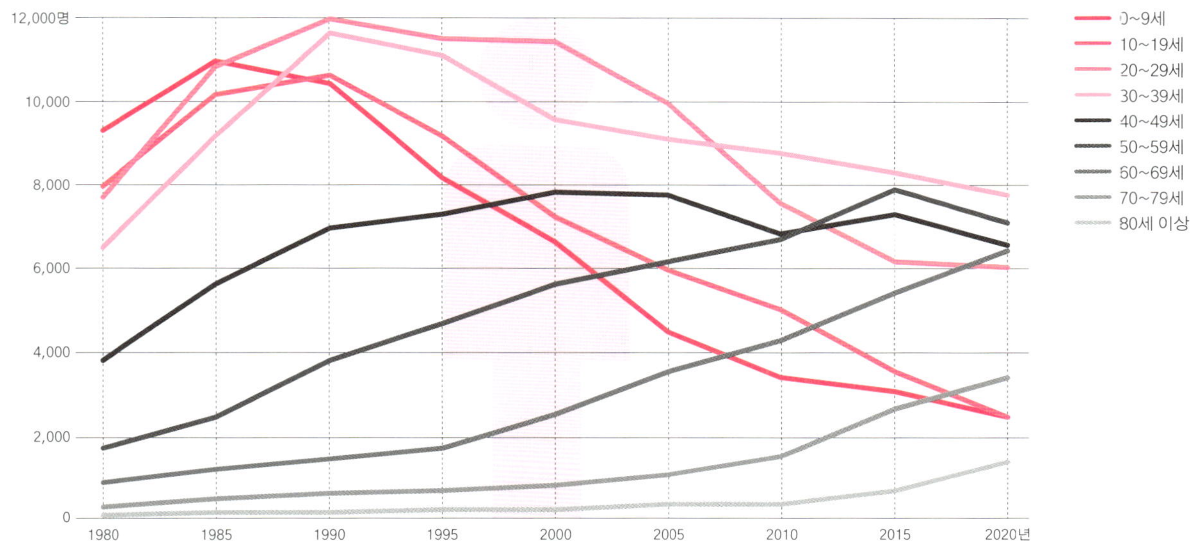

연령별 여성 인구 변화

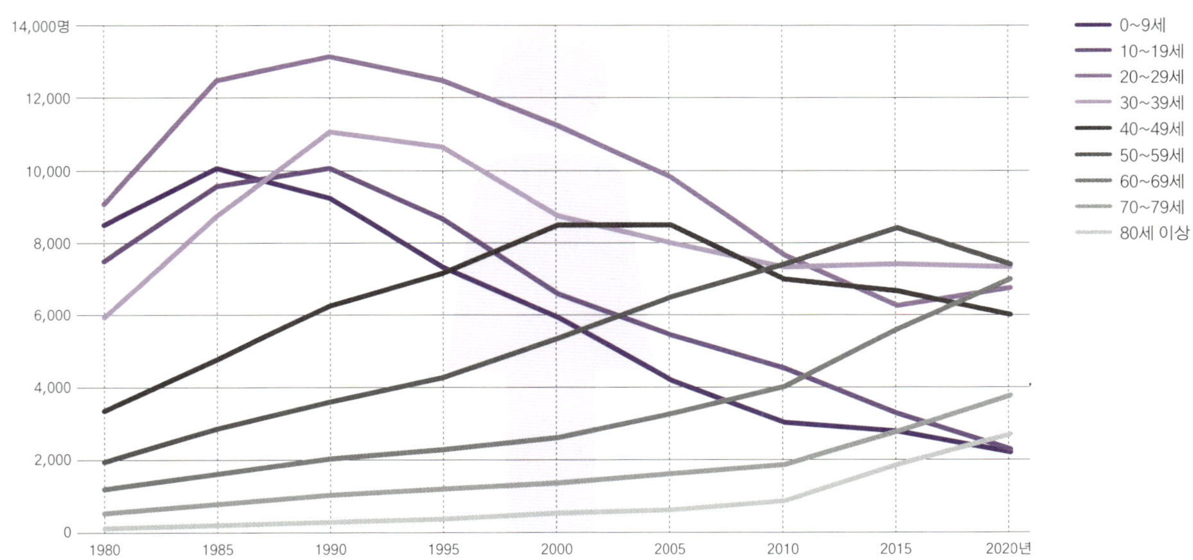

천호동 연령별 인구 변화 양상
강동구 홈페이지(1980~2020년 연령별 인구)

천호동의 인구 변화를 1970년대 이후 10년 단위로 보면 인구는 1990년까지 꾸준히 증가한다. 특히 1970년대에 3만 566명에서 1980년대에 7만 6,097명으로 10년 사이 4만 5,000여 명이 증가하였다. 1990년의 인구는 11만 4,147명이었으며 이후 인구수는 계속 감소하여 2000년에 10만 2,732명, 2010년에 9만 2,914명, 2020년에 8만 8,623명이 되었다.

천호동의 성별·연령별 인구 변화 양상

인구의 변화 양상을 성별로 나누어 살펴보면 남녀 인구 모두 60세 이상의 인구는 지속적으로 증가하였으나 그 외의 인구는 지속적으로 감소하는 추세이다. 남성의 경우 0~9세 인구는 1985년 이후 급격하게 감소하였고 10~19세 인구는 1990년부터 감소하였다. 20~29세 인구는 1990년까지 증가세를 보이다가 1995년부터 감소하였는데, 2010년에는 7,536명으로 대폭 감소하였다. 30~39세 인구는 1990년에 1만 1,586명까지 증가하였다가 이후 꾸준히 감소하였다. 40~49세 인구는 2000년까지 완만한 증가 추세를 보이다가 이후 약간 감소하였으며, 2015년에 7,728명까지 증가하였다가 2020년에 6,520명으로 감소하였다. 50~59세 인구는 2015년까지 꾸준히 증가한 후 2020년에 약간 감소하였으며 60~69세, 70~79세, 80세 이상 인구는 모두 증가 추세를 보였다.

여성의 경우도 남성의 인구 변화 양상과 크게 다르지 않다. 0~9세 인구는 1985년 이후 급격하게 감소하였으며 10~19세 인구는 1990년부터 감소하였다. 20~29세 인구는 1980년과 1985년 사이 급격하게 증가하였다가 1990년부터 감소하였는데, 2015년에 6,250명으로 대폭 감소하였다. 30~39세 인구는 1990년에 1만 1,064명까지 증가하였지만 이후 꾸준히 감소하다가 2010년부터 감소세가 둔화되었다. 40~49세 인구는 2000년까지 완만하게 증가하다가 꾸준하게 감소하였다. 50~59세 인구는 2015년까지 꾸준히 증가한 후 2020년에 약간 감소하였다. 이 외 60~69세, 70~79세, 80세 이상 인구는 모두 증가 추세를 보였다.

2000년 인구 피라미드

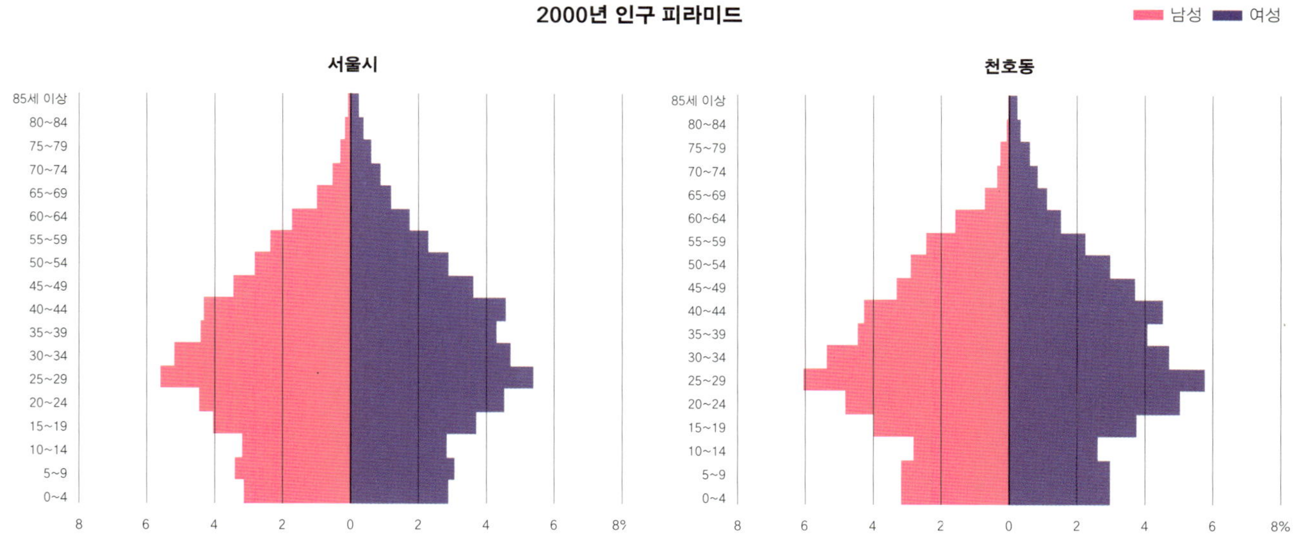

행정안전부, 주민등록인구현황

천호동의 연령별 인구 변화를 서울시 전체 인구피라미드와 비교하여 2000년부터 2020년까지 10년 주기로 연령별·성별 인구 구성을 살펴보았다. 2000년의 경우 서울시 인구피라미드와 천호동의 인구피라미드가 유사한 형태를 띠었으나 평균에 비하여 10~14세 인구 비율이 다소 낮고, 20~29세 인구의 비율이 다소 높게 나타났다.

2000년 천호동과 서울시의 전체 연령대 차이 비교

[단위: 명, 가구]

행정동	천호동			서울시		
	남	여	합계	남	여	합계
0~4세	3.21%	2.95%	6.16%	3.14%	2.91%	6.05%
5~9세	3.21%	2.93%	6.14%	3.43%	3.05%	6.48%
10~14세	2.85%	2.58%	5.43%	3.19%	2.86%	6.05%
15~19세	4.03%	3.73%	7.76%	4.03%	3.71%	7.74%
20~24세	4.85%	5.01%	9.87%	4.45%	4.54%	8.99%
25~29세	6.10%	5.73%	11.83%	5.59%	5.38%	10.97%
30~34세	5.38%	4.70%	10.07%	5.17%	4.72%	9.88%
35~39세	4.50%	4.07%	8.56%	4.42%	4.30%	8.72%
40~44세	4.31%	4.50%	8.81%	4.31%	4.57%	8.88%
45~49세	3.36%	3.68%	7.04%	3.43%	3.61%	7.04%
50~54세	2.95%	2.95%	5.90%	2.81%	2.88%	5.69%
55~59세	2.48%	2.24%	4.72%	2.36%	2.30%	4.65%
60~64세	1.61%	1.51%	3.12%	1.70%	1.73%	3.44%
65~69세	0.76%	1.06%	1.83%	0.98%	1.22%	2.20%
70~74세	0.40%	0.82%	1.22%	0.53%	0.89%	1.43%
75~79세	0.27%	0.57%	0.83%	0.32%	0.63%	0.95%
80~84세	0.12%	0.33%	0.45%	0.16%	0.37%	0.53%
85세 이상	0.06%	0.20%	0.26%	0.08%	0.24%	0.32%

통계청, 인구총조사

2010년 인구 피라미드

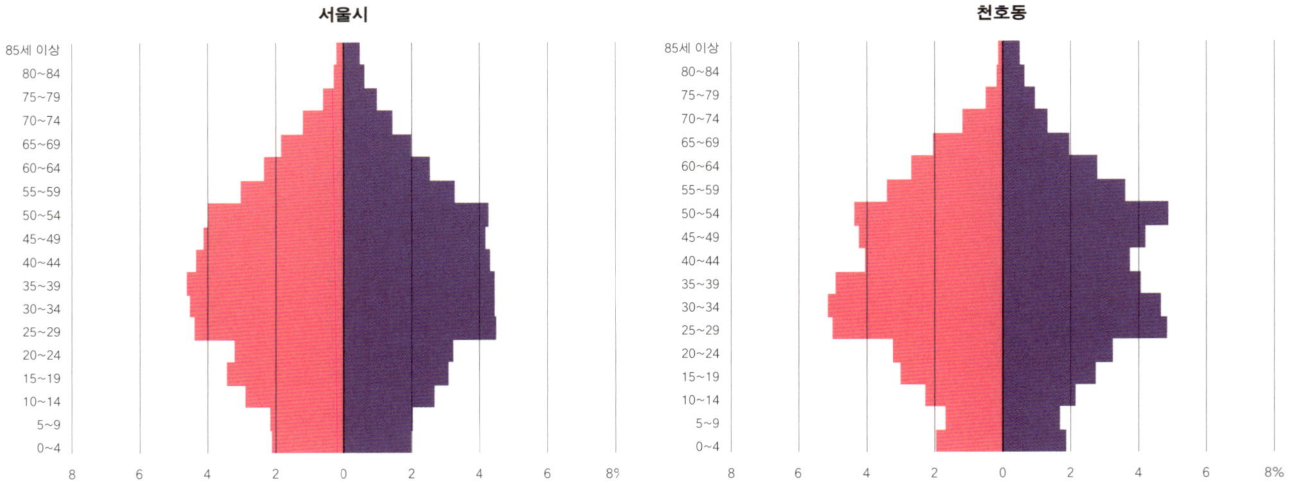

행정안전부, 주민등록인구현황

2010년의 경우 서울시 인구피라미드와 비교하여 천호동의 인구피라미드는 중앙이 움푹 들어간 형태로 나타났다. 서울시 평균에 비하여 5~19세 인구 비율과 35~44세 인구 비율이 다소 낮고, 25~34세와 50~64세 인구 비율이 다소 높기 때문이다. 또한 30~34세의 경우 여성의 비율은 서울시 평균보다 낮으나 남성의 비율은 더 높게 나타났다.

2010년 천호동과 서울시의 전체 연령대 차이 비교

[단위: 명, 가구]

행정동	천호동			서울시		
	남	여	합계	남	여	합계
0~4세	1.99%	1.84%	3.83%	2.12%	2.00%	4.12%
5~9세	1.72%	1.66%	3.38%	2.17%	2.04%	4.21%
10~14세	2.30%	2.13%	4.43%	2.90%	2.67%	5.58%
15~19세	3.03%	2.70%	5.73%	3.44%	3.09%	6.53%
20~24세	3.25%	3.23%	6.49%	3.24%	3.21%	6.45%
25~29세	5.02%	4.83%	9.85%	4.41%	4.50%	8.90%
30~34세	5.16%	4.64%	9.80%	4.56%	4.45%	9.00%
35~39세	4.97%	4.06%	9.03%	4.66%	4.47%	9.12%
40~44세	4.09%	3.72%	7.81%	4.36%	4.30%	8.67%
45~49세	4.29%	4.20%	8.48%	4.13%	4.17%	8.30%
50~54세	4.41%	4.87%	9.28%	4.00%	4.26%	8.26%
55~59세	3.44%	3.58%	7.02%	3.02%	3.24%	6.26%
60~64세	2.73%	2.76%	5.49%	2.35%	2.52%	4.87%
65~69세	2.06%	1.93%	3.99%	1.85%	1.96%	3.81%
70~74세	1.20%	1.29%	2.49%	1.23%	1.45%	2.69%
75~79세	0.51%	0.94%	1.45%	0.64%	0.98%	1.62%
80~84세	0.20%	0.63%	0.83%	0.29%	0.63%	0.92%
85세 이상	0.17%	0.46%	0.63%	0.19%	0.50%	0.69%

통계청, 인구총조사

2020년 인구 피라미드

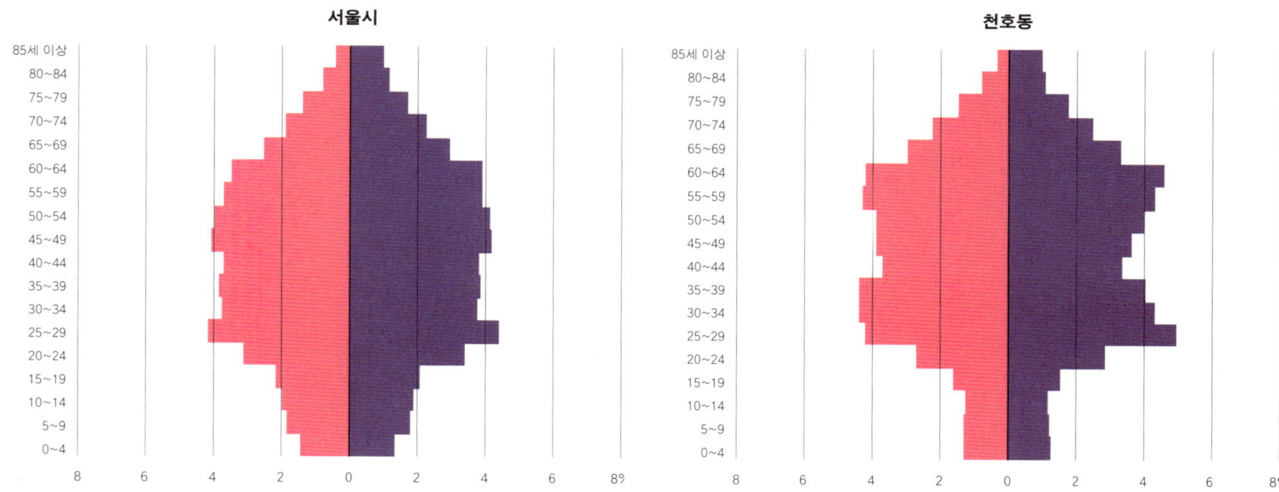

행정안전부, 주민등록인구현황

2020년의 경우 서울시 인구피라미드와 비교하여 천호동의 인구피라미드는 아래가 좁고 중앙이 움푹 들어간 형태가 더욱 심화된 것으로 나타났다. 서울시 평균에 비하여 5~24세와 40~44세 인구의 비율이 낮고, 25~39세와 55~74세 인구 비율이 높기 때문이다.

2020년 천호동과 서울시의 전체 연령대 차이 비교

[단우 : 명, 가구]

행정동	천호동			서울시		
	남	여	합계	남	여	합계
0~4세	1.30%	1.25%	2.55%	1.44%	1.36%	2.80%
5~9세	1.31%	1.23%	2.54%	1.87%	1.78%	3.65%
10~14세	1.25%	1.17%	2.42%	1.98%	1.87%	3.84%
15~19세	1.62%	1.54%	3.17%	2.17%	2.07%	4.24%
20~24세	2.72%	2.85%	5.57%	3.11%	3.40%	6.52%
25~29세	4.22%	4.95%	9.17%	4.21%	4.38%	8.59%
30~34세	4.40%	4.31%	8.71%	3.75%	3.76%	7.51%
35~39세	4.40%	4.03%	8.43%	3.88%	3.86%	7.74%
40~44세	3.71%	3.36%	7.07%	3.73%	3.80%	7.53%
45~49세	3.89%	3.63%	7.52%	4.10%	4.18%	8.28%
50~54세	3.90%	4.00%	7.90%	4.01%	4.11%	8.12%
55~59세	4.31%	4.31%	8.62%	3.74%	3.91%	7.64%
60~64세	4.23%	4.59%	8.83%	3.51%	3.88%	7.39%
65~69세	3.00%	3.32%	6.32%	2.56%	2.91%	5.48%
70~74세	2.26%	2.47%	4.73%	1.92%	2.27%	4.18%
75~79세	1.50%	1.77%	3.27%	1.40%	1.70%	3.10%
80~84세	0.78%	1.08%	1.85%	0.80%	1.14%	1.95%
85세 이상	0.34%	0.98%	1.32%	0.45%	0.99%	1.44%

통계청, 인구총조사

2000년까지 서울시 전체와 천호동의 인구 구성은 큰 차이를 보이지 않는다. 하지만 2010년과 2020년을 지나면서 천호동의 미성년자와 40대 인구 비율이 서울시 평균에 비하여 크게 줄었고, 20대 및 30대와 55세 이상의 인구 비율은 서울시 평균에 비하여 높게 나타났다. 어린이와 청소년 그리고 이를 양육하는 40대 부모 세대들의 비율이 감소하는 것으로 추정된다.

천호동의 동별 인구 변화 양상

천호동의 동별 인구피라미드 양상을 1980년부터 2020년까지 5년 단위로 보면 모든 동에서 출생률은 감소하고, 2010년 이후부터 85세 인구는 증가하고 있음을 알 수 있다. 천호2동은 1985년에 천호4동으로 분동되면서 1980년과 비교했을 때 인구가 다소 감소하였으나, 2008년에 천호4동과 합동한 후 2010년의 그래프에서 인구가 다소 증가하였다.

천호동의 시대별 인구와 가구의 변화를 좀 더 자세히 알아보기 위하여 1980년부터 2020년까지 5년 단위로 진행된 인구총조사 자료를 활용하여 인구수와 가구수에 따른 서울시 순위이동성지수를 산출하였다. 순위이동성지수(RMI: Rank Mobility Index)란 두 시점의 순위 변화를 측정하는 지수다. 각 시점에서의 순위를 활용하기 때문에 집단 내에서 상대적인 변화를 확인할 수 있다. 서울시 전체 행정동을 대상으로 각각의 순위를 매기고 천호동의 순위가 시간이 지나면서 어떻게 변하였는지 확인하면 단순한 변화뿐만 아니라 서울시 내에서 천호동의 변화가 보여주는 특징을 파악할 수 있다.

순위이동성지수는 이전 시점의 순위에서 이후 시점의 순위를 뺀 값을 이전 시점의 순위와 이후 시점의 순위를 더한 값으로 나누어 계산한다. 따라서 순위이동성지수가 양의 값이면 서울시 타 행정동과 비교하여 순위가 상승한 것으로 볼 수 있고, 순위이동성지수가 음의 값이면 서울시 타 행정동과 비교하여 순위가 하락한 것으로 볼 수 있다. 가중치가 반영되기 때문에 기존에 순위가 높았던 지역의 순위가 증가할 때 순위이동성지수 값이 더 크게 나타난다. 값이 크게 나타나는 지역이 간과되지 않게 해준다는 점에서 단순한 순위 변화를 보는 것보다 다수의 지역 사이에서 상대적으로 두드러지는 변화를 파악하는 것을 목적으로 하는 연구에 적절하다. 분석은 행정동 기준으로 진행하였고, 해당 기간에 합동되거나 분리된 행정동은 수치를 합산하거나 나누어 산출하였다. 서울 전체 425개 행정동을 대상으로 순위이동성지수를 산출하였고 본문에서는 서울 동남권(서초구, 강남구, 송파구, 강동구)의 순위이동성지수를 GIS를 활용하여 시각화하였다.

1980년대 천호동은 인구수와 가구수가 모든 행정동에서 증가하였다. 천호2동의 경우 인구수는 2만 9,953명에서 4만 7,553명으로 증가하였고, 가구수는 6,668가구에서 1만 3,231가구로 크게 증가하였다.

천호1동

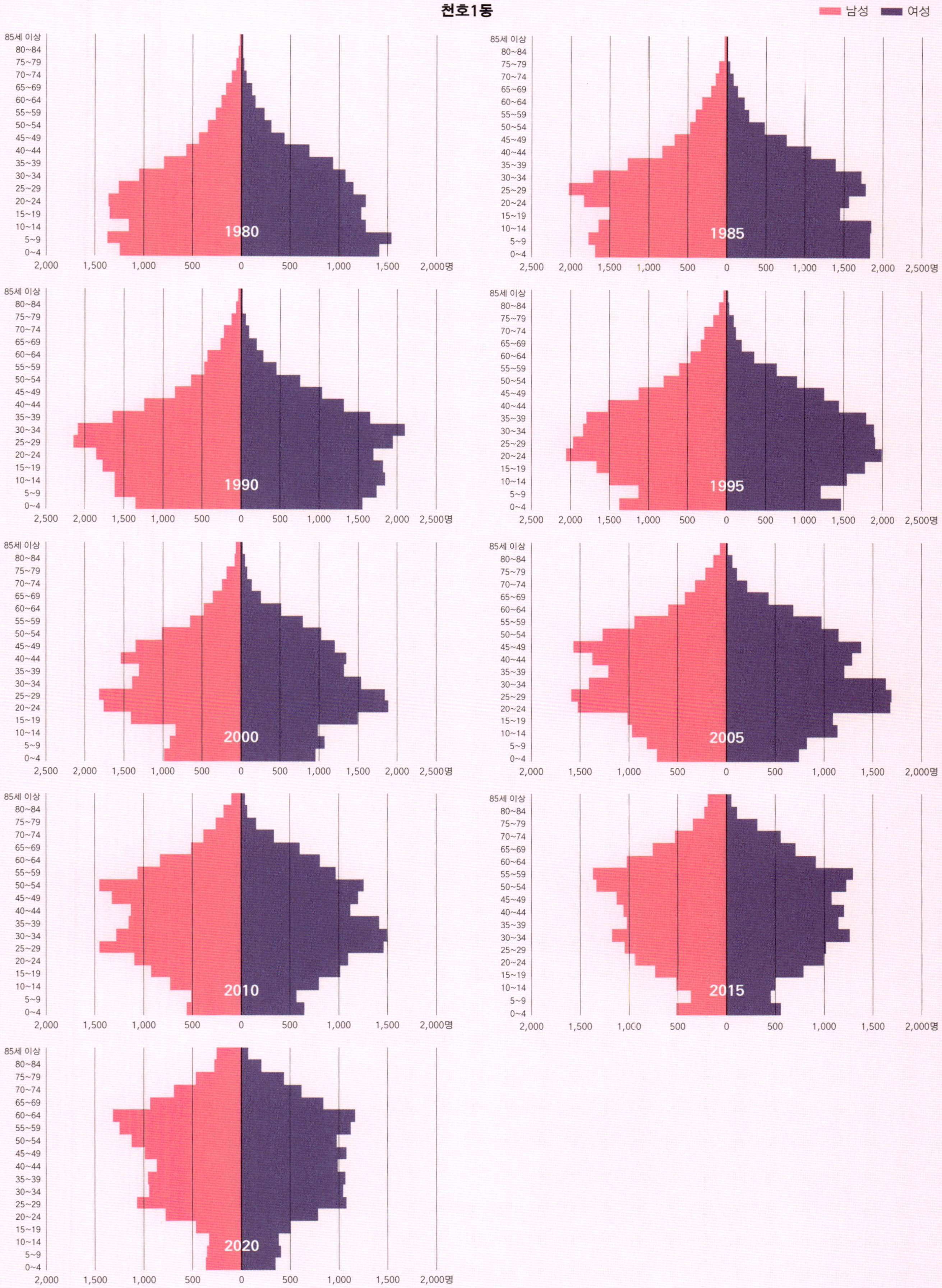

천호1동의 5년 단위 인구피라미드(1980~2020)

천호2동의 5년 단위 인구피라미드(1980~2020)

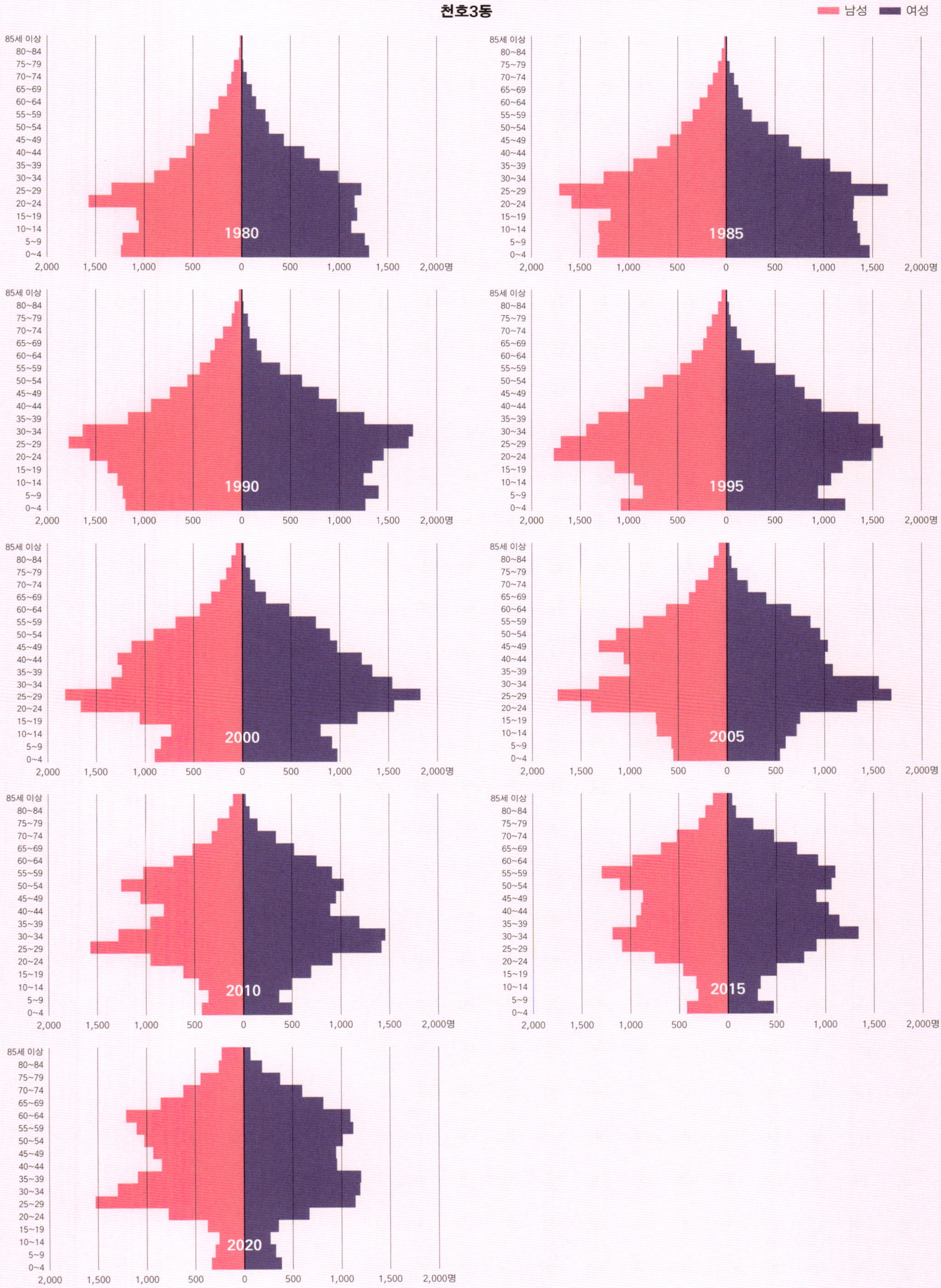

천호3동의 5년 단위 인구피라미드(1980~2020)

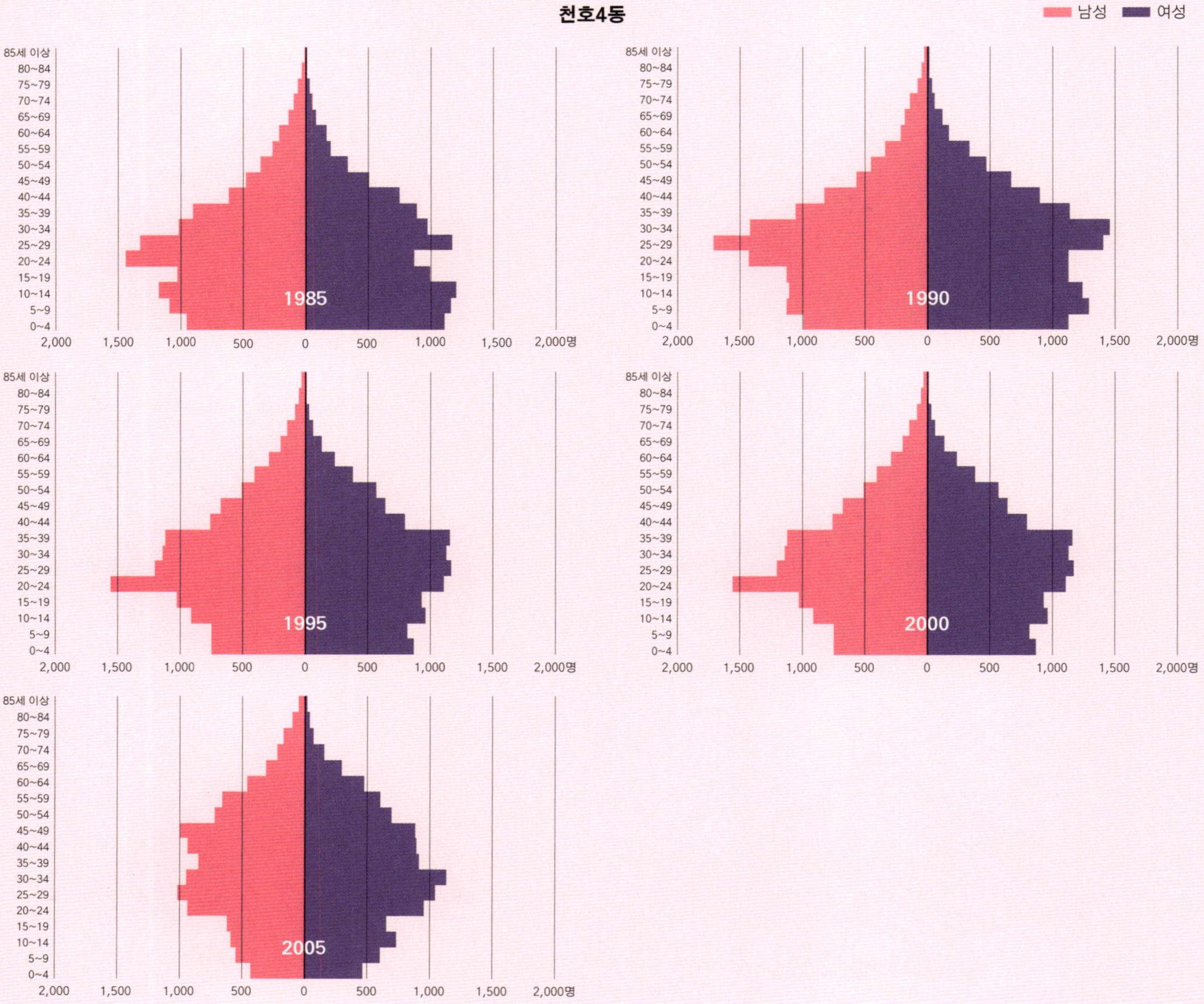

천호4동의 5년 단위 인구피라미드(1985~2005)
강동구 통계 이야기

지하철 5호선 천호역 내부

통계청, 인구총조사 1980~2020

가구수 순위이동성지수
1980~1985

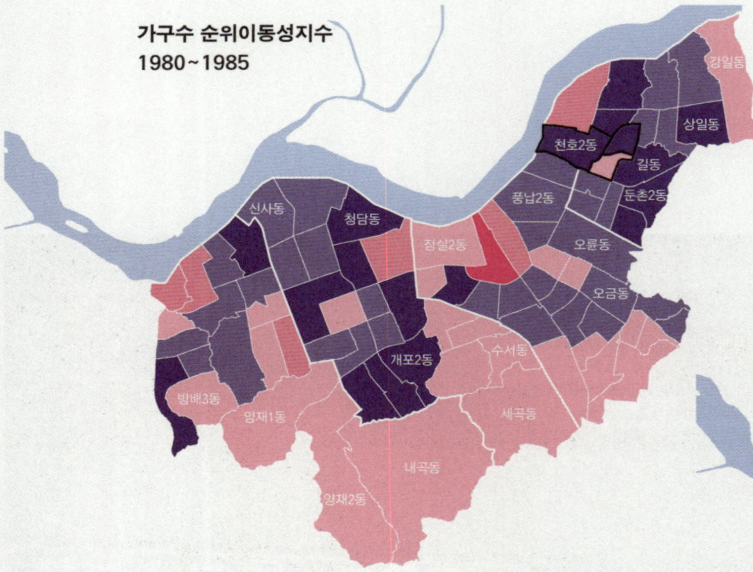

순위이동성지수
- ≦ −0.25
- ≦ −0.03
- < |0.03|
- ≧ 0.03
- ≧ 0.25

1985~1990

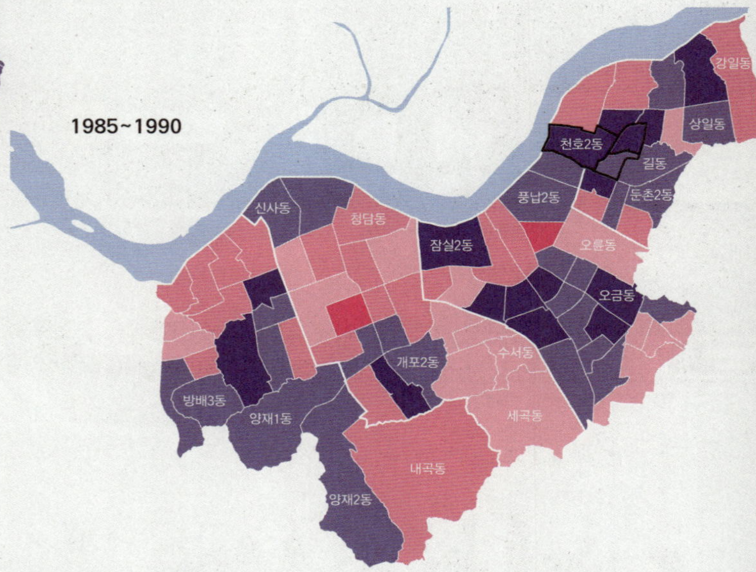

가구수 증감률
1980~1985

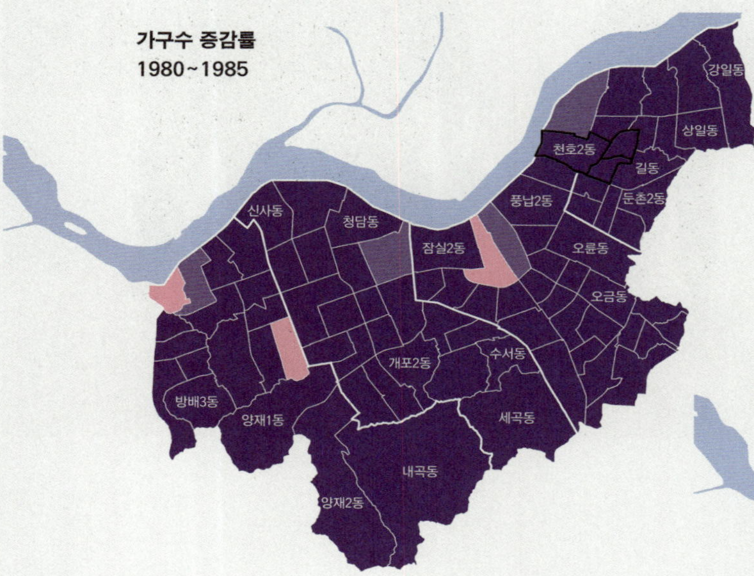

증감률
- ≦ −20%
- ≦ −5%
- ≦ 5%
- ≦ 20%
- > 20%

1985~1990

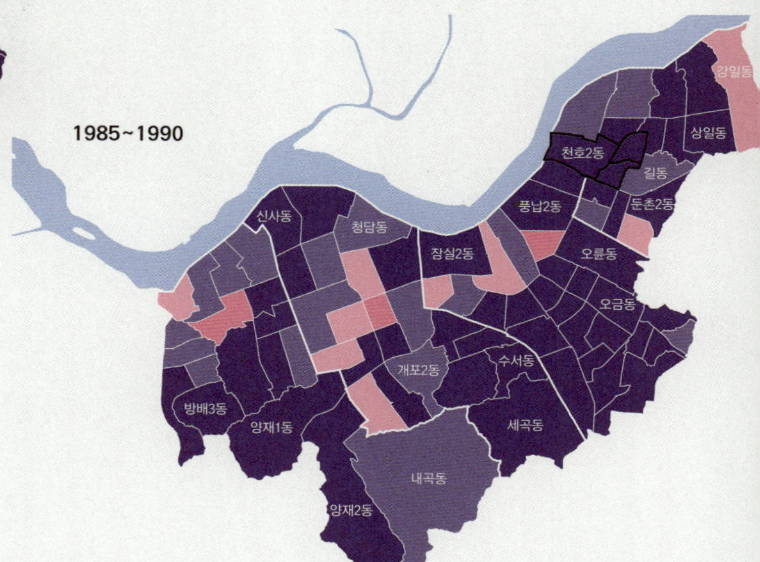

가구수 순위이동성지수
1990~1995

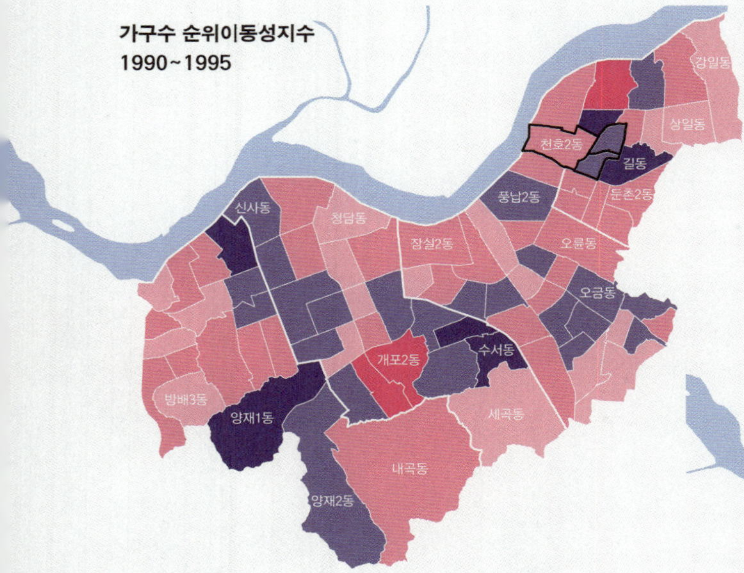

순위이동성지수

- ≦ -0.25
- ≦ -0.03
- < |0.03|
- ≧ 0.03
- ≧ 0.25

1995~2000

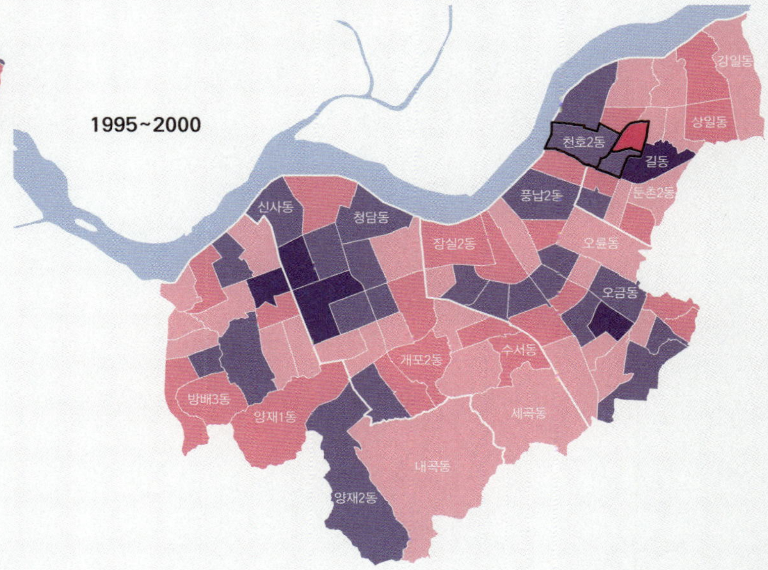

가구수 증감률
1990~1995

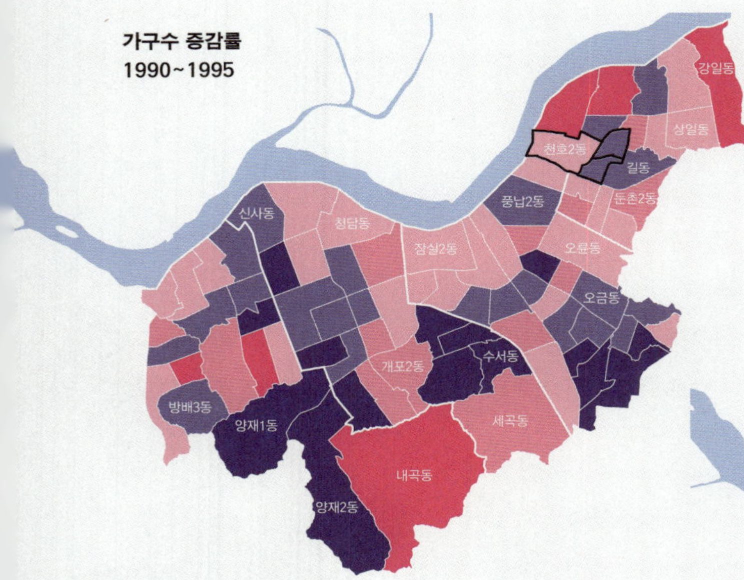

증감률

- ≦ -20%
- ≦ -5%
- ≦ 5%
- ≦ 20%
- > 20%

1995~2000

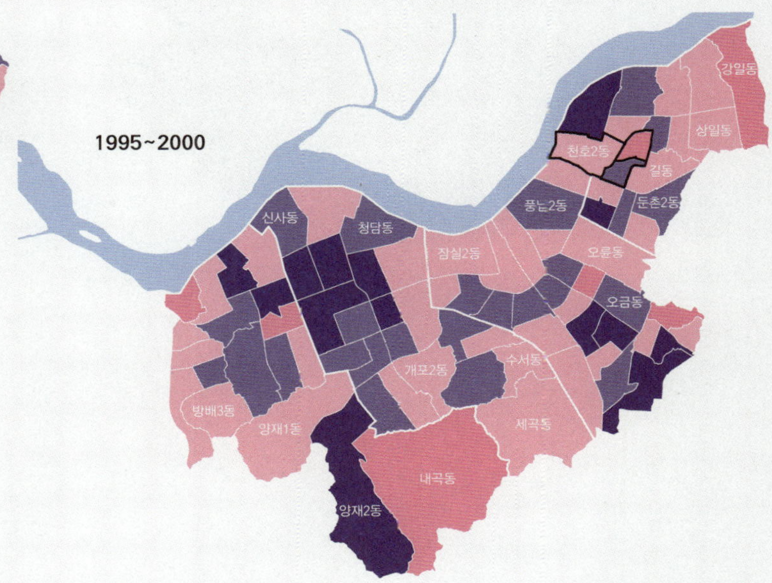

통계청, 인구총조사 1980~2020

인구수 순위이동성지수

1980~1985

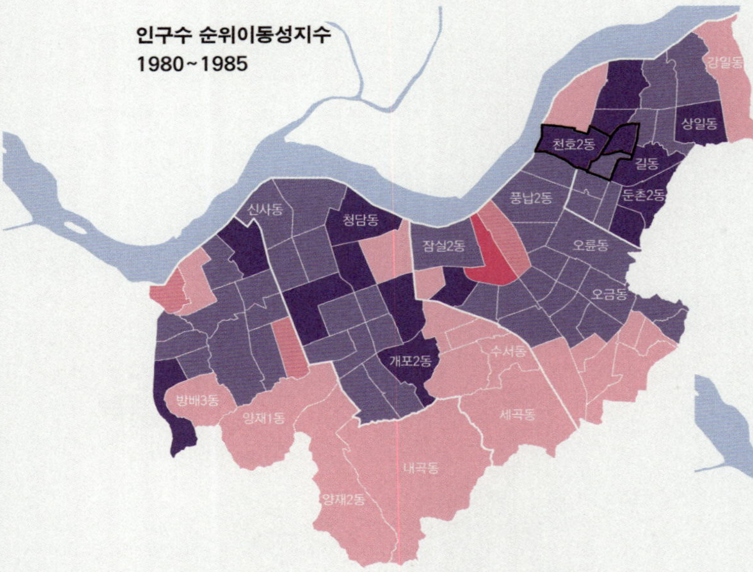

1985~1990

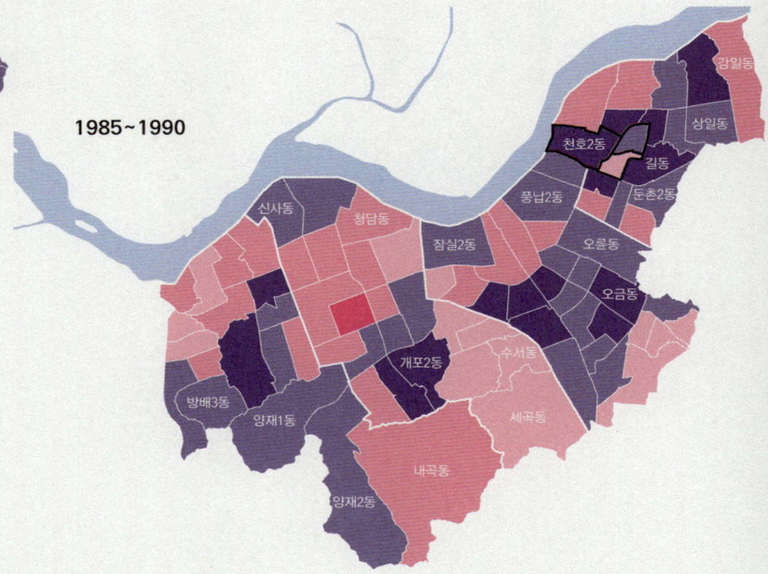

순위이동성지수
- ≦ −0.25
- ≦ −0.03
- < |0.03|
- ≧ 0.03
- ≧ 0.25

인구수 증감률

1980~1985

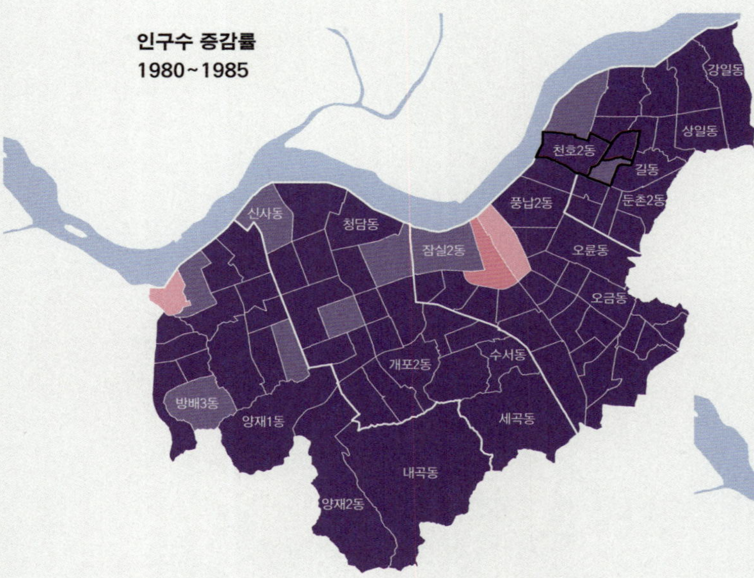

1985~1990

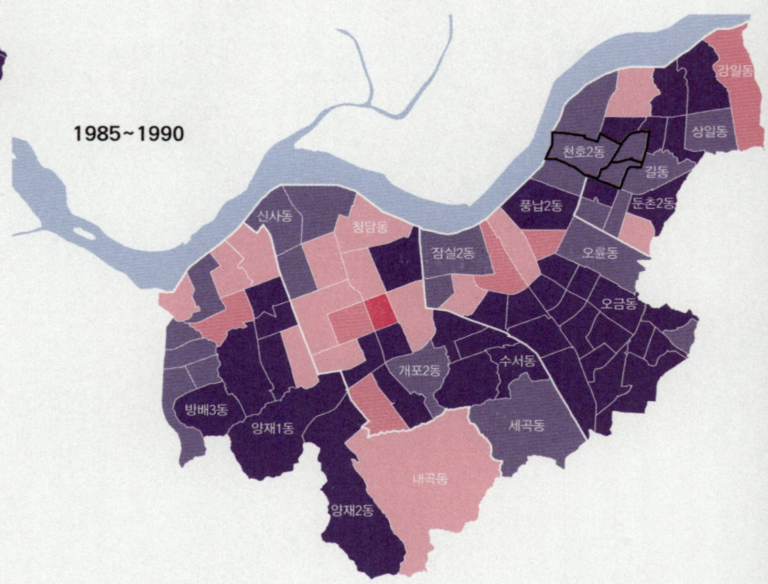

증감률
- ≦ −20%
- ≦ −5%
- ≦ 5%
- ≦ 20%
- > 20%

인구수 순위이동성지수
1990~1995

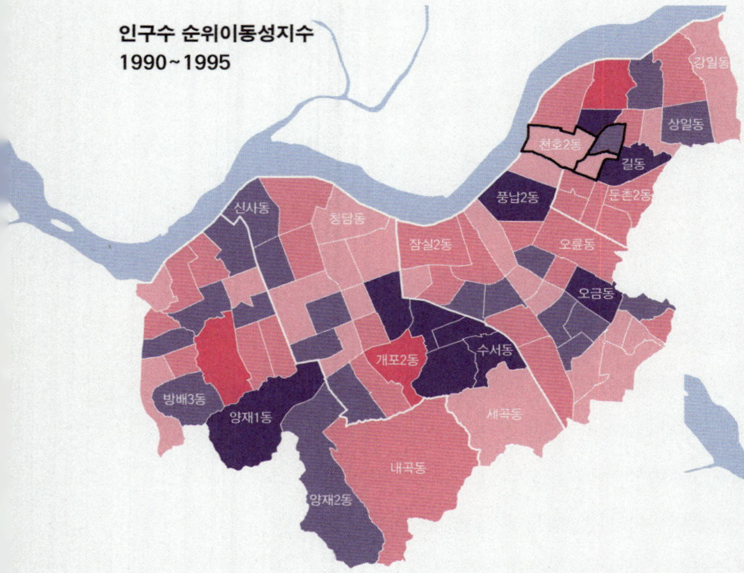

순위이동성지수
- ≦ −0.25
- ≦ −0.03
- < |0.03|
- ≧ 0.03
- ≧ 0.25

1995~2000

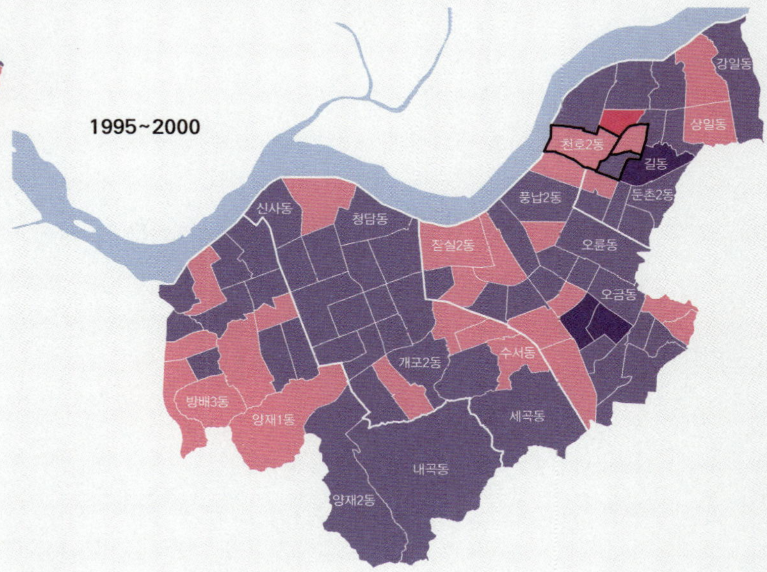

인구수 증감률
1990~1995

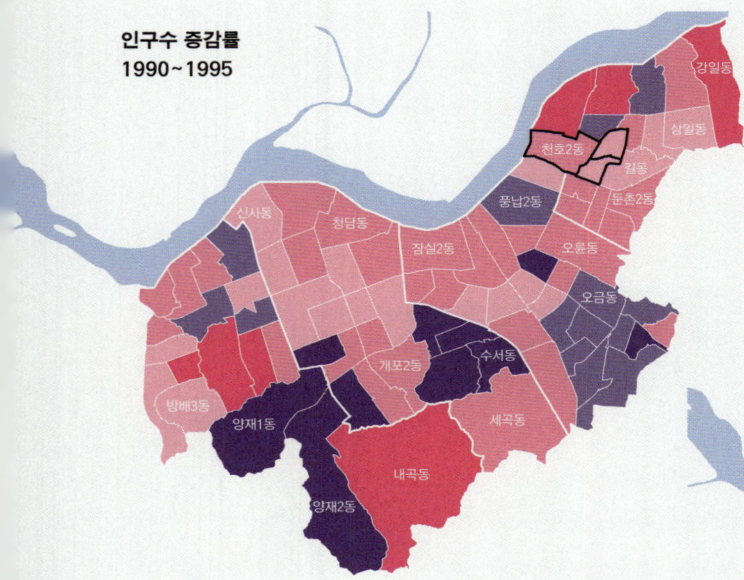

증감률
- ≦ −20%
- ≦ −5%
- ≦ 5%
- ≦ 20%
- > 20%

1995~2000

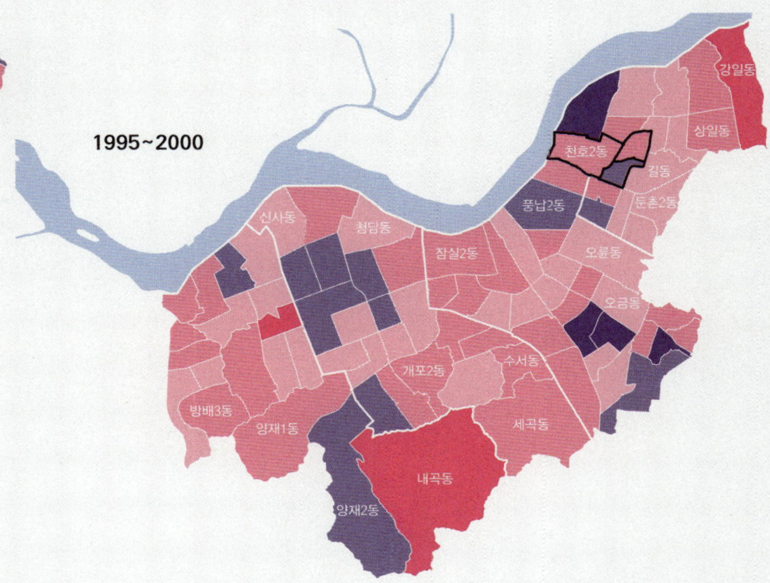

1980년대 천호동의 인구 및 가구 변화

[단위: 명, 가구]

행정동	인구수 (서울시 행정동 내 순위)			가구수 (서울시 행정동 내 순위)		
	1980년	1985년	1990년	1980년	1985년	1990년
천호1동	23,665 (126)	33,190 (64)	36,992 (53)	5,080 (134)	7,762 (75)	10,048 (45)
천호2동	29,953 (67)	41,901 (31)	47,557 (14)	6,668 (64)	10,275 (28)	13,231 (11)
천호3동	22,456 (149)	26,734 (129)	29,579 (122)	5,257 (118)	6,605 (124)	8,109 (109)

통계청, 인구총조사 1980~2020 참고

1980년대 천호동의 인구 증감률은 모든 행정동에서 증가한 것으로 나타났다. 천호2동에서 순위이동성지수가 0.37과 0.38로 나타나 서울시의 다른 행정동과 비교해 인구가 크게 증가하였다. 천호1동은 1980년대 후반의 순위이동성지수 값이 낮았으며 1980년대 초반에만 다른 행정동과 비교하여 인구가 크게 증가하였다. 1980년대 후반에는 다른 행정동과 비교하여 변화가 크지 않았다. 천호3동은 순위이동성지수 값이 0.07과 0.03으로 인구 증가가 다른 행정동과 비교하여 크지 않았다.

1980년대 인구수 순위이동성지수 및 인구수 증감률

행정동	순위이동성지수(RMI)		증감률	
	1980~1985년	1985~1990년	1980~1985년	1985~1990년
천호1동	0.33	0.09	40.2%	11.5%
천호2동	0.37	0.38	39.9%	13.5%
천호3동	0.07	0.03	19.1%	10.6%

1980년대 천호동의 가구 증감률은 모든 행정동에서 증가하였다. 천호2동에서는 인구와 마찬가지로 가구수 순위이동성지수가 0.39와 0.44로 가장 컸고 서울시의 다른 행정동과 비교하여도 인구가 크게 증가하였다. 천호1동은 순위이동성지수값이 0.28과 0.25로 높게 나타나 1980년대 초반에만 다른 행정동과 비교하여 인구가 크게 증가하였다. 반면 천호3동은 순위이동성지수 값이 -0.02와 0.06으로 가구 증가가 다른 행정동과 비교하여 크지 않았다.

1980년대 가구수 순위이동성지수 및 가구수 증감률

행정동	순위이동성지수(RMI)		증감률	
	1980~1985년	1985~1990년	1980~1985년	1985~1990년
천호1동	0.28	0.25	52.8%	29.5%
천호2동	0.39	0.44	54.1%	28.8%
천호3동	-0.02	0.06	25.6%	22.8%

1980년대 초반에는 서울시 동남권의 인구가 대체로 모두 증가하는 추세를 보였으며 천호동도 마찬가지로 인구가 증가하였다. 천호동은 그중에서도 인구와 인구 증감률 순위이동성지수가 모두 높아 서울시 내에서도 인구 증가가 큰 것으로 나타난다. 1980년대 후반에도 천호동의 인구는 증가하였다. 서울시 전체와 비교하였을 때 천호2동은 여전히 인구 증가가 컸지만, 천호1동과 천호3동의 인구 순위는 큰 차이를 보이지 않았다.

1980년대 서울시 동남권의 가구도 대체로 모두 증가하였으며, 천호동도 가구수가 증가하였다. 천호1동과 천호2동의 경우 서울시 다른 행정동과 비교해 가구수가 크게 증가하였고, 천호3동은 서울시 전체와 비교하여 가구수의 증가 폭이 크지 않았다.

1990년대 천호동은 인구수 증가가 정체되거나 오히려 감소하였으며, 천호3동을 제외하고 가구수 역시 비슷한 수준으로 유지되었다. 천호3동의 가구수는 8,109가구에서 1만 230가구로 다소 증가하였다.

1990년대 천호동 인구 및 가구 변화

[단위: 명, 가구]

행정동	인구수 (서울시 행정동 내 순위)			가구수 (서울시 행정동 내 순위)		
	1990년	1995년	2000년	1990년	1995년	2000년
천호1동	36,992 (53)	37,314 (39)	32,901 (59)	10,048 (45)	11,288 (32)	10,346 (60)
천호2동	47,557 (14)	42,934 (14)	39,746 (16)	13,231 (11)	12,648 (15)	13,235 (11)
천호3동	29,579 (122)	28,403 (118)	29,928 (89)	8,109 (109)	8,563 (102)	10,230 (65)

통계청, 인구총조사 1980~2020

1990년대 천호동의 인구 증감률은 모든 행정동에서 감소하였다. 천호1동과 천호2동의 경우 순위이동성지수 값이 1990년대 초반에 0.15와 0.00에서 1990년대 후반에 -0.20과 -0.07로 서울시의 다른 행정동과 비교해 볼 때 인구가 다소 감소하였다. 반면 천호3동의 경우 순위이동성지수 값이 1990년대 초반에 0.02에서 1990년대 후반에 0.14로 다른 행정동과 비교해 인구가 점차 증가하였다.

통계청, 인구총조사 1980~2020

가구수 순위이동성지수
2000~2005

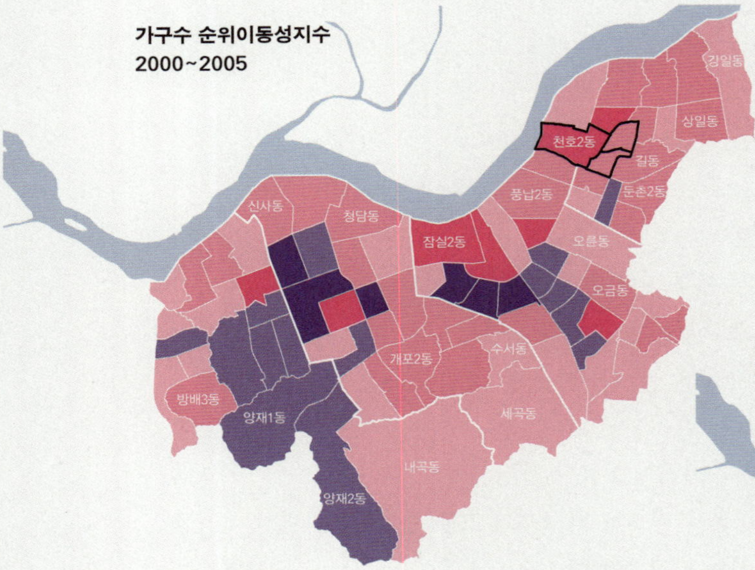

순위이동성지수
- ≦ −0.25
- ≦ −0.03
- < |0.03|
- ≧ 0.03
- ≧ 0.25

2005~2010

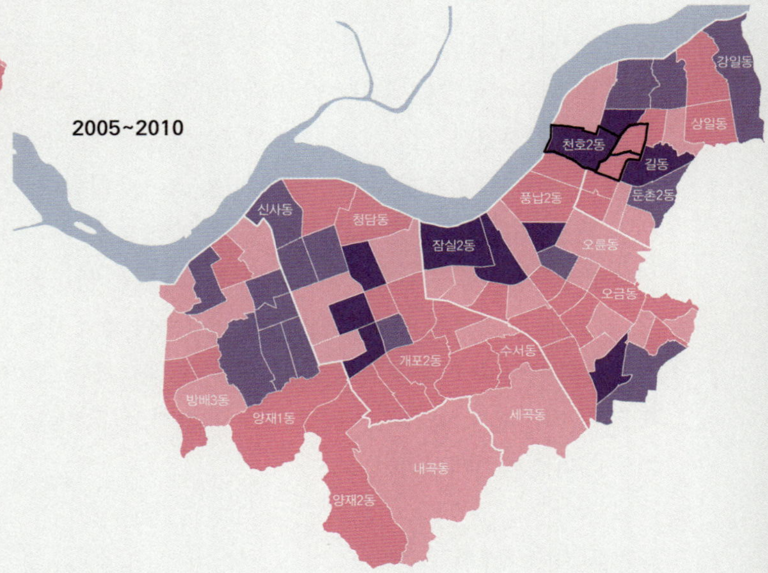

가구수 증감률
2000~2005

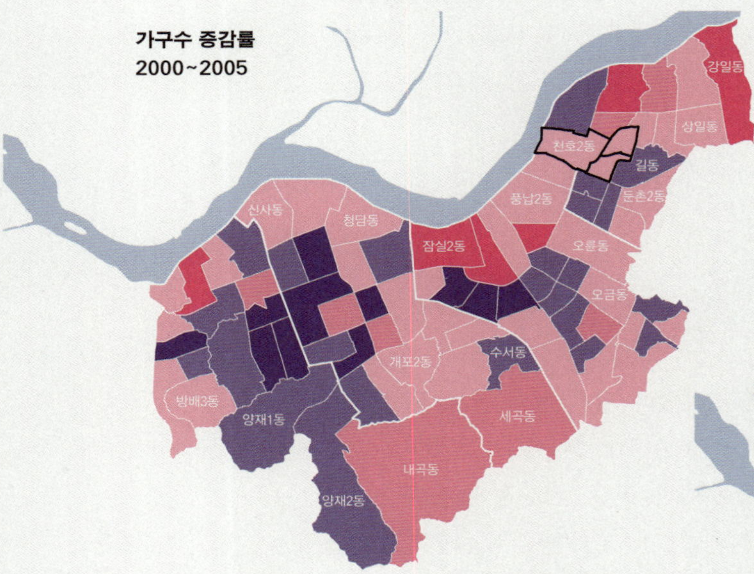

증감률
- ≦ −20%
- ≦ −5%
- ≦ 5%
- ≦ 20%
- > 20%

2005~2010

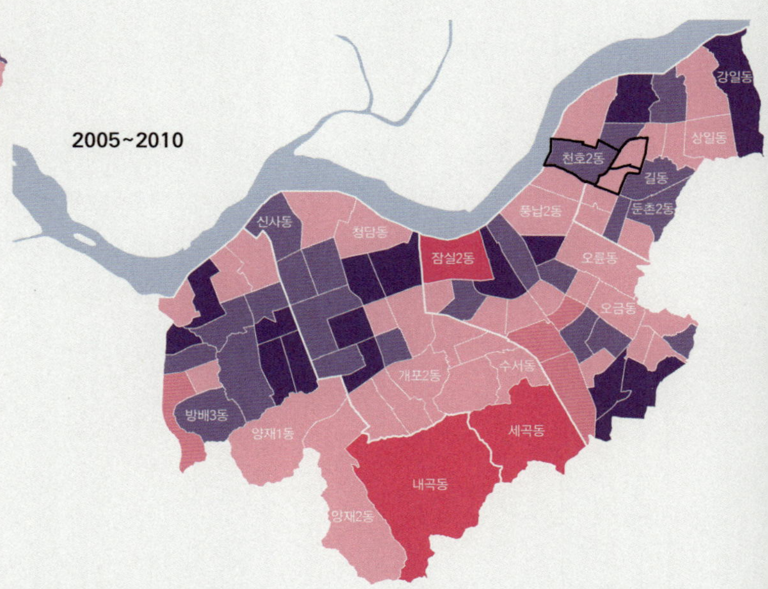

2010년대 가구수 순위이동성지수 및 가구수 증감률

통계청, 인구총조사 1980~2020

가구수 순위이동성지수

2010~2015

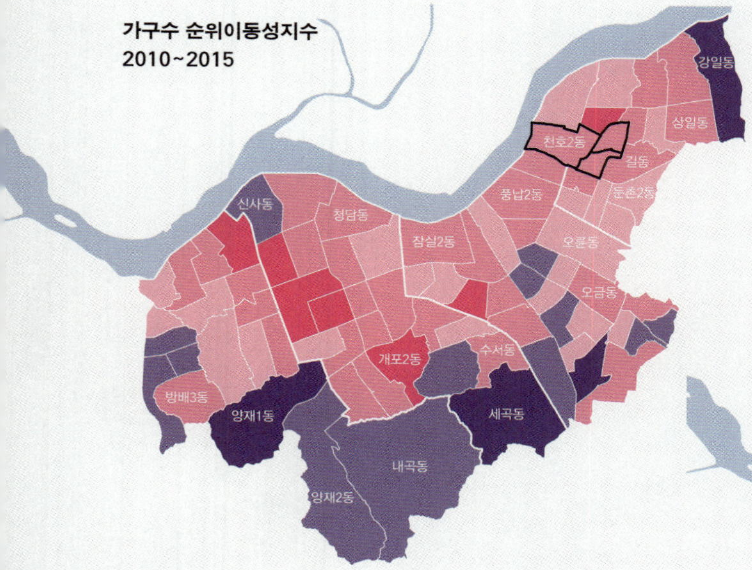

2015~2020

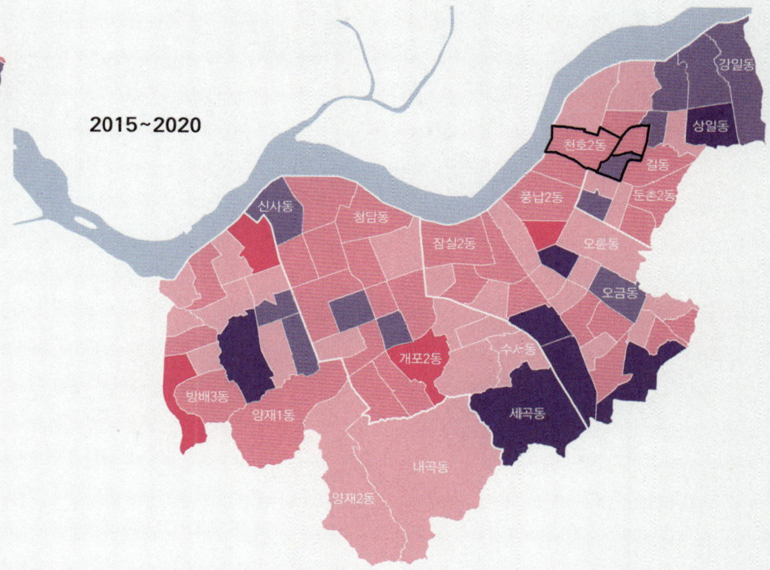

순위이동성지수
- ≦ −0.25
- ≦ −0.03
- < |0.03|
- ≧ 0.03
- ≧ 0.25

가구수 증감률

2010~2015

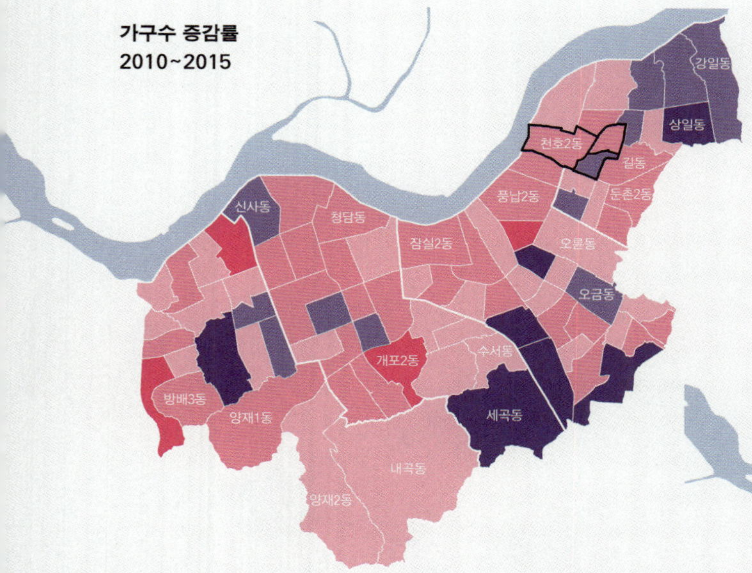

증감률
- ≦ −20%
- ≦ −5%
- ≦ 5%
- ≦ 20%
- > 20%

2015~2020

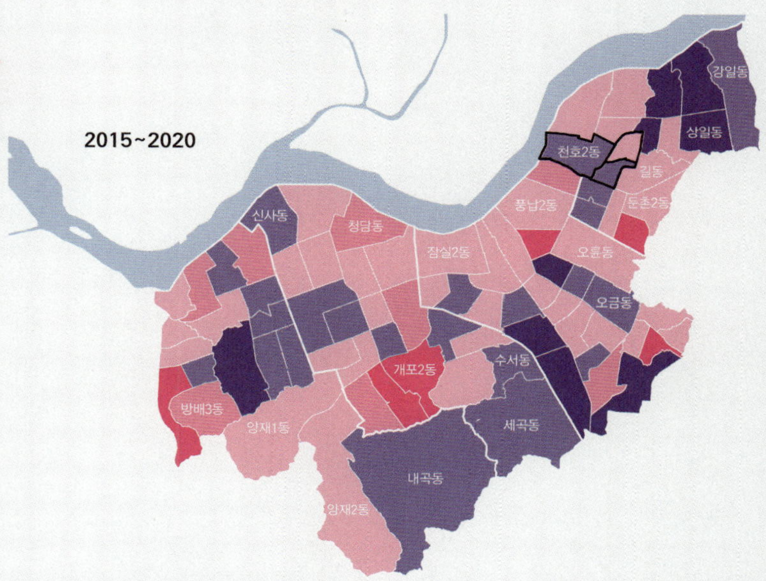

통계청, 인구총조사 1980~2020

인구수 순위이동성지수
2000~2005

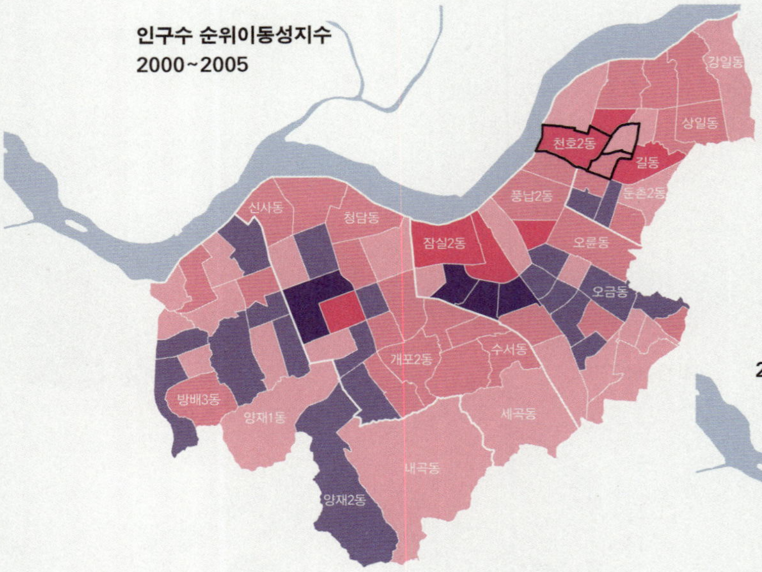

순위이동성지수
- ≦ −0.25
- ≦ −0.03
- < |0.03|
- ≧ 0.03
- ≧ 0.25

2005~2010

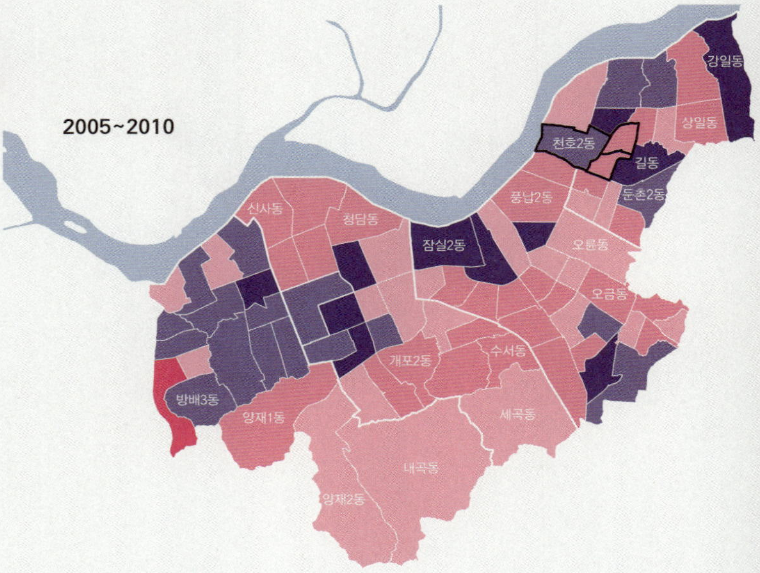

인구수 증감률
2000~2005

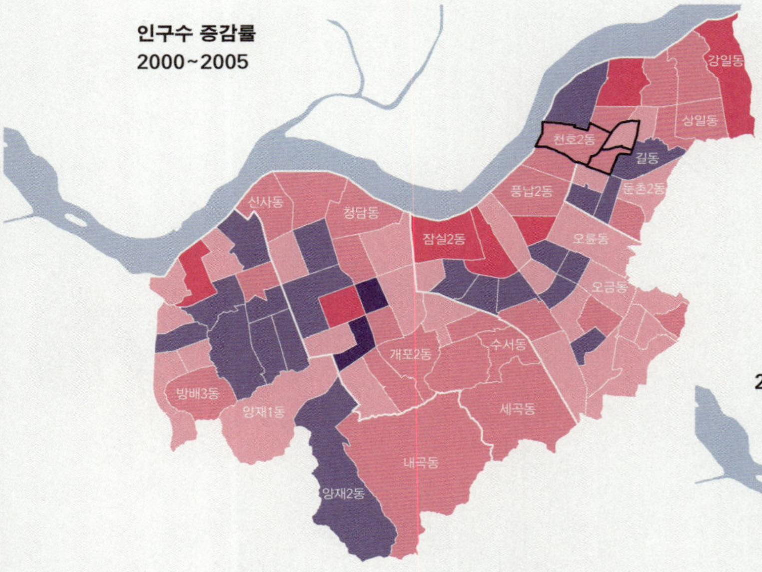

증감률
- ≦ −20%
- ≦ −5%
- ≦ 5%
- ≦ 20%
- > 20%

2005~2010

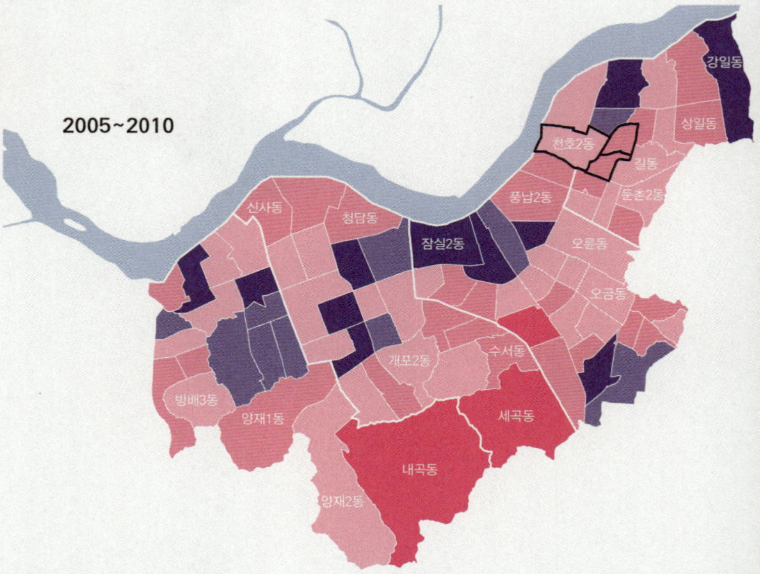

2010년대 인구수 순위이동성지수 및 증감률

통계청, 인구총조사 1980~2020

인구수 순위이동성지수
2010~2015

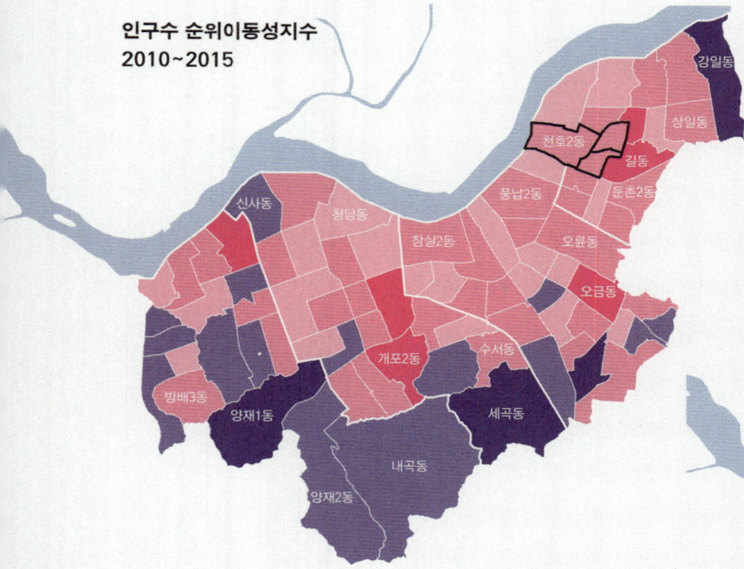

순위이동성지수
- ≦ −0.25
- ≦ −0.03
- < |0.03|
- ≧ 0.03
- ≧ 0.25

2015~2020

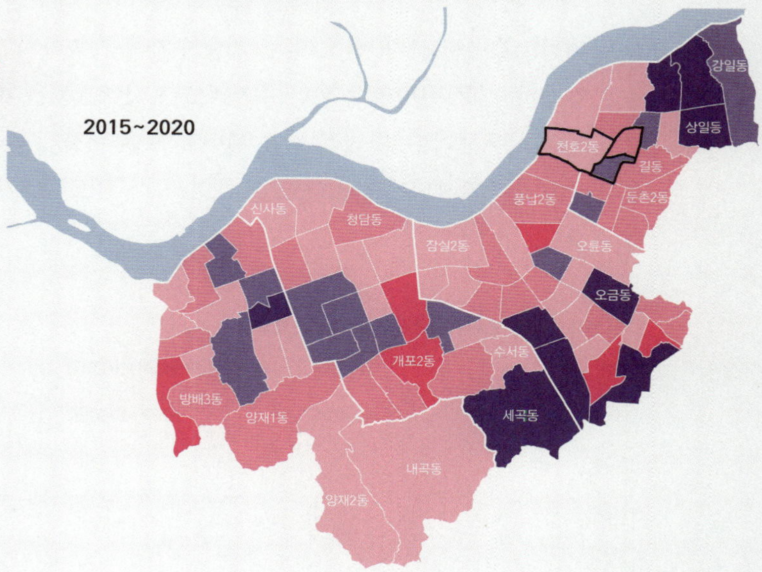

인구수 증감률
2010~2015

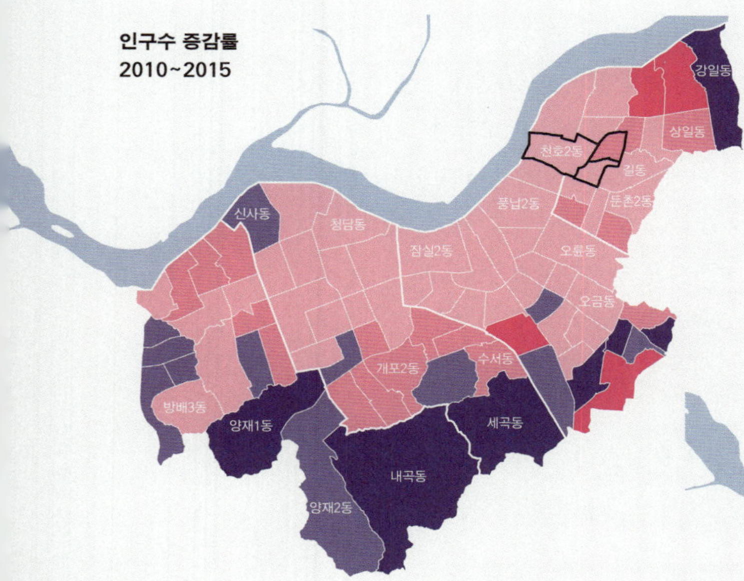

증감률
- ≦ −20%
- ≦ −5%
- ≦ 5%
- ≦ 20%
- > 20%

2015~2020

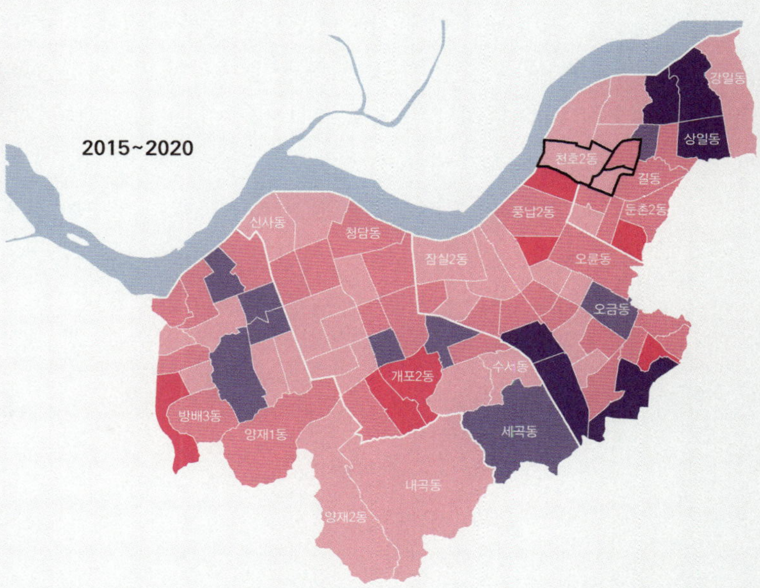

1990년대 인구수 순위이동성지수 및 인구수 증감률

행정동	순위이동성지수(RMI)		증감률	
	1990~1995년	1995~2000년	1990~1995년	1995~2000년
천호1동	0.15	-0.20	0.9%	-11.8%
천호2동	0.00	-0.07	-9.7%	-7.4%
천호3동	0.02	0.14	-4.0%	5.4%

1990년대 천호동의 가구수 변화를 좀 더 자세히 살펴보면 가구 증감률과 순위이동성지수가 같은 패턴으로 나타난다. 천호1동은 가구수가 증가하다가 1990년대 후반 감소하였고, 천호2동은 감소하다가 1990년대 후반 증가하였다. 천호3동은 1990년대 후반 19.5%로 증가 폭이 컸다. 순위이동성지수 값 역시 같은 패턴을 보여 서울시 타 행정동과 비교하면 천호1동의 경우 가구수가 증가하다가 감소하였고, 천호2동은 감소하다가 증가하였으며, 천호3동은 증가가 더 커졌다.

1990년대 가구수 순위이동성지수 및 가구수 증감률

행정동	순위이동성지수(RMI)		증감률	
	1990~1995년	1995~2000년	1990~1995년	1995~2000년
천호1동	0.17	-0.30	12.3%	-8.3%
천호2동	-0.15	0.15	-4.4%	4.6%
천호3동	0.03	0.22	5.6%	19.5%

1990년대 이후 서울시 동남권의 인구 변화는 개발 지역을 중심으로 국지적 인구가 증가하는 모습을 보인다. 천호동의 경우 인구수가 다소 감소하거나 정체하였다. 1990년대 후반에 천호3동은 5년간 인구 증감률이 5.4%로 가장 높았다. 서울시 전체 행정동과 비교하면 순위가 비슷하거나 다소 감소하는 추세가 나타났다. 1990년대 초반에는 천호1동에서, 1990년대 후반에는 천호3동에서 서울시 전체 행정동과 비교하여 인구가 다소 증가하였다.

1990년대 이후 가구수 변화도 일부 지역에서 국지적으로 증가하였다. 천호1동과 2동은 가구수가 비슷한 수준으로 등락을 반복한 반면 천호3동은 가구수가 꾸준히 늘어났다. 천호3동의 1990년대 후반 가구 증감률은 19.5%에 달하며, 서울시 전체 행정동과 비교하면 가구수 순위가 계속 증가한 것이다.

2000년대 천호동은 모든 행정동에서 인구가 감소하였으나, 가구수는 다소 증가하였다. 천호2동의 경우 인구는 3만 9,746명에서 3만 6,108명으로 감소하였고, 가구수는 1만 3,235가구에서 1만 4,457가구로 증가하였다.

2000년대 천호동의 인구 및 가구 변화

[단위: 명, 가구]

행정동	인구수 (서울시 행정동 내 순위)			가구수 (서울시 행정동 내 순위)		
	1990년	1995년	2000년	1990년	1995년	2000년
천호1동	32,901 (59)	32,445 (60)	30,000 (81)	10,346 (60)	10,662 (66)	10,920 (80)
천호2동	39,746 (16)	35,820 (31)	36,108 (23)	13,235 (11)	12,902 (27)	14,457 (15)
천호3동	29,928 (89)	27,795 (121)	25,536 (146)	10,230 (65)	10,595 (71)	10,829 (85)

통계청, 인구총조사 1980~2020

2000년대 천호동의 인구 증감률은 모든 행정동에서 감소하였으나 천호2동의 경우 2000년대 후반에 예외적으로 0.8%가 증가하였다. 순위이동성지수 값 역시 같은 패턴으로 나타난다. 서울시 행정동과 비교해 보면 천호1동의 경우 인구가 비슷한 수준이다가 2000년대 후반에 다소 감소하였다. 천호2동의 경우 2000년대 초반 순위이동성지수 값이 -0.32로 크게 감소하였다가 2010년 후반에 0.15로 다소 증가하였다.

2000년대 인구수 순위이동성지수 및 인구수 증감률

행정동	순위이동성지수(RMI)		증감률	
	2000~2005년	2005~2010년	2000~2005년	2005~2010년
천호1동	-0.01	-0.15	-1.4%	-7.5%
천호2동	-0.32	0.15	-9.9%	0.8%
천호3동	-0.15	-0.09	-7.1%	-8.1%

2000년대 천호동의 가구수 변화를 좀 더 자세히 살펴보면 2000년대 후반 인구 증감률이 천호2동을 제외하고는 5% 이내로 나타난다. 예외적으로 2000년대 후반 천호2동에서 12.1%로 증가하였다. 2000년대 후반에 천호2동을 제외하고 모든 행정동에서 순위이동성지수 값이 마이너스로 나타났다. 서울시 행정동과 비교하면 가구수가 다소 감소하였으며, 천호2동의 경우 2010년 후반 순위이동성지수 값이 0.29로 다소 증가하였다.

2000년대 가구수 순위이동성지수 및 가구수 증감률

행정동	순위이동성지수(RMI)		증감률	
	2000~2005년	2005~2010년	2000~2005년	2005~2010년
천호1동	-0.05	-0.10	3.1%	2.4%
천호2동	-0.42	0.29	-2.5%	12.1%
천호3동	-0.04	-0.09	3.6%	2.2%

2000년대 천호동의 인구수는 모든 동에서 다소 감소하는 추세를 보인다. 서울시 전체 행정동과 비교하였을 때는 천호2동이 2000년대 후반에 인구 순위가 다소 증가하는데, 이는 2000년대 후반에 천호2동에 공급된 중소 규모의 아파트 단지들과 관련이 있을 것으로 추정된다.

인구수가 줄어든 반면 가구수는 다소 증가하는데, 가구원의 수가 적은 소형 가구가 늘어난 것으로 보인다. 서울시 전체와 비교하였을 때 순위는 대체로 모든 동에서 감소하였고, 인구수와 마찬가지로 2000년대 후반에 천호2동에 공급된 중소 규모의 아파트 단지로 인하여 가구수 순위가 다소 상승한 것으로 분석된다.

2010년대 천호1동과 천호2동의 경우 인구수는 감소하였으나 가구수는 다소 증가하였다. 천호3동은 인구수가 2만 5,536명에서 2만 6,140명으로 다소 증가하였고, 가구수는 1만 829가구에서 1만 2,681가구로 증가하였다.

2010년대 천호동의 인구 및 가구 변화

[단위: 명, 가구]

행정동	인구수 (서울시 행정동 내 순위)			가구수 (서울시 행정동 내 순위)		
	1990년	1995년	2000년	1990년	1995년	2000년
천호1동	30,000 (81)	28,457 (109)	26,550 (125)	10,920 (80)	11,346 (108)	11,536 (117)
천호2동	36,108 (23)	35,577 (36)	34,927 (37)	14,457 (15)	15,414 (20)	16,210 (27)
천호3동	25,536 (146)	24,912 (166)	26,140 (137)	10,829 (85)	11,005 (123)	12,681 (85)

통계청, 인구총조사 1980~2020

2010년대 천호동의 인구수 변화를 좀 더 자세히 살펴보면 인구 증감률은 2010년대 후반에 천호2동에서 예외적으로 4.9%가 증가하였으며 그 외의 행정동에서는 감소하였다. 천호1동과 천호2동의 경우 순위이동성지수 값이 -0.15와 -0.22에서 -0.07과 -0.01로 서울시 전체 행정동과 비교하면 2010년대 초반 다소 감소하였다가 2010년대 후반에는 비슷한 수준으로 변화하였다. 반면 천호3동의 경우는 2010년대 후반에 순위이동성지수 값이 0.10로 나타나 서울시 전체 행정동과 비교할 때 인구가 다소 증가하였음을 알 수 있다.

2010년대 인구수 순위이동성지수 및 인구수 증감률

행정동	순위이동성지수(RMI)		증감률	
	2010~2015년	2015~2020년	2010~2015년	2015~2020년
천호1동	-0.15	-0.07	-5.1%	-6.7%
천호2동	-0.22	-0.01	-1.5%	-1.8%
천호3동	-0.06	0.10	-2.4%	4.9%

2010년대 천호동의 가구수 변화를 좀 더 자세히 살펴보면 가구 증감률은 모든 행정동에서 증가하였다. 천호1동의 경우 순위이동성지수 값이 -0.15에서 2010년대 후반에 -0.04로 서울시 전체 행정동과 비교하면 감소 폭이 작아졌지만, 천호2동의 경우 순위이동성지수 값이 -0.15로 유지되어 서울시 전체 행정동에 비해 꾸준히 감소하였다. 천호3동의 경우는 순위이동성지수 값이 -0.18에서 2010년대 후반에 0.18로 나타났으며, 서울시 전체 행정동과 비교해 2010년대 후반에 인구가 다소 증가하였다.

2010년대 가구수 RMI 및 가구수 증감률

행정동	순위이동성지수(RMI)		증감률	
	2010~2015년	2015~2020년	2010~2015년	2015~2020년
천호1동	-0.15	-0.04	3.9%	1.7%
천호2동	-0.14	-0.15	6.6%	5.2%
천호3동	-0.18	0.18	1.6%	15.2%

2010년대에도 2000년대와 비슷한 인구와 가구수 변화가 이어진다. 인구는 다소 감소하고 가구수는 증가하였으나, 서울시 다른 행정동과 비교해 보면 모든 동에서 순위가 감소하였다. 예외적으로 2010년대 후반에 천호3동에서 인구수와 가구수 순위가 증가하였는데, 이는 2017년에 입주한 999세대 규모의 '천호동 래미안강동팰리스'의 영향으로 추정된다.

천호동의 인구 유입

강동통계연보에 나타난 전입지별 인구이동을 보면 강동구로 유입된 총인구수는 2015년에 7만 3,720명에서 2020년에 10만 1,437명으로 2만 7,717명이 증가하였다. 2020년을 기준으로 하여 지역별로 살펴보면 서울시 내 7만 3,514명, 부산 668명, 대구 568명, 경기 1만 9,048명, 강원 989명, 충북 632명, 충남 783명으로 서울시 내를 제외하면 경기도에서 전입한 인구가 가장 많았다. 2020년에 강동구에서 전출한 인구는 총 7만 8,271명으로 서울시 내 5만 1,627명, 부산 441명, 대구 295명, 경기 1만 9,484명, 강원 1,052명, 충북 606명, 충남 711명으로 역시 서울시 내를 제외하면 경기도로 전출한 인구가 가장 많았다.

강동구의 경우 구내에서 전입과 전출을 하는 인구가 가장 많았고, 강동구와 인접한 경기도 지역이 두 번째로 많다. 2015년부터 2018년까지는 강동구로 전입한 인구보다 전출한 인구가 많았으나, 2019년과 2020년에는 전출인구보다 전입인구가 더 많았다. 이는 고덕동과 상일동을 중심으로 한 아파트 재건축을 통하여 대규모 입주가 이루어졌기 때문인 것으로 보인다.

연도별 주민등록 전출·입 인구

[단위: 명]

연도	전입	전출
2015	73,720	94,194
2016	67,962	84,535
2017	81,615	90,819
2018	59,334	68,933
2019	75,101	67,292
2020	101,437	78,271

2020 강동 통계연보

천호동의 생활인구 양상

'서울 생활인구'란 서울시와 케이티(KT)가 공공빅데이터와 통신데이터를 이용하여 추계한 서울의 특정 지역과 특정 시점에 존재하는 모든 인구[1]를 가리키는 말로, 집계구·행정동·자치구 단위로 데이터를 파악한다. 이번 조사에서는 서울 생활인구 데이터를 분석해 천호동 사람들의 동별 이용 정도와 시간대별 이용 패턴을 파악하였다.

천호동의 이용행태를 분석하기 위하여 천호동의 생활인구를 코로나19 이전인 2019년과 코로나19 이후인 2020년으로 구분하고 각 동과 시간대별로 비교하였다. 천호1동의 생활인구는 자정에 가장 많고 낮 12시와 오후 6시에 적은 양상을 띠는데, 이는 주거지역의 특성을 나타낸다. 천호2동에서는 오후 6시에 생활인구가 가장 높게 나타났으며, 0시부터 12시까지의 생활인구는 비슷한 수준으로 유지되는 등 거주와 업무가 혼합된 지역의 패턴이 나타났다. 천호3동은 자정에 생활인구가 가장 많고 정오에 생활인구가 가장 적게 나타났으며, 오전 6시와 오후 6시의 인구가 비슷한 수준으로 나타나 거주와 여가가 혼합된 지역의 패턴을 보여주었다.[2] 또한 코로나19 이전인 2019년의 평균과 비교하여 2020년의 평균이 천호1동과 3동에서 다소 감소한 반면 천호2동에서는 다소 증가하였다.

지역구 단위의 시간대별 생활인구수를 확인한 결과 2019년의 경우 천호역 인근과 천호대로를 따라 생활인구가 높게 나타났으며, 0시와 6시보다 낮 12시와 오후 6시가 높게 나타났다. 또한 낮 12시와 오후 6시에 암사역 인근과 천호초등학교사거리 천호초등학교 방향으로 생활인구가 높게 나타났다.

2020년의 경우 2019년과 비슷하게 천호역 인근과 천호대로를 따라 생활인구가 높게 나타났으며, 0시와 오전 6시보다 낮 12시와 오후 6시에 높게 나타났다. 또한 낮 12시와 오후 6시에 암사역 인근의 생활인구가 높게 나타났다. 2019년과 다르게 0시와 오전 6시에 천호초등학교 남단에서 생활인구가 높게 나타났으며, 낮 12시와 오후 6시에도 인근의 생활인구가 높게 나타났다.

2019년과 2020년을 비교하기 위하여 지역구별 생활인구 평균의 증감을 비교한 결과 천호동 중심의 주거지와 강동역 일대 아파트 밀집 지역에서 생활인구가 주로 증가하였다. 또한 낮 시간대의 한강변 아파트와 천호1동 북쪽 주거지에서 생활인구가 크게 증가하는 패턴을 보였다.

1 서울열린데이터광장 서울 생활인구(data.seoul.go.kr).

2 정재훈·남진, 「위치기반 빅데이터를 활용한 서울시 활동인구 유형 및 유형별 지역 특성 분석」, 『국토계획』 54(3), 2019, 75~90쪽.

코로나19 전후로 천호1동의 생활인구가 가장 크게 감소하였고, 천호2동의 생활인구는 다소 감소하였다. 하지만 천호3동은 한강변에 주택이 증가하여 생활인구도 다소 증가하였다. 로데오거리 인근의 생활인구는 감소하였으나, 코로나19 이후에도 여전히 다른 지역구에 비하면 생활인구가 높은 수준이었다.

천호동 생활인구의 연령대별·시간대별 변화를 살펴보기 위하여 2021년 생활인구 데이터를 활용하여 로데오거리 인근과 천호1동 주택가의 생활인구를 비교해 보았다. 그 결과 평일 로데오거리는 30대-20대-40대-50대 순으로 생활인구가 많은 것으로 나타났다. 토요일에는 30대 이상 생활인구가 평일보다 감소한 반면 20대 이하 생활인구는 평일보다 높게 나타났다. 주중에는 낮 시간대에 생활인구가 증가하다가 40대 이상에서 서서히 감소하였다. 20대와 30대는 저녁 시간에 가장 크게 증가하였다가 다시 감소하였고, 미성년자의 경우 오전에 완만하게 증가하였다가 오후에 다소 증가하고 다시 감소하였다. 주말에는 모든 연령대에서 오전 시간대에 완만한 증가를 보이다가 20대는 저녁 시간대에 가파르게 증가하였다. 이보다 먼저 오후 시간대에 미성년자 생활인구가 가파르게 증가하고, 30대 인구도 다소 증가하였으나 평일에 미치지는 못하였다. 로데오거리 인근의 생활인구 패턴은 업무지역과 상업지역의 패턴이 동시에 나타났다. 40대 이상 생활인구의 패턴을 보면 평일에 규칙적인 움직임을 보인 것으로 나타나 업무지구로서 고정적으로 출퇴근하는 인구가 많은 것을 알 수 있다. 20대 이하 생활인구 패턴을 살펴보면 지역 상권으로 방과 후 또는 저녁 시간대에 생활인구가 급증하는 것을 알 수 있다.

천호1동 주택가 인근에는 미성년-40대-50대-30대 순으로 생활인구가 많은 것으로 나타났다. 30대 이상 생활인구는 주중보다 주말에 더 높게 나타난 반면 미성년 생활인구는 주말에 더 적게 나타났다.

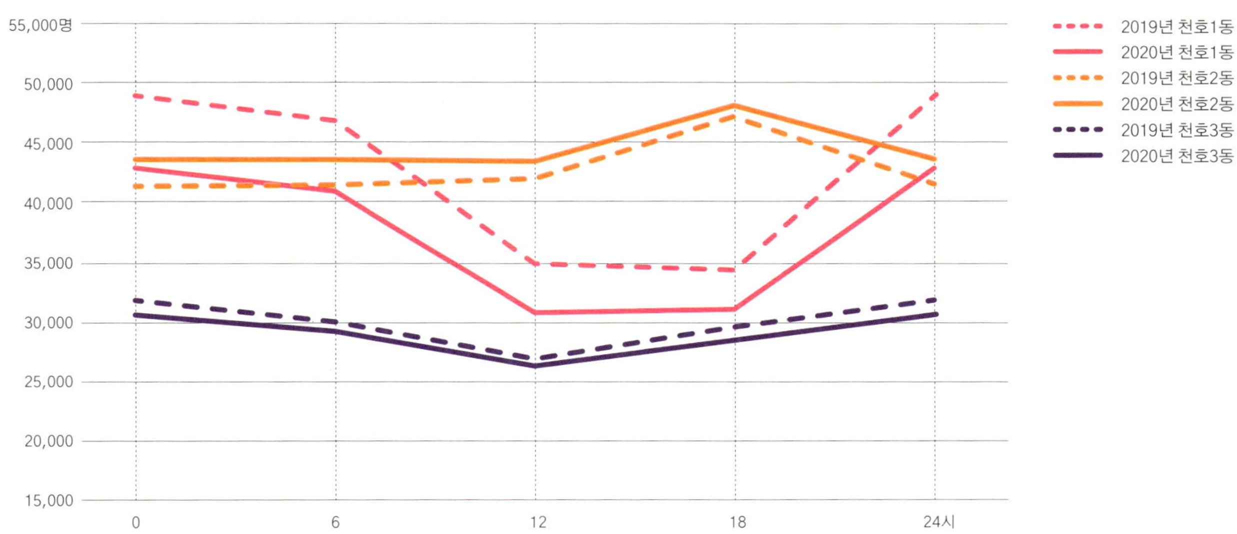

천호동 각 행정동 시간대별 연간 평균 생활인구 변화(2019~2020)
서울특별시 서울 열린데이터 광장, 서울생활인구 2020

2019년 지역구별 평균 생활인구수

서울특별시 서울 열린데이터 광장, 서울생활인구 2020

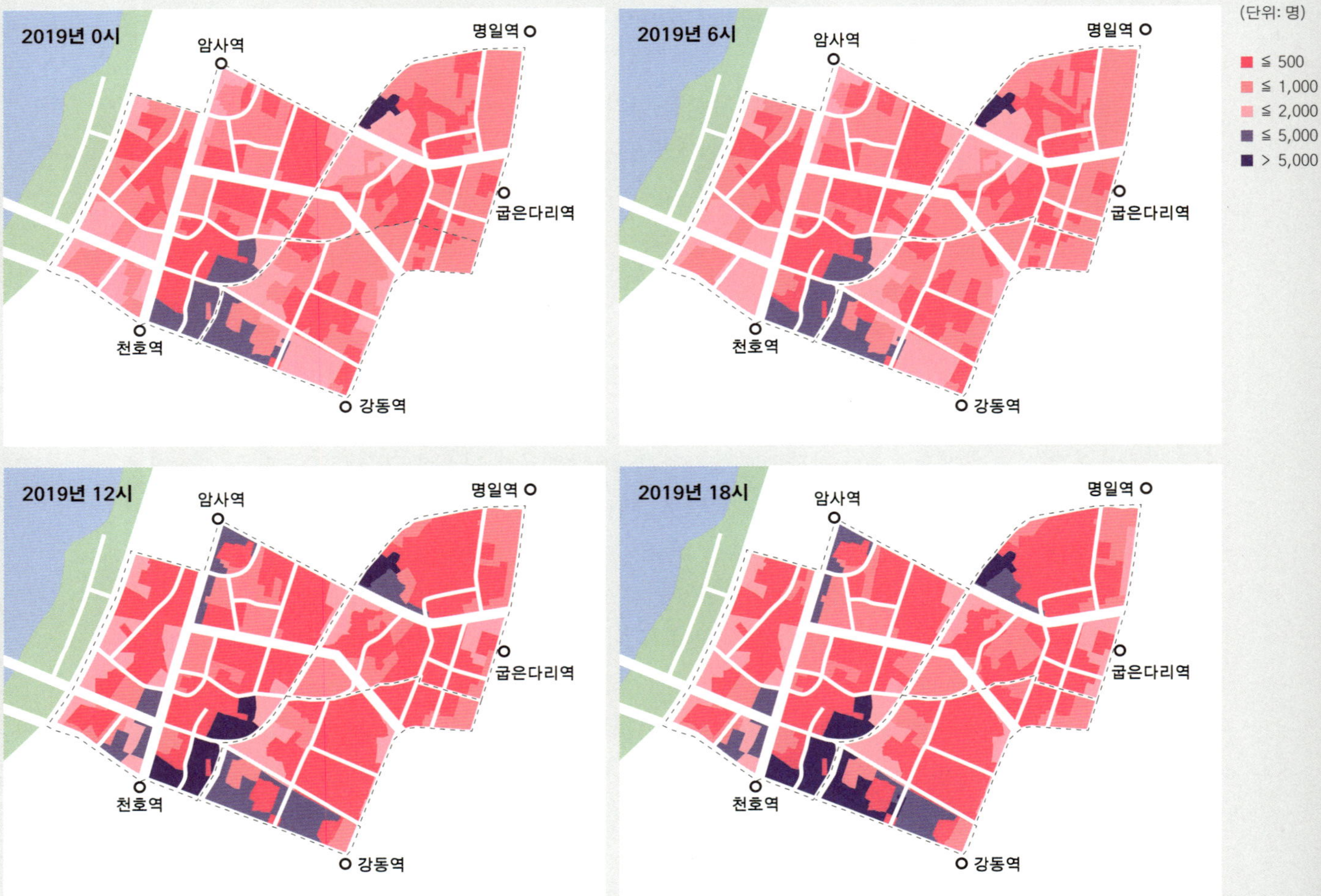

2020년 지역구별 평균 생활인구수 증감

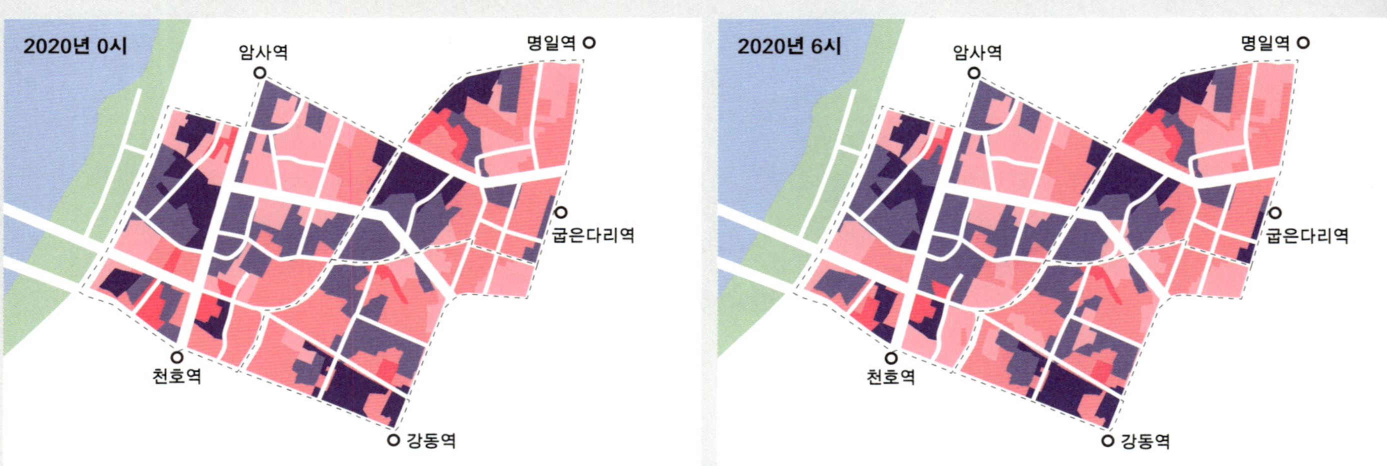

2020년 지역구별 평균 생활인구수

서울특별시 서울 열린데이터 광장, 서울생활인구 2020

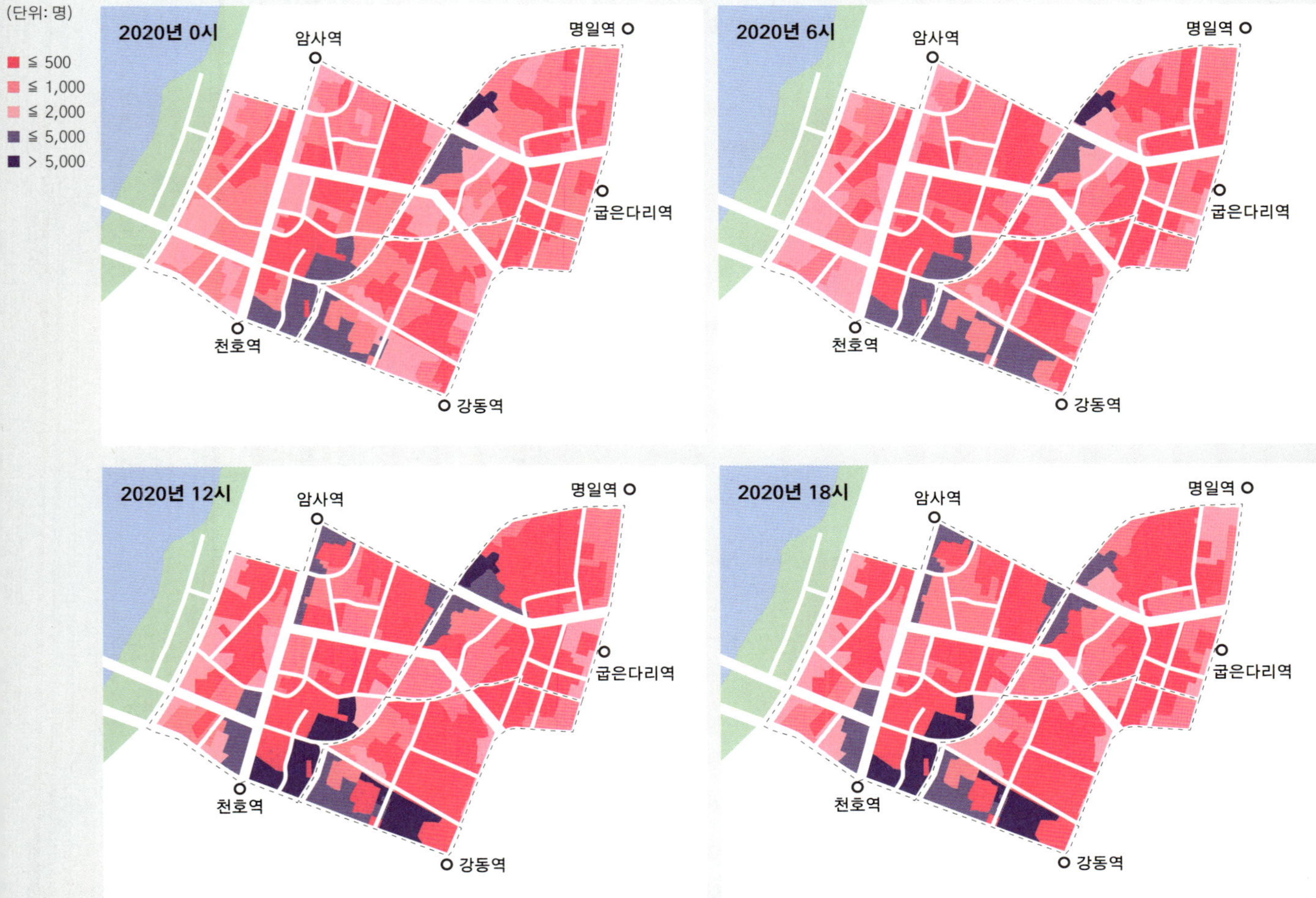

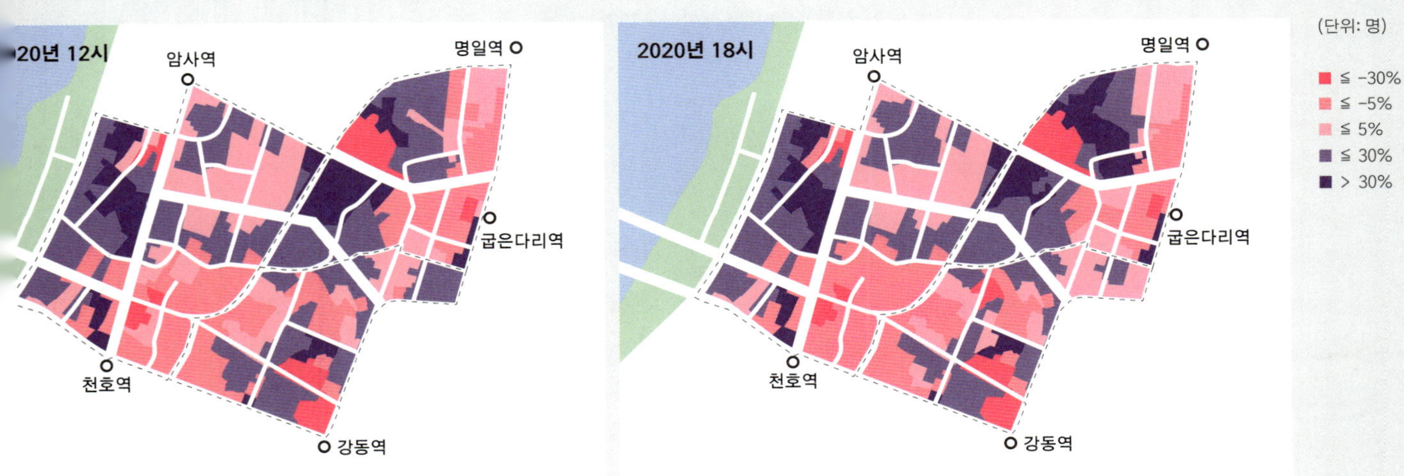

서울특별시 서울 열린데이터 광장, 서울생활인구 2020

미성년 20대 30대 40대 50대 60대 70대 이상

70대 이상 60대 50대 40대 30대 20대 미성년

요일별 연령대별 생활인구 변화

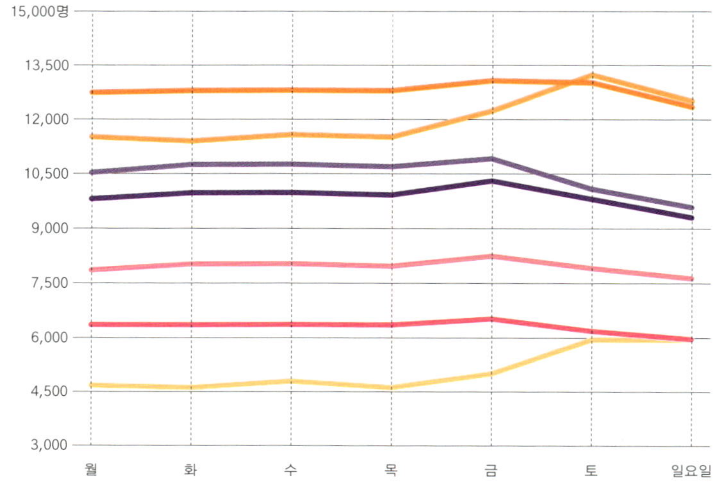

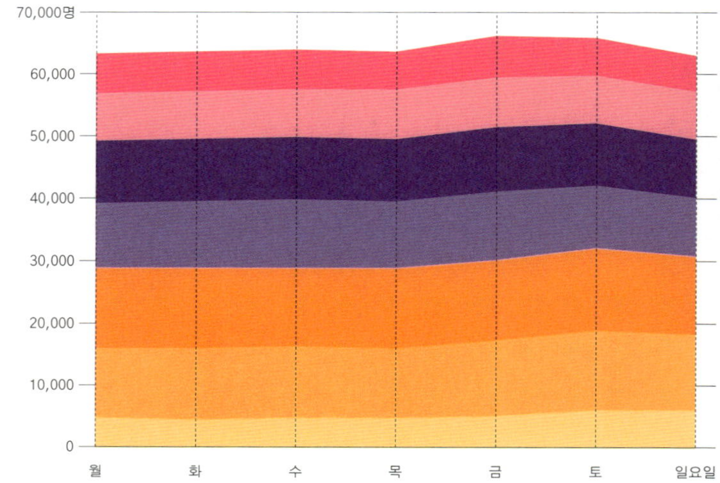

주중 시간대별 연령대별 생활인구 변화

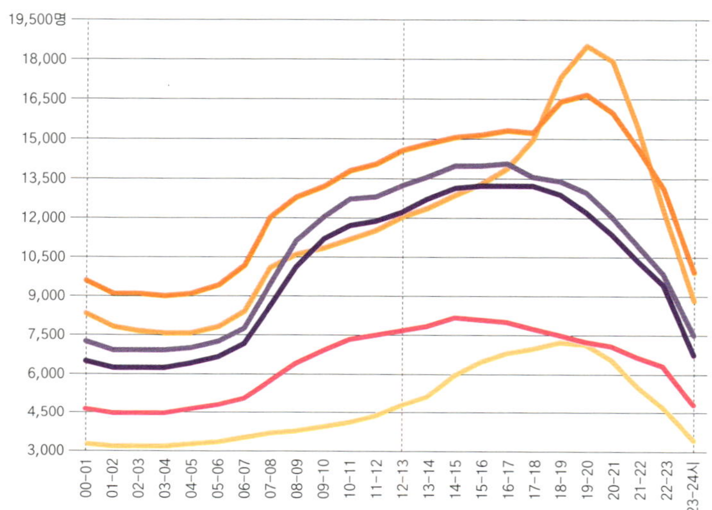

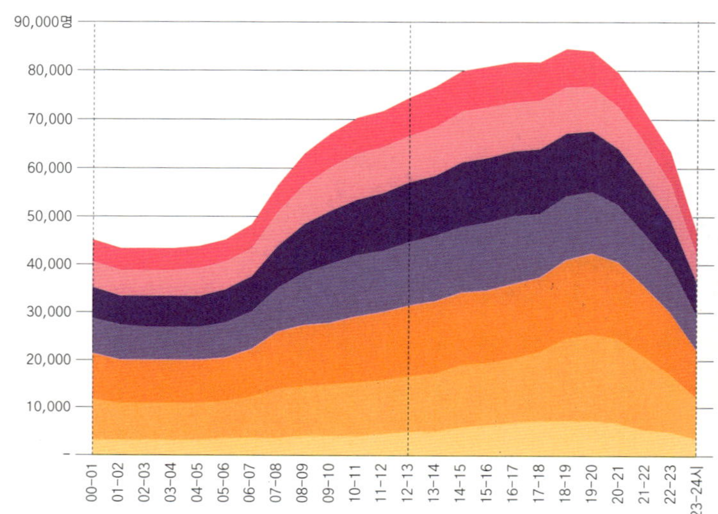

주말 시간대별 연령대별 생활인구 변화

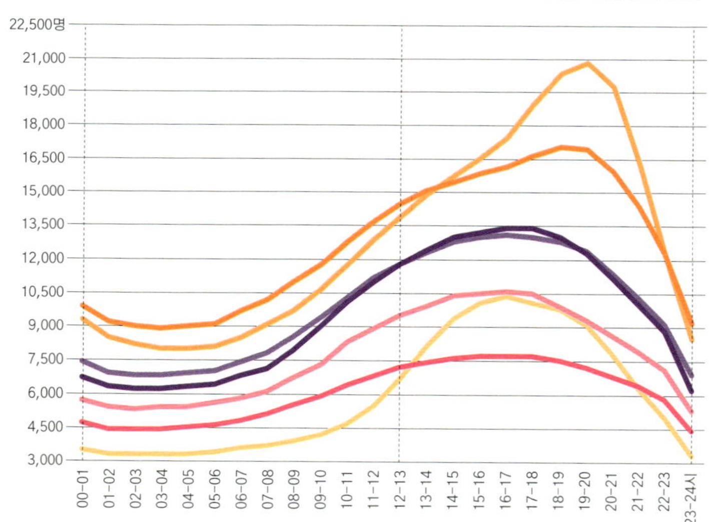

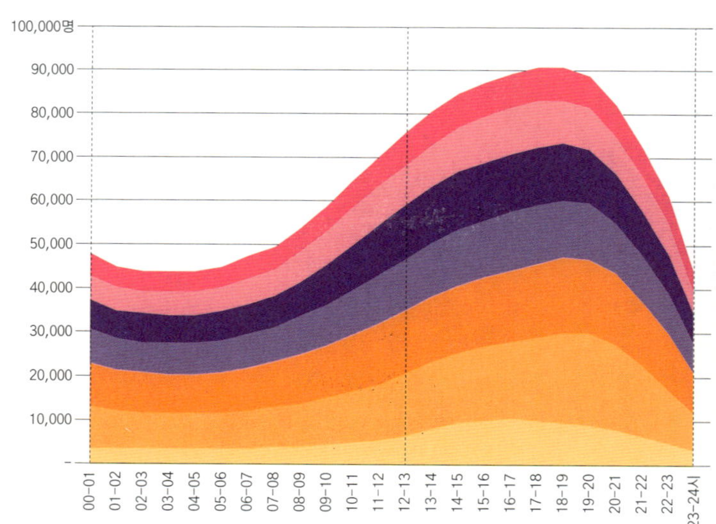

미성년 / 20대 / 30대 / 40대 / 50대 / 60대 / 70대 이상

70대 이상 / 60대 / 50대 / 40대 / 30대 / 20대 / 미성년

요일별 연령대별 생활인구 변화

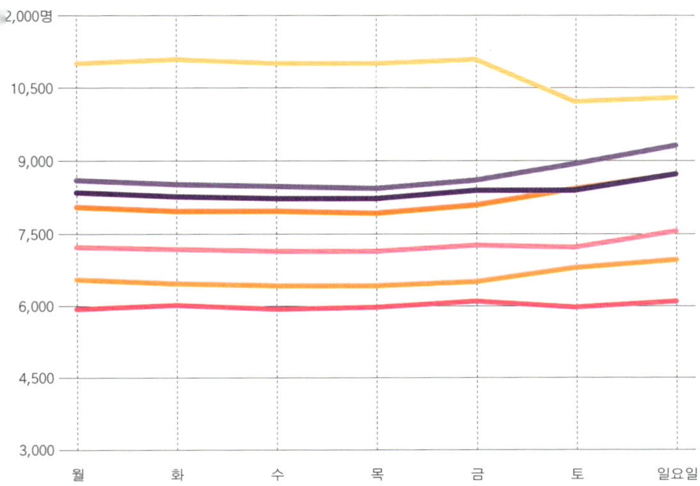

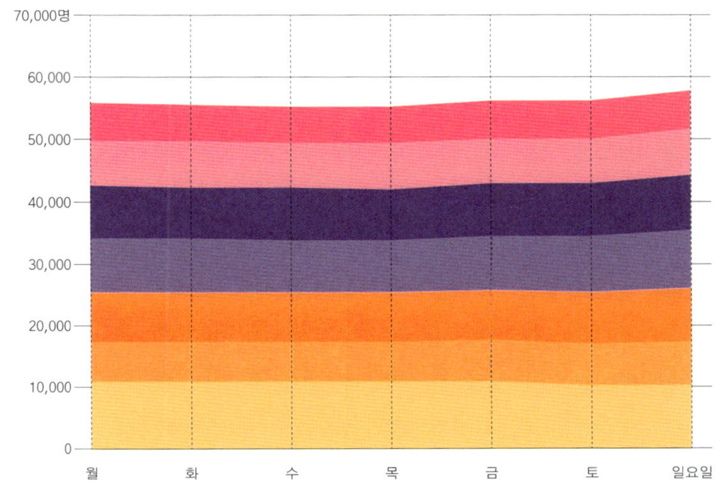

주중 시간대별 연령대별 생활인구 변화

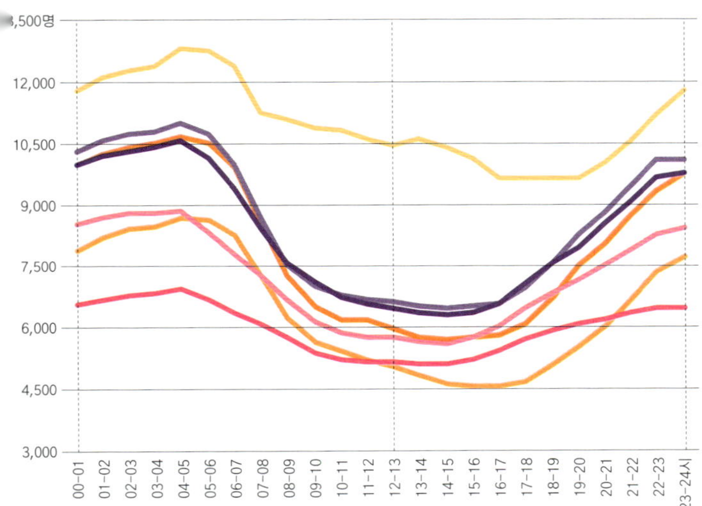

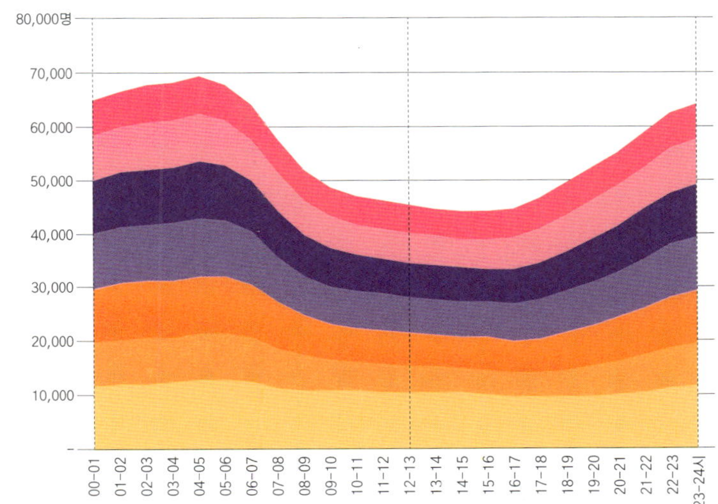

주말 시간대별 연령대별 생활인구 변화

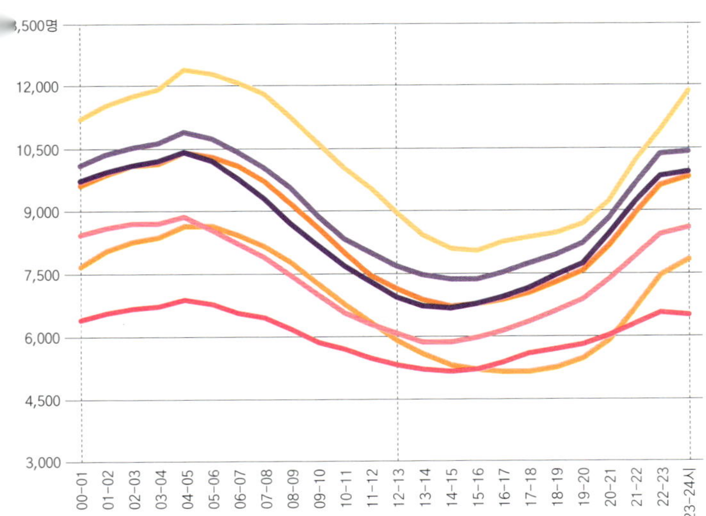

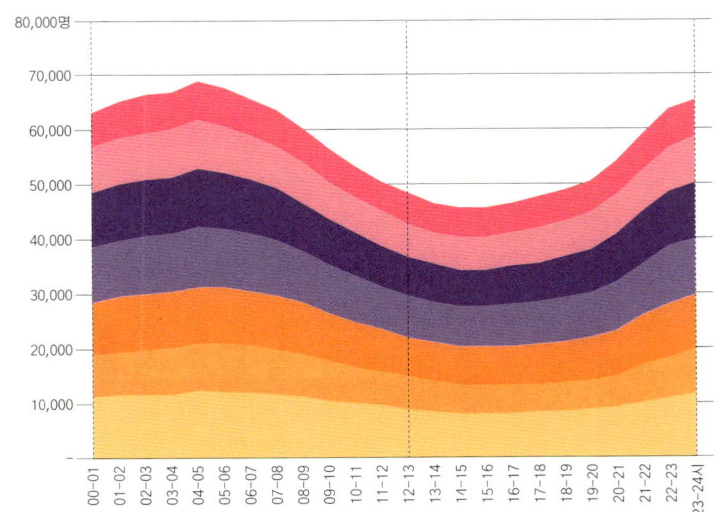

평일 모든 세대에서 낮 시간대에 생활인구가 감소하였으며, 미성년의 경우 줄어드는 폭이 다른 세대에 비하여 낮았다. 그러나 저녁 시간대에 20대 생활인구의 감소는 높게 나타났다. 주말에는 미성년의 생활인구도 낮 시간대에 크게 감소하였으며, 70대 이상 생활인구의 감소가 가장 완만하게 나타났다. 천호1동 주택가 인근에서는 주택가에서 보여지는 전형적인 생활인구 패턴이 나타났다. 지역구 내 학교의 영향으로 평일에 미성년 생활인구의 감소 폭이 낮으나 주말에는 다른 세대와 비슷한 패턴을 보인다. 천호동 인구에서 미성년 인구가 차지하는 비율이 높지 않음에도 생활인구의 숫자는 가장 높게 나타났다.

1.2. 천호동의 주거 변화

천호동의 아파트

1980년대 이후 천호동 아파트의 분포 과정을 1980년대부터 2010년대까지 10년 단위로 나누어 살펴보았다. 이를 통하여 천호동 내에서 아파트가 연도별로 분포하는 과정을 파악하여 유의미한 변수나 주목할 만한 지점이 있는지 보고자 하였다.

천호동에서 구옥이 밀집한 지역은 천중로와 구천면로가 만나는 천일초등학교사거리를 중심으로 구천면로와 천호공원 사이 지역, 천중로와 상암로의 사이 지역, 천일초등학교의 동남쪽 지역이다. 아파트 분포를 살펴보면 천일초등학교사거리 반경 600여 미터의 구옥 밀집지를 제외한 주변부에 분포하고 있음을 알 수 있다.

1989년에 건축되어 지금은 사라진 동아아파트(동아주택)를 포함하여 4개 동의 아파트가 1980년대 후반에 건축되었다. 그중 2개 동은 주택재개발사업을 통한 것이었다. 이 아파트는 천호1동과 천호3동에서 천호동의 경계 지역에 가까운 곳에 위치한다. 1990년대에 준공된 아파트도 동의 경계 지역을 중심으로 다수 분포하여 있으며 위치는 천호2동의 암사역 인근, 천호1동의 굽은다리역 인근, 강동역 인근 등 지하철역과 인접한 지역이다.

천호지구 시영아파트 조감도(1973)

2000년대에 들어 아파트 건립수는 증가하였으며, 넓은 분포를 보인다. 1990년대까지 올림픽로의 북쪽으로는 아파트가 건립되지 않았으나 2000년대에 들어서 올림픽대로와 올림픽로의 사이 지역에도 다수의 아파트가 들어섰다. 기존의 아파트 건립지인 지하철역 부근, 구천면로와 올림픽로 부근, 천호초·중학교와 성덕고등학교 부근으로 아파트가 분포한다. 2010년대 이후로는 아파트 건립이 급감하였으며 새롭게 건립된 아파트는 뉴타운사업으로 건립된 1개 동의 아파트를 제외하면 모두 한강변(올림픽대로변)과 강동역 부근에 위치한다.

천호시영아파트(1974)

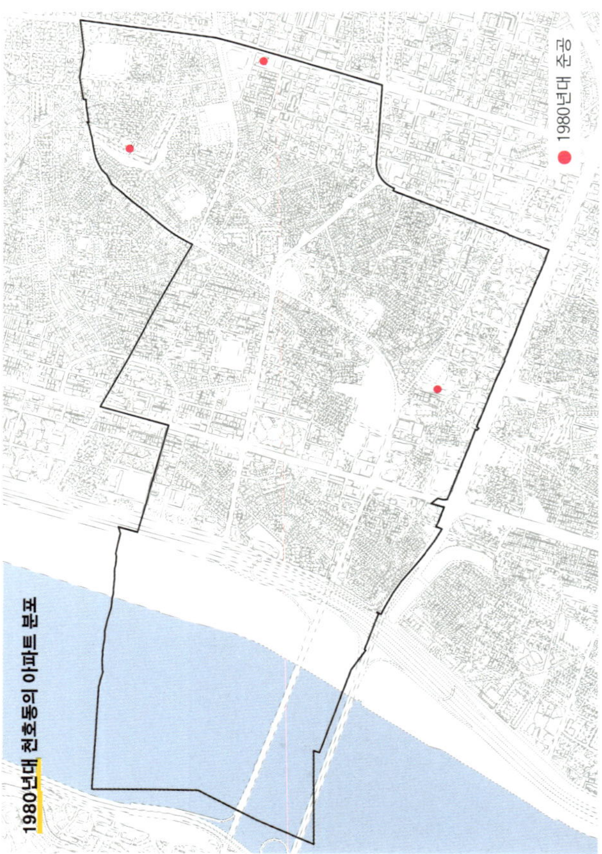
1980년대 천호동의 아파트 분포
1980년대 준공

1990년대 천호동의 아파트 분포
1990년대 준공

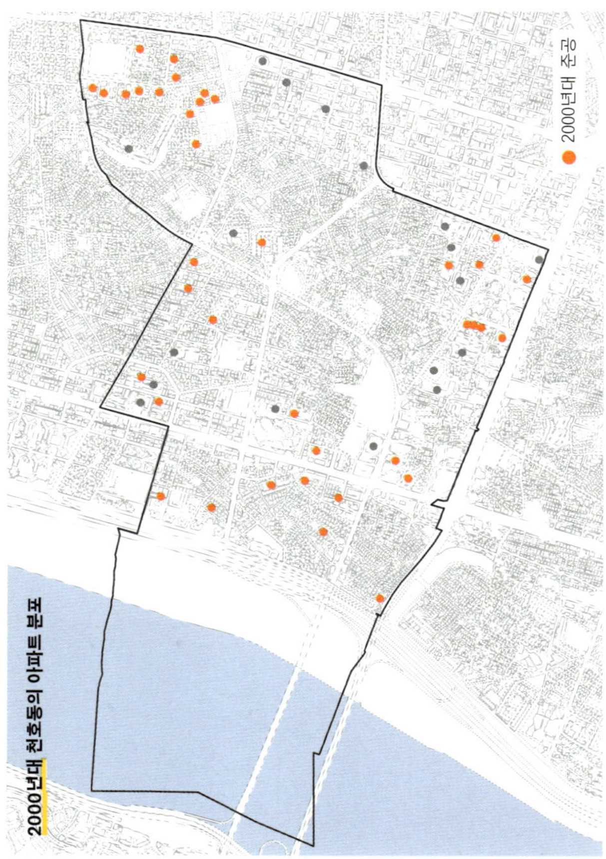
2000년대 천호동의 아파트 분포
2000년대 준공

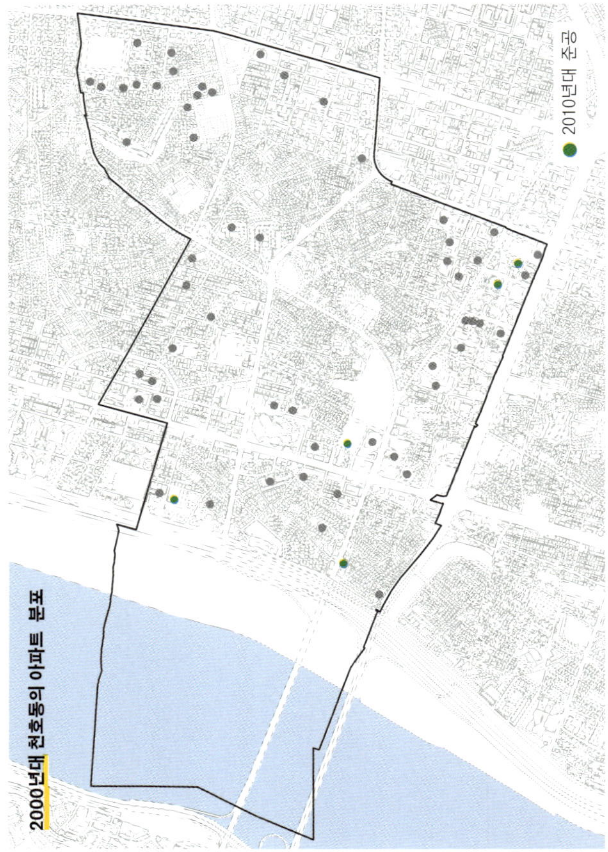
2000년대 천호동의 아파트 분포
2010년대 준공

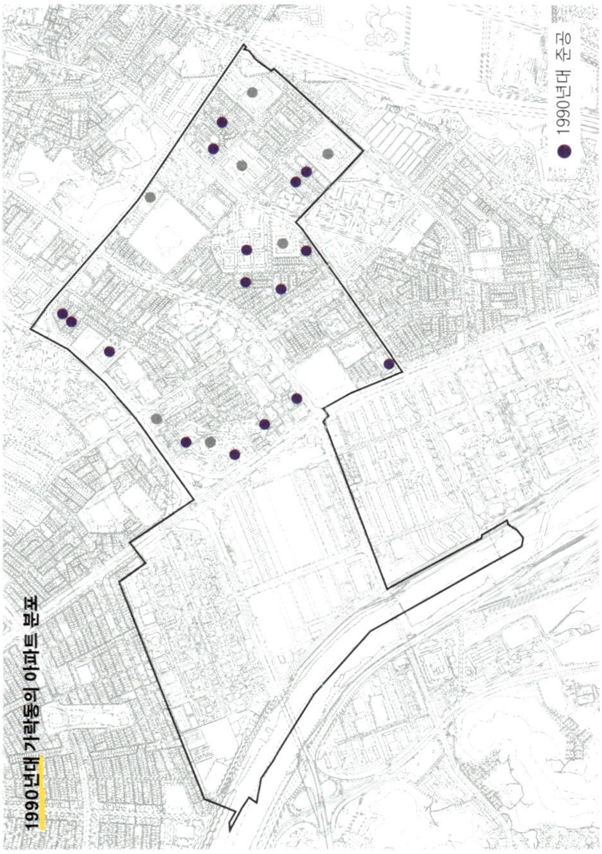
1990년대 가락동의 아파트 분포
1990년대 준공

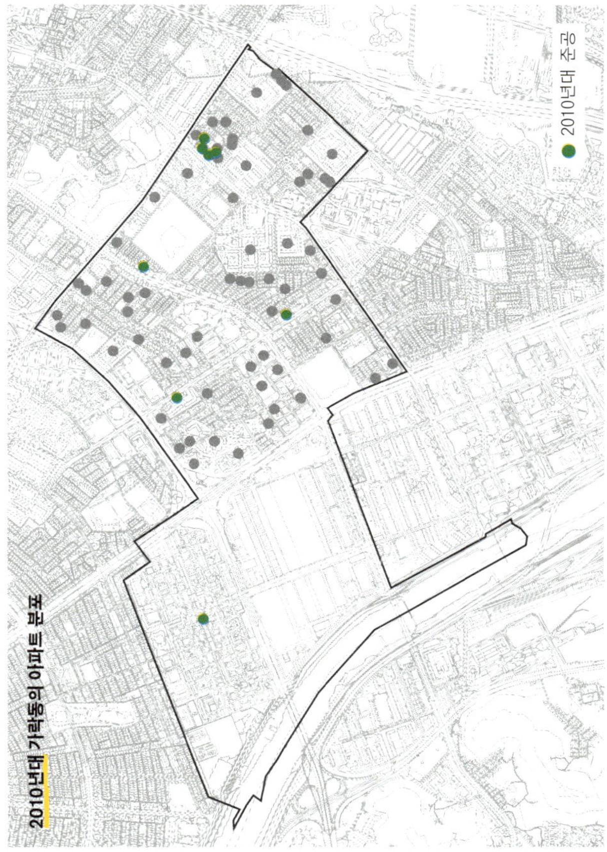
2010년대 가락동의 아파트 분포
2010년대 준공

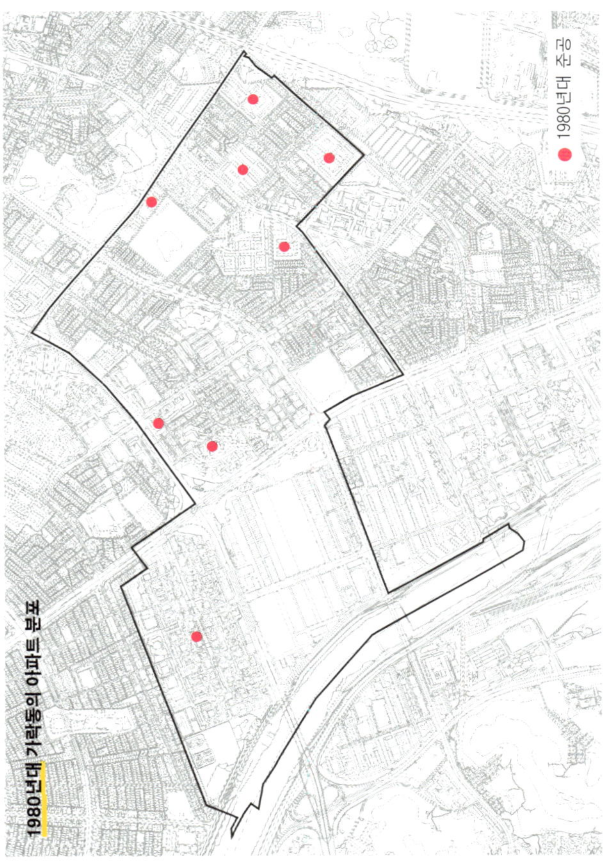
1980년대 가락동의 아파트 분포
1980년대 준공

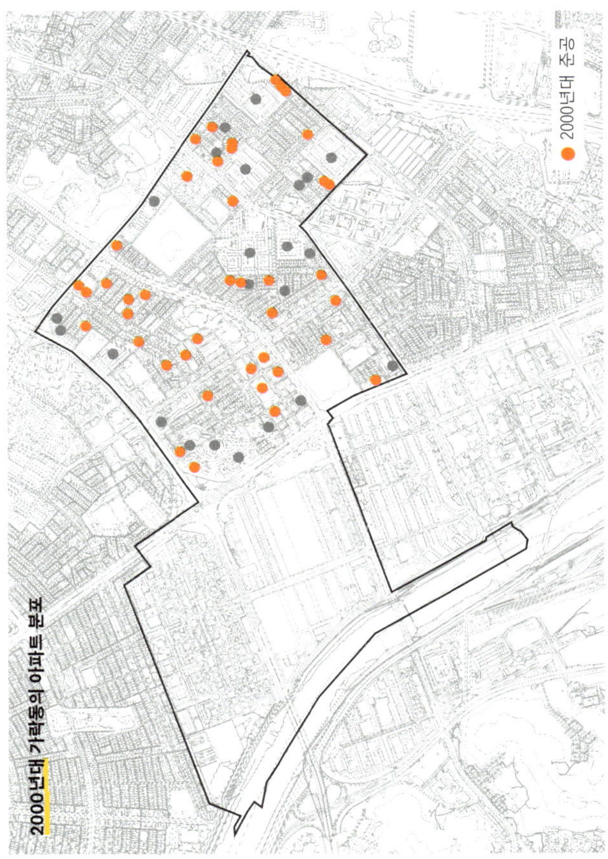
2000년대 가락동의 아파트 분포
2000년대 준공

천호동의 아파트 분포가 가진 특성을 파악하기 위하여 천호동 인근에 위치하면서 면적과 인구 규모가 비슷한 송파구 가락동의 1980년대 이후 아파트 분포 과정을 함께 살펴보았다. 가락지구의 개발은 86 아시안게임과 88 서울올림픽을 앞두고 1985년에 시작되었다. 남부순환도로 개통을 비롯하여 가락농수산물도매시장 설립과 국제대회를 앞둔 개발 호재 등으로 가락동은 한적한 농촌 지역에서 시가지의 모습으로 변화하였다. 1990년에 들어서 송파와 서초를 아우르는 강남권 개발이 가속화되던 때에는 8호선 가락시장역 주변을 포함한 가락동 일대가 집중적으로 개발되었다. 1987년에는 잠실·가락지구의 소형 공동주택 규제 조치가 풀리면서 1990년대 이후로 가락동 일대 소형 아파트 건설이 가능해졌다.

가락동의 경우 가락시장이 있는 가락1동을 제외한 가락본동과 가락2동에 대다수의 아파트가 분포한다. 주로 1990년대부터 2000년에 걸쳐 아파트가 준공되었으며 2010년대 이후 감소하는 추세를 보인다. 천호동의 경우 2000년대 중반에 아파트 준공수가 급증하였지만 가락동의 경우 1990년대부터 2000년대 중반까지 아파트가 고르게 준공된 것이 두 지역의 차이다. 이것으로 미루어 짐작하건대 일찍이 집단촌으로 구옥이 밀집되어 아파트가 들어서기 어려웠던 천호동과 달리 가락동은 1990년대 이후에 아파트 건설이 수월하게 진행된 것으로 보인다. 또한 가락동은 천호동과 마찬가지로 건설 초기에는 동의 경계 부근으로 아파트가 건립되었으며, 2000년대 이후 동 경계의 안쪽으로도 아파트가 들어섰다. 오금역·개롱역·송파역·경찰병원역 등 지하철역 인근으로 아파트가 분포하고, 가동초등학교·가주초등학교·송파중학교·석촌중학교 등 학군지 주변으로 아파트가 들어섰다. 따라서 천호동의 아파트는 가락동과 동일한 패턴인 동의 경계지, 지하철역 인근, 학군지 인근이라는 맥락 안에서 건설되었다고 볼 수 있다.

천호동의 주거 건축물 현황

천호동의 주거 건축물 현황 분석을 위하여 건축물대장 데이터를 활용하였다. 건축물의 경우 법정동별 아파트 비율과 노후주택 비율, 주거동 평균면적률 증감과 서울시 법정동 순위이동성 지수[3]를 통하여 2015년과 2020년을 비교하였다.

천호동은 서울시 동남권 내에서 아파트 비율이 낮다. 2015년에 주거시설 총면적의 43.8%에서 2020년에 45.5%로 다소 증가하였으나 순위이동성지수 값은 -0.033을 보여 서울시 내의 법정동과 비교하여 주거시설 내에서 아파트 면적의 비율은 큰 변화가 없었다.

3 Rank Mobility Index(RMI)는 두 시점의 순위 변화를 가중치가 반영되도록 측정하는 지수로 각 시점에서의 순위를 활용하여 상대적인 변화 확인이 가능하다

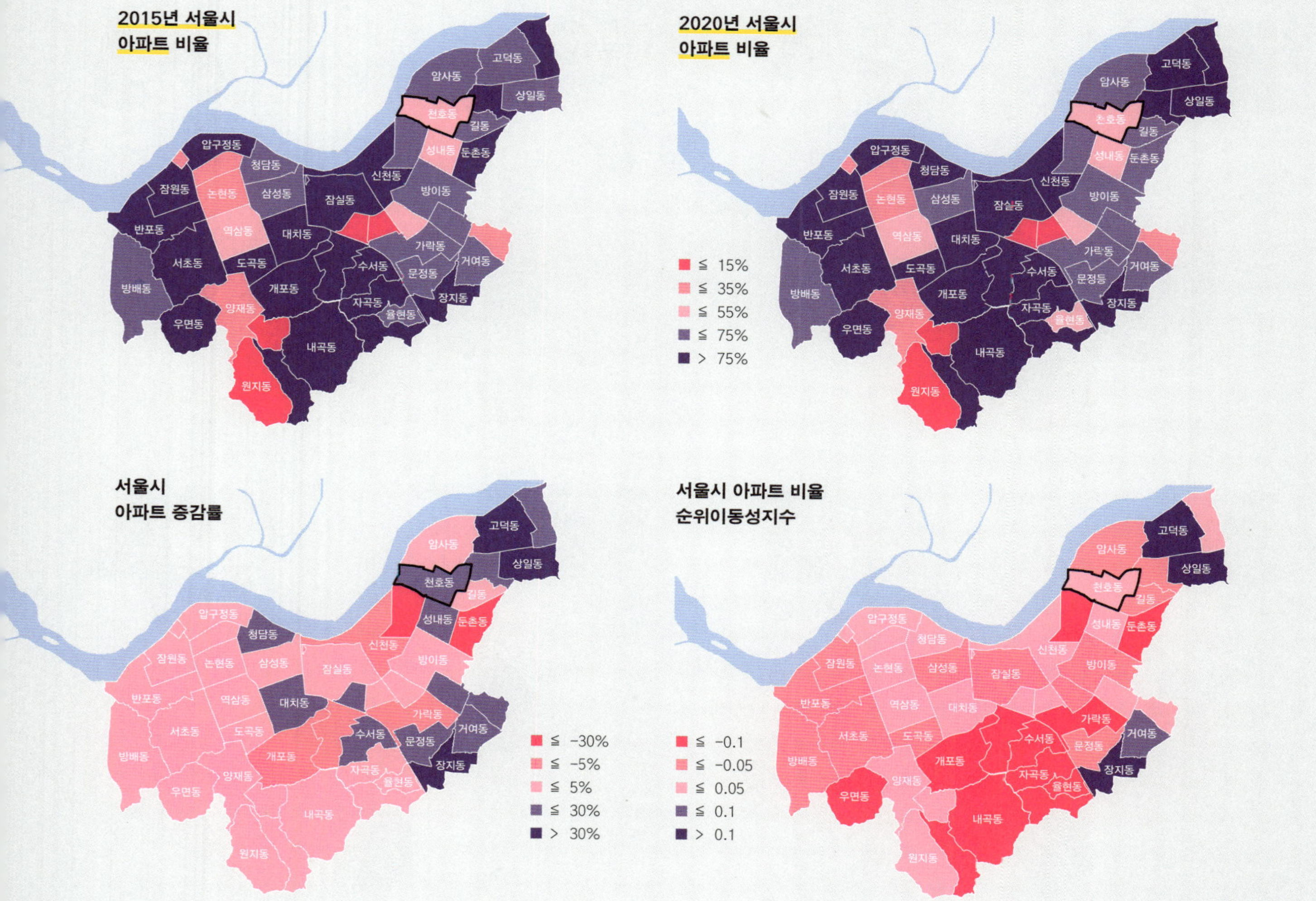

아파트 비율 및 변화 분석
건축물생애이력관리시스템

천호동 아파트 주요 현황

[면적 단위: m^2]

	주거시설 총 연면적	아파트 면적	아파트 비율	아파트 비율 법정동 순위	아파트 증감	아파트 비율 순위이동성지수
2015년	2,326,839	1,019,786	43.8%	207	13.84%	-0.033
2020년	2,550,998	1,160,961	45.5%	221		

준공 후 30년 이상 지난 노후 주거 비율의 경우 2015년에는 주거시설 총면적의 12.3%에서 2020년에는 27.5%로 크게 증가하였다. 순위이동성지수 값은 0.215로 나타나 서울시 내의 법정동과 비교하면 주거시설 내에서 노후 주거 비율이 다소 증가하였다.

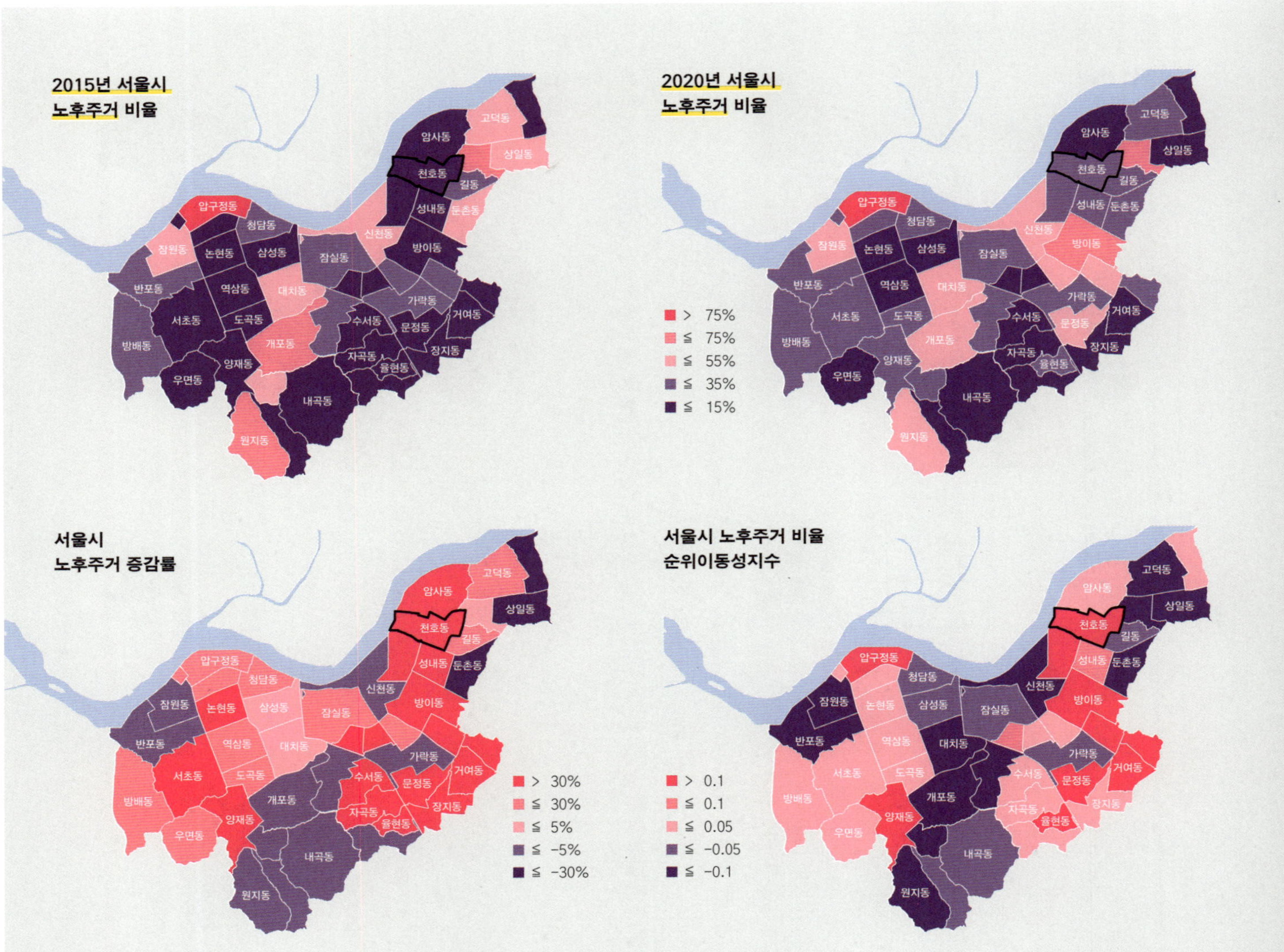

노후 주거 비율 및 변화 분석
건축물생애이력관리시스템

천호동 노후 주거 주요 현황

[면적 단위: m^2]

	주거시설 총 연면적	노후 주거 면적	노후 주거 비율	노후 주거 비율 법정동 순위	노후 주거 증감	노후 주거 비율 순위이동성지수
2015년	2,326,839	286,765	12.3%	288	144.51%	0.215
2020년	2,550,998	701,170	27.5%	186		

천호동의 주거동 1개의 평균 연면적은 서울시 동남권 내에서 작은 것으로 나타났으며, 주거동 수가 7.33% 감소하면서 434m^2에서 514m^2로 증가하여 주거동의 평균 연면적이 커졌음을 알 수 있다. 그러나 순위이동성지수 값은 -0.008로 서울시 전체 법정동과 비교해 주거동 평균 연면적에 큰 차이가 없었다.

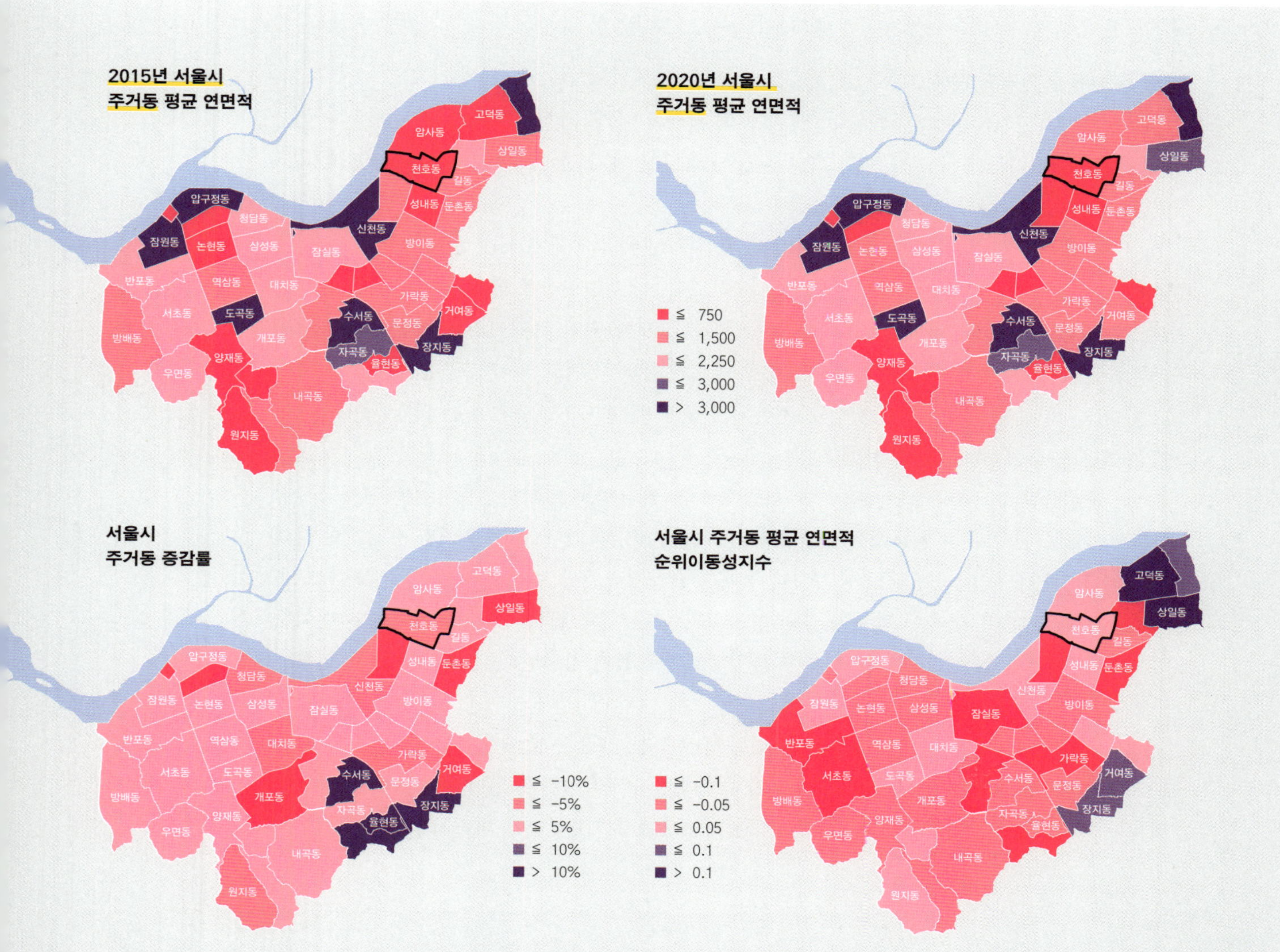

주거동 평균 연면적 및 주거동 변화 분석
건축물생애이력관리시스템

천호동 주거동 주요 현황

[면적 단위: ㎡]

	주거시설 총 연면적	주거동 수	주거동 평균 연면적	주거동 평균 연면적 순위	주거동 수 증감	주거동 평균 연면적 순위이동성지수
2015년	2,326,839	5,359	434	198	-7.33%	-0.008
2020년	2,550,998	4,966	514	201		

천호동은 아파트의 비율이 낮고, 노후 주거의 비율이 높다. 또 평균 연면적이 작은 것이 특징이다. 2015년부터 2020년 사이에 아파트 면적은 다소 증가하였지만, 서울의 다른 지역에 비하여 크게 증가하지는 않았다. 노후 주거 면적은 크게 증가한 것으로 나타났으며, 서울시 다른 동과 비교하여도 증가 폭이 크다.

천호동 부동산 가격의 변화

1960년대부터 2000년대 초반까지 천호동의 부동산 주택가격 변화 추이를 신문 기사, 국토교통부 부동산 실거래가 공개시스템, KB부동산에 나타난 가격 정보를 활용하여 그래프로 나타냈다.

천호동은 1975년에 강남구로 편입된 후 1979년에 강동구로 분구될 때까지 역삼동·청담동·압구정동·논현동 등과 함께 강남구에 속하였다. 이중 논현동은 상업과 주거가 혼합된 지역으로 학군으로 선호되는 곳이라기보다는 상업지구로 유명한 지역이라는 점에서 천호동과 공통점을 갖는다. 두 지역은 천호동이 강동구에 속하게 된 후에도 유사한 공간적 특성을 보이고 있다. 이에 강동구 천호동과 강남구 논현동의 주택 매매가격 변화 추이를 파악하여 천호동이 가지는 특성을 살펴보고자 하였다.

논현동은 1970년대 남서울(강남) 개발에 의해 발달한 지역이다. 1971년에 영동공무원아파트가 건설된 이후 논현동에는 중산층이 몰려들기 시작하였다. 정부 주도의 강남개발 정책에 따라 강남권으로 이전한 각종 국가시설과 대형 종합병원 등으로 인하여 강남권역은 새로운 메카로 자리 잡았다. 더욱이 강북에 있던 명문고의 이전으로 새로운 학군지가 형성되어 이를 더 공고하게 만들었다. 또한 1985년의 지하철 2호선 완공은 강남권의 인구 확대에 큰 영향을 미쳤다.

1970년대 중반까지 논현동과 천호동의 부동산 시세는 비슷한 기조를 유지하였다. 1980년대 초반까지도 두 지역의 격차는 크지 않았으나 1980년대 후반부터 보이기 시작한 격차는 1990년대 중반부터 큰 폭으로 벌어졌으며 2000년대에도 줄어들지 않았다. 이는 앞

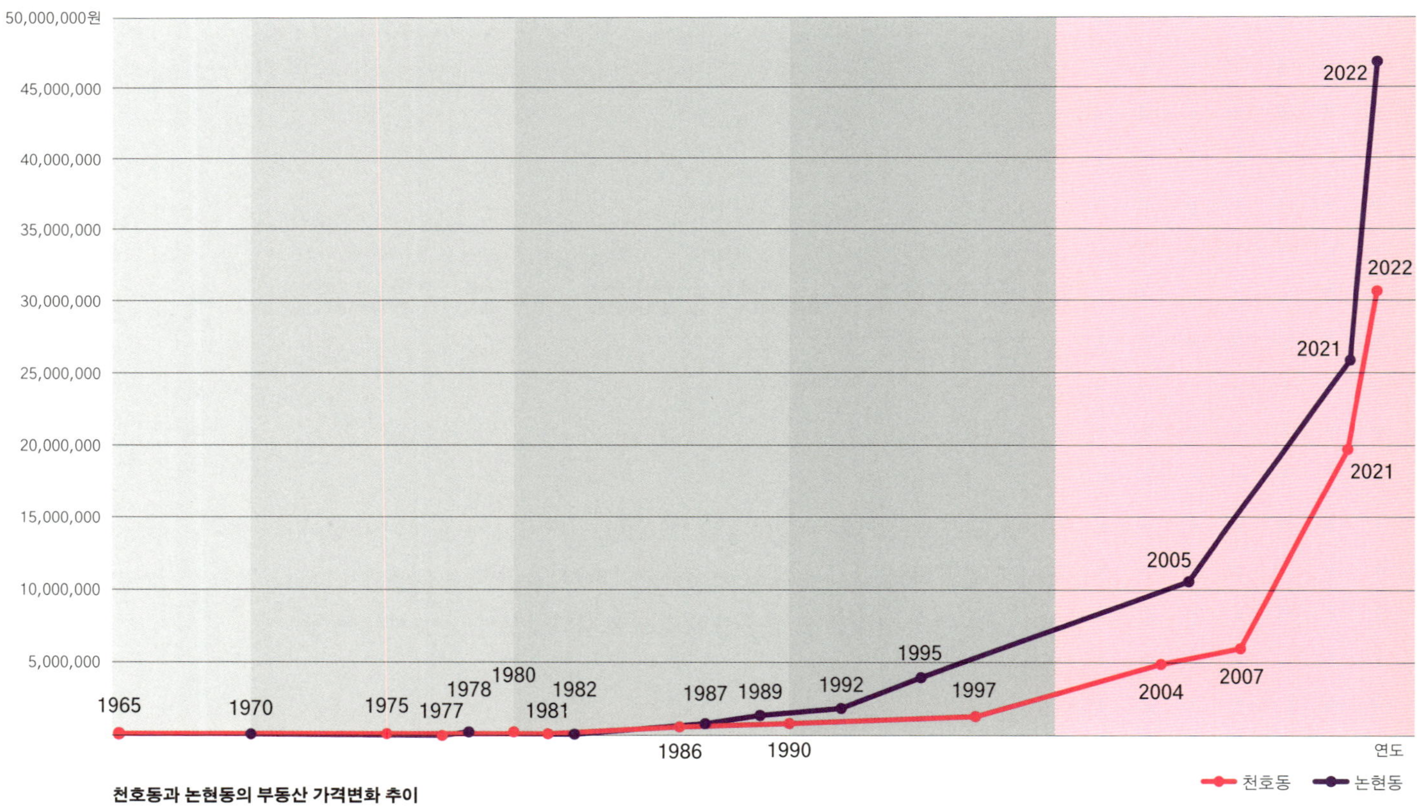

천호동과 논현동의 부동산 가격변화 추이
조선일보, 매일경제, 동아일보, 경향신문, 국토교통부 부동산 실거래가 공개시스템, KB부동산을 참고하여 작성하였다.

서 서술한 강남권역의 발전과 여기에 포함되지 않은 강동구의 뒤처진 발달 때문으로 보인다. 2020년대에 들어 천호동과 논현동의 격차는 더욱 큰 폭으로 벌어져 2022년 현재 제곱미터당 부동산 가격은 천호동이 2,000만 원 선임에 반하여 논현동은 4,500만 원을 웃돌고 있다. 시대에 따라 두 지역의 부동산 가격 모두 상향 곡선을 나타냈으나 강남개발이라는 강력한 정책으로 강동구 천호동은 결과적으로 강남에 뒤처지게 되었다.

1.3. 지역주민의 삶

천호동의 학교

천호동에는 지역의 변화를 주민들이 직접 체감할 수 있는 공간이 있다. 학교, 학원, 병원, 종교시설이 대표적이다. 천호동 관내의 학교는 총 8개로 인근의 고덕동이나 명일동과 비슷한 수준이다. 하지만 아래 표에서 확인할 수 있듯이 고등학교의 수는 고덕동이나 명일동과 비교해 현저하게 적다.

천호동과 인근 지역 학교수 비교

구분	천호동	고덕동	명일동
초등학교	3	4	3
중학교	4	3	-
고등학교	1	3	2

천호동 관내 초등학교 현황을 살펴보면 천호초등학교, 강동초등학교, 천일초등학교가 있다. 천호초등학교는 1944년에 개교한 남녀공학의 공립학교 관내에 있는 학교 중 역사가 가장 오래되었다. 원래 경기도 광주군의 구서공립국민학교로 개교하였으나 1969년에 서울천호국민학교로 개칭하였다. 이후 성내-길동-명일-고명-천동-천일초등학교 순으로 분리되었다. 1976년에 남녀공학의 공립학교로 개교한 암사국민학교는 1977년에 강동국민학교로 개칭하였으며, 현재는 강동초등학교로 운영되고 있다. 천일초등학교는 1985년 남녀공학의 공립학교로 개교하였다. 1985년 개교 당시에는 서울천일국민학교로 설립인가를 받았다가 1996년 서울천일초등학교로 교명을 변경하였다.

중학교는 동신중학교, 천호중학교, 성덕여자중학교, 천일중학교가 있다. 동신중학교는 1950년에 개교한 남녀공학의 사립학교로 천호동 내에서 가장 먼저 개교한 중학교이다. 천호중학교는 남녀공학의 공립학교로 1968년에 개교하였고, 성덕여자중학교는 태평양학원재단 산하의 사립학교로 1977년에 개교하였다. 1994년에 개교한 천일중학교는 남녀공학의 공립학교이며 관내에 있는 학교 중 가장 최근에 개교하였다.

고등학교는 관내 유일의 성덕고등학교가 있다. 성덕고등학교는 1976년에 설립되었으며, 현재는 남녀공학의 일반 사립고등학교로 운영되고 있다. 원래 성덕여자상업고등학교였으나 2013년에 일반계 학교로 재개교하였다. 성덕중·고등학교는 모두 태평양학원재단 산하의

사립학교로 기독교 교육을 하는 학교(미션스쿨)이다.[4]

동신중학교 교사 인터뷰에 따르면 학구열이 높은 학생들은 가깝게는 고덕·송파·둔촌으로, 멀게는 강남으로 학원을 다니면서 원하는 고등학교 진학을 준비한다고 한다.

윤진(여), 53세, 동신중학교 교사

> 일부 학생이기는 하지만, 어느 특정 고등학교로 가고 싶은 아이들은 고덕동 쪽으로 가서 학원을 다녀요. 그다음에 거기에서 만족을 못 하면 송파로 가고, 송파에서 강남 대치동까지 다니는 애들도 있더라고요.

이러한 현상은 이른바 좋은 학군에 속한 고등학교에 진학하려는 열망에서 비롯된 것이다. 서울의 학군 중 가장 대표적 학군은 바로 강남 8학군이다. 강남 8학군은 강남구와 서초구에 위치한 초·중·고등학교를 의미한다. 특히 고등학교의 경우 상위권 대학의 진학률이 높은 학교들이 모여 있어 인기가 높다. 강동구에도 수많은 학생이 선호하는 고등학교가 있는데, 바로 고덕동에 있는 '한영외국어고등학교'이다. 강남구에 속한 고등학교와 강동구에 속한 고등학교는 한 가지 특이한 공통점이 있는데, 1970~1980년대 초반까지 강북에 있는 명문 고등학교였다는 것이다.

강북의 명문고들이 강남으로 이전한 이유는 강남지역(영동지역) 개발과 깊은 관련이 있다. 영동지역 개발을 위하여 노력한 정부는 더욱 효과적인 영동 개발을 위하여 '교육'을 적극 활용하였다. 1974년부터 정부의 고교평준화 정책이 시행되었지만 거주지를 기반으로 진학할 고등학교가 결정되자 양질의 교육을 위하여 강북의 부모들은 강남으로 이주를 감행하였다. 이에 정부의 각종 행정적 지원과 재정적 지원을 통하여 사대문 안에 있던 전통적인 명문고가 줄지어 강남으로 이전하였다. 1976년에 경기고등학교를 시작으로 1978년에 휘문중·고등학교, 보인중·고등학교, 정신여자고등학교, 1980년에는 숙명여중·고등학교와 서울고등학교, 1984년에는 중동중·고등학교와 배명고등학교, 1986년에는 동덕여자중·고등학교, 1988년에는 경기여자고등학교, 1989년에는 서울세종고등학교와 보성고등학교가 강남으로 이전[5] 하였다. 이렇게 강북 도심에 있던 대부분의 명문고등학교가 대부분 강남권, 즉 강남·서초·송파·강동으로 이전하게 된 것이다.

4 학교/학원 찾기(https://www.edufindkorea.com/edu/index.php), 2022년 12월 9일 검색

5 이성민, 「도시 개발 정책과 교육 공간 재구성과의 관련성 연구」, 한국교원대학교 대학원, 2013, 63~65쪽.

강북에서 강남권으로 이전한 학교(1971~2000)

이전 연도	학교명	이전 전	이전 후
1971	서울사부	동대문	성북
1971	명성여	종로	광진
1972	선정	종로	은평
1972	동명여	서대문	은평
1972	명지	중	서대문
1972	혜화여	동대문	종로
1974	숭실	용산	은평
1976	경기	종로	강남
1978	휘문	종로	강남
1979	정신여	종로	송파
1980	서울	종로	서초
1980	동북	중	강동
1980	숙명여	종로	강남
1984	중동	종로	강남
1984	배명	중	송파
1984	배재	중	강동
1984	한영	성동	강동
1985	마포	마포	강서
1986	동덕여	동대문	서초
1988	경기여	종로	강남
1988	양정	중	양천
1988	대일	성북	강서
1989	보성	종로	송파
1989	창덕여	종로	송파
1989	진명	종로	양천
1989	서울세종	성동	강남
1992	상명여	용산	노원
1996	서라벌	성북	노원
1997	중대부	동작	강남
2000	수도부	용산	동작

오기노 치히로(荻野千尋), 「강남8학군 지역의 형성」, 『지리학논총 별호』 58, 서울대학교 국토문제연구소, 2004, 76쪽.
강남·서초 지역으로 이전된 학교들은 회색으로, 강동지역으로 이전한 학교는 분홍색으로 표시하였다.

1976년에는 강남구였던 천호동이 1979년에 강동구로 편입되면서 강남 8학군에서 분리되었다. 위의 표에서 확인할 수 있듯이 강남지역에는 1970년대부터 1990년대까지 지속적으로 강북의 명문 학교들이 이전해 왔다. 이와 달리 천호동이 속한 강동구에는 1984년 이후 더 이상 이전해 온 학교가 없다. 이는 명문대 입학 정도와 관련 있어 보인다. 강남지역 학교가 전국적으로 대입 성적에서 좋은 결과를 낸 시기는 1980년대 초중반의 일이다. 1980년대 초중반에는 강동·송파 지역의 학교보다 강남·서초 지역 학교의 대학입시 성적이 더 좋게 나타났는데,[6] 이 때문에 1980년대 후반부터 전통적 명문 학교들이 강남권 이전을 고려할 때 강남·서초지역을 강동·송파 지역보다 더 선호하였음을 짐작할 수 있다. 또한 이러한 흐름은 시간이 지날수록 더욱 분명해졌으며, 학군의 중심축이 강남으로 쏠리는 결과를 낳았다.

한편 천호동의 지역 커뮤니티는 학구열 변화를 체감하고 있다. 동신중학교 윤진 교사는 "그동안 학교 시험 성적에 대하여 크게 반응하지 않았던 학생들과 학부모들이 최근에는 결과에 대하여 항의를 하기도 한다"라며 "천호동 학생들과 학부모들의 학업에 대한 관심도가 올라가고 있다"라고 하였다.

6 오기노 치히로(荻野千尋), 「강남8학군 지역의 형성」, 『지리학논총 별호』 58, 서울대학교 국토문제연구소, 2004, 76쪽.

윤진(여), 53세, 동신중학교 교사

> 저도 예전 선생님들한테 들었을 때는(예전 학생들이) 다소 과격하고 수업에 대한 의욕이 없고 이런 편이었다 그러더라고요. 그런데 지금 아이들은 그렇지 않거든요. 적극적으로 열심히 하는 아이들은 극히 일부지만요. 작년까지만 해도 아이들이 시험 성적에 대해서 이렇게 크게 반응하지 않았어요. 시험 문제가 어떻게 나오든지 별로 신경쓰지 않는 편이었거든요. 그런데 올해 2학년부터는 학부모님 이의 제기가 들어오더라고요. 그래서 '관심이 높아지기 시작했구나' 이런 생각이 들더라고요. 다른 지역에서 많이 봤던 모습이에요.

천호동 학생들에게 지역을 대표하는 장소는 로데오거리이다. 동신중학교 학생 박지우는 '친구들과 함께 노래방이나 맛집, 스티커사진을 찍기 위해서' 로데오거리를 방문한다고 하였다. 로데오거리를 '익숙한' 공간이라고 설명하면서 또래와 어울리기에 더 나은 장소가 천호동에 없다라고 하였다.

박지우(여), 15세, 동신중학교 학생

> 로데오거리가 익숙하고요. 로데오거리 외에는 딱히 놀 데가 없어요. 인생네컷도 가고, 먹는 것도 많이 있고요. 노래방도 가고요….

학생들은 천호동을 대표하는 장소로 로데오거리를 꼽지만, 천호동의 특징적인 공간으로는 벽화거리나 공원을 이야기한다. 동신중학교에 다니는 안지효 학생은 "천호동 거리를 걷다 보면 보이는 벽화나 만화가 천호동을 제일 잘 보여준다"라고 하였고, 박지우 학생은 "천호동 곳곳에서 보이는 공원들이 천호동의 특징을 나타낸다"라고 하였다.

동신중학교 전경

동신중학교 학생 인터뷰

안지효(여), 15세, 동신중학교 학생

> 천호동 거리를 걷다 보면 벽화나 만화 같은 게 그려져 있어요. 그곳이 천호동을 제일 잘 보여주는 곳이 아닌가요?

박지우(여), 15세, 동신중학교 학생

> 공원이 많아서요. 또 한강도 근처에 있고, 올림픽공원도 멀지 않아서 좋아요.

개선될 필요가 있는 공간으로는 술집이나 모텔과 같은 유흥업소를 지적하였다. 동신중학교 최지윤 학생은 "학교 오가는 길에 술집이나 모텔 같은 유흥업소들이 있다"라며 "유흥업소들이 사라지면 편하게 잘 다닐 것 같다"라고 하였다. 한편 동신중학교 윤진 교사는 "천호동에는 청소년들이 가볍게 놀고, 교류할 수 있는 전용 시설이 없다"라고 지적하였다. 아이들이 만나고, 서로 소통하면서 생각을 키워갈 수 있는 청소년 전용 커뮤니티 공간이 생겨날 필요성이 있다는 것이다.

윤진(여), 53세, 동신중학교 교사

> 제가 동작 쪽 학교에 근무했었는데요. 그 학교 근처에는 구청에서 운영하는 복지관이자 도서실이 있었어요. 아이들이 200~300원 정도만 내면 열람실에 앉았다 갈 수 있게 해 주거든요. 그게 아이들 놀이터예요. 친구들하고 만나서 같이 공부한다는 명목이니까, 부모들이 반대를 안 하잖아요. 책 갖다 놓고 노는 그런 공간도 저는 괜찮은 것 같아요. 친구들하고 서로 소통하면서 생각도 키워갈 수 있으니까요. 그런 게 여기 천호동에는 없죠.

학생들은 천호동에 대하여 높은 정주성을 보인다. 동신중학교 김민경 학생은 천호동을 "익숙하고, 친근하다"라고 하였고, 안지효 학생은 "친근감과 정이 있다"라고 하였다. 이러한 이유로 학생들은 타 지역으로 이주하기보다는 계속 천호동에 남아 거주하기를 희망하였다.

김민경(여), 15세, 동신중학교 학생

> 저는 앞으로도 남아서 여기서 살 거예요. 이곳이 너무 익숙해서요. 근처에 음식점 같은 것들 있잖아요. 그런 것들이 되게 익숙해져 있고, 친근하고 그러다 보니까 루트 같은 것도 항상 정해져 있고 그래서 정이 든 거 같아요.

안지효(여), 15세, 동신중학교 학생

> 천호동 자체가 다른 동네보다는 약간 친근감이 있어요. 다른 가게에 가도 되게 여러 번 온 것처럼 잘 챙겨주시고 하는 게 좋은 것 같아요.

천호동의 학원

지역 커뮤니티가 천호동의 학교에 대해 체감하는 변화를 더 알아보기 위하여 천호동에 있는 보습학원 관계자와도 인터뷰를 진행하였다. 씨앰더블유학원(서울시 강동구 상암로 125) 함미자 대표는 천호동 학교 커뮤니티의 가장 큰 변화로 학업 관심도 편차가 커졌음을 꼽는다. 편차가 커지게 된 배경으로는 시험을 보지 않게 된 교육제도의 변화를 들었다. 예를 들어 한 반에 학생 수가 25명 정도라고 가정하면 3~4명이 상위권이고, 8~9명은 성적이 조금 나오고, 나머지 17명 정도가 '아예 관심이 없다'라고 묘사하였다. 이를 비율로 환산하면 약 16%가 학업 열의가 높고, 약 36%가 학업 열의가 약간 있으며, 나머지 48%는 학업에 아예 관심이 없는 것이다. 함미자 대표는 학업 관심도가 아예 없는 층이 늘어났다고 표현하면서 "과거에는 중위권 학생, 즉 학업 관심도가 중간 정도 되는 학생들이 많았다"라고 하였다.

함미자(여), 49세, 씨앰더블유학원 대표

> 천호중학교 친구들을 보면, 한 반에 3~4명이 상위권 학생이고요. 8~9명 정도는 성적이 조금 나오고, 나머지는 공부에 아예 관심이 없어요. 절반 이상이 공부를 안 하는 거죠. 한 반에 25명 정도라고 치면, 10명 빼고는 15명 정도가 공부를 안 한다고 봐야죠….
> 옛날에는 중위권 학생들이 많았어요. 근데 요즘은 특히 6~7년 전부터 공부하는 친구들 사이에도 차이가 너무 심해요. 특이한 건 중간이 없어졌다는 거예요. 더 못하는, 더 잘하는 친구보다 중간에 있는 애들이 더 없어요.

학업 관심도가 사라진 후 천호동 학원계에도 변화가 일고 있다. 함미자 대표는 시험과 같은 평가가 없어지자 국·영·수 위주 보습학원의 인기가 감소하는 대신 학생들의 특기를 살려주는 태권도·피아노·미술과 같은 예체능 학원의 인기가 높아졌다고 한다. 이는 공부에 관심 없는 아이들이 많아졌는데, 이들이 '몸으로 놀 수 있는 학원'이 예체능 쪽이기 때문이라는 것이다.

천호동 씨앰더블유학원 내부

함미자(여), 49세, 씨앰더블유학원 대표

> 옛날이나 국·영·수였죠. 예전에는 계속 꾸준히 하면 애들이 성적이 나왔어요. 근데 요즘 애들은 안 그래요. 워낙 관심도가 있는 분야하고 없는 분야의 차이가 심해요. 시험이 없어지고 나서는 보습학원으로 가는 친구들은 많지 않아요. 거의 요즘은 놀이 쪽 운동이나 미술·피아노 쪽으로 보내요. 몸으로 노는 학원을 더 많이 보내는 추세예요. 태권도가 제일 많고요. 왜냐하면 아이들이 운동을 좋아하니까요. 엄마들이 학원은 보내야 되니까 태권도나 피아노·미술 쪽으로 많이 보내는 것 같더라고요.

함미자 대표는 천호동 학생들이 보습학원에 오는 주요 이유는 '실력 향상' 때문이라고 하였다. 하지만 맞벌이를 하는 부모는 '돌봄 개념'으로 학원을 보내는 경우가 종종 있다고 한다. 그런 까닭에 태권도나 미술 학원에서 보습학원의 과외 시스템을 추가해 아이들을 맡아 관리하는 방식이 도입되었다. 그는 이러한 형태의 학원의 경우 공부에 초점이 맞춰진 게 아니라고 한다. 예체능을 하되 일부 보습학원의 개념을 넣었을 뿐이기 때문이다. 이는 일종의 '공부방' 형태이며, 천호동에도 이러한 신개념 형태의 학원이 운영되는 곳이 있다고 한다.

함미자(여), 49세, 씨앰더블유학원 대표

> 어머님들이 아이들을 학원에 보내실 때, 요즘은 어린애들 같은 경우는 약간 돌봄 비슷한 개념으로 보내시는 분들도 계세요. 왜냐하면 부모님들, 특히 맞벌이하시는 분들이 예전에는 한 3~4군데로 학원을 돌리셨는데, 요즘은 아이들이 그렇게까지 못 하니까요. 한 학원, 그러니까 태권도에 보습학원의 과외 시스템을 하나 넣어서 관리하는 방식으로 운영하는 경우도 있다고 저는 들었어요. 그러니까 그건 공부에 초점을 두는 건 아니죠. 남편이 태권도를 하거나 하면, 아내가 본인 이름으로 해서 과외방 같은 조그만 공간을 마련해서 아이들을 맡아 주는 개념이라고 보시면 돼요. 그러니까 태권도 말고도 미술학원이나 이런 데는 그렇게 운영하시는 데도 있다고 저는 들었어요. 공부방 같은 개념으로요.

한편 천호동 학생들의 주요 관심사는 공부보다는 핸드폰, 특히 게임이 큰 부분을 차지한다. 함미자 대표는 천호동 학생들의 가장 큰 관심사를 '핸드폰 속 게임'이라고 하였다. 핸드폰과 모바일 게임은 떼려야 뗄 수 없는 관계라며 "공부하는 학생들도 핸드폰 게임에 심취하는데, 공부를 하지 않는 학생들의 경우는 더 심하게 게임에 몰입해서 공부를 더 등한시한다"라고 설명하였다. 게임에 몰입하는 것이 '남들과 부대끼는 걸 싫어하는 요즘 아이들'의 성향이라면서 이런 학생들이 점점 더 많아질 거라고 예상하였다.

함미자(여), 49세, 씨앰더블유학원 대표

> 요즘 학생들의 가장 큰 관심사는 핸드폰이죠. 핸드폰과 게임은 절대 떼려야 뗄 수가 없어요. 점점 갈수록 이 모바일 게임이라는 게 더 많아지고, 흥미를 끄는 게임들이 많아지니까요. 제 아이도 지금 중학교에서 평균 96점 찍었거든요. 공부할 때는 하는데, 이 핸드폰에 너무 심취해 있다 보니까 공부를 좀 많이 등한시 한다고 보시면 돼요. 근데 안 하는 친구들은 더 심하죠. 관심 없는 친구들도 그렇고요.
> 요즘 애들은 전반적으로 학원에 가는 것보다 집에서 게임에 빠져 있는 친구들이 더 많아요. 집에서 노는 아이들이 많다 보니까 자연스레 다른 아이들도 혼자 지내는 걸 좋아하게 되는 것 같아요. 요즘 애들은 남하고 부대끼는 걸 싫어하잖아요. 공부보다는 게임을 하면서 거의 혼자 지내는 은둔형 친구들인 거죠. 그런 친구들은 밖에 나가도 잘 놀지 못해요.

천호동 학생들의 학업 관심은 전반적으로 떨어졌지만, 상위권 학생들의 관심은 더 높아져 학업 관심도의 양극화 현상은 점차 심해지고 있다. 함미자 대표는 "학구열이 높은 부모님을 둔 학생은 천호동 내의 학원보다 명일이나 고덕 지역의 학원을 다니거나, 송파나 강남 쪽의 학원으로 원정을 가기도 한다"라고 하였다. 이 때문에 천호동에는 강남권과 같은 사교육 커뮤니티가 없다고도 말한다. 또한 사교육 커뮤니티는 천호동에는 없지만 인근의 명일이나 고덕 지역 쪽에는 있다는 설명도 덧붙였다.

함미자(여), 49세, 씨앰더블유학원 대표

> 부모가 경제력이 있으면 아이들이 학원을 이쪽으로 안 다녀요. 밖으로 보내죠. 일단 둔촌동이나 송파, 고덕 쪽으로 가는 거죠. 멀게는 강남도 가긴 가요.
> 전반적으로 명일과 고덕은 여기랑 차이가 심해요. 사교육 커뮤니티는 명일이나 고덕 쪽에 있죠. 특히 그쪽에 배재중학교나 명일중학교가 뜨고 있으니까 그쪽 엄마들 같은 경우도 들어보면, 천호동하고 완전히 시스템이 다르더라고요.

천호동 씨앰더블유학원 전경

천호동 씨앰더블유학원 대표와의 인터뷰

이어서 "천호동에 있는 보습학원은 등록·개강·특강 등으로 이루어지는 학원의 연중 일정이 따로 존재하지 않는다"라고 하였다. 이는 강남권과 달리 천호동 내 학부모들의 경우 국·영·수에 대한 사교육 관심이 전반적으로 낮아 인근 지역보다 사교육비 지출에 제한을 두기 때문이라고 한다. 또한 이러한 이유 때문에 일정 기간에 따라 움직이는 체계적인 시스템 대신 입소문과 같은 소개 방식으로 운영이 이루어 진다고 하였다.

함미자(여), 49세, 씨앰더블유학원 대표

> 등록·개강·특강 같은 학원의 연중 일정은 예전 제가 있었던 왕십리 쪽 학원에서는 했죠. 천호동에는 없고요. 고덕으로 넘어가야지 있는 거죠.
> 천호동에서는 할 수가 없어요. 왜냐하면 특강이나 이런 것들은 비용이 추가적으로 들어요. 학원비만 해도 부담을 느끼기 때문에, 특강 하면 무조건 특강비를 내야 하는데, 그런 게 천호동에서는 안 돼요. 그래서 제가 봤을 때는 시스템이 약간 주먹구구식이에요. 어쨌든 학원을 등록하는 기간이 따로 있지도 않고, 그냥 입소문으로 오면 상담하고 등록해서 운영하게 되죠. 전반적으로 천호동의 보습학원 시스템들이 다 그렇다고 봐야죠.

보습학원이나 작은 규모의 학원들은 주택가나 학교 근처에 개설되어 학생들의 물리적·심리적 접근성을 높인다. 함 대표가 운영하는 보습학원 역시 '학생들이 오가는데 편한 장소'에서 시작하였고, 만약 비슷한 보습학원이 인근에 있었다면 이곳에 자리를 잡지 않았을 거라고 한다. 학원이 밀집되어 있는 학원가의 경우 대형 학원을 중심으로 꾸려지는데, 독서실과 스터디 카페 역시 학원 주변에 함께 생겨나서 학원가를 더욱 발달하게 만든다. 함미자 대표는 천호동 학원계의 현재 상황을 부정적으로 바라본다. 현재 천호동의 학원은 쇠퇴기에 있으며, 천호동 학원의 미래에 대해서도 아이들이 공부를 하지 않는 것을 근거로 대형 학원의 경우 어려운 상황에 놓일 것으로 예상하였다.

함미자(여), 49세, 씨앰더블유학원 대표

> 대형 학원들 쪽에 스터디 카페나 독서실이 밀집돼 있죠. 강동 홈플러스 쪽 나가야지 있어요. 그쪽 골목으로 학원가가 있는데, 거기에 그런 시설들이 있죠.
> 천호동의 학원은 쇠퇴기라고 할 수 있어요. 전반적으로 그냥 저처럼, 일에 큰 욕심 부리지 않고 소소하게 하면 버틸 수 있는데요. 크게 해서는 절대 성공할 수 없다고 생각해요. 왜냐면 전반적으로 애들이 공부를 하면 좋은데, 지금처럼 계속 이렇게 공부를 안 하게 될 거 같아서요.

천호동의 병원

천호동 주민들의 병원 이용 현황을 알아보기 위하여 모세정형외과 관계자를 인터뷰하였다. 모세정형외과(서울시 강동구 양재대로 1550)는 주소지는 길동이지만, 천호3동에 위치한 십자성마을 바로 맞은편에 있어 천호동 주민들에게는 심리적으로 천호동의 병원으로 인식되는 병원이다.

천호동 주민들은 다치거나 아파서 병원에 가야 할 경우 대체적으로 천호동 내의 병원을 이용하고 있다. 지역의 병원을 이용하는 경향은 과거와 큰 차이가 없다는 점에서 주민들의 지역 내 병원에 대한 충성도는 높은 편이라 할 수 있다. 또한 물리적 접근성과 더불어 심리적 접근성도 중요한 것으로 보인다. 천호동 내부의 병원이라 해도 심리적으로 가깝고, 접근이 쉬운 병원을 선택하는 것이다. 모세정형외과의 경우도 '천호동과 길 하나 두고 맞은편에 바로 눈에 띄어서' 찾아오는 환자의 대부분이 천호동 주민이다.

정성환(남), 46세, 모세정형외과 원무과 부장

> 천호동에는 서울정형외과가 오래된 병원이고 인지도도 있는 편이에요.
> 모세정형외과는 주소는 길동에 있지만, 오는 환자들이 천호동 사람이에요. 천호동과 길 하나로 맞은편에 위치하고 있어서요. 여기 천호동 사람들한테 유명한 병원 대부분이 오래되고, 인지도가 좀 높아요.
> 천호동 주민들은 천호동 내부에 있는 병원을 더 많이 가요. 소문보다도 좀 가까운 데 가고, 다니던 곳을 다니는 편이에요. 강남지역에 있는 사람들은 거리보다도 유명한 게 더 중요하다고 생각하니까 대학병원이라든지 큰 병원이 많은 거예요.

천호동에서 가장 유명한 병원의 진료과는 '정형외과'이다. 천호동에는 육체노동을 하는 사람들이 많이 거주하는데, 정형외과의 특성상 몸이 아픈 사람들이 방문하기 때문이다. 몸으로 일을 하다 보면 아픈 데가 많아지는데, 이러한 거주자의 특성은 과거부터 계속 이어져 왔다고 한다.

정성환(남), 46세, 모세정형외과 원무과 부장

> 천호동에는 정형외과가 많죠. 왜냐하면 정형외과 특성이 일을 많이 하거나 육체노동을 하는 분들이 많이 오시기 때문이죠. 아무래도 몸으로 일을 하면 아픈 데가 많아지거든요. 그래서 보통은 정형외과 병원이 잘되는 곳이 봉천동·흑석동·화곡동·천호동 이런 쪽에 많죠. 또 천호동에는 나이 드신 분들이 많아요. 직업의 특성도 있고, 연령의 특성도 있는 거라 할 수 있어요. 천호동에서 정형외과가 잘 되는 추세는 과거부터 그랬어요, 계속 쭉 그랬어요.

현재 천호동에서 사라지고 있는 진료과로는 '산부인과'와 '소아과'이다. 국가통계포털에 따르면 천호동의 0~9세 인구는 1985년부터 감소하였고, 10~19세 인구는 1990년대부터 감소하였다. 20~29세와 30~39세도 1990년대부터 꾸준한 감소세를 보이고 있다. 소아과에 다니는 연령대와 출산 연령대가 꾸준히 감소하고 있어 소아과와 산부인과가 계속 사라지고 있는 것이다.

굽은다리역 주변에 있는 병원들

정성환(남), 46세, 모세정형외과 원무과 부장

> 산부인과와 소아과가 많이 사라지고 있죠. 특히 10년 전부터 눈에 띄어요. 출산이 없으니까 애들이 없죠. 소아과 의사들이 다 폐업 추세라고 해요. 저희 병원 원장님 아시는 소아과도 다 폐업하고요. 산부인과도 요즘 폐업하는 곳이 많아진다고 해요. 강동미즈여성병원 같은 경우는 입지도 좋고, 오래돼서 인지도도 있는 편이고 규모도 큽니다. 그런 곳들 몇 곳 빼고는 천호동에 있는 산부인과와 소아과는 진짜 다 사라지는 추세예요. 옛날에는 산부인과나 소아과에 사람들이 굉장히 많았었는데요.

하지만 반대로 늘어나는 진료과는 크게 없다고 한다. 산부인과와 소아과는 줄지만 다른 진료과들이 늘지 않고 현상 유지되는 이유에 대하여 "과거 대비 천호동 주민들의 건강 상태가 양호해지고, 실손보험 체계가 병원을 더 많이 간 사람에게 더 많은 보험료가 부과되는 형태로 바뀌기 때문이다"라고 설명하였다.

정성환(남), 46세, 모세정형외과 원무과 부장

> 늘어나는 과는 글쎄요. 늘어나지 않는 것 같아요, 비슷한 것 같네요. 산부인과와 소아과는 줄어들지만, 다른 과는 늘어나지 않고 그냥 현상 유지가 되는 이유는요. 우리나라도 선진국이 되었기 때문에 병원 가는 횟수가 줄고, 그다음에 또 실손보험이 바뀌니까요. 예전에는 실손보험이 있어서 병원에 많이 갔는데요. 그래서 2021년 대비 전국적으로 2022년 12월에 병원 환자가 약 20% 줄었다고 해요. 저희 병원도 외래환자가 10% 정도 줄었어요.

천호동 병원 이용객의 연령대는 비교적 높은 편으로 60대 이상이 70%를 넘을 것으로 현장에서는 체감하고 있었다. 모세정형외과의 경우도 갑작스러운 외상보다는 무릎이나 허리가 아픈 만성 어르신 환자가 많다고 한다. 병원을 찾는 환자 중 지역주민과 외지인의 이용 비율은 8:2 정도로 지역주민의 이용 비율이 압도적으로 높다.

모세정형외과

모세정형외과 관계자 인터뷰

정성환(남), 46세, 모세정형외과 원무과 부장

> 천호동 사람들이 병원을 이용하는 연령대는 60대 이상이 70% 이상일 거예요.
> 저희 병원으로 따지면, 좀 더 연세 드신 분들이 많이 오시는 편이에요. 또 다쳐서 오는 급성기 환자보다 만성기 환자들, 그러니까 허리가 아프고 무릎이 아픈 어르신들이 와요. 천호동에는 만성기 환자도 많은 편이죠. 나이 드신 분들이 많이 살기 때문에 천호동은 특히나 많아요. 다쳐서 오는 젊은 분들은 수술하려고 소문 듣고 오시는 경우가 많고요. 일반 수술 안 하는 병원들은 그냥 가까우니까 가는 거예요. 어르신들은 대부분 물리치료 하시니까 멀리 다니실 필요가 없잖아요. 그래서 가까운 데 가는 거예요. 또 저희 병원에는 지역주민이 80% 정도고, 외지인은 20%예요. 외지인은 하남·송파·성남 쪽에서 오고요.

천호동에 위치한 병원 대부분은 대중교통으로 접근하기 쉬운 지하철이나 버스정류장 인근에 있다. 이는 방문객의 접근성이 좋기 때문이다. 천호동 병원의 입지는 '역세권'이 가장 중요하며, 이 밖에 주택가와 상가들이 밀집하여 있는 곳이 좋고, 만약 은행이나 스타벅스도 같이 있다면 금상첨화라고 한다. 따라서 천호동에서 가장 좋은 병원 입지는 천호역 현대백화점 인근과 굽은다리역 주변을 꼽을 수 있다.

정성환(남), 46세, 모세정형외과 원무과 부장

> 병원 대부분이 대중교통으로 접근하기 쉬운 지하철이나 버스 정류장 인근에 몰려 있죠. 그 이유는 오기 편해서, 접근성이 좋은 건데요. 특히 천호동 분들은 대부분 가까운 데를 많이 선호한다고 말씀드렸잖아요. 주요 교통수단이랄 게 없어요. 걸어서 많이 오고 가시죠. 천호동에서 오는 환자는 대부분 다 도보죠. 비율로 따지면 80% 이상이요. 과거부터 그랬냐고요? 패턴이 쭉 그랬어요.
> 병원이 크건 작건 다 지하철역이나 정류장 근처로 잡아요. 그다음이 주택이 많이 모여 있는 곳이고요. 가장 중요한 건 역세권이고, 그다음이 주택가예요. 또 상가도 좀 있어야 해요. 상가가 많아야지 환자들이 거기서 또 많이 오잖아요. 역세권에 있다고 다 좋은 게 아니라 건물 구성이 중요해요. 그러니까 주상복합이거나 옆에 사무실도 있고 이런 곳이요. 또 은행을 끼고 있는 것도 좋고, 요즘은 스타벅스도 추가됐어요. 은행이나 스타벅스까지 갖추면 최고죠.
> 천호동에서 병원 입지가 가장 좋은 지역은 천호 현대백화점하고, 여기 굽은다리역 주변이에요. 천호 현대백화점 거기에 제일 많잖아요. 천호동에는 병원이 거기 다 몰려 있어요. 굽은다리역도 위치가 좋아서 저희뿐만 아니라 여러 병원이 몰려 있잖아요.

천호동성당

천호동성당(서울시 강동구 구천면로 236-1)은 천호동 종교 커뮤니티의 중심에 자리하고 있다. 원래 약현성당 관할이었던 광나루 공소였으나 1951년 이후 철원과 연천 등지에서 온 피란민 정착지에 공소가 옮겨오면서 천호동을 중심으로 종교 커뮤니티가 생겨났다.[7] 하지만 이후 모본당이 신당동성당으로 바뀌게 되었고, 모본당과 거리가 멀어 사목 활동이 힘들어지자 신부님과 신자들이 뜻을 모아 1958년 신당동성당을 모본당으로 천호동성당이 세워졌다.[8] 천호동성당은 천호동 일대의 종교 커뮤니티로 출발하였기 때문에 천호동 전체의 종교 커뮤니티에 미치는 영향이 매우 크다.

7 굿뉴스 갤러리(gallery1898.catholic.or.kr), 2022년 12월 11일 검색

8 두피디아(www.doopedia.co.kr), 2022년 12월 11일 검색

9 굿뉴스 갤러리(gallery1898.catholic.or.kr), 2022년 12월 11일 검색

1964년부터 천호동성당에서 신앙생활을 하고 있는 유구영은 "천호동으로 공소가 이전하면서 천호동이 광진구 일대와 송파구 일대의 신앙생활을 아우르는 종교 중심지였다"라고 하였다. 또한 "천호동 공소의 위치가 지금의 천호동성당이 아닌 에덴모자원(지금의 천호 이마트)" 자리였음을 확인해주었다.

유구영(남), 83세, 천호동성당 신자

> 원래 광나루 쪽이 교세가 셌대요. 근데 천호동이 훨씬 현실적으로 사람이 많이 오니까 이쪽으로 공소를 이전한 거지요. 그러니까 천호동을 중심으로 화양리·송파·하남 이런 데가 다 여기가 중심지라고 봐야 돼요. 천호동이 제일 오래됐고 중심적인 역할을 했죠. 원래 공소는 지금 천호동성당 위치가 아니라 김기인 대령이 있던 에덴모자원이 원래 공소 위치였어요.

종교 커뮤니티가 가장 크게 체감하는 변화는 신자수의 감소이다. 천호동성당의 전성기는 1980년대였다. 하지만 천호동성당은 1958년에 모본당으로 설립된 이래 거여동(1971년, 현 마천동성당)·둔촌동(1981년)·암사동(1981년)·길동(1985년)·고덕동(1986년)·명일동(1987년)·풍납동성당(1989년)으로 분할되었다.[9] 1980년도부터 신자수가 1만 명이 넘게 되면서 인근의 거여·둔촌·암사 등지로 성당을 분할하고, 그쪽으로 그 신자수만큼 인구도 이동하게 될 정도였다.

천호동성당 내부

천호동성당 관계자 인터뷰

유구영(남), 83세, 천호동성당 신자

> 초창기에는 천호동성당 신자가 5,000명 정도였어요. 어마어마한 인원인 거죠. 1980년도부터는 아마 1만 명도 넘었어요. 인원이 너무 많으니까 1981년에 신자를 쪼개기 시작했어요. 이쪽 송파나 거여동은 판자촌도 있었어요. 그 판자촌을 정비하면서 박정희가 정권을 잡은 다음에 그 사람들을 무조건 남한산성 밑 광주나 강일동, 또 송파 쪽으로 막 보냈죠. 그래서 성당을 분할하면 그 인구가 이전하는 지역으로 나가는 거죠.

두 번째로 크게 체감하는 변화는 신자가 고령화되고 있다는 것이다. 약 20년 전인 2000년대 이전까지만 하더라도 신자들의 활동이 굉장히 활발했다. 하지만 현재 천호동성당의 주 활동 연령대는 50대 후반에서 60대이다.

윤경숙(여), 71세, 천호동성당 신자

> 제가 40대일 때 성당이 활성화됐는데, 지금은 조금 고령화가됐어요. 다들 직장에 다니기 때문에 60대가 제일 활발하게 활동하죠. 50대 중반부터 60대가 제일 많이 활동한다고 봐야 해요. 제가 일흔 살이니까, 20년 전 즈음은 제 나이 또래가 굉장히 전성기였어요.

신자 윤경숙은 천호동성당이 천호동 종교 커뮤니티의 중심지였다고 언급한다. "이곳에서 사람들이 마음의 안정과 위로를 받으면서 서로 연결되고, 또 필요한 경우 도움도 주고받았다"라고 설명하였다. 천호동 주민들은 천호동성당을 통하여 서로 연결되며, 관계를 맺고 이어나갔다.

윤경숙(여), 71세, 천호동성당 신자

> 옛날부터 어려운 사람들은 성당에 오면 구호품 받고 그런 것도 있고요. 성당이 마음에 안정을 주는 거점이 됐던 것 같아요. 굉장히 중심거점인 거죠. 그때는 어려운 사람들이 많았고 그랬어요. 어려운 분들이 서로 보듬어주면서 연결도 시켜주고 또 유대감도 느끼고요.

유구영(남), 83세, 천호동성당 신자

> 집에 초상났을 때 성당이 적극적으로 도와주거든요. 그 영향도 많아요. 누가 돌아가시면 막막하거든요. 그런데 성당에서 함께해 주는 역할도 한 거죠.

천호동성당은 종교 커뮤니티의 중심지뿐만 아니라 일반 주민의 커뮤니티 중심지로도 역할한다. 성당 뒤편의 언덕에 로즈메리힐 정원을 조성하여 주민들의 산책 공간으로 개방하고 있는 것도 그중 하나다. 로즈메리힐 정원은 천호동성당에서 부지를 제공하고, 서울시가 조성한 주민 쉼터이다. 다른 성당에서 볼 수 없는 장미·산철쭉·산딸나무 등의 다양한 식물들이 철마다 핀다.[10] 이 정원에 대하여 신자 유구영은 "신자 외에 주민들이 운동 또는 산책 공간으로 이용하거나 인근의 병원 환자들이 쉬기 위하여 방문하기도 한다"라고 하였다.

10 「새 성당이지만 오랜 역사를 간직한 천호동성당」, 지역N문화 홈페이지

유구영(남), 83세, 천호동성당 신자

> 이 쉼터는 저희 성당이 100억 부지를 서울시에 제공한 거예요. 주민 쉼터가 생기고 나서는 주민들이 여기 들어와서 산책이나 운동 삼아 돌고 가고 그래요. 여기 뒤에 가 보시면 장미동산을 조성해 놨어요. 비싼 장미를 심어서 장미동산을 만들었어요. 지역주민들도 많이 오고, 여기 앞에 병원이 있어요. 그래서 환자들이 여기 많이 오고요. 공간이 예쁘니까 특히 저녁에는 연인들도 많이 와요.

천호동성당은 지역 커뮤니티를 위한 다양한 주민행사도 기획하고 있다. 성당이 커뮤니티의 중심지가 돼서 불우이웃 돕기 행사, 철쭉 문화 행사, 로즈메리힐 축제, 장터 같은 행사를 열었다. 이는 신도들과 주민이 함께하는 행사였다. 또 성당에서 주민들이 화합하도록 윷놀이 행사도 진행하였다.

윤경숙(여), 71세, 천호동성당 신자

> 오래전부터 여기 성당이 커뮤니티의 중심이 돼서 불우이웃 돕기 행사, 철쭉 문화 행사, 로즈메리힐 축제, 장터 같은 행사를 열고 있어요. 이게 신도들과 주민이 함께하는 행사거든요. 또 옛날에는 동네에 좀 어려운 노인들 모셔다가 짜장면 대접도 하고, 큰집답게 큰일을 많이 했던 거 같아요.
> 장미동산으로 바뀌기 전에는 철쭉 축제를 했었는데요. 2~3일 이어서 했어요. 언젠가 한번은 티켓 같은 걸 싸게 발행해서 지역주민들이 다 와서 식사를 할 수 있게 했거든요. 또 장기자랑 이런 것도 했고요.

유구영(남), 83세, 천호동성당 신자

> 옛날에 윷놀이도 했어요. 예선전은 천호1·2·3동에서 하고, 본선은 여기서 한 거죠. 우리 신자들하고 신자 아닌 분들이 어우러진 마당이었죠.

북카페 다독다독

천호동에는 사회적 관계를 형성하는 거점 공간 역할을 하는 커뮤니티가 있다. 북카페 다독다독(多讀茶篤), 천호 마을활력소, 강동 어린이식당 등이 그런 곳이다. 공간의 성격은 아니지만, 커뮤니티가 모이는 공식적 모임도 존재한다. 자율방범대, 벽동마을 거리제, 커뮤니티 소모임 등이다.

다독다독(多讀茶篤)은 책과 차를 매개로 하는 북카페 도서관으로 새로운 형태의 강동형 커뮤니티 거점 공간이다. 2020년 9월에 길동사거리에 개관한 1호점(길동사거리점)을 시작[11]으로, 2022년 12월 말 현재 고분다리시장점·구천면로점·굽은다리역점·고덕점 등 총 7개를 운영하고 있다. 7개 지점 중 구천면로점(서울시 강동구 구천면로 321)을 방문하여 커뮤니티 거점 공간인 다독다독을 통하여 지역주민이 어떻게 연결되고 확장되고 있는지를 알아보았다.

11 「북카페도서관 다독다독(多讀茶篤) 구천면로점 개관」, 『강동신문』, 2021년 5월 31일.

구천면로점은 지역주민들이 문화 경험의 폭을 넓히기 위한 공간이다. 이 때문에 공간 구성의 경우 라이프스타일에 집중한 전시 및 편집숍과 바리스타가 상주하는 카페에 초점을 맞췄다. 매니저 권민선은 구천면로점의 장점으로 '지역 청년들이 운영하는 공방과 협업해 라이프스타일 공간을 구성한다는 것'과 '바리스타가 상주해서 카페 형태로 운영되고 있다는 것'을 꼽았다. 이용자 윤규진은 구천면로점을 '깨끗하고 편안한 공간'으로 묘사하면서, '책을 읽거나 사색을 충분히 할 수 있는 곳'이라고 하였다.

권민선(여), 43세, 다독다독 구천면로점 매니저

> 저희는 도서관보다 북카페에 중점을 두고 있어요. 다른 지점은 사서가 있어서 책을 대출하는 게 가능하거든요. 근데 저희는 그게 아니라 라이프스타일 관련 스마트 스토어숍이랑 카페가 입점돼 있는 형태예요. 주변의 청년공방과 연계해서 그들의 작품을 이곳에 전시하고 오프라인에서 판매도 할 수 있게 해요. 저희는 책 대출이 안 돼요. 책이 항상 이곳에 있고, 항상 거의 깨끗한 상태로 있으니까 그 점을 손님들이 좋아하시더라고요. 장점이자 단점이죠. 아예 카페 형식을 갖춰서 운영하는 곳은 저희밖에 없어요. 다른 곳은 캡슐 기계에 이용객들이 직접 (커피를) 내린다거나 아니면 아예 없는 데도 있고요. 저희는 강동구 사회적기업협의회가 맡아서 운영하다 보니까 지역 카페가 같이 컨설팅해서 운영해요. 바리스타도 상주해서 운영 중이에요.

윤규진(남), 63세, 다독다독 이용자

> 바로 옆에 이런 게(다독다독) 생겨서 너무 좋아요. 저도 평상시에 글을 좀 쓰고 싶고, 책도 많이 읽고 싶었거든요. 여기 와서 보니까 항상 그 책이 그대로 있다는 장점이 있는 반면에 읽다가 시간이 되면 가야 되는 단점이 있어요. 그래도 제가 여기 와서 읽은 책만 벌써 거의 100권이에요.
>
> 여기가 공간도 깨끗하고 편안하고 책 읽기도 좋아요. 커피도 파니까 사 먹기도 하고요.

구천면로점은 청년층과 중장년층이 골고루 이용하고 있다. 이용객은 20~30대 청년층과 40~60대 중장년층이 반반 정도의 비율이며, 청년층은 남성이, 중장년층은 여성이 더 많이 방문한다. 이용객의 대부분이 지역주민이다. 진행 프로그램의 일부는 가끔 외부 이용객이 참여하지만, 일반적으로는 지역주민이 이용한다고 한다.

권민선(여), 43세, 다독다독 구천면로점 매니저

> 연령별로 구분하면 20~30대 청년층하고, 그다음이 40~60대 중장년층으로 반반씩 오신다고 보면 돼요. 남녀 성별로 따지면 거의 반반인 것 같아요. 청년층은 남자분들도 꽤 많이 오시고요. 여성분들은 오히려 중장년층분들도 많으세요.
> 저희 공간을 이용하시는 분들은 인근의 지역주민이 거의 대부분이에요. 프로그램도 거의 지역주민이 이용하세요. 일단 프로그램 진행비가 따로 들지 않고 재료비도 없다 보니까 인스타그램 공지를 보다가 관심 있으신 분들은 외부에서도 오시기도 하지만, 대부분 주민이라고 보시면 될 것 같아요.

구천면로점은 지하철역이나 버스정류장 인근에 위치하지 않아 물리적 접근성이 높지 않다. 이 때문에 평일은 오전보다 오후가, 주중보다 주말 이용객이 더 많다. 평일에는 오후에 책을 읽거나 자기만의 시간을 가지고자 하는 사람들이, 학교 끝나고 학원에 가기 전 시간을 보내는 아이들이 많이 방문한다. 주말의 경우는 아이와 함께하는 부모님이나 주변 상인들이 많이 방문한다. 중간중간 화장실을 이용하거나 휴식하기 위해 방문하는 이용객도 있다. 대관료가 없어 커뮤니티가 소모임을 진행하기도 한다. 구천면로에 없었던 주민 개방형 공간인 다독다독은 주민들에게 쉼을 위한 휴식의 공간, 책을 읽기 위한 여가의 공간, 소모임을 위한 모임 공간 등으로 다양하게 활용되고 있다.

다독다독 구천면로점에서 진행되는 독서 모임

사진 모임

권민선(여), 43세, 다독다독 구천면로점 매니저

> 평일에는 책을 읽으러 일부러 오시는 분들이 오후 시간대에 있고요. 아이들은 학교 끝나고 학원이랑 중간에 비는 타임 그때 와서 많이들 놀다 가요. 주말에는 부모님들이 아이들 책 읽어주러 오시고요. 또 주변 상인분들이 이용하세요. 미용실 하시는 분들이 아이들 데리고 나와서 출근하셨다가 손님이 너무 많이 오면 '잠깐 거기 가서 놀다 와' 이렇게 하고 보내시는 경우도 있고요. 또 버스 기다리다가 잠깐 쉬거나 화장실 이용하려는 분들도 있어요. 지역주민들이 쉼터처럼 사용하시기도 하고요. 그리고 대관료가 없으니까 소모임하는 공간으로 쓰이기도 합니다.

한편 주민들의 문화 향유를 위한 정규 및 특별 프로그램이 운영되고 있다. 정규 프로그램으로 북클럽(독서토론 모임)과 글쓰기 클럽(글쓰기 모임), 사진클럽이 계속 운영되고 있는데 참여자들의 만족도가 높은 편이다. 특별 프로그램의 경우 '일회성'으로 진행되고 있으며, DIY 목공·민화·커피클래스·전통술 등 다양한 문화 주제를 다루고 있다.

권민선(여), 43세, 다독다독 구천면로점 매니저

> 정규 프로그램은 글쓰기하고 북클럽이 따로 있어요. 북클럽은 매달 한 권의 책을 정해서 읽고, 그 내용을 같이 토론하거나 나누는 거예요. 글쓰기 클럽은 말 그대로 쓴 글을 가지고 서로 첨삭도 해주고 그런 부분이 있죠. 프로그램당 이용자는 보통 5명 정도예요. 책 주제에 따라서 관심 있는 분이 새롭게 들어오시기도 하고 그래서 조금씩 변화가 있어요. 북클럽은 만족도가 굉장히 높아요. 글쓰기 클럽은 아무래도 본인이 창작해야 하는 부분이다 보니까 좀 어려워하기도 하고요.
> 특별 프로그램은 일회성으로 지역주민한테 다양한 문화예술 경험을 드리기 위한 목적으로 기획했어요. 그래서 전에 했던 프로그램들 보면 목공으로 고치는 DIY, 직접 고치는 DIY, 한국의 전통술 이런 것도 있어요. 다양한 문화 주제를 다루고 있어요.

다독다독 구천면로점 권민선 매니저 인터뷰

이용자 윤규진 인터뷰

또한 구천면로점은 지역의 청년들과 협업하여 주민들이 즐길 수 있는 콘서트 및 다락 장터를 개최하고 있다. 커뮤니티의 거점 공간일 뿐만 아니라 커뮤니티와 함께 새로운 문화 행사도 기획하는 것이다. 지역의 청년 공방 5곳과 함께 플리마켓을 진행하고, 지역의 청년 연주자들을 섭외해 콘서트를 열기도 한다.

권민선(여), 43세, 다독다독 구천면로점 매니저

> 다락장 장터 같은 경우에는 저희 청년 다락 공방 5군데와 플리마켓을 계속 진행하는 거라 지역 커뮤니티 중심이라고 할 수 있어요. 콘서트 같은 경우는 우선 커뮤니티를 위주로 알아보고요. 그중에 연주자가 다섯 분이면 그중에 몇 분은 외부 분일 수도 있지만, 되도록 관내 분들로 하고 있어요.

이렇게 다독다독에서 진행하는 다양한 문화 프로그램은 다양한 세대가 교류할 수 있는 장이 되고 있다. 20대부터 60대까지 다양한 생각을 나누면서 세대 간의 다름을 이해하게 된 이용자도 있다. 또 다양한 세대가 모여도 나이에 구애받지 않고 프로그램에 참여할 수 있는 것이 이 공간의 장점이다.

권민선(여), 43세, 다독다독 구천면로점 매니저

> 저희 북클럽 참여자분들이 20대에서 60대까지 연령대가 다양하세요. 하지만 모여서 다같이 생각을 나누는 부분을 굉장히 좋아하세요. 한 60대분이 말씀하시길 '내가 정말 젊은 사람들을 이해하기 너무 힘들었고, 내 딸이랑도 대화가 힘들었는데 이 북클럽을 진행해 가면서 젊은 사람들을 이해할 수 있는 것 같다'고 하셨어요. 이런 부분을 되게 좋아하셨어요.

윤규진(남), 63세, 다독다독 이용자

> 어울리는 걸 좀 걱정했어요. 왜냐하면 굉장히 다양한 연령대가 올 수도 있어서요. 근데 오시는 분들이 그점에 구애를 안 받는 것 같더라고요. 저는 혹시 다른 사람들이 거부감이 있는 거 아닌가 그런 생각을 하고 왔는데, 그렇게 대해 주지 않고 되게 오픈되게 해 줘요.

천호동 주민들은 세대 간 교류를 통하여 다독다독을 커뮤니티의 거점 공간으로 인식하고 있다. 권민선 매니저는 "이전에 몰랐던 주민들이 서로 인사를 하면서 안부를 물어가며 커뮤니티가 만들어진다"라고 말하였고, 이용자 윤규진은 "새로운 주민들을 알고 교류할 기회가 생겼다"라고 하였다.

권민선(여), 43세, 다독다독 구천면로점 매니저

> 북클럽 분들이랑 글쓰기 클럽 분이랑 겹치지 않은 분들이 가끔 마주칠 때가 있으면 '그 클럽 하실 때 봤어요.'라든지 하는 식으로 인사도 나누면서 커뮤니티가 형성되는 것 같아요.

윤규진(남), 63세, 다독다독 이용자

> 프로그램에 참여하면서 천호동에 거주하시는 분들을 알게 되고 교류하게 될 기회들이 생겼어요. 여기 인원이 한정돼 있으니까 많다고는 할 수 없지만요.

천호 마을활력소

천호 마을활력소(서울시 강동구 구천면로68나길 17)는 강동구 내 마을활력소(천호·강일·성내·명일·고덕)를 전체적으로 관리하는 거점형 마을활력소이다. 원래는 구비로만 운영되던 것을 서울시가 시비를 투입하여 2020년 10월에 개소한 커뮤니티 활성화 공간이다. 마을 주민들이 서로 만나고 연결되는 취지로 기획되었다. 천호 마을활력소가 다른 마을활력소와 차별되는 점은 인근 마을활력소를 통합하여 관리하는 '헤드타워' 활력소라는 것이다.

천호 마을활력소

장기헌(남), 64세, 강동구 마을공동체지원센터장(천호 마을활력소 관리)

> 강동구에 5개의 마을활력소가 있어요. 그런데 기본적으로 4개 활력소는 아주 지역적인 작은 활력소라고 보면 돼요. 4개는 작은 활력소고, 천호 마을활력소는 5곳의 활력소가 같이 함께 움직일 수 있도록 형님이라고 해야 하는 큰집. 그래서 거점형 활력소랄까, 헤드타워 역할을 하는 그런 취지에서 만들어진 활력소예요.
> 기존에 기초자치단체의 활력소 공간들이 있었어요. 서울시에서 정책을 하다가 서울시 거점형 마을활력소를 도입한 거죠. 자치구에도 이런 게 있는데, 그 공간을 서울시에서 보조도 해주면서 관여할 수 있는 그런 활력소를 만들고 싶었던 거죠.

서울시 최초의 거점형 마을활력소 1호가 다른 곳이 아닌 천호동에 자리한 이유는 부지 확보가 용이한 데다 낙후된 환경에 문화공간을 제공하기 위함으로 보인다. 이에 대하여 장기헌 센터장은 "천호동에 시유지, 구유지가 이미 확보돼서 건물 부지 확보에 유리하였다"라고 말한다. 또한 "천호동은 인근 지역보다 개발이 덜 된 상태이고, 특히 구옥이 많아 문화 활동을 할 수 있는 공간이 없다"라며 "지역의 특성상 커뮤니티를 위한 문화 공간이 필요하였다"고 한다.

천호 마을활력소 공간 구성
① 지하 1층 ② 1층 마을기록관 ③ 2층 공유부엌 ④ 2층 공동육아실 ⑤ 3층 소모임실 ⑥ 4층 프로그램실

장기헌(남), 64세, 강동구 마을공동체지원센터장(천호 마을활력소 관리)

> 활력소를 짓기 위한 부지를 물색하다가 천호동에 먼저 생기는 게 좋다고 생각한 것 같아요. 서울 시내에서는 부지를 확보하기만 하면 건물 공사 50% 이상은 거의 됐다고 보잖아요. 여기 천호동에 시유지, 구유지가 있었던 걸로 알고 있어요. 그러다 보니까 부지를 확보하기 용이하다고 봤죠.
> 또 천호동은 구옥 지대다 보니까 주민을 위한 문화시설이 없어요. 예를 들어 상일동 이런 곳은 새로운 아파트가 지어지면서 그런 공간이 많이 생길 수 있는 거지만, 여기는 옛날 기존 시가지 지역이다 보니까 문화 활동을 할 수 있는 공간이 아무것도 없어요. 하다못해 놀이터도 없는 동네예요. 놀이터도 굉장히 협소하고, 저 먼 데까지 가야 하는 그런 형편이더라고요. 그러다 보니까 이게 맞아떨어진 것 같아요. 땅을 확보하기도 좋고, 지역 특성상 여기에 위치를 잡은 거죠.

이러한 이유로 천호 마을활력소는 커뮤니티를 위한 모임 공간으로 꾸며졌다. 지하 1층부터 지상 4층까지의 공간을 살펴 보면 각 층이 다른 구성을 지녔다. 지하 1층은 방음 시설을 갖춰 소음이 날 수 있는 모임, 예를 들면 악기·노래·춤 모임이 이루어지며 장애인이 운동하는 휠체어 모임도 이루어진다. 1층은 관리사무실 외에 주민 활동이 전시되는 마을기록관으로 사용된다. 공간 한쪽에는 주민 관련 활동이 2~3개월 단위로 전시된다. 2층은 공유부엌과 공동육아실로 이용된다. 공유부엌의 경우 음식뿐만 아니라 만들기 모임, 예를 들어 약초 물 담그기와 연잎밥 만들기 같은 모임이 이루어지고 있다. 공동육아실은 부모와 아이가 함께 와서 할 수 있는 여러 형태의 모임이 진행된다. 3층은 활력소 직원 사무실과 작은 소모임이 이루어지는 공간으로 사용된다. 4층은 프로그램실로 교육활동이나 20~50명 정도가 모일 수 있는 대규모 모임이 열리는 공간으로 이용된다.

천호 마을활력소 관계자 인터뷰

천호 마을활력소 공간 구성

구분	분류	용도
지하 1층	다목적실	방음 시설이 완비되어 악기·노래·춤 등 소음이 발생할 수 있는 각종 모임 개최
1층	관리사무실 마을기록관	마을 주민들이 주도하여 기획하는 전시 공간
2층	공유부엌 공동육아실	부엌: 음식과 약초 물 만들기, 미술 교육, 꽃꽂이 등 공동육아실: 엄마와 아이들이 함께 하는 활동 공간
3층	사무실 및 모임실	사무공간 및 교육 등 소모임 공간
4층	프로그램실	20명부터 50명까지 모일 수 있는 각종 모임 개최

장기헌(남), 64세, 강동구 마을공동체지원센터장(천호 마을활력소 관리)

> 지하 1층은 방음효과가 있어요. 그래서 소음이 날 수 있는 악기라든가 노래라든가 춤이라든가, 주민에게 소음 피해가 있을 수 있는 모임이 진행돼요. 예를 들면 악기 중에서도 난타, 또 관현악 같은 거, 그리고 장애인분들이 휠체어 타고 운동하는 휠체어 사이클도 있어요. 지상 1층은 원래 관리사무실이에요. 최소한의 행정 공간만 두고, 주민들이 지역의 일에 대한 책자나 여러 활동 자료를 2~3개월씩 전시할 수 있는 공간을 내어주자는 의견에서 마을기록관이 기획되었어요.
> 2층은 공유부엌으로 음식을 하거나 먹으면서 진행하는 모임들이 운영되고 있어요. 약초 물을 담근다든가 연잎 같은 토종 식물을 매개로 모임을 해서 연잎밥을 만드는 모임도 있고요. 공동육아실은 아기들하고 같이 와서 모임 활동을 할 수 있는 그런 공간이죠.
> 3층은 저희 사무실하고 작은 소모임이 이뤄지는 공간이고요.
> 4층 프로그램실은 교육, 주로 소규모 말고 조금 많은 인원이 필요한 20명 이상부터 40명·50명 정도가 모이는 교육 장소나 프로그램 운영 쪽으로 활용되죠.

특이한 점은 천호 마을활력소가 제공하는 것은 공간뿐이고, 프로그램의 기획 및 운영은 대부분 주민이 주도하고 있다는 사실이다. 비결은 첫째, 강동구에서 진행하고 있는 강동구 마을공동체 모임 사업 때문이다. 천호동의 공동체 모임은 2022년 기준 강동구 전체에서 약 300개가 운영되며, 천호동의 경우 약 50개가 활발히 운영되고 있다.

장기헌(남), 64세, 강동구 마을공동체지원센터장(천호 마을활력소 관리)

> 이 공간은 마을공동체 모임 활동을 위한 공간으로 설립됐어요. 취지가 그렇다 보니까 일반 주민들 아무나 이용하시는 건 아니에요. 왜냐하면 내가 동호인 모임을 하겠다, 아니면 우리 애들 생일잔치 하겠다고 모이는 그런 모임은 아니죠. 약간 공익적인 게 가미된, 그래서 특히 마을공동체 공모 사업에 참여하는 분들이 편안하게 무료로 이용하기 위한 거예요.
> 그 외에 공간 이용은 대관비를 최소한으로 부과하는 거죠. 2시간당 1만 원, 초과 시 5,000원 정도예요.

김은경(여), 46세, 강동구 마을공동체지원센터 팀장(천호 마을활력소 관리)

> 마을공동체 모임 사업은 2012년부터 시작했어요. 이게 서울시 정책 사업으로 내놓은 거예요. 강동구에서 적극적으로 이 사업을 진행하기 시작한 건 2020년부터네요.
> 강동구 전체로 보면 2020년에 200개, 2021년에 230개, 2022년에 300개 정도 되는데요. 천호동이 지역이 넓고, 구시가지다 보니까 개수가 좀 많아요. 그래도 한 50개 정도로 짐작돼요.

이처럼 천호 마을활력소는 강동구에서 진행하는 마을공동체 모임 활동을 위한 공식적인 공간으로 우선 이용되지만, 대관료를 지불하고 사용하는 이용객도 적지 않다. 대관비 명목의 공간 이용료는 2시간에 1만 원, 시간을 초과하면 5,000원을 부과한다. 하지만 공동체 활동 계획서를 제출하면 공간을 무료로 이용할 수 있다. 대관료 대신에 재능기부하는 방식으로 이용자의 재능을 커뮤니티가 공유할 수 있게 전환하는 것이다. 이러한 재능 나눔은 2022년 4월에 고안된 공간 활용 방식이다. 새로운 공간 활용 방식은 자신의 재능으로 배우고 싶은데도 못 배우고 있는 누군가를 가르쳐 준다든가, 아니면 주민들한테 발표하고 싶은 사람에게 기회를 제공한다든가, 남을 위해 헌신할 수 있는 것이 무엇일까를 고민하다가 나왔다. 재능기부는 지인들만의 소모임이 지역 커뮤니티 전체에 개방되는 클래스로 확장되는 효과를 가져왔다.

성원영(여), 50세, 강동구 마을공동체지원센터장(천호 마을활력소 관리)

> 대관료를 내고 이용하시는 분들도 꽤 많이 와요. 주민 커뮤니티가 형성되신 분들 위주죠. 공모사업에 참여하지 않으시더라도 계속해서 꾸준히 취미 활동을 하시는 분들이 이용하고 계세요.
> 하지만 대관료를 대신해서 재능기부가 가능한 공동체 활동 계획서를 받아 재능기부로 전환시켜요. 이건 2022년 4월부터 시작했어요. 이용자한테 '계속해서 이렇게 유료로 사용하실 수도 있는데, 이런 방법도 있습니다'라고 그러면은 거의 100이면 100 모두 공동체 활동 계획서를 쓰세요. 공동체 활동 계획서를 통해서 오픈된 모임은 뜨개질·기타·댄스·풍선아트 등이 있어요. 사실 전문가 모임도 아니고 그래서 누군가에게 가르쳐 줄 수 있는 부분이 적긴 하지만 지역주민들에게 즐거운 시간을 같이 하자는 의미로 배우고 싶거나 함께하고 싶은 지역주민들에게 기회를 주는 거죠.

장기헌(남), 64세, 강동구 마을공동체지원센터장(천호 마을활력소 관리)

> 누군가 배우고 싶은데 못 배우고 있으면 같이 참여해서 가르쳐주고, 또 주민들한테 공연 기회를 준다든가, 하다못해 거리에 가서 연주를 할 수도 있죠. 근데 우리뿐만 아니라 남을 위해서 공헌하는 차원으로 확산시켜 나가는 거죠.

재능 나눔은 처음에 원데이 클래스 형태로 진행되었다. 천호 마을활력소에서는 이를 '천호활력데이'로 발전시켜 매월 1회 주민들을 대상으로 클래스를 고정적으로 운영 중이다. 그동안 천호활력데이에 라인댄스와 풍선아트 등이 진행되었다. 주민들이 이번 달 천호활력데이 클래스를 궁금해할 만큼 호응이 좋다고 한다. 한편 재능 나눔 클래스를 포함하여 커뮤니티의 참여가 활발한 프로그램의 경우 다른 모임으로 분화되거나 자체적으로 추가 모임이 생기는 등 새로운 커뮤니티를 생산하기도 한다. 사적 소모임이 서로 연결되면서 더 넓은 공적 모임으로 확장되는 것이다. 천호동의 커뮤니티는 천호 마을활력소를 통하여 계속 커뮤니티를 형성하고 확장되고 있다.

성원영(여), 50세, 강동구 마을공동체지원센터 팀장(천호 마을활력소 관리)

> 재능 나눔으로 열리는 원데이 클래스를 매월 천호활력데이라고, 아예 명칭을 붙였어요. 사람들이 이번 달에는 뭘 하는지 물어볼 만큼 반응이 좋은 것 같아요. 그래서 한 게 넌버벌 난타가 있고, 라인 댄스도 있어요.
> 저희가 모임을 오픈하면 사람들이 알아서 또 모임 만들어서 확장해 가요. 모임 안에서 나뉘어 동아리가 만들어지고요. 웃음 치료 관련해서 진행하시는 분이 계시는데, 그분은 '웃자배기' 모임에도 들어가 계시고 '웃음 행복단' 모임에도 들어가 계세요. 그렇게 왔다 갔다 하시면서 사람들과 연결되시더라고요.

강동 어린이식당

2021년 12월에 개소한 강동 어린이식당(서울시 강동구 구천면로 321)은 전국 최초로 지자체에서 직영으로 운영하는 어린이식당이다. 약 40평 공간에 30명 정도를 수용할 수 있는 규모이다. 아이들에게 건강한 식사는 물론이고, 돌봄 프로그램까지 제공하는 어린이 전용 공간이다. 강동구뿐만 아니라 전국에 없는 새로운 형태의 어린이 전용 커뮤니티 시설이기 때문에 이곳을 통하여 천호동의 어린이들이 어떻게 교류하고 관계를 맺는지 살펴보고자 관계자를 인터뷰하였다.

어린이식당은 주방·식당·놀이방 등을 갖춰 아이들을 위한 건강한 한 끼는 물론 각종 문화 프로그램들을 제공하고 있다. 어린이식당은 원래 초록우산 어린이재단 부산지부에서 진행한 동네 주민들의 공동육아에 착안해서 전국 지자체 최초로 어린이 전용 특화시설을 운영하게 되었다. 영양사와 돌봄 교사를 채용하고, 천호동을 포함한 강동구 아이들의 영양과 건강을 관리하는 시스템을 갖춰 매주 월요일부터 금요일까지 운영하고 있다.

조현수(남), 43세, 강동구 아동청소년과 아동돌봄팀장

> 식사와 돌봄의 형태를 결합한 것은 처음으로 부산에 있는 초록우산 어린이재단에서 시작하셨어요. 그쪽은 주 1회의 자원봉사 성격, 아니면 동네 주민들이 공동육아의 개념으로 접근해서 시작을 하였고요. 저희는 이것을 아이디어 삼아 전국 지자체 최초로 구비를 들여 특화된 시설을 운영하는 거예요. 아이들을 회원제로 관리하면서 영양사와 돌봄 교사도 별도로 채용했고요. 식사는 보통 오후 5시부터 7시까지 해요. 돌봄은 오후 4시부터 7시까지 하고요. 운영은 매주 월요일부터 금요일까지 오후 4시부터 8시까지 합니다.

어린이식당에서 제공하는 식사는 2,500원으로 상당히 저렴한 편이다. 식사 외에 돌봄 프로그램 구성 또한 다양하다. 정규 프로그램은 식재료 및 젓가락 사용 등 식생활 관련 내용으로 자체적으로 주 1회 정도 진행한다. 특별 프로그램은 강동 50플러스센터 등 강동구와 연계하여 다양한 프로그램을 진행하고 있다.

조현수(남), 43세, 강동구 아동청소년과 아동돌봄팀장

> 식사는 원래 8,000원 기준의 식사예요. 2,500원에 제공하고 있지만, 원래 재료비만 5,000원 정도 듭니다. 인건비까지 다 해서 8,000원 정도 되는 그런 밥이지만, 복지

강동 어린이식당 내부

영역에서 식권의 개념이라고 보시면 됩니다. 복지 시설에서도 이런 급식을 할 때 보통 식권 금액대가 딱 이 정도예요. 물가가 올라도 계속 그 금액이예요. 나머지 부족한 재료비 예산은 시나 구 예산으로 확보하는 거예요.

강은주(여), 50세, 강동 어린이식당 주임

돌봄 프로그램의 경우는 정규와 특별 프로그램이 있어요. 정규는 자체적으로 1회 정도고요. 식재료와 젓가락 사용 등 식생활 교육 프로그램으로 주제별로 진행해요. 특별 프로그램은 강동 50플러스센터에서 생애 주기 교육을 받으신 강사분들이 매주 나와서 진행하시고요. 강동구 온돌방 프로그램이라는 게 있어요. 거기서 책 읽기 선생님이 오셔서 매주 책을 읽어주기도 하고, 또 캘리그래피 같은 것도 하고요. 다양합니다.

어린이식당에 오는 아이들의 연령대는 정해져 있다. 강동구에 거주하는 만 6세 이상~15세 이하 아동이거나 강동구 소재의 초등학교와 중학교에 다니는 아이여야만 한다. 고등학생 이상은 이용할 수 없는데, 개소할 당시부터 어린이 전용으로 기획된 공간이기 때문이다.

강은주(여), 50세, 강동 어린이식당 주임

지금 저희 쪽에 오는 학생들은 유치원생부터 중학교 학생까지 다양해요. 초등학교 학생은 골고루 다 있고요. 중학생도 두 명 정도 있어요. 그리고 유치원생도 있는데요. 유치원생은 언니 오빠가 초등학생이어서 그 아이들이 자기 동생을 데리고 와서 엄마가 올 때까지 여기 있는 경우예요. 유치원생 아이 혼자만 있는 경우는 한 아이가 있는데, 어머니가 데리고 오세요. 그 아이가 외동인데, 한 번 이용해 보더니 여기서 언니 오빠들이랑 노는 게 너무 재미있었대요. 그래서 엄마가 하루이틀 정도 데려다 주고, 놀고 가기도 하고 일회성으로 그렇게 하는 아이도 있어요.

강동 어린이식당의 배식 모습

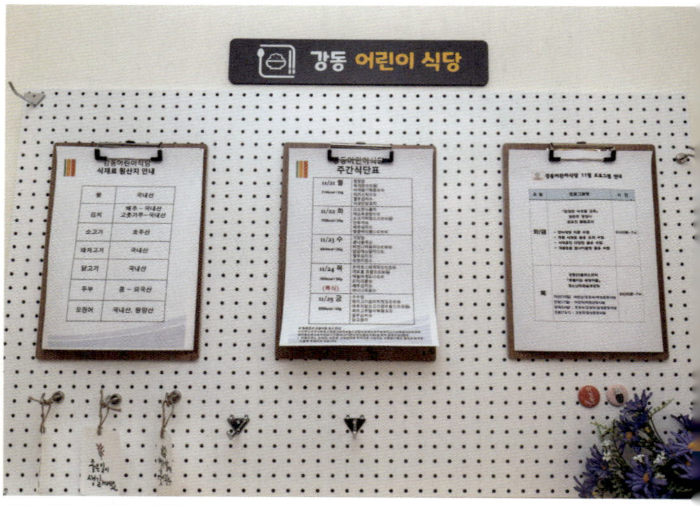

강동 어린이식당의 식단표

강동 어린이식당 이용 어린이들과의 인터뷰

강동 어린이식당은 아이들이 서로 교류하면서 커뮤니티를 만드는 거점이다. 이전에 서로 몰랐던 아이들이 어린이식당에서 자유롭게 연결되면서 새로운 공동체를 만들고 있다. 친분이 없던 아이들이 한곳에 모여 서로 어울리면서 격식 없는 커뮤니티를 만들어 가는 것이다. 아이들이기 때문에 가끔 다투기도 하지만, 스스로 질서를 잡아가면서 자기들만의 커뮤니티를 만든다. 아이들은 놀이를 통하여 서로 자연스럽게 연결되고 소규모의 놀이 그룹을 만들면서 자기들만의 커뮤니티를 형성하고 있다.

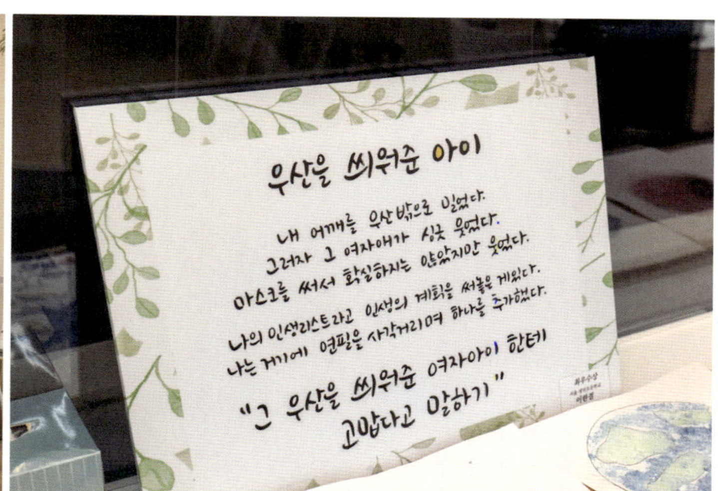

강동 어린이식당에서 진행하는 돌봄 프로그램

강은주(여), 50세, 강동 어린이식당 주임

> 아이들이 처음에 왔을 때는 서로 잘 몰라요. 각자의 사정으로 오기 때문에 친한 아이들은 그렇게 많지 않아요. 여기서 친해지는 경우가 많은 거예요. 처음에 아이들이 오면 서로 몇 학년인지도 몰라요. 그래서 키가 크면 언니인 줄 알고, 키가 작으면 동생인 줄 알고 이렇거든요. 그러면 저희가 얘는 5학년이고, 얘는 3학년이라고 알려줘요. 그러면 그때서야 서로 알게 돼요. 그러면서 또 새로운 커뮤니티를 자기들이 만들어요. 물론 가끔 다투기도 해요. 다투면 그다음 날은 안 와요. 근데 또 시간이 지나면 오고, 그래서 뭔가 학교가 아닌 이렇게 격식이 없는 커뮤니티가 만들어져요. 그런 데서 자기들끼리 질서도 잡아가면서 놀기도 하고요.

조현수(남), 43세, 강동구 아동청소년과 아동돌봄팀장

> 예를 들어 어느 그룹에서 3명이 보드게임을 시작해요. 그러면 저기서 놀던 애가 점점 가까이 와서 같이 놀이에 참여하게 되고요. 여기 화이트보드로 낱말, 그러니까 초성 퀴즈 같은 걸 누가 하고 있으면 다른 아이들이 또 와서 같이 맞히면서 애들이 많아지는 거예요. 정말 자유롭게 어떤 놀이로 합쳐지고, 교류하는 거죠.

자율방범대

자율방범대는 천호1동·천호2동·천호3동 방범대로 구분되어 있다. 천호3동 자율방범대(서울시 강동구 천호동 566-15) 전(前) 회장과의 인터뷰를 통하여 천호동의 치안이 어떻게 변화되었는지, 또 방범대 커뮤니티를 통하여 커뮤니티가 어떻게 연결되고 있는지를 살펴보았다.

천호3동 자율방범대는 1997년에 자유방범연합회로 시작되었다. 치안 유지를 위하여 꾸려진 봉사 활동 단체이다. 천호3동은 환경이 낙후되고, 유흥업소가 많다. 또 언덕이 많아 순찰을 돌기에 많은 시간이 소요되는 동네이다. 과거에는 금전적 목적이나 어떤 다른 목적이 있어서가 아니라 '내가 사는 동네는 내가 지키겠다'는 사람들이 자율적인 봉사활동으로 방범대를 만들었다.

임현교(남), 61세, 前 천호3동 자율방범대 회장

> 천호3동이 가장 낙후돼 있어요. 유흥업소도 많고, 힘든 동네예요. 왜 그러냐면 다른 동네는 언덕이 없는데, 여기는 언덕도 많고 그래서 순찰돌 때 시간이 많이 드는 동네예요.
> 제 고향이 성남인데, 그때는 경기도 광주 시골이었으니까 거기서 그런 활동을 한 거죠. 그때는 자율방범대보다도 동네 지킴이였죠. 시골이니까 아무래도 그런 부분이 굉장히 많았어요. 예전에는 잃어버리는 것도 많았고, 누가 훔쳐 가는 것도 많았으니까요.
> 천호동으로 이사 오고 나서 이어서 (자율방범대를) 시작한 거죠.
> 예전에 자율방범대 모집이라고 해서 현수막을 걸면 돈 주냐고 전화가 와요. 그러면 '우리 그런 거 없다. 그냥 자율적으로 하는 거고 봉사다'라고 하는 거죠.

자율방범대는 구에서 활동비를 지원받기도 하지만, 천호3동의 경우는 회원들이 월 3만 원의 회비를 걷어서 운영하고 있다. 여자 대원들의 경우는 약간의 비용 보전을 해주고 있다. 2022년을 기준으로 자율방범대 대원은 16명이며, 이 중 여자 대원이 6명이다. 이를 비율로 환산하면 전체의 38%를 차지할 만큼 높은 수치이다.

임현교(남), 61세, 前 천호3동 자율방범대 회장

> 구에서 나오는 예산 지원이 복잡하고 번거로우니까 저희 같은 경우는 한 달에 월 회비를 3만 원씩 내요. 여자분들은 좀 절충을 해주고 합니다. 여자분들도 근무 잘하고 (순찰도) 잘 돌아요. 근무 기간은 짧은 사람은 1년, 긴 사람은 한 7~8년 정도 되네요.

천호3동 자율방범대원의 연령대는 40대 이상으로 구성되며, 평균 연령은 50대 초반 정도이다. 과거와 다르게 대원의 나이가 고령화되고 있다. 예전에는 젊은 연령층의 대원이 많았으나 현재는 30대 이하를 찾아볼 수 없다. 임 전 회장은 나이대도 젊고, 참여도가 높았던 시절을 기억하고 있다. "한창 우리가 활동할 때는 강동구 전체 자방대(자율방범대)가 1,000명도 되고 했는데, 지금은 한 400~500명 되죠"라며 현재의 변화상에 대한 아쉬움을 토로하였다. 이렇게 대원의 연령대가 높아지고, 대원의 수가 절반 이하로 줄어들게 된 이유에 대해서는 특히 지역 재개발 등 환경의 변화와 지역주민의 문화의식 향상을 꼽았다.

임현교(남), 61세, 前 천호3동 자율방범대 회장

> 대장이 좀 나이가 젊으니까 연령대는 평균적으로 50대 초반이에요. 가장 젊은 나이대는 40대 후반일걸요? 천호3동 같은 경우는 대원의 나이대가 40대 후반에서 50대 초반 정도 되겠네요. 우리 때만 해도 젊은 사람들이 어느 정도 봉사를 많이 했는데, 지금은 사람이 없어서 그게 단점이에요. 그전에 한창 우리가 활동할 때는 강동구 전체 자방대가 1,000명도 되고 했는데, 지금은 한 400명이나 500명 되죠. 풍경이 많이 바뀌었죠. 바뀔 수밖에 없어요. 또 지금은 재개발도 많이 됐잖아요. 그전에는 골목마다 아무나 가서 소변 보고, 지금은 그런 문화가 많이 없어졌죠.

임현교 전 회장은 2010년에 천호3동 방범대장으로 근무하면서 천호1·2·3동 자율방범대 대원들이 함께 순찰을 도는 '합동 순찰 시스템'을 만들었다. 이렇게 타 지역 대원들과 소통할 수 있었기에 연대감이 생겼고, 이를 바탕으로 전체 친목 모임이나 야유회 등을 통하여 더 단합됨으로써 결속력이 높은 방범 커뮤니티를 만들 수 있었다고 한다.

임현교(남), 61세, 前 천호3동 자율방범대 회장

> 제가 방범대장을 했을 때는 천호1동과 천호2동, 천호3동은 합동을 많이 시켰어요. 동마다 한 달에 한 번씩 돌아가면서 원래 일을 했죠. 3동인데도 1동 가서 하고 이런 식으로요. 근데 그렇게 하는 걸 다른 동에서 굉장히 부러워했어요. 그래서 제가 그 천호1·2·3동 단합대회도 하고 야유회도 가고 그런 거를 많이 했었죠.
> 사람들이 이렇게 다른 동네하고 공유를 많이 하니까 화목해지고 좋잖아요. 근데 다른 동네에는 그런 게 없었어요. 그러니까 굉장히 부러워했어요.

천호동 자율방범대의 시스템이나 결속력은 서울시 자율방범연합회 중에서도 상위 그룹에 속한다. 약 3년 전에는 경찰청에서 주관하는 「베스트 자율방범대」 시상식에서 상을 받을 정도였다. 이에 대해 임현교 전 회장은 "당시 구청장이 강동구에 있는 초소를 다 바꿔줬어요. 우리가 그만큼 단합이 잘 됐으니까요. 초소 전체를 다 바꿔 준 것은 강동구가 서울시 최초예요"라고 하였다.

임현교(남), 61세, 前 천호3동 자율방범대 회장

> 그때 당시 구청장이 강동구에 있는 초소를 다 바꿔 줬어요. 우리가 또 그만큼 단합이 잘 됐으니까. 다른 동네 가면은 초소가 굉장히 낙후돼 있어요. 근데 우리 강동구만은 초소가 다 똑같아요. 일괄적으로 집 모양으로 돼 있어요. 저희 강동구가 서울시 최초예요.
> 한 3년 됐나요? 경찰청에서 주는 베스트 자방대라고, 저희가 상반기·하반기 다 상을 받았어요.

벽동마을 거리제

천호동에는 원주민과 새로 유입된 주민의 교류 거점이 되는 주민축제가 있다. 바로 벽동마을 거리제이다. 과거 천호동 일대는 벽오동나무가 많아 벽동말(碧洞村)이라고 불렸고, 원주민이 많았던 천호1동에서는 천호동 지명의 유래를 알리고 전통문화를 되살리자는 주민의 뜻을 모아 '동제(洞祭)'를 복원하였다. 동제(洞祭)는 마을 전체가 참여해 마을을 지켜주는 동신(洞神)에게 공동으로 지내는 제사이다. 마을 사람들의 무병과 풍요를 빌며 정월대보름에 서낭당과 산신당에서 지낸다. 현재는 그 명칭이 동신제·산신제·거리제 등 다양한 이름으로 불리고 있다.

복원된 천호동의 동제는 천호동 옛 지명인 벽동말과 동제의 다른 이름인 거리제를 합쳐 '벽동마을 거리제'라 이름 지었다. 이를 추진하고 관리하는 '벽동마을 거리제 보존위원회'를 만들어 2008년부터 거리제를 이어오고 있다.[12] 벽동마을 거리제는 한마디로 마을의 안녕과 풍요를 위하여 정월대보름에 진행되던 마을 공동체 축제이다. 이렇게 2008년부터 이어진 마을 축제는 천호동 주민들이 서로 만나고 교류하는 장으로서 역할을 하고 있어 축제의 현황을 살펴보고자 거리제 관계자와 인터뷰를 진행하였다.

벽동마을 거리제는 1960년대 농사로 연결된 마을공동체의 민속 풍습이 사라지는 게

12 「천호1동, 벽동마을 거리제로 지역 안녕 축원」, 『강동e뉴스』, 2013년 2월 21일.

아쉬워 마을 주민 일부가 뜻을 모아 복원한 행사다. 복원 당시 벽동마을 거리제는 제사 형식을 포함하였는데, 주민들이 제관을 맡았다. 복원의 주체도 진행의 주체도 주민이 주축이었던 것이다.

심우민(남), 63세, 천호1동 거주

> 옛날에는 한마을에서 다 같이 농사를 지었잖아요. 정월대보름에 사물놀이 하고, 또 소원도 빌고, 옆집에 뭐도 고쳐 주고 하면서요. 왜냐면 농사지을 때 이 집 모내기하고, 저 집 모내기 이렇게 돌아가면서 한다고요. 품앗이로. 그리고 어디 이렇게 고칠 때 있으면 같이 고치고 이런 식으로 많이 했는데요. 그게 필요 없어진 거죠. 1970년대 여기 택지 개발하기 전에 일이니까요. 그 이후에는 농사를 안 지어서 동제가 사라진

벽동마을주민축제 모습

거죠. 말 그대로 농사로 단합되는 공동체가 사라진 거예요. 근데 원주민들은 있던 게 사라진 것이 아쉬우니까 그럼 우리가 그걸 보존하자고 해서 저를 주축으로 몇 사람들이 모였어요.
관에서 주도한 게 아니라 원래는 주민들이 뜻을 모은 거예요.
복원할 때 제사 형식을 포함했어요. 같이 복원한 분 중 한 분이 제를 지내는 방향을 제시해 주신 거죠. 제물도 차리고, 제관도 저희 보존회에서 주축이 됐어요.

벽동마을주민축제 관계자 인터뷰

벽동마을 거리제의 형식은 격식을 차리기보다는 사람들에게 친근하게 다가가는 형태로 변화하고 있다. 이 행사의 본질이 동네가 화합하는 잔치이기 때문이다.

심우민(남), 63세, 천호1동 거주

제사 형식, 그것도 자꾸 변해요. 구청에서 돼지머리 올리는 게 좀 안 좋아 보인다고 하니까 돼지머리도 빼고요. 생각해 보면 형식은 중요하지가 않아요. 왜냐하면 옛날에 동제가 열릴 때는 제가 너무 어렸기 때문에 제물 올리는 거를 제대로 보지 못했어요. 그래서 그거를 그대로 복원하는 게 중요하지가 않고, 중요한 건 동네 사람들이 모이는 잔치라는 거죠.

하지만 벽동마을 거리제는 크게 활성화되지는 않고 있다. 복원 초반에는 참여율이 높았다. 토박이들이 어린 시절 마을제에 대한 향수가 있었기 때문이다. 하지만 매년 행사가 반복되면서 점차 참석률이 낮아지고 있다. 이는 벽동마을 거리제가 천호동 원주민의 뿌리이기는 하지만 생활상이 바뀜에 따라 주민들이 함께하는 동력을 잃었기 때문이다.

심우민(남), 63세, 천호1동 거주

2008년 대비 주민 참여율은 점점 줄어들고 있어요. 어린 시절 향수나 관심으로 토박이들도 한두 번은 열심히 잘 나왔어요. 그러다가 한 서너 번 가면 뭐 작년이나 올해나 똑같지 하고 안 나오죠. 관심이 떨어지는 이유요? 처음에는 없던 동제가 복원되니까 한두 번 보고 해소는 된 거잖아요. 그런데 동제가 지속이 안 되는 이유가 내 생활이랑 연계가 돼야 하는데 생활이 바뀌니까 점점 멀어지는 거죠. 근데 아련한 추억이나 그런 게 있잖아요. 우리 뿌리인데…. 그게 아쉬워요.

활성화되지 않은 벽동마을 거리제는 벽동마을 주민축제를 통해 새롭게 재도약하고 있다. 천호동 주민들에게 벽동마을의 전통을 알리고, 천호동 원주민과 새로 유입된 주민의 화합의 장으로써 2022년 10월에 제1회 벽동마을 주민축제가 열렸다.

김정숙(여), 40세, 천호1동 거주

> 천호동 마을의 전통을 이어가자는 의미로 축제를 한번 해 보자는 취지에서 일단 1회를 연 거예요. 주민이 만든 축제로는 처음이죠. 추진할 때는 젊은 사람들이 계속 이 벽동제의 전통을 좀 알아봤으면 좋겠다라는 것 때문에 청소년들이나 젊은 친구들이 많이 참여할 수 있는 축제 프로그램을 만든 거고요. 축제 안에서 벽동제를 조금씩 계속 스며들게 하고, 벽동마을 노래도 만들었어요. 축제 이름 자체를 벽동마을 주민축제라고 만들었거든요.

주민 주도의 축제는 벽동마을 작은음악회, 복합동네학교, 주민총회가 결합된 형태로 진행되면서 남녀노소 지역주민 모두의 높은 만족도를 이끌어냈다. 이에 대하여 김정숙 간사는 "출연자 섭외와 프로그램 기획까지 주민들이 만든 축제라서 남녀노소 지역주민이 함께 누릴 수 있는 축제였다"라고 평가하였다. 함께 축제를 준비하였던 문화예술분과장인 김길임도 "다양한 연령층이 다 함께 준비하고 운영한 것이 축제가 성공한 비결"이라고 하였다.

김정숙(여), 40세, 천호1동 거주

> 이 축제는 정말로 주민이 주도한 축제예요. 관에서 주민자치회에 지원금이 내려오지만, 처음 기획부터 시작해서 모든 출연자 섭외, 프로그램 기획까지 다 주민들이 만든 겁니다.
> 주민들의 호응도나 만족도는 정말 좋았죠. 이렇게 모일 수 있는 기회이기도 하였고요. 저희 천호1동 주민은 연령대가 대부분 60~70대가 많으세요. 그래서 젊은 친구들이나 아니면 어린이들의 참여를 항상 요청하거든요. 그런데 다양한 연령층이 같이 할 수 있어서 좋았죠.

김길임(여), 66세, 천호1동 거주

> 나이 많으신 어르신부터 어린아이까지 다들 다 좋아하셨어요. 다양한 연령대가 다 모여서 함께 준비하고, 운영하고 그래서 좋아할 수밖에 없었어요.

커뮤니티 소모임(피카소 모임)

천호동에는 주민들이 비공식적으로 조직한 커뮤니티 모임들이 있다. 천호 마을활력소를 통하여 지원되는 마을공동체 모임만도 50개가 넘는데, 지원되지 않는 모임까지 합하면 그 수는 훨씬 더 많을 것으로 짐작된다. 그중 가장 활발하게 운영되는 모임인 그림 그리기 모임 '피카소 모임'을 대상으로 인터뷰를 진행하였다. 이러한 소모임을 통하여 천호동 커뮤니티가 실제로 어떻게 연결되고 확장되는지를 살펴보았다.

피카소 모임은 2016년에 3명의 수강생으로 시작해서 2022년에 13명까지 늘어난 그림 그리기 모임이다. 모임 대표인 안정숙의 재능기부로 시작되었으며, 안정숙의 집 외부 공간과 옥상 일부를 화실로 활용하고 있다. 모임은 매주 목요일 오전과 오후 두 번으로 나누어 진행된다. 시간은 오전 9시~정오, 오후 1~2시 또는 3시까지 정해져 있지만, 각자의 사정에 따라 유동적으로 운영된다.

안정숙(여), 75세, 피카소 모임 대표

> 우리 집이 아파트 8층하고 9층이에요. 8층은 우리가 살고 9층은 세를 주는데요. 문 옆으로 공간이 좀 있어요. 올라가 보면 아시겠지만, 난간이 있어서 조금 넓은 면이 있어요. 또 그 위로는 바로 옥상이라 옥상도 활용하고요. 거기서 내가 그림을 한 20년 전부터 혼자 그렸어요. 근데 아파트 관리반장이 제가 그리는 걸 보더니 자기도 배우고 싶다고 가르쳐 달라고 그래서 시작한 거예요. 3명부터 시작했고요, 입소문으로 한 명씩 늘어나서 지금은 13명 정도 됩니다.

손정순(여), 62세, 피카소 모임 회원

> 매주 목요일 오전·오후반으로 운영해요. 오전은 9시부터 12시까지, 오후는 1시부터 2~3시까지 나눠서 운영하고요, 인원은 각 타임에 대략 5~6명이 옵니다. 시간대가 정해져 있지만, 자기가 할 수 있는 만큼 해요. 어떨 때는 20~30분이고, 여유가 있을 때는 1시간도 하고요. 자율적으로 자신이 하고 싶은 만큼 배워요.

9층에서 옥상으로 이어진 계단 난간에 마련된 회원들의 '열린 화실'

6년이 되도록 모임이 활발하게 유지되는 비결은 크게 두 가지다. 첫째, 모임의 대표이자 강사인 안정숙의 따뜻한 교습법과 리더십이다. 둘째, 누구에게나 언제든 개방된 '열린 화실'이라는 점이다.

김영옥(여), 66세, 피카소 모임 회원

> 선생님이 쉽게 말해 우두머리죠. 선생님은 우리가 그림을 잘 못 해도 절대 '못했다'는 소리 안 해요. 잘했는데, 여기서 이렇게 그리면 '더 잘 그린다'고, 진짜 선생님이 따뜻하게 말씀하세요. 굉장히 인자하게 가르치세요, 거기서 섬기려는 마음이 들어요. '이거 이러면 안 돼, 저러면 안 돼' 하고 계속하면 우리도 나이가 있는데 자존심 상하잖아요. 그런데 절대로 그런 일이 없으니까 누구한테든 그냥 이거는 '이렇게 하면 된다'고 자상하게 이야기하시고요.

손정순(여), 62세, 피카소 모임 회원

> 그러니까 쉽게 말하면 '열린 화실'이에요. 수업 시간이 아니어도 아무 때나 오고 싶은 대로 올 수 있는 화실. 엘리베이터 9층에서 내리면 계단 난간이 있고 물감이고 캔버스고 이런 게 항상 있어요. 언제든지 해도 되는데, 선생님이 옆에 있으면 더 좋죠. 선생님이 집에 계신 날에는 어쩌다가 선생님이 한 번씩 올라오셔요. 그래서 회원들이 있으면 또 한 번씩 봐 주시고 그래요.

피카소 모임 관계자와의 인터뷰

60~70대의 고령층으로 이루어진 피카소 모임은 천호동뿐만 아니라 인근의 성내동과 명일동 커뮤니티까지 아우르는 모임이다. 천호동과 인근의 주민들은 이 모임을 통해 이웃사촌처럼 친근하고 편안한 인간관계를 맺고 있다. 이전에 서로 몰랐던 사람들이 서로 연결되어 자신이 속한 커뮤니티가 확장되는 경험을 하는 것이다.

김영옥(여), 66세, 피카소 모임 회원

> 우리는 유대관계가 굉장히 좋아졌어요. 원래는 서로 다 모르잖아요. 그러다가 여기 오니까 형님, 아우, 동생 그러니까 너무 좋아요. 그러니까 다 오고 그러죠.
> 새 사람 만나는 기분이에요. 제가 여기 제일 늦게 들어왔어요. 처음 온 날이 회식 날이었는데요. 날 언제 봤다고 저한테 전부 다 형님, 형님 그렇게 부르는 거예요. 내가 제일 늦게 왔는데도 절대로 텃세라든가 그런 게 없어요.

손정순(여), 62세, 피카소 모임 회원

> 분위기가 정말 가족 같아요. 13명이 다 안 모여 봤지만 그게 나름대로 또 재밌어요. 누가 내숭 떨고 그렇지 않고, 누구나 평범하게 해요. 누가 더 낫고, 누가 더 못났다고 하고, 잘난 척하는 사람도 없고요. 같은 길을 같이 잔잔하게 걸어간다고 생각해요.

피카소 모임은 회원뿐만 아니라 외부의 커뮤니티와도 연결하고 확장하는 역할을 한다. 5년 전부터 매년 1회 정기적으로 회원들의 화실이 있는 아파트 입구에서 '전시회'를 개최하고 있다. 전시회라고 하지만 이 행사는 1년 동안의 성과 발표회이다. 회원들은 지역주민들에게 각종 음료와 먹거리 등을 정성스레 제공한다. 이는 지역주민들에게 일종의 '동네잔치'로 인식되며, 지역 사회를 하나로 결속하는 효과를 보여준다.

손정순(여), 62세, 피카소 모임 회원

> 전시회라는 것이 뭐 그렇게 잘 그려서 전시회가 아니라 우리가 1년 동안 한 작품을 선보이는 거죠. 누가 팔고 사고 이게 아니라 '우리가 열심히 그렸으니까 지나가시는 분 좀 봐주세요' 하면서요. 보시는 분들이 음료수 한 잔 드시고 편안하게 보게 하는 행사예요. 아파트 입구에서 하고요. 전시하는 날 음료 준비하고요. 또 안 선생님이 부침개 재료를 준비하세요. 재료에다가 오징어랑 여러 가지 넣어서 바깥에서 구우면서 지나가는 분 드실 수 있도록요. 또 저희 회원들도 돌아가면서 음식 준비해서 뷔페처럼 준비했어요.
> 그동안 전시는 1년에 1번, 횟수로 5번이니까 5년 했네요. 생각해 보니 이 전시회를 통해서 2명이나 새로운 신입 회원들이 들어왔고요. 행사를 하면 자기들도 들어오고 싶다고 물어봐요.

1.4. 지역주민의 공간 인식과 외부의 시선

천호동에 거주하는 주민을 대상으로 생활공간과 도시 이미지에 대하여 질문하고 지도에 표시하도록 하였다. 천호동 주민들의 생활공간을 파악하기 위하여 출퇴근 경로, 주요 생활반경, 점심 식사 장소, 약속 장소 등을 조사하였다. 천호동에 대한 인식을 알아보기 위하여 천호동의 특징을 가장 잘 보여주는 공간과 천호동에서 가장 좋아하는 공간도 조사하였다.

대부분 생활과 관련된 장소는 구천면로와 구사거리를 중심으로 분포한다. 응답자들은 대체로 주거지와 근무지가 모두 천호동 내에 있어 주로 도보로 이동하였으며, 주거지와 직장을 거점으로 반경 300~500*m* 안에서 주로 생활하였다. 점심 식사 장소나 약속 장소는 특정 구역이나 장소에 국한하지 않고 응답자의 거주지나 직장 근처로 다양하게 나타났다.

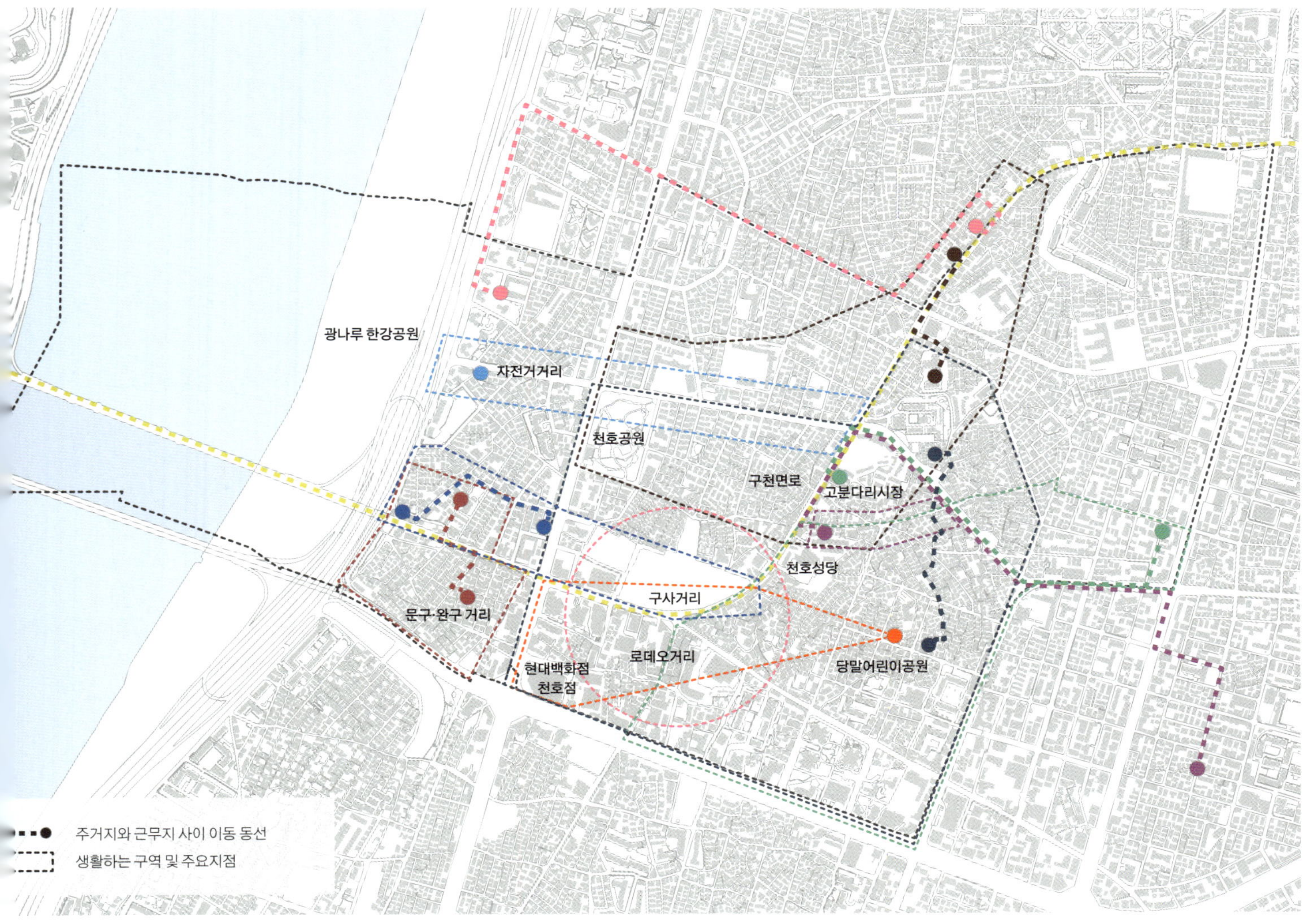

천호동 주민의 출퇴근 경로와 주요 생활반경

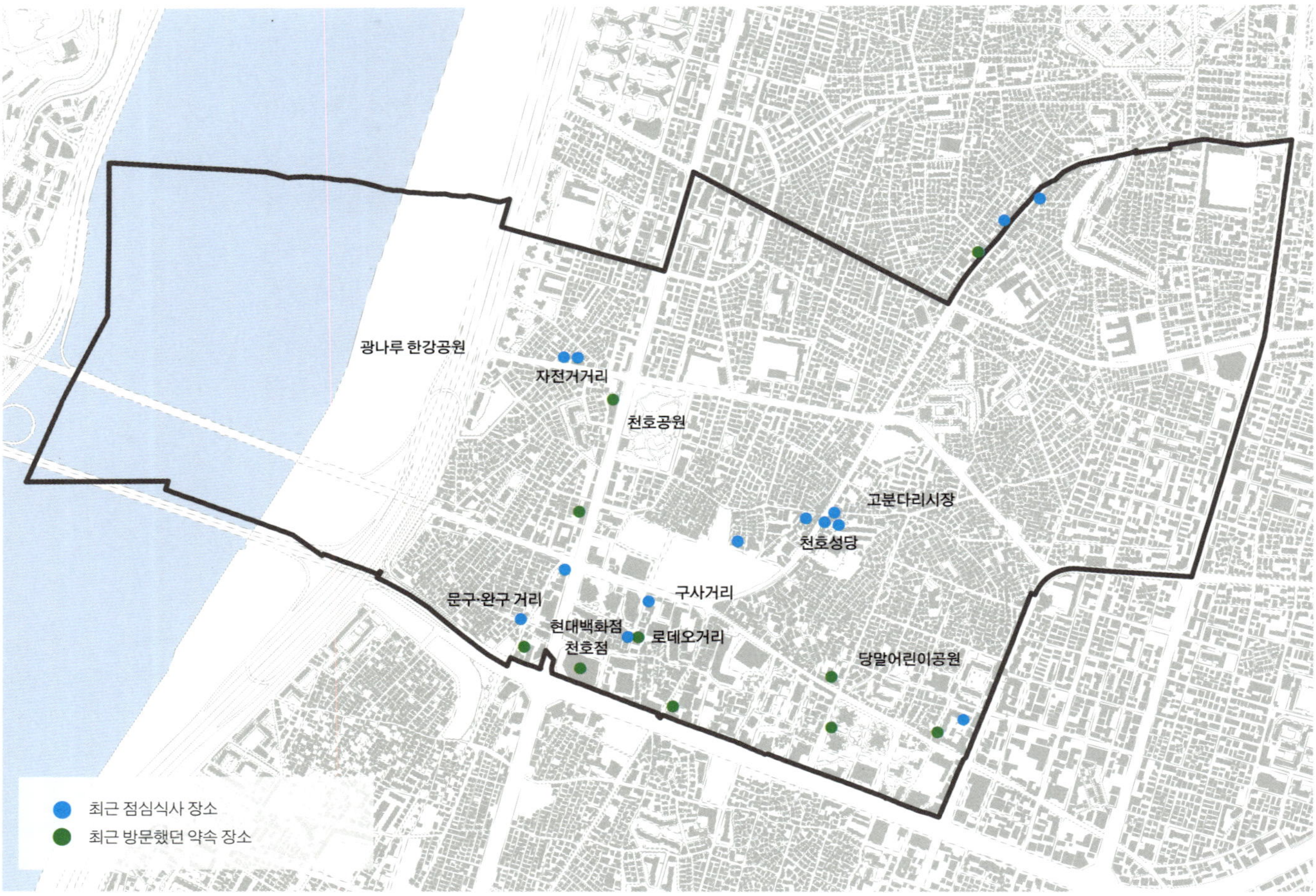

천호동 주민의 점심 식사 및 약속 장소

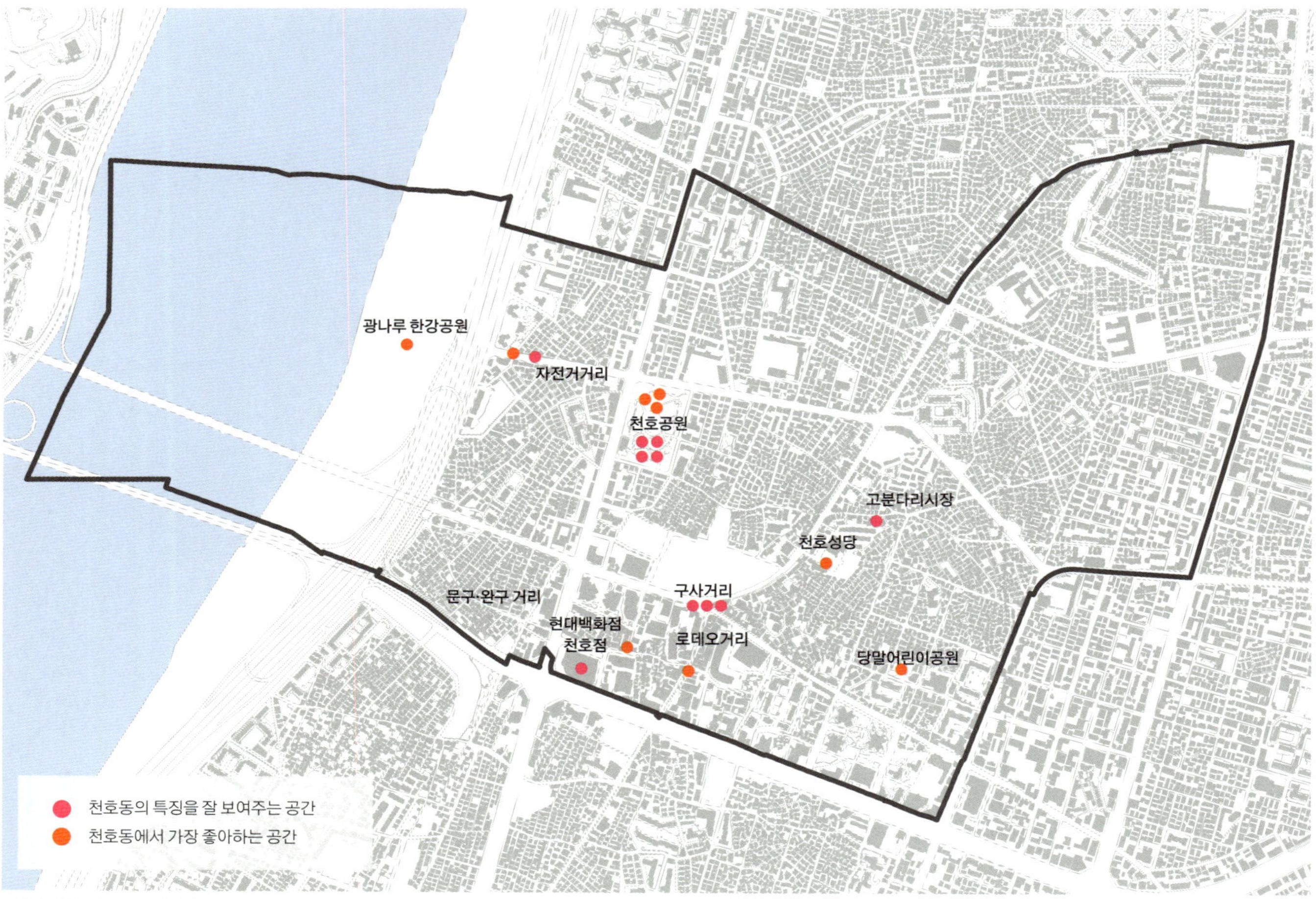

천호동 주민의 도시 이미지

주민들이 천호동에서 가장 좋아하는 공간으로는 천호공원, 천호 자전거거리, 광나루 한강공원, 천호동성당, 천호동 로데오거리, 당말어린이공원 등이 언급되었다. 천호동의 특징을 가장 잘 보여주는 공간으로는 천호공원, 천호 자전거거리, 고분다리시장, 천호 구사거리, 현대백화점 천호점 등이 언급되었다. 특히 천호공원은 주민들이 천호동에서 가장 좋아하는 공간이자 천호동의 특징을 가장 잘 보여주는 공간으로 꼽혔다.

데이터 분석 서비스 '썸트렌드'를 통하여 SNS 채널별 '천호동'과 '천호' 언급량을 알아보았다. 2022년 8월 1일부터 10월 31일까지 3개월간 '천호동'은 인스타그램·블로그·트위터에서 총 1만 1,672건 언급되었다. 이는 같은 기간, 같은 채널에서 언급된 '성내동(8,552건)' '암사동(5,845건)' '명일동(4,891건)' 대비 높은 수치로, 천호동이 강동구 내에서 비교적 화제성이 높은 편임을 알 수 있다. '천호동'의 언급 건수는 인스타그램 4,095건, 블로그 5,257건, 트위터 2,320건으로 블로그에서 가장 많이 언급된 것으로 나타났다.

주목할 점은 같은 기간에 '천호'의 언급량이 인스타그램·블로그·트위터에서 총 3만 4,182건으로 '천호동'과 비교하여 3배 가량 높게 나타난 것이다. 전년 동기간 대비 '천호동' 언급량은 24.42% 감소한 데 비하여 '천호' 언급량은 14.35% 증가하였다. '천호'라는 지명이 단지 법정동만을 가리키지 않고, 더 넓은 범위에서 관념적으로 통용되며 '천호 지역'을 상징하는 지명이라고 볼 수 있는 대목이다.

2022년 12월 14일 기준 인스타그램에서 '천호동'을 해시태그한 게시물은 약 21만 5,000건, '천호'를 해시태그한 게시물은 약 35만 1,000건으로 나타났다. 천호동과 관련된 해시태그는 '천호동 맛집'이 약 9만 7,000건으로 가장 많았고, '천호동 카페'가 약 3만 7,000건, '천호동 자전거거리'가 약 5,000건으로 나타났다. 약 5,000건 이상의 게시물이 천호동을 위치로 표시하였는데, 천호동 내 공간 중에는 '천호동 자전거거리' '천호동 로데오거리' '천호동성당' 등이 게시물의 위치로 표시되었다. 인스타그램 사용자들은 천호동 자전거거리, 천호동 로데오거리, 천호동성당 등을 천호동의 특징으로 인식하고 있다는 것을 알 수 있다.

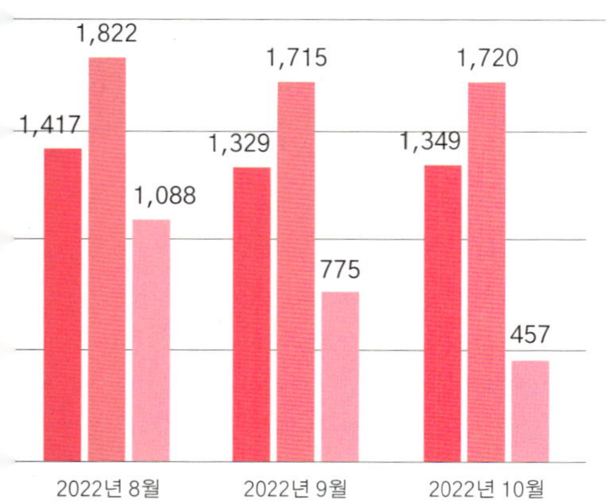

SNS 채널별 '천호동' 언급량
썸트렌드(some.co.kr)

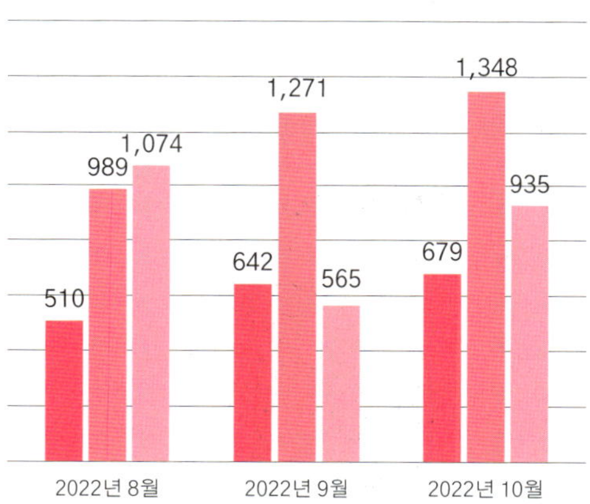

SNS 채널별 '성내동' 언급량
썸트렌드(some.co.kr)

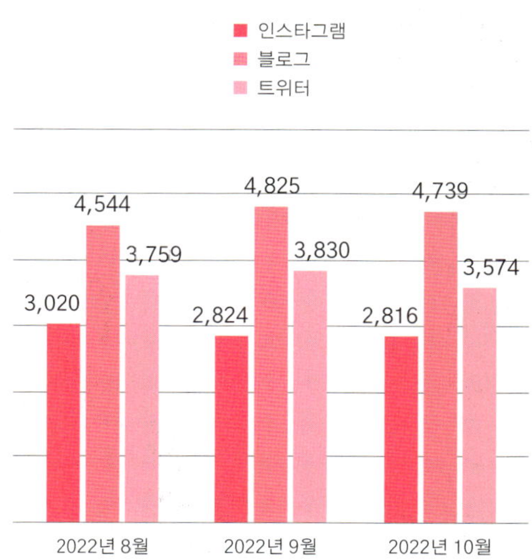

SNS 채널별 '천호' 언급량
썸트렌드(some.co.kr)

천호동 성당
PORT CAN COFFEE
10월 20일
OPEN
02.477.8038
PORT CAN COFFEE

천호동성당 전경

② 커뮤니티 정체성과 사회적 관계

천호동 조감뷰

십자성마을
천호동 텍사스
로데오거리
문구·완구 거리
먹자골목

2.1. 에덴모자원

1950년에 6·25전쟁이 발발하자 당시 한강에 설치되었던 5개의 교량은 북한군의 남하를 저지하기 위하여 모두 폭파되었다. 이 중 가장 먼저 복구된 것이 광진교였다. 광진교는 1952년에 전쟁 중 유일하게 복구된 한강의 교량이었기에 이를 통하여 수많은 피란민이 강을 건너 내려왔다. 광진교의 남단에 위치한 천호동에는 자연스럽게 피란민의 임시 움막과 구호시설들이 마련되었다. 천호동에 최초로 설립된 구호시설은 '에덴모자원'으로 현재 이마트 천호점(천호동 454-1)이 자리한 곳에 있었다.

옛 에덴모자원 자리

에덴모자원 전경(1952)
서울특별시 강동구, 『사진으로 보는 강동사』, 2004, 78쪽.

에덴모자원의 설립자는 상이군인 퇴직자 주몽(走夢) 김기인(金基寅) 선생이다. 그는 1923년에 서울시 용산구 후암동에서 태어났고, 육군사관학교 5기 출신 군인이다. 6·25전쟁이 발발하기 직전인 1949년에 태백산지구 공비 토벌 작전에서 육군 제8사단 수색중대 중대장으로서 작전을 수행하다가 적의 수류탄 공격을 받아 척수신경을 크게 다쳤다. 김기인 선생은 하반신이 마비되는 장애를 얻어 낙담하였지만, 남은 가족을 부탁하며 전사한 전우들의 유언을 잊지 않고 전쟁 유가족을 위한 삶터를 마련하기로 결심하였다.[13]

13 옥한석, 「사진 미디어에 의한 장소성의 재현: 서울 천호동(1939-1975)을 중심으로」, 『로컬리티 인문학』 4, 부산대학교 한국민족문화연구소, 2010, 259쪽.

> 지난날 죽어간 수많은 전우의 장엄한 최후와 유족 당부의 유언, 잿더미의 거리에서 쓰레기같이 떠도는 전쟁 불구자들을 결코 나는 외면할 수가 없다는 스스로의 반성과 함께 안일한 자살은 그들을 배신하고 마치 공금을 횡령 착복할 뻔했던 죄의식마저 들었다.
>
> **고 김기인선생 추모편찬위원회 편, 『덤의 人生: 주몽 김기인 선생 추모문집』, 정철학원·주몽재활원, 1991. 김기인선생 회고록 발췌.**

> 내가 육군사관학교를 졸업한 후 김기인 형을 처음 만난 것은 6·25전쟁 중 전방 연대장 근무를 마치고 1952년 초 대구 육군본부 작전과장 시절이었다. 김기인 형이 찾아왔다기에 나가 만나 보니 그는 전상으로 하반신이 마비되어 짚차(지프차)에 앉아 있었으며, 그가 그렇게 중상을 입은 사실을 처음 알고 서로 부둥켜안고 위로하였다. (중략) 전문의들과 상의해 본 결과 일본에 가서 치료를 해도 걸을 수 없을 것이라는 결론을 얻었다. 김 형은 크게 실망하면서도 앞으로 전 생애를 바쳐 전쟁 미망인과 고아를 돕는 사업을 해보겠다고 굳게 결심하며 대구를 떠났다.
>
> **고 김기인선생 추모편찬위원회 편, 『덤의 人生: 주몽 김기인 선생 추모문집』, 정철학원·주몽재활원, 1991. 육사 제5기 동기생 회장 이용의 추모글 발췌.**

젊은 시절 김기인 선생
주몽재단 제공

장교 시절 김기인 선생
주몽재단 제공

김기인 선생은 보상금에 사재(私財)를 더해 1953년에 전쟁 유가족의 삶터 에덴모자원을 설립하고, 연립주택 30채를 지어 전쟁 유가족을 20세대에 60명 입주시켰다.[14] 에덴모자원에 대하여 조선일보 기사는 '에덴모자원 마을'이라 칭하기도 하였는데, 이를 통하여 에덴모자원은 단지 구호시설이 아니라 전쟁으로 남편을 잃은 여성들이 공동체를 이루어 함께 살아가는 마을 개념의 공간이었음을 알 수 있다.

14 서울강동농협, 『6,000년 역사 강동구 이야기』, 2019, 206쪽.

> 경기도 광주군 구천면 성내리 천호동에서는 '에덴' 모자원 주택 40호의 입주식이 관계 당국자와 지방유지 다수가 참석한 가운데 거행되었다. 동 '에덴' 모자원은 전쟁으로 남편을 빼앗긴 부인네들끼리 자녀들을 키우며 그날 그날의 끼니를 메우기에 온갖 힘과 정성을 기울이는 의지할 곳 없는 전쟁 미망인들의 마을이며, 새로 이사 온 전쟁 미망인들의 가족들은 집을 꾸미기에 바빴다. (중략) 한 칸 반짜리 방 하나와 부엌 조그만 집이기는 하지만 '내 집을 꾸미는 기쁨'이 그들의 얼굴에 감돌고 있었으며, 앞으로 살아갈 설계에 빛나 있었다.
>
> 「一日 '에덴' 母子院入住式」, 『조선일보』, 1958년 9월 2일.

김기인 선생은 전쟁 유가족의 삶터뿐 아니라 기술교육과 일자리를 마련하여 전쟁 과부, 전쟁 고아, 장애인 등이 기술을 익힘으로써 전쟁 후유증을 극복하고 자립할 수 있도록 하였다. 1952년에는 천호동에 '경기도 광주 기술학원'을 설립하여 전쟁 유가족에게 기술교육을 하였고, 1955년 무렵에는 사단법인 전쟁 미망인 수산회(授産會)라는 군납 피복업체를 세워 전쟁 유가족의 일자리를 마련하였다. 1957년에는 전쟁 미망인 수산회에서 생산한 군복을 수도육군병원에 입원한 환자들에게 대량으로 기증하여 수도육군병원장으로부터 감사장을 받기도 하였다.

> 이들 미망인들은 하루 400환 정도 받는 들일로 세 끼니의 밥을 얻고, 때로 동 모자원의 수산장에 일거리가 생기면 그곳에서 일도 하며 자녀들을 기르고 있다는 것이다. 동 '에덴 모자원 마을'에는 조그맣지만 진료소도 마련되어 있어 무료 진료를 받게 되어 있고 공동으로 치는 닭 약 4,000마리에서 나오는 달걀이 그들의 살림을 보태주기도 하는 것이다. 서로 서럽고 외로운 미망인들끼리 돕고 도움을 받으며 사는 이 마을을 건설한 김 중령은 "부부 생활도 파탄에 빠져 남편 있는 미망인이 되다 싶이 한 아내를 통해서 전쟁 미망인들의 사정을 이해하고 서로 도우며 사는 마을을 만들 결심을 했는데, 나로서는 말 없는 항거이기도 하다"라고 말하였다.
>
> 「一日 '에덴' 母子院入住式」, 『조선일보』, 1958년 9월 2일.

> 경기도 광주군 구천면 성내리에 있는 사단법인 전쟁 미망인 수산회는 지난달 10일 자로 등기가 완료되어 본격적인 기능을 발휘할 수 있게 되었다고 한다. 동 수산회는 김기인 씨가 주동이 되어 약 1년 전에 발족한 것으로서 전쟁 미망인들의 자활을 돕기 위하여서 보건사회부의 후원으로 이제까지 운영되어 왔다고 하는데 보건사회부에서는 동 수산회에 재봉틀 10대, 편물기 2대를 주어 원조해 왔다고 한다.

그런데 동 수산회는 앞으로 군 관계 피복을 제조하여 군에 납품할 것이라고 하며 기본 자금 500만 환 외에 각계의 회사금으로서 운영될 것이라고 한다.

「10日登記完了」, 『조선일보』, 1956년 8월 11일.

에덴 직업훈련고등기술학교 교사
서울특별시 강동구, 『사진으로 보는 강동사』, 2004, 80쪽.

김기인 선생은 시대의 흐름에 따라 달라지는 사회 문제를 포착하고 해결하고자 하였다. 6·25전쟁이 발발한 지 10여 년이 지난 1960년대에는 법적인 수용 나이를 넘겨서도 계속 수용기관에 있는 전쟁 연장 고아를 대상으로 수용 보호와 교육사업 등을 시작하였다. 1961년에는 피복공장의 수입금으로 '에덴 직업훈련고등기술학교'를 설립하여 목공과·타자과·이발과·미용과·양재과·사진과·편물과·농축과 등을 설치하고 전쟁고아와 전쟁 유가족 청소년을 수용하여 1인당 1개의 기술을 익히도록 하였다.

서광주 대한증권거래소와 광주군 구천면 천호동에 있는 에덴 직업훈련기술고등학교와의 자매결연식이 14일 하오 4시 동교 광장에서 거행되었다. 증권거래소 측은 편물기 2대, 목공기구 3조, 등사기 5조, 도안기, 운동기구, 노트 등을 선물하였다.

「'大證'과 姉妹結緣 千戶洞技術學校와」, 『조선일보』, 1962년 7월 16일.

1966년 2월에는 전후 중등교육을 받지 못한 청소년들을 위하여 에덴 직업훈련고등기술학교 옆에 '에덴 고등공민학교'를 설립하였다. 고등공민학교란 초등학교 또는 공민학교[15]를 졸업하고 중학교에 진학하지 못한 사람에게 중등교육을 하는 학교이다. 청소년들은 에덴 고등공민학교에서 무상으로 중등교육을 받을 수 있었다.

15 초등학교에 취학하지 못하고 학령을 초과한 사람을 단기간 수용하여 국민생활에 필요한 기초를 가르치기 위하여 설립한 교육기관을 가리킨다.

장선옥(여), 80세, 주몽재단 이사장

전후에는 전쟁 유가족들의 삶터가 필요해서 모자원을 설립했지만, 그다음 시간이 조금 흘러서 기술학교가 필요하니 기술학교를 만들고, 1966년에는 중학교에 진학하지 못한 청소년을 위해서 고등공민학교를 설립했어요. 다음에는 우리나라가 많이 발전해서 모자원이라든지 기술학교가 필요 없게 됐어요. 그래서 유치원하고 초등학교를 천호동에 설립한 겁니다.

에덴모자원 내부 모습(1952)
서울특별시 강동구, 『사진으로 보는 강동사』, 2004, 78쪽.

에덴모자원 전쟁 과부 입주 기념사진(1952)
서울특별시 강동구, 『사진으로 보는 강동사』, 2004, 79쪽.

에덴모자원 수용 학생들(1952)
서울특별시 강동구, 『사진으로 보는 강동사』, 2004, 79쪽.

1966년 4월에는 학교법인 정철학원을 설립한 뒤 성동초등학교를 세웠다. 천호동 지역 최초의 사립학교인 성동초등학교는 김기인 선생의 개인적인 사연을 계기로 설립되었다. 1958년에 초등학교 3학년이던 그의 딸이 서초구에 위치한 초등학교로 통학하다가 교통사고로 사망하였다. 김기인 선생은 천호동에 학교가 없었기에 딸이 먼 거리에 있는 학교에 다니다 사고를 당하였다며, 같은 일을 겪는 부모가 없어야 한다는 생각으로 천호동에 초등학교를 개교하게 된 것이다. 1968년에는 그가 딸에게 지어준 애칭인 '선경(仙卿)'을 따서 선경유치원을 설립하였다.[16] 당시 교육 시설이 부족하였던 천호 지역에서 김기인 선생은 성동초등학교와 선경유치원 운영에 적극적으로 참여하였다.[17]

장선옥(여), 80세, 주몽재단 이사장

> 당시 천호동에 학교가 없어서 김기인 선생님의 따님을 교대(서울사범부속국민학교)에 보냈는데 학교 정문 앞에서 길을 건너다가 군용 트럭에 치여서 사망했어요. 그래서 이분(김기인 선생)이 '나 같은 부모들이 없게 해야겠다. 천호동에 학교가 있으면 거길 왜 보냈겠냐. 멀리 보내다가 이런 일이 벌어졌으니까 천호동에 유치원, 초등학교를 세우면 많은 부모가 나 같은 아픔을 안 당하고 가까운데 보낼 수 있겠다' 해서 성동국민학교와 선경유치원을 설립하게 된 겁니다.

김기인 선생은 초등학교가 단지 아이들만의 공간이 아닌, 천호 지역주민들이 함께 누리는 공간이 될 수 있도록 힘썼다. 그는 1958년부터 운영해 오던 노인학교와 주부교실을 각각 장수대학(1978)과 주부대학(1977)으로 승격시켜 성동초등학교에서 추진하였다. 장수대학은 노인들이 삶의 의욕을 잃지 않도록 60세 이상 지역주민을 대상으로 운영하였고, 주부대학은 성동초등학교에 자녀를 보내고 있는 어머니를 대상으로 교양강좌·취미생활·자녀교육 등에 관한 다양한 프로그램을 진행하였다. 매주 일요일 오전 6시에는 '조기회'를 열어 천호 지역주민 누구나 학교 시설을 이용하여 배구·탁구·배드민턴·육상·줄넘기·사이클 등 취미에 맞는 클럽에서 활동할 수 있도록 하였다. 이를 통하여 주민들은 체력을 기르고 친목을 다져나갈 수 있었다.[18]

성동초등학교는 천호 지역 어린이들과 주민들에게 상징적인 교육 및 커뮤니티 공간으

16 「『이生命다하도록』의 金基寅씨 딸 銅像 세우는 「不具父情」」, 『동아일보』, 1970년 3월 4일, 7면.

17 「두 동강 날 學校운동장 城東國校의 딱한사정」, 『조선일보』, 1974년 6월 26일, 6면.

18 박창재, 「통곡대신 미소를: 주몽 김기인 선생의 생애」, 『영웅』 28, 도서출판 꼬레아우라, 2018, 14쪽.

에덴 직업훈련고등기술학교 농촌과의 천호동 실습장
서울특별시 강동구, 『사진으로 보는 강동사』, 2004, 81쪽.

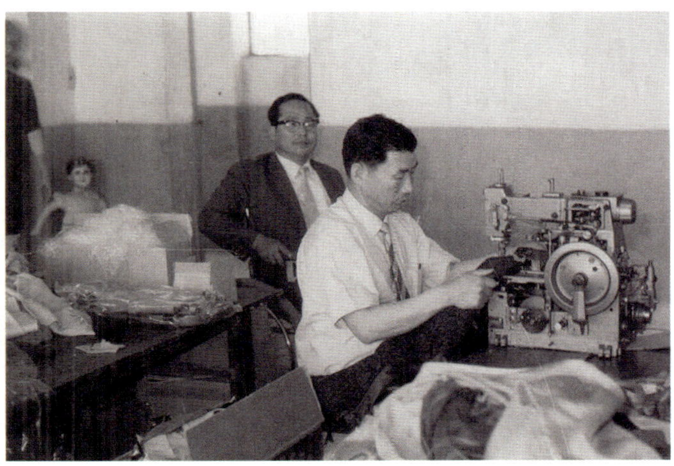

에덴 직업훈련고등기술학교 양재시설 내부 모습과 실습
서울특별시 강동구, 『사진으로 보는 강동사』, 2004, 81쪽.

로 거듭 성장해 갔다. 설립 당시에는 1학급에 60명에 불과하였으나 1971년에는 광장동에 분교 교사를 건립할 정도로 학생수가 늘었다. 1974년 6월 26일 자 조선일보 기사에 따르면 당시 성동초등학교는 700여 평의 교사에 16학급 900여 명의 학생이 재학하고 있었다.[19]

그러나 도시계획에 따라 성동초등학교는 새로운 국면을 맞이하게 된다. 1976년에 개통 예정된 천호대로가 성동초등학교 운동장을 통과하게 계획된 것이다. 계획대로 천호대로가 놓이면 성동초등학교 운동장 1,000평의 반 이상이 사라지고 정문 쪽 부지 200여 평과 교사 바로 앞 100여 평의 화단만 남는 상황이었다.[20] 김기인 선생은 학생들의 운동장 교육을 무척 중요하게 생각하고 지역사회에도 운동장을 개방하였던 만큼 이러한 계획에 크게 반발하였다. 그는 당국에 숱한 진정을 냈으나 천호대로 건설계획은 그대로 추진되어 실제로 천호대로가 초등학교 운동장을 관통하게 되었다. 이로 인해 성동초등학교와 선경유치원은 1979년에 광진구 자양동으로 이전하였다.

김기인 선생은 6·25전쟁 직후 전쟁 유가족의 삶터와 일터 마련, 1960년대 전쟁 연장 고아와 빈곤 청소년을 위한 교육사업, 1970년대 육영사업 등을 펼치며 1984년까지 전쟁 유가족 1,080명을 자립하게 하였다. 전쟁고아와 빈곤 청소년 1만여 명, 유치원생 2,000여 명, 성동초등학교 졸업생 3,000여 명을 교육하였다.[21] 이어 그는 1985년부터 사회복지법인 주몽재단으로 사업을 전환하여 장애인의 재활과 자립에 힘썼다. 1980년대 대한민국은 경제개발을 통하여 경제력을 키우고 있었으나, 장애인에 대한 처우와 복지는 매우 열악한 수준이었다. 주몽재단은 장애 아동을 위한 삶터 '주몽재활원', 장애 아동을 위한 특수학교 '주몽학교', 장애인 의료기관 '주몽재활의원' 등을 설립하여 운영하고 있다.

> 이들을 위한 모든 재활 서비스(의료·교육·직업 등)가 마땅히 정부적인 차원에서 이루어져야겠으나, 현 실정이 이러한 모든 서비스를 수행하기에는 무리가 따르며 그렇다고 앉아서 수수방관만 하고 있을 수가 없어 본 재활원에서는 무연고 장애 아동을 대상으로 후원사업을 전개하고 있습니다. (중략) '너'와 '내'가 아닌 '우리'가 돼서 이들을 보살필 때 우리나라의 장애자 복지가 눈앞에 다가올 수 있습니다.
>
> **「주몽재활원 팸플릿」(1985), 김기인 이사장의 글 발췌**

19 「두 동강 날 學校운동장 城東國校의 딱한 사정」, 『조선일보』, 1974년 6월 26일, 6면.

20 「두 동강 날 學校운동장 城東國校의 딱한 사정」, 『조선일보』, 1974년 6월 26일, 6면.

21 박창재, 「통곡대신 미소를: 주몽 김기인 선생의 생애」, 『영웅』 28, 도서출판 꼬레아우라, 2018, 20쪽.

선경유치원 행사에 참여한 김기인 선생
주몽재단 제공

성동초등학교 행사에 참여한 김기인 선생
주몽재단 제공

선경유치원
서울특별시 강동구, 『사진으로 보는 강동사』, 2004, 176쪽.

성동초등학교 본관(1966)
서울특별시 강동구, 『사진으로 보는 강동사』, 2004, 103쪽.

주몽재활원 건설 부지(1983)
서울특별시 강동구, 『사진으로 보는 강동사』, 2004, 188쪽.

주몽학교와 주몽재활원(2000년대 초)
서울특별시 강동구, 『사진으로 보는 강동사』, 2004, 188쪽.

장선옥(여), 80세, 주몽재단 이사장

> 우리나라에 장애 아동을 위한 시설이나 특수학교가 당시에 많지 않았어요. 천호동 쪽에는 그네들을 위한 데가 한 군데도 없었어요. 그래서 그분(김기인 선생)은 '나도 휠체어를 타고 걷지 못하지만 부모로부터 버림받은 장애인들이 많을수록 우리나라는 진짜로 선진국이 될 수가 없다. 그 아이들을 보호하고 사랑해 주면서 자유롭게 살게끔 해야 한다'라는 생각을 가지고 계셔서 힘들고 어렵지만 이 일을 시작하셨어요. 그런데 그때는 학교하고 같이 하는 사람이 별로 없었어요. 장애인 시설에 그냥 아이들을 데려다가 밥만 먹이는 역할을 많이 했죠. 1980년대까지만 해도 어려웠으니까요. 그래서 우리는 아이들을 키우는 집도 마련하고 치료받고 학교도 다닐 수 있도록 하려고 한 거예요.

김기인 선생은 장애를 얻은 후의 삶을 '덤의 인생'으로 여기고 평생 사회 환원적인 삶을 살다가 1988년에 작고하였다. 그의 호 '주몽(走夢)'은 꿈속에서도 뛰고 노력하여 장애를 극복하고 재활하자는 의미를 담고 있다. 김기인 선생이 작고한 후에도 '주몽(走夢)'의 정신은 그 뜻을 이어

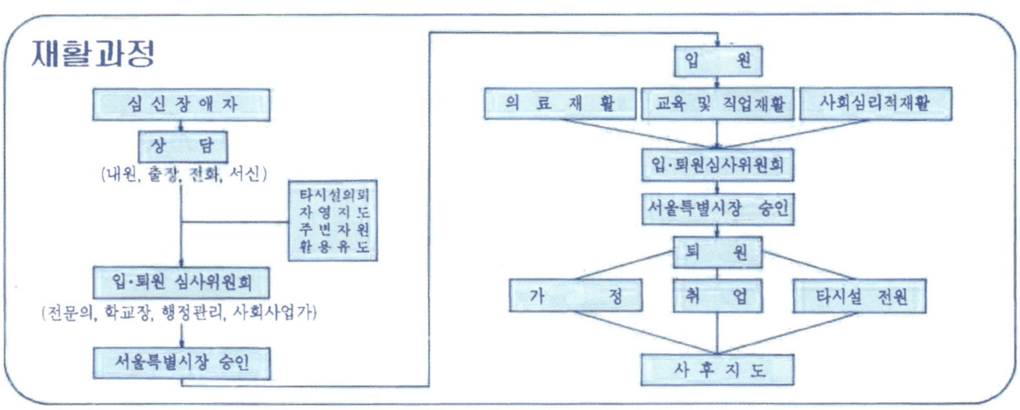

「주몽재활원 팸플릿」(1985)의 재활 과정 안내도
주몽재단 제공

주몽학교(2022)

주몽재활원(2022)

받은 사람들에 의하여 지금까지 이어지고 있다. 현재 강동구 상일동에서 사단복지법인 주몽재단 산하 '주몽재활원' '주몽학교' '주몽재활의원'이 운영되고 있고, 광진구 자양동에서 학교법인 주몽재단의 성동초등학교와 선경유치원이 운영되고 있다.

> 자신을 태워 남을 위하여 불을 밝히는 촛불, 고인께서는 촛불과 같은 인생을 살았었고, 또한 몸소 사랑을 실천하셨습니다. 생전에 뿌린 씨앗이 우리 마음속에 싹트고 자라서 아름답게 열매를 맺도록 힘쓰겠습니다. 특별히 고인께서 생전에 숙원사업이던 본관 5층 공사를 90년 10월에 착공하여 이번 3주기에 준공하게 되어 감회가 새롭습니다. (중략) 고인의 뜻을 받들고 설립 이념을 계승코자 본관 공사 외에 부대시설에도 많은 투자를 하다 보니 다소 무리가 간 것도 사실이나 그분이 평소에 늘 강조하시던 학생들의 다양한 특기와 재능을 일찍이 길러 주어 전인(全人) 교육에 앞장서게 되어 퍽 다행이라고 생각합니다.
>
> **고 김기인선생 추모편찬위원회 편, 『덤의 人生: 주몽 김기인 선생 추모문집』, 정철학원·주몽재활원, 1991. 주몽재활원 장선옥 원장의 발간사 발췌.**

2.2. 십자성마을

1960년에 발발하여 15년여 간 이어진 베트남전쟁(월남전)은 전쟁 초기 남베트남민족해방전선(NLF)과 남베트남 정부 간의 내전 성격이 강하였으나 1964년 통킹만 사건 이후 미국을 비롯하여 한국·필리핀·뉴질랜드·중국 등이 대거 참전한 전쟁으로 변화하였다. 한국은 이 과정에서 1964년에 전투부대와 비전투부대를 차례로 파병하였다. 1964년 1·2차 파병에 이어 1965년 전투부대의 추가 파병 요청으로 수도사단과 제2해병여단의 파병이 진행되었다.

이후 전쟁이 진행 중이던 1971년부터 파병 철수가 시작되었으며 모든 부대가 철수한 것은 1973년에 이르러서였다. 여러 상흔을 남긴 베트남전쟁에서 돌아온 전상 용사들은 뜻을 모아 '함께 살아보자'라는 일념으로 1971년 10월 25일에 재단법인 파월전상자 자립회를 설립하였다.

> …전상을 입은 젊은 나이에 불구의 몸이 되어 귀국 후 당시의 제반 어려운 여건하에서 정신적 육체적 갈등과 생활고 등의 어려움을 극복하면서 전장에서 피로 맺어진 동지애로 뭉쳐 떳떳한 사회인으로 살아보자는 뜻이 모아졌으며 이를 추진키 위하여 해사 14기로 임관 청룡부대 중대장으로 전투에 참가하여 전상을 입은 강달신 씨(현 군경회 회장)의 소재를 파악하여 전상 동지들의 애로 등의 상담역을 맡아 이를 격려하던 중 뜻있는 동지들과 힘을 합쳐 다 같이 모여 살 수 있는 집단촌을 구상하였다.
>
> 「십자성마을 정관」 발췌.

노성남(남), 77세, 십자성위재공업사 전무이사

> '우리가 같이 한번 살아보자' 하고 101명의 전우들이 모였어요.
> 전상을 입은 해병대 출신들이예요. 월남 파병을 했다가 제대한 후에 우리가 중대장 출신인 강달신 씨를 찾아가서 재단법인을 설립하게 되었어요. 파월전상자 자립회라는 것을 설립했죠.

파월전상자 자립회는 1972년에 집단촌 설립을 위하여 전상 동지들의 서명을 받은 진정서를 원호처(현 국가보훈처)에 제출하였다. 이후 집단촌 매입 시 수의계약을 할 수 있도록 국무회의의 지침과 재무부의 유권해석을 받아 산림청 국유지인 수유동 518번지에 1만 4,000여 평 대지

십자성마을회관 전경

십자성마을 준공식
대한뉴스 제1008호

십자성마을 준공 당시 모습
대한뉴스 제1008호

를 매입하였다. 택지 구입을 위하여 101명의 전우가 100만 원씩을 모았지만 주택 구입자금이 부족하였기 때문에 수유리 대지를 재매각하여 가격이 상대적으로 저렴한 천호동에 8,000여 평 대지를 매입하였다. 매입 후에는 서울시와의 협의를 통하여 구획정리사업지구로 확정하고 마을 부지를 확보하였다.

노성남(남), 77세, 십자성위재공업사 전무이사

> 천호중학교가 하나 있었고 다 논밭이었는데 열악했죠. 여기를(천호동 40-21번지 일대) 우리가 사서 101세대의 단독주택으로 지었습니다.

1974년에 기공한 후에는 다양한 곳에서 협조를 얻었다. 국방부의 협조를 얻어 김포해병여단이 장비를 지원[22]하였다. 서울시 수도국이 상하수도 설치를 지원하였고, 경기도가 골재를 지원하였다. 상공부는 건축자재 구입에 협조하였다. 이 밖에도 한국전력이 전기시설 설치를 지원하였고, 원호처가 가구당 20만 원씩을 대부하였다. 같은 해 6월에는 박정희 대통령이 마을 건립지원금으로 1,040만 원과 10월에는 월남을 상징하는 '십자성마을' 휘호를 친필로 써 하사하였다.

22 공사용 골재와 자재운반용 덤프트럭 5대, 카고 1대, 페로이다 1대.

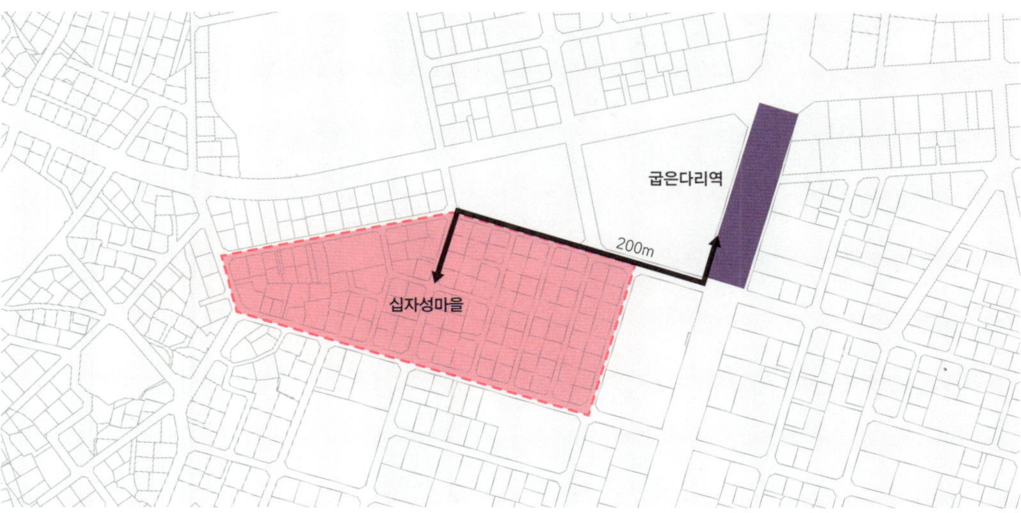

십자성마을 위치도

십자성은 파병부대원들이 부산항을 떠나 베트남으로 향하던 남반구의 밤하늘에서 볼 수 있는 별이다. 1994년에 발매된 '월남의 달밤'이라는 노래에서도 십자성을 바라보았을 파병부대원들의 모습을 엿볼 수 있다. '남남 쪽 먼먼 나라 월남의 달밤 / 십자성 저 별빛은 어머님의 얼굴 / 그 누가 불어주는 하모니카냐 / 아리랑 멜로디가 향수에 젖네 가슴에 젖네'

노성남(남), 77세, 십자성위재공업사 전무이사

> 국가유공자 전상자들이 모여서 사니까 박정희 대통령께서 월남을 다녀왔다는 상징으로 마을 이름을 지어주셨어요. 우리가 파병될 때요. 부산에서 월남까지 거의 3~4일 이상 배 타고 가요 . 가다 보면 육군들은 어지럽고 그러니까 거의 누워 있어요. 그런데 해병대는 훈련을 했으니까 그렇지 않죠. 남지나해를 지나가면 거기에 4개의 별이 떠 있어요. 그 별이 십자성입니다. 그래서 박 대통령께서는 우리 마을이 월남을 다녀왔다는 상징으로 '십자성마을'이라고 마을 휘호를 하사했어요.

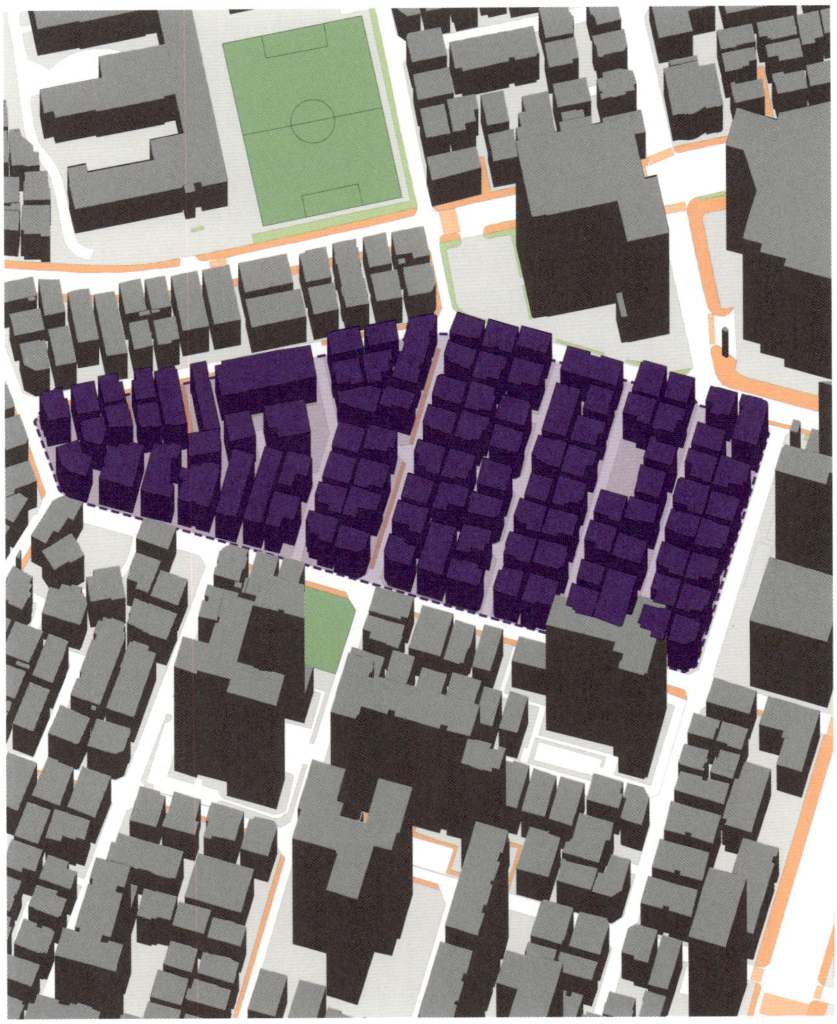

십자성마을 엑소노메트릭 뷰

십자성마을 준공 당시 주택
십자성마을 제공

십자성마을은 101채의 주택(건평 13평 3홉 9작, 대지 46평)과 1동의 회관(109평)으로 이루어져 1974년 10월 31일에 준공되었다. 이로써 20대 초반 남짓의 전우 101명이 함께 모여 서로를 의지해서 살아 보자는 뜻을 품은 십자성마을이 탄생하게 되었다. 같은 모양으로 완공된 붉은 벽돌 주택 101채는 추첨을 통하여 가구별로 분배되었다. 이는 모두가 같은 금액을 투자하였기 때문이기도 하며 배분 과정에서 생길지도 모르는 다툼을 방지하기 위한 최선의 방안이었다.

현재 십자성마을은 천호동 40-21번지 일대로 5호선 굽은다리역에서 200*m* 거리에 있다. 주변에는 강동구민회관과 홈플러스 강동점, 길동시장과 고분다리전통시장 등이 있다. 앞서 서술하였듯이 십자성마을은 101명이 공평하게 토지를 분배하여 주택을 건설하였고, 현재에도 필지는 101개로 구성되어 있다. 각 필지는 150㎡로 구분되어 있다.

십자성마을 건설의 자세한 이야기는 초기 마을 구축을 주도한 대부분의 회원이 작고하여 정확한 내용이 전하지 않는다. 다만 현재 거주 중인 구영화 십자성마을 회장과 노성남 전무의 증언에 따르면 정식 설계는 없었던 것으로 보이며, 1970년대 군 막사에 사용된 형태가 원형일 것으로 추정된다. 현재 원형의 건축물은 찾아볼 수 없고, 다가구·다세대 등으로 신축이 진행된 상태다.

프로토타입 복원 이미지

십자성마을이 완공된 후 재단법인 파월전상자 자립회는 해산되었다. 1974년에 원호처로부터 국가유공자용사촌으로 승인된 후 마을 주민들의 생계를 위하여 복지공장 기금조성 계획이 수립되었다. 이후 한국전력 새마을부녀회와 자매결연을 맺고 공장 건립 경연기금 700만 원을 기탁받음과 동시에 산하병원인 한일병원으로부터 매월 1회의 진료 지원을 약속받았다. 박정희 대통령은 마을건립금 지원에 이어 복지공장 건립지원금 명목으로 1,492만 원을 하사하였다. 이 외에도 자체 기금과 원호처 보조금 등을 더하여 국가유공자용사촌 복지공장을 1975년 7월 18일에 건립하여 준공식을 하였다. 당시 준공식에 참석한 인사들의 면면이 다양하고 화려하였던 것으로 미루어 짐작하건대 복지공장의 설립은 상당한 주목을 받았던 것으로 보인다. 준공식에는 당시 영애였던 박근혜 전 대통령을 비롯하여 원호처장, 구자춘 서울시장, 해군·해병 참모차장, 육군본부의무감, 대한상이군경회장 등 각계각층의 주요 인사들이 자리하였다.

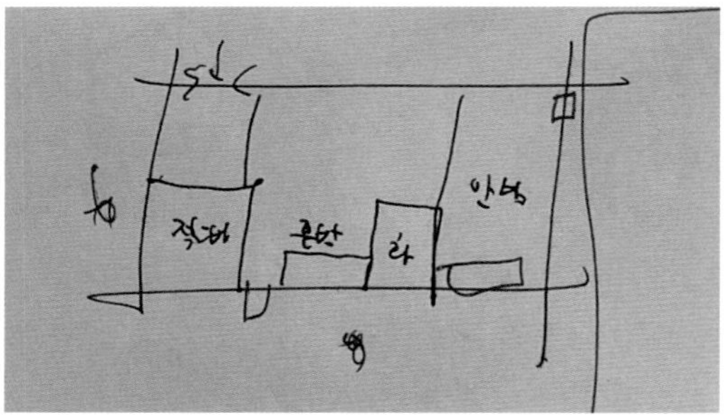

십자성마을 프로토타입
십자성위재공업사 노성남 전무의 복기 도면 원본

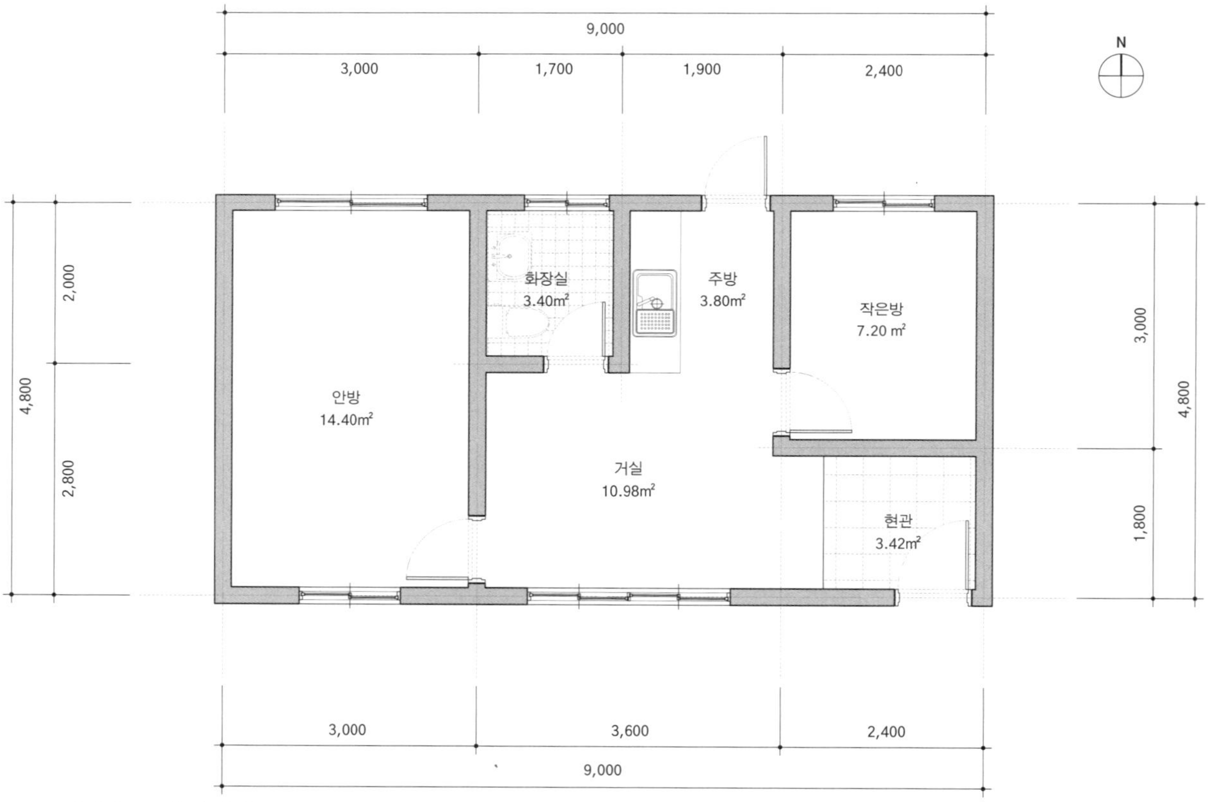

초기프로토타입 복원 평면도

십자성마을 프로토타입 복원 엑소노메트릭 뷰

십자성위재공업사라는 이름으로 창립된 복지공장은 위생용품인 붕대·거즈·탈지면 등을 생산하여 현재까지 운영을 이어오고 있다. 이들 위생용품은 전국의 국공립 종합병원과 군부대에 납품한다. 여기서 발생하는 수익금 중 시설비와 연구개발비를 제외한 잔여 이익금이 국가유공자 중상이자의 생계보조지원금으로 지급된다.

십자성위재공업사는 소음공해 문제와 협소한 공간으로 인하여 1983년에 경기도 안산시 반월공업단지 부지 900평을 매입하여 새롭게 공장을 기공하였다. 같은 해 8월에 반월공단으로 십자성위재공업사를 이전하여 현재까지 운영하고 있다. 1987년에는 생산 용품 확대에 따라 공장을 증축 준공하고 방역약품·파형관·경완금·프로세스제어반·장묘부품 등을 끊임없이 개발하여 제조허가를 취득하였다. 2003년에는 정부포상(포장)과 2005년에는 국민훈장(동백장)을 받았다.

십자성위재공업사 현황

종업원수	사무직 21명, 생산직 80명
생산 품목	붕대, 거즈, 탈지면, 방역약품(살충제류), 파형관, 경완금, 계량계측기, 케이블 보호판
주거래처	방위청, 조달청, 정부지방자치단체, 국공립 병원

십자성마을 정관

에너지자립마을을 나타내는 십자성마을회관의 모습

마을 주민이 상이군인으로 이루어져 있었기 때문에 공장에서 일할 수 있는 사람이 많지 않다. 공장에서 근무하는 이들은 고용된 외부인이며, 상이군인들은 행정과 영업 등을 담당하고 있다.

노성남(남), 77세, 십자성위재공업사 전무이사

> 우리가 몸이 불편한 사람들이 많아요. 휠체어 타시는 분도 있고, 손이 절단되어서 없는 사람도 있는데 그런 일을(공장 업무) 하지 못하잖아요. 그래서 회장님이나 저 같이 영업을 하거나 행정을 하는 사람만 우리 회원이지 그 외에 공장에서 일하는 사람은 없어요. 일반 직원들을 쓰죠.

2000년대에 들어 십자성마을은 새로운 도전을 한다. 서울시의 '원전 하나 줄이기 정책'의 일환으로 진행되는 에너지 절약 프로젝트 사업에 참여하기로 한 것이다. 강동구청의 제안에 구영화 회장과 노성남 전무는 회원들을 소집하여 의논하고, 교육과 탐방을 통하여 2012년에 에너지자립마을을 탄생시켰다.

노성남(남), 77세, 십자성위재공업사 전무이사

> 우리가 다 자녀들이 있잖아요. '후손들을 위해서 투자를 하자'라고 얘기했더니, 회원들도 다 동의를 했어요. 손익계산이 얼마냐 이럴 게 아니에요.

십자성마을은 2013년에 에너지자립마을 사업 승인 후 서울시 보조금과 배당금으로 21가구에 3㎾ 태양광 발전기를 설치하였으며, 이와 함께 전구를 LED로 바꾸었다. 이와 같은 노력으로 2013년에는 26%, 2014년에는 37%의 에너지 자립률을 달성하였다. 이 밖에도 건축물의 지열 방지를 위하여 옥상텃밭을 마련하여 수확한 농산물을 함께 나누었다. 2010년부터 2015년 사이에는 정월대보름 잔치와 십자성마을 거리축제를 진행하며 마을 주민 간에 돈독한 관계를 유지하였다.

십자성마을은 현재 서울의 대표적 에너지자립마을 중 하나로 평가받고 있다. 그 명성에 걸맞게 2015년 서울에서 열린 세계 이클레이 총회 때 관계자들이 대거 방문하기도 하였다.

노성남(남), 77세, 십자성위재공업사 전무이사

> 독일의 에너지 단장(독일 베를린자유대학 미란다 슈로이어 교수)이 있어요. 그분이 여기 왔었어요. 우리 마을에 와서 서울의 작은 도시에서 빛을 봤다는 칭찬을 했어요.

후손을 위하여 시작한 에너지자립마을 사업 외에도 십자성마을은 1년에 한 번 열리는 마을 정기총회를 통하여 어려운 생활에도 희망을 잃지 않고 학업을 이어나가는 중·고등학생들을 선정하여 장학금을 수여하고 있다.

노성남(남), 77세, 십자성위재공업사 전무이사

> 우리가 십자성 장학회라고 해서 장학 사업은 오래됐어요. 매년 정기총회가 있거든요. 총회를 하게 되면 1부 행사 다음에 2부는 사업 결산을 해요. 1부에는 각계각층에서 구청장이나 국회의원들이나 다 와요. 우리가 장학생을 선발할 때는 구에다가 그런 사람을 좀 추천해 달라고 요청했어요. 어려운 생활에 희망을 가지라고 이렇게 하는 것이지요.

십자성마을은 마을이 지닌 역사와 이야기를 인정받아 2015년에 서울미래유산에 선정되었다. 마을의 형성부터 함께해 온 구영화 회장과 노성남 전무에게 천호동의 십자성마을은 '지금까지 살아온 인생의 전부'이며 '모범적인 마을'로 기억되길 바라고 있었다.

구영화(남), 75세, 십자성위재공업사 회장

> 십자성마을은 우리가 지금까지 살아온 삶의 전부죠, 전부.

에너지자립마을 홍보관이 자리한 십자성마을회관 내부

2.3. 장미 골목

천호동의 구천면로16길은 여타의 길들과는 조금 다르다. 오래전 만들어진 좁은 주택가 골목길의 모습과는 다를 바 없지만, 골목의 초입부터 만날 수 있는 장미 아치와 어린왕자 벽화가 그려진 풍경은 누군가에게는 소중한 집 앞 골목이며, 누군가에게는 일부러 찾아오는 숨겨진 명소이다. 사람들은 이곳을 '장미마을' 혹은 '장미 골목'이라고 부른다.

장미 골목의 시작은 1997년부터이다. 가깝게 지내며 왕래하던 주민들이 골목이 지저분한 것을 보고 고안해 낸 방법이 꽃을 가꾸고 벽화를 그리는 일이었다. 지금은 사라진 최초의 벽화는 골목에 함께 살던 피아노 선생과 합심하여 완성하였다.

김수천(남), 75세, 장미 골목 자치회 회장

> 산에 다니다가 골목에 지저분한 게 날려서 '아, 이걸 깨끗하게 하는 방법은 뭐 없을까' 해서 화분 내놓고, 화단을 가꾸면서 마을을 좀 깨끗이 하기로 한 거죠.
> 우리가 산에 갔다 오면서 네 집이 돈을 거뒀어요. 화분이 그 당시 2,000원씩인가 해서 200개를 우리가 구입했어요. 한 40만 원 돈 되죠.

이후 1998년에 장미 골목은 서울시가 주최하는 '푸른마을 가꾸기 부문' 대상을 받았다. 골목 가꾸기를 주도한 김수천 자치회 회장과 이웃들은 상금으로 PVC 파이프와 장미를 구매하여 덩굴 아치를 조성하였다. 덩굴에서 장미가 피기 시작하자 예쁜 골목이 있다는 소문이 나 방송사에서 촬영을 나오기도 하였다. 이후로도 꾸준히 장미를 가꾸고 꽃을 심어 올 수 있었던 것은 장미 골목 조성을 주도한 네 명의 주민뿐만 아니라 골목 안 사람들이 함께한 덕분이었다.

2000년도에 들어서는 골목 사람들과 함께 장미축제를 열었다. 주민들이 직접 연 축제는 5년 정도 지속되었다. 주민들은 각자 준비한 음식을 가져와 골목에서 함께 나누어 먹었다. 장미축제의 예산은 푸른마을 가꾸기 상금과 구청장의 지원금을 합한 300만 원으로 충당하였다.

김수천(남), 75세, 장미 골목 자치회 회장

> 한 2000년도부터 한 것 같은데. 우리가 많은 예산은 없으니까 국수는 여기서 직접 끓이고, 빈대떡도 좀 부치고 그러면 지나가는 주민이 '여기 내가 막걸리 한 박스 낼게요' 그러고, 누구는 '그럼 내가 떡 한 말 내지' 그렇게 하고, '아. 그럼 내가 마장동에서 고기도 좀 보낼까' 그러는 사람도 있었어요.

장미 골목의 벽화는 해를 거듭하며 다양하게 변화하였다. 골목 사람들이 함께 그린 벽화부터 선화예고의 요청으로 그리게 된 벽화를 거쳐 현재 장미 골목의 명물이 된 어린왕자 벽화가 2015년에 만들어졌다. 주민들은 어린왕자에 등장하는 장미에 착안하여 콘셉트를 구상하였고, 강동구청 도시디자인과와 교통행정과의 도움으로 현재의 벽화가 완성되었다.

김수천(남), 75세, 장미 골목 자치회 회장

> 우리가 어렸을 때 생텍쥐페리의 어린왕자와 장미 이런 것들이 생각나서 그럼 여기에 테마 골목을 한번 만들어 보자고 해서 강동구청 도시디자인과랑 협업했죠.

장미 골목이 변함없이 깨끗하게 유지되는 비결은 주축이 된 주민들의 끊임없는 노력 덕분이었다. 김수천 자치회 회장은 매일같이 물을 주고, 계절마다 가지를 치고, 꽃을 심고, 골목을 깨끗하게 정리하는 일을 도맡았다. 2021년에 마을공동체 사업 자치회가 구성되면서 지원 사업에 선정되어 20년 된 낡은 화분을 교체한 일을 제외하고는, 골목의 물탱크에 물을 채워주는 일이며 꽃을 사는 일 등은 모두 주민들의 의지와 노력이었다.

2.4. 천호동 텍사스

술집 영업을 겸하는 성매매 업소 집결지를 이르는 말[23]인 '텍사스'는 서울의 미아리와 더불어 천호동에 꼬리말처럼 붙어 사용되었다. 오랜 시간 천호동 텍사스는 존재하였지만 쉽게 다닐 수는 없는 외면의 공간으로 자리해 왔다.

서울의 3대 성매매 업소 집결지 중 하나로 불리던 이곳은 이름에 걸맞게 주요한 위치에 자리 잡고 있었다. 올림픽로와 구천면로의 이면에 있기는 하나, 과거 교통의 중심지였던 광진교와 연결되는 주요한 지점이다. 그뿐만 아니라 천호동 텍사스 주변에는 2001아울렛, 천호공원, 현대백화점 천호점, 이마트 천호점 등의 주요 시설물이 들어서 있다.

현재 이곳은 뉴타운 사업의 시행으로 흔적도 없이 사라진 상태이다. 뉴타운 대상지에 천호동 텍사스와 시장의 밀집지인 천호1구역, 천호2·3구역의 일부가 포함되었기 때문이다. 이제 이곳은 사람들의 기억 속에만 존재하는 곳이 되었다.

천호동 텍사스는 유래가 정확하게 알려지지는 않으나 1960년대쯤 생겨난 것으로 여겨진다. 6·25전쟁 이후 피란민들이 자리하면서 생활인구가 늘어나기 시작하였고, 강북과 강남을 잇는 천호대교와 광진교가 자리하게 되면서 천호동 일대는 교통의 요지로 거듭나게 되었다. 구천면로에 시외버스터미널이 들어서고 구사거리 일대 상권이 발달하면서 자연스레 술집들이 생겨나기 시작하였다. 거여동의 공수부대 주둔 역시 폐쇄적 술집의 형성에 영향을 미쳤다. '니나놋집' 혹은 '색시집'이라 불리는 방석집 형태의 유흥업소들이 천호동 410번지를 중심으로 하나둘씩 자리 잡게 된 것이다. 이후 1960년대부터 시작된 주택 재개발로 410번지 일대의 술집들이 423번지 일대로 옮겨오기 시작하였고, 423번지 일대가 유흥의 중심지로 자리매김하게 되었다.

423번지 일대는 시장, 극장, 은행이 밀집한 천호동의 최대 중심지 중 하나였다. 대개의 유흥업소가 지역의 변두리 혹은 외진 곳으로 모여드는 것과 달리 천호동 유흥의 집결지는 지역의 가장 번화한 곳에 자리 잡았다. 하지만 이곳은 지역민들에게 보이지만 보이지 않는 외면의 공간으로 취급받았다.

23 여성인권상담소 소냐의집, 『1963-2020 천호동 423번지 아카이브북 사라진 천호동 집결지의 기억과 기록』, 도서출판 페이퍼백, 2021, 32쪽.

김○정(여), 42세, 여성인권상담소 소냐의집

그러니까 423번지랑 410번지 사이가 천호시장을 중심으로 1980~1990년대에 굉장한 번화가였대요. 거기에 또 큰 극장 같은 것도 있었고요. 어린아이부터 노인들까지 다 이용하는 번화가였다고 그렇게 이야기 하더라고요. 바로 옆에 집결지가 계속 같이 공존했는데, 주민들은 여기가 있다는 건 알고 있었지만 별로 가고 싶지 않은, 별로 접하고 싶지 않은, 그래서 그냥 외면하는 공간이었다고 하시더라고요.

홍영호(여), 67세, 봉제공장 운영

앞으로만 다니고, 뒷골목으로는 잘 안 가지. 애들이 있는데, 애들 키우면서 그쪽으로 가서 보면 그렇잖아요….
또 남자들이 낮에도 지나가면 막 나와서 붙잡고 이러잖아요. 그러니까 그런 데를 애들 데리고 지나갈 수가 없잖아요. 주로 피해 다니고 안 가지.

술을 팔던 여성들이 통금시간에 맞춰 연계된 여관으로 찾아가던 '니나놋집'들은 주변의 주택과 인접해 있었다. 그렇게 1970년대 423번지 일대에 가정집들과 주변의 상가들에 섞여 하나 둘씩 생겨나던 술집은 1980년대에 들어 점점 세를 확장하면서 성매매 업소 집결지의 형태를 갖추게 되었다.

천호3구역 천호동 텍사스 엑소노메트릭 뷰

1982년 1월 5일을 기점으로 36년여 동안 지속되던 야간 통행금지가 접적 지역[24](接敵地域)과 후방[25] 해안지역을 제외한 전국에서 일시에 해제[26]되었다. 이로 인해 1980년대 후반부터 1990년대 중반까지 천호동 텍사스는 최대 활황기를 맞았다. 1990년대 초까지 천호동 텍사스 일대에는 200여 개의 업소가 자리하였으며 최대 2,000명가량의 여성이 있었을 것으로 추정[27]된다. 당시 길에서는 사람 머리만 보일 정도로[28] 발 디딜 틈 없이 붐볐다고 전해진다.

임현교(남), 61세, 천호3동 자율방범대 회장

> 그 안에 엄청나게 많았어요. 그러니까 주말에는 진짜 들어갈 틈이 없었다니까.

야간 통행금지 해제 이후 서울의 주요한 성매매 업소 집결지로 거듭난 천호동 텍사스는 폐쇄적인 형태의 술집에서 현재 흔히 알고 있는 '유리방' 형태의 업소로 변화하였다. 성매매 여성들을 전면에 앞세운 영업 방식을 택한 것이다. 유리방으로 변모한 후에도 1층에는 술집, 2층에는 성매매 공간으로 사용되었다가 1980~1990년대에 들어서는 성매매 전용 업소로 전환하였다. 1980년대 전반에 걸친 사회적 변화와 그에 따른 업주들의 대응에 힘입어 천호동 텍사스는 최고의 전성기를 맞았다.

1988년 서울올림픽 후 최전성기 시절 천호동 텍사스 성매매 업소의 수입은 상상 이상이었다. 사흘 정도의 명절 연휴에 억 단위의 매출을 올리기도 하였다. 은행 직원이 와서 돈을 자루에 넣어갔다고 전해진다. 성매매 여성들이 많았던 업소에는 40여 개가 넘는 방이 있었고, 작은 가게가 아니라 하나의 기업과도 같은 형태였다.[29]

김○정(여), 42세, 여성인권상담소 소냐의집

> 1980년대에는 조폭이 정말 많이 개입되어 있어서 집결지 자체에서도 사고가 많았대요. 싸움이 많았고, 살인까지도 있었고요.

천호동 텍사스가 유명해진 것은 바로 '미성년자 성매매' 때문이었다. 이곳에서는 1980년대 지방에서 상경한 미성년자를 꼬드겨 업주들에게 팔아넘기는 이른바 인신매매가 빈번히 이루어졌으며, 동시에 가출 청소년들도 끌어모았다. 그렇게 흘러들어 온 미성년자들에게 윤락을 시켰다. 이러한 청소년 성매매가 유명해지면서 많은 성 구매자가 천호동으로 모여들었다. 10대 중반의 청소년 성매매는 1990년대 중반까지 성행하였고, 이는 사회적 문제로 불거졌다. 1996년 시작된 강동경찰서의 '고사(枯死)작전'은 텍사스 내의 업소에 경찰을 배치하여 구매자들이 출입하지 못하도록 단속하였으며, 이는 가시적인 성과를 내게 되었다. 단속으로 천호동 텍사스 내의 업소들이 하나둘씩 문을 닫는 상황이 시사 다큐멘터리에 방영될 정도[30]였다. 이후 미성년자 성매매는 2002년 「청소년 성 보호에 관한 법률」 제정과 경찰의 특별단속을 통하여 사그라들기 시작하였다.[31]

2000년대 이후에도 경찰의 단속이 계속되자 업주들이 항의하기 시작하였고, 이 과정에서 경찰은 원활한 관리 감독을 위하여 업소별로 '번호'를 부여하였다.[32] 아이러니한 것은 그로 인해 손님들이 업소에 붙은 번호를 보고 경찰에 불법 영업을 신고하는 일이 발생하였고, 이

24 전쟁 초기에 전방 지역의 군사작전에 직접 관련되는 전방 사단 작전지역을 말한다.

25 전전에서 비교적 뒤에 떨어져 있는 지역이다.

26 「通禁 오늘밤부터 없어진다」, 『조선일보』, 1982년 1월 5일, 1면.

27 여성인권상담소 소냐의집, 『1963-2020 천호동 423번지 아카이브북 사라진 천호동 집결지의 기억과 기록』, 도서출판 페이퍼백, 2021, 24쪽.

28 김○정(여, 42세, 소냐의집) 인터뷰

29 여성인권상담소 소냐의집, 『1963-2020 천호동 423번지 아카이브북 사라진 천호동 집결지의 기억과 기록』, 도서출판 페이퍼백, 2021, 39쪽.

30 MBC 피디수첩 280회 「천호동 텍사스촌의 불은 꺼졌는가」, 1997년 6월 3일.

31 여성인권상담소 소냐의집, 『1963-2020 천호동 423번지 아카이브북 사라진 천호동 집결지의 기억과 기록』, 도서출판 페이퍼백, 2021, 52~53쪽.

32 2002년 있었던 텍사스 단속 과정에서 여성들이 경찰을 국가인권위원회에 진정하는 일이 있었다. 경찰은 진정하지 않는 대신 업소에 번호를 달고 번호를 단 업소만 영업을 재개할 수 있도록 하였다. 단속을 완화할 것을 조건으로 하였다는 이야기도 존재한다.

에 따라 업소에서는 쉽게 읽기 어려운 한자 등을 활용하여 번호를 표시하였다.

천호동 텍사스 내 업소들은 개미굴과 같은 모습으로 존재하였다. 한때 200여 개 업소에 2,000여 명의 여성이 있었던 것도 미로처럼 얽힌 내부 구조 덕분이었다. 이는 여성들이 달아나는 것을 막기 위한 일종의 장치였다. 단속 시 손님들이 쉽게 도망칠 수 있도록 쪽문도 마련되어 있었다. 또한 창문이 없는 방이 대부분이거나 창문이 있어도 크기가 매우 작았다. 방 안에는 간단한 샤워 시설과 인터폰, 옷걸이가 놓여 있었다.

김○정(여), 42세, 여성인권상담소 소나의집

> 정말 단속이 심할 때는 구매남들이 입구로 들어갈 수도 없고, 입구 자체를 경찰들로 다 막았대요. 그래서 직접 못 가니까 삐끼라는 삼촌 같은 사람들이 주변에서 돌아다니고 있는 구매남들을 꼬셔서 몰래 뒷문으로 안내했죠. 시장으로 연결되는 뒷문들이 있었대요.

천호동 텍사스 내 유리방의 모습

그간의 호황이 무색하게 천호동 423번지가 쇠락의 길을 걷기 시작한 것은 2001년에 강동경찰서장이 새로 부임하면서부터였다. 「윤락행위방지법」으로 업주와 성매매 여성, 건물주를 압박하면서 업소들이 스스로 문을 닫도록 한 것이다. 실제로 이 과정에서 한 건물주는 20여 개의 업소가 영업하던 건물을 자진 철거하여 주차장을 만들기도 하였다.[33]

강동구청도 강동구의 이미지 쇄신을 위하여 423번지의 위반 건축물을 강제로 철거하기 시작하였다. 업주와 건물주는 이에 대응하고자 항의를 하였으나 쉽지 않았던 것으로 보인다. 2001년 업주들은 업종전환을 선언하고 '천호동 423 주택조합추진위'를 결성하였다. 이들은 천호동 일대를 상업지역으로 전환하기 위하여 용도변경을 신청하였지만 허가되지 않았다.[34]

2003년에는 서울시의 2차 뉴타운 사업에 천호지구가 선정되면서 천호동 423번지 일대에 변화의 바람이 부는 듯하였다. 2008년에 서울시는 성매매 업소가 주로 속한 천호1구역의 정비계획을 결정하였으며, 주상복합 단지를 세울 예정이었다. 일각에서는 천호동 423번지의 규모가 줄어들 것으로 점쳤으나 2009년에 한나라당 국회의원 윤석용 의원실에서 발행한 『강동구 유해업소 실태조사 보고서』에 따르면 업소의 수와 성매매 여성의 수는 줄어들지 않았으며 정체되거나 다소 증가하였다.

33 「[현장진단] 천호동 '텍사스촌' 사라지나」, 『동아일보』, 2001년 4월 10일.

34 여성인권상담소 소냐의집, 『1963-2020 천호동 423번지 아카이브북 사라진 천호동 집결지의 기억과 기록』, 도서출판 페이퍼백, 2021, 60쪽.

천호동 423번지 현장방문을 통한 성매매 업소수와 종사 여성수

연도	구분	1월	2월	3월	4월	5월	6월	7월	8월	9월	10월	11월	12월
2005	업소수			38				38	36	40	39	39	40
	종사 여성수			78				72	70	99	95	98	120
2006	업소수	39	40	40	39	28	38	37	37	41	41	38	40
	종사 여성수	112	110	123	114	121	131	128	131	130	125	124	128
2007	업소수	40	42	41	40	39	40	40	39	40	41	41	41
	종사 여성수	135	137	152	140	148	142	137	122	118	140	139	143
2008	업소수	39	38	36	34	34	37	32	35	37	37	37	38
	종사 여성수	144	138	150	136	137	138	110	117	132	133	140	134

윤석용, 『강동구 유해업소 실태조사 보고서』, 2009, 24쪽.

한터전국연합의 업소 번호(한자 표기) 간판

사업 시행이 발표된 후 주민들은 천호동 텍사스의 몰락을 가져올 재개발 이슈에 반색하였다. 하지만 인근 상인들은 이에 웃지 못하였다. 천호동 텍사스의 성행은 곧 주변 상권의 성행과 같았다. 텍사스의 쇠락은 그들과 상생하던 슈퍼·세탁소·미용실을 비롯한 주변 상점이 함께 쇠락하는 것을 의미하였다. 천호동 텍사스에는 성매매 업소만 있는 것이 아니다. 곳곳에 슈퍼마켓·세탁소·미용실·홀복집들이 들어서 있었다. 다만 주택지에서 흔히 볼 수 있는 약국은 존재하지 않았다. 세탁소·미용실·홀복집은 이곳 여성들의 일상에서 빼놓을 수 없는 역할을 하였고, 슈퍼의 주된 역할은 물건을 파는 일보다 '카드깡'을 해주는 것이었다. 천호동 텍사스가 가장 성행했던 시기에는 미용실이 최대 6~7개에 달하였다. 이러한 업소에 성매매 여성들과 업주들은 주요한 고객층이었으며, 그들의 영향력은 천호동 텍사스 내부뿐만 아니라 인접한 시장 상인들에게도 미쳤다. 업주들과 성매매 여성들은 천호동 상권의 '큰손'이었다.

천호동 텍사스 업소 내부의 좁은 복도

임현교(남), 61세, 前 천호3동 자율방범대 회장

> 세탁소 사장님이 추석 때 선물을 좀 해야겠다면서 나한테 과일을 부탁한 게 그때 당시 60짝 이상이었어요. 그리고 다른 사람들이 나한테 부탁을 해 가지고 한 번에 거기 들어가면 한 100짝 정도 들어간 적이 있었거든요.

천호동 텍사스와 인접한 다세대주택 주변에는 여인숙과 여관·점집·교회도 있었다. 성매매 여성들이 무속인을 찾아가 점을 보기도 하였는데, 무속인들이 이를 이용하여 성매매를 알선하거나 굿을 종용해서 빚을 지게 만드는 일도 있었다고 한다.[35]

또한 인접 상권뿐 아니라 택시와도 관계를 맺고 있었다. 택시 기사들에게 손님을 데려

35 윤석용, 『강동구 유해업소 실태조사 보고서』, 2009, 95쪽.

천호동 텍사스 업소 내부

오게 하거나, 성매매 여성들이 대중교통 대신 택시를 이용하도록 환경을 조성하여 외부와의 접촉을 최대한 차단하였다.

김○정(여), 42세, 여성인권상담소 소냐의집

> 택시 운전기사들도 많이 같이 일했다고 하거든요. 여기가 워낙 유명하니까 딴 데서 손님을 모셔서 이쪽으로 오는 거죠. 그런 택시 기사들도 있었고, 여성들이 이용하는 택시 기사들도 있었대요. 언니들이 가끔 외부에 볼일이 있을 때 혹시나 도망갈 수도 있는 거니까요. 그리고 한번 거기로 들어가면 대중교통을 이용하지 못해요. 일단 기회 자체가 없고 택시로 편하게 이용하게끔 유도해요.

천호동 텍사스를 폐쇄하게 된 직접적인 원인은 2018년 12월 22일에 발생한 천호동 화재경계지구(시장 지역과 성매매 집결지역) 내의 성매매 업소 화재사고 때문이었다. 이 사고로 총 6명의 사상자가 발생하였는데 업소 관계자 1명과 성매매 여성 1명은 화재 당시 사망하였고, 구조된 중상자 중 1명은 치료 과정에서 1명은 치료 직후 사망하였다.

1993년에 성매매 여성을 위하여 천호동 텍사스 내에 '기도의 방'을 마련하고 2003년부터 현장 상담을 지속해 온 여성인권상담소 소냐의집[36]은 화재사고 후 '천호동 성매매 집결지 화재사건 공동대책위원회'를 구성하였다. 공동대책위원회(이하 공대위)에는 여성인권단체 100여 개와 법조인이 함께 참여하여 '성매매 집결지 여성들의 죽음을 애도하며 엄정한 수사와 진상규명, 여성들에 대한 지원 등 즉각적인 대책 마련을 요구한다'는 성명서를 배포하였다. 이후 소냐의집은 12월 26일에 서울시 주관 대책회의에서 공대위의 대표로 참석하였다. 2019년 1월에는 강동경찰서와의 면담을 진행하는 등 진상규명과 대책 마련을 위하여 노력하였을 뿐만

36 (재)성프란치스코수녀회에서 설립한 여성인권상담소 소냐의집은 여성가족부의 인가를 받아 성매매 여성의 인권을 보호하고 그들이 탈업하여 세상을 살아갈 수 있도록 지원하고 있다. 남숙현 수녀가 1993년 집결지 내에 '기도의 방'을 마련하여 성매매 여성들의 이웃이 되고자 시작된 활동은 재단의 지원을 통하여 '쏘냐의 집'이라는 성매매 여성 인권단체로 거듭났고, 이후 2005년 '소냐의집'으로 개칭하였다. 2003년부터 본격적인 활동을 시작한 소냐의집 활동가들은 아웃리치(outreach, 업소를 방문하여 물품이나 유인물을 통하여 지원에 관한 정보를 제공하는 서비스)를 통하여 여성들에게 다가갔으며 명절마다 음식을 만들어 찾아다니며 여성들이 경계심을 낮추도록 하였다. 쉽지 않은 환경에서도 소냐의집은 집결지 폐쇄로 업소들이 철거되기 전까지 꾸준하게 활동을 지속해 왔다. 아웃리치 활동 외에도 정신적·육체적·경제적 자립을 위한 프로그램을 지원하고 있다. '꿈지'라는 이름의 자활교육장을 운영하며 생일파티, 산책 등을 함께하고 직업 프로그램과 사회적응 프로그램, 치유 프로그램을 진행한다. 또한 '소담'을 통하여 중·노령층 성매매 여성의 사회적응 능력을 키울 수 있는 프로그램을 운영해 자립하여 살아갈 수 있도록 도움을 준다. 2021년 10월에는 집결지가 기억 속에서 빠르게 사라지는 것을 안타깝게 여기고 업소의 내부 모습을 딴 모형과 소방 점검 시의 사진과 영상, 역사적 형성 과정 등을 담은 전시회도 진행하였다.

천호동 텍사스 인근에 있는 여인숙·여관·점집·교회

아니라 피해자를 간호하며 안팎으로 피해 여성들을 지원하였다.[37] 2018년 12월 30일에는 화재 사고 희생자를 위한 분향 공간을 마련하는 한편 추모 미사를 진행하였다. 2019년 1월에는 '천호동 성매매 집결지 화재사건을 통해서 본 긴급 현안 토론회'도 가졌다. 2019년부터 현재까지 진상규명 및 처벌을 위하여 업주와 건물주를 상대로 소송을 진행 중이다.

사채 수준의 빚을 질 수밖에 없는 구조 속에서 살았던 성매매 여성들에게 천호동 텍사스는 착취의 공간이었지만 짧게는 몇 년, 길게는 몇십 년을 살아가는 삶의 공간이기도 하였다. 성매매 여성들이 이곳을 삶의 터전으로 여기고 지냈다는 것은 천호동 텍사스 내 곳곳에 놓인 길고양이를 위한 밥그릇과 이곳의 폐쇄 이후 남겨 놓았던 글로도 알 수 있다.

사고 이전까지 천호동 텍사스에는 40여 개의 업소와 100여 명의 성매매 여성이 있었으며, 일부 업주는 리모델링을 하며 영업을 지속하였다. 누군가는 여성을 '스카우트'하면서 몸집을 불렸다. 모두 재개발 보상금을 더 많이 받기 위한 노림수였다. 그때까지도 재개발은 지지부진을 면하지 못하였다. 아이러니하게도 사고가 나면서 천호동 텍사스가 주목받게 되자 재개발사업은 동력을 얻었다. 철거하지 않고 버티던 업소에서 화재가 발생하였던 탓에 여론이 좋지 않았고 천호동 텍사스의 재개발 이슈가 대두되었기 때문이다.

김○정(여), 42세, 여성인권상담소 소냐의집

> 계속 (재개발이) 된다고 말만 했지, 실질적으로 진행된 건 없었어요. 그러다가 화재 사고가 나서 이슈가 되니까 그때부터 부랴부랴 진행했던 거죠. 화재 사고가 없었으면 아마 지금도 그 상태였을 수도 있어요.

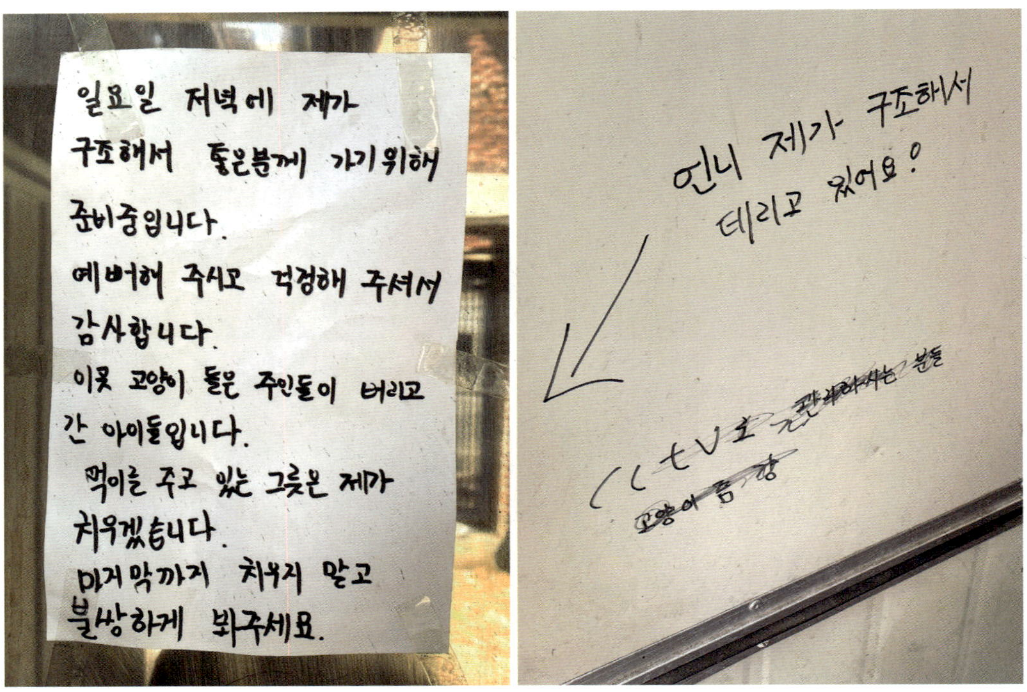

천호동 텍사스 폐쇄 후 길고양이 구조를 위하여 남겨둔 글

37 정춘숙·성매매문제해결을 위한전국연대·국회 여성·아동 인권정책포럼·천호동 성매매집결지 화재사건 공동대책위원회, 『천호동 성매매집결지 화재사건을 통해서 본 '성매매집결지' 문제 어떻게 할 것인가 긴급 현안 토론회』, 2019.

사고 이후 천호동 텍사스에 경찰이 파견되면서 일반인들의 접근이 어려워졌다. 사람들이 사라지자 업소들은 하나둘씩 문을 닫았다. 2020년 10월 마지막까지 남아 있던 업소가 영업을 중단하면서 천호동 텍사스는 역사 속으로 사라졌다.

천호동 423-84번지 일대

철거된 후
공사가 진행 중인
천호1·3구역 전경

천호동 423-84번지

천호동 423-84번지 개요

대지 면적: 206㎡
구조: 연와조, 시멘트블록조
층수: 지하 1층, 지상 3층
규모: 225.88㎡
건축 연도: 미상

천호1구역의 바로 뒤편 천호동 텍사스 초입의 첫 번째 집이다. '청소년 통행금지 구역'의 표지판을 마주하여 구역의 시작을 알리는 건물이다. 재건축을 위한 철거 전까지 영업하였던 마지막 가게 중 하나이다.

도로를 마주한 전면은 분홍색 외장의 3층 단독 건물이다. 주변의 많은 업소 중 눈에 띄기 위한 노력처럼 동그란 형태의 외부 돌출형 조명들이 눈에 띈다. 하지만 내부로 들어가면 본 건물의 후방에 있는 '성동여인숙' 건물까지 확장되어 연결된 형태로 운영되었다.

각각의 방의 형태는 모듈에 의해서 계획된 것이 아니라 각양각색의 크기로 나뉜 방들로 얼기설기 엮여 있었다. 불법과 합법의 경계를 넘나드는 건물 확장의 결과물로 보이는 수많은 단차가 존재한다. 미로와 같은 내부의 구조를 보면 2018년 화재 당시 사람들이 빠져나오지 못했던 참사의 원인이 이해되기도 하였다.

천호동 텍사스 입구에서 바라본 천호동 423-84번지 전경

천호동 423-84번지 1층 평면도

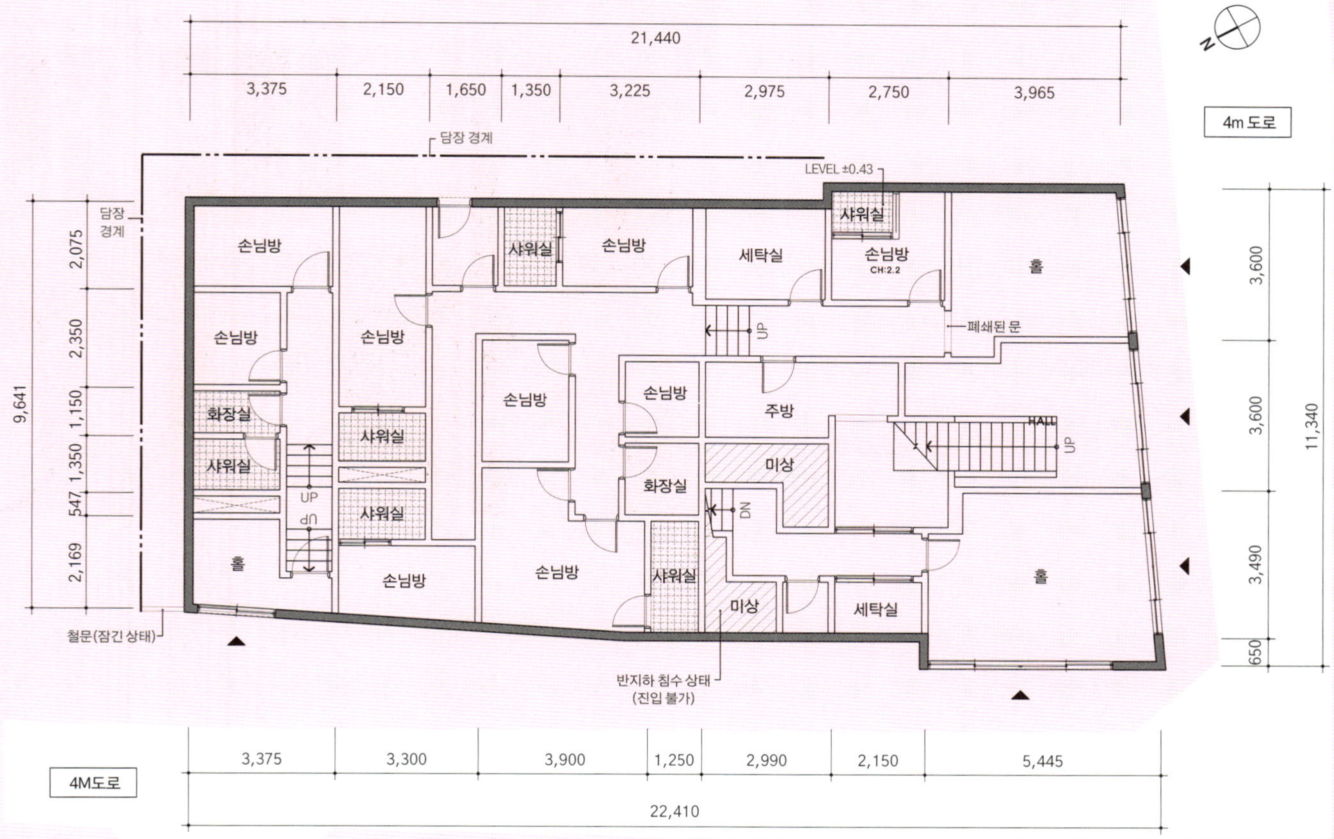

천호동 423-84번지 지하 1층 평면도

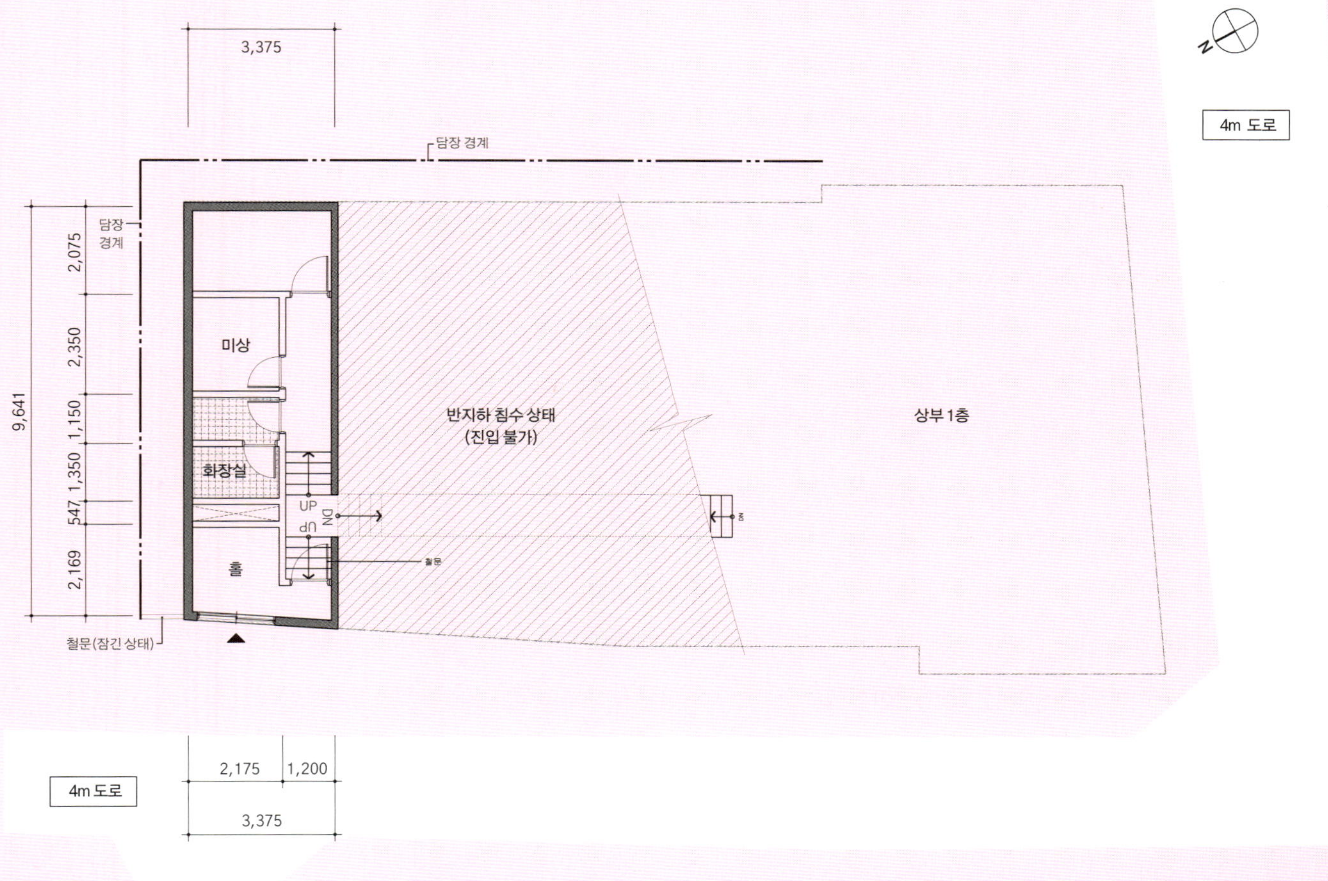

동선 구조를 살펴보면, 전방 4m 도로에 접하고 있는 면에서 진입할 때 사방이 유리와 조명으로 치장된 홀이 있다. 홀 뒤편의 작은 개구부를 지나면 폭 1m(내측 기준)의 좁은 복도를 따라 내부로 진입이 가능한 구조로 되어 있다.

해당 복도는 직선 형태로 곧게 뻗어 있지 않고, 구불구불한 형태로 복잡하게 얽혀 있다. 무분별하고 불법적인 증·개축의 결과인지, 성업 중 단속을 방지하기 위한 목적인지 모르겠으나 어둡고, 좁고, 복잡한 구조의 복도들을 따라가다 보면 이곳이 어디인지 길을 잃기 쉽다. 단속을 피하기 위한 목적인지, 좁은 복도 중간중간에 외부로 연결되는 작은 문들이 설치되어 있었다.

천호동 423-84번지 실내(수직·수평 이동 부위)

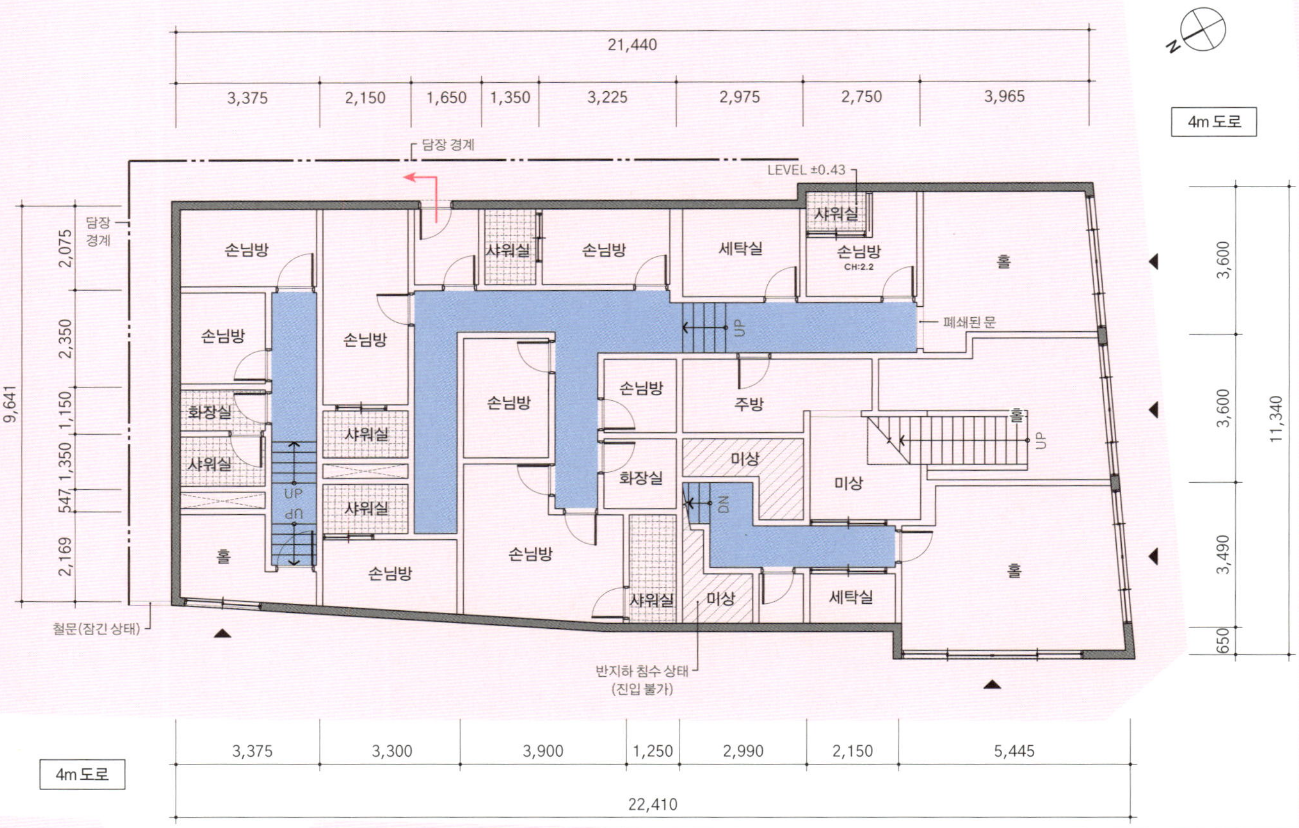

천호동 423-84번지 실내 이동 동선(복도) 평면도

전·후·좌·우로 얽혀 있는 복도의 형태와 더불어 스킵플로어(skip-floor) 구조를 의도한 것은 아니지만 수많은 단차가 있다.

업종의 특성상 채광을 위한 창문이 존재하지 않고, 어두워서 숙련자의 안내가 없다면 내부에서 출구를 찾기 쉽지 않을 것이다.

천호동 423-84번지 동선계획
엑소노메트릭 뷰

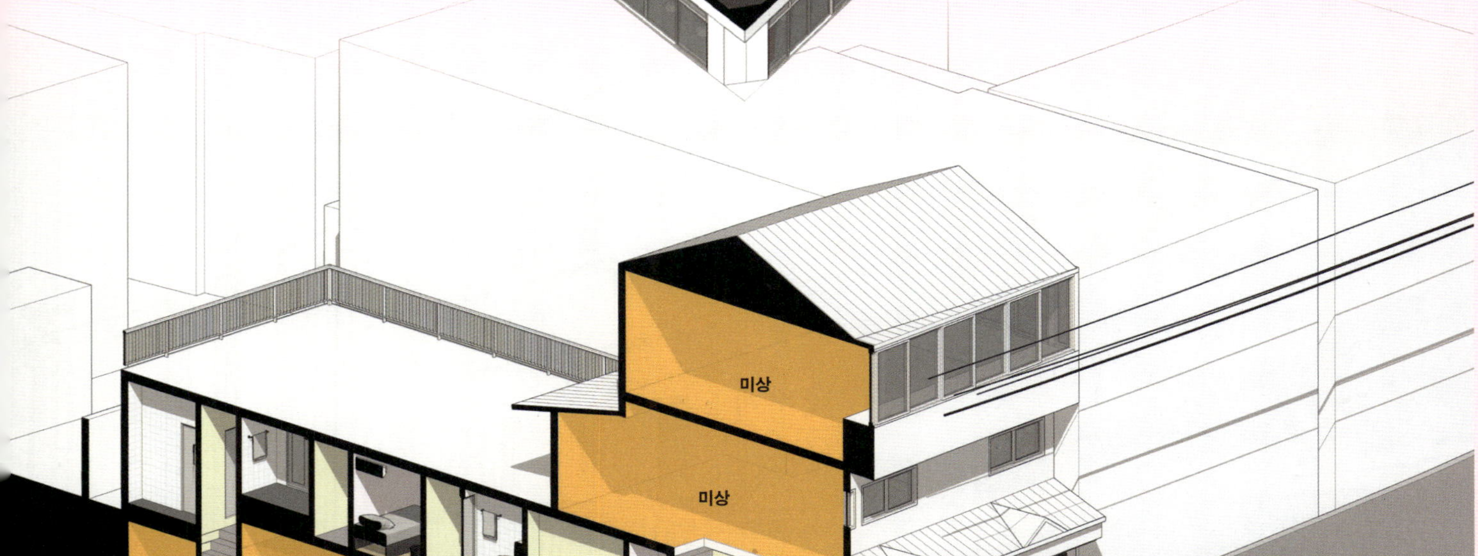

천호동 423-84번지 단면 투시도

천호동 423-83번지

천호동 423-83번지 개요

대지 면적: 161㎡
구조: 연와조, 시멘트블록조
층수: 지상 3층
규모: 372.32㎡
건축 연도: 1968년

외관은 세월의 흔적을 고스란히 담고 있다. 하지만 내부는 최근에 리모델링한 듯 화려한 형상을 하고 있다.

인도에 면하는 전면에 넓은 홀이 있으며, 홀 전체를 두르는 거울과 화려한 조명이 눈길을 끈다. 메인 홀 뒤쪽으로 오픈 형태의 문이 존재하며, 문을 통과하면 새로운 공간이 시작된다.

2·3층의 경우 가운데의 중복도를 중심으로 양측에 방이 있으며, 핑크색으로 최근 새롭게 인테리어를 마친 듯한 공간으로 되어 있다.

도로에서 바라본 천호동 423-83번지 전경

천호동 423-83번지
1층 평면도

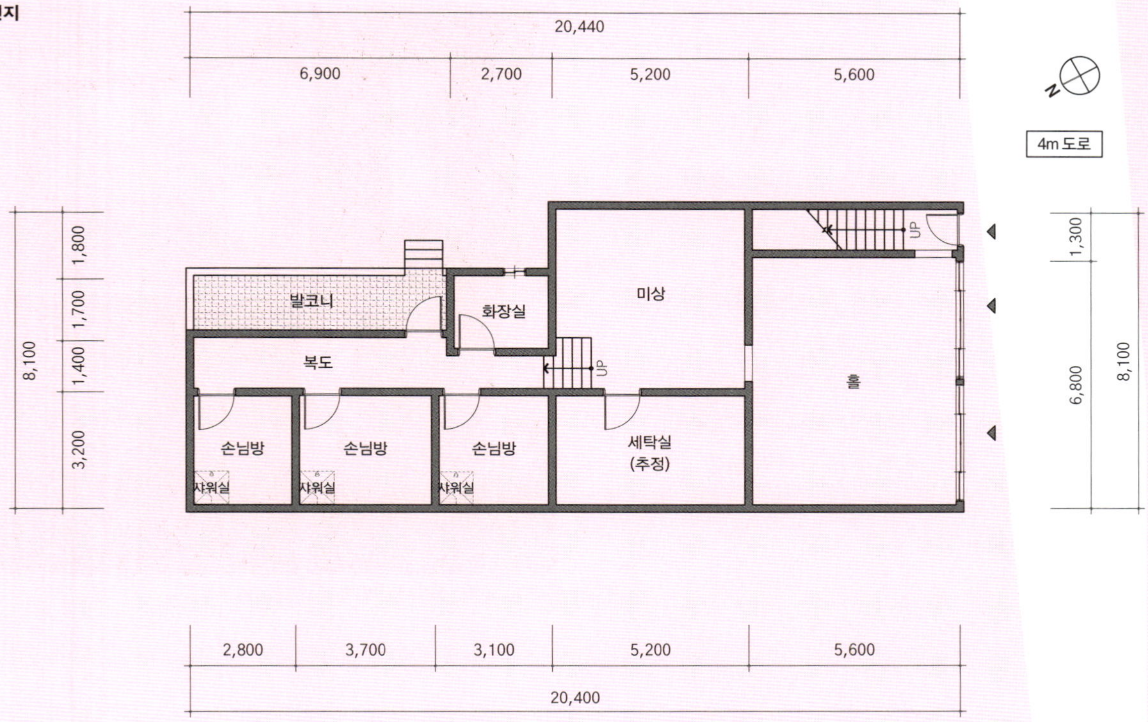

천호동 423-83번지
2층 평면도

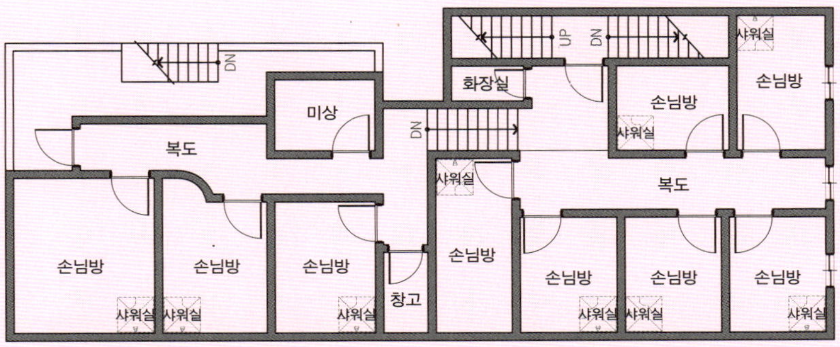

천호동 423-83번지
3층 평면도

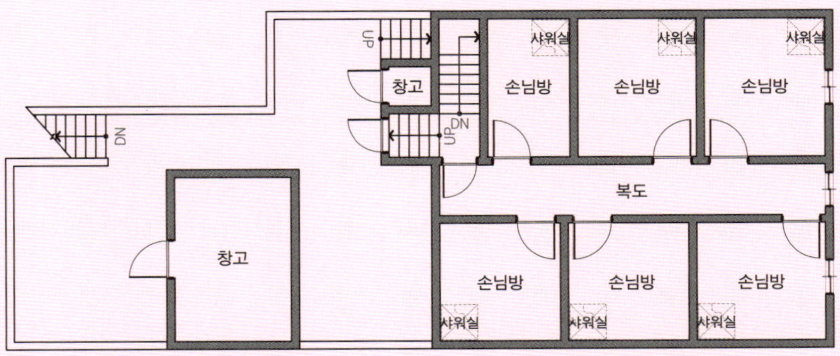

동선의 구조를 살펴보면, 전방 4m 도로에 접하는 면에 크고 화려한 홀을 통하여 진입한다. 사방이 거울로 둘러싸인 홀의 뒤편 작은 개구부를 통하여 내부로 진입하는 형태는 '첫 번째집'과 흡사한 구조이다. 홀의 옆쪽에는 2층과 3층으로 연결되는 직선 계단이 있다.

각 층은 1.5m의 직선형 복도를 중심으로 좌우에 손님방이 배치되어 있다. 도로를 향한 전방과 후방은 1m의 레벨 차이를 가지고 있어서 계단 5단으로 구분되어 있고, 복도의 양쪽 끝은 창문이 있어 채광이 우수하다. 폐허가 된 현재의 모습 속에서도 창문으로 들어오는 햇살이 핑크빛 복도에 반사되어 화사한 느낌을 준다.

천호동 423-83번지 실내(수직·수평 이동 부위)

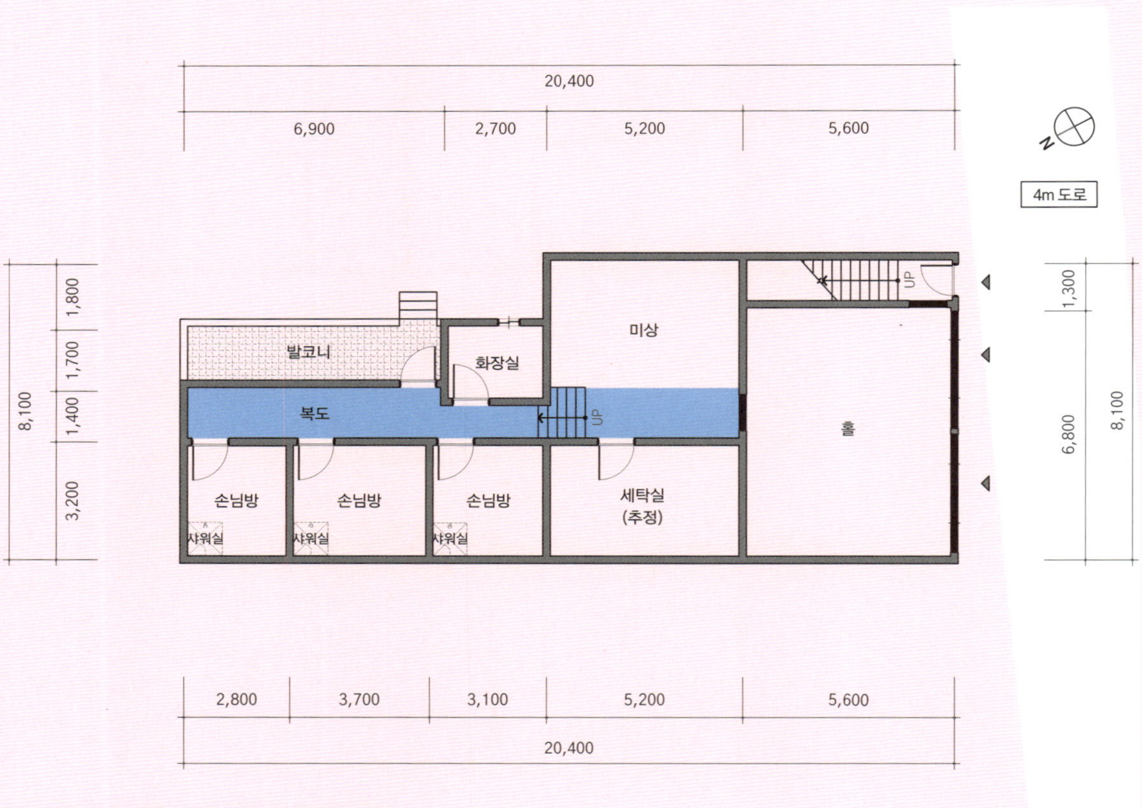

천호동 423-83번지 실내 이동 동선(복도) 평면도

핑크색 집의 유닛(unit)을 살펴보면,
천호동 텍사스에서 볼 수 있는 세 가지 유형 중 중기형이다. 평면과 동선은 잘 정리되어 있지만 각 유닛의 정리는 덜 된 느낌이다.

2,600㎜×3,200㎜의 방을 기준으로 기존 건축물의 크기에 맞춰 변형이 이루어져 있다.

핑크색과 연두색의 벽지로 도배된 각 방은 2.5평의 단출한 크기이다. 하지만 방마다 에어컨과 900㎜×900㎜ 크기의 샤워부스가 설치되어 있다. 벽의 한쪽 면은 거울로 장식되어 있다.

천호동 423-83번지 1층
동선계획 엑소노메트릭 뷰

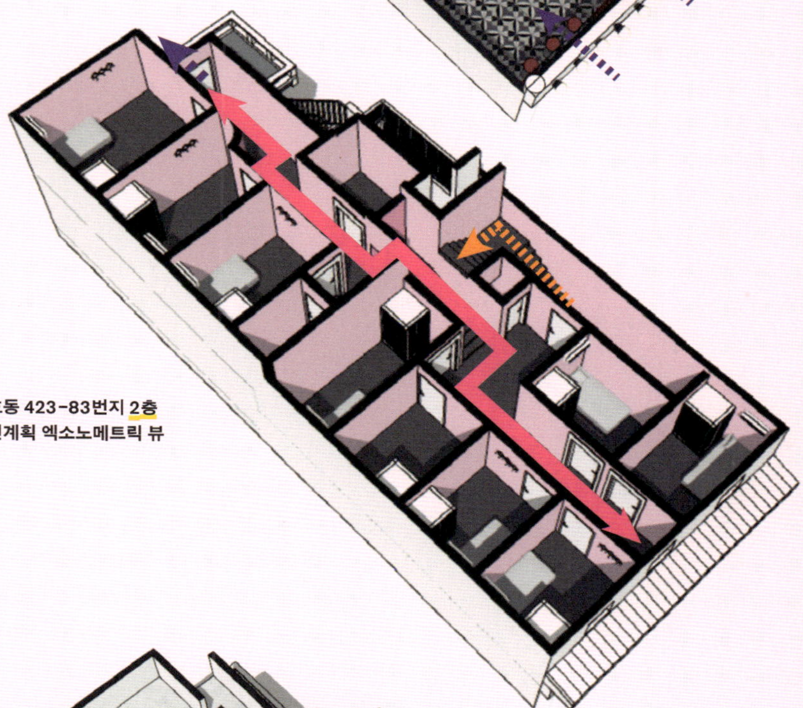

천호동 423-83번지 2층
동선계획 엑소노메트릭 뷰

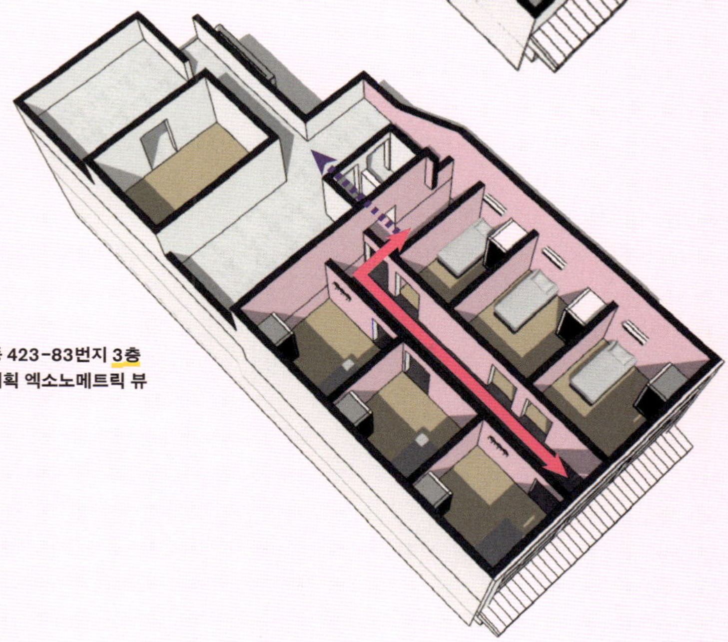

천호동 423-83번지 3층
동선계획 엑소노메트릭 뷰

'1' 전개도

'2' 전개도

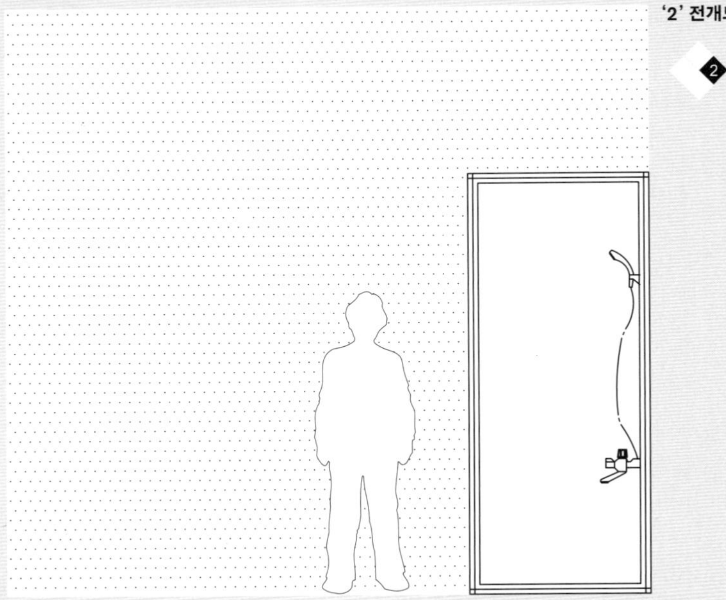

'3' 전개도

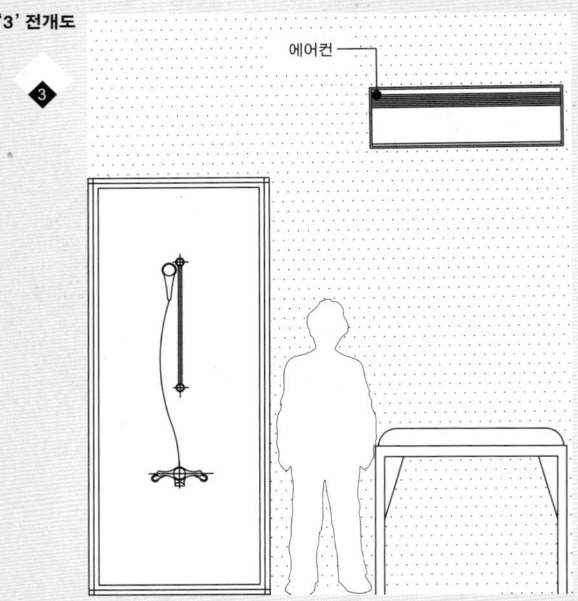

'4' 전개도

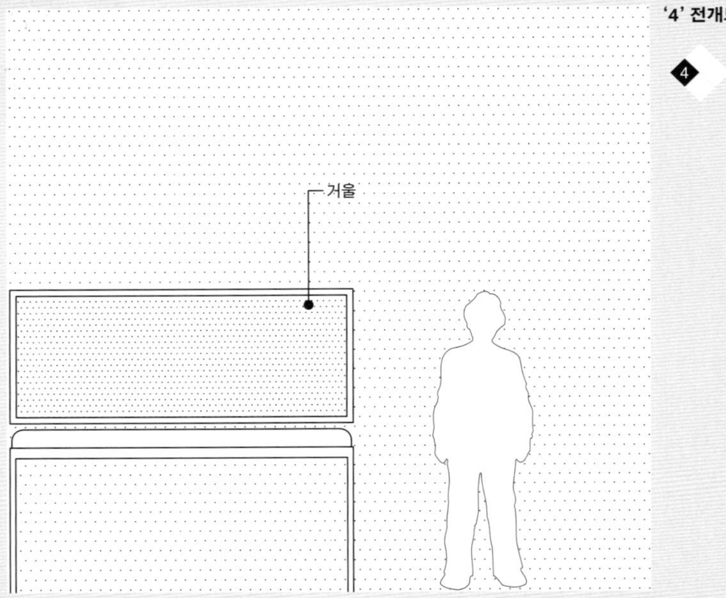

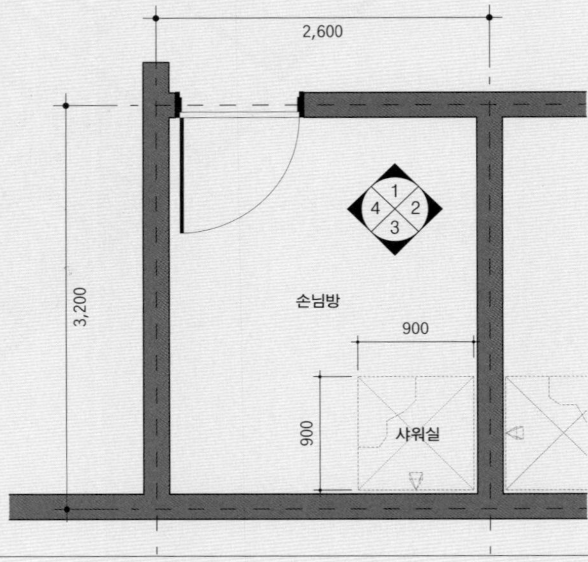

천호동 423-139번지 (장미여관)

천호동 423-139번지 개요

대지 면적: 182㎡
구조: 연와조, 시멘트블록조
층수: 지하 1층, 지상 2층
규모: 159.84㎡
건축 연도: 1967년

재건축지역 일대에 남아 있는 여관·여인숙 등의 숙박업소 중 원형이 잘 남아 있는 건축물이다. 천호동 텍사스 한가운데 있는 장미여관은 내·외관의 형태는 전형적인 여관·여인숙의 형태이다. 정문으로 들어가면 카운터를 겸하는 주인방이 있고, 가운데 복도를 중심으로 좌우 대칭 형태로 작은 방들이 있다.

골목길에서 본 천호동 423-139번지 전경

일반적인 숙박업소의 기능도 있지만, 입구에 붙어 있는 '장기 방 있음' 등의 문구를 보면, 하룻밤 쉬고 돌아가는 사람이 아닌, 저가의 주거 기능을 제공하였음을 알 수 있다.

건축 연도는 1967년으로 건축물대장에 등재되어 있으나, 현재 건물의 상태는 추후 증·개축된 형태이다. 2층 내부의 구조와 역보 등을 보면, 건축가에 의하여 잘 계획된 건축물이라기보다는 생활밀착형으로 변형된 건축물로 추정된다. 과거 천창으로 추정되는 개구부 등의 형상을 보면 사용자의 편의와 환경을 배려하였으나, 현재의 상태를 보면 관리 상태의 허술함이 눈에 띈다. 저가 주거의 기능을 하면서 완벽한 관리와 배려는 힘들었을 것으로 추정된다.

천호동 423-139번지
1층 평면도

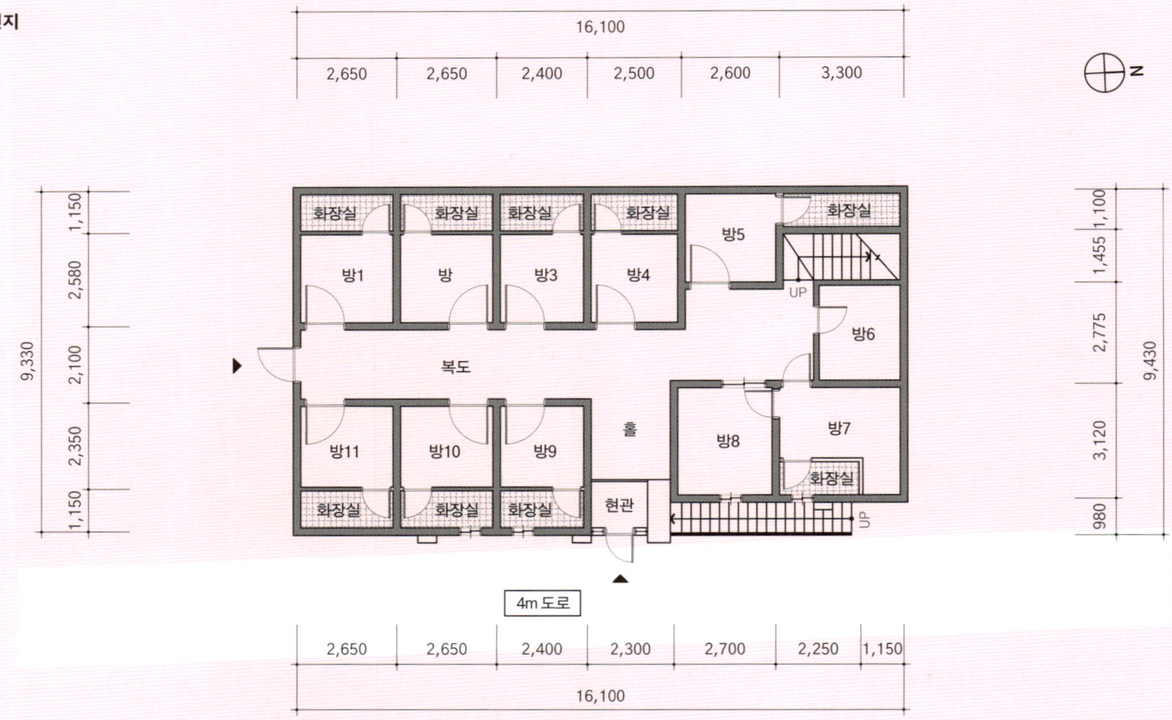

천호동 423-139번지
2층 평면도

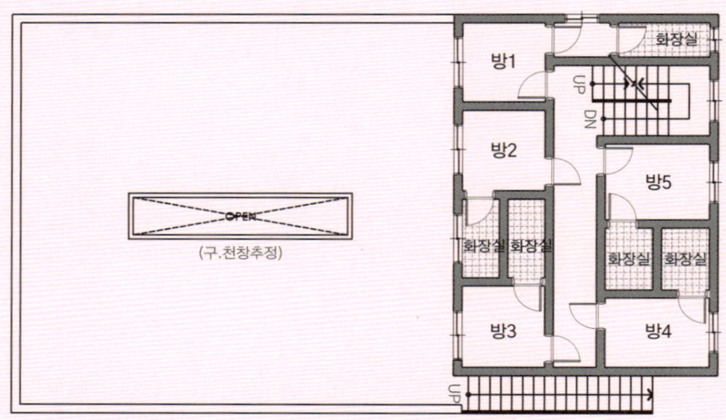

천호동 423-139번지
3층(옥탑) 평면도

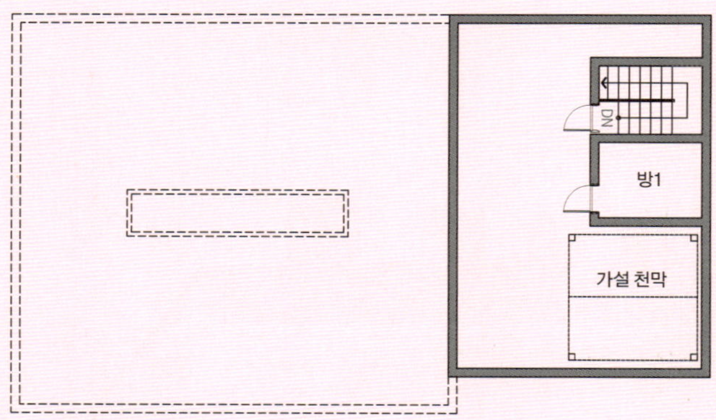

동선의 구조를 살펴보면, 건축물대장에서 건축 연도를 알 수는 없었으나 간결하고 잘 정리된 내부 동선을 가지고 있는 현대적 건물이다. 숙박 시설로 이용되는 2개 층 모두 중복도 계획을 이용하여 간결하고 효율적으로 방을 배치하였고, 수직 이동 동선(계단)을 우측 후방으로 배치하여 층 내 이동 동선을 방해하지 않는다. 수평 동선에 잘 연계될 수 있는 편심 코어를 채택하였다. 이러한 내부동선계획의 형태는 현대의 여관·호텔 등의 숙박시설 및 오피스텔 등에서 널리 사용되는 방법으로, 특정 공간을 나누어서 임대하는 경우 효율적이다. 또한 1층의 경우 복도의 끝에 외부로 직접 연결된 개구부가 있어 환기를 하거나 비상시 대피할 수 있게 되어 있다.

천호동 423-83번지 실내(수직·수평 이동 부위)

천호동 423-139번지 실내 이동 동선(복도) 평면도

천호동 423-139번지
1층 엑소노메트릭 뷰

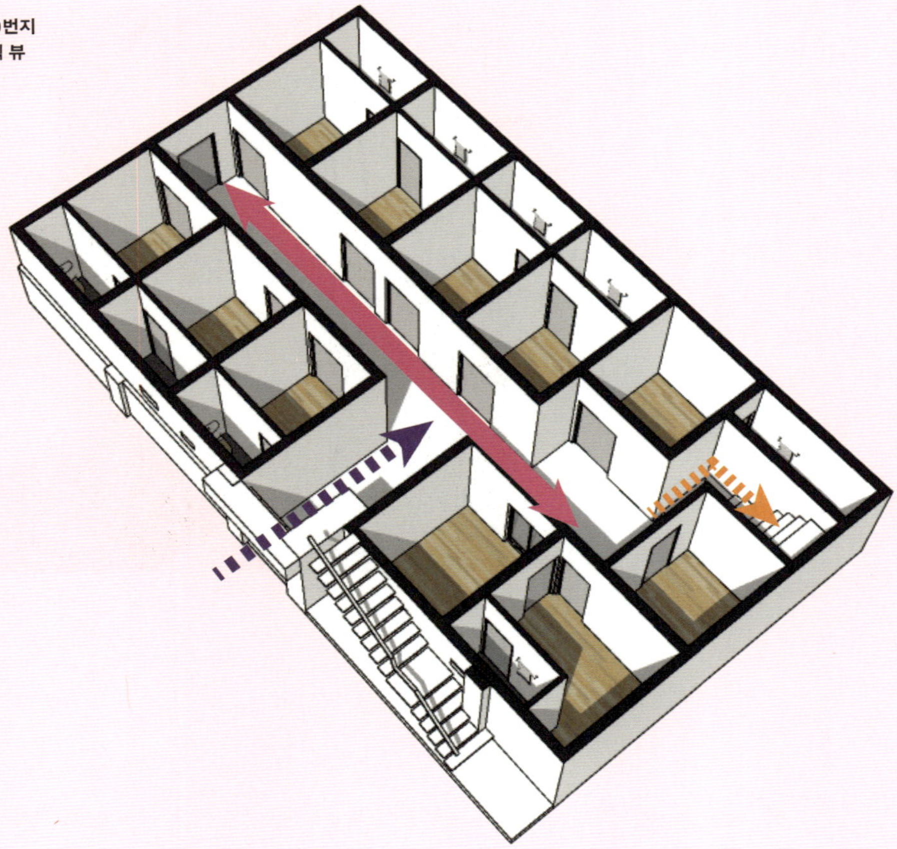

천호동 423-139번지
2층 엑소노메트릭 뷰

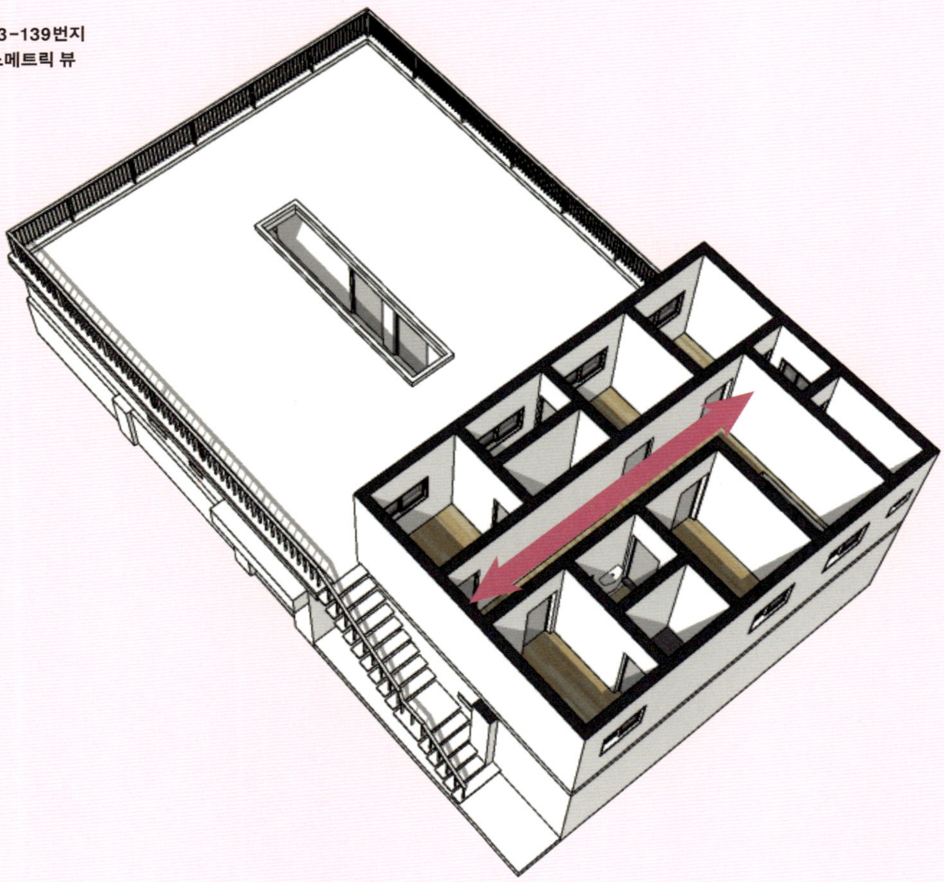

장미여관 호실 유닛 A의 경우 1층 전실에 사용되는 Unit-A는 2,650㎜×3,730㎜의 크기로 계획되어 있다. 각 방의 크기는 2,580㎜×2,650㎜이고, 1,150㎜×2,650㎜ 크기의 독립된 화장실이 있다. 방의 경우 정사각형에 가까운 형태로 창문이 없다. 흰색 벽지에 바닥은 장판으로 되어 있고, 침대에 침구 흔적은 보이지 않았다. 각 방에 딸린 화장실은 외부로 통하는 창문이 없어 환기가 되지 않고 볕이 들지 않았다.

2층 유닛 B는 2,100㎜×4,200㎜의 크기로 계획되어 있다. 방의 크기는 1층 방에 비해서 폭은 좁으나 모든 방에 1,200㎜×1,200㎜의 창문이 설치되어 있어 쾌적한 느낌이다. 방 크기의 절반인 1,050㎜×2,100㎜의 좁고 긴 형태의 화장실이 서로 교차하여 세로 형태로 시설되어 있다. 화장실에는 변기 1개와 샤워기 겸용의 수전 하나가 설치되어 있다.

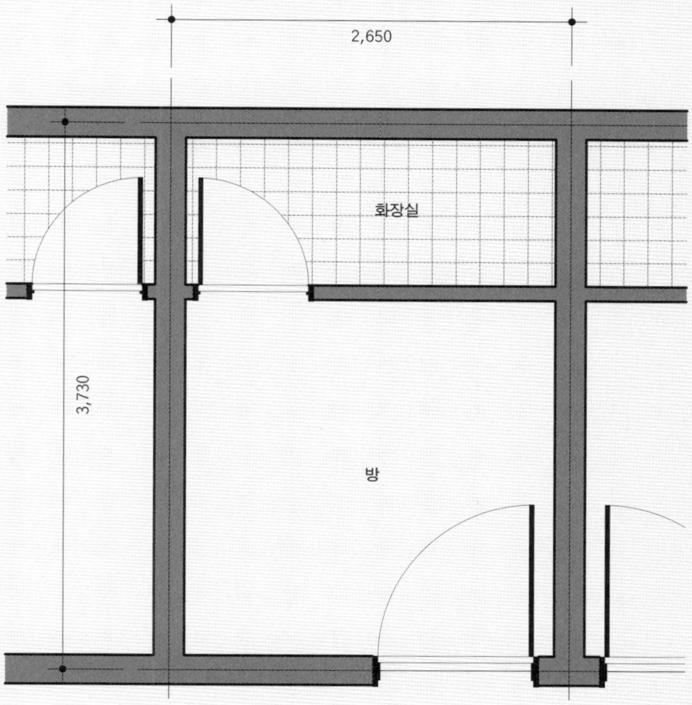

천호동 423-139번지 호실 유닛 계획도-A
(실의 크기 약 2.7평)

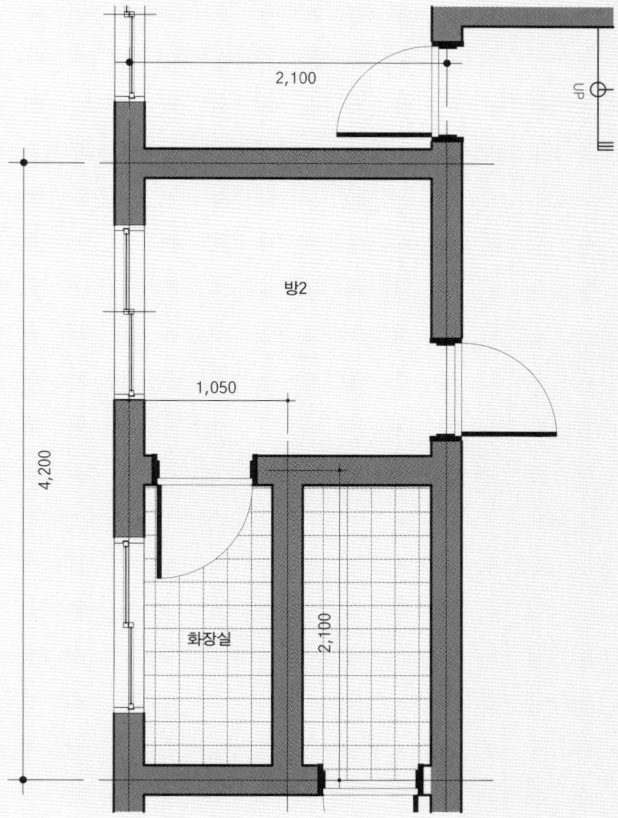

천호동 423-139번지 호실 유닛 계획도-B
(실의 크기 약 2평)

장미 골목

6·25전쟁 직후 천호동은 사방이 흙바닥이라고 할 만큼 열악한 환경이었다. 공장에서는 주변 흙을 퍼다가 벽돌을 찍어내고, 그 자리마다 크고 작은 웅덩이가 생겼다. 한강 바로 옆 동네는 비만 오면 물이 빠지지 않아 진흙탕이 따로 없었다. 사람들은 우스갯소리로 '마누라 없이는 살아도 장화 없이는 못 사는 동네'라고 말하였다. 각지에서 천호동으로 모여든 생활이 어려운 사람들이 한강변이나 구릉지에 다닥다닥 집을 지어 살면서 공장 노동자가 되거나 농사를 지었다.

천호2동에는 주민들이 자발적으로 가꾼 장미 골목이 있다. 등산을 함께 다니던 이웃들이 골목을 깨끗하게 하려고 1997년부터 꽃을 심어 기른 것이 시작이었다. 구천면로16길(천호동 461-141) 일대의 골목길 약 160m에 걸쳐 12개의 장미 덩굴 아치를 설치해 주민들이 힘을 모아 정성으로 가꾸었다. 이후 강동구 대표로 나간 장미 골목이 서울시 '푸른 마을 대상'을 받으면서 명소가 되었다. 이후 벽화를 그려 테마 골목을 조성하고, 강동구의 지원을 받으며 현재에 이르고 있다. 매년 5월, 장미가 만발하는 시기가 되면 많은 사람이 장미 골목을 찾아 추억을 담기에 여념이 없다. 이러한 모습은 25년 동안 장미 골목을 가꿔 온 마을 사람들에게 보람이 되어 되돌아왔다.

1948년(1세) 종로구 연건동 출생
1950년(3세) 6·25전쟁 발발로 피란
1953년(6세) 종로구 숭인동 이사
1954년(7세) 서울 창신초등학교 입학
1963년(16세) 서울 광희중학교 졸업
1965년(18세) 강동구 천호동 이사
1966년(19세) 서울 성동고등학교 졸업
1997년(50세) 장미 골목 조성
1998년(51세) 서울시 푸른마을 가꾸기 대상 수상
2000년(53세) 장미축제 개최
2019년(72세) 꽃피는 서울상 인증

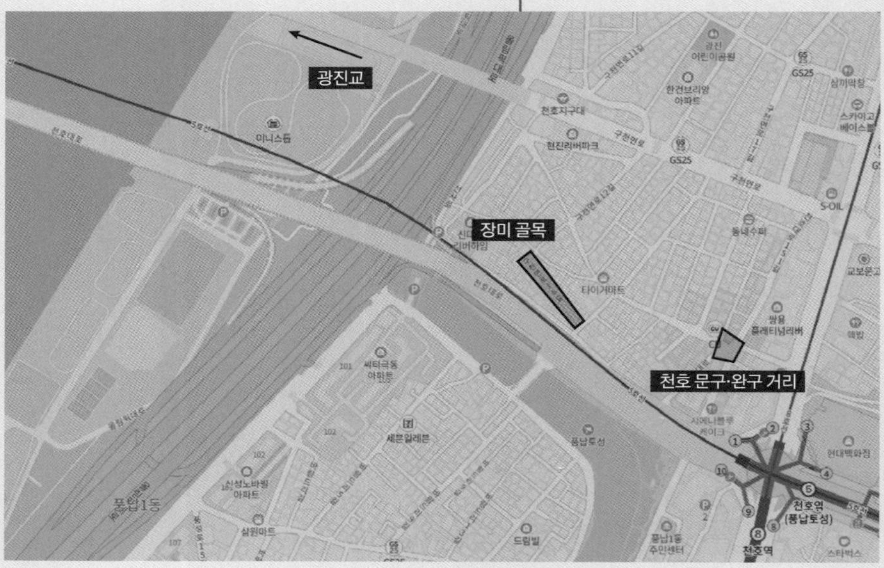

여기는 장미마을이 아니고 장미 골목이 맞아요.

1. 도심에서 밀려오게 된 천호동

" **숭인동에 있는 집을 팔아 천호동으로 집을 줄여서 이사 온 거예요.**

저는 지금의 서울대학교병원 자리 바로 밑에 연건동에서 태어났어요. 6·25 전쟁 때 피란 갔다가 1953년에 휴전 협정이 돼서 다시 숭인동으로 들어왔어요. 그리고 1954년에 창신국민학교(현 창신초등학교) 1학년에 입학했어요. 혹시 영화배우 문희라고 알아요? 저하고 초등학교 동창이에요. 윤여정도요. 그 당시는 초등학교에 한 학년이 16반까지 있었어요. 왜 그러냐면 6·25 끝나고 아이들이 한꺼번에 초등학교에 들어갔거든요. 동란(動亂) 동안 공부를 못 했으니까 12살 먹고, 10살 먹어서 초등학교에 입학하는 바람에 동창이 많았었어요. 중학교는 광희중학교, 고등학교는 성동고등학교를 나왔어요.

삼일로에 삼일빌딩이라고 31층짜리 빌딩이 있었어요. 우리 아버지가 그 건물 식당에 들어가는 주·부식을 전부 납품했었어요. 그러다가 큰물(폭우)이 나면 채솟값이고 뭐고 다 뛰잖아요? 그때는 우리나라가 지금처럼 치산치수(治山治水)가 안 돼서 비가 한 번 오면 모든 게 다 쓸려 내려갔어요. 그래서 결국 아버지가 식자재 납품 사업을 하시다가 망했어요. 그래서 적자를 많이 보고 숭인동에 있는 집을 팔아 1965년에 천호동으로 집을 줄여서 이사 온 거예요. 그렇게 도심에서 밀려 나온 거죠.

김수천의 인터뷰 모습

장미 골목 내
1965년에 지어진 집

” **천호동에서 농사지어서 일 년에 집 한 채도 마련하고 그랬어요.**

저는 식품공학을 전공했어요. 그런데 전공을 못 살리고 제대하고 저 너머에 와서 도지(賭地)로 한 2만 평(66,115㎡) 농사를 지었어요. 그때는 농사 지어서 일 년에 집 한 채도 마련하고 그랬어요. 비닐하우스 농사도 한 2,000평(6,611㎡) 했어요. 당시에는 시금치를 '월동초'라고 심는데 일본에서 '대엽'이라는 씨앗을 사서 한 바닥에다 같이 뿌리면 먼저 나는 걸 솎아내서 수확하고, 또 2차·3차·4차 수확했어요. 그런데 옛날에는 하우스에서 쓰는 농약에 독성이 많았어요. 결국 견디지 못하고 농사를 그만뒀죠. 지금은 20년 전부터 ING사(社)라고 보험 대리점을 운영하고 있어요.

2. 강남 아닌 강남, 천호동

” **천호는 정말 어려운 사람들의 삶의 터였어요.**

이 근처는 전부 흙바닥이었어요. 흙을 퍼내서 벽돌 찍어내느라 웅덩이도 많았어요. 여기 가면 벽돌 공장이 있고, 저 위에도 연와(기와) 공장이 있고 그랬어요. 바닥이 진흙이니까 비가 한 번 오면 물이 빠지질 않죠. 그래서 '마누라 없이는 살아도 장화 없이는 못 사는 동네다' 그런 우스갯소리가 있었어요.

여기가 말 그대로 천호(千戶)동 아니에요? 천 개의 집이 있어서 천호. 그걸 기대했던 곳이 천호동이에요. 옛날에 여기가 경기도 광주군 곡교리였어요. 우리 아버지 고향이 경기도 여주여서 도심에 살 때도 고향에 가실 때 가끔 여기를 지나갔어요. 그때는 천호대교가 없어서 광나루 다리를 건너서 천호동으로 해서 지금 경기도 광주 지나서 곤지암에서 또 한 30리 이렇게 들어가야 했어요. 천호동을 지나가면서 보면 제일연와 같은 벽돌 공장에 집이 다닥다닥 붙어 있었던 기억이 나요. 천호는 정말 어려운 사람들의 삶의 터였어요. 한강 이남이지만 강남이라고 하기엔 열악한 곳이라 강남 아닌 강남이죠.

장미 골목 끝에 1965년에 지은 집이 있어요. 내부는 새로 꾸미고 외부는 원래 형태 그대로예요. 집이 정말 작아요. 그때는 흙벽돌을 쌓아서 방 두 칸에 마루판 깔아 놓고, 옆에는 주방으로 해서 대충 사람이 기거할 수 있게 만들었어요. 그러다가 1984년에 홍수가 나서 우리 집 뒤편 한쪽에 흙벽돌이 무너지기도 했어요.

” **천호동이 개발된 건 1976년에 천호대교가 놓이면서부터예요.**

우리가 시내 숭인동에 살다가 이 동네에 왔을 때만 해도 여기 바로 아래가 논이고 여기는 밭이고 그랬어요. 천호동이 개발된 건 1976년에 천호대교가 놓이면서부터예요. 한강 앞에 광나루 수영장이 있었고 백사장도 있었어요. 팔당에서 물이 내려오다 보면 저 건너 워커힐 호텔 쪽으로 '탁' 치면서 내려가거든요. 그러면 거기에 실려 내려오던 모래가 반대편에 쌓이죠. 그래서 한강 백사장이 이쪽에 생긴 거예요. 저 어릴 때만 해도 광나루에 수영장, 백사장이 있었어요.

3. 장미 골목 조성과 마을공동체

” **마을을 깨끗이 하자는 마음으로 시작한 거죠.**

마을에 등산을 같이 다니는 동호인들이 있어요. 천호동 461번지에 차진석·이연수, 김수천·권명희, 김영준·박덕순, 최강락·이명순 이렇게 네 집 부부가 함께 했죠. 그런데 우리가 보기에 동네 골목이 지저분한 게 마음에 걸려서 '아, 이걸 깨끗하게 하는 방법이 뭘까?' 하고 고민하게 됐어요. 그래서 '여기 화단을 만들면 미안한 생각이 들어서라도 쓰레기를 함부로 못 버리지 않겠나' 하는 생각을 하게 됐어요. 그래서 화분을 놓고, 화단을 가꿔서 '마을을 깨끗이 하자'는 마음으로 시작한 거죠.

처음에 네 집에서 돈을 걷었어요. 그 돈으로 그 당시 화분 하나가 2,000원씩인가 해서 200개를 샀어요. 그때 당시에 한 40만 원 돈이었죠. 꽃을 1년에 한 번 사는데 십몇만 원밖에 안 들어가거든요. 큰 조경은 없었고, 울타리를 쳐서 담장은 수세미, 인동덩굴같은 덩굴 식물이 어우러지게 했어요. 네 집이 같이 어울려서 으쌰! 으쌰! 하는 분위기였기 때문에 신이 났어요. 우리가 심으면 또 다른 분들도 같이 나와서 꽃도 심고 물도 주면서 꼭 무슨 진짜 행사하는 것처럼 했어

요. 꽃 심는다고 그러면 서로 나와서 심었거든요. 이 동네가 그런 화합이 잘 돼요. 그게 아마 요즘 얘기하는 마을공동체의 뜻이 아닐까 싶네요.

처음에는 화분이 아니라 함지박뿐이었어요. 그래서 오지로 만든, 좀 두툼한 화분 200개를 마련해서 베고니아도 심고, 깨꽃도 양쪽에 심었어요. 그때 산 오지 화분을 18년 썼어요. 지금 있는 화분은 작년에 마을공동체 사업에서 자치회가 구성되면서 지원을 받아 새로 마련한 거예요. 기존 화분은 20년이 넘어서 깨지기도 하고, 볼품이 없어 작년에 300만 원인가 들여서 바꿨어요. 아마 화분 하나에 6만 원씩인가, 그렇게 지원받았어요.

장미 골목에 베고니아를 심은 모습

” 장미는 가을이 되면 아치대로 전정해줘요.

봄에는 강전(정)을 해요. 강전이라는 것이 뭐냐 하면 가지치기를 잔가지만 치는 게 아니라 싹둑싹둑 자르는 거예요. 그렇게 잘라주면 거기서 솟아나는 순이 강하게 나와서 꽃을 굵게 피워요. 그리고 봄에 한 번 더 가지를 묶어주고 다듬어주고 해서 아치 틀을 만들어 줘요.

화분에 심은 꽃은 베고니아예요. 많은 꽃을 심어 봤었는데 저 꽃이 제일 무난해요. 자주 관리를 못 하는데, 저건 봄에 심어 놓으면 가을에 서리 내릴 때까지 그대로 가요. 물만 제대로 주면 꽃이 자라고, 참 착한 놈들이에요.

골목 안쪽에 가보면 옛날에 우리가 처음 만들었던 아치 하나를 남겨놨어요. 지금 있는 철골 구조는 구청에서 새로 지원받은 거죠. 처음 골목을 만들 때는 비닐하우스에서 잔뜩 쌓아놓은 PVC 파이프를 가져다 묶어서 아치를 만들었어요. 그래서 그때 만들어 둔 거를 하나 상징적으로 남겨둔 거예요. 장미가 만개했을 때 입구에서 보면 장관이에요. 볼만하죠? 장미 아치가 장미 터널이 되어서 정말 멋져요.

” 우리 동네 장미 골목이 서울시 푸른마을 대상을 받았어요.

어느 날 우리 동네에서 꽃을 심고 가꾸는 걸 동사무소 담당 직원들이 봤어요. 마침 그때 고건 시장이 “푸른마을, 내 동네 푸르게 가꾼 것을 뽑아서 올려라”라고 했을 때였어요. 그래서 천호동에서 장미 골목을 올렸는데 ‘푸른마을 대상’을 받았어요. 도심에서 이런 모습을 보기 드물었던 거죠. 2018년에 서울 25개 구 중에서 우리가 대상으로 뽑혀 상금으로 300만 원을 받았어요. 그 당시에는 큰돈이었죠. 푸른마을 대상을 받고 4~5년은 MBC 뉴스데스크에도 나오고, KBS 이계진 아나운서랑 대담도 하고 바빴어요. 받은 상금으로 우리 집 아래에서 국수도 끓이고 마을잔치도 했어요.

2011년 시민 참여 생활녹화 경진대회는 강동구 교통행정과에서 의뢰가 들

↑↑ 천호동 장미 골목 입구
↑ 장미꽃이 만발한 골목길

푸른마을 대상 수상(2018)

어와서 참여하게 됐어요. 제가 마을 자치위원장을 했었거든요. 우리 동네는 그냥 같이 어울렸으면 해서 장미 골목을 가꾸고 참여한 거지, 마을공동체라는 개념을 갖고 한 건 아니에요. 그런데 그 당시 심사위원장이 "선생님 말씀을 듣고 뭉클했다"라고 했어요. 사실 우리가 13년 동안 다 같이 가꾼 건데 그게 쉽지는 않았죠. 그렇게 하고 나니까 또 2015년에 '걷고 싶은 거리' 제안이 들어왔어요. 벽화 사업도 그때 서울시에서 동상을 받았어요. 상금은 50만 원밖에 안 되는데 강동구에서 사업비 2억 5천만 원을 유치했어요. 그 계기로 강동구 푸른도시과에서 화분에 물도 주고 도와주고 있어요.

여기가 1960년대에 만들어진 골목이에요. 예전 사진을 보면 아주 삭막하죠. 1997~1998년에는 이 골목 바닥이 사각 보도블록이었어요. 하수가 저 위에서 여기까지 흘러나오는데 한 군데 막히면 골목 끝이 다 물에 잠기기도 했어요. 우리가 동네잔치를 한다니까 구청장이 왔는데, 직접 보니까 사정이 정말 열악하거든요. 그래서 1998년에 하수도관 새로 묻어주고 보도블록도 새로 깔아준 거예요.

” 여기는 장미마을이 아니고 장미 골목이 맞아요.

장미꽃이 피니까 사람들이 '장미마을'이라고 부르기 시작했어요. 이 근처에 장미꽃을 이렇게 집중적으로 가꾼 곳이 없으니까요. 그러다가 장미 보러 오는 분들한테 제가 "여기는 장미마을이 아니고 장미 골목이 맞다"라고 그래서 이제 네이버에 검색하면 천호동 '장미 골목'으로 나와요. 우리는 장미 골목이라 그랬지, 장미마을이라고 안 했는데 남들이 장미마을이라고 이야기 했어요. 우리는 아주 순수하게, 그저 이웃과 같이 호흡할 수 있는 그런 골목이기를 바랐거든요.

1982년 장미 골목 조성 이전 모습
사각 보도블록이 깔려있고, 골목이 삭막한 분위기다.

장미 골목 마을 잔치(2018)

혹자들은 지나가면서 '여기 누가 높은 사람이 사나?' 그래요. 깨끗이 해놓고 꽃이 예쁘고 하니까 아름답다는 표현을 그렇게 하는 거죠. 장미가 피기 시작하면 '예쁘다' 하면서 사람들이 와요. 처음에 한 곳에서 방송 촬영을 하고 나니까 계속 봄이 되면 오더라고요. 저번에는 〈김영철의 동네 한 바퀴〉에서도 촬영을 왔어요. 나름 여기가 강동구에서는 명소예요. 부르지 않아도 이렇게들 오잖아요. 사진 작가들도 많이 오고요. 네이버 블로그에 보면 천호동 장미 골목이 많이 나와 있어요. 블로그에 올리는 거 보면 참 멋지게 잘 찍었어요. 가끔 웨딩 촬영도 하고요.

이 골목을 깨끗하게 가꾼 지 25년이 지났어요. 돌이켜 생각해보니 평범한 보람이라고 할까? 그냥 '잘했다' 하는 생각이 들어요. 제가 나이 50에 시작한 건데 벌써 75세이고, 같이 시작한 분들이 이제 다 70세가 넘었어요. 제일 나이가 많은 분은 해방둥이 45년생, 지금 78세죠. 제가 75세고 그다음이 73세, 막내가 70세예요. 그래서 올해부터는 자치회에 부탁했어요.

4. 장미축제와 테마 골목 만들기

” 2000년부터 5월이 되면 장미축제를 했어요.

우리가 자체 예산이 없으니까 국수를 직접 삶고, 빈대떡도 좀 부치고 해서 축제를 했어요. 그러면 지나가는 사람이 "내가 막걸리 한 상자 낼게요" 그러고, 누구는 "내가 떡 한 말 내지" 말하고, "내가 마장동에서 고기 좀 보낼게"라고 해서 한 5년 동안 장미축제를 한 거죠. 푸른마을 대상 상금 300만 원으로 5년 동안 축제를 한 거예요. 매번 주민들이 서로 찬조하고 도와주더라도 예산이 30만~40만 원씩은 들더라고요. 근데 나중에는 동네 분들이 그 돈을 다 어떻게 감당하나 걱정을 하시더라고요. 다들 이제 나이도 들고, 코로나도 그렇고 이제 힘이 빠져서 장미축제를 못 하고 있어요.

” 테마를 잡아 벽화를 그리다 보니 골목이 좀 더 특색 있게 된 것 같아요.

벽화를 처음 그린 건 1997년에 푸른마을 가꾸기에 참여하면서예요. 장미 골목 끝에 사는 진정현이라고 피아노 선생이 있었어요. 그분이 피아노 선생이지만 그림도 그렸거든요. 그래서 그 선생님이 담장에 밑그림을 그려주면 우리가 물감으로 칠해서 벽화를 완성했어요. 그러다가 2015년에 강동구청 도시디자인과에 테마 골목을 만들어 보자고 제안을 했어요. 그렇게 벽화 사업을 했어요. 또 한 번은 선화예고에서 찾아왔더라고요. 학생들이 실습해야 한다고 벽화를 그리게 해달라고 그래서 다시 그렸어요. 우리가 장미하면, 어렸을 때 읽었던 생텍쥐페리의 『어린왕자』 생각이 나잖아요? 그렇게 테마를 잡아 벽화를 그렸더니 골목이 좀 더 특색 있게 된 것 같아요.

”

장미 골목 덕분에 이웃과
삶의 행복을 함께할 수 있었어요.

아이들이 뛰어노는 길이 너무 삭막해서 시작한 일이 시간이 흘러 여기까지 왔네요. 작은 골목을 사이에 두고 모여 사는 주민들의 작은 꿈이었어요. 그렇게 꽃을 심고, 벽화를 그려 골목을 가꾼거죠. 덕분에 이웃과 함께 어울리고, 웃을 수 있는 동력이 되었던 것 같아요. 삭막한 도시에서 삶의 행복을 함께할 수 있었다는 게 참 축복이죠. 올해도 예쁘게 전지(剪枝) 하고, 장미가 만발한 이 골목에서 행복해할 여러분을 만나기를 기대하고 있어요.

↑ 어린 왕자를 테마로 한 장미 골목 벽화
→ 장미를 테마로 한 장미 골목 벽화

십자성마을

월남전(越南戰)이라고 불리는 베트남전쟁은 1955년부터 1975년까지 베트남 민주공화국(북베트남)과 베트남 공화국(남베트남)이 벌인 전쟁이다. 제2차 인도차이나 전쟁으로도 불린다. 1960년에 결성된 남베트남민족해방전선(NLF)은 베트남의 완전한 독립과 통일을 위해 북베트남의 지원 아래 남베트남 정부와 이들을 지원한 미국과 전쟁을 벌였다. 미국과 싸워 이긴 북베트남은 1969년에 임시 정부를 수립하였다. 미군이 철수한 후 1975년에 남베트남 정부가 무너짐으로써 베트남은 남북이 통일되었다.

냉전 시기 소련과 미국은 양강구도를 형성하고 있었다. 미국과 동맹국인 우리 정부는 베트남전쟁에 육군 수도사단(맹호부대)과 해병 2여단인 청룡부대, 육군 9사단인 백마부대를 참전시켰다. 1964년부터 1973년까지 베트남으로 파병된 우리 군인은 5만여 명이었다. 파병된 군인들 가운데 많은 장병이 전장에서 중경상을 입고 귀국해 현실적인 제약으로 사회에 동화되는 데 어려움을 겪었다.

1967년 상이군인으로 명예 제대한 강달신 대위는 파월 장교 출신 전상자 친목회에서 육군 출신 김진택 씨를 만나 '재단법인 파월전상자 자립회'를 발족하였다. 강달신 회장을 주축으로 사회적 차별에 불편을 느낀 전상자들이 공동체 마을을 만들어 살기로 하면서 1972년 십자성마을 건설이 시작되었다. 101명의 월남전 참전 해병대 용사들은 1인당 100만 원씩 기금을 걷고, 천호동에 대지를 마련하였다. 그리고 1974년에 101채의 집과 공장, 마을회관으로 구성된 십자성마을이 이들의 자활과 자립을 위한 터전으로 조성되었다. 2022년 현재 십자성마을에는 회원 27명, 미망인 18명 등 모두 45가구의 국가유공자가 거주하고 있다.

조사팀은 십자성마을 구영화 회장과 노성남 전무를 함께 만나 마을에 관한 이야기를 들었다. 이들은 해병 2여단(청룡부대) 출신이다. 구영화는 1972년에 노성남은 1974년에 십자성마을에 입주하였다. 이후 마을 자활사업체인 십자성위재공업사 간부로 활동하며, 에너지 자립마을 선정과 운영에 이르기까지 마을의 지속 가능한 발전을 위해 노력하고 있다.

여기는 월남전에 파병됐던
국가 유공 전상자들이 모여 사는
곳이에요.

1971년 (재)파월전상자자립회 발족
1972년 십자성마을 조성 착수
1974년 십자성마을 준공
1975년 십자성위재공업사 창립
1983년 십자성위재공업사 안산 이전
2012년 에너지 자립마을 사업 승인

LG
나라사랑 뜻모아 겨레사랑
십자성 에너지 자립마을
"불을끄고 별을켜다" 십자성 에너지 자립마을
노성남
구영화

1. 월남 파병 해병대 용사촌, 십자성마을

” **월남 가는 배가 남지나해를 지날 때 네 개의 별이 떠 있는데, 그게 바로 십자성이에요.**

노성남 1955년에 월남전이 발발했는데 1964년부터 1973년까지 우리나라에서도 파병했어요. 육군 1,500명, 해병대 500명 해서 총 2,000명이 월남에 파병됐는데, 우리는 해병대 출신이에요. 해병대는 전투 부대이기 때문에 굉장히 위험한 임무를 맡았죠.

부산 제3 부두에서 미국 군함을 타고 출발해서 월남(베트남)까지 거의 4~5일을 가요. 그러면 남지나해(남중국해)를 지나가는데 그 바다의 파도가 굉장합니다. 저희랑 같이 간 육군들은 어지럽고 그러니까 거의 누워있는데 해병대는 해상 훈련을 했으니까 그렇게 힘들진 않았죠. 남지나해를 지나가면 거기에 네 개의 별이 떠 있어요. 그게 바로 십자성입니다.

여기는 월남전에 파병됐던 국가 유공 전상자들이 모여 사는 곳이에요. 그래서 박정희 대통령께서 여기 사는 사람들이 월남에 다녀왔다는 상징으로 '십자성마을'이라고 마을 휘호를 하사해주셔서 십자성마을이라고 불리게 됐습니다. 대통령께서 '십자성마을'을 친필로 써 주신 걸 기념탑에 새겨놨어요.

” **십자성마을은 해병대 출신들만 모였는데 그게 딱 101명이에요.**

구영화 우리는 처음에 해병대 중에서도 청룡부대 자립회를 만들어서 이름도 '월남 청룡자립회'였어요. 우리 마을의 창시자인 강달신 회장이 다방면으로 나서서 특히 해병대에서 지원을 많이 받았어요. 김포에서 모래 같은 것도 지원받고요.

우리 회원들은 천호동에 오기 전에 먼저 수유리 4·19 묘지 옆에 터를 잡았었어요. 강달신 회장을 주축으로 해서 월남서 전상 입은 해병대원끼리만 모인 것이 101가구예요. 그때만 해도 국가유공자지만, 돈을 마련하지 못해서 용사촌 건립을 못 하고 다녔어요. 국가 유공 용사촌을 만들려면 중상자들만 25명 이상 집합이 돼야 보훈청에서 용사촌으로 인가가 나요.

천호동이 땅도 저렴하고 서울시 시유지였어요. 그래서 우리 회원 101명이 각자 돈을 내고 천호동 시유지 땅을 매입했어요. 한 1년 걸려서 정지하고 13평짜리 주택 101채를 지었죠. 당시에는 굽은다리역, 구민회관, 홈플러스 이런 게 생길 거라고는 상상도 못 했죠. 그때는 여기가 허허벌판이고 이 밑에 큰 도로도 원래 개울이었어요.

저는 1972년 마을에 입주했는데, 박정희 대통령께서 우리가 마을을 지으니까 1,040만 원의 하사금도 주시고 십자성마을로 휘호를 내려주셨어요. 박근혜 씨가 1975년도에 준공식 테이프 끊는 걸 사진으로 찍어둔 자료도 있어요.

십자성마을회관 앞 기념탑

십자성마을 기념탑에 적힌 글귀

십자성마을 회관

노성남 '우리 한번 같이 살아보자' 하고 전우들이 모였어요. 특히 우리 회장님(구영화)은 제가 얼굴도 쳐다보지 못할 정도로 군대 선배였어요. 월남 파병 이후 제대한 전상자들이 중대장이었던 강달신 씨를 찾아가서 우리 함께 모여 사는 게 어떻겠냐고 해서 모이게 된 거예요. 그렇게 '파월전상자 자립회'라고 재단 설립을 하게 됐고, 1인당 똑같이 100만 원씩 내서 땅을 사려고 했어요. 그때 당시에는 100만 원이면 큰돈이었죠. 처음에는 수유리 땅을 사고 101명이 살 집을 지으려니까 부지가 너무 협소했어요. 그래서 부지를 영동의 공무원 아파트 옆, 지금의 서울대학교 자리해서 여러 군데를 보러 다니다가 예산도 안 맞고 해서 여기 천호동에 온 거예요.

그때는 여기가 논밭이었어요. 논밭 가운데에 집을 짓는 거였어요. 주변에 건물이라고는 천호중학교 하나가 있었죠. 논밭이라 저렴했지만 열악했어요. 가까스로 땅은 샀는데 건축까지 해야 하니까 돈이 아무래도 모자랐어요. 그런데 우리가 국가유공자니까 당시 보훈청에서 주택융자를 장기로 받을 수 있었어요. 그 융자를 20년간 상환하고 살다보니 식구가 늘어서 증축도 했어요. 또 대통령 하사금으로 공장, 회관, 회원들이 거주할 수 있는 주택을 가구당 13평짜리 단독주택을 101채 지어요. 집은 빨간 벽돌에다 빨간 기와로 짓고 공장과 마을회관도 지었어요. 현재 십자성마을 회관은 서울 미래유산으로 등재돼 있어요.

우리 모군(母軍)이 어디에요? 해병대죠! 그래서 집 짓는데 필요한 빨간 벽돌은 샀지만, 해병대에서 덤프트럭으로 한강에 있는 모래를 퍼다가 벽돌을 쌓고, 담을 세울 수 있게 도와줬어요. 같은 도면으로 공병대에서 집을 지으니까 101채가 다 똑같이 생겼어요. 또 한전 부녀회하고 자매결연을 맺어서 전기도 끌어오고 해서 이 마을이 탄생했어요.

집을 다 지은 후에 번지를 추첨했어요. 우리가 돈을 다 같이 투자해서 집을 지었잖아요. 똑같이 돈 내는데 "나는 이 터가 좋다" 이럴 수는 없잖아요. 서로 가(가장자리)에 집을 원할 거 아니겠어요? 그래서 집을 다 지은 다음에 자리를 추첨했어요. 그렇게 집을 배정받았어요.

십자성마을 복지 공장 준공식
십자성마을 제공

” 천호동이 외진 곳이라 굉장히 멀고, 교통편도 안 좋았어요.

노성남 저는 결혼하고 1974년에 여기 입주했습니다. 그때만 해도 서울에 아파트 개념이 별로 없었어요. 지금 생각해봐도 우리가 주택을 짓길 잘한 거죠. 단독주택을 지금까지 유지해서 너무 좋아요. 1970년대는 우리나라가 굉장히 어려웠던 때라 빨간 벽돌집이 깔끔하고 좋았어요.

그런데 여기서 영등포까지 출퇴근하려니 너무 열악한 거예요. '별 보기 운동'이었죠. 새벽에 나갔다가 밤에 집에 돌아왔어요. 그 당시에 여기가 외진 곳이라 굉장히 멀었어요. 교통편도 별로 안 좋았고요. 버스를 타면 광진교를 건너서 저기 을지로5가로 해서 영등포까지 갔어요. 강북을 통해서 시내로 갔고 강남 쪽으로 가는 노선은 나중에 생겼어요. 그때는 거의 을지로 쪽으로 가는 버스가 많았어요. 천호초등학교 옆에 버스 종점이 있었어요. 그때 버스 번호가 500번인가 그럴 거예요. 옛날에 천호동에서는 '서울승합'이라는 버스회사가 컸어요.

국가유공자의 집 명패가 걸린 십자성마을

” 우리 회원이 이제 45가구 남았어요.

노성남 이 마을에서 살다가 나가신 분도 계시고, 돌아가신 분도 있어서 지금은 인원이 많이 줄었습니다. 인원이 줄었어도 토지는 처음 생겼을 때나 지금이나 똑같습니다. 101명의 개인 재산이기 때문에 집을 새로 지을 순 있지만 토지는 똑같아서 지번은 같습니다. 거기에 어떤 건 두 채 헐어서 지은 집이 있고 이런 식이에요. 지금 우리 회원은 45가구 남았어요. 남자는 27명, 미망인은 18명 해서 국가유공자 용사촌 회원이 45가구예요. 나머지는 개인이 땅을 팔기도 했으니까 일반인이 와서 집을 지은거죠. 맨 처음에 단층집으로 지은 집은 벌써 옛날에 없어졌어요. 다들 살다 보니 식구가 늘어서 헐고, 다시 2층으로 짓고 그래서 지금은 거의 2차, 3차로 지은 집들이에요. 우리 집도 두 번 다시 지으면서 변형됐죠.

구영화 예전이나 지금이나 골목은 그대로지만, 101가구 중에서 집을 다시 다세대로 지어서 세를 받아 생활하시는 분도 있어요. 고향으로 내려간 사람도 있고, 집을 팔고 다른 데로 나간 사람도 있어요. 지금은 나가라고 해도 안 나가지만 그전에는 많이 나갔어요. 그리고 사망한 사람도 많고요. 지금은 마을에 우리 회원하고 일반인들이 섞여 있어요.

노성남의 인터뷰 모습

↑ 현재 십자성마을의 주택 모습
← 구영화 회장의 인터뷰 모습

2. 십자성마을의 복지 공장, 십자성위재공업사

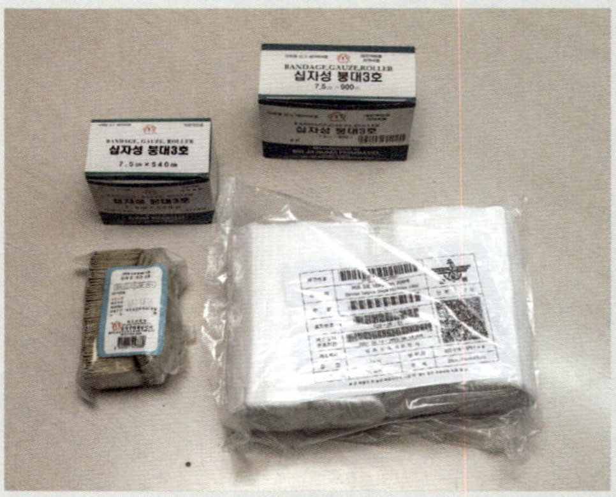

십자성위재공업사 생산품(군용 위생용품)

”

1975년 7월에 위생재료를 만드는 복지 공장으로 십자성위재공업사를 시작했습니다.

노성남 우리가 국가유공자라 자립·자활할 수 있도록 대통령 하사금이 나왔어요. 이걸 기반으로 마을에 복지 공장을 지었어요. 그런데 우리가 사회 경험이 하나도 없는 전우들이다 보니까 다쳐서 군 병원에 있을 때 많이 본 붕대, 거즈 이런 것만 생각났어요. 그래서 그런 품목을 취급하는 회사하고 자매결연하면서 '십자성위재공업사'를 시작했습니다. 공장을 1975년 7월에 설립해서 위생재료를 만들다가 부수적으로 일회용 주사기도 만들었어요.

공장 운영이 처음에는 잘 됐어요. 종업원으로 이 근방 사람들도 고용하고, 어른들도 도와주시고 그랬어요. 그런데 하다 보니까 일반 경쟁으로는 마진이 거의 안 맞았어요. 그래서 종업원도 한 40여 명을 정리하고, 기계도 다 정리했었어요. 그런데 여기가 국가유공자 단체 아니에요? 그래서 「국가를 당사자로 하는 계약에 관한 법률 시행령」(제26조)에 따라서 지금은 군 방위청에 수의 계약으로 납품하고 있어요.

구영화 지금은 공장이 반월 공단에 있어요. 마을에 있던 예전 공장은 팔았는데, 그 자리에 아파트가 들어왔어요. 마을 공장은 자리가 좁기도 했고, 매연도 나오고, 붕대나 거즈를 만들려면 면사를 양잿물에 삶아야 하는데 그러면 이게 폐수가 나가잖아요. 그래서 공해 문제도 있고 해서 우리가 반월공단에 땅을 사서 새로 공장을 지었어요. 한 천 평 됩니다.

근로조건은 그대로인데 천호동에서 안산으로 출근하기에는 멀어서 안산 시민들을 새로 공장에 채용했어요. 우리 회원들은 상이군인이라 몸이 불편한 사람이 대부분이잖아요. 휠체어 타시는 분도 있고, 손이 절단돼서 없는 사람도 있는데 그런 분은 직접 생산하는 일을 할 수 없죠. 그래서 행정이나 영업은 우리 회원이 담당하고, 생산직은 일반 직원을 고용해요. 그래도 일이 너무 바쁠 때는 회원 부인들이 같이 가서 거즈도 접어주고 하면서 도와줘요.

복지 공장은 회장님이 총괄해서 회사를 경영하고 있어요. 전무도 있고, 상무도 있고요. 총회는 1년에 한 번 해요. 그 외에 매월 운영위원회나 결산 자리가 있고요. 사업 진행에 관해서 이야기하고, 무슨 일이 생기면 서로 의논해서 보완하고 하는 자리예요.

십자성위재공업사 조감도

”

우리도 정부에서 도움받았으니까 일부를 환원해서 장학사업을 한 거죠.

구영화 십자성위재공업사를 운영하면서 우리 회원들한테 생계 지원으로 매월 얼마씩 배당금을 지급하고 있어요. 일부는 적립해서 장학사업도 하고요. 강동구 관내에 저소득층 학생들한테 조금 지원하는 정도예요. 우리도 정부에서 도움받고 그랬으니까 조금이라도 사회에 환원한다고 한 게 장학사업이라고 불린 거예요.

노성남 '십자성 장학회' 활동은 오래됐어요. 사업체는 1975년 7월에 설립했는데 사업 초기에는 엄두도 못 내다가 공장이 어느 정도 자리를 잡은 후에 시작했어요. 벌써 40년이라는 세월이 흘렀죠.

장학생 선발은 강동구에 공문을 보내 추천받아요. '관내 어려운 세대의 학생을 추천해 달라'고 해서 선발하는 거예요. 우리가 여유 있는 건 아니다 보니까 많이는 못 주고 4명 정도 추천받아서 장학금을 줘요. 매년 정기총회를 하게 되면 1부는 행사, 2부는 사업결산을 해요. 1부에서는 각계각층 인사를 모시고 모범회원, 모범종업원을 표창해요. 그때 장학금 수여식도 하는 거죠. 많지는 않지만 어려운 생활에 조금이라도 희망을 품으라고 하는 거예요. 그런데 장학사업을 못 한 지 2년 정도 된 거 같아요.

십자성마을 운영위원회 모습

3. 후손들을 위한 투자, 에너지 자립마을

" 후손들을 위해서 투자한다는 마음으로 에너지 자립마을을 신청한 거죠.

구영화 박원순 시장이 있을 때, 마을공동체 사업이 활성화됐었어요. 그래서 우리가 강동구에 찾아가서 "우리도 마을공동체 사업에 동참했으면 좋겠다"라고 했어요. 우리가 모여서 마을을 만들어놨으니까요. 그때 구청장이 "그럼 마을공동체에 에너지 문제를 접목해서 에너지 자립마을로 선정되도록 하면 어떻겠냐?" 해서 에너지 자립마을을 하게 된 거죠.

마을에서 몇 가구 빼고 서울시 지원금으로 전부 태양광 패널을 달았어요. 한 70~80% 달았다고 봐야죠. 그렇게 해서 에너지 자립마을로 선정이 됐어요. 에너지 자립마을이니까 구청에서 와서 벽화도 그려주고 홍보도 해주고 그랬죠. 우리도 에너지 자립마을에 동참하자는 의미로 이번 주도 내내 밖에서 초등학생들을 데리고 교육했어요.

노성남 우리가 처음 에너지 자립마을을 신청할 때는 3㎾짜리 태양광 패널을 30가구 넘게 지붕에 설치했어요. 지금은 21가구가 설치하고 있어요. 일조량 문제도 있고 해서 모든 가구가 설치하진 못했어요. 또 공동주택은 소유주 구분이 안 되니까 설치할 수 없어요.

이 사업을 시작할 때 교육받고, 태양광 패널 설치하는데 초창기니까 비쌌어요. 정부지원금이 물론 있지만, 자부담도 많이 들었어요. 그래도 손익 계산으로 경제성만 따지지 말고, 우리가 후손들을 위해서 투자한다는 마음으로 하기로 한 거죠. 우리 회원들이 국가유공자잖아요. 지금 기후변화가 너무 심하니까요. 우리가 태양광 패널을 설

십자성마을 회관 1층에 설치된 에너지 자립마을 모형

십자성마을 회관 내부 에너지 자립마을 관련 벽화

치해서 전력을 공급하면 환경오염이 없는 전기를 생산하는 거 아니겠어요. 에너지 자립마을에 동참한 뒤 우리 집은 전기요금이 제로예요. 이번에 전기요금이 올라가면 요금이 나올지 모르겠지만, 여태까지는 제로예요.

에너지 관광노선에 우리 마을이 포함돼 있어요. 전국 각지, 여러 나라에서 와서 방문객들이 관람하고 우리 마을에서 진행되는 걸 보고 가요. 강동구 마지막 코스로 우리 마을에 오면 동영상을 보여주면서 제가 학생·단체를 대상으로 강의를 해줘요. 그런데 코로나로 인해서 한 2년 동안 중단됐죠.

한번은 독일에서 온 에너지 사업 단장인 교수가 있었는데, 그분이 여기 와서 "서울의 작은 도시에서 빛을 봤다"라고 칭찬했어요. 이렇게 우리 같은 사람이 에너지를 생산하고 있다는 것에 감명을 받았나 봐요. 또 2015년에 이클레이(ICLEI; 자치단체 국제환경협의회) 서울총회를 했어요. 13개국에서 온 대표단이 버스 한 대로 우리 마을을 둘러보고 갔어요. 또 대만의 어떤 도시 부시장이라는 사람도 왔었어요.

십자성 에너지 자립마을 배치도

4.
강동구에서 이름난 십자성마을

” **우리 회원들에게는 천호동이 제2의 고향이에요.**

→ **구영화**

강달신 회장을 비롯해서 대한민국 상이군인 전국 조직 70~80%를 우리 마을을 거쳐 간 사람들이 장악하고 있어요. 우리 회원들이 모범적으로 열심히 잘 살았기 때문이죠. 예전엔 주변에 사창가도 있고 했지만, 지금은 우리 마을이 아주 좋아요. 원래 오류동에 있던 중앙보

훈병원이 우리 마을을 보고 왔는지는 몰라도 이리로 왔어요. 가까운 곳에 올림픽 공원도 있고요.

십자성마을은 우리가 지금까지 살아온 삶의 전부죠. 우리 회원들에게는 천호동이 제2의 고향이에요. 여기 있다가 나간 사람들이 지금은 부러워한다고 그래요. 이제는 들어오고 싶어도 못 들어오죠.

노성남 옛날에는 주변 사람들이 이 마을로 들어오면 매 맞을까 봐 못 들어왔대요. 예전에는 상이군인이 좀 무섭다는 인식이 있었어요. 그런데 더구나 해병대 출신들만 모였잖아요.

여기는 강동구에서 유명한 단체예요. 우리 회원들이 몸이 불편하더라도 어디 가면 거리 청소도 하고, 교통정리도 해주고 이런 식으로 봉사활동을 많이 합니다. 부인들도 같이 다니고요. 그래서 강동구에서는 이 마을이 국가유공자 단체라는 걸 잘 알아요. 해병대 출신 상이군인 단체여서 거칠 것 같지만 굉장히 모범적으로 잘 살아가는 마을이에요.

← 십자성마을 가로경관

천호동 텍사스

6·25전쟁 이후 천호동은 피란민과 지방 상경민이 몰려들면서 급격한 변화를 맞이하였다. 인구가 급증하며 구천면로를 따라 형성된 천호동 421번지 일대(구사거리)가 지역의 중심지가 되었다. 구사거리는 시내버스 합승 종점일 뿐 아니라, 경기도 광주·이천을 비롯하여 경북 상주까지 통하는 시외버스 터미널을 인근에 두고 있었다. 교통의 요지로서 천호동은 강동의 중심지에서 나아가 서울 동남부의 핵심 거점으로 자리하였다.

1960년대 천호 시외버스터미널과 천호시장에 인접한 천호동 410번지·423번지 일대에는 막걸릿집(일명 니나놋집)들이 많았는데, 이것이 성매매 업소 집결지인 '천호동 텍사스'의 시초이다. 1982년 야간통행금지가 해제되고, 1983년 무렵부터 업소 1층을 흡사 쇼윈도처럼 전면을 유리로 설치하는 '유리방' 형태의 영업이 시작되었다. 1987년에는 천호동 410번지가 재개발되면서 423번지로 성매매 업소들이 몰려들었다. 1980년대 천호동 텍사스는 서울의 대표적인 성매매 집결지 중 하나가 되었다. 1995년까지 천호동 텍사스는 호황을 누렸으며, 200여 개의 업소에 2,000명 이상의 종사자가 있었던 것으로 추정된다.

하지만 1996년부터 시작된 강동경찰서의 강력한 단속에 따라 전체 업소수가 절반 이하로 줄어들었다. 그러나 이를 계기로 일부 업소는 공실을 이용해 내부를 확장하기도 하였다. 2000년대 이후 천호동이 뉴타운 개발계획 대상 지역에 포함되면서 천호동 텍사스는 점차 쇠락의 길에 접어들게 되었다. 당시 업소수는 40여 개 정도였으나 낮 영업이 지속되었다. 그러던 중 2018년 12월 천호동 텍사스 내 업소에서 화재가 발생하여 성매매 여성 2명과 업소 관계자 1명이 사망하는 사건이 발생하였다. 이후 2020년 10월 마지막 업소까지 문을 닫으면서 천호동 텍사스는 역사 속으로 사라졌다.

2022년 4월 29일 조사팀은 철거 전 천호동 텍사스 일부를 실측하고 사진으로 기록하였다. 하지만 이미 그 안에서 생활하던 사람들이 다 떠나고 폐허가 된 공간을 기록하는 것만으로는 그곳을 기억하고 기록하는 데에 한계가 있었다. 그렇다고 이곳에서 업소를 운영했거나 종사했던, 또는 이용했던 사람들을 만나는 일은 불가능한 일이었다. 이

천호동 집결지는
1960년대에 니나놋집에서
시작됐어요.

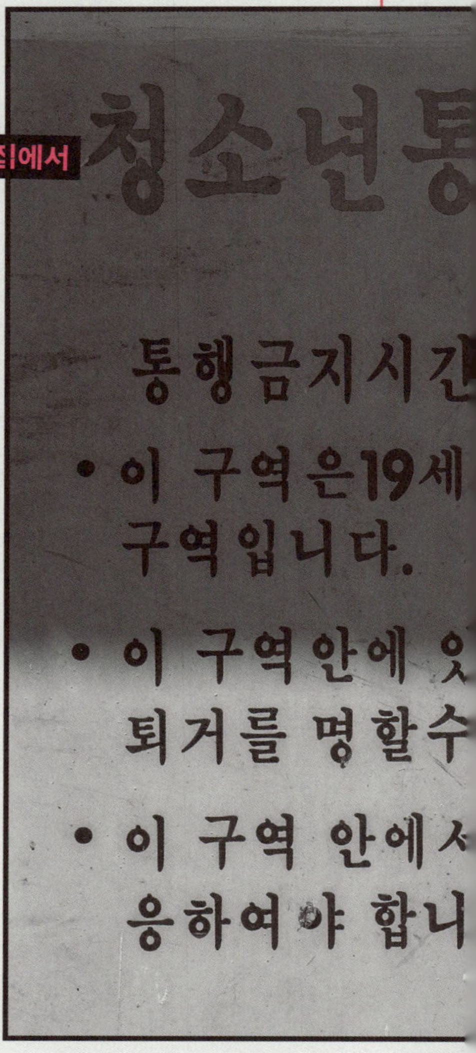

1993년 • 마리아의 전교자 프란치스코 수녀회 〈쏘냐의 집〉 설립
2003년 • 성매매 피해 여성 지원 현장 상담센터 쏘냐의 집 개소(여성가족부)
• 천호동 성매매 집결지 현장 방문 상담 시작
2004년 • 성매매 여성을 위한 법률, 의료지원 시행
• 성매매 여성을 위한 자활 지원 교육장 〈꿈지〉 개소
2005년 • 여성가족부 성매매 집결지 자활 지원사업 승인, 협약체결
• 산업형 성매매 지역 현장 방문 상담 시작
2006년 • 여성인권상담소 소냐의집으로 단체명 변경
2008년 • 봄빛 여성재단 지원사업
• 천호동 423번지 기록화 사업
2019년 • 천호동 성매매 집결지 화재 1주기 추모제
2020년 • 한국여성재단 성평등 사회 조성사업
• 천호동의 여성 인권 역사 기록화 사업 〈기록, 시간을 기억하다〉
2021년 • 『1963~2020 천호동 423번지 아카이브북』 발간

에 따라 직접적으로 천호동 텍사스에 관계했던 구성원을 제외하고 이곳을 가장 잘 알고, 이해하고 있었던 여성인권상담소 소냐의집을 찾아 문을 두드렸다.

소냐의집은 성프란치스코 수녀회에서 설립해 여성가족부의 인가를 받아 성매매 피해자의 인권을 보호하고 성매매 방지를 위해 활동하는 여성인권상담소이다. 1993년에 남숙현 수녀가 천호동 텍사스에서 선교활동을 한 것에서 비롯되었다. 도스토옙스키의 『죄와 벌』에 나오는 성매매 여성 '쏘냐'의 이름을 따서 만든 성매매 여성인권상담소 소냐의집은 천호동 텍사스가 사라진 지금도 가난하고 소외된 여성들의 이웃이 되기 위한 길을 계속 걷고 있다.

1. 천호동 423번지 '천호동 텍사스'
2. 천호동 텍사스 종사자의 현실
3. 한 수녀의 기도와 사명으로 시작한 여성인권상담소 소냐의집
4. 성매매 종사 여성들의 탈업을 돕는 소냐의집 활동
5. 재개발로 사라진 천호동 텍사스

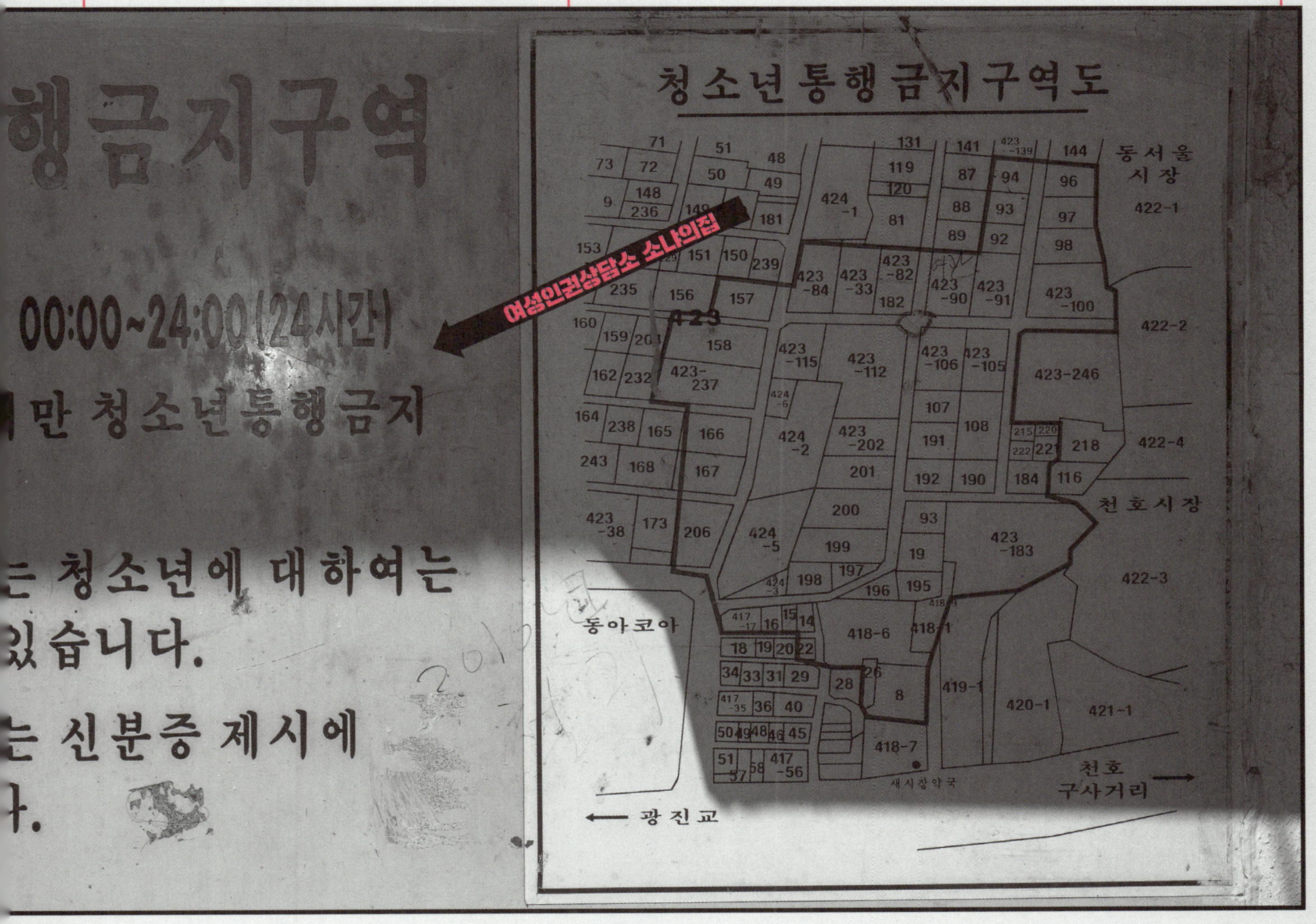

1.
천호동 423번지 '천호동 텍사스'

”　**천호동 집결지는 니나놋집에서 시작됐어요.**

1960년대엔 강북이랑 강남을 잇는 대교가 두 개였대요. 한강대교랑 광진교. 그래서 이쪽 동네가 교통의 요지가 될 수밖에 없었다고 하더라고요. 더 거슬러 올라가면 6·25 때 많은 피란민이 이 동네에서 생활했다고 해요. 그래서 시외버스터미널도 생기고, 술집도 생기면서 상권이 형성된 거죠. 다른 집결지랑은 다르게 이곳은 '니나놋집'이라고 막걸리 같은 술을 팔던 곳에서 시작됐어요. 야간통행금지[1]가 있을 때는 영업할 수 있는 시간이 제한되어 있었잖아요. 그래서 통금 전까지 술을 팔다가 통금이 시작되면 여관으로 가서 성매매를 했던 거죠. 통금 이후에는 영업 자체가 금지였기 때문에 업소에서는 성매매를 하지 못했어요. 그러다가 1982년에 야간통행금지 제도가 없어지면서 업소에서 성매매가 시작된 거죠.

1970~1980년대에는 1층은 술집을 운영하고 2층에서 성매매를 했어요. '텍사스[2]'라는 이름이 붙은 것도 한 장소에서 술과 성매매를 할 수 있는 미국식 문화의 영향이라고 하더라고요. 그땐 언니들이 똑같은 색깔의 한복을 맞춰 입기도 했대요. 업소마다 유니폼처럼 입는 단체복이 있었다고 하더라고요. 그러다가 1980~1990년대에 성매매만 하는 유리방[3] 형태로 변했다고 해요.

”　**오랜 시간 천호시장과 번화가, 집결지, 그리고 주택가가 공존했어요.**

성매매 업소가 마지막까지 남아 있던 곳을 '423번지'라고도 해요. 423번지에 성매매 업소가 가장 많이 밀집되어 있었거든요. 바로 옆 410번지에 있던 업소들이 재개발 이야기가 나온 이후에 423번지로 옮겨오면서 이곳이 중심지가 되었대요. 주변 군부대에서도 이쪽을 이용했고요.

천호대교가 생기면서 423번지와 410번지 사이의 천호시장을 중심으로 1980~1990년대에 번화가가 형성됐어요. 지금 강동농협 로데오지점 자리에 사람들이 많이 오는 큰 극장이 있었다고 하더라고요. 바로 옆에는 집결지가 있었고요. 신기한 게 집결지 근처에 빼곡하게 주택가가 들어서 있어요. 지금은 많이 빠져서 없는데, 그 오랜 시간 동안 천호시장과 번화가, 집결지, 그리고 주택가가 공존했던 거예요.

어렸을 때부터 천호동에 살았던 한 남성분은 "집결지를 관통하면 바로 친구 집인데 어른들이 못 들어가게 해서 멀리 돌아서 갔다"라고 하더라고요. 주민들도 이곳에 대해 알고는 있지만 외면하는 그런 공간이었대요. 가고 싶지 않고, 접하고 싶지 않은 공간이요.

1 통행금지제도는 6·25전쟁 이후 전국으로 확대되어 계속되다가, 1954년 4월 1일 「경범죄처벌법」에 "전시·천재지변 기타 사회에 위험이 발생할 우려가 있는 때 내무부장관이 정하는 야간통행 제한에 위반한 자"라고 규정되어 야간통행금지 위반자가 구류 또는 과료에 처하게 되면서부터 법령에 의해 제도화되었다. 1982년 1월 5일 국무회의에서 경기·강원 두 도 안의 휴전선 접적지역(接敵地域)과 해안선을 낀 면부(面部)들을 제외한 전국 일원의 야간통행금지가 해제되었다. 1988년 1월 1일에는 제외되었던 나머지 지역도 통금이 해제되었다. (한국학중앙연구원, 「야간통행금지」, 『한국민족문화대백과』)

2 흔히 미아리나 천호동처럼 술집 영업을 겸하는 성매매 집결지를 '텍사스촌'이라 부른다. 1970년대부터 미군 부대 주변의 기지촌인 서울 이태원과 부산 초량동 성매매 집결지를 지칭할 때 '텍사스촌'이라는 명칭을 사용하기 시작하였다. 1974년 서울시가 '미성년자 출입제한 구역'으로 34개 지역을 지정할 당시 성북구 하월곡동 88번지 일대를 속칭 '텍사스촌'으로 지칭하였다. '천호동 텍사스촌'이라는 명칭은 1980년대부터 언론보도 등에 등장하기 시작하였다. (여성인권상담소 소냐의집, 『1963~2020 천호동 423번지 아카이브북; 사라진 천호동 집결지의 기억과 기록』, 2021, 32쪽.)

3 유리방은 성구매자를 유인하기 위해 업소의 정면에 여성을 '전시'하는 쇼윈도를 가진 성매매 업소이다. 술집 형태를 지닌 '방석집' '맥양집' 등에 비해 훨씬 더 노골적으로 성매매 업소임을 드러내는 유형이며, 유리방의 모습은 한국 사회에서 성매매 집결지를 대표하는 이미지로 재현되어 왔다. 유리방 형태의 성매매 업소는 1970년대에 처음 등장하였지만, 전국적으로 퍼져나간 것은 1980년대 후반부터이다. 특히 1988년 올림픽을 앞두고 '윤락가 환경개선사업'이란 명목으로 청량리 588, 미아리 등지에서 여러 개의 작은 업소를 합친 크기의 유리방이 생겨났고 집결지는 대형화되기 시작하였다.(여성인권상담소 소냐의집, 『1963~2020 천호동 423번지 아카이브북; 사라진 천호동 집결지의 기억과 기록』, 2021, 38쪽.)

① '천호동 텍사스'라 불렸던
천호동 423번지 일대
② 유리방 형태의 천호동 성매매 업소

> 발 디딜 틈 없이 바글바글해서 바닥이 안 보였다는 말이 있을 정도였대요.

여기가 그렇게 넓은 공간은 아니거든요. 그런데도 업소가 많았을 땐 200개까지도 있었을 거래요. 1996년에 강동경찰서장이 바뀌면서 '고사작전'이라고 단속을 집중적으로 하기 전에는요. 대로변에서 들어가는 길이 너무 좁게 느껴질 만큼 바글바글했던 거죠. 따로 호객행위를 하지 않아도 발 디딜 틈 없이 바글바글해서 바닥이 안 보였다는 말이 있을 정도예요.

당시 공공기관에서 집계한 것보다 더 많은 사람이 있었다고 해요. 공식 자료에는 성매매 종사자가 2,000명까지도 있었을 것이라고 해요. 이

천호동 텍사스 내 숙박업소

좁은 공간에 그렇게까지 업소가 많이 생길 수 있나 싶은데 지하 공간까지 최대한 활용했다고 하니까요. 제가 본 자료에서는 활황기에는 명절이 지나고 나면 주변 은행이 난리가 났었대요. 업주들이 돈 자루를 들고 은행에 와서요.

천호동 텍사스 내 업소에 걸린 간판
1990년대 후반 경찰 단속이 강화되면서 업소마다 고유 번호를 붙여 운영하였다. 처음에는 아라비아 숫자를 적었지만, 나중에는 한자로 기재하였다.

” 1990년대 후반에는 경찰 단속이 매우 심했어요.

1990년대 후반에 단속이 심할 때는 집결지 입구를 경찰이 다 막아버렸어요. 그래서 '삐끼'라고 불리는 삼촌들이 주변을 돌아다니면서 구매자를 데리고 업소 뒷문으로 들이기도 했어요. 단속에 걸리면 안 되니까 몰래 빠져나가는 뒷구멍도 만들어놓고요. 천호시장 족발 골목으로 연결되는 뒷문이 많았대요.

1990년대 후반에는 업소마다 간판에 번호가 있었어요. 원래는 없었는데 경찰 단속이 시작되면서 생겼어요. 단속이 심해지면서 손님이 줄어드니까 업주들이 단체로 항의하기도 하고, 일하는 여성들에게 너희 생계가 위협받고 있으니 인권위원회에 신고하라며 압박한 거예요. 그래서 경찰에서 영업하게 해주는 대신 업소에 번호를 달라고 제안했대요. 업주들이 받아들이면서 간판에 번호를 달기 시작한 거죠. 그런데 구매자들이 업소가 마음에 들지 않거나, 본인이 원하는

주택가와 인접한 천호동 텍사스 주변 모습

대로 되지 않으면 간판 번호를 기억했다가 경찰에 신고하는 일이 많았대요. 그래서 한눈에 알아보기 어렵게 숫자를 한자로 바꾸기도 했어요. 소냐의집이 본격적으로 활동할 때도 번호가 있었어요.

2. 천호동 텍사스 종사자의 현실

” 여기서 일하는 언니들은 대부분 경제적인 문제로 이곳에 오게 됐어요.

'선불금'이라고 하죠? 그 돈을 다 갚아야 일을 그만둘 수 있는 구조예요. 그런데 업주들이 선불금을 갚을 수 없게 만드는 거죠. 지각비, 홀복, 화장품, 미용비가 각각 몇십만 원이 넘어요. 부과되는 돈이 너무 많고 이자도 높아서 거의 사채 수준이에요. 아무리 열심히 일해도 빚이 계속 쌓여가는 거죠. 하루에 정말 많을 때는 한 사람이 20~30명의 손님을 받는대요. 손님을 최소 10명은 받아야 그날의 할당치를 채울 수 있는 거예요. 그렇게 일하다 보면 한계에 다다르거나 아파서 일을 못 하는 날도 있어요. 그럼 결근비가 어마어마하대요. 빚을 갚기는커녕 늘어나기만 하는 거예요. 게다가 업주가 계속 돈을 쓰게 만들어요. 손님을 많이 받아야 빚을 빨리 갚을 수 있지 않겠냐면서 그러려면 예뻐야 한다고 성형을 유도한대요. 다른 사람이랑 비교하면서 외모 비하를 하기도 하고요. 그렇게 병원이랑 연결해 주고 연결비를 받기도 하고 수술비를 부풀려 받기도 해요. 그러니 빚이 점점 늘어만 가는 거죠. 언니들은 점점 나이가 들면서 번화가에서 밀려 나와요. 제일 최악은 섬에 있는 다방 같은 곳으로 팔려 가는 거래요. 나이가 많거나 몸이 안 좋아지면 그런 곳으로 가기도 한다더라고요.

” 감금 아닌 감금이 계속 이어지는 거죠.

옛날에는 감금이나 감시가 굉장히 심했대요. 2000년대 들어서는 많이 사라지기는 했지만요. 하지만 감시가 사라져도 언니들은 그곳을 벗어나지 못해요. 일을 시작할 때 본인에 대한 정보뿐만 아니라 부모님 집 주소나 연락처 등을 공유하거든요. 그래서 업주들이 부모님에게 알리겠다고 협박해요. 그러니까 언니들은 꼼짝없이 일하면서 돈을 갚아야 하는 거예요. 감금 아닌 감금이 계속 이어지는 거죠. 지금은 감금이나 감시 안 한다고들 하는데, 협박을 통해 감금하는 것과 다를 바 없어요.

모르는 사람들은 자기가 돈 벌고 싶어서 간 것 아니냐고 오해하기도 해요. 그런데 언니들 대부분은 불안한 가정환경에서 가장 노릇을 하던 분들이에요. 알코올 중독인 부모님 또는 가정 폭력에 노출되어서 집을 나올 수밖에 없거나, 갑자기 큰돈이 필요한 상황이 생긴 거죠. 집을 나와도 갈 데가 없으니 이런 쪽으로 오게 된 거예요. 지금도 그런 분들이 많아요.

단속을 피하려고 설치된 다양한 형태의 쪽문

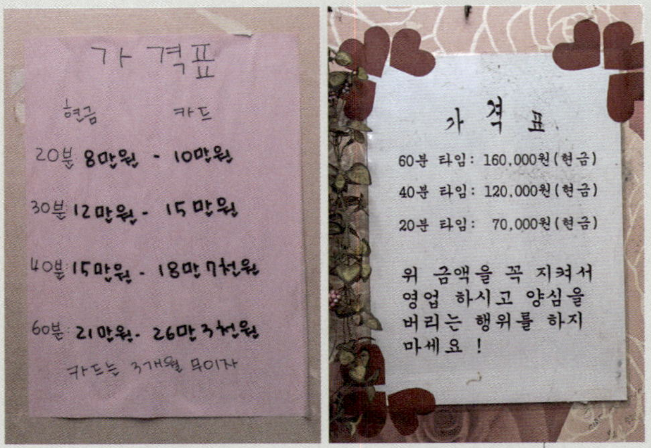

천호동 텍사스 업소 내에 부착된 화대 안내문

" 내담자분들이 가장 많이 지원받는 게 정신과 치료와 약이에요.

성매매 종사 여성들은 일하면서 생긴 우울증, 불안증, 수면장애와 같은 심리적 문제가 많아요. 2018년에 천호동 집결지 화재 사건이 일어난 날에도 언니들은 밤새워 일하고, 아침에 식사하고 수면제 먹고 자고 있었어요. 그때 불이 난 거예요. 그 업소가 집결지 안에서도 규모가 큰 곳이었어요. 건물 몇 개를 오빠랑 여동생들이 같이 운영하는 곳이었어요. 돈 관리하는 사람, 언니들 생활 관리하는 사람, 음식 하는 사람, 총괄하는 사람. 이렇게 역할을 나눠서 운영했어요.

예전에는 관리하는 사람들이 1층에 있고, 2층에 언니들 방이 있었어요. 그곳에서 먹고, 자고, 일하며 생활한 거예요. 시설이 워낙 열악하고 낙후됐어요. 게다가 창문도 다 막아놨어요. '바깥세상 보지 말고 여기서 일만 해라, 나갈 생각하지 마라' 하고요. 큰 쇼핑센터에 시계가 없는 것과 같은 이치죠. 그렇게 작은 방 안에서 언니들이 자다가 사고가 난 거예요.

화재 사고 직후에 장례를 치러야 하는 분도 있었고, 위급한 상황이었던 분도 있었어요. 무의식 상태로 숨만 쉬면서 연명하는 분도 있었고, 살아남았지만 트라우마를 겪는 분도 있었고요. 처음엔 장례 치르느라 바빴고, 그다음엔 생존자분들 치료하고 상태 파악하는 것에 집중했어요. 무의식 상태이신 분들은 24시간 보초를 서기도 했어요.

천호동 성매매 업소 1층 공간

↑ **천호동 성매매 업소 내부 복도**
여러 개의 방이 늘어서 있다.

↗ **천호동 성매매 업소 객실 공간**
작은 방마다 샤워 시설이 갖춰져 있다.

↘ **천호동 텍사스 내 업소와 이웃한 오복수퍼**

” 최대한 이 안에서 모든 생활을 하게끔 했어요.

업소를 중심으로 주변에 상가가 많았다고 해요. 세탁소, 미용실, 홀복집, 목욕탕 같은 것들이요. 미용실이 많을 때는 6~7개까지 있었어요. 외관상 특별하게 다른 점은 없는데 주로 언니들이 이용하는 미용실이었어요. 세탁소도 마찬가지고요. 목욕탕에 갈 땐 단체로 갔다가 단체로 나왔대요. 가게에 공용 샤워실이 있긴 한데 깨끗하게 씻기는 힘드니까 따로 목욕하러 갔던 것 같아요.

슈퍼도 있었는데 물건을 파는 것보다는 주로 카드깡[4]을 해 줬대요. 업소에 현금을 내야 하는데 모자랄 때 슈퍼에서 카드깡을 하는 거죠. 또 택시 기사들도 같이 일했다고 해요. 여기가 워낙 유명하니까 다른 곳에서 손님을 데려오기도 하고, 언니들이 이용하는 택시를 담당하는 분도 있었대요. 가끔 외부에 볼일이 있을 때 도망갈 수도 있으니까요.

그런데 약국은 없어요. 언니들이 병원에 못 가거든요. 일하다 보면 몸이 아플 수밖에 없잖아요. 그럴 땐 업주가 직접 약을 발라주거나 '주사 이모[5]'를 불렀대요. 최대한 이 안에서 모든 생활을 하게끔 하는 거예요. 주변 상인들은 성매매가 활발해야 자신들도 영업에 지장이 없으니까 서로 이해관계가 맞았던 것 같아요.

4 신용카드로 물건을 사는 것처럼 꾸며 결제한 뒤 현금을 받는 불법 할인 대출을 말한다.

5 성매매 집결지에서 항생제, 진통제 주사를 놓는 등 불법 의료행위를 하는 사람을 일컫는다. 업주는 여성들이 염증을 앓거나 성병에 걸리면 병원에 보내주지 않고 '주사 이모'를 업소로 불러 치료받게 하였다. 문신, 쌍꺼풀 등 불법 성형시술을 하는 이들도 있었다. (여성인권상담소 소냐의집, 『천호동 423번지 아카이브북: 1963-2020: 사라진 천호동 집결지의 기억과 기록』, 2021, 39쪽.)

언니들은 보통 50대에 많이 은퇴하세요.

몸도 마음도 회복하기 어려워지는 시기가 오는 것 같아요. 일을 오래 하다 보면 신체적으로 무리하게 되니까요. 스스로 건강을 돌보기 어려운 상황이기도 하고요. 어떤 분들은 40대인데 이가 다 빠져서 없기도 해요. 그런 분들은 저희가 조금씩 지원해 드리기도 하고, 기초생활수급자 신청해서 지내는 분들도 계세요.

간혹 맥양집[6]을 보면 60대에도 끝까지 일하는 분들이 있어요. 경제적인 사정 때문에 그만두지 못하시는 거예요. 매일은 못 하고 일주일에 많아야 두 번 정도 하신다고 하더라고요. 천호동에도 아직 맥양집이 남아 있어요. 건너편 성내동에 엔젤공방 조성하고 있는 거리에도 많았다고 해요. 그런데 지금은 거의 없어졌어요. 천호동에도 찾아보면 한두 집씩 붙어 있는 데가 있긴 해요.

6 맥주와 양주를 파는 변두리 유흥업소를 말한다.

3. 한 수녀의 기도와 사명으로 시작한 여성인권상담소 소냐의집

저희는 '집창촌'이라는 말 대신 '집결지'라고 표현해요.

예전에는 집창촌이라고도 했는데, 저희는 집창촌이라는 말 대신 집결지라고 하고 있어요. '창(娼)'이라는 글자가 언니들에게 상처가 될 수도 있고, 의미를 격하시키는 것 같아서요. 객관적이고 중의적인 의미를 담고 있는 단어로 '집결지'라는 표현을 사용해요. 여성가족부에서도 성매매 영업을 위한 목적으로 운영되는 업소가 인근에 10개 이상인 곳을 '성매매 집결지'라고 정의하고 있고요. 저희는 서로 '언니'라고 해요. 저보다 나이가 많든 적든 '○○언니'라고 서로를 불러요.

소냐의집의 시작은 '작은 기도의 방'이에요.

서울에 집결지 관련 상담소가 5~6곳 있어요. 각 집결지 주변에 상담소를 운영하고 있어요. 소냐의집의 시작은 '작은 기도의 방'이에요. 수녀님이 집결지 여성들을 안타까워하는 마음에 개인적으로 활동을 시작하셨어요. 처음엔 동네 분위기도 살펴보고, 서로 익숙해지려고 돌아다니시다가 집결지 안에 작은 방을 얻으셨어요. 그리고 '성 프란치스꼬 수녀회 재단'에서 지원을 조금씩 받으셨어요. 그러다가 여성가족부 승인을 받고 국가에서 지원금을 받으며 정식으로 운영하게 된 거예요.

수녀님이 활동하시는 단체이기 때문에 소냐의집은 다른 집결지 상담소와는 다르게 업소에 접근하는 게 수월했어요. 업주가 천주교 신자가 아니더라도 수녀복을 입고 있는 사람을 함부로 대하지는 않았거든요. 1990년 이후 성매매 단속이 심해지면서 천호동 집결지가 완전히 없어지기까지 40개 정도의 업소가 있었는데, 저희가 방문하는 곳은 30개가 조금 넘는 정도였어요.

" 천호동 집결지가 사회적으로 외면당하고 소외되는 공간이라서 더 애착이 갔어요.

저는 복지를 전공했어요. 취업 준비를 하면서 제가 여성 쪽에 관심이 많다는 걸 알게 됐죠. 그래서 여성 관련 기관에서 일을 시작하게 됐어요. 소냐의집에 오기 전에는 성매매 피해 쉼터에서 일했고요. 5년 정도 일하다가 '탈업'하고 '재유입'됐죠. 여기선 일을 그만두는 걸 '탈업 했다'라고 하고, 다시 일하면 '재유입 된다'라고 표현해요.

쉼터에 있을 땐 유흥업소에 직접 방문해 본 적은 없어요. 그저 '여성들이 열악한 환경에서 일하며 피해받고, 그 트라우마를 갖고 있다' 정도로 생각했어요. 그런데 직접 가서 보고, 느끼고, 경험해보니 여성들이 왜 심리적인 피해를 호소하는지 확실히 알 수 있었어요. 집결지에 처음 갔을 때 굉장히 충격받았어요. 일단 눈을 어디에 두어야 할지 모르겠더라고요. 언니를 쳐다보면 민망해할까 봐 눈을 마주치지도 못했어요. 뒤에서 따라다니기만 했죠. 그러다가 점점 익숙해지고, 편해지면서 이야기를 주고받게 됐어요. 그러면서 '여기 사는 사람들도 다른 사람들과 똑같이 살아가는 사람이구나'라는 걸 느꼈어요. 저는 이곳이 사회적으로 외면당하고, 소외되는 공간이라서 더 애착이 갔어요. 그런데 이 공간이 소리소문없이 사라져 버려서 마음이 아파요.

2004년에 「성매매처벌법」이 제정됐는데, 개정해야 할 부분이 많다고 생각해요. 성구매자와 업주를 집중적으로 처벌하고 단속해야 하는데, 성매매 종사 여성들을 유도해서 단속하는 경우가 많거든요. 그래서 여러 단체와 함께 선행 활동도 하고, 캠페인을 진행하고 있어요. 계란으로 바위 치기일지라도 꾸준히 노력해 보려고요.

세상의 인식은 바뀌지 않고, 사람들은 집결지에 무관심해요. 경험해보지 않으면 모르잖아요. 그래서 쉽게 말하거나 함부로 말하는 것 같아요. 이 일은 갈등에 맞서고, 인식을 개혁해 나가야 하는 일이라 힘들어요. 그렇지만 누군가는 꼭 해야 하는 일이라고 생각하며 하고 있어요.

4.
성매매 종사 여성들의 탈업을 돕는 소냐의집 활동

" **성매매 종사 여성들이 탈업(脫業) 하는 게 목표예요.**

소냐의집에서 하는 활동은 기본적으로 업소에 직접 방문해서 언니들과 이야기하는 거예요. 하지만 저희를 거부하는 업소도 있어요. 언니들이 업주 눈치를 보기도 하고요. 하지만 저희가 하는 일은 업주를 고발하기 위한 게 아니에요. 그 이전에 성매매 종사 여성들이 탈업(脫業) 하는 게 목표예요. 업주들이 저희 활동을 딱히 좋아하지는 않지만, 문제를 일으키거나 직접적인 피해를 주지 않으니까 여성들을 만나게 해주는 거죠. 언니가 아플 때 저희가 의료지원을 하기도 해요. 그럼 아팠던 사람이 나아서 다시 일을 할 수 있으니까 업소 측에서도 나쁠 게 없는 거예요. 그래서 예전엔 업주가 직접 저희에게 연락한 적도 있었어요.

처음엔 저희가 무료로 도움을 준다고 하면 거의 모든 언니가 사기라고 생각했어요. 하지만 꾸준히 방문하고, 홍보하다 보면 이상한 단체가 아니라는 걸 믿어요. 그렇게 점점 마음을 열고, 급할 때 의료지원이나 법률 지원 요청을 하게 되는 거죠. 보통 한 업소에 여러 명이 일하기 때문에 한 명이라도 지원받고 긍정적으로 관계가 형성되면 다른 사람도 영향을 받아요. 그렇게 대상을 확장해 나가고 있어요.

" **2020년에 기록화 사업을 하면서 자료집을 만들었어요.**

그때 한창 천호동 집결지가 없어지는 시기였거든요. 오랫동안 성매매로 유명했던 지역인데 공식적인 자료가 하나도 없더라고요. 정말 많은 사람이 이곳을 이용했고 이곳에서 생활했는데, 아무런 흔적이 없는 거예요. 다들 안 좋은 역사는 역사가 아니라고 생각했나 봐요. 그래서 저희가 가진 자료는 대부분 신문 기사나 개인적으로 모아 둔 사진 자료, 구술 인터뷰예요.

2021년 10월에는 북카페도서관 다독다독 구천면로점에서 성매매 집결지 폐쇄 관련 전시회를 했어요. 천호동 집결지의 시작이었던 '니나놋

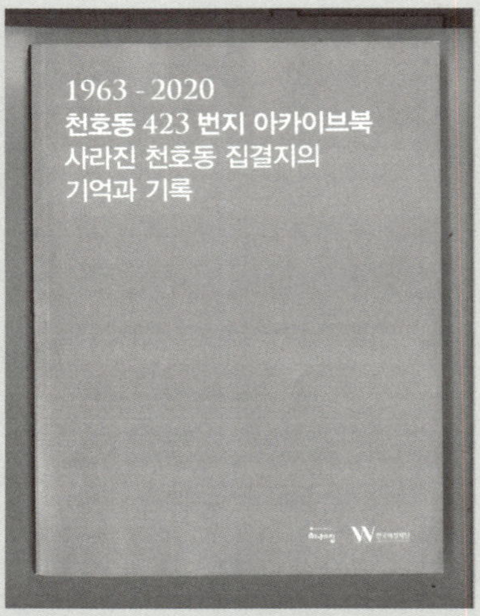

2021년 여성인권상담소 소냐의집에서 발간한 천호동 집결지 아카이브북

천호동의 여성 인권 역사 기록화 사업 <기록, 시간을 기억하다> 전시 모습
강동구청 제공

집'부터 이곳이 어떻게 형성되고, 없어졌는지 저희가 가진 자료로 영상을 만들어서 상영했어요. 북카페 책장마다 칸칸이 집결지 사진을 전시하기도 했고요. 업소 내부의 방 한 칸을 모형으로 제작하기도 했어요.

” 언니들이 사회에 나가서 적응하고 자립할 수 있게 돕고 있어요.

소담 사업을 3년째 하고 있어요. 참여자는 50~60대가 가장 많지만 30~40대도 있어요. 오랫동안 성매매 일을 했던 여성들은 다른 기술을 배우기도 쉽지 않고, 몸이 아픈 경우가 많아요. 그래서 경제적 어려움을 겪고 있는 경우가 많은데, 다양한 이유로 기초생활수급자로 지정되지 못하는 사람들이 있어요. 그런 여성들을 대상으로 비누 만들기처럼 소소한 작업을 할 수 있는 공방을 운영하는 거예요. 언니들이 어려서부터 업소에서만 일했기 때문에 사회에 나와 다른 일을 한다는 걸 처음에는 막막해했지만, 자기 손으로 무언가 만들어 내는 일이 익숙해지면서 틀을 잡아가는 중이에요. 그래서 올해는 재봉을 집중적으로 교육하고 있어요. 사회에 나가서 적응하고 자립할 수 있게 해주는 거죠. 소담 사업에 참여하는 언니들은 일주일에 이틀은 출근하고 하루는 재택근무를 하고 있어요.

그런데 보조금으로 언니들한테 줄 수 있는 금액은 많아야 30만 원 정도예요. 최저시급으로 드리고 있거든요. 그런데 그것만으로는 언니들이 힘들잖아요. 그래서 출근 안 하는 날에는 식당 아르바이트를 하시는 분들도 있어요. 이곳은 단순히 일하고 활동비를 받는 곳이 아니라 언니들이 서로 유대감과 친밀감을 나누고 친구들 만들어가는 공간이기도 해요. 서로 같은 경험을 가진 친구가 생기는 거예요. 그게 서로에게 위로가 된다고 하더라고요.

→ **여성인권상담소 소냐의집의 소담 사업 프로그램**
여성인권상담소 소냐의집 홈페이지

여성인권상담소 소냐의집의 아웃리치(outreach) 활동
여성인권상담소 소냐의집 홈페이지

성매매 종사자라고 하면 다른 사람들도 선을 긋고 낙인을 찍지만, 스스로도 낙인을 찍어요. '난 여기서 나가지 못할 거야'라면서 그 안에 갇혀 버리는 거죠. 그러던 언니들이 "내가 항상 밤에만 일하고 몰래몰래 다니다가 낮에도 일하는 사람이 됐다"라고 말하기도 해요. 이곳에 나와서 활동하면 칭찬을 많이 해드리거든요. 그러면서 자존감도 점점 올라가고, '내가 다른 일을 할 수 있는 사람이구나'라는 걸 많이 느낀다고 하더라고요.

” '열린터'도 운영하고 있어요.

집결지에서 일하는 여성이 쉬거나 잠을 잘 수도 있고, 때에 따라서 긴급 대피할 수 있는 곳이에요. 그래서 열린터는 집결지 바로 근처에 있어야 해요. 언니들하고 수제 청을 만들기도 하고, 조촐하게 생일파티를 하기도 했어요. 반찬을 조금씩 사 와서 같이 밥도 먹으며 친해지는 공간이죠. 집결지가 없어지면서 열린터 공간을 옮겼어요. 지금은 소담 사업도 이곳에서 운영하고 있고요. 열린터를 이용하는 분들이 연 17~18명 정도 됐는데, 코로나19로 재택근무를 하면서 지금은 11~12명 정도예요.

저희가 아웃리치(outreach)[7]를 할 때 언니들한테 홍보지를 그냥 드리는 게 아니라 뭐라도 선물을 같이 끼워서 드려요. 아니면 안 봐주시거든요. 그런 홍보 물품을 소담 사업에서 만든 물건으로 활용하고 있어요.

한번은 크리스마스쯤 '떡국 잔치'를 했어요. 저녁 7시쯤 천호동 집결지를 한 바퀴 돌면서 그날 일하는 언니들이 몇 명인지 확인하고 떡국을 만들어서 배달했어요. 산타클로스 분장도 하고요.

7 아웃리치(outreach)란 성매매 업소를 방문해 여성들에게 물품이나 유인물을 배포하는 방법으로 지원 정보를 제공하는 일이다. 아웃리치를 통해 외부적으로 잘 드러나지 않는 성매매 여성의 수 등 집결지의 실태를 파악하고, 여성들과 신뢰 관계를 형성할 수 있기 때문에 '아웃리치'는 집결지 현장 지원 단체의 가장 중요한 활동이다.(여성인권상담소 소냐의집, 『천호동 423번지 아카이브북: 1963-2020: 사라진 천호동 집결지의 기억과 기록』, 2021, 186쪽.)

↑ 천호동 텍사스 옆 아파트 재개발 공사 현장
↗ 천호동 뉴타운 지역 내 부동산

5.
재개발로 사라진 천호동 텍사스

” **이곳은 모두가 지워버리고 싶은 공간인 것 같아요.**

처음에 재개발이 진행된다고 했을 때는 정말 재개발이 되는 줄 알았어요. 그런데 안 되더라고요. 내부적으로도 여러 이유로 조율이 안 됐나 봐요. 그러다가 2018년 화재 사고로 이슈가 되니까 재개발을 신속하게 진행한 거예요. 사고 후에도 일부 업주들은 보상금 받고 나간다고 끝까지 버텼어요. 영업도 그대로 하고요. 보상금 많이 받으려고 일부러 리모델링하고, 다른 업소에서 직원을 데려오는 곳도 있었어요. 그 언니 빚을 업주가 대신 갚고 더 많은 빚을 지게 해서 데려오거든요. 여긴 영업이 되는 곳이니 보상금을 더 달라는 거죠. 보상은 업주만 받으니까요.

화재 사고가 난 후에 경찰차가 이곳에 계속 주둔해 있었어요. 그러다 보니 구매자들이 접근을 못 하게 되면서 업소들이 하나둘씩 사라졌고, 언니들도 같이 사라졌어요. 지금은 여기 큰 아파트가 들어선대요. 완전히 다른 동네가 되는 거죠. 이 동네 주민뿐만 아니라 관계자들 모두가 지워버리고 싶은 공간인 것 같아요. 화재를 계기로 더 빨리 없애고 싶은 거죠.

” **저희도 이런 공간이 없어지길 바라요.**

하지만 이 공간이 단순히 사라지는 것이 아니라 성매매 여성들이 조금이나마 보상받고, 제대로 자립할 수 있도록 여건이 마련된 후에 없어졌으면 더 좋았을 텐데 그러질 못했어요. 다른 지역들은 재개발이 이루어질 때 조례를 만들어서 시나 구에서 성매매 여성들의 재활이나 자립에 조금씩 지원해주거든요. 저희도 조례를 만들었지만, 지원은 못 받았어요. 그래서 언니들이 다른 업주를 따라가거나 이곳을 떠나야 하는 상황에 아무런 지원을 해줄 수 없다는 게 안타까웠어요.

➔ **2018년 천호동 화재 사고 희생자를 위한 추모 미사**
여성인권상담소 소냐의집 홈페이지

” 이곳은 성매매 여성들이 일하고 나름 생활하던 공간이에요.

일하며 착취당하기도 했지만, 적게는 몇 년에서 몇십 년의 시간을 보낸 공간이기도 하거든요. '나'라는 사람이 생활하던 공간이기도 한 거예요. 골목을 보면 고양이 밥그릇이 중간중간 놓여 있었어요. 비 오는 날이면 젖지 말라고 그릇 위에 우산을 씌워놓기도 했고요. 여기 살던 언니들이 길고양이 밥을 챙겨준 거예요. 그런 걸 보면 언니들에게 이곳이 힘들고 착취당하는 곳이기도 했지만, '사람'이 '생활' 하던 공간이라는 생각이 들어서 이렇게 흔적도 없이 사라져 버린 게 안타까워요.

” 이렇게 주고받은 소소한 마음들이 좋은 기억으로 남아 있어요.

소소하게 서로 정을 나눈 일들이 기억에 남아요. 저희가 운영비로 병원비처럼 언니들이 필요로 하는 비용을 지원해 드리는데, 언니들은 그냥 받기가 미안한가 봐요. 자꾸 뭐라도 주려고 해요. 혼자 자취하는 직원한테는 반찬도 싸주고, 김장해서 주신 적도 있어요. 언니들이 정성스럽게 해준 걸 안 받기도 미안해서 잘 먹었어요.

또 어떤 분은 저희 도움으로 법률문제가 해결되셨어요. 경제적으로 큰 고비를 잘 넘기신 거죠. 원래 기술이 있던 분이라 가게 차리시고, 장사가 잘되니까 정기적으로 후원을 해주시더라고요. 매달 떡 보내주시는 분도 있어요.

2018년에 화재 사고가 나고 그곳에서 신부님들과 추모 미사를 했어요. 사고 현장이라 파란색 그물을 쳐놨는데, 지나가시는 분들이 메시지를 많이 남겨주셨어요. 하늘나라에 편하게 잘 가라고. 근처에서 일하던 언니들도 추모하고 싶은데 나올 수가 없었나 봐요. 추모하고 싶어도 마음에 걸려서 못 하다가 아무도 없는 새벽에 몰래 와서 핫팩이나 음료수를 두고 가셨더라고요. 이렇게 주고받은 소소한 마음들이 좋은 기억으로 남아 있어요.

천호동과
광나루 한강공원

2022 서울생활문화자료조사

서울 동남부 교통의 관문

천호동

발행인	김용석
발행일	2023년 5월
발행처	서울역사박물관
	03177 서울특별시 종로구 새문안로 55
	museum.seoul.go.kr
	T. 02.724.0274 F. 02.724.0206
제작	(주)사월오일
디자인	김효진
발간물등록번호	51-6110569-000342-01
ISBN	979-11-90480-75-8

씨티
극동